广西民族语文研究（第一辑）

——纪念《壮文方案》颁布60周年特辑

主编　关仕京　韦树关

副主编　覃凤余　潘朝阳　零兴宁　黄德崇　贺明辉

世界图书出版公司

广州 · 上海 · 西安 · 北京

图书在版编目（CIP）数据

广西民族语文研究. 第一辑，纪念《壮文方案》颁布60周年特辑 / 关仕京，韦树关主编. —广州：世界图书出版广东有限公司，2019. 12

ISBN 978-7-5192-5759-0

Ⅰ. ①广… Ⅱ. ①关… ②韦… Ⅲ. ①少数民族—民族语—广西—文集 Ⅳ. ① H2-53

中国版本图书馆 CIP 数据核字（2019）第 191020 号

书　　名　广西民族语文研究（第一辑）
　　　　　——纪念《壮文方案》颁布 60 周年特辑
　　　　　GUANGXI MINZU YUWEN YANJIU（DIYIJI）
　　　　　——JINIAN《ZHUANGWEN FANGAN》BANBU 60 ZHOUNIAN TEJI
主　　编　关仕京　韦树关
副 主 编　覃凤余　潘朝阳　零兴宁　黄德崇　贺明辉
责任编辑　魏志华　李　婷
装帧设计　苏　婷
责任技编　刘上锦
出版发行　世界图书出版广东有限公司
地　　址　广州市海珠区新港西路大江冲 25 号
邮　　编　510300
电　　话　020-84451969　84453623　84184026　84459579
网　　址　http://www.gdst.com.cn
邮　　箱　wpc_gdst@163.com
经　　销　各地新华书店
印　　刷　广州市德佳彩色印刷有限公司
开　　本　889mm × 1194mm　1/16
印　　张　30.25
字　　数　853 千
版　　次　2019 年 12 月第 1 版　2019 年 12 月第 1 次印刷
国际书号　ISBN 978-7-5192-5759-0
定　　价　98.00 元

目录

民族语文政策研究

民族语言保护与传承研究

语言与文化关系研究

双语教育与教学

民族语文与民族团结关系研究

民汉比较与翻译

广西少数民族古籍整理研究

广西少数民族语言本体研究

广西民族语文立法研究

民族语文政策研究

60年来壮文推行使用政策的演变及未来走向研究

余 飞[①]

政策和策略是党的生命，也是各项事业的生命。壮文推行使用政策是广西民族政策的重要组成部分，是广西少数民族语言文字工作的核心问题，是处理和解决壮文推行使用问题的基本手段，直接关系到壮族语言文字甚至广西少数民族语言文字发展，关系到民族文化传承、民族教育发展和民族团结进步。所谓壮文推行使用政策，是指自治区党委、政府围绕壮文推行使用所制定的一系列方针和策略。本文通过对60年来自治区壮文推行使用的一些主要政策规定的发展进行分析，总结壮文推行使用政策的变化情况，指出存在的突出问题，并对未来政策选择提出意见、建议。

一、60年来壮文推行使用政策演变分析

从20世纪50年代至今，60年来壮文推行使用有三个较好时期。一是从1957年到“文化大革命”前的壮文创制试教推行使用阶段，先后成立自治区民族语言文字工作委员会、民族出版社、壮文报社、民族印刷厂，建立区、地、县级壮文学校52所，参加学习壮文的群众数百万人，有数十万人能拼读和书写简单的壮文文章。二是1980年5月自治区党委决定恢复推行使用壮文后的十几年，自治区相关部门明确提出壮文推行使用方针政策，恢复壮语文工作机构，如广西民族出版社、广西壮文学校、《壮文报》，广西人民广播电台设立壮语编辑部，建立广西民族语文印刷厂，出版《三月三》壮文版。中央民族语文翻译局增设壮语文翻译室，自治区教育厅设立壮文推行办公室，壮文推行使用纳入教育系统，壮语文的翻译、出版、新闻、广播、影视、古籍整理和学术研究取得了很大成绩，各类壮语文专业人才不断成长，壮语文工作进一步得到尊重和保障。三是本世纪以来，特别是2010年以来，壮文推行使用处于调整巩固和改革创新阶段，并逐步走出低谷，呈现良好的发展态势。主要表现在学校对壮汉双语教育进行了较大调整，确定了壮汉双语教育改革和发展的新思路，积极探索壮汉双语教学的创新模式，不断完善壮汉双语课程与教材建设，大力推进壮汉双语教师培训工作，加大壮汉双语教育专项经费的投入，持续开展壮汉双语教研活动和科学研究。同时，自治区的少数民族语言文字工作也作了调整，确定语言保护与壮文推行并重，加大基层民族语广播影视工作力度，推进少数民族语言文字规范化、标准化、信息化建设。与此同时，壮文推行使用政策也经历了三个发展历程，即政策探索时期（1957—1965年），这一时期的壮文推行使用政策文件比较少；政策完善发展时期（1981—1992年），这一时期的壮文推行使用政策文件较多，涉及方方面面，较为全面；政策改革创新时期（2010年至今），这一时期的壮文推行使用政策主要分散于党委政府的相关文件中，但双语教学政策比较完善。政策是一个多层次、内容丰富的科学体系，有基本政策、主要政策和具体政策、部门政策、配套政策等。下面主要是介绍壮文推行使用政策的基本政策、双语教育政策、壮语广播影视政策、壮文社会推行使用政策、壮族语言文化政策等在不同时期的演化过程。

① 余飞，男，壮族，广西壮族自治区少数民族语言文字工作委员会副巡视员。

（一）壮文推行使用的基本政策

基本政策是指壮文推行使用工作的基本原则、基本任务和要求，是我们开展壮文推行使用工作必须遵循的指导思想和行动指南。壮文推行使用工作的基本指导方针政策从20世纪50年代的“逐步推行”，到20世纪80年代的“积极稳步”，又到90年代的“量力而行”，再到新世纪的“群众自愿”，显示壮文推行使用工作的基本政策不断弱化。以下是具体见于各种文件上的壮文推行使用工作的基本指导方针政策上关键词语的变化过程：“逐步推行”（1957年）→“积极稳步”（1982年）→“搞好重点”（1989年）→“量力而行”（1990年）→“慎重开展”（1992年）→“群众自愿”（2001年）。具体文件规定：

1957年12月10日，《国务院对〈中国文字改革委员会关于讨论壮文方案和少数民族文字方案中设计字母的几项原则的报告〉的批复》（国务院全体会议第六十三次会议讨论通过）：“壮文方案可在壮族地区逐步推行，在推行过程中应该随时总结经验，使方案更加完善。”1958年1月20日，广西省人民委员会发出《关于公布壮文方案的决定》，要求“在壮族地区逐步推行壮文”。

1964年12月9日，自治区语委转发自治区党委批转《关于在壮族人民群众中进行壮文扫盲工作的意见的报告》：“必须有计划有步骤地继续进行壮文扫盲。”

1982年3月13日，《广西壮族自治区人民政府关于公布和推行〈壮文方案〉（修订案）的通知》（桂政发〔1982〕57号）：“自治区少数民族语言文字工作委员会、自治区教育厅和壮族聚居地区的地区行署、县人民政府，要积极地、有步骤地组织壮族人民群众学习壮文，并相应地做好壮文书刊的出版工作。”

1989年8月31日，《广西壮族自治区人民政府印发〈自治区壮文指导委员会第一次会议纪要〉的通知》（桂政发〔1989〕106号）：“与会同志一致认为自治区党委原确定的‘积极稳步、有计划、有步骤地在壮族地区农村、学校、机关推行使用壮文’的方针是正确的，今后要坚决贯彻执行，并采取‘搞好重点，逐步铺开’的有效方式开展这项工作。”

1990年2月22日，《广西壮族自治区人民政府印发〈自治区壮文指导委员会第二次会议纪要〉的通知》（桂政发〔1990〕24号）：“今后推行壮文工作，要全面贯彻自治区党委、自治区人民政府确定的‘积极稳步’的方针，从我区的区情、民情的实际出发，一定要量力而行。”

1992年4月25日，《广西壮族自治区党委、自治区人民政府关于进一步加强民族工作的意见》：“在壮族聚居地区积极、慎重、稳妥地开展壮语文工作。”

1992年10月22日，《广西壮族自治区人民政府关于加强民族语言文字工作的通知》（桂政发〔1992〕81号）：“在具体做法上，要继续贯彻执行自治区党委提出的‘积极稳步、有计划、有步骤地在壮族地区学校、农村、机关逐步推行使用壮文的指导思想和搞好重点、逐步铺开的原则。”

2001年1月19日，《广西壮族自治区人民政府关于进一步加强民族工作的意见》（桂政发〔2001〕4号）：“进一步做好少数民族语言文字工作，壮族聚居的地方要从实际出发，根据群众自愿，继续积极稳妥地推行壮文。”

此后，自治区制定的文件再没有对壮文推行使用提出直接的总体要求，即使一些文件提及也是针对某一行业或采取模糊而间接的提法，如2006年5月26日广西壮族自治区第十届人民代表大会常务委员会第二十次会议通过的《广西壮族自治区实施〈中华人民共和国国家通用语言文字法〉办法》第二条“……少数民族语言文字的使用依照有关法律法规的规定执行”。再如2014年12月31日《广西壮族自治区党委、自治区人民政府贯彻落实〈中共中央、国务院关于加强和改进新形势下民族工作的意见〉实施方案》（桂发〔2014〕21号）：“尊重和保障少数民族使用本民族语言文字接受教育的权利，在有需要的少数民族聚居县（市、区）应开展双语教育，不断提高少数民族语言文字教育水平。”

（二）双语教育政策

广西的壮汉双语教育政策在1957年至1966年主要是开办预备班学习壮文。1958年7月20日，自治区党委批转自治区教育厅党组《关于壮族地区小学学习壮文的报告》。同月29日，自治区教育厅转发教育部《关于壮族聚居地区的小学设置壮文预备班问题的批示》。同年，自治区语委发出《关于目前办好壮文预备班的工作意见》。1961年6月10日，自治区民委、自治区教育厅发出《关于做好壮族地区小学开设壮文预备班准备工作的通知》。1962年2月17日，自治区教育厅、自治区民委又联合发出《关于1962年在壮族地区农村继续推行壮文的意见》。1963年1月，自治区教育厅、自治区民委联合召开推行壮文会议，要求小学推行壮文，主要是在壮族儿童不懂或少懂汉语的壮族聚居地区学校进行，开预备班，让学生先学一年壮文，再转入汉语课本的学习。

1980年自治区人民政府恢复推行使用壮文后，1981年壮文学习开始在壮族聚居区部分中小学进行壮、汉语文教学实验，将全国中小学各科教材翻译成壮文，并在小学三年级开设汉语文。1983年壮文进校扩大到22个县，最多时发展到45个县（市），1990年调整为23个县的实验学校。相对于壮文推行使用基本政策的不断弱化，在教育领域进行的壮汉双语文教育，即在部分中小学语文学科教学中采用普通话汉文和壮语壮文两种语言文字进行教学的工作得到不断加强，提出的双语教育政策得到不断调整和强化，有力地促进了壮汉双语教育向前发展。2009年前学校壮汉双语教育总体上是以壮文进校为主要形式，以推行壮文为主要目的，由于实施的壮汉双语同步教学模式难度较大，壮汉双语教育出现了下滑趋势。2010年后壮汉双语教育从壮文教学向语言文化教育转型，尝试建立新的壮汉双语教育体系，积极探索适合壮族地区教育的壮汉双语多种教学模式，收到良好成效。

具体体现在政策变化上：“开办预备班，学生学壮文一年，再转入学汉语课本”（1966年前）→“以壮文教学为主”“以学好本民族语言文字为主”（1984年）→“以壮文进小学为重点，壮文初中开设必修课，壮文高中暂不推行”（1989年、1990年）→双语教育主要是在“现行的壮文试点小学进一步巩固提高”，教学用语“一定要尊重当地多数群众的意愿来确定”（1992年）→“继续在我区壮族聚居地区的农村部分幼儿园（学前班）和中小学校开展壮汉双语教学实验”（2012年）→“建立比较完善的学前教育、义务教育、高中阶段教育、高等教育有效衔接的壮汉双语教育体系”（2016年）。具体文件规定：

1983年7月2日，《广西壮族自治区人民政府批转区语委、民委、教育局关于在马山等二十二个县部分小学使用壮文教学试点和农村使用壮文扫盲的报告》（桂政发〔1983〕99号）：“在壮族地区的小学使用壮文教学，是推行壮文工作的重点。……使用壮文教学试点的目的，是要以壮文教学为主，小学毕业时，学生成绩不低于教育部颁布的小学教育大纲要求。具体要求做法是：从一年级到六年级，以壮文教学为主，课本按统编教材进行翻译。从四年级开设汉语文必修课，掌握汉语拼音，学会二千五百个左右常用汉字，会组词造句。壮文教学要求高于汉文小学教学大纲的要求。”

1984年，自治区人民政府提出：在民族地区中小学阶段，有民族语言文字的地区从以学好本民族语言文字为主逐步过渡到汉语文的学习；有民族语言无文字的地区，小学阶段以民族语言辅助教学，加强“汉语拼音学话、注音识字、提前读写”的试验，以达到学好汉语文的目的。

1989年8月31日，《广西壮族自治区人民政府印发〈自治区壮文指导委员会第一次会议纪要〉的通知》（桂政发〔1989〕106 号）：“在小学普及阶段逐步采取以壮语文为主进行教学，并开设汉语文必修课，实行以壮促汉，壮汉结合，达到壮汉兼通；在初中阶段，在目前已以壮文教学为主的初中，仍可以壮文教学为主，或者壮、汉并举。”

1990 年 2 月 22 日，《广西壮族自治区人民政府印发〈自治区壮文指导委员会第二次会议纪要〉的通知》（桂政发〔1990〕24 号）：“当前壮文推行仍处于试点阶段。要以壮文进小学为重点，逐步实现壮文进小学‘以壮为主、壮汉结合、以壮促汉、壮汉兼通’的办学方针。壮文初中只开设必修课，壮文高中暂不推行。”文件还规定，从 1990 年起，壮文进校工作从区语委转交区教委管理。

1992 年 4 月 25 日，《广西壮族自治区党委、自治区人民政府关于进一步加强民族工作的意见》：“在少数民族学生为主的学校实行双语教学。”1992 年 10 月 22 日，《广西壮族自治区人民政府关于加强民族语言文字工作的通知》（桂政发〔1992〕81 号）：“在壮族聚居地区现行的壮文试点小学要进一步巩固提高，一定要根据实际情况，实行‘以壮为主、壮汉结合、以壮促汉、壮汉兼通’的教学原则。”

1992 年 8 月 17 日，《广西自治区人民政府办公厅关于进一步加强我区少数民族教育工作的通知》（桂政办〔1992〕98 号）：“积极、稳步地做好现有壮文进校试点的实验工作。实验小学要坚持‘以壮为主、壮汉结合、以壮促汉、壮汉兼通’的教学方针。”“民族学校的教学用语，要根据有关法律、当地的语言环境，一定要尊重当地多数群众的意愿来确定。”

2010 年 9 月 4 日，广西壮族自治区人民政府印发《广西壮族自治区中长期教育改革和发展规划纲要（2010—2020 年）》：“合理布局中小学壮文学校，支持双语教师培养培训、教学研究、课程教材开发，提高壮汉双语教学质量。”同日，广西壮族自治区人民政府印发《广西教育发展重点工程和体制改革试点总体方案》（2010—2012 年）：“完善民族团结教育课程体系建设，加强壮汉双语教育。”

2012 年 12 月 26 日，广西壮族自治区人民政府办公厅转发自治区教育厅等部门《关于进一步加强壮汉双语教育工作意见的通知》：“继续在我区壮族聚居地区的农村部分幼儿园（学前班）和中小学校开展壮汉双语教学实验，预备班（学前阶段）以壮文教学活动为主；小学按照‘以壮为主、壮汉结合、以壮促汉、壮汉兼通’的办学方针，积极开展壮汉双语教学实验工作，且壮文课程比学习国家课程适度提前；初中按国家规定，全部开设国家课程，使用国家通用语言（汉语）授课，开设壮文必修课，且比学习国家课程适度提前；高中阶段可在选修课程科目内开设壮文选修课；师范类高等院校试行开设壮文课实验，民族院校及其他高等院校可视本校实际开设壮文选修课。”同时，自治区教育部门还先后印发了《关于加强壮汉双语教学工作的通知》《壮汉双语教育二类模式实施办法》《关于实施小学壮汉双语教师定向培养计划的通知》等政策文件，进一步完善了壮汉双语教育政策体系。

2014 年 12 月 31 日，《广西壮族自治区党委、自治区人民政府贯彻落实〈中共中央、国务院关于加强和改进新形势下民族工作的意见〉实施方案》（桂发〔2014〕21 号）：“尊重和保障少数民族使用本民族语言文字接受教育的权利，在有需要的少数民族聚居县（市、区）应开展双语教育，不断提高少数民族语言文字教育水平。”

2016 年 6 月 21 日《广西壮族自治区人民政府关于加快发展民族教育的实施意见》（桂发〔2016〕18 号）和 2016 年 4 月 21 日广西壮族自治区教育厅等六部门关于印发《广西壮族自治区壮汉双语教育发展规划（2016—2020 年）》的通知，对壮汉双语教育发展的总体要求、主要任务、保障措施都提出了明确要求，如“依照有关法律，遵循教育规律，结合少数民族语言文字发展和不同地区语言使用环境实际，尊重少数民族群众意愿，积极稳妥开展少数民族双语教育工作”。“到 2020 年，全区实施壮汉双语教育的中小学校达到 300 所以上，在校学生达到 15 万人以上。”“建立比较完善的学前教育、义务教育、高中阶段教育、高等教育有效衔接的壮汉双语教育体系。壮汉双语小学所辖生源的幼儿园（预备班）以壮语文教学活动为主，为壮汉双语教学幼小衔接打好基础。小学按照‘以壮为主、壮汉结合、以壮促汉、壮汉兼通’的方针，积极开展壮汉双语教学工作，壮语文课程比国家课程适度提前，壮语文课时从低年级到高年级逐步递减。初中开设壮语文必修课，普通高中开设壮语文选修课，师范类院校或师范教育专业应开设壮语文课程或壮族文化课程，民族院校和其他高等院校可开设壮语文选修课。有条件的高等院校开设壮语言文学、壮语播音主持、壮语广播电视编导等专业，招生考试实行普通高考和壮语文考试综合成绩录取。鼓励各级各类学校汉族和各少数民族师生学习壮族语言文字。”

（三）壮语广播影视政策

制定广播影视发展政策，营造良好的舆论环境，是壮文推行使用的基础和前提。壮语广播影视发展始于 20 世纪 50 年代壮文推行使用初期到“文化大革命”期间中断，在 20 世纪 80 年代恢复并有较大发展，1980 年设立广西人民广播电台壮语编辑部，1994 年广西电视台开始播出壮语新闻。壮语广播影视在经过 20 世纪末的低潮后进入新世纪在基层逐步得到发展。目前，自治区共有广西人民广播电台、广西电视台和 30 个市、县开设 90 多档民族语节目，开播的民族语语种有壮语（多方言）、瑶语、苗语、侗语、毛南语和仫佬语。壮文广播影视发展政策先后经历了“机构设置定级定员”（1980 年）→“办好壮语广播”（1992 年）→“继续办好壮语广播”（2001 年）→“积极争取增设壮语广播电视节目专用频道和频率”“市县应开播民族语广播电视节目”（2014 年）→“积极推进民族语广播的开办”（2017 年）等阶段。具体文件规定：

1980 年 6 月 25 日，中共广西壮族自治区委员会下发《关于恢复自治区少数民族语言文字工作委员会的通知》决定：“区人民广播电台设壮语编辑部，事业编制 5 人，人员由区语委选配，经费由广播事业费开支。”

1982 年 9 月 10 日，广西壮族自治区编制委员会下发《关于广西人民广播电台壮语编辑部机构、人员编制问题的批复》（桂编〔1982〕84 号）：“壮语编辑部列为广西人民广播电台编辑部领导下的一个语种编播机构，其级别与电台编辑部下属业务机构平行。”“核定壮语编辑部事业编制共 20 名。”

1992 年 4 月 25 日，《广西壮族自治区党委、自治区人民政府关于进一步加强民族工作的意见》：“办好壮语广播，做好电影电视少数民族语言配音和各种壮文读物的出版发行工作。”

1992 年 10 月 22 日，《广西壮族自治区人民政府关于加强民族语言文字工作的通知》（桂政发〔1992〕81 号）：“各地要进一步做好民族语言文字的广播、电视和新闻出版工作，不断提高边远民族地区的广播电视覆盖率，促进民族语文的翻译、出版、教育、新闻、广播、影视、古籍整理事业的发展。广西人民广播电台壮语广播节目，各壮族聚居地方的广播站要积极转播，并根据当地实际需要和可能，努力办好壮语节目。广西电视台《广西新闻》要在应用壮语的地区创造条件，安排用壮语播出并逐步做到屏幕显示壮文。要加强电影、电视录像的壮文配音工作。”

2001 年 1 月 19 日，《广西壮族自治区人民政府关于进一步加强民族工作的意见》（桂政发〔2001〕4 号）：“进一步做好电影电视的少数民族语言配音工作，在壮族聚居地方要继续办好壮语广播，宣传各项政策和推广科学技术。”

2006 年 9 月 25 日，《广西壮族自治区党委自治区人民政府关于进一步加强民族工作，加快少数民族和民族地区经济社会发展的意见》（桂政发〔2006〕26号）：“加强少数民族语言广播、电影、电视节目的译制、制作和播映。”

2009年12月7日，《国务院关于进一步促进广西经济社会发展的若干意见》（国发〔2009〕42号）：“加强壮语广播影视节目译制制作，扩大播出覆盖面。”

2012年6月21日，《广西壮族自治区党委自治区人民政府关于贯彻党的十七届六中全会精神深化文化体制改革推动我区文化大发展大繁荣的若干意见》：“加强少数民族语言文字广播影视节目、出版物等译制播出出版。”

2013年7月24日，《广西壮族自治区人民政府关于进一步加强民族工作的意见》（桂政发〔2013〕74号）：“积极推进壮语文等少数民族语言文字在广播影视领域的应用工作。”

2014年12月31日，《广西壮族自治区党委、自治区人民政府贯彻落实〈中共中央、国务院关于加强和改进新形势下民族工作的意见〉实施方案》（桂发〔2014〕21号）：“积极争取国家支持在广西人民广播电台和广西电视台增设壮语广播电视节目专用频道和频率，增加民族语栏目，延长民族语栏目播出时段，进一步提高边境地区广播功率和覆盖率；少数民族聚居市、县广播电台及电视台应开播民族语广播电视节目（栏目），丰富节目内容；加大扶持广西少数民族语言广播电视节目创新创优，加强对民族语农村公益电影的译制、播映工作，在石漠化连片地区实现广播电视户户通；积极推动设立自治区级民族语广播影视译制中心。”

2016年12月21日，《广西壮族自治区人民政府办公厅关于印发广西文化发展“十三五”规划的通知》（桂政办发〔2016〕165号）：“进一步增强壮语等少数民族语言节目制作、译制和传播能力。”

2017年4月24日，《广西壮族自治区人民政府办公厅关于加快推进广播电视村村通向户户通升级的实施意见》（桂政办发〔2017〕56号）：“加大对我区少数民族地区民族语广播电视节目制播的扶持力度，积极推进全区少数民族语广播的开办、译制和播出。”

（四）壮文社会推行使用政策

壮文的推行使用主要是在学校、农村、机关进行，主要对象是学生、农村文盲和机关干部。从1957年至“文化大革命”前以及1980年恢复壮文推行使用至1999年前，壮文在农村侧重于壮族乡村的群众扫盲，在机关的推行使用同样是以开办壮文扫盲班为主。1958年1月20日，广西省人民委员会下发《关于组织机关干部学习壮文的通知》，要求各级机关积极动员干部（首先是壮族干部）学习壮文。1964年12月9日，自治区语委转发自治区党委批转《关于在壮族人民群众中进行壮文扫盲工作的意见的报告》：“必须有计划有步骤地继续进行壮文扫盲。”从1999年开始，壮文在农村的推行使用主要是围绕如何使壮语文在弘扬壮族传统文化，发展和提高壮族地区的生产力水平，为发展壮族地区的经济文化服务，促进壮族地区经济社会全面发展来开展。主要途径有：开办农民学壮文学科技培训班、开展壮语文科技电影下乡活动、开办壮族歌师歌手壮文学习班。机关壮族干部学习使用壮文从1982年重新开始。1983年7月，自治区人民政府出台“壮族大中专毕业生需要学习壮文3个月”的规定。壮文在农村、机关推行使用政策经历了“农村以壮文扫盲为主”“机关工作人员分期分批轮训学习壮文”“壮族大中专毕业生到壮校学习壮文三个月”（1983年）→“壮族地区农村坚持使用壮文扫盲”（1989年）→“在壮族聚居地区的农村使用壮文开展扫盲工作”（1990年）→“用壮文推广科学技术，抓好壮文扫盲工作”“农村扫盲要和壮文进校、科技扶贫等工作紧密结合起来”（1992年）等发展阶段。具体文件规定：

1983 年 7 月 2 日，《广西壮族自治区人民政府批转区语委、民委、教育局关于在马山等二十二个县部分小学使用壮文教学试点和农村使用壮文扫盲的报告》（桂政发〔1983〕99 号）：“在农村，以壮文扫盲为主，在掌握壮文的基础上，进一步学习文化科学知识，提高文化科学水平，为群众生活、为农业生产服务。”“国家机关工作人员，可根据各地的实际情况，采取分期分批轮训学习壮文的方式。”“各级壮校要采取脱产轮训和举办业余学习班等形式，组织在职的壮族干部学习壮文。”

1983 年 7 月 5 日，《广西壮族自治区人民政府批转区教卫办、区民委、区语委、区教育局、区人事局关于我区大专、中专毕业生中壮族学生学习壮文的请示》（桂政发〔1983〕101 号）：“壮族大专、中专毕业生，从今年开始，凡是分配到壮族地区工作的，先分配定位，然后集中到壮校学习壮文三个月。”“明年以后，凡是分配到壮族地区工作的大专院校和中等专业学校的壮族毕业生到工作单位报到后，都要分别集中到区、县壮校学习三个月的壮文。”

1989 年 8 月 31 日，《广西壮族自治区人民政府印发〈自治区壮文指导委员会第一次会议纪要〉的通知》（桂政发〔1989〕106 号）：“壮族地区农村要坚持使用壮文扫盲。现在，农村中壮族农民文盲较多，而且他们中的大部分不会讲汉语。实践证明，使用壮文扫盲，群众易学易懂，效果很好，由于口语与文字基本一致，也便于运用。在扫盲工作中，要注意学用结合，使群众在学习壮文的过程中学到一些实用的科技知识，为当地生产生活服务。”

1990 年 2 月 22 日，《广西壮族自治区人民政府印发〈自治区壮文指导委员会第二次会议纪要〉的通知》（桂政发〔1990〕24 号）：“今年是国际扫盲年，要在壮族聚居地区的农村使用壮文开展扫盲工作。要根据当地实际，在选好点的基础上，与壮文进校工作结合起来，与学习科学技术和种养、加工知识，为发展生产服务结合起来，切忌一哄而起，盲目进行。”

1992 年 4 月 25 日，《广西壮族自治区党委、自治区人民政府关于进一步加强民族工作的意见》：“用壮文推广科学技术，抓好壮文扫盲工作。”

1992 年 10 月 22 日，《广西壮族自治区人民政府关于加强民族语言文字工作的通知》（桂政发〔1992〕81 号）：“抓好壮文进学校，用壮文在农村进行扫盲以及机关工作人员的壮文培训工作。”“在使用壮语的农村，要用壮文扫盲。农村扫盲要和壮文进校、科技扶贫等工作紧密结合起来，先做好试点，后逐步铺开。”

此后，再没有文件提出用壮文在农村扫盲和组织机关工作人员参加壮文培训等要求。

（五）壮族语言文化政策

语言与文化相互依赖、相互影响，语言是文化的一部分，是文化的重要载体。文化对语言的传播有制约作用，学习了解文化有助于对语言的理解和使用，激发学习兴趣。因此，通过学习了解和参与壮族的历史地理、风土人情、传统习俗、生活方式、文学艺术、行为规范等壮族传统民族文化活动，让参与者接受壮族语言文字知识，是壮文推行使用的一种有效途径。对此，我们认识得比较晚。尽管过去在实际工作中，民族语言管理部门也把开办壮族歌师歌手壮文学习班作为壮文推行使用的重要工作来抓，但效果并不明显。自治区也没有把民族文化与民族语言文字学习使用紧密联系起来，没有制定出相关政策，通过开展和参与民族文化活动来宣传学习民族语言文字。“十二五”期间，教育部门认真总结双语教学的经验教训，从壮族语言文字发展和壮族地区语言环境的实际出发，转变思想观念，从推行推广壮文转向实施壮汉双语教育，从壮文教学向语言文化教育转型，不仅把壮文作为教学语言工具来看待，更把壮族语言文化作为一种教育资源来开发利用，发挥壮族语言文化教育资源的作用，有力地促进了壮汉双语教育发展。2015 年自治区人民政府将“壮族三月三”作为我区民族传统节日并定为假日后，大力推进民族语言与民族传统文化融合发展，打造旅游文化消费品牌，促进民族文化发展，从而扩大了壮族语言文字的影响。实践证明，利用民族节庆活动和风俗习惯来宣传学习使用壮文不失为一种有效的途径。总结好、运用好、发展好这一成功经验，完善相关政策规定，推进民族语言文化发展，是我们今后的一项重要任务。具体文件规定：

2015 年 1 月 16 日，《广西壮族自治区人民政府办公厅关于 2015 年“壮族三月三”放假的通知》，要求各地各部门认真总结去年欢度“壮族三月三”节日的好经验好做法，组织引导开展好今年节日的相关活动，把“壮族三月三”办成民族和地方特色浓郁的群众性节日。

2016 年 9 月 20 日，《广西壮族自治区党委办公厅、自治区人民政府办公厅印发〈关于打造“壮族三月三 • 八桂嘉年华”旅游文化消费品牌的工作方案〉的通知》（厅发〔2016〕20 号），要求“把‘壮族三月三 • 八桂嘉年华’打造成一个集民族文化、群众体育、风情旅游、特色消费于一体，全区各族群众广泛参与，对国内外游客有较强吸引力的民族文化嘉年华”。

2017 年 2 月 10 日，《广西壮族自治区人民政府办公厅关于 2017 年“壮族三月三”放假的通知》，要求各地各部门组织引导开展好今年“壮族三月三”节日的相关活动，把“壮族三月三 • 八桂嘉年华”打造成一个集民族文化、群众体育、风情旅游、特色消费于一体的旅游文化消费品牌。

2017 年 2 月 15 日，《广西壮族自治区民宗委、民语委关于印发 2017 年“壮族三月三 • 和谐在八桂”活动方案的通知》，要求各地各部门举办的节日活动，其活动名称、徽标（LOGO）、背景墙、标语横幅、专栏板报等要同时规范使用壮汉两种文字制作；各类民族民俗文化活动尽量采用普通话与当地方言相结合的形式，鼓励少数民族人员穿着民族服装。

二、壮文推行使用政策存在的问题

60 年来，自治区壮文推行使用政策在制定和贯彻执行中取得了不少成果，但也存在一些突出问题。主要有：

（一）政策权威不足，法制化程度低

目前，全国许多少数民族地区都制定了少数民族语言文字工作条例等地方性法规，而少数民族中人口最多的壮族还没有相关的地方性法规。长期以来壮文推行使用政策仍停留在政府文件上，未能形成地方性法规，甚至有的不是规范性文件，如上述的壮族语言文化政策，从而造成政策权威不足、地位偏低，规范约束不力。由于缺乏全区性的地方性法规，过去一些自治县的自治条例中“自治县逐步推广民族文字”的规定，也在近年的修改中消失了。随着依法治国的全面推进，人们的法治思维逐步树立，依规办事的习惯逐步养成。在执行壮文推行使用政策过程中，有些干部群众对此不太重视、不愿贯彻、比较陌生也就不足为怪了。可喜的是，《广西壮族自治区少数民族语言文字工作条例》已由自治区第十三届人大常委会第三次会议于 2018 年 5 月 31 日通过，自 2018 年 8 月 1 日起施行。这将有力地推进壮文推行使用的规范化、法治化、科学化。

（二）政策贯彻落实不到位，执行力度不够

政策贯彻落实不到位、执行力度不够的主要原因是一些领导干部缺乏足够的重视，思想认识不深，

把政策制定当作摆设，不求真正落实；有的是因为政策本身不好用，闭门造车不接地气，政策规定粗放空洞，缺乏针对性、可行性和可操作性，解决不了实际问题；有的是因为政策宣传普及严重滞后，政策出台或贯彻落实过程中疏于宣传报道，宣传普及力度明显不够，政策教育培训也远远跟不上，更不用说纳入各级党校、干部学校教学内容，进教材、进课堂了，同时在公共媒体上也很少出现，连主管壮文推行使用机构的广西壮族自治区少数民族语言文字工作委员会都没有多少人知道，那就很难指望壮文推行使用政策深入人心了；有的是因为监督执行失之于软。严格的督促检查和考核评价机制能够推动壮文推行使用政策的贯彻落实。但在现实中，学习和掌握壮文，对能否成为公务员或评优，乃至考大学都没有关系，政策执行得多与少、好与坏、对与错，对党政干部提拔任命不会产生影响，对本单位工作事业不会产生影响，甚至如果学习使用壮文还有可能影响单位效益和事业发展，这就使人产生学习壮文没有用、得不偿失、费力不讨好的思想。比如，对壮语广播电视节目开播或频道建设问题，尽管2009年12月7日《国务院关于进一步促进广西经济社会发展的若干意见》（国发〔2009〕42号）和2014年12月31日《广西壮族自治区党委、自治区人民政府贯彻落实〈中共中央、国务院关于加强和改进新形势下民族工作的意见〉实施方案》（桂发〔2014〕21号）等文件都有明确要求，但是相关部门就是不贯彻落实。

（三）政策体系不健全，碎片化问题突出

目前，壮文推行使用政策既缺失基础主干，也缺乏系列条例，零打碎敲，条块分割，难以使得各类政策相辅相成、协调一致，共同构成一个有序运行、与时俱进的统一整体，严重影响政策的执行效果。目前专门集中系统阐述壮文推行使用政策的文件是1992年10月22日《广西壮族自治区人民政府关于加强民族语言文字工作的通知》（桂政发〔1992〕81号）和1990年2月22日《广西壮族自治区人民政府印发〈自治区壮文指导委员会第二次会议纪要〉的通知》（桂政发〔1990〕24号）以及1989年8月31日《广西壮族自治区人民政府印发〈自治区壮文指导委员会第一次会议纪要〉的通知》（桂政发〔1989〕106号）等，其他政策都是分散于各类文件之中，长短不一，要求不一，难成一体。除了教育系统的双语教学工作制定了比较完善的政策文件外，其他系统如文化、新闻出版、广播影视、司法机关、组织部门等尚未专门制定一部规范壮文推行使用的政策文件。这些部门政策文件缺失，壮文推行使用政策体系就不可能建立起来，做不到环环相扣、严丝合缝，形不成上下左右联动的政策合力。

（四）政策内容原则性强，粗放、虚化问题比较普遍

壮文推行使用政策政治性强，比较复杂和敏感，因而较其他工作而言，在政策制定中一般是遵循宜粗不宜细的思路，更多的是强调与上级保持一致、与兄弟民族看齐的观点，认为不必那么“较真”和具体，照抄照搬，有个大概依据就可以了，这就容易导致制定出来的政策比较粗疏，要求过于笼统，内容不够具体，可操作性不强，有的甚至是失真、虚化。比如，1991年6月19日，《国务院批转国家民委关于进一步做好少数民族语言文字工作报告的通知》（国发〔1991〕32号）：“鼓励各民族互相学习语言文字。在少数民族地区工作的汉族干部，要积极学习当地少数民族的语言文字。少数民族干部在学习、使用本民族语言文字的同时，也要积极学习全国通用的普通话和汉文。能够熟练使用两种以上当地通用的语言文字的，应当予以奖励。”而1992年10月22日，《广西壮族自治区人民政府关于加强民族语言文字工作的通知》（桂政发〔1992〕81号）：“为适应改革开放的需要，在壮族聚居地区要教育和鼓励各民族的干部互相学习语言文字。汉族干部应学习当地少数民族语言文字，少数民族要学习全国通用的普通话和汉文。凡能够熟练地使用两种以上当地通用的语言文字者，应予以鼓励。”两者对比，不仅对少数民族干部学习本民族语言文字没有明确要求，而且由“奖励”变为“鼓励”。

（五）政策目标任务不明确，没有量化

在国家层面上看，《国家语言文字事业“十三五”发展规划》规定：“到 2020 年，在全国范围内基本普及国家通用语言文字”。而《“十三五”少数民族语言文字工作规划》对少数民族语言文字发展目标的规定就很笼统模糊，即“到 2020 年，各民族使用和发展自己的语言文字的自由得到进一步保障。”在自治区层面上也一样，比如《广西壮族自治区实施〈中华人民共和国国家通用语言文字法〉办法》第十条明确规定公务员、教师、普通高等院校和中等职业学校的学生，以及公共服务行业的播音员、解说员、导游员、话务员等特定岗位人员和广播电台、电视台的播音员、节目主持人、影视话剧演员等人员的普通话水平都应当达到一定等级标准。相比之下，壮文推行使用的目标任务就更加模糊了，实际上就没有具体目标要求。如 1992 年 10 月 22 日《广西壮族自治区人民政府关于加强民族语言文字工作的通知》：“继续宣传和落实党和国家的民族语文政策，加强我区壮文工作的法制建设，搞好壮语文的规范化、标准化，促进壮语文的翻译、出版、教育、新闻、广播、影视事业，推进我区壮语文的学术研究和交流，抓好壮文进学校、用壮文在农村进行扫盲以及机关工作人员的壮文培训工作，并抓紧做好《瑶文方案》的试验以及其他少数民族文种的试行与研究工作。”

（六）政策调整更新不及时，政策制定滞后

政策通常都有生命周期，其往往比法规都短，“过期”的政策就难以再发挥应有作用，需要不断新陈代谢来保持活力。但是，一方面，目前壮文推行使用政策大多都是壮文恢复推行使用的改革开放初期出台的，或者 20 世纪八九十年代制定的，不少政策内容已严重滞后于实践、滞后于时代。比如，上述 1992 年 10 月 22 日《广西壮族自治区人民政府关于加强民族语言文字工作的通知》（桂政发〔1992〕81 号）等三个主要政策文件都是 20 多年前出台的，已经难以适应现实需要。另一方面，新的政策文件却迟迟没有制定出来。壮文推行使用工作中不少实践迫切要求、社会反映强烈的政策文件供给不及时、跟不上。比如，壮族群众反映强烈的关于壮语广播电视频道设立、双语干部培养使用、双语学生毕业就业等突出问题，亟待制定出台专门的政策文件予以规范。

（七）政策研究贫弱，理论成果少

政策的制定关乎壮文推行使用，但是由于壮文推行使用领域政策研究主体较少，同时其研究成果并不容易得到采纳和推广使用，严重影响了研究者的积极性，造成目前我区壮文推行使用政策理论研究仍比较薄弱，突出表现在这次开展的征文活动中，应征有关政策理论题目的人数比较少。当前壮文推行使用政策研究存在“少、散、弱、慢”问题。“少”是指研究政策理论力量少、政策理论研究成果少，能够产生影响的政策对策建议文章屈指可数；“散”是指政策内容研究分散，缺乏系统性研究，仍然停留在壮文推行使用本身，对壮文推行使用与民族政治、经济、文化、教育等发展相关的政策体系研究比较少；“弱”是指声音小，形成的壮文推行使用政策研究成果和认识难以传播，难以产生辐射效应和放大效果；“慢”是指壮文推行使用政策研究不够紧扣形势，针对性、时效性不强。

三、壮文推行使用政策制定应注意的几个问题

壮文推行使用政策的制定极具敏感性和挑战性，在研究和制定政策时要慎而又慎，切实做到科学性、有效性、针对性、可行性融为一体。具体地讲，壮文推行使用政策制定要正确处理和把握好以下七个方面的关系和重点：

（一）理论性和实践性，坚持马克思主义为指导

科学的理论来源于实践并经过实践的检验和证明，有解释问题、指导实践和预测的功能，可以指导实践，服务实践。没有理论指导的实践往往是盲目的。只有建立系统的、科学的壮文推行使用工作理论基础，并在其理论指导下进行工作，才能更好地解决工作实践中的实际问题、具体问题，探索出工作规律，增强政策制定的系统性、科学性。同时也只有通过政策贯彻落实的实践检验理论成果，丰富和完善壮文推行使用工作理论内容，才能更好地解决工作实践中的方向问题、原则问题，调整和完善壮文推行使用政策，增强政策制定的准确性、科学性。因此，壮文推行使用政策制定需要正确处理理论性和实践性的关系，坚持两者的辩证统一与有机结合。目前，壮文推行使用工作中轻视理论的情况比较突出，实践意识较强而理论意识不足，突出表现在基础理论研究成果偏少，可以说是单薄脆弱，不足以为政策制定提供充分的理论储备，理论指导政策制定较弱。政策制定是对策研究，是以重视基础理论研究为前提的。倘若没有形成一套成熟的壮文推行使用理论体系，那么政策制定就无“理”可用、无“论”可循，成为无源之水、无本之木，这是造成壮文推行使用政策碎片化、短期化的重要原因。壮文推行使用工作是一门新、窄、偏的学科，要格外重视理论建设。理论建设包括科学理论和专业理论。科学理论是指马克思列宁主义、毛泽东思想、邓小平理论、“三个代表”重要思想、科学发展观和习近平系列重要讲话精神和党的十八大以来党中央治国理政的新理念、新思想、新战略。专业理论是指在壮文推行使用工作专业领域的基础理论知识。它是通过一系列概念、判断或命题，借助一定的推理形式构成的关于壮文推行使用问题的系统性的陈述。马克思主义作为一个完整而严密的科学理论体系和无产阶级的世界观，深刻揭示了人类社会发展规律，是我们党和国家制定路线、方针、政策的理论基础，是推动壮文推行使用、民族文化繁荣、民族团结进步的科学理论，对壮文推行使用政策制定具有重要的指导意义。壮文推行使用政策制定必须坚持以马克思主义理论为指导方针，坚持辩证唯物主义和历史唯物主义的立场、观点和方法，揭示壮文推行使用工作规律，并形成壮文推行使用工作专业理论，用以指导壮文推行使用政策制定。

（二）政策性与法规性，确保法律政策的一致性

列宁说过，法律是一种政治措施，是一种政策。很显然，法律虽然表现形式不同，但本质上是一致的。壮文推行使用政策和壮文推行使用法律的关系也是如此，也具有一致性。壮文推行使用政策制定要正确处理政策与法规的关系，必须符合宪法、法律和相关的法规，不得和法律法规相抵触，并依法把政策转化或上升为地方性法规，以期具备全社会共同遵守的效力。壮文推行使用政策是指自治区各级党委政府针对壮文推行使用的具体现实情况而制定的策略和采取的措施。壮文推行使用法规是指用自治区立法机关或是人民政府制定的具有普遍效力和带有强制力保证实施的对策措施。政策是法律的内容，而法律是政策的条文化、定型化。两者联系紧密、相辅相成，具有功能的共同性、内容的一致性和适用的互补性，是推进壮文推行使用的两种互为补充、不可缺少的手段。两者各有特点和作用，不能相互代替。政策具有普遍性、指导性、灵活性等特征。在目前领导干部法治思维有待提高、领导讲话和文件比法规重要的情况下，政策在推进壮文推行使用过程中更有用、有效，必须进一步完善壮文推行使用政策体系，确保国家相关法律法规落到实处。这就要求我们在制定壮文推行使用政策时必须确保其与法律法规的一致性，不折不扣贯彻落实。一致性要求既包括不得与法律法规相抵触，无条件地严格执行法律法规，也包括不能放松对法律法规的要求，以各种借口变相不执行或打折扣执行。目前，壮文推行使用政策与国家法律

法规相比应该是打折扣了，通俗地说，就是国家法律法规要求比较硬，但壮文推行使用政策比较软，这也是与法律法规不一致的表现。同时，法规具有普适性、规范性、稳定性等特征。在依法治国全面推进、领导干部法治思维和依法办事逐步形成的情况下，法规在推进壮文推行使用中更有权威性，是推进壮文推行使用工作的根本保证，必须注意把政策转化为地方性法规，建立壮文推行使用的地方性法规体系。目前，壮文推行使用工作法制化比较薄弱，还没有一部地方性法规，开展工作主要是依据国家法律法规，如宪法和民族区域自治法以及自治区党委政府制定的规范性文件，如《广西壮族自治区人民政府关于加强民族语言文字工作的通知》（桂政发〔1992〕81 号）等，这是造成壮文推行使用工作停滞不前的根本原因。壮文推行使用是一件事关民族发展、民族团结的大事，必须做到于法有据，及时把民族群众的主张和党委政府的相关政策转化为地方性法规，这是依法治国和依法执政的必然要求。

（三）整体性与局部性，注重政策制定的系统性

习近平总书记在省部级主要领导干部学习贯彻十八届三中全会精神全面深化改革专题研讨班上深刻指出："在学习理解上，要防止一知半解、断章取义、生搬硬套，要弄清楚整体政策安排与某一具体政策的关系、系统政策链条与某一政策环节的关系、政策顶层设计与政策分层对接的关系、政策统一性与政策差异性的关系、长期性政策与阶段性政策的关系，既不能以局部代替整体，又不能以整体代替局部；既不能以灵活性损害原则性，又不能以原则性束缚灵活性。"这一重要讲话为我们政策制定工作指明了正确方向。唯物辩证法认为，事物是普遍联系的，联系又具有系统性。壮文推行使用政策制定必须正确处理整体与局部、系统与个体的关系，既要立足于整体、系统，追求系统整体的最佳效应，又要注意各个局部、个体的特点，重视和发挥具体政策的积极作用，做到局部服从整体、整体关照局部，避免整体政策与具体政策脱节。从广西壮文推行使用情况看，应着力坚持整体性、系统性原则，从事物的全局出发，在各个政策之间以及它们与周围环境之间的相互关系和相互作用中，把握政策系统整体的本质和规律，构建一个纵横交错、互联互通、相互衔接、协调一致的壮文推行使用政策体系。只有这样，才能真正把壮文推行使用工作做好。从结构看，政策体系有不同层次的政策体系。从内容看，有基本政策、主要政策、具体政策、配套政策和一般政策、特殊政策等。目前，壮文推行使用政策未能形成体系，既没有一个统筹协调政策制定的日常管理机构，也没有一份能够统筹协调全区工作的政策文件，部门的具体政策也很少，即使有一些政策，也是各自为政，缺乏有机联动，缺乏相互支撑。整体性、系统性不足是目前壮文推行使用政策最突出的问题，是影响壮文推行使用的主要原因之一。比如没有形成一以贯之的完整双语教育政策体系，目前只制定有中小学壮汉双语教学的政策而没有双语教学成果的应用，如计入高考分数或单独划线政策，没有给予高校壮文专业的毕业生就业优惠政策，等等。为了解决这一问题，必须完善壮文推行使用政策的制定体制，充分发挥自治区少数民族语言文字工作委员会统筹协调的作用。目前壮文推行使用政策制定存在的诸多问题，大多源于政策制定体制，即由于自治区壮文指导委员会已经名存实亡，不再发挥作用，全区没有一个壮文推行使用的最高统筹协调机构。如何打破部门分割，实现统一管理，分工合作，形成各政策制定主体相互协调的机制，已成为壮文推行使用的重要条件。必须由自治区少数民族语言文字工作委员会牵头，自治区相关部门参与，建立多部门参与的壮文推行使用政策制定的协调机制，统筹壮文推行使用政策的制定和实施。只有这样，才能从源头上解决不同部门之间由于互不隶属而导致壮文推行使用政策缺乏一致性和协调性的问题，确保制定出步调统一、高效实用的壮文推行使用政策。

（四）稳定性与调整性，强调政策制定的创新性

壮文推行使用政策要坚持稳定性和开拓性的辩证统一，两者相辅相成，不可分割。任何一项工作在长期的政策实践中，都积累了十分丰富的政策经验和教训，形成了自成体系的一套政策制定模式，这是制定政策的宝贵财富和基础，其中的精华构成了政策创新的基础。如果全盘抛弃否定这些东西，政策不稳定、不继承，创新就变成了无本之木、无源之水。因此，我们要强调注意总结 60 年来壮文推行使用政策制定和贯彻的经验，对于那些经过长期实践、不断积累的经验，逐步形成的规律性的基本政策，要稳定和继承，不能抛弃。另一方面，我们也要看到，随着改革开放和市场经济的发展，壮文推行使用政策环境和政策问题都发生了根本性的变化。如果我们囿于以往的经验，即使是成功的经验，政策不创新，僵化不变，与时代脱节，最终就会为社会所淘汰。因此，我们也要强调与时俱进，随机应变，紧跟时代步伐，适应新形势、新任务的发展变化，注重研究新情况、新问题，敢于突破以往的条条框框，不断完善原有政策和探索出新对策、新政策。只有这样，才能使壮文推行使用政策既具有稳定性、继承性、连续性，又具有开拓性、创新性，具有强大的生命力。创新是历史进步的动力、时代发展的关键，位居“五大发展理念”之首。习近平指出：“坚持创新发展，必须把创新摆在国家发展全局的核心位置，不断推进理论创新、制度创新、科技创新、文化创新等各方面创新，让创新贯穿党和国家一切工作，让创新在全社会蔚然成风。”从壮文推行使用发展的几起几落和当前面临的困境与机遇看，政策创新更为重要和迫切，是当前的主要任务。没有政策依据、政策不明确等“政策困境”是影响和制约当前壮文推行使用的主要因素。其包括基本政策，如是否继承坚持壮文推行使用，也包括具体政策，如何进行壮文推行使用，其途径和方法等都含糊不清，模棱两可。政策困境的原因既有客观的，也有主观的；既有上级的，也有下级的，但根本原因是政策制定和执行的无能。党的十八大以来，中央和有关部门针对双语教学、双语干部等问题出台了新文件，对少数民族语言文字工作也提出了新的要求，明确了新的任务、新的方针。我们一定要根据中央的新精神，针对壮文推行使用的新情况新问题，加强调查研究和政策创新，总结壮文推行使用的规律，及时调整、修订和丰富、完善原有的政策，对不合时宜的政策要及时废止，使新旧政策有机衔接，防止出现政策前后相悖的现象，努力制定出适合广西实际、科学有效的壮文推行使用政策。

（五）现实性和前瞻性，注意政策制定的渐进性

社会现实问题是政策赖以存在的基础，是政策制定的出发点。政策制定必须从现实的问题出发，密切联系实际，敏锐把握时代脉搏，具有深刻的洞察力，及时发现问题，认清问题的本质，提高政策的针对性和实效性。但是，一项政策如果仅仅是为了解决现实中所产生的社会问题而出台显然是滞后的。对一项有效的政策来说，其内容和措施必须具有前瞻性，能预测到社会发展的趋势和社会问题的变化，这样才能从根本上真正解决问题。前瞻性是政策有效性的基础，能解决“明天”的现实问题，解决未来的发展问题。壮文推行使用政策必须坚持现实性和前瞻性的统一，既要立足现实，从实际出发，实事求是，与社会经济和改革发展稳定大局紧密地结合，注意考虑工作是否可行、条件是否具备等因素，既致力于解决工作中遇到的现实问题，又要放眼未来，牢固树立战略意识和超前意识，着眼于政策制定的长远性和基础性，兼顾未来政策需要，高瞻远瞩，决胜未来。只有这样，才能适应不断发展的社会和环境的变化，立于不败之地，有效推进壮文推行使用。这就要求壮文推行使用政策不能过于宽泛和抽象，注意把握政策的“渐进性”，切记欲速不达。无实际内容的政策，只能写在纸上、挂在墙上，难以抓在手上、落实在行动上。政策制定要朝着简明扼要、明确实用的方向发展，增强政策的实践性和可操作性，确保政策

行得通、管得住、用得好。60 年壮文推行使用的教训告诉我们，欲速则不达。人们不应该也不可能超越事物发展的阶段，以主观意愿行事来达到预期目的，否则将事与愿违。60 年来壮文推行使用反反复复、几起几落，原因是多方面的，但是一些政策超出实际人、财、物等客观条件允许，脱离实际，违背事物发展规律，想把未来的事在今天办完，也是一个重要因素。壮文推行使用政策，一定要认真总结 60 年来的经验教训，不仅要科学把握当前的壮文推行使用情况，而且要预测壮文推行使用未来发展的趋势，深入分析历史的轨迹，研究前后政策之间的联系，理清政策的历史沿革和总体脉络，认清当前形势，充分考虑工作力度、速度和可承受程度，提出切实可行的现阶段的政策目标和政策举措，做到既不脱离历史，又不落后时代；既不能速成、犯急躁病，也不能止步、当尾巴，切实做到蹄疾步稳、急而不躁。蹄疾，就是要有一种紧迫感，不待扬鞭自奋蹄，努力提高壮文推行使用政策的超前性、主动性和自觉性，在战略上勇于进取；步稳，就是要有足够的耐心，把握事物特点，遵循客观规律，坚持问题导向，掌握好政策出台的时机、力度和节奏，一个一个地克服困难，一个一个地解决问题，稳扎稳打。

（六）自愿性和强制性，增强政策制定的约束性

坚持民族语言平等，尊重群众意愿，保障各民族都有使用和发展自己语言文字的自由，是党的民族语言文字的方针政策。“各民族的这个自由权利包括两个方面的内容：一个是学习和使用本民族语言文字的自由；一个是不学或者学习和使用别的民族的语言文字的自由。二者都可以自由选择，任何团体和个人不得干涉和剥夺。民族语言是民族文化的载体，学习民族语言文字是学习和继承民族文化的主渠道。所以，在这里我们强调的是要尊重少数民族的意愿，保障他们自由选择的权利，为他们的自由选择提供条件，而不是包办代替，替人家做主。”（2015 年 9 月 23 日，国家民委教育科技司司长田联刚《关于我国少数民族语言文字政策的思考》，凉山州语言文字工作委员会网站）。1991 年 6 月 19 日，《国务院批转国家民委关于进一步做好少数民族语言文字工作报告的通知》也指出：“对 50 年代创制和改进的民族文字，试行效果好、受多数群众欢迎的，按规定程序上报批准推行；效果不够理想的，要认真总结，改进完善；效果不好、多数群众不欢迎的，应尊重群众的意愿，不要勉强试行。”然而，令人遗憾的是，我们在贯彻落实推行使用包括壮文在内的少数民族语言文字的实际工作中，更多的是强调尊重群众意愿，给予他们学习本民族语言文字的自由。主要表现在对法律法规鼓励和激励少数民族群众使用和发展自己语言文字的相关规定贯彻落实不力，放任自流。比如，民族自治地方的自治机关在履行职务的时候，使用当地通用的一种或者几种语言文字；自治机关同时使用几种通用的语言文字履行职务的，可以以实行区域自治的民族的语言文字为主；人民政府帮助少数民族发展使用本民族语言文字的文化教育事业；提倡各民族干部群众互相学习语言文字，在少数民族地区工作的汉族干部要学习当地少数民族的语言文字；少数民族干部在学习、使用本民族语言文字的同时，要学习汉语文；对熟练使用两种以上当地通用语言文字的国家工作人员，应当予以奖励；等等。这些都是《中华人民共和国宪法》《中华人民共和国民族区域自治法》和其他有关的法规政策所要求的，但在实际工作中并没有得到很好的落实。这是壮文推行使用陷入困境、停滞不前的主要原因。壮文作为新创文字，目前存在的突出问题是缺乏配套的奖励激励政策，也缺乏惩罚约束政策。壮文推行使用必须正确处理好自愿和强制的关系，既要坚持以人为本，尊重群众意愿，尊重壮族群众学习使用壮文的权利，充分保障壮族群众选择学习使用壮文的自由，又要加强引导，建立奖励激励和约束规范机制，倡导和鼓励各民族互相学习语言文字，特别要积极引导和鼓励壮族群众既学好国家通用语言文字也学好用好壮文。通过建立健全科学有效的壮文推行使用激励和约束

政策，形成壮族干部群众以既懂壮语壮文、又能讲普通话为荣的良好环境，使壮族干部群众自觉作出学习推行使用壮文的选择。

（七）普遍性和特殊性，鼓励政策制定的灵活性

实事求是，是制定政策的基本原则。正如习近平总书记指出的："谋事要实，就是要从实际出发谋划事业和工作，使点子、政策、方案符合实际情况，符合实际规律，符合科学精神，不好高骛远，不脱离实际。"壮文推行使用政策制定要正确处理普遍性和特殊性的关系，坚持用对立统一的观点看问题，既要看到壮文推行使用工作的普遍性，又要看到壮文推行使用工作的特殊性，坚持从广西实际出发，走出一条壮文推行使用的新路子。从政策制定看，政策是政党和国家为实现一定的总目标而确定的行动准则，是对人们的利益进行分配和调节的政治措施。因此，政策必须具有普遍约束力，这是政策统一性、普遍性的表现。我国是一个多民族国家，共有56个民族，使用80多种语言。中华人民共和国各民族一律平等，语言平等是民族平等的一项重要内容，也是民族平等的具体体现。壮文推行使用是全国少数民族语言文字推行使用的一部分。党和国家对少数民族语言文字工作提出的基本方针、指导思想、基本原则和主要任务、要求，同样适用于壮文推行使用，这就是壮文推行使用政策的普遍性。具体情况具体分析是马克思主义活的灵魂。各地情况千差万别，发展还不平衡，必须防止简单的"一刀切"。由于广西独特的社会环境、民族历史文化，壮文推行使用又有自己的特点，形成自己的特殊规律。比如，壮文作为新创文字，社会缺乏共识，领导缺乏足够重视，群众缺乏深刻认识，群众的接受需要一个过程；壮族群众普通话普及率高而且应用广泛，而壮文应用范围窄；壮话方言众多，差异明显，壮族群众能听懂或会说的壮语与标准壮语有着很大差别，这些都是壮文推行使用政策制定时需要考虑的特殊性。可见，壮文推行使用政策既具有普遍性又具有特殊性，两者是辩证的统一。目前，壮文推行使用仍面临许多政策瓶颈，比如政策灵活性不够、衔接不畅、目标任务和标准要求含糊等问题，这是造成壮文推行使用效果不明显的重要因素。在制定政策时必须坚持科学的方法，摒弃两种片面的认识：一种是只看到壮文推行使用政策的普遍性，而没有看到或否定其特殊性，习惯于照本宣科、照搬照抄，将上级和兄弟民族的有关政策简单化、教条化；另一种是只看到、强调政策的特殊性，而没有看到或否定政策的普遍性，从而放宽对工作的要求，降低壮文推行使用标准和目标。总之，壮文推行使用政策制定要坚持在普遍性原理的指导下把握矛盾的特殊性，寻求政策"公约数"，做到既要坚持党的民族语言平等政策，严格执行国家有关法律法规和政策，又要从广西实际出发，遵循壮文推行使用的规律，尊重民族群众的意愿，积极探索出适合自己的模式，切实做好壮文推行使用工作。

四、壮文推行使用政策未来选择的意见建议

（一）坚持服务中心、服务大局，构建服务党的中心工作的政策体系

围绕中心、服务大局，是做好各项工作的灵魂。"中心"即核心、重点，"大局"就是关系长远、整体的局势。中心和大局，是党和国家在一个时期必须全力以赴实现的根本性目标、任务。中心工作一旦明确了、确定了，各方面工作都要围绕这个中心来开展部署。壮文推行使用工作也不例外。只有围绕中心，服务大局，我们的壮文推行使用工作才能体现出自身的特点与优势，才能更好地反映人民群众的根本愿望和要求，才能有更大的作为、更广阔的前景。虽然壮文推行使用不像其他工作那样与经济建设

中心工作有直接关系，但并不是遥不可及，而是密不可分的，特别是与民族发展、民族团结、民族文化等工作是直接相关的。我们认为，围绕中心、服务大局应是壮文推行使用工作必须始终遵循的指导思想。这就需要我们以敏锐的战略眼光，审时度势，紧跟自治区党委、政府工作部署，牢固树立围绕中心、服务大局的意识，主动、适时调整和部署壮文推行使用工作。只有这样，我们的壮文推行使用工作才能在大局中找准位置、发挥作用、取得成效。当前广西的中心工作、重点工作是什么？2015 年 3 月 8 日习近平总书记参加第十二届全国人大三次会议广西代表团审议时发表的重要讲话和 2017 年 4 月 19 日至 21 日视察广西时发表的重要讲话，为我们指明了方向。比如说，贯彻落实习近平总书记提出的对广西发展的三大定位和对广西积极主动融入“一带一路”建设、更好推进精准扶贫精准脱贫、广泛深入持久地开展民族团结进步创建活动等要求，都是当前广西的中心工作、重点工作。壮文推行使用与广西的“一带一路”建设、精准脱贫工作、民族团结示范区创建和民族文化强区建设等都有直接关系，要求我们深入研究，努力探索出一条围绕这些中心工作、重点工作来开展壮文推行使用的新路子。语言文字是人类最重要的交际工具，是人类文明代代相传的载体，是打开沟通理解之门的钥匙，是促进文明交流互鉴的纽带。语言相通是人与人相通的重要环节，是实现民族团结进步、民族文化传承的保证，也是“一带一路”互联互通的重要基础。正如习近平指出的：“学会不同语言，才能了解不同文化的差异性，进而客观理性看待世界，包容友善相处。”“语言是各民族沟通的桥梁，是做好民族工作、促进民族团结最简单最管用的一个办法。”壮语是跨境语言，东盟各国部分语言与广西境内的一些语言谱系相近，语言上的广泛联系可以增强双方的互动交流，加深彼此的认识和联系，在“一带一路”建设中发挥作用。因此，我们可以把壮语壮文的宣传和学术研讨活动作为民族语言文字互通的一个内容纳入“一带一路”建设规划。广西的精准脱贫工作，与民族教育、民族文化、民族团结、边境建设紧密联系，是自治区当前的头等大事，是民生工作、民族工作的重中之重。我们也可以把它与壮文推行使用结合起来，规定乡镇基层干部在精准脱贫中要成为双语干部，把壮文推行使用作为民族团结进步创建活动和民族文化强区建设的重要内容和验收标准要求。这是壮文推行使用的一个方向，是解决当前壮文推行使用困难和问题的战略途径。

（二）坚持语言平等和方言保护原则，构建语言和谐发展的政策目标体系

60 年来，壮文推行使用取得了重大进展。虽然 20 世纪 90 年代后壮文推行使用出现了停滞不前的情况，但是近年来，壮文推行使用已经显示出良好的态势，学校双语教学稳步推进，立法工作摆上议事日程，干部双语教育引起了重视，等等。尽管如此，壮文推行使用依然面临着许多困难和问题。其中目标不明确、任务不具体、落实不到位是一个突出问题。比如说，壮文推行使用要达到什么目标要求，没有人说得清。语言文字是民族特征中一个最为敏感的特征。语言文字受到保护和尊重，是民族和谐、社会和谐的保证。民族平等，自然包括语言文字平等；对民族的尊重，自然包括对其语言文字的尊重。实施各民族语言平等和各民族语言方言保护政策，构建一个与党和人民群众要求一致、与国家通用语言文字平等、与广西实际情况相适应的双语和谐发展目标的政策体系是做好壮文推行使用的必然要求。目标是方向，是动力。无论什么工作，没有目标就不会成功。将工作目的具体化，变为可掌握、可衡量、可操作的东西，这就是管理目标。目标管理是一种科学的现代管理方法，已被广泛运用于社会各个领域，也同样适用于壮文推行使用工作。建立壮文推行使用工作目标体系是实现工作总目标的保证，通过建立层层分解、步步量化细化、目标任务明确的壮文推行使用目标体系，可以使壮文推行使用工作从自治区党委、政府到市、县和区相关部门，都有自己明确、清晰、可操作的具体奋斗目标，从而增强有关部门和领导干部做好工

作的责任感、事业心，充分调动他们的积极性和创造性。首先，要建立壮文推行使用的整体总目标，包括最高目标、最低目标、阶段目标等。比如，2020年这个时间节点，与国家基本普及国家通用语言的进程相匹配，能够实现壮文与汉文和谐发展的目标是什么，等等。其次，要建立壮文推行使用的具体目标，包括部门目标、基层目标、个人目标等，如学校双语教学的目标、语言文化发展的目标、双语法官培养目标等。通过建立工作总目标、部门和基层目标，构成左右相连、上下一贯、彼此制约、融成一体的壮文推行使用目标结构体系。最后，通过制定出完成目标的周详严密的计划并狠抓落实，确保目标的实现。

目前，壮文推行使用目标体系是一个空白，到底壮文推行使用要做到什么程度，才能做到中央提出的“科学保护各民族语言文字”“搞好双语教育”“语言沟通”的要求，才能实现壮语与汉语和其他民族语言和谐共存、和谐发展的目标，都要求我们认真研究。近日，我们在确定建议南宁市轨道交通使用标准壮语报站问题时，在建议所有轨道交通使用还是仅限于2号线试点，是所有的播报用语还是报站用语等问题上就存在争议。我认为，与当前壮文推行使用状况相适应的应该是报站用语的试点，因为一方面是我们壮文推行使用不力，懂标准壮语的人很少；另一方面是公共交通工具服务用语全面推行目前没有群众基础，是不现实的，也是不协调的。

（三）坚持整体推进和重点突破相结合，构建系统协调发展的政策体系

坚持整体推进和重点突破相结合，是我们做好壮文推行使用工作的要求。所谓整体推进，即抓好壮文推行使用政策的顶层设计，注重壮文推行使用政策的整体效益，制定出相互依存、相互补充、疏密有致的壮文推行使用政策体系。重点突破，就是围绕壮文推行使用政策的重点部位和关键环节，找准壮文推行使用政策的切入点和着力点，提升政策制定的有效性。壮文推行使用是一项复杂而艰巨的工作，涉及面广，敏感性、政治性、专业性强，要求高。同时，由于思想认识不一，政府不重视，经费困难，人才缺乏，因此必须坚持系统设计和辩证思维，统筹安排，突出重点，有计划、有步骤地进行，兼顾整体性和重点性，做到以重点突破带动整体推进，在整体推进中实现重点突破。当前，壮文推行使用政策既存在整体推进不力的问题，既未能构建系统协调发展的政策体系，又存在重点难以突破的情况，即难以解决影响壮文推行使用的关键问题。做好壮文推行使用，必须在立足全局，加强整体规划和统筹协调，使壮文推行使用各项政策彼此衔接、环环相扣、相互协调，充分发挥政策整体效能的同时，还要按照“管用有效”原则，围绕壮文推行使用的关键领域、重点环节和难点问题，着力在若干市县、乡镇或部门、单位或行业、领域上取得突破，不断提升壮文推行使用的整体性和协调性。参照兄弟民族的做法，具体可以在以下几个方面尝试突破：一是在双语干部奖励上突破，制定双语干部奖励政策。其依据和参照是：《中华人民共和国民族区域自治法》第四十九条“民族自治地方的国家工作人员，能够熟练使用两种以上当地通用的语言文字的，应当予以奖励”。《内蒙古自治区蒙古语言文字工作条例》第十七条“在各级国家机关、人民团体和企事业单位中，使用蒙汉两种语言文字开展工作并达到自治区规定标准的工作人员，享受蒙古语言文字津贴”。二是在公务员录用上突破，制定双语人员优先录用政策。其依据和参照如下：《中华人民共和国民族区域自治法》第二十三条“民族自治地方的企业、事业单位依照国家规定招收人员时，优先招收少数民族人员，并且可以从农村和牧区少数民族人口中招收”。《内蒙古自治区民族教育条例》第四十三条“公务员考录、事业单位招聘人员时，每年应当从录用计划总数中，划定不低于百分之十五的职位用于蒙古语授课大学毕业生。国有企业招录人员时，同等条件下优先录用蒙古语授课大中专毕业生”。三是在升学考试上突破，制定高等院校壮族学生入学壮语文水平等级考试政

策。其参照如下：《云南省少数民族语言文字工作条例》第十二条“报考师范类专业的考生，熟练掌握一种少数民族语言并经少数民族语言测试合格的，应当优先录取”。《内蒙古自治区民族教育条例》第二十三条“自治区对蒙古语授课为主加授汉语的民族学校学生，实行‘中国少数民族汉语水平等级考试’制度。对汉语授课为主加授蒙古语的民族学校和开设蒙古语文选修课的普通学校学生，实行‘蒙古语文应用水平等级考试’制度”。

（四）坚持语言规范化和语言多样性并重，构建壮话方言保护发展政策体系

随着经济一体化、社会信息化不断发展，包括壮语壮文在内的许多少数民族语言文字出现严重衰变，甚至是濒危的现象。会壮话、懂壮文的人不断减少，壮文推行使用步履维艰、停滞不前，这是客观事实，是自然趋势。面对这种局面，回避不是办法，挑战才有出路，必须对壮文的出路进行严肃认真的思考。我们认为，壮文作为新创文字和普及率低的文字，在推行使用中肯定会遇到更多新情况、新问题，产生于20世纪50年代和修改于20世纪的《壮文方案》本身肯定也存在一些缺陷，推进壮文推行使用政策措施有的已经不适应时代的需求，这是事实。修订和完善《壮文方案》，推进壮文规范化、标准化、信息化应当提上日程；调整和完善壮文推行使用政策措施，推进壮文推行使用法治化、规范化、科学化势在必行，刻不容缓。但是，我们也应看到，当前壮文推行使用普及的艰难性和壮语濒危消亡进程的快速性，因此必须把对壮语的保护放在更重要更突出的位置，至少是标准壮文推行使用与壮话方言保护并重同步进行，构建壮语方言保护发展政策体系。只有这样，才能实现标准壮文与壮语方言并存双赢。否则，就有可能会出现壮文推行无法进行、壮话逐步消失的情况。科学保护壮话方言，是坚持语言的平等性和使用自由原则的体现，是实现规范化和多样性的语言文化共同发展的要求，是一件功在千秋、有利于民族团结和弘扬民族文化的好事大事，必须抓紧抓好。科学保护壮语方言，除了政府要加大财政投入，大力收集梳理各地壮语方言的发展历史和文化信息，建设壮族语言文化资源库外，由于目前多数壮族群众听不懂看不明标准壮语壮文，完全有必要制定相应的政策，把壮语方言放在标准壮文同等地位上大力推行使用。可以在以下几个方面制定和实施壮语方言推行使用政策：一是加强壮语方言在壮族聚居区的医院、邮电、学校、政务服务大厅、机场、车站、交通工具等公共服务机构或场所提供服务。二是鼓励壮族聚居地区的国家工作人员在公务活动中使用壮语方言，在必要的场合和重大的活动中自觉地使用壮语方言，特别是领导干部在重要会议和场合带头使用壮语方言，与壮族群众关系密切行业的工作人员，其壮语方言水平达到相应的要求。三是熟悉掌握壮语方言的人员在高考升学、公务员录用、提拔任用、职称评定等方面同等条件下有优先权。四是广播、电视、电影、网络等媒体适当使用壮语方言录制和播放节目。五是明确熟悉掌握壮语方言国家工作人员的配备和相关机构、岗位的设置。六是追究干扰和破坏使用壮语方言言行的责任等。

（五）坚持政府引导和群众自愿的原则，构建壮文学习使用扶持激励政策体系

壮文等少数民族语言文字的推行使用与国家通用语言文字的推行使用有一个很大的不同。前者是坚持群众自愿原则，既可以选择学习使用本民族的语言文字，也可以选择不学习使用本民族的语言文字。后者是“大力推行、积极普及、逐步提高”，简单讲就是强制推广，这是十分必要的，有利于维护国家主权和民族尊严，也有利于国家统一和民族团结。但是由于政府对少数民族语言文字学习使用的引导措施相对较弱，没有形成良好的少数民族语言文字学习使用生态环境，从而导致包括壮文在内的少数民族

语言文字并没有与国家通用语言文字一样得到同步发展、和谐发展，而是处于越来越艰难的困境。建立包括健全有效的导向机制、有力的制约机制、科学的评价机制和广泛的社会自觉参与机制等壮文学习使用奖励激励机制的政策体系刻不容缓。比如，建立健全推动壮汉双语学习激励机制，对民族地区能熟练掌握壮汉双语干部予以表彰奖励、提拔重用；提高民族学生升学、就业优惠待遇，把学生的壮汉双语能力作为升学就业的重要条件；建立健全的壮汉双语人才表彰奖励机制，对自学成才和培养壮汉双语人才有功的人进行表彰奖励；建立健全的财政投入保障机制，保证各级财政加大对壮族语言文字事业发展的经费投入；建立健全的执法监督检查机制，将壮文推行使用要求纳入各级政府行政执法督查范围和绩效考核内容。总之，把壮文推行使用与学生升学、干部晋升、工作就业、评先评优、等级考试，特别是与民族团结、文明单位创建评选等方面挂钩，制定出相关的待遇政策，对工作成效突出的进行表彰和奖励，使干部群众从壮文推行使用中能够得到实惠，从而提高干部群众学习推行使用壮文的积极性和主动性。同时，对壮文推行使用不力、不到位的给予通报批评，促其改正；对干扰和破坏壮文推行使用，造成严重后果的，依照有关法律法规追究相关责任人责任。通过建立奖励激励和约束问责机制，引导民族干部和群众自觉自愿学习使用壮文。

方块壮字信息化的必要性与可行性

林　亦[①]

一、方块壮字信息化的意义

（一）让壮族人民能有一套易于掌握的“我手写我口”的文字系统

方块壮字是壮族民间的活文字，也是壮族文化的瑰宝。壮族语言文字的特殊历史，使壮语、壮文化的传承遭遇使用文字的尴尬。方块壮字是民间使用的俗文字，但没有统一的规范，无序发展，因时而异，因地而异，甚至因人而异，限制了文字记录语言的作用；国家标准化的拼音壮文方案，是解放后用拉丁字母创制的，普及率很低，几乎成为专家文字。由于国民教育的迅速发展，壮族民众的文化水平不断提高，汉语、汉字的运用能力普遍增强，汉字成为壮族民众使用的书面语文字。这种情况使壮族人接受方块壮字比掌握拼音壮文更直接、自然。方块壮字与拼音壮文的关系犹如汉字与汉语拼音方案的关系，汉字是书写系统，拼音起正音作用，方块壮字也可作为书写系统，壮文拼音方案起推广标准音的作用。

方块壮字信息化有利于实现标准拼音壮文与方块壮字相结合。在对方块壮字字形、字音、字理、字频、历史等综合研究基础上推介主形字，标注标准拼音壮文，既保留资料的原始信息，又能通过计算机手段实现“个人创造→社会通行→推介规范”，遏制土俗方块壮字无序发展的现象，使字符稳定化、信息化、国际化，成为壮族人能用来“我手写我口”的工具。这与构建在《中华人民共和国国家通用语言文字法》下多语多文化的和谐发展并不矛盾，更重要的是使壮语、壮文化的传承发展落到实处。

（二）有利于对方块壮字文献的搜集和整理

壮族历史上有语无文，用仿汉字的方块壮字记录本族语的文献就是难得的历史记录。方块壮字在唐宋时期已初见端倪。明清两代，尤其是清代，方块壮字在广西壮族地区广为分布，人们也称之为古壮字。古壮字与方块壮字这两个概念是有区别的。据广西民族古籍整理办公室主任韦如柱先生介绍，从壮族民族古籍的角度讲，两个概念的差异主要在时间下限上。一般来说，民族文字古籍的时间下限为 1949 年，方块壮字范围要比古壮字广，涵盖了古今方块壮字。

历史上的方块壮字主要有以下几种用途：（1）抄写宗教经典，如壮族麽经、壮族师公经书、道公经书、鸡卜经等；（2）民间文学创作，如壮族民间神话、故事、传说、民歌、剧本等；（3）用于谱牒、契约、楹联、碑刻、乡规民约、记写地名等。在现代，壮族聚居区民间仍在使用方块壮字。

① 林亦，女，汉族，广西大学文学院教授。

上联：门前大道通四方
下联：屋后茂林绕村庄
横批：美丽新家

上联：春季来到花朵开
下联：春节人多好欢乐
横批：做样样成

意译：卖喂玉米的鸭，养的时间够久了，自己到溪里挑选，公的母的随你买。

古壮字文献的搜集经历了三个阶段。

（1）20 世纪 50—60 年代，广西少数民族社会历史调查组在少数民族地区进行民族识别、社会历史调查工作，发现和搜集到部分古壮字文献。

（2）20 世纪 80 年代，文化部门组织编纂中国民间文学歌谣、故事、谚语三套集成，民间文学工作者陆续搜集到一些古壮字抄本。1986 年，广西壮族自治区少数民族古籍整理出版规划领导小组办公室成立，开始有组织、有计划、有步骤地开展全区少数民族古籍的抢救、搜集、整理、保护、翻译、出版等工作，大量的古壮字文献得到搜集保护。1989 年出版了第一部《古壮字字典》。

（3）2004 年开始开展《中国少数民族古籍总目提要·广西各民族卷》编纂工作，对古壮字文献再次进行了更加有针对性的普查抢救搜集。经过 20 多年的努力，收藏于广西少数民族古籍整理办公室的各类古壮字文献已达 2000 多册（其中有 17 部列入《国家珍贵古籍名录》，38 部列入《广西珍贵古籍名录》），翻译整理出版壮族古籍成果共 60 种。

方块壮字古文献均为手抄本，没有语音符号，其翻译整理工作面临很大困难。除了缺乏专业人才，各地文献造成的大量文字差异与当前开发使用的壮字字库字符收录严重不足。20 多年来，广西少数民族古籍办对文献的整理付出了巨大努力，与相关软件公司合作的项目《古壮字系统》也取得了初步成果，提供的方块壮字造字、录入、编辑工具基本能满足研究专家整理文献的需求。但字符的信息化处理只能解决一部分的问题，更谈不上满足普通壮族民众日常文字使用的需求。

二、方块壮字信息化与国际标准

方块壮字是仿汉字的楷体文字，构形部件基本上都来自汉字。因此，方块壮字的字符整理可以仿照汉字进行信息化处理，纳入国际标准 ISO/IEC 10646。

（一）编码字符集是文字信息交换的共同规则

编码字符集是文字信息交换的共同规则，即一组无歧义的规则，用以建立一个字符集和该字符集中的字符及其编码表示之间的对应关系。ISO/IEC 10646 编码字符集按文种可分为：

（1）专用型编码字符集：如拉丁编码字符集、汉字编码字符集、蒙古文编码字符集等。

（2）通用型编码字符集：如 GB 18030 和 ISO/IEC 10646 等。

二进制数字编码是文字信息处理的基础。中文编码的种类有交换码，是编码字符集标准的关键；内部码，与编码字符集标准无必然联系；输入码，与编码字符集标准无必然联系。

信息技术标准里的汉字分类有：

（1）古汉字，如甲骨文、金文、战国文字、小篆等。古文字的信息化问题尚有待逐步解决。

（2）现代汉字（秦汉以来经过隶定的汉字），是我国文字首要的信息化对象。方块壮字编码可仿照现代汉字编码进行。

现代汉字包括了秦汉以来经过隶定的汉字，即楷化汉字，相当于汉语文字学意义上的今文字。方块壮字一开始就以现代汉字及其偏旁作为构形部件，便于仿照汉字的信息化处理。

（二）国际标准 ISO/IEC10646

ISO/IEC 10646 是一个字符集的国际标准编号，全称 Information technology—Universal Coded Character Set，缩写为 UCS。中文通常翻译作“通用多八位编码字符集”。ISO/IEC 10646 标准由国际标准化组织（ISO）和国际电工委员会（IEC）旗下的编码字符集委员会（ISO/IECJTC 1/SC 2-Coded Character Sets）发布，用来实现全球所有文种的统一编码。该标准被广泛应用于电子化的表示、传输、交换、处理、储存、输入，以及显示世界上各种语言的书面形式及附加符号。

为了在计算机及电子装置内处理各地区自身的字符，世界各地采用了不同的编码标准。使用汉字的海峡两岸及港澳地区和海外华人社会分别使用简体字和繁体字，日本、韩国、朝鲜、越南等邻国也有许多汉字。不同的编码标准互不兼容，一个编码在不同的编码标准内又可能代表不同的字符。当不同计算机相互发出电子资讯时，如果采用了不同的编码标准，即使通过转码，也可能会出现乱码或某些字符不能正确地显示等问题。广西原来开发的古壮字软件就有此类问题。

制定 ISO/IEC 10646 国际编码标准的目的，就是为了提供一套统一的字符编码标准，能包含世界上所有文字，使电子通讯及资料交换不需转码，并且也可以在一个计算机平台上处理多种语言文本。采用该标准后，世界各地不同的计算机系统之间便能更准确地储存、处理、传递及显示各种语文的电子资讯，从而加强各地间电子资讯的流通。因此，国际标准 ISO/IEC10646 的特点就是通用性、唯一性、统一性。支持它的常见的计算机操作系统有 Windows、Linux、MacOS。

国际标准 ISO/IEC10646 中汉字的来源有 GB 2312-1980 及其辅助集、GBK、现代汉语通用字表、简化字总表、《康熙字典》及其补遗、《汉语大字典》《辞源》《辞海》《汉语大词典》《中国大百科全书》、方正排版系统、四库全书；香港增补字符集；台湾 CNS 标准的汉字，以及日本、韩国、朝鲜、越南、新加坡等国标准的汉字。根据中日韩统一汉字的认同规则，部件个数不同的汉字和部件相对位置不同的汉字必须分别编码，不必分别编码的汉字是汉字部首或汉字部件。

Unicode 是统一码的意思，由名为“Unicode 联盟”的学术学会机构制定的字符编码系统。Unicode 为世界上的每个字符提供了与平台、程序、语言无关的唯一编码。Unicode 与 ISO/IEC 10646 国际编码标准从内容上来说是同步一致的。自 1991 年 Unicode 学术学会与 ISO 国际标准化组织决定共同制定一套适用于多种语言文本的通用编码标准开始，两个组织便一直紧密合作，同步发展 Unicode 及 ISO/IEC 10646 国际编码标准。

Unicode 7.0 已于 2014 年 6 月 16 日发布，与 ISO/IEC 10646：2012 标准加上修订版 1 和修订版 2 同步，总计 112，956 个字符，其中汉字字符已达 74，616 个。

方块壮字要真正成为记录、传承本族语言的符号，就要走信息化之路。无论是方块壮字古文献，还是现代使用的方块壮字，均有不少与国际标准 ISO/IEC10646 重形的字，即统一码字符。我们建立的方块壮字字符库，只需搜集非统一码字符，对其进行科学整理，争取分期分批进入国际标准 ISO/IEC10646 的中日韩统一汉字（CJK Unified Ideographs）。

（三）现代汉字的编码原则与方块壮字字符整理

现代壮文拼音方案使用的是 26 个拉丁字母，在文字上不存在信息化处理问题。方块壮字则可以仿照汉字编码原则进行信息化处理。

1. 现代汉字编码的总原则：

（1）据形不据音；

（2）据形不据义。

2. 操作：

（1）简化字与繁体字：分别编码，一字一码；

（2）新字形与旧字形：一般只给一个编码，作为规范，采用新字形；

（3）异体字：一般分别编码；

（4）字体风格：不作考虑。

汉族是中华民族的主体民族。作为优势语言的符号系统，汉字历代都有具有统一规范作用的字书、辞书、韵书等。教育与科举制度成了用字规范的有力保障。即便历经数千年，汉字的发展演变仍是相对稳定的，现代汉字编码工作也相对容易。

壮族历史上没有形成与本族语相适应的统一的文字体系，因时、因地、因人的无序造字，使异体字队伍异常庞大，所覆盖的语素、词汇却十分有限，已经与汉字的异体字不能等而视之。汉字的异体字相对简单，大多是纯表义字与形声字的对应。方块壮字则不然，造成异体的因素异常复杂。在我们搜集的上万个方块壮字字符中，大部分仅出现 1 次。也就是说，对于壮语表达而言，这些频次极低的方块壮字是废字，除了对造字理据的研究有所助，对文字的规范使用只是个沉重的包袱。仿照汉字编码原则处理方块壮字和对异体字分别编码并不困难，但想实现“个人创造→社会通行→推介规范”的设想建立一个方块壮字常用字表，异体字的整理取舍和推介规范是十分关键而且相当艰巨的科研工作。

（四）方块壮字编码提案的准备

方块壮字与汉字性质相同，其编码提案的准备完全可以参照汉字编码提案的准备进行。

汉字编码提案的准备步骤：

（1）自查：排除已编码汉字；

（2）提供汉字字型（True Type font）；

（3）提供汉字来源信息：国家 / 地区、书籍 / 报刊、原始图片；

（4）提供汉字基本属性：部首、部首外笔画数、《康熙字典》序号、IDS（表义文字描述序列）、属性等；

（5）提交提案文本：背景情况、需求说明等。

据广西少数民族古籍办的统计，目前收藏于广西少数民族古籍整理办公室的各类古壮字文献共计

2000多册。据各市县有关部门对已有线索古籍的统计，分散藏于民间的壮族古籍有2万多册（件），而且还在不断增加。对方块壮字进行穷尽式搜集整理是不现实的。为保证完成编码提案的准备工作，我们以正式整理出版的方块壮字文献为主要来源，理由如下：

①正式整理出版的方块壮字文献相对重要，具有语言和文化的代表性。例如《布洛陀经诗译注》《壮族麽经布洛陀影印译注》（八卷）、《壮族民歌古籍集成·嘹歌》《平果嘹歌》（五卷）等。

②正式整理出版的方块壮字文献经过筛选，影印件保证整洁、清晰，字迹不过于潦草。这对于原始图片的截取十分重要。保证字形正确而非美观是国际标准ISO/IEC 10646作为编码字符集的关注重点。由国家新闻出版总署承担的重大科技工程项目“中华字库”，明确规定资源著录内容的标准要素的目的是保证提取到尽可能多的特殊字符。要求“资源特殊丰富的文种不求搜罗穷尽，只选取能够直接服务于字库制作的文献”，“如果资源充足，选取时须照顾资源内容的多样性”；资源形式标准要素的目的是保证扫描件上的字迹足够清晰，“书法过于拙劣的民间普通抄本若不能用于字库制作，则不在选取范围”。

“中华字库”工程优先考虑字典、词典，这是一种语言文字符号之集成。《古壮字字典》（初稿）虽然在正体字头的选择上难免带有些主观性，但经过对大量资料的考察，所收壮字皆有所本，包括讹误。

③正式出版的方块壮字文献，如《布洛陀经诗译注》《壮族麽经布洛陀影印译注》（八卷）等，一般都有对应的宋体字符，有注音（包括拼音壮文和国际音标）、汉译，能满足编码提案所需的属性标注的要求。

三、标准化的需求

进入国际标准化（实现信息化）要注意几个方面：

（一）不可变性

字符一旦进入标准之后，就不能改变。因此提供的字头要准确。

（二）信息化标准包括所谓“正体字”和“异体字”

方块壮字异体字的情况比汉字复杂得多。异体字与同形字（同形异义）的区分，异体字与错字判断等，都是非常复杂的工作，相关人员需要具备扎实的汉壮语语言文字学基础，甚至历史文化知识的支撑。

（三）符合国家和国际标准

在这些标准中有不同的方面：

（1）方块壮字要纳入ISO 10646，字形与已经有的74617字不重复；

（2）印刷体标准，要把手写体的字变成相应的印刷体；

（3）一次申请的字不宜太多；

（4）标准化要考虑社会性：常见的、流行的地区出现的文献；

（5）不应包括故意保密的写法（有意不让人能看懂自己写的东西）。

我们整理的没有进入ISO 10646的方块壮字有好几千，需要经过研究，按照一定条件分批整理。

（四）正式出版物和信息化的差异

整理出版壮字文献，人们为了保真，关注的是哪一个字体最合适，信息化关注的是哪一个编码（内码）

最合适。信息化是为了信息的交流而注重有用编码而非具体的字体，如电子书、网页、邮件、手机等的信息都是以编码为交换的（即输送编码而非字体）。

为了整理出版方块壮字文献，人们已经在字体上下了很大功夫。由于编码问题没有解决，只能用于有限的出版物，达不到信息化的要求。方块壮字的信息化，首先关注的是哪些字头尚未有共同的编码。

（五）IRG 所需要的文件

（1）英文的简介；

（2）每个字的 bmp 文件；

（3）标注每个字的特点（部首代码，笔画数，等等）；

（4）pdf 文件。每个字有一个扫描图案。

四、申请国际信息化标准的方块壮字表的制定

（一）第一批提交申请国际信息化标准的方块壮字

2012 年 6 月，在韩国召开的第 39 届 IRG 大会上，中国代表提交增加 5000 多字放进 CJK_F. 的报告（2008 年中国图书馆把各地历史文献出现的字跟 CJK+ 附加 A+ 附加 B+ 初附加 C 比照后，找出尚未定码的 4900 多字），首次提交 1000 多个方块壮字。

在对方块壮字进行搜集整理和深入研究的基础上，我们在工信部信息技术研究所有关专家的指导下，于 2013 年着手制定申请国际信息化标准的方块壮字字符表。第一批申请国际信息化标准的方块壮字有 1126 个（见附录一）。

（二）制定 1126 字表字符表的具体流程

（1）把以正式出版物为基础的有近百万字的方块壮字材料输入电脑，进行查重。得出 15135 个不重复的字，其中有 7538 个字头在统一码 6.1（已经获准的有 74000 多字，大部分为《汉语大词典》收录的字，还有部分日本、韩国、越南用的字），299 个字头正在申请过程中，其中有 104 个字与方块壮字重形：

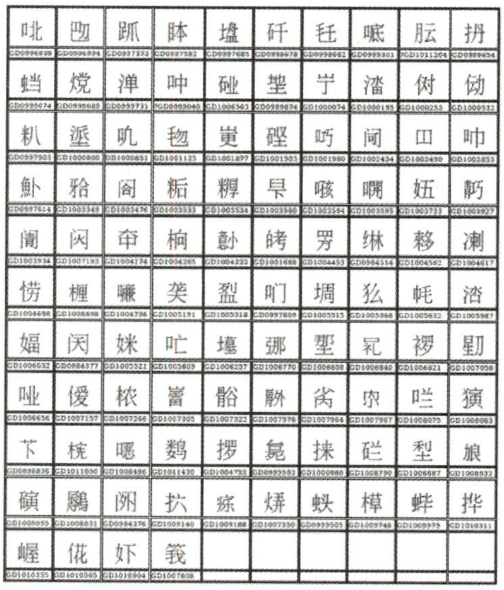

其余的7398个字超过了一次可以申请国际标准的数目，要分期分批进行。首先选择其中来自不同文献（不同的作者或来源）的1935个字。

（2）为了确认这1935个字的可靠性，必须详细考察这些字在不同文献里的使用情况。数据库有近百万字的方块壮字材料，不可能逐一截取考察。我们从扫描件截取20多万个字头，除了作一般的字形验证，重点是对这1935个字的字形作进一步确认。

（3）判断一些字形稍异的字是同一个字还是真正的异体字，还要通过逐一考察选定的字头的音义与字形的理据是否相符。

（4）参照国家和国际标准，选定字形上没有什么疑问的字头，作为第一批可申请进入标准化的方块壮字字头。

这一工作原则的基础是：虽然方块壮字是由借源文字发展到借源与自源并行，但并非所有的写法都要进入标准。方块壮字是以汉字为基本构件的。汉字已经实行标准化，进入国家和国际标准的方块壮字，完全可以、也应该使用规范的汉字字形为部件，淘汰讹误、草书、俗简等字符，减少无谓的造字负担，减少识字、用字的不便。例如《壮族麽经布洛陀影印译注》第1922页上的“畐”在同一页，表达同一个词却有稍异的两种写法：“畐、畐”。根据在具体语境中的音义，可判断是同一个词，在字形上也就可用规范的繁体汉字“畐”表示。

（5）最终选定1126个字头。其中有1046个字头的来源之一是《古壮字字典》，80个字《古壮字字典》没收，来自其他文献。

1126个字头一共有1126页，可分开为8个pdf文件。

“1126字表”是在深入研究的基础上，作为壮民族为自己创造和使用的文字申请进入国际标准的第一次尝试。除了课题组成员，6年时间里先后有数十名研究生和几百名本科生参与这一过程。部分学生的学位论文即以壮字、壮语为研究课题。这在本校的历史上是前所未有的。

（三）提交IRG三批字符表概况

1. 第一批字符表

文件：ISO/IEC JTC1/SC2/WG2 IRG N1886

日期：Date：2012-10-16

中华人民共和国申请1385个字符，其中方块壮字1091个。包括：

《古壮字字典》1016个；

《壮族民歌文化丛书·平果嘹歌》74个；

《壮族嘹歌研究》1个。

结果：2017年，1304（94.2%）个字符进入国际标准ISO/IEC10646的中日韩统一汉字（CJK Unified Ideographs），81个或者已经进入国际标准，或者不能证明跟国际标准已有的不同等，其中方块壮字1066（97.7%）个，包括：《古壮字字典》995（97.9%）个、《壮族民歌文化丛书·平果嘹歌》70（94.6%）个、《壮族嘹歌研究》1（100%）个。

2. 第二批字符表

文件：ISO/IEC JTC1/SC2/WG2 IRG N2115

日期：Date：2015-11-01

中华人民共和国申请 3362 个字符，其中方块壮字 1268 个，包括：《古壮字字典》1244 个、《壮族民歌文化丛书 · 平果嘹歌》23 个、《壮族嘹歌研究》1 个。

第二批提交的方块壮字目前正在处理过程中，并根据专家意见补充资料和进行修改。

3. 第三批字符表

2017 年 9 月向“中华字库”总体组提交第三批字符 500 个，总体组选定 457 个作为初步提交版，用来与人名地名、科技用字等进行排重，然后再根据情况进行挑选，确定最终的方案。

广西精准扶贫与民族语言关系研究

白 龙①

"精准扶贫"是习近平总书记在2013年11月在湘西考察时所提出的概念。在中央政府的大力推动下，全国各地全面推行精准扶贫工作。随着精准扶贫工作的不断深入，精准扶贫成为未来中国主要的农村扶贫方式。精准扶贫对于缩小城乡收入差距，提高农村地区贫困人口的生活水平具有积极长远的意义。联合国秘书长Antonio Guterres高度评价中国的减贫成就。他认为："过去10年，中国是为全球减贫作出最大贡献的国家。"②在肯定扶贫工作取得巨大成绩的同时，我们也要看到精准扶贫工作中的实践困境。在广西少数民族聚居地区的扶贫实践工作中发现，熟悉民情民风、熟练掌握民族语言的帮扶人员尤为匮乏。因此，民族语言问题对于精准扶贫工作显得尤为重要。广西壮族自治区少数民族总人口居全国第一位，总共有12个世居民族。除粤语、客家话、平话、西南官话、闽方言和湘方言6种汉语方言外，境内的少数民族也分别具有自己的少数民族方言，其中就包括壮语、瑶语、苗语、侗语、布依语、毛南语、水语、彝语、仡佬语、拉珈语、京语等。从广西地区的精准扶贫工作与民族语言发展的关系上看，两者之间存在着互相呼应的积极互动与正面影响关系，本文将分别从两个角度呈现。

一、广西精准扶贫对民族语言发展的正影响

（一）增强民族语言保护意识，促进民族语言地位平等

当地民众往往会依据交谈语言的不同来区分不同的话语群体，调查员在进行走访时尤其要注意群体间区别的作用。"群体间区别理论"（Intergroup Distinctiveness Theory）指的是"当交谈的双方分属两个不同的集团或社团时，说话人更多地是被对方看作他那一集团的代表而不是单纯的个人，因而他的言语行为就显得特别重要"。③当调查员使用普通话或者非本族语言的时候，民族地区的部分群众会坚持使用本族语言进行对话，而且会深化与"他者"的差异，产生排斥行为。有些农村群众会把使用普通话的人直接归类为"城里人"，或是来自经济条件较好的地区，甚至认为属于"上面派来的人"。这样的互动环境让当地群众从情感上会产生排他心理，在两种语言沟通时往往突出体现身份的不对等，使得农村群众对帮扶人员有所顾忌与保留，阻碍了精准扶贫工作的顺利开展。语言带有民族性，少数民族地区特别是"民族聚居地区操单一语言（即母语）的人们对本民族的语言文化有着深厚的感情，对强势语言怀有

① 白龙，男，汉族，玉林师范学院文学与传媒学院教师。

② 苏亚华：《中国成全球减贫火车头贡献率超70%》，联合早报网，2017年6月26日，http：//prd.zaobao.com/realtime/china/story20170626-774190.

③ 袁义：《社会语言学中的言语调节理论研究》，《外语教学与研究》1992年第4期。

某种排斥心理，害怕强势语言及其文化对本地区进行渗透，害怕受到同化，从而导致本民族语言文化的消失”。[①]这种对语言转换的担忧直接体现在他们与“他者”的交流中。“人们一经接触，不论他们愿意与否，或者是否意识到，他们都在交流着什么，即他们无时无刻不在接收信息和传出信息。”[②]语言作为一种不可再生资源，提高民族语言的使用频率是实现民族大融合，并实现民族区域特色和民族文化可持续发展的有效途径。结合我国多语言的考量，如果语言不能得到平等对待，那么语言和谐势必也会受到破坏，直接影响民族社会和谐共处。李英姿从语言本身来分析，认为“语言和谐是人类交际获得成功的前提，也是言语交际所追求的最高境界”。[③]可见，语言和谐是保障精准扶贫工作顺利开展的关键。精准扶贫工作必须切实反映当地群众的生活情况，要求调查员与帮扶对象实现有效交际，获取真实可靠的信息。民族语言的持续使用不仅是精准扶贫工作的切实需要，也是构建社会和谐、形成语言和谐环境的必要条件。弱化语言竞争，凸显语言的交际功能，维系语言的平等使用，才能保证扶贫工作拥有一个和谐的沟通环境。

（二）提高民族语言使用频率，保障双语交流和谐共存

与以往的粗放扶贫不同，调查员要深入贫困家庭，入户调查不同贫困户的实际情况，掌握基本数据并进行测量与分类，对贫困户的相关信息进行登记造册，具体的摸底可以扫清贫困帮扶工作的盲点，从而让真正的贫困居民获得实实在在的帮扶。根据管志利的数据统计，“广西有 452 万建档立卡的 贫困人口，其中 230 万贫困人口居住在高寒山区、山区、石漠旱区等地区，贫困程度深，自我发展能力弱，扶贫攻坚难度大。”[④]这些贫困人口多处于条件恶劣、生活艰苦的居住环境下，由于教育文化程度不高及交通往来不便利等因素的影响，形成了较为单一的语言互动环境。当地的群众偏好于使用该地区的民族语言，一般会借助语言交流识别来界定是否属于外来人群。由于长期只使用一种语言，这就造成了部分民族地区封闭的用语环境。调查员要真正掌握帮扶对象的具体信息，只能诉诸于当地所使用的少数民族语言。从交流动机上看，为了实现有效交流，调查工作更倾向于使用民族语言来掌握更为精准的数据，因此民族语言的使用频率大大提高。民族语言使用频率的提高进一步维系了民族语言的延续，对于语言的发展是极为有利的。

但并不是所有调查人员都能够直接与帮扶对象使用少数民族语言交流。这种少数民族语言的主动使用要依靠掌握双语的第三方，即双语翻译中介来实现。Ellen Bialystok 所做的一项研究发现：“具备了平衡双语能力的人（其第二语言与母语的交流一样顺畅，并在日常生活中切换自如的人）拥有更好的认知能力。”[⑤]汉语—少数民族语言双语无障碍对话的人可以完整传递原意，承担起语言转换过程中的文化差异的对接工作。 反过来，双语人才对精准扶贫工作的开展能够起到促进作用，运用本族语言对中央文件的传达和政策解读更为有效和精准，有效规避由于交流障碍导致的不和谐现象。“在语言频繁接触的地区，来源于不同的成分可能混在一起，产生一种与这些语言都不同的新的交际工具，这就是语言混合现象。”[⑥]

---

① 曹春梅：《民族地区推广普通话的几个问题》，《新疆职业大学学报》2001 年第 1 期。

② 关世杰：《跨文化交流学》，北京：北京大学出版社，1995 年，第 4 页。

③ 李英姿：《论中国和谐语言社会的构建》，《北华大学学报》（社会科学版）2019 年第 4 期。

④ 管志利：《协同治理视角下精准扶贫工作机制的构建——基于广西实践的反思》，《贵州省党校学报》2017 年第 1 期。

⑤Bialystok E，Craik F I M.“ Cognitive and Linguistic Processing in the Bilingual Mind ”，*Current Directions in Psychological Science*，2010，Vo1.19，No.1，pp.19-23.

⑥ 单波：《跨文化传播的基本理论命题》，《华中师范大学学报》（人文社会科学版）2011 年第 1 期。

在外族人进行不同民族地区的田野调查时，往往会出现语言混合使用的现象。在扶贫实践工作中不少调查员由于自身未能掌握少数民族语言，因此往往会请本民族掌握不同语言的人作为中介者，对交流对话的内容进行即时翻译。

二、使用民族语言对广西精准扶贫工作的推动

（一）保障扶贫工作的认同接纳

从交流效果上看，使用同一语言的人比起使用不同语言交流的人更容易受到对话者的吸引，这就是言语调节理论中的相似吸引原则。根据袁义的解释，相似吸引原则（ Similarity attraction ）指的是“在社交场合中，说话人的话语同受话人的话语越相似，在受话人的眼里说话人就越具有吸引力”[①]。精准扶贫的实践经验说明，调查员开展调查时要按照相似吸引原则来指导扶贫工作，优先选择当地的民族语言进行交流。要提高精准识别及帮扶效果就必须保证当地群众听得懂，语言的交流是直接的，由同一民族语言产生的认同感会缩小调查员与帮扶对象的心理距离，促进当地民众对扶贫工作的有效反馈及表达。要确保精准扶贫到村到户，能够精准识别和帮扶，让扶贫对象主动、乐意地配合帮扶人员的工作。语言成为连接贫困户与帮扶人员的重要桥梁。

（二）加强扶贫政策的宣传效果

不仅要加大双语人才的培养，在政策宣传方面，也应提高民族语言文字的比重。蒙元耀认为：“基层干部到少数民族聚居地方工作，能用当地的少数民族语言则工作效率大不一样。”[②]例如，云南丘北县将扶贫动态管理政策录制成壮语、苗语、彝语、白语、汉语方言及汉语普通话 6 种语言广播，通过“六语联盟”强化政策宣传，做到宣传人群全覆盖。而湖南凤凰县则推出了纯苗语节目《武陵苗韵》，不仅宣传当地的精准扶贫先进典型人物，而且将扶贫惠民政策精准展示给苗族同胞，实现政策的有效传播。在广西靖西，精准扶贫工作组则是将精准扶贫工作的政策等录制成本地壮语音频，通过流动宣传车入村屯开展宣传，真正深入到壮族同胞的生活地区。结合民族特点，民族地区的精准扶贫工作利用民族语言文字在当地宣传政策，搭建宣传的新载体，上下联动抓好精准扶贫工作，落实包括利用民族文字出墙报、编唱山歌、拉横幅、发放宣传资料、流动宣传车进村屯、开辟少数民族语言新闻报道专题专栏播出等各种形式，以少数民族地区群众喜闻乐见的形式来展现精准扶贫，不仅深入少数民族群众的生活，更方便当地群众接受中央对贫困地区开展精准扶贫政策的宣传。不少民族地区出现了结合精准扶贫形式各异的宣传。

三、结语

精准扶贫是一项长期的工作，考验着工作人员在民族地区的跨文化交流能力。如何避免扶贫人员与扶贫对象构成语言交流障碍，进行有效的话语互动关乎扶贫攻坚工作能否真正顺利开展。语言是某个群

---

① 袁义：《社会语言学中的言语调节理论研究》，《外语教学与研究》1992 年第 4 期。
② 蒙元耀：《论民族语言文字平等与民族团结》，《广西民族研究》2010 年第 4 期。

体的文体、信念、价值观和种族认同的集中表现。① 由于重视不足，民族语言在传承上已经出现了断层的现象。因此我们要抓住精准扶贫的契机，保护民族语言。只有从根本上尊重民族语言文字，与少数民族同胞形成话语平等关系，才能构建民族地区的语言和谐环境，切实做好精准扶贫工作。

【参考文献】

[1] 习近平赴湘西调研扶贫攻坚，新华网 [EB/OL]http：//politics.people.com.cn/n/2013/1103/c1024-23416639.html，2013-11-03.

[2] Turner，Lynn H，West，Richard. “Communication Accommodation Theory” [A]. Introducing Communication Theory：Analysis and Application （4th ed.）[C].New York，NY：McGraw-Hill，2010.

[3] 袁义 . 社会语言学中的言语调节理论研究 [J]. 外语教学与研究，1992（4）：18-24.

[4] 刘莹莹 . 广西地区语言和谐与社会和谐关系研究 [D]. 广西大学硕士学位论文，2012.

[5] 丘北：少数民族语言宣传扶贫政策效果好 . 云南网 [EB/OL] http：//yn.yunnan.cn/html/2017-08/21/content_4916228.htm，2017-08-21.

[6] 凤凰特色：苗语解读精准扶贫更贴心 . 红网 [EB/OL] http：//news.eastday.com/eastday/13news/auto/news/china/20170814/u7ai7012134.html.

[7] 靖西：精准扶贫壮语音频进千家万户 . 百色新闻网 [EB/OL] http：//gx.people.com.cn/n/2015/1218/c373923-27353235.html.

① 王斌华：《双语教育与双语教学》，上海：上海教育出版社，2003 年，第 10 页。

民族语言保护与传承研究

崇左市边境地区多族群语言兼用与壮语功能的变化研究①

谭群瑛②

一、关于语言兼用

所谓语言兼用，是指某一语言团体或者某个人在某个区域同时使用两种或多种语言的现象。[1] 语言兼用现象是语言接触的结果，当使用同一种语言的某一个团体或者民族跟另一个团体或者民族长期接触交往时，出于沟通交流的各种需要，都会有意无意地去学习对方的语言。因此，生活在多语言区的人们，一般除了掌握自己的母语以外，为了满足交流的需要都会不断地学习另外的语言，从而致使有些人会两种语言，甚至三种、四种或更多的语言。这些“多语者”跟不同的交流对象，会使用不同的语言，这就是“语言兼用者”。但是也有些人能用自己的母语能熟练地进行交际，其他的外族语言不是完全能够运用自如，或者说不能非常流利地使用，就会出现一种奇特的“语言兼用”的现象，也就是在用一种语言不能完全表达出来的时候，就会临时用另一种语言的词语来代替，造成了要表达一个意思，会同时借用几种语言的词语来组合而成，比如普通话里杂有壮语词语，或者说壮语时借用一些普通话词语，因此就会出现了独特的“语言兼用”现象。语言兼用在多民族杂居的地区的现实生活中普遍存在。有语言兼用的地方就存在语言现象即语言选择。语言选择是指在特定场合选用某种语言或语言变体的现象，是语言兼用者根据语言的功能，也就是交际环境和交际对象的需要和实际应用来决定选择哪一种语言或者是兼用哪种语言。[2]

二、中越边境多民族交往中语言兼用现象

中越边境具有独特的语言兼用现象，其原因之一是中越边境具有独特的区域因素。下文以地处中越边境的崇左市为例。崇左市位于广西的西南部，是 2003 年才成立的一个新兴的地级市。崇左市所管辖的宁明、龙州、大新、凭祥等四个县（市）与越南交界。[3] 这里虽然比较偏僻，但是由于具有独特的区位优势，吸引了各方的外来人，所以来往的各族人民特别多、特别杂，在语言上自然也形成了“大杂烩”。原因之二在于崇左是一个多民族聚居的地方，再加上由于地处中越边境线上，因为婚嫁、经贸、务工等致使边民非常频繁地来往，各族生意人或者越南人中也有不少人到这里定居。所以这里除了汉族以外，以在中越边境生活的壮族为主体。此外，还有瑶族、仫佬族、京族、彝族、苗族等少数民族和越南的岱族、侬族、京族等。所以这里的语言以壮语为主，使用壮语的人占 88% 左右。同时这里还有普通话、桂柳话（西

① 基金项目：2014 年度国家社科基金西部项目“中越边境多族群语言接触与交融研究”（项目编号：14XYY016）
② 谭群瑛，女，瑶族，广西民族师范学院文学与传媒学院教授。

南官话）、白话（粤语）、客家话、瑶语、越南语、岱语、侬语等等。

由于国际的交流、开放的格局、经贸的来往、婚嫁迁徙以及教育教学的需要，这里的语言不可能是纯壮语，而是出现多语并存的现象，也就是语言兼用。

（一）中越边境崇左市多民族语言兼用的原因

1. 由民族杂居引起

由于人口流动频繁，崇左市现有总人口约为250万，常住人口197万，其中乡村人口居多，约180.98万，占75%左右；城镇人口约45.53万，占25%左右。这里少数民族人口包括壮、瑶、侗、苗、水、仫佬、回、土家、满、京族以及越南边境的岱族、侬族等各族人民，达200多万，其中壮族人口居多，据统计壮族约占全市总人口的88.9%。[4]壮族在这里变成了“多数民族”，汉族反而变成了“少数民族”。多民族杂居的生活环境，促使这里的语言形成了具有杂居的地方民族色彩的语言兼用特色。

比如宁明县的爱店镇是一个语言很有特色的地方。爱店全镇共有3个村委会19个自然屯，居住着壮、汉、瑶、侗、仫佬、毛南、布依、土家、满、彝、傣、苗多个民族，常驻人口12000左右，本地户籍人口8055人，流动人口3000余人，占了25%。[5]边贸是爱店镇的主要支柱产业。爱店的外来人口中大部分是解放前从越南、广东、福建、海南等外地迁移过来的。当时有些人是为了逃避战争，有些人是为了谋生计。多数从外地来的爱店人并不是壮族，多是汉族，大部分讲白话、客家话或者闽南话。大部分村民或居民与越南人有婚姻关系，所以还会说越南语、侬语、岱语，在这里的人由于做生意的锻炼，语言能力都特别强，每个人都会说五六种语言。[6]

2. 由文化传播引起

自古以来，中越边境的壮族文化频繁受到先进的汉族文化以及其他各少数民族文化的冲击，从而不断互相影响、互相交融，壮族文化随着时代的变迁也不断发展和进步。文化的传播势必带动语言的互相接触、交融。崇左市各个民族、各种风俗、民俗文化兴盛不衰，文化的互动频繁，比如除了每年“三月三”壮族歌圩节，各个乡镇还有自己每月的“歌坡”节，各地时间不同，比如江州区（原崇左县）的那隆、左州、太平、和平、驮卢等“歌坡”节都是在不同的时间，一般是旧历的四月二十九、六月初九、九月十九等等，但是各县各乡镇各村的自己的各种节日相对是固定的。所以每逢在这个时候都会吸引各方歌神、歌王、山歌爱好者云集，参加比赛，不会唱山歌的也要去赶“歌圩”。由于各乡镇的“歌坡”节时间不同，山歌爱好者以及各方客人可以选择在不同的时段参加，也可以到处都去参加。比如龙州县金龙镇有一个节日叫“侬侗节”，是一个盛大的壮族农村传统节日。这个节日是在每年农历正月十一。这一天，外乡的、外县的、邻近的越南边民和特意来采风的文化爱好者以及方圆十几里的村民、各种商人等，都来“赶圩”，看热闹。这个节日这里会举行唱山歌、抛绣球、斗鸡、抢花炮、踩高跷等比赛以及舞狮、舞龙、“鼎叮”（“天琴”的壮语说法）等表演，形形色色的具有民族特色的文化活动和比赛异彩纷呈。在这一天活动中，各种美食到处飘香、各种商品琳琅满目。在街上我们会听到各种口音、各种不同的民族语言。因此，所谓的壮族节日，现在已经变成了多民族节日。又如越南那边正月初十的“庙会”，也是一个盛大的节日。中国许多边民和游客也会在这一天从凭祥过境去越南“赶场”。可见边境的文化生活可谓是热闹非凡。这种文化的互动不仅带动了边民的经济贸易，促进了多民族的融合，而且使这一地方的各种语言交汇交融，故语言的兼用现象日益明显。

3. 边境经贸往来

中国和越南两国有很强的经济互补性，来往交通便利，为中越经贸的发展提供了良好的条件。中越边境的特殊地理位置，吸引了国内外的商客，特别是东南亚各国汇集这里经商。到了边境凭祥友谊关，就能感受到浓郁的越南风味。崇左市处于东盟经济圈交汇的中心地带上。[7] 随着中国—东盟自由贸易区的构建，中越边境贸易高速发展。在中越边境线上的边民多数是经商，都在做着大大小小的生意，市集上热闹非凡。人们操着各种语言从事中国八角、草药、越南水果、各种小吃、红木家具等等生意，商品琳琅满目。在各种交易中，语言的接触和兼用是不可或缺的。经贸往来等活动也都带动了语言的发展。

4. 教育的机遇

近几年来，有越来越多的来自东南亚的留学生到广西学汉语，如越南人利用有利的环境资源，来凭祥、宁明、龙州等地做生意，孩子就直接在中国上学；有的大人直接来到与之相毗邻的凭祥、宁明、龙州等地学习汉语，这种现象在凭祥市比较突出；还有很多越南人还把小孩送到中国这边邻近的各个中小学就读，每天往返于两国之间接送孩子。中越边境习俗相通，容易适应和习惯。学习中文有较好的就业前景，如有些掌握中文的人才在越南等东南亚各国越来越受欢迎。凭祥市有一个东南亚外语学校，本来只有越南语，今年又新增设柬埔寨语和泰语两个语种供中国学生学习。也开设有中文班，招收越南、泰国等东南亚国家学生来学习汉语。这些都为中越边境语言的接触与交融创造了良好的机会。

（二）中越边境多民族语言兼用现象类别表现

由于人口流动频繁，文化互动加剧，中越边境语言兼用现象越来越明显。语言兼用、多语并存现象是社会发展的需要，是社会的进步的标志。语言兼用面临两种发展趋势：一是双语或多语长期并存现象；二是转用其他语言。[8]

1. 壮语、白话、普通话等多语长期并存现象

在以壮族为主的中越边境的崇左市和各县的这种民族大杂居和小聚居的生活环境中，存在着壮语、白话、普通话以及一些客家话、桂柳话、闽南话、苗语、瑶语。在小聚居的各民族内部小环境，他们会使用自己的民族语言，但在大杂居的多民族的大环境中，会有多语长期并存的现象。

比如位于中越边境西南部的龙州县，与越南高平省接壤，有壮族、汉族、瑶族、苗族、回族、侗族等民族，壮族人口占到全县总人口的95%。龙州县是一座边关商贸历史文化名城，[9] 也是中国与东盟各国进行文化、贸易交往的重要区域，文化底蕴深厚。[10] 由于有着特殊的历史和地理原因，这里也是一个语言杂居的典型地区。以壮族为核心，老一代主要的交际语言是壮语。壮语成为这个地方的强势语言，几个小民族如京族、回族、苗族、侗族、瑶族等，不同的民族之间的交往也选用壮语，同一个村镇，很多与壮族杂居的小民族也都全部用壮语交流。本族的语言在他们的小范围内逐渐弱化，甚至消失。随着教育的不断进步，现在新一代人在电视、电脑、手机等各种通信工具，以及媒体的影响和熏陶下，与其他母语的人们交流不再用壮语，而是用普通话或者白话，甚至只会说普通话了。

比如龙州水口镇李家，李婆婆是从越南嫁过来的，母语是侬语；李公公是汉族人，原来从广东廉州过来做生意的，说的是客家话；李爸爸在水口长大，跟随镇上的人会说水口壮语；李妈妈是壮族人，但娘家是柳州，说的是桂柳话（属于北方方言）；小孩 18 岁了，只会白话和普通话。因为镇上的人说壮话，工作的市区街上的人说白话，所以在他们李家，有小孩在就说普通话。李婆婆今年 75 岁了，会说一些不太标准的壮语、客家话、桂柳话、白话和普通话，家里人习惯了也大概能听懂。所以她在家和她先生交流都是说客家话夹着侬语，和儿子交流时用壮语，和孙子交流用普通话夹杂着白话。李婆婆说话时经常一个意思同时用几种语言来表达，或者一句话里面有几种语言。如“今天我去菜市买两斤鸡蛋”这句话，她会这样说“今天（jīn tiān 普通话）—我（ngǒ 桂柳话）—去街（hi gai 白话）—买两斤（普通话）—豆腐（壮语 ta^2fou^6），而且也不一定每次都这样说。总之就是一种老人使用语言的特殊现象，一句话里面会夹杂几种语言。有时她担心别人听不懂，又用不同的语言重复一次，总之，一句话她会用不同的语言重复几次，各有不同的“色彩”。在家里他们习惯了也能听懂。在边境这种壮语、白话、普通话、越南话混杂的现象很普遍。在中越边境这种“多语共存”“五颜六色”的语言兼用的现象很突出。

可以说普通话、白话、壮语是中越边境崇左市“各民族共同语”，市区政府机关单位、学校等上班族多数使用普通话交流，但是在县城即使是机关单位还是使用白话进行交流的人比使用普通话的多，除了开会的场合多数用普通话，而在乡镇和农村还是以壮语为主。

2. 不用本族语言而转用其他语言

由于某些语言的语言结构系统不完善或者所使用的人口较少，不能满足或者不适应社会的交流需要而出现退化迹象，从而导致语言使用范围缩小、语言功能退化，并逐渐走向濒危。随着中越边境各族人民的不断的接触与交流，以及外来人口的不断增多，一些使用较少的少数民族语言，比如瑶语、侗语、苗语、仫佬语等随着交际的机会和使用的场合越来越少，其中一些不常用的词语和一些表达方式会慢慢退出交际舞台，取而代之的是多数人容易接受的壮语的表达方式，因此这些少数民族语言中会逐渐夹杂大量壮语的词语，借用其他强势语言的成分，因此少数民族如瑶族、苗族、侗族等的母语有可能逐渐被壮族等强势的语言文化所替代。瑶语、侗语、苗语、仫佬族语出现濒危的迹象，逐渐变成弱势语言。在生活中这些少数民族逐渐转用壮语。

所谓的强势语言和弱势语言，也是相对而论的。在中越边境本属于强势语言的壮语相对于汉语来说，也属于弱势语言，也有被普通话和白话（粤语）、桂柳话所取代的可能。虽然在这个地区是强势语言，但是在社会大语言环境中，壮语的有些词语依然会被普通话或者白话所取代。比如，随着新生事物的不断涌现，新词也不断出现。这些词只能用“普通话”表达，所以在用壮话交流时，有些词壮语已经无法表达了，自然而然就会用普通话来代替。渐渐地，壮话里面就会有越来越多的普通话词语，而不是“纯天然”壮语了。多数人名、地名、新生词语或一些成语、书面语等，则用普通话的音代替，如“公交车、手机、电脑、风衣、上网、网购、点赞、蛮拼的、中国风、假惺惺、五体投地、望眼欲穿”等，在说壮语时遇到这些词语就会用普通话、白话或者桂柳话来代替。比如“她考上了清华大学”，壮语则是“De gauj ndaej Qīnghuá Dàxué”，其中“她考上”用壮语表达，“清华大学”用普通话表达。这些转用其他语言的现象也是语言兼用的具体体现。

调查发现，不同年龄的人对语言功能的要求是不同的，由于各有自己的活动场所和领域，也各有自己的语言选择。年纪大的人由于很少外出，生活、做工主要都在自己的村屯，平时和本乡本村的人说话就用自己的母语，也就能基本满足了，因而老年人兼用语言的现象比较少。年轻人在社会活动中最活跃，能够敏锐地反映社会变化，对语言的需求最讲实用。如果另一种语言的功能已超过自己的母语，或有其特殊的用途时，他们就会乐意地去兼用这一种语言，有些人甚至觉得说自己本民族的“土话”很落后，会被人取笑。为了跟时尚，跟潮流，他们甚至会逐渐放弃自己的母语。由此可见，不同年龄段的人对语言功能的要求不同，构成了不同年龄段的言语变异。[11]

三、壮语语言功能的变化

随着当今世界的迅速国际化、经济化，以及国家与国家之间、民族与民族之间、社会团体之间、人与人之间的不断接触和交往，民族之间不断加深接触和人口加速流动，语言的交际功能愈来愈凸显。王远新在《论语言功能和语言价值观》中指出，语言具有三个功能：一是结构功能，也就是语言本身内部各结构单位之间的关系功能，也可以叫做形式功能；二是交际功能，即语言的使用、表达和沟通功能；三是社会文化功能，即语言所发挥的各种社会文化作用。[12] 而这三个功能里面最重要的应该是交际功能和社会文化功能。本文重点探讨在中越边境多族群杂居的环境下受多族群语言影响的壮语的交际功能和社会文化功能的变化。

俄国著名的语言学家罗曼·雅各布森（Roman Jakobson）认为，语言的首要功能是用于交流。每一个人在与他人交际的时候，为了表达自己的思想，为了让对方明白自己的意思，那就必须得使用语言。但是随着社会的不断发展，人与人之间的交往越来越复杂，交往对象越来越多，单纯的一种语言往往无法满足交际的需要，面对不同的交际对象会使用不同的语言。在多民族杂居的区域中，这种情况会更加明显。比如在中越边境，民族以壮族为主，有 85% 的人会说南部的壮语，但是这里还居住着汉族、瑶族、白族、京族、仫佬族、苗族等民族，所以这里的语言可谓丰富多彩。按理说壮语应该是这里的强势语言，壮语的交际功能、社会文化功能应该越来越强大。但是在考察这里的实际的语言使用情况时发现，这里壮语的功能从一方面看是强化了，而从另一方面看则又弱化了。

（一）壮语功能的强化

即使汉语目前在我们国家是强势语言，但是在少数民族聚居区有时候反而相对变成弱势了。在少数民族地区，本族语言仍是主要交际工具，少数民族成员之间都用母语交流，家庭内部也都使用自己的母语，所以说在一些民族聚居区，汉语的地位不明显，少数民族语言反而处于区域优势语的地位。[13] 在中越边境少数民族地区，在中越边境农村，壮语还是一种强势语言，其他的少数民族语言也会被壮语所替代。

比如宁明的爱店镇堪爱村，这里居住着仗鸡、禄旭、岑么等几个屯的瑶族同胞。他们聚居在中越边界海拔 1357 米的公母山半山腰上。这里的瑶族，四五十岁以上的还会说瑶语，在自己家里也会用瑶语交流，而跟家庭以外的人交流时多数还是用壮语或者白话。这里的瑶族主要以种植八角树和松树作为主要的生存方式。每一年八角都同时成熟，短时间内人手不够，住在山下的壮族等其他同胞会上山来“打工”，或帮助瑶族同胞“赶工”采收八角。而山下的壮族种有大量的甘蔗，每到砍收甘蔗的时候，瑶族人也到山下协助壮族朋友赶收甘蔗。在这种互动式的生产劳动中，语言自然会产生接触和互动。瑶族同胞跟山下的外族人交流，自然要说壮语，而不说瑶语了。据了解，爱店镇还是中国边境最大的中药材边贸集散地，这里时常都有许多来自全国各地的商人，从事中药材边境贸易。每年都有几百名本地壮、瑶等族人给这些商家打工。壮族和瑶族人在一起时，主要的沟通语言也是壮语。从这里可以看出在乡镇以下的农村地区，壮语的交际功能是强化了。

壮语的功能还体现在文化功能的强化上。壮语的文化功能体现出在本地区的优势，比如，近两年来，在崇左市各县（市、区）的广电局和电视台都设有壮语新闻栏目，使壮语得到大力的推广；多个学校还实施汉壮双语教学。各地的“歌坡节”唱的多数是壮语版的山歌，各地节日也都有表演壮语节目。这就体现出壮语在这个特定的中越边境地区的语言功能有逐渐强大的趋势。

（二）壮语功能的弱化

相对于汉语来说，壮语的功能也有弱化的趋势。因为中越边境的崇左市有独特的区域，促使中越民族接触的加深和人口流动的加速，本地区少数民族的母语就被打破或者被其他的强势语言优势干扰。在使用母语壮语之外，会有越来越多的人自觉或不自觉地使用其他的语言。比如中越边境壮语地区，虽然是以壮语为主，但是对外的办公场合或者交际时，壮语被普通话或者白话所取代的现象会越来越多，所以壮语就不断地被普通话和白话干扰，壮语语言功能出现弱化的现象。随着语言环境的改变，本民族母语的交际功能、社会文化功能等就可能逐渐被强势语言所取代。

例如在边境凭祥市做生意的王先生家里，我们看到，他说在他家平时基本都不说壮语了，只是有些话不想让孩子听懂，就讲壮语。他家的情况如下：爷爷奶奶会说壮语，白话和普通话只会说一点点，平时基本不说；王先生会壮语、白话、越南语和普通话；妻子会越南语、白话、普通话；儿子只会普通话，还在学校学了一点英语，白话能听懂一部分，但是不会说，壮语就完全听不懂更不会说了。可见随着社会的不断发展，壮语的交际功能也会弱化，特别是在城镇区域，基本上都是用白话交流，壮语反而逐渐变弱了。比如父母在讲悄悄话，怕被小孩听见，就会说另一种小孩听不懂的语言。甚至有些内容用熟悉的语言说不出口，换一种语言说，就没那么不堪了。比如“我爱你”，用壮语表达不了深意，用普通话才能说得自然。少数民族地区的人去到外地，对不认识的人，或者不知道对方会哪种语言，必定先用普通话说。而有些人虽然是壮族，但是随父母长期在外面城里生活、读书，就更不会说壮语了。这些现象说明壮语也会被汉语所干扰或并用，壮语相对于汉语而言也会是弱势语言。壮语功能的弱化也是语言工作者所要研究和探讨的问题。

四、结语

总之，中越边境多民族存在许多语言兼用的现象。这种多族群语言兼用势必会对处于这一地区的交际语言——壮语的语言功能产生影响，引发壮语的语言功能的变化。理解语言，善于使用语言，关系到和别人的和谐相处，尊重交际对象，增强彼此的感情，有利于工作、生活、交往。对于国家的安全、边境的稳定、民族的团结、经济的繁荣、文化的传承都具有非常重大的意义。

【参考文献】

[1] 黄平文 . 论文化接触对语言的影响：壮语演变的阐释 [M]. 北京：民族出版社，2010：198.
[2] 南英，朱琳 . 语言兼用者的语言选择与语码转换 [J]. 昭通学院学报，2014（4）：62-65.
[3] 地理位置 . 中国 . 崇左 [OL].[引用日期 2014-03-15].
[4] 地理位置 . 中国 . 崇左 [OL].[引用日期 2014-03-15].
[5] 宁明县爱店镇简介 . 宁明县人民政府网 [引用日期 2014-04-10].
[6] 广西新闻网 http：//www.gxnews.com.cn [2014-10-13].
[7] 地理位置 . 中国 . 崇左 [OL].[引用日期 [2014-03-15].
[8] 张明仙，杨文华 . 罗平布依族当代语言演变动因——语言接触与语言兼用 [J]. 曲靖师范学院学报，2006（7）：19-20.
[9] 龙州县 . 中国质量新闻网 [引用日期 2013-11-29] .
[10] 建置沿革 . 龙州县志 [引用日期 2013-11-29].
[11] 戴庆厦 . 中国濒危语言个案研究 [M]. 北京：民族出版社，2004：148.
[12] [13] 王远新 . 论语言功能和语言价值观 [J]. 湘潭大学学报（哲学社会科学版），2008（5）：148-153.

对增强民族语广播电视原创节目的思考

黄利莉 ①

一、引言

习近平总书记今年2月19日在北京主持召开党的新闻舆论工作座谈会并发表重要讲话，其中提到了新闻舆论工作的9个创新。习近平指出，随着形势发展，党的新闻舆论工作必须创新理念、内容、体裁、形式、方法、手段、业态、体制、机制，增强针对性和实效性。作为少数民族的一员并在新闻一线工作的我们，更肩负着民族大团结、大发展的重任。现阶段本民族的节目形式都有哪些创新，如何在现阶段、在尊重本民族传统风俗习惯的前提下，做出更适应现阶段社会经济的发展、更符合本民族人民群众喜闻乐见的民族语节目，如何应对现阶段各方面的难点，从而更好地使我们的民族语新闻舆论工作真正做到有传播力、引导力、影响力、公信力。这是本文想要研究的课题。下面主要以壮语节目为例进行论述。

二、壮语广播电视原创节目现状

（一）2016年广西各市、县（市、区）开播少数民族语广播电视节目情况统计

由广西民语委提供的2016年播出的民族语节目统计数据显示，省级广西广播电台有3档：《壮语文广播学校讲座》《壮语新闻》《壮语新闻联播》。广西电视台有1档：《壮语新闻》。

县级分别有南宁市武鸣区、隆安县、上林县；柳州市融水县、三江县、柳江县；桂林市资源县；防城港市上思县；百色市田阳县、靖西市、那坡县、德保县、隆林县、田林县；河池市都安县、东兰县、巴马县、罗城县、环江县；来宾市象州县、忻城县；崇左市本级（含江州区）、扶绥县、天等县、大新县、宁明县、龙州县、凭祥市开办民族语栏目。可以说，全区约38%县级开设了民族语节目。其中壮语相关栏目46档，苗语栏目3档，还有侗语、毛南语、瑶语、仫佬语等栏目。其中以新闻类栏目为主，多个县依本地实际情况还开办了不少壮语类的民俗风情故事汇、教壮语、纪录片、歌曲品析、壮语戏曲等栏目。

（二）2015年度广西广播电视奖民族语（壮语）节目类评选获奖篇目总结评析

2015年度广西广播电视奖评选新设了民族语节目类项目，作为新设评奖项目的尝试，暂时只限试评壮语节目。

这个奖项的设立，让广西各市区县从事壮族民族语新闻工作的贝侬们欢呼雀跃不已，纷纷拿出各自的作品参评。2016年7月22日，获奖作品进行公示。其中，广播类壮语获奖作品11档（新闻节目9档、

① 黄利莉，女，壮族，广西电视台《壮语新闻》节目主持人。

壮语栏目 3 档），电视类获奖作品 23 档（新闻节目 13 档、壮语栏目 10 档）。从获奖作品中大致可以总结出以下几个特点：

1. 省级电视广播团队更容易创作出优质的新闻节目作品

广播类新闻节目一等奖作品《壮乡“虚拟敬老院”里的幸福生活》和电视类新闻节目一等奖作品《“互联网 +”助力广西打造自贸区“升级版”》，分别出自省级广播电台和电视台。这两个作品都立足广西，选取了时下最新的关注点，去报道大环境下的民生和经济。而精心的组织策划、精良的音质和画质，更为作品加分不少。由此看出，省级广播电视团队更有电视节目报道的大局性及人力、设备资源的优势。

2. 县级广播电视团队更善于创作出群众喜闻乐见的壮语栏目作品

从靖西广播电视台报送的广播类壮语栏目一等奖作品《魅力靖西》第 19 期、《壮族人家》第 65 期及各县创作的新颖的电视栏目作品，如武鸣广播电视台的《壮乡风情》《壮语讲故事》，龙州县电视台的《金星讲故事》之“紫霞洞的传说”等栏目可以看出，这些壮语栏目作品形式多样，更贴近民众的生活。所以，县级广播电视团队创作的壮语栏目作品更是群众喜闻乐见的形式。

3. 真“壮族”、强创作是主流和导向

现阶段，省级及各县级广播电视台制作的节目作品中有不少是翻译汉语新闻稿件，组成了壮语的新闻作品或栏目作品。此次评奖，更倾向于鼓励和挖掘出真正属于“壮族”自己的作品。从节目形式的构思到播报的语音，再到更多更新颖的符合本民族观众审美的新颖有趣的形式创新，这些都可以通过一年年的评优作为省级、县级广播电视台的衡量标准以及方向的指引。

三、民族语广播电视原创节目发展的必要性

（一）民族语广播电视节目必须创新

在社会经济高速发展的今天，各种网站、自媒体及舆论平台的涌现，不断冲击和督促着传统广播电视媒体必须要进行改革和创新。而民族语广播电视节目由于受众范围有限，若不立足于本民族受众创作出更优质的节目作品，即使短期有财政的扶持，也难以得到长远的发展。

（二）壮语节目必须做出更多更好的原创作品

相对于蒙古语、藏语等少数民族广播电视节目的发展水平，不得不承认壮语广播电视节目的创作目前处于落后的阶段。壮族是中国人口最多的少数民族，壮语节目只有更积极地做出更多更好的原创作品，才能真正做到“增强民族自信、巩固民族团结、传承民族文化、弘扬民族精神”。

四、民族语广播电视原创节目发展的困难与思考

（一）当务之急，民族语节目原创人员极度缺失，人才培养断档

广西民语委统计的数据显示，目前，广西省级的广播播音员有 2 人，电视播音员有 2 人。民族语节目原创人员和团队可以说是极度缺失。由于民族语的特殊性，往往必须同时兼顾审稿、翻译、播报、编辑制作、字幕等工作，其余工种也是和汉语栏目共享。而在县级，情况更为严峻，很多播音员除了审稿、编辑、播报外，还不得不自己担起“记者”“灯光师”“化妆师”“摄影师”等重任。在少数县级有专

门的民族语制作团队，但往往也是几个人得承担日播的几档栏目的所有采访和制作工作。因此，现阶段原创人员的极度匮乏，大大限制了原创作品的产出及质量。

多数民族语栏目这几年在国家、自治区的支持下才得以创办，人才的储备量本身就不足，其中很多节目的制作都是“摸着石头过河”。有很好的壮语基础并且能熟悉壮族民俗文化的“前辈”人数不多，且分散于高校、报社、民语委等不同的机构组织，再加上近年来了解壮族会说壮语的年轻人越来越少，所以电台电视台想要招聘有民族文化基础又有语言基础的人才，是很困难的。

（二）制作水平得不到保证

由于省级、县级壮语节目制作团队的人员紧张，知识储备量不够，部分参与壮语节目制作的人员甚至听不懂壮语，不会写壮文。而大部分壮语新闻类栏目没有配备专门的策划、采编、美编人员，从而拍摄制作出的壮语作品水平也得不到保证。

（三）市场营销难，受众群体小

由于壮语广播电视节目的受众群体小，现阶段节目播出的时间段及广告收益也不乐观。所以，省级、县级的民族语广播电视节目多数是靠财政拨款得以维持正常播出，民族语广播电视节目很难得到广泛的推广。

（四）传播范围有限，少数民族老少边穷地区难覆盖

在广西，不同地区的人说的壮语多带有本地的口音，标准壮语还没有能得到很好的推广普及。如今观众的收听收视习惯越来越多地倾向于汉语广播电视的电视剧、真人秀等既传统又有创新的形式。在这样的前提下，目前壮语有限的节目形式只能在有限的范围里传播。而在真正说壮语用壮语的老少边穷地区，由于收听收视条件的制约，只有少数县级广播电视节目能覆盖。

五、对未来民族语广播电视原创节目的期许

（一）从翻译汉语节目走向原创制作

在国家的大力扶持下，壮语广播电视节目迎来了起步大发展。我们可以借助强大的普通话媒体制作系统，同时有目的地制作民族语节目，从简单的翻译逐步开始步入原创、自编自采的阶段。

（二）希望国家、自治区进一步加大对民族语广播电视节目的支持

好的节目离不开好的团队。目前，壮语类节目的制作存在人才匮乏等硬伤。国家和自治区应加大投入，为民族语节目能有独立的创作团队和足够的设备提供保障。只有更多的具有壮语能力的采编人员加入，以及各种先进设备的加入和保障，壮语原创节目才能真正的做强。

（三）建立完善的用人机制，形成有效的匠心传承，保证民族语节目质量跟上时代

前文提及，精通壮语及壮民族民俗研究的人才，多分散于高校、报社、民语委等不同的机构组织。

首先我们要好好整合这些机构的优质壮语人才，通过自治区民语委等单位，定期不定期地召集民族语人才多作学习交流，形成一个针对民族语言节目的权威组织团体。这样不仅使相互间的研究领域能更相知相通，并由专人对相关知识进行整合，还可以定期对省级、县级的民族语言节目进行审核和指导。

其次要把优质民族语人才的作用充分发挥、放大。可以有针对性地在各组织机构之间进行人才的定点帮扶、兼职督办或暂用借用。人才急缺的地区或组织机构，可按照当地的实际情况，向该团体提出申请，由团体办事员依照该地区或组织机构的实际情况，结合各专家学者的专长进行委派帮扶。

第三，定期对从事壮语广播电视节目制作的工作人员进行专业的培训，或交流学习。广播电视人和专家学者之间、省级电台电视台和地方电台电视台之间，形成良好的互学互帮氛围，相互借鉴成功经验，相互学习，使节目的质量更优秀。

（四）建立系统的奖励机制，促进节目形式的多样化及优质原创壮语节目发展

2015年度广西广播电视奖民族语（壮语）节目类评选无疑给广西省级及各县级电台电视台的节目质量提出了更高的要求，对优质原创节目的涌现将有巨大的助推作用。不仅如此，还可以建立例如“壮语电视剧”“壮语真人秀”“壮语歌曲创作大赛”“壮语优秀民间故事展播”“壮语优秀少儿动画片”等一系列奖项的评比，在评优中使各节目制作团队得到相互学习与提升的机会，更能激发各地区各机构团体，去创作更多优秀的原创壮语作品。

（五）互联网或许可成为推动民族语节目发展的新一极

根据CNNIC发布第38次《中国互联网络发展状况统计报告》，截至2016年6月，我国的网民已经有7.1亿，其中，有6.5亿人通过手机终端上网浏览新闻，互联网毫无争议地已成为全球第一传媒介质。反观除了CNTV上的民族语频道，民族语似乎对互联网水土不服，网络节目少之又少，更不用说营销推广运营等现代媒体造血功能。而就是在这样的背景下，民族语节目特别是壮语节目在互联网上发展的潜力无可限量。

首先是成本的降低。互联网是一个门槛很低的交流平台，相比于传统媒体，类似电视台、电台、报纸、平面媒体等，互联网具有零成本推广的优势。对于尚在“保护”阶段而蓄势待发的“民族语自创节目”，互联网必然是最佳的出口。

其次，互联网资源整合更具目的性，效率更高。相比传统媒体的“被动”式传播，互联网信息的索取更主动，同类型的人群更容易汇聚在一个话题下。在互联网上推广民族语节目的创作工作，更容易使原本分散的民族语保护人士、创作人士联系在一起，把单一的民族语节目创作连线成团队，达到事半功倍之效果。

最后，互联网的得当运用，有助于民族语的保护。普通话的推广与民族语的保护已经是多年来我国语言研究的重要课题。与普通话不同的是，民族语的保护显得更加被动与无力，这与民族语文字不全、输入法缺失等“缺点”或许有密不可分的关系。在互联网推广使用民族语，通过广大网民的智慧，民族语节目类型的网络表达自然会得到解决。

所以通过互联网整合民族语各方面人才，使得壮语原创节目出现更多更优秀的作品也不失为一个不错的方法。

六、结语

对于壮语电视一线工作人员来说，未来的民族语广播电视工作任重而道远。我们要秉承优秀的民族精神，正视现阶段自身的不足，踏踏实实地做好工作，多总结经验、多学习良方、多求创新，不断地武装自己、充实节目，努力让民族语原创电视节目在我们这一代人的手中做大、做精、做强！

广西少数民族语言保护与发展对策研究

黄亚昌[①]

少数民族语言作为民族文化的重要组成部分，是民族的重要特征。除了自身的发展变化规律外，少数民族语言还要受到国家相关政策，甚至是国家发展战略等很多社会发展因素的影响和制约。由于地处“一带一路”的交汇点，国家“一带一路”倡议的启动，给广西带来了一系列的影响。在经济社会飞速发展的同时，各地人员交流不断增多和加快，语言文化不断地交流和交融，如何在新形势下保护和利用好我区少数民族语言资源，充分发挥少数民族语言文化的作用，是我们面临的重要课题。

一、广西少数民族语言分布和使用情况

广西以壮族为主体民族实行民族区域自治，有壮、瑶、苗、侗、仫佬、毛南、回、京、彝、水、仡佬等 11 个世居少数民族。根据 2010 年第六次全国人口普查统计，全自治区少数民族人口有 1957.56 万，占自治区总人口 5159.46 万人的 37.94%，其中壮族人口为 1658.72 万，占全自治区少数民族总人口的 84.73%。广西世居的 11 个少数民族中，除回族外，都有本民族的语言并都在使用，其中瑶族使用勉语、布努语、拉珈语等 3 种语言。此外，壮族、瑶族、苗族、侗族、水族、京族、彝族有本民族的文字。

壮族人口有 1658 多万，占全区总人口的 32.15%，分布于全区 14 个市。壮族主要使用壮语，特别是在广大的壮族乡村地区。壮语属于汉藏语系壮侗语族壮傣语支，分南北两大方言，方言土语之间基本可以通话。一般成年壮族人基本会讲当地的汉语方言即桂柳话，部分地方还会讲白话（属汉语粤方言）。

瑶族人口约有 170 万，主要分布在贺州、金秀、田林、都安、钟山、蒙山、富川等市县（自治县），实际使用三个语种：勉语、布努语和拉珈语。瑶语内部，方言土语之间的差别很明显。与外族沟通一般讲当地汉语方言（主要是桂柳话），部分地方的瑶族只会讲壮语。

苗族人口有 50 多万，主要分布在融水、隆林、三江、龙胜、资源、南丹、河池、都安、大化、西林等市、县（自治县），其中融水苗族自治县和隆林各族自治县的苗族人口占广西苗族总人口一半以上。广西苗族的语言分属苗语黔东方言、湘西方言、川黔滇方言。

侗族人口约有 35 万，大部分聚居在三江侗族自治县、融水苗族自治县和龙胜各族自治县，其中，三江侗族自治县约有 20 万侗族。侗族一般都讲侗语，与外族交际用桂柳话。侗语属汉藏语系壮侗语族侗水语支，分南北两大方言，各有 3 个土语。广西境内的侗语属南部方言的 3 个土语。侗语方言之间差别不大。

仫佬族人口约有 19 万，主要集中在罗城仫佬族自治县，有少部分分布在罗城邻近的柳城、柳江、忻城、宜州、都安等县（市、自治县、区）。仫佬语属汉藏语系壮侗语族侗水语支，没有方言区别，与外族交际一般用桂柳话。

① 黄亚昌，男，壮族，现任职于广西壮族自治区少数民族语言文字工作委员会民族语文科研处。

毛南族和京族是广西独有的两个少数民族。毛南族人口约有 8 万，主要聚居在环江毛南族自治县的上南、中南、下南等乡镇，小部分散居在金城江、宜州、南丹和都安等县（区），大部分人都能听说当地的汉语方言（桂柳话）和壮语。当前，毛南语的交际功能在一些地方面临被削弱的情况。京族人口有 2 万多，主要分布在直属防城港市的东兴市江平镇。其中，沥尾、山心、巫头（即京族三岛）的京族约有 7000 人。京族一般都能讲汉语白话和普通话，但竹山的京族不会讲京语，会讲汉语和壮语。

回族人口约有 3 万多，主要分布在桂林、柳州、南宁三市区，少部分居住在百色、贺州、玉林、贵港、梧州、北海市的城区里。回族一般只会讲汉语。

彝族人口共有 8000 多，主要分布在隆林、那坡及西林。其中，隆林各族自治县约有 4000 多人，那坡县有彝族近 2000 人，西林县彝族约有 1000 人。广西彝族均通晓彝语，部分会讲桂柳话和苗语，有的还会讲壮语。

水族人口约有 1.4 万，主要分布在河池市的宜州区、金城江区和南丹、都安和环江等县（自治县），来宾市和柳州市的融水县。环江、融水两县的水族约有 3000 人，仍操水语。南丹县水族约有 1500 人，以及只有中年以上的人仍操水语，个别青少年能讲几句水语，其余讲桂柳话或壮语。宜州区、金城江区、都安县的水族约有 2000 多人，除老年人能讲些水语单词外，其余主要讲桂柳话，少部分人还会壮语。来宾市水族约有 2000 人，讲桂柳话，少部分人会讲壮语。

仡佬族人口有 3000 多，主要分布在百色市隆林各族自治县，少量分布在西林县内。男女老少都会使用汉语，部分还会说壮语和苗语。仡佬语属于汉藏语系壮侗语族仡央语支，有 3 种方言，方言之间差别很大。其中隆林长发乡新合村斗袭寨为代表的仡佬语属“布流方言”，常么乡三冲村的仡佬语属“哈给方言”，常么乡么基村大水井的仡佬语属“多罗方言”。三种方言的使用人数已明显减少，能讲多罗方言的只有几十人，会讲哈给方言的约有 300 人，约有 800 人能说布流方言。他们与外族交际一般用桂柳话。

二、国外对少数民族语言保护的经验

泰国政府最初对泰北山地民族的教育采取了同化政策，让泰语在山地民族中广为流行，使得山地民族开始逐步接受了泰国的传统价值观念和社会文化。但是政策一味求同使得山地民族在接受主体文化的同时也产生了很大的自卑感，认为自己民族的语言和文化是低人一等的。随着泰国政府对山地民族地区文化的开发和利用，山地民族独特的民族文化有着巨大的旅游吸引力，并且带来了可观的旅游收入。泰国政府看到了山地民族语言和传统文化的价值，开始注意保护山地民族地区的语言文化资源，宣布在政治上忠于国王、国家和有关政策及有关法律的前提下，山民有权保留自己的传统文化、宗教信仰和风俗习惯。泰国对山地民族语言和传统文化的保护主要以项目形式实施，其具体内容依项目管理有所不同。一些持续项目得到越来越多人的关注，取得了较大的成功。

澳大利亚是一个多民族多语言的国家。它的语言政策经历了三个阶段：同化阶段、语言作为一种权利的阶段和语言作为一种资源的阶段。在同化阶段，澳大利亚政府为了对原住民实施同化政策，以改善原住民儿童生活为由，规定当局可以随意从原住民家庭中带走混血原住民儿童，把他们集中在保育所，接受白人文化教育。他们稍大一点后被送到女童和男童收养营；另一些肤色较浅的孩子则被送到白人家中收养。从 1910 到 1970 年，全澳大利亚有近 10 万名原住民儿童被政府从家人身边强行带走。这些人后来被称为“被偷走的一代”。错误的语言政策使得原住民家庭受到了极大的伤害，原住民的语言日益濒危。20 世纪 70 年代后，在各方的努力下，澳大利亚政府对原住民的语言政策发生了巨大的变化，认识到语言作为一种资源的价值，并出台了官方语言政策。除英语外，其他语言的地位明显得到提升，特别是全面实施“全体居民都学习除英语之外的其他语言”的政策和通过开展双语和双文化教育来提供对原住民语言的支持，帮助记录或恢复处于濒危状态的原住民语言，逐步解决了因语言引发的一些问题。

新西兰政府通过立法保护少数民族语言取得了较好的效果。新西兰在历史上曾经有一段时间禁止毛利小孩在学校说毛利语。学校有意安排只能说英语的教师授课，几乎所有的新闻媒介都使用英语，很多毛利人失去了讲母语的能力，毛利语一度走向濒危。为了复兴毛利语，新西兰政府于 1987 年通过了《毛利语言法案》。该法案确立了毛利语的法律地位，从教育等各方面推行毛利语，为毛利语的发展提供了国家法律及执法上的保障，让毛利语从消亡的边缘转向复兴。

三、我区开展少数民族语言保护的情况

近年来，自治区民语委开展广西少数民族语言抢救、保护工作的措施主要有以下几方面：

（一）开展广西少数民族语言田野调查

1. 开展国家民委“建设中国少数民族濒危语言有声数据库”试点工作

自治区民语委从 2012 年开始承担国家民委“建设中国少数民族濒危语言有声数据库”试点工作，选择了百色市隆林各族自治县仡佬语多罗方言为试点，完成了该方言 9363 个词条、100 条语法例句、5 篇长篇语料的记音工作，并通过现代技术手段开展录音采集工作，初步建成了该方言的语言数据库，为今后继续开展濒危民族语言的抢救保护并建立民族语言资源数据库提供了初步的工作规范和技术规范。

2. 对那坡县彝族“芒齐话”“芒佐话”开展调查

自治区民语委组织人员分别于 2015 年、2016 年赴那坡县，邀请百省乡坡伍屯及城厢镇达腊屯共四名村民做为语言调查发音人，各完成 3000 个词条、100 条语法例句、5 篇长篇语料的记音采集、摄录采集工作。

3. 对环江毛南族自治县毛南语开展调研

毛南族是广西独有的人口较少的民族。为了更全面掌握环江毛南语的使用现状、发展趋势以及本民族的语言态度等情况，以便更有针对性地开展抢救保护工作，2015 年使用数据统计法、文献法、问卷调查法、访谈、观察和座谈结合等调查方法开展环江毛南语使用状况调查，完成了《环江毛南族自治县毛南语使用情况调查报告》。2016 年开展环江毛南语调查，完成 3000 个词条、100 条语法例句、5 篇长篇语料的记音采集、摄录采集工作。

4. 完成中国语言资源保护研究中心委托项目

按国家语保工程的工作规范和技术要求，完成中国语言资源保护研究中心委托项目——“广西侗语南部方言第三土语”“广西扶绥壮语南部方言邕南土语”和《中国语言资料调查手册·民族语言（侗台语族、南亚语系）》的纸笔记录工作和摄录工作。

5. 开展壮语词汇调查收集工作

此项工作作为壮语文基础调查研究项目，2016 年已收集到宁明县、凭祥市、柳江县、武鸣区、都安瑶族自治县各 8000 个壮语词条记音。计划每年开展 5—6 个点各 5000 个壮语词条收集工作，逐步建立壮语词汇库，为今后编写壮语文工具书如《壮汉简明词典》《壮汉词典》《壮语方言词典》等打下基础，促进壮语文的规范化建设。

（二）组织有关专家对我区少数民族语言濒危情况进行调查，设计论证《广西少数民族语言资源数据库建设方案》

2015 年，自治区民语委以委托项目的形式委托广西民族大学开展广西少数民族濒危语言情况调查，

参照国内外专家学者对濒危语言的评价指标，结合广西民族语言实际，对广西少数民族语言濒危情况进行了总体评估，提出了抢救、保护的意见。所完成的《广西少数民族濒危语言情况调研报告》认为，当前我区的仡佬族的多罗方言、哈给方言、俫话，瑶族的拉珈语、炯奈话、巴哼话，京族的京语，水族的水语，彝族的彝语，毛南族的毛南语，仫佬族的仫佬语以及学术界仍有争议的布央语、五色话、茶洞话等都处于不同程度的濒危状况。《报告》还就使用上述语言（方言）的民族或群体的人口分布、称谓及历史迁徙进行了调研和介绍。

此外，自治区民语委还组织专家学者对建设广西少数民族语言资源数据库进行调研论证，从总体框架、具体实施、语言选点三个方面设计了《广西少数民族语言资源数据库建设方案》。在语言选点方面《方案》提出，为全面反映我区各少数民族语言的真实面貌，根据广西少数民族语言的不同情况，按照方言差异至少应选取 110 个代表点开展语言及相关材料采集工作，才能做到全覆盖。

（三）开展“广西少数民族语言数据库”建设专家信息采集工作

2016 年自治区民语委组织人员赴广西民族大学、广西大学、广西师范大学、桂林电子科技大学、贺州学院和百色学院等高校调研，采集了相关学科 30 名专家的信息，为开展广西少数民族语言资源数据库建设提供人才储备和队伍保障。

（四）推进少数民族语言规范信息工程建设

为实现语言资源调查、保存、展示和开发利用，为语言保护工作及建成多媒体语言资源库提供技术保障，2016 年通过招标的方式，依托社会力量，组织专家团队开展语言数据库数据规范设计，形成数据库规范设计文本及展示平台。

（五）争取广西少数民族语言保护工作经费

2016 年自治区民语委向自治区人民政府争取到 2017 年少数民族语言保护经费 210 万元，使得民族语言的抢救、保护工作有了经费保障。

从 2017 年起，自治区民语委采用国家语保调查手册、摄录软件等技术标准及工作规范，有计划有步骤地开展少数民族语言保护工作，并聘请国家少数民族语言资源保护研究中心相关专家作为顾问、核心专家进行指导。同时，为调动课题参与者的积极性，自治区民语委请示自治区社科规划办，把民语调查项目列为自治区社科规划年度重点项目，确保 2017 年武鸣双桥等 15 个语言点的调查工作能够顺利开展。

三、广西少数民族语言保护和发展对策

从国外保护少数民族语言的经验来看，错误的语言政策往往会造成一系列的社会问题，甚至引发社会动荡。只有把少数民族语言当作一种资源来珍惜、保护和利用，才符合语言的发展规律，顺应当代社会的发展。目前，广西的少数民族语言保护有几个问题较为紧迫：

（一）快马加鞭，加快制定相关法律法规

中华人民共和国成立以来，自治区的少数民族语言文字工作虽然取得了巨大的成就，在服务我区经济社会发展和民族团结进步事业中发挥了重要的作用，但是在实际的工作当中也存在不少的问题，制约

着我区民语工作的发展。例如：有些地方、部门和个人对少数民族语言文字工作的重要性认识不到位；有些相关部门对涉及民语的工作尚未形成合力；各地少数民族语言文字工作机构不健全，业务经费没有保障；熟练掌握少数民族语言文字的专业人员严重短缺等问题。从国外保护少数民族语言的经验来看，只有通过立法进一步明确少数民族语言文字的地位，规定各级政府及其部门的职责要求，出台少数民族语言文字工作的保障措施，特别是经费投入和来源、组织机构设置和人员、公务员录用人数比例等，规范少数民族语言文字的学习和使用，科学保护少数民族语言文字，加强少数民族语言文字的研究、翻译、出版、广播影视工作和民汉双语人才队伍建设，推进少数民族语言文字的公共服务和规范化、标准化、信息化建设等，使我区的少数民族语言文字工作有法可依。目前兄弟民族省区和主要少数民族地区都制定了相关语言文字工作条例，唯独全国少数民族人口最多的广西没有相关的地方性法规，立法工作严重滞后。因此，只有尽快制定相关法律法规，才能为我区少数民族语言的保护和发展提供坚实的保障。

（二）独具特色，建立有广西元素的少数民族语言保护技术标准和工作规范

从2017年起，自治区民语委采用国家语保调查手册、摄录软件等技术标准及工作规范，有计划有步骤地开展少数民族语言保护工作。今后广西的语保工作主要还是参照国家语保的技术标准及工作规范。但从这几年开展“中国少数民族濒危语言有声数据库”试点工作、那坡彝语、环江毛南语以及国家语保中心委托项目的实践看，国家语保的技术标准和工作规范跟广西的实际有不相适应的地方，例如国家语保的调查手册收录的词条较少，有些词条的收录不是很合理，不能够反映广西少数民族语言的特点；摄录环境要求高，在实际调查中很难找到很好的摄录地点；对摄录画面和摄录过程要求高等问题。广西的语保工作应该在摄录要求上适当放宽，只要不影响发音效果，都应该是可以接受的。在国家语保调查手册基础上进一步增加词汇量，特别是增加广西少数民族特有的民族词汇，在语法方面也可以适当增加语法条目，形成既符合国家标准又具有广西特色的少数民族语言保护技术标准和工作规范。

（三）整合资源，为建立广西少数民族语言数据库提供有力保障

按照《广西少数民族语言资源数据库建设方案》，广西要设立110个左右的民语调查点进行调查，而这也仅仅能基本反映我区的语言面貌。广西少数民族语言数据库还要更加丰富和充实。按照现有调查计划，广西的少数民族语言数据库要到2020年才能基本成型。如何快速建立数据库是摆在我们面前的一道难题。近年来自治区民语委在开展民语调查的时候已经采用了录音、录像等采集方式对采集的数据进行数字化保存，虽然在调查规范上跟国家语保中心的不太一样，但也是很宝贵的第一手调查资料，应当把这些资料都收入到数据库当中。另外，区内外一些高校和专家学者对广西的少数民族语言也做过一些调查，应该加强同相关高校和专家学者的沟通协调，通过政府购买、资源共享等方式将调查语料数字化后收入数据库当中永久保存。通过这些举措可以较快地建立起数据库，不断地对数据库进行补充和完善，语言库覆盖面才能不断扩大。

（四）依托科技，建立安全可靠的广西少数民族语言数据库

真实录制的原生态的少数民族语言信息，有视频、有图、有声、有文字的数据库，是保存少数民族语言有效、科学的方法，也是应对新媒体、全球经济一体化冲击的有力保障。要利用现代数字化技术、信息技术、云技术为少数民族语言数据库建设提供可靠的技术支持。广西少数民族语言数据库的建设，

要求利用计算机软件对少数民族语言进行调查，采录数据，通过特定的录音设备和软件，以多媒体形式录制视频、图像、有声、文字等语料，进行必要的国际音标转写等加工程序，将文本、音频、视频文件等进行整理，建设成数据库。

依托云技术，数据库后台要有独立通路的物理机，与公共云完全物理隔离，采取严格的准入机制和访问控制机制，充分保障云上业务系统的稳定，保障敏感信息的安全。将包括视频、音频、图片、文档等多源异构数据进行分类存储，提高数据存储效率。同时优化数据写入方式，提供包括网络上传、硬盘寄送、专线接入、第三方应用写入等多种手段，提高数据的录入效率，建立高扩展、高可靠、高性能的分布式存储系统，提供多端口用户接入，包括电脑网页、手机 APP 等多种方式。

（五）加大投入，保障语保工作持续开展

要在现有基础上增加对少数民族语言保护工作的投入：一是增加民族语文工作的经费。目前自治区民语委本级虽然列入年度部门预算，但业务经费每年也只有 500 万元左右，远远无法满足事业发展需要。例如：壮文作为新创文字还有许多需要研究完善的地方，规范化、标准化、信息化建设任务繁重，科研工作需要大量投入；现有的经费根本无法满足壮文学习、双语干部的培训需求；少数民族语言文字保护工作任务艰巨而紧迫，少数民族语言资源数字化建设、建立和完善少数民族语言资源库也需要大量投入。目前，包括壮语在内的广西许多少数民族语言已面临危机，有的已处于濒危状态需要抢救保护。二是尽快将调查成果转化。投入经费，将已经完成的调查成果集结出版，便于各方对自治区少数民族语言进行研究，服务于经济社会发展，服务于国家战略发展需求。

一种语言就是一个民族的文化和历史，是国家和民族的宝贵资源。一种语言消失了，以这种语言作为载体的文化也会随之消失。我们要意识到当前语言保护的紧迫性，切实开展自治区少数民族语言资源保护研究工作，形成系统的基础性成果，进而推进深度开发应用，全面提升自治区具有民族特色的少数民族语言资源保护和利用水平。

新时期壮语文传承和发展调研报告

蒙　康[1]

一、扎根民族沃土，壮语文传承和发展成绩斐然

近年来，自治区壮语文的传承和发展扎根民族沃土，成绩斐然。

（一）民族语文立法调研论证工作成效显著

《广西壮族自治区人民政府关于印发广西壮族自治区人民政府2016年立法工作计划的通知》（桂政发〔2016〕8号）将《广西壮族自治区少数民族语言文字工作条例》列入2016年地方性法规立法调研项目，区民语委按照要求认真组织开展调研论证工作。函请自治区发改委、教育厅、民委、民政厅、人力资源社会保障厅、文化厅、旅发委、新闻出版广电局等区直有关部门和广西民族研究学会、社会学学会、壮学学会、瑶学学会、侗学学会、彝学学会、语言文学学会、翻译学会、壮族作家创作促进会、壮汉双语教学研究会、民族文化发展研究会等相关学会结合本部门单位职能开展调研，并提供修改意见及相关材料。函请内蒙古自治区、新疆维吾尔自治区、西藏自治区民族语文工作部门提供民族语文立法方面材料。先后派出调研组到云南、贵州等省，深入区内南宁、柳州、桂林、百色、贺州、河池、来宾、崇左8个市及所辖16个县，采取座谈交流和问卷调查的形式，对自治区少数民族语言文字立法工作开展专题调研。

（二）建设“广西少数民族语言数据库”，推进少数民族语言规范信息工程

2016年自治区民语委赴广西民族大学、广西大学、广西师范大学、桂林电子科技大学、贺州学院和百色学院等高校调研，采集了相关学科30名专家的信息，为开展广西少数民族语言资源数据库建设提供人才储备和队伍保障。推进少数民族语言规范信息工程建设，开展少数民族语言数据库数据规范设计，形成规范设计文本及展示平台。

（三）壮语词汇调查收集取得重大突破

在自治区民语委的主导下举办词汇收集人员培训班，派人员赴宁明、凭祥、柳江、武鸣、都安等县区（自治县）进行壮语词汇调查收集指导，帮助整理当地壮语语音系统。各调查点分别完成了8000条壮语词汇记音收集任务，为建立壮语词汇库和今后编写壮语文工具书《壮汉简明词典》《壮汉词典》《壮语方言词典》等打下了坚实的基础。

---

[1] 蒙康，男，壮族，来宾市合山市民族宗教事务局办公室主任。

（四）壮语文社会应用和谐发展

1. 扎实开展年度壮语文水平考试工作

近年来，我区出台了《壮语文水平考试（VSSG）笔试考务工作规程（暂行）》，制定了年度考试工作方案，并于7月30日在广西民族大学组织进行考试。参加考试的有377人。整个考试组织实施严谨、规范、安全、有序、高效，迈出了壮语文水平常态化考试工作坚实的一步。同时，开展壮语文水平考试试题素材征集、集中审定入库工作，对国家民委拟向全国推广的《少数民族语言水平测试标准（壮语文）》（征求意见稿）提出了修改意见。

2. 积极推进壮族文化传承基地

在上级民宗委、民语委的指导下，各县市给合本地实际，建设了一批壮族文化传承基地。如合山市那羊壮族文化传承基地、忻城土司文化爱国教育基地、我区宁明县城中镇馗塘村被国家民委列为全国七个双语和谐乡村（社区）试点单位之一。各基地举办了农民学壮文、学农科技术培训班和壮汉双语山歌培训班，并开展民族语电影下乡等活动。各地壮汉双语法律地位平等、学习使用平等和壮汉双语和谐的理念逐步深入人心，同时学习和使用国家通用语言文字和壮语言文字已成为自觉自愿的行为，壮语言文化资源得到了有效的保护、传承和发展。

3. 不断强化壮语文学习培训力度

2016年区民语委分别在贵港市覃塘区蒙公乡、河池市都安瑶族自治县地苏乡举办“第八届回乡青年壮文技能培训班”“壮语山歌手学壮文培训班”；协助自治区高级人民法院承办2016年度全国法官壮汉双语培训班；支持、指导南宁市举办“跟我学壮文”培训班、崇左市举办2016年壮语广播电视播音员主持人培训班；2017年6月，举办全区少数民族语文翻译和广播电视节目制作业务培训班，进一步提高民族语文工作部门从业人员的业务水平，对培养我区壮语文翻译人才、做好壮语文学习使用工作起到较好的促进作用。同时，区民语委积极协助自治区政府出台《关于加快发展民族教育的实施意见》，与教育厅等七部门联合下发《广西壮族自治区壮汉双语教育发展规划（2016—2020年）》，促进壮语文的传承发展、学习使用。同时还出台《广西壮族自治区少数民族语言文字工作委员会民族语文工作课题研究管理办法（暂行）》，扎实推进少数民族语言文字研究工作。

4. 以“壮族三月三”活动为契机，大力宣传民族语文政策和壮文社会使用规范性要求

2014年以来，每年“壮族三月三”前期，区民语委都下发通知要求各市县（区）民族语文工作部门在“壮族三月三”期间做好民族语文翻译服务和督查调研工作；自治区党委宣传部、自治区民委、新闻出版广电局、旅发委、教育厅、文化厅、体育局等7个“壮族三月三”活动的相关主办单位在“壮族三月三”各项活动中使用少数民族语言文字。“壮族三月三”活动期间，全区各公共场所、活动现场使用壮汉两种文字的宣传横幅、标语12000多条，背景板500多块；使用壮文节目单、嘉宾证、指示牌等700多个；在市区户外大型LED显示屏、出租车顶LED显示屏滚动播出壮汉两种文字的民族团结宣传标语37000多条（次）；举办有民族语言节目的文艺活动300多场。

5. 协助推动民族语广播影视工作

（1）深入开展民族语广播影视译播调研和指导工作。先后深入防城港、恭城、金秀、巴马等10个市县（自治县）进行调研和指导，完成了调研报告，总结分析了我区民族语广播电视节目译播工作的发展态势、经验及存在的突出问题，提出了工作建议。指导南宁市“百场壮语电影进基层”公益放映活动、贺州等市县民族语电影下乡活动。同时，主动与自治区新闻出版广电局沟通联系，与该局及广西电台、广西电视台、南宁市文化新闻出版广电局等领导座谈交流，就如何在相关广播电台、电视台增加壮语栏目、调整节目播出时间和丰富节目内容等问题进行探讨并达成共识，共同推进全区民族语广播影视工作的发展。

（2）划拨经费支持相关市县开展民族语广播影视工作。积极组织开展民族语电影译制和下乡放映活动，南宁市武鸣区和河池市南丹县分别开展1部壮语和1部瑶族布努语电影的译配工作。田东、凤山两县新开播了《壮语新闻》，资源县新开播了《苗语新闻》电视节目。全区开播民族语广播电视节目的市县由去年的27个增加到30个，完成150讲“壮语文广播学校”广播稿的编译、审定和送播工作。

二、壮语文传承发展存在的困难和问题

广西少数民族语言文字的抢救与保护工作虽然取得一定的成绩，但在新的历史阶段，壮语文的传承和发展仍面临诸多困难和问题。

（一）壮语濒危衰变现象突出

一般说来，语言濒危是指语言丧失了交际的功能，即将走向消亡。语言衰变是指一种语言在局部上出现了功能衰退的趋势，存在濒危的预兆。按照这一说法，在广西壮族自治区，会听说壮语的多是居住在壮族聚居区的老人，15岁以下的孩子有些连听懂都已经困难，会说的仅是个别现象，已基本全部转用汉语，壮语逐步变成濒危语言。

（二）对抢救与保护民族语言文字的重要性认识不足

广西作为壮族自治区，壮语也处于弱势地位。长期以来，不少人仅仅从交际工具的角度来认识壮语言问题，认为壮语文使用人口少，使用范围和使用领域都存在很大的局限，对少数民族的发展不仅起不了多大作用，反而还会限制少数民族的发展；少数民族只有学习通用语言才能获得应有的发展。因此，没有必要对少数民族语言文字进行抢救与保护，少数民族语言文字的消亡，更有利于少数民族的发展。这样的思想认识，在少数民族语言文字抢救与保护问题上的具体表现就是不关心、不支持甚至反对，结果给少数民族语言文字的抢救与保护造成许多人为障碍，严重影响了少数民族语言文字抢救与保护工作的顺利开展。

（三）壮语文抢救与保护工作发展不平衡

广西壮语文的传承发展工作，可以说已开展多年，但总体来看，相关工作开展得很不平衡。20世纪50年代中后期至80年代末期，是壮语发展的黄金期和蜜月期，各地都开办壮文学校，为抢救与保护少数民族语言文字奠定了坚实的基础。20世纪90年代以后，各县市壮校、民语机构相继被撤销、合并，少数民族语言文字抢救与保护工作举步维艰。如今，民语部门单打独斗的窘境依然没有改变。

（四）抢救与保护措施方法滞后

民族语言文字的抢救与保护，过去主要是调查、记录、培训等。随着形势的发展，这些手段方法已不适应实际需要。如调查、记录，甚至出书，都只是一种被动的做法，了解和掌握的人少，范围局限于少数专家，起不到足够的抢救和保护作用。又如培训，现在农村劳动力向城市转移，举办培训班，没有几个年轻人参加，也达不到培训的应有目的。由于手段方法落后，工作得不到推进，致使少数民族语言文字抢救保护整体效果不佳。

三、新时期下，壮语文传承发展的举措建议

2017 年 3 月，国家民委在《“十三五”少数民族语言文字工作规划》中明确提出：“到 2020 年，各民族使用和发展自己的语言文字的自由得到进一步保障，少数民族语言文字规范标准基本满足社会需求，信息化水平进一步提高。各民族语言文字科学保护得到加强，少数民族语言文字传承和弘扬中华民族优秀文化的作用进一步发挥，社会语言生活和谐发展。”

要实现这一发展目标，我们应当从以下几个方面开展壮语文传承发展工作：

（一）大力推进少数民族语言文字工作法治化建设

一是加大宣传力度。重点宣传《中华人民共和国宪法》和《国家民委中央组织部 中央统战部教育部人力资源社会保障部国家公务员局关于推进民族地区干部双语学习工作的意见》《国家民委关于做好少数民族语言文字管理工作的意见》《国家民委关于进一步做好民族语文翻译工作的指导意见》等关于少数民族语言文字工作的法律法规和文件，营造各民族互相学习语言文字的良好氛围。

二是尽快出台地方条例。《广西壮族自治区少数民族语言文字工作条例》已完成意见征求工作，建议成立专家组修订条例，并结合我区壮语传承后继乏力的实际，将双语教学纳入条例管理范畴。会同区法制办，加强少数民族语言文字执法培训考试工作，将县市壮语执法资格纳入年度绩效考评，会同有关部门开展少数民族语言文字法律法规实施情况调研和监督检查，保障各民族使用和发展自己的语言文字的自由。及时跟踪、研究少数民族语言文字领域的新情况、新问题，根据实际需要，推动各有关地区加强少数民族语言文字工作法治化建设。

（二）加强少数民族语言文字基本情况调查与科研工作

加强少数民族语言文字调查研究，开展少数民族语言文字政策法规、少数民族语言文字应用、少数民族语言文字翻译理论、少数民族语言文字发展规律等研究。对民族地区行政机关、司法机关、新闻出版、广播影视、公共服务行业及其从业人员的语言使用情况进行调查，为制定相关行业语言文字政策和满足语言使用需求提供服务。积极开展少数民族语言文字科研工作，整合相关科研力量，建立和完善科研管理制度。在全区范围内开展语言文字使用现状调查，对少数民族语言及其方言的种类、分布区域、使用人群和使用变化状况进行调查，组织和支持相关科研机构、大专院校及专家学者对少数民族语言文字工作的基础理论和应用问题进行研究。以有关院校和机构为依托，培养少数民族语言文字科研人才，形成老中青相结合、汉族专家和少数民族专家相结合、语言学和其他相关学科专家相结合的少数民族语言文字科研队伍。

（三）大力加强双语人才队伍建设和壮语翻译出版广播影视工作

一是抓好双语人才队伍建设相关政策法规和文件贯彻落实。依托民族语文翻译机构、民族院校、民族地区高校等单位，培训熟练掌握国家通用语言文字和少数民族语言文字的双语人才。推动建立双语学习激励机制，支持少数民族干部学习国家通用语言，鼓励汉族干部学习少数民族语言。依托有关单位，提高少数民族地区专业技术人才的双语水平。持续推进双语人才基地建设。进一步加大对条件艰苦的边远少数民族地区双语人才的培养扶持力度。健全民族语文水平等级测试标准和少数民族汉语水平等级测试标准。

二是区民语委要参与做好双语教育工作。协同有关部门，科学稳妥推行双语教育。依据法律、遵循规律、结合实际，坚定不移推行国家通用语言文字教育，提升少数民族学生掌握和使用国家通用语言文字的能力和水平。尊重和保障少数民族使用本民族语言文字接受教育的权利，不断提高少数民族语言文字教学水平。

三是区民语委组织编写翻译时事政治、法律法规、科普、文化等领域的双语读物，努力提高翻译出版的质量与数量，做好壮语经典文库翻译工作，扩大壮族文化在国内外的影响力，精选一批有代表性的各民族典籍和优秀现当代文化艺术作品，进行壮汉互译，打造民族语文翻译精品。协调配合文体广电部门，切实做好少数民族语言文字新闻出版和广播影视工作，加强少数民族语言广播影视节目的制作、译制和播出能力。支持少数民族语言文字网站和新兴传播载体有序发展。

（四）积极推进少数民族语言文字规范化、标准化、信息化建设

一是进一步完善少数民族语言文字规范标准体系，支持研究制定社会应用和信息化急需的少数民族语言文字基础规范标准。支持建立少数民族语言文字新词术语审定发布制度，定期发布少数民族语言文字新词术语审定公告。

二是加快制定、完善少数民族语言文字基础标准，重点建设教育、信息处理、广播影视、新闻出版、辞书编纂和公共服务等领域的标准。

三是加快制定完善少数民族语言文字信息处理标准。及时开展标准的复审、修订等工作。

四是加快建设少数民族语言文化资源库和传统通用少数民族语言的大规模语料库。协同有关部门进行少数民族语言文字信息技术基础研究和软件研发，支持少数民族语言文字统一平台的建设，提高软件研发的水平与效益，做好少数民族语言文字数字化产品的推广应用工作。

（五）加强少数民族语言文字公共服务

结合全国上下如火如荼的乡村建设（扶贫）工作，民语部门要主动作为，拨付专项经费，每个县市都要开展双语和谐乡村建设示范村屯工作，促进国家通用语言文字的推广使用和少数民族语言文字的传承保护。探索建设城镇双语和谐社区和建立志愿者队伍，为不通晓国家通用语言文字的公民提供翻译等方面的公共服务。加大力度支持在少数民族聚居区的医院、邮局、学校、政务服务大厅、机场、火（汽）车站等公共服务机构或场所提供双语服务。面向社会开展语言文字政策法规、规范标准、应用业务等方面的免费咨询服务。推动依法使规范公共领域的文字使用，协调有关部门，依法使用规范汉字和本民族文字印制少数民族公民的个人身份和资格证件。

依法办好《三月三》壮文版

——广西《三月三》杂志壮文版编辑出版三十一年综述

覃祥周[①]

依法治国是邓小平理论的重要组成部分，是中国共产党领导中国人民治理国家的基本方略。“法”是国家制定或认可，并以国家强制力保证其实施的行为规范的总和，是由经济基础决定并为经济基础服务的上层建筑的重要组成部分。“法”与广义的“法律”通用，包括宪法、法律（狭义）、行政法规、规章等。在我们国家，行政法规专指国务院为领导和管理各项行政事务而依据宪法和法律制定的规范性文件，一般使用“条例”“规定”或“办法”等名称，其内容不得与宪法、法律相抵触。行政法规也是一种要求人们普遍遵守的行为规则文件，具有法律规范的一般约束力，其效力等级仅次于宪法、法律，但高于国务院下属各部、委、办的部门规章及各省、自治区、直辖市的地方性法规。

实行依法治国是国家长治久安的重要保障，是贯彻治国理政新理念、新思想、新战略的具体体现。只有依法行政，做到令行禁止，坚决打击违法犯罪活动，妥善化解人民内部的矛盾和纠纷，克服影响安定团结的消极因素，才能团结一切可以团结的力量，调动一切可以调动的积极因素，才能聚精会神搞建设，一心一意谋发展，保障国家的长治久安。依法进行出版活动和依法进行出版管理是依法治国、依法行政在出版领域的具体表现。有关出版的法律法规，体现了出版工作的指导方针、政策和基本任务，规范了出版行为的准则和必要程序，规定了相应的法律职责等，为依法进行出版活动和依法进行出版管理提供了依据。

中国是一个多民族、多语言的国家。全国有56个民族，其中，55个是少数民族，人口约1.06亿。少数民族当中，有6000多万人使用着80种以上的语言和28种文字。《中华人民共和国宪法》明确规定：“各民族都有使用和发展自己语言文字的自由，都有保持或改革自己风俗习惯的自由。”《中华人民共和国民族区域自治法》《中华人民共和国国家通用语言文字法》和国务院颁布的《出版管理条例》等，对少数民族语言文字的使用和发展及少数民族文字出版物的出版发行都作出了明确的规定，用法律和行政法规的形式把这项工作确定下来。国务院颁布的《出版管理条例》第六章第五十条就明确规定：“国家扶持少数民族语言文字出版物和盲文出版物的出版发行。”这个条文就是我们从事少数民族语言文字出版工作的“法宝”。

壮文报刊是我国少数民族语言文字出版物的一个重要组成部分。三十一年来，在广西壮族自治区民族宗教事务委员会和广西壮族自治区少数民族语言文字工作委员会的具体领导和关心下，广西《三月三》杂志社认真贯彻国家有关出版工作的法律法规，克服重重困难，依法办好《三月三》杂志壮文版，为在

① 覃祥周，男，壮族，广西《三月三》杂志社总编辑、译审。

壮族地区传播科学文化知识，提高壮族人民的素质，维护民族团结，推动社会的全面进步作出了重要的贡献。

一、《三月三》壮文版的出版发行，结束了壮族人民没有自己民族文字刊物的历史

1983 年 4 月，经广西壮族自治区党委宣传部批准，由广西壮族自治区民族事务委员会和广西壮族自治区少数民族语言文字工作委员会联合主办的大型民族文化期刊《三月三》在南宁创刊。其宗旨是研究广西各民族悠久的历史，挖掘丰富的民族文化宝藏，促进民族团结，提高民族自信心。其刊名《三月三》由时任自治区主席覃应机题写。

党的十一届三中全会以后，拨乱反正，我国各项工作逐步走上正轨。广西壮族自治区党委决定，在壮族地区恢复推行使用壮文。于是，各种与壮文工作有关的机构纷纷得到恢复或设立，中央民族学院（现为中央民族大学）、广西民族学院（现为广西民族大学）、广西壮文学校的壮文专业相继招生，各地、市（县）的壮文学校也相继开始培训群师和干部，农村、机关开展了壮文的扫盲工作，南宁、桂林、巴马、百色四所民族师范学校相继开设壮文必修课，部分县市的中小学校开展壮文进校的实验工作。当时，壮文恢复推行，形势喜人。1986 年以后，壮文图书、壮文报纸的出版发行已经初具规模，唯独壮文刊物仍然没有出版发行。根据当时壮文工作发展的情况，自治区民委、自治区民语委把握形势，看准时机，向自治区党委宣传部打报告，要求创办一份以繁荣民族文化、培养民族文学新人为己任的壮文刊物。不久，自治区党委宣传部以桂宣办 [1986]49 号文件批复，同意出版民族文化期刊《三月三》壮文版，为壮文推行与研究服务。这样，《三月三》壮文版便于 1986 年 9 月 20 日在南宁创刊，当初为双月刊，16 开本，32 页码（现为 48 页码），国内外公开发行。《三月三》壮文版以发表少数民族题材的壮文文学作品为主，以培养壮文作者为己任，特别注重刊登各民族民间文学和反映当代少数民族现实生活的文艺作品，以及少数民族语文工作的信息和研究文章。读者对象主要是脱了壮文盲的壮族地区干部、农民、学生及其他壮文爱好者。

《三月三》壮文版伴随着推行壮文的热潮应运而生，沐浴着民族政策的阳光。它的出版发行，结束了千百年来壮族人民没有自己民族文字刊物的历史。31 年来，《三月三》壮文版共出版了 190 多期。最高时期发行量 5500 多册，目前发行量为 3000 多册。除在我国境内发行外，美国、日本、泰国、越南、澳大利亚和韩国均有订户。

二、依法办好刊物，坚持办刊宗旨

《中华人民共和国宪法》第二十二条规定了包括出版事业在内的各种文化事业为人民服务、为社会主义服务的方向，是整个出版领域法律体系的基石之一。严格遵守宪法规定，坚持办刊宗旨，依法办好《三月三》壮文版，是杂志社全体同志多年来的一贯追求和主张。这些年来，杂志社牢牢把握“为人民服务、为社会主义服务”的方向，牢牢把握“国家扶持少数民族语言文字出版物和盲文出版物的出版发行”这个“法宝”，坚持把社会效益放在首位，始终贯彻“坚持四项基本原则，贯彻‘双百’方针，增强民族团结，建设精神文明；表现民族特点，反映乡土风情；繁荣民族文化，培养一代新人；扩大壮文影响，促进壮文使用”的办刊宗旨，认真选稿改稿，精心编排，办出了内容健康、催人向上又具有自己民族特色的刊物。

31 年来，社会主义市场经济的迅猛发展，自始至终影响着《三月三》壮文版的生存和发展。刚创刊

不久，因为社会上泛起了追求个人经济利益的风潮，出版界也受到了冲击，特别是一些刊物为追求发行量，以内容不健康的作品充塞版面，迎合部分读者的“猎奇”心理。面对这种“鱼目混珠”的出版市场，曾有读者来信“建议”《三月三》壮文版应该跟上“形势”，及时改版。但杂志社不为之所动，不但不改版，反而强化审稿制度，严防不健康的内容“见缝插针”，保证不违反法律法规，决不违背“建设文明社会”的办刊宗旨。

20世纪90年代后，壮文推行工作进入低潮，刊物发行量急剧下降。这期间，社会上出现一种“卖刊号”的风向，有人到杂志社“商谈”，企图将壮文版“改头换面”，并给予不薄的“回报”。面对如此诱人的“条件”，杂志社一笑了之。因为大家都知道，这棵壮文版“独苗”肩负着本民族的重任，无论如何是不能改“版”的，更不能出卖刊号，否则，就是对广大壮族人民的极端不负责任，从某种意义上说是一种对民族的背叛行为！同时更是违反国家有关出版管理工作的恶劣行为。

依法办好刊物，恪守壮文版的办刊宗旨，成为了杂志社所有成员31年来办好刊物的心声。“不管风吹雨打，胜似闲庭信步”，这一共识向来坚定不移。

三、尽力尽责发展壮民族文化，培养了一大批壮文作者

《三月三》壮文版的出版发行，为民族文化大家庭增添了一支艳丽的奇葩，为壮文文学开辟了一块处女地。杂志社的编辑们对《三月三》壮文版的地位和作用有了足够的认识，因而对壮文文学的这块园地百般呵护，为她的健康发展和繁荣壮大日夜操劳，各尽其责。

1990年以前，因为《三月三》壮文版创刊不久及其他原因，杂志社一直没有制定编辑制度，岗位责任不明确，往往顾了稿件的编辑，顾不了出版发行，印出来的刊物有时只发行几百册。1990年编辑部调整了人员，制定了《责任编辑制度》，明确了各自的工作范围和职责，使组稿、编稿、印刷、发行等工作按计划有条不紊地进行着。从1990年第1期起，刊物的发行量有了较大的增加，由原来的几百册上升到2500多册，2006年有一期还发行了5500多册，是个了不起的突破。这些年来，杂志社除编稿、印刷外，一直没有放松发行工作。如今，除了在国内发行之外，我们还把刊物的发行延伸到国外，海内外都有人订阅和投稿。

多年来，《三月三》壮文版的读者分布面不但广而且散，所以杂志社一直自办发行。在发行过程中，由于我们没有经费做广告宣传，很多人不了解《三月三》壮文版，编辑们只能利用熟人等各种各样的渠道进行宣传发动，通过热心人的支持和帮助完成了《三月三》壮文版每年的征订工作，并由他们把《三月三》壮文版分发到广大读者的手中。通过不断的努力，《三月三》壮文版的自费订阅数历年来都在全国少数民族刊物中处于中上水平。

由于壮文是拼音文字，因此在编辑出版过程中，它的工作量相对于汉文来说有过之而无不及。来稿的大多数作者是学生，还有相当一部分是农民。他们掌握壮文的程度不高，稿件多数是手写稿。所以，壮文编辑人员不仅要对稿件进行内容把关和艺术加工，还要仔细地把好文字使用关。因此，在工作中对稿件反复地审查修改，编辑们都习以为常了。先是审稿时校正每个壮文音节的声母、韵母和声调符号，其次是打字时边打字边校对，最后还得对打出来的稿件进行反复审校，直至认为稿件已基本无误才送往工厂印刷。

《三月三》壮文版创刊三十多年来，由于经费困难，我们很少添加办公设施，至今，电脑设备都还没有备齐。同时，考虑到读者、作者分散在全区各地，编辑们为了减少出差，与读者、作者的联系多用

书信、电话，工作十分辛苦，但大家都毫无怨言。现在，可以用电子邮件和微信与部分读者、作者联系，工作条件有所改善。

由于壮文还在试验推行阶段，会壮文的人并不是很多，能用壮文来写文学作品的人就更少了。为了保证稿件的数量和来稿的质量，杂志社的编辑们除了编稿外，还加强了与作者的联系，注意培养壮文文学的作者队伍。当初主要是以书信形式（今可在网上）对来稿进行点评，给作者提出针对性的修改意见，让他们在反复的修改过程中有所提高。如黑龙江省鸡西大学（现已升本并更名为黑龙江工业学院）日语专业的学生刘敬柳（汉族）撰写的壮文作品《Daxboh》（《父亲》），题材较贴近生活，内容健康向上，但我们认为作品结构不当，有部分情节必须修改，同时，稿件中壮文音节的拼写错误也较多。要完成这些工作需要不少时间，若是由编辑来完成，就既浪费时间又对作者创作水平和壮文知识的提高不利。于是，编辑部把修改意见寄给了刘敬柳本人。经过作者的反复修改，《Daxboh》终于在 2006 年第 6 期《三月三》壮文版上发表。此文后来获得首届《三月三》壮文版“有奖征文”优秀作品奖。

为了提高文学爱好者的创作水平及扩大稿件来源，《三月三》壮文版编辑部还开办了专门为文学爱好者服务的“文学沙龙”。2004 年以后，杂志社还与《广西民族报》合作，每年举办一期壮文写作培训班，从全区范围内招收学员。通过这些活动，对作者进行壮文写作的具体指导，使不少文学爱好者走上了文学创作之路，得到了文学爱好者的好评，引起上级有关部门领导的重视。如田东县思林中学数学教师黄承克，在学校读书时学会了壮文，对壮文写作很感兴趣，得知我们开办了壮文写作培训班后，主动打电话到杂志社，要求参加壮文写作培训班。通过自身的努力和编辑的热心辅导，如今，他已在各家报纸、杂志上发表作品多篇。学校里的老师们对他钦佩不已，刮目相看。有一位热心作者叫余执，原是平果县的一名乡村代课教师，学会壮文后，在《三月三》壮文版发表了 100 多篇壮文作品，有了一定的名气。后来，他就是凭借“发表了大量的壮文作品”这一条件加入了广西作家协会。他因擅长壮文文学创作，前几年被县领导看中，被抽调去参加壮族长篇古籍《嘹歌》的翻译和整理，专门从事该古籍的壮文转写工作。古籍出版后，受到社会各界的好评。余执后被破格录用为平果县广播电视局的记者。他给我们来信说：“如今我能吃上‘皇粮’，衣食无忧，全靠《三月三》壮文版和《广西民族报》壮文版给我铺路搭桥，你们就是我的救命恩人。”河池地区巴马民族师范学校 91 届学生卢学问在校时就在《三月三》壮文版发表了大量的壮文作品，其中散文《颂云》在《三月三》壮文版发表后，还被翻译成汉文又发表在中国作家协会主办的《民族文学》杂志上。他毕业后分配到环江毛南族自治县的一所小学当教师，教学之余继续写稿，后来又有《岩洞里的幽怨》等十多篇壮文作品在《三月三》壮文版发表。县里的领导发现他是个爱好写作的苗子，而且又发表了不少的文章，于是就调他到县广播站工作，不久又被调到河池地区（现河池市）劳动和社会保障局工作，现任该局的办公室主任。他给我们打来电话说：“这辈子无论走到哪里，我永远不会忘记《三月三》壮文版。”像这样的例子还有很多。这些年来，由于大家孜孜不倦，壮文作者队伍中涌现出了许多“才子”，有的加入了各级文联协会组织，有的凭借自己的作品和才能分配或调入更适合自己的工作单位。

在培养作者的过程中，我们注意到老中青相结合的原则，把青年作者当作重点培养对象，因为他们是未来的写作主体。只有培养出年轻的作者作家，我们壮文文学才后继有人，才能后浪推前浪。所以，在 1997 年 5 月初壮文版编辑部召开的首届笔会上，青年作者占了 80% 左右。除编辑对作者进行辅导外，我们还充分利用笔会和办培训班的有利时机，邀请有名望的作家、学者为作者们讲授文学创作知识及经验体会。如近几年来，我们邀请了中央民族大学教授黄凤显博士、著名作家黄佩华和凡一平等给壮文写作培训班的学员讲课，传授他们从事文学创作的经验和技巧，深受广大作者的欢迎。另外，我们还邀请部分著名作家或派出编辑到作者较集中的地方举行讲座和座谈，面对面地给作者们进行辅导。其中，广西壮文学校 4 次，广西民族大学 2 次，武鸣民中、马山民中、上林民中、环江县广播站各 1 次。

多年来，通过编辑们的耐心辅导，培养了一批壮族作者，使广西的壮文作品在全国崭露锋芒。如今，《三月三》壮文版已有 30 多篇作品被译成汉文，在《人民日报》《民族文学》《民族作家》上发表。有 20 多篇壮文作品获得省级以上奖励，培养了一批壮语文学新人。如陆登的中篇小说《短脚阿和》、余执的短篇小说《山乡俩姑娘》、覃祥周的散文《美丽的椰树林》、李从式的长篇叙事山歌《深情重于山》等获得了壮族作家创作促进会举办的首届壮语文学奖，陆如刚的《女儿的婚事》还获得广西少数民族文学创作“花山奖”，引起了世人的关注。

四、扩大了壮文的影响，促进了壮文的使用，为壮族地区的“三个文明”建设作出了应有的贡献

在多年工作中，《三月三》杂志社得到了广西作家协会的支持，组织部分壮族作家为《三月三》壮文版撰稿，利用这些作家的优势，使他们成为壮文文学事业的有机组成部分。如韦一凡、黄钲等壮族著名作家同壮文作者合作发表了《Nungz Cigauh》（《侬智高》）等多部颇有影响的壮文小说。壮文作家覃绍焕、陆元才、蓝汉光、黄寿才等除在《三月三》壮文版发表壮文作品外，同样也在其他报纸、杂志上发表了大量的汉文作品，扩大了壮文作者队伍的社会影响，同时促进了壮文的使用。30 多年来，给《三月三》壮文版投稿的作者超过 2500 人，稿件 30000 余篇。以现代题材为主线的小说、散文、新诗频频在版面上涌现，一个令人惊喜的欣欣向荣的壮文文学创作局面呈现在人们的面前。

20 世纪 90 年代以来，《人民日报》和中国作家协会主办的《民族文学》、新疆作家协会主办的《民族作家》等著名汉文刊物接二连三地发表了壮文作品的汉译文，包括小说、散文、诗歌等三十余篇（首）。壮文作品的影响，不仅走出了高峰坳，而且跨过了长江、黄河，为亿万认识汉文的读者所认知、接受！

1989 年起，巴马民族师范学校从《三月三》壮文版中选取部分优秀作品作为补充教材。1990 年起，广西壮文学校、全区各民族中学及部分壮文进校实验小学还将《三月三》壮文版作为课外必读读物。壮族地区的机关、农村中，不少读者把《三月三》壮文版当作了解民族语言和民族文化文学的窗口，有的把它当作提高自己壮文知识和写作水平的阵地。《三月三》壮文版为壮族地区的“三个文明”建设作出了自己应有的贡献！

为了充分发挥《三月三》壮文版在推行使用壮文工作中的作用，以及更好地达到宣传壮文的目的。杂志社通过不同的渠道争取到全国各地报刊的支持，扩大《三月三》壮文版在全国的知名度和社会影响，尽量扩大刊物的发行范围和发行量。如《民族文学》《民族作家》《当代诗坛》《微型文学》等免费刊登了有关《三月三》壮文版的信息。近年来，我们的《三月三》壮文版发行范围不断扩大，西到四川、重庆、云南、贵州；北到新疆、内蒙古、黑龙江、辽宁、吉林；东至福建、江苏、浙江等地，除在我国境内发行外，国外的美国、日本、泰国、越南、澳大利亚均有订户。同时，《三月三》壮文版也受到许多学者的关注。这些年来，杂志社先后接待了美国、加纳、日本、巴西、泰国、越南和中国台湾、中国香港等国家和地区有关专家学者的来访，向他们介绍了《三月三》壮文版的编辑、出版、发行情况。2006 年 5 月，主管壮文版的覃祥周副总编还被邀请到泰国的玛希隆大学讲授壮族语言文化并介绍《三月三》壮文版的编辑出版情况。非洲加纳学者、现任奥地利维也纳大学教授的 Adams Bodomo（博艾敦）博士曾多次访问《三

月三》杂志社，并自费订阅了《三月三》壮文版，还给《三月三》杂志社赠送了一部数码相机，以表达他的一片诚意。

随着《三月三》壮文版发行范围的不断扩大，壮文的影响面也逐步扩大，一定程度促进了壮文的推行和使用。不少读者纷纷来信、来稿称赞壮文和《三月三》壮文版。

上林县读者蓝海洋来信说："收假回到学校，我就迫不期待地盼望收到《三月三》壮文版。因为它毕竟是我长这么大独自闯到邮局订阅的自己喜爱的杂志。那天到邮局汇款时，邮局的工作人员说钱太少不予办理手续，我当时难过得差点哭出来，也许是我这样子太可怜吧，他们才答应了我的要求呢。我盼啊盼啊，终于盼来了我日思夜想的书。收到书的那天，我说不出有多么激动，打开书便细细品味起来，连吃饭也舍不得放下。同学们总是以羡慕的目光看着我，那眼神有惊奇，也有钦佩。他们问我：'看你这样入迷，是什么书这样吸引你？'说着便争着抢过去看，看到那清新优美的封面，他们都'哗'了起来，并叫我给他们讲书里的故事。我讲给他们听了，他们个个都希望也能和我一样学会壮文，阅读壮文课外读物。他们曾向我求教，要我当他们的'小教师'，我答应了，一有空余时间，我们便聚在一起学壮文。"

田阳县高中读者农民喜来信说："好不容易熬过了两个月，我终于拿到《三月三》了。每当我接到《三月三》壮文版，同学们便蜂拥着围过来。但是，全班只有我能读壮文，于是，一双双眼睛向我投来期盼的目光。后来，每当晚上读报时间，大家便叫我上讲台朗读壮文文章。我捧着《三月三》壮文版，心中不由生出几分自豪感，问心无愧地高声朗读一篇又一篇，同时也获得了同学们一阵又一阵的掌声……。"

田林县读者蓝宏来信说："工作之余，我坚持阅读《三月三》壮文版。因为读起它，就有一种亲切感和自豪感。如连载长篇小说《依智高》就很能吸引我的心。以往，偶有一些作品在写到少数民族的英雄时，由于是用汉文来写，多少都汉化了，少数民族的特色总是难以表现出来。《依智高》用壮文描写壮乡的社会风貌、生活习惯，让壮族英雄说壮语，还原其本来面目，多么亲切、多么自然而又多么感人！"

百色市民语办陈毅忠来信说："初入壮文文坛，我体会到，壮文绝不逊色于其他文字。它同样可以充分表达喜怒哀乐。作为一个壮族人，用壮文创作更能完美地表达真情实感。"

巴马县读者黄鹏来信说："《三月三》壮文版，你就是民族文学之林中的一颗璀璨明珠，是壮族人民渴求的精神食粮。"

31 年来，最令杂志社深受感动的是，一些农村读者坚持不懈地"31 年一贯制"自费订阅壮文版。他们既不为了写稿，也不是为了升学、升职。从他们不多的订阅附言中我们知道，他们订阅壮文版纯粹是为了阅读壮文作品的享受、关心民族文字的动态！有这样难能可贵的读者，我们还有什么理由不办好壮文版呢？正因为这样，在壮文版遇到严重困难的时候，自治区原主席覃应机就明示自治区民语委有关领导："《三月三》壮文版就是只发行一份，也不能停刊！"真可谓是上下同心同德，泰山压顶不弯腰！

五、值得思考和有待解决的问题

虽然各方面的基础十分薄弱，但《三月三》壮文版在这 31 年中还是取得了令人瞩目的成绩，这确实是难能可贵的。然而，这 31 年来，我们有喜有乐，也有许多痛苦。总的来讲，《三月三》壮文版还是问题多多，困难多多。创刊初期，由于机构设置的原因，壮文版编辑部的挂靠单位变来变去。最初是临时设置，后挂靠广西民族出版社，1989 年从广西民族出版社分离出来，有一段时间处于"三不管"状态，头一个月竟然没有工资。最后与汉文版合并为杂志社，从此机构才稳定下来。30 年间，有数十名壮文专业人员从四面八方来到杂志社工作，有的坚持至今，有的中途离去。"铁打的营盘流水的兵"，尽管人来人往，《三月三》壮文版就像铁打的营盘岿然不动。31 年来，杂志社没有辜负壮民族的厚望，努力工作，取得了一定的成绩。但是，也还有许多问题令人思考，有待解决。目前，最主要的问题是：

第一，《三月三》壮文版虽然走过了31年的发展之路，但毕竟是一个刚刚成年的“青年”，还需要得到社会各方面的保护、扶持和培养。

第二，办刊经费不足，没有办法使杂志朝着做大、做强的方向发展。

第三，办公条件简陋，住房问题没有得到解决。原来在星湖路北二里8号的办公用房是80年代的房子，陈旧破烂，时常漏水。现搬到纬武路160号区直干休所租房办公，房租经费始终没有得到解决。干部职工的住房问题更是头疼。至今，星湖路北二里8号的职工住房已经搬迁三年多了，但到现在房子还没有建起来。

第四，《三月三》杂志从创刊到2010年，杂志社的性质定为“自收自支”单位，这与作为自治区标志性刊物的出版单位是极不相称的，致使杂志社人心浮动，人才不断流失，严重地制约了壮文杂志的生存和发展。杂志社多次向有关部门反映情况，主办、主管单位也尽了最大的努力，至今才得到解决，现为“公益性一类事业单位”。

《三月三》杂志壮文版是广西壮族自治区的标志性刊物，是全球唯一的一份壮文杂志。我们认为，无论什么时候，广西壮族自治区都应当按照《中华人民共和国宪法》《中华人民共和国民族区域自治法》和《出版管理条例》里面有关扶持民族文字出版物出版发行的规定，从维护政治稳定和维护民族团结的高度着想，尽快地解决杂志社存在的困难和问题，特别是应该逐年增加办刊经费，本着对壮民族负责的态度，办好这份自治区标志性的壮文杂志，不辜负党中央和中央人民政府对壮族人民的关怀和厚望。

《三月三》壮文版在风雨飘摇中走过了31个春秋。它为壮族地区的政治、经济、教育、文化建设和社会事业的全面发展，为促进壮族地区的科技进步和维护民族团结作出了自己应有的贡献。尽管目前还存在着不少的困难和问题，但是困难和希望同在。值得欣慰的是，2007年10月12日，中共中央宣传部、国家民委、财政部、国家税务总局、新闻出版总署联合下发了《关于进一步加大对少数民族文字出版事业扶持力度的通知》的文件（中宣发[2007]14号），文件中明确指出：“少数民族出版事业属公益性文化事业，承担少数民族文字出版任务的单位是公益性出版单位。中央和地方财政要按照‘增加投入、转换机制，增强活力，改善服务’的方针，加大资金投入力度，增加对少数民族文字出版的财政补贴，并逐年有所增长。”五部委的文件使我们看到了希望，增强了我们战胜困难的信心。我们有理由相信，在习近平总书记新理念、新思想、新战略的指引下，在中国共产党和中华人民共和国民族平等、语言文字平等政策的指导下，有宪法、民族区域自治法、出版管理条例等法律法规和中宣发[2007]14号文件作为依据，我们一定能够依法办好《三月三》壮文版，存在的困难和问题总有一天能够得到解决。《三月三》壮文版一定会和其他兄弟民族的文字出版物一样越办越好，壮文编辑出版工作一定会迎来光辉灿烂的明天。

【参考文献】

[1] 李从式.15年编辑追忆[J].《三月三》壮文版，2001（5）.

[2] 覃耀武.在纪念“壮文方案”颁布45周年座谈会上的讲话[J].《三月三》壮文版，2003（2）（3）.

[3] 全国出版专业职业资格考试办公室.有关出版的法律法规选编2006年版[C].北京：中国大百科全书出版社，2006.

[4] 罗崇春.在《三月三》壮文版创刊20周年座谈会上介绍壮文版情况[J].《三月三》壮文版，2006（11）.

论苗族语言白苗土语的保护及其对策

——处于濒危的高培白苗土语

韦茂忠[①]

随着经济全球化和地区经济发展速度的加快，网络与新媒体的普及，再加上强势消费文化、跨区域人口流动和进城打工潮等多种因素的影响，一些少数民族语言，特别是一些人口较少、无文字的弱势语言受到了前所未有的冲击，导致这些弱势语言的功能陆续减弱，并逐步走向濒危的险境，直至最终消亡。

融水苗族自治县杆洞乡境内的高培白苗土语为少数民族语言中的弱势语言。近几十年来，随着各民族之间的交往融合和少数民族地区的进一步开放发展，弱势语言正面临着强势语言和互联网等外部因素的冲击，其社会使用功能日益弱化，使用语言的人口年龄越来越老化，语言的使用者越来越少，使用范围越来越窄。这些濒危语言面临着变成“濒绝语言”的危险，即在50—100年内消亡，从而不可挽救。这一危险信号已引起我们的深深忧虑。

一、高培白苗土语的使用人口及现状

（一）高培村概况

“高培”因地处高坡高岭而得名，其地势南高北低，乌牛河（杆洞河上游）从境内流过，注入杆洞河流经贵州省从江县境内汇入都柳江。高培先民最早的住居点为高培陡寨，其海拔高度在800—900米之间，山场、田地散布在海拔1000—1500米的七沟八梁上。高培陡寨位于杆洞乡南部，摩天岭西北麓，全村588户，人口2315，均为苗族，全部使用高培白苗土语。他们自称Doub Hmaob（高培白苗土语，与汉语“兜猫dōumāo”音节相近），“白苗”为他称。

高培村包括陡寨、田洞、党翁、必耕读、乌阳、归同、归朝、上乌昔、下乌昔、赵家堂十个自然屯。各自然屯均以聚居形式为主，多则二三百户，少则二三十户。明清时期，只有高培陡寨一个居住点，时至清朝末年，因人口增加，田地分散，为了方便生产，一部分村民搬到离陡寨较远的高强（现辖高强村，但仍沿袭高培传统习俗，使用高培白苗土语，现有267户，1149人）、南刀（现辖花孖村，但仍使用高培白苗土语，沿袭高培传统习俗，现有123户，475人）两地安家立寨，发展生产。后来又有一部分村民搬往较近的田洞、党翁居住。20世纪五六十年代，又有人搬到归同、归朝、上乌昔、下乌昔、赵家堂、必耕读、乌阳这些离陡寨较远的地方去建立家园，管理田地。

① 韦茂忠，男，苗族，任职于融水苗族自治县文化馆。

（二）族源姓氏

高培有韦、王、蒙、杨四个姓氏，以韦、王两姓为主，是最早入住高培的居民。他们的先祖由何处迁来，上了年纪的老人也说不清楚，无法考证。据一王姓老人说，其实高培的韦、王两姓不是姓而是名，是高培先民一个名叫韦、一个名叫王的兄弟俩。清朝时期，有政府官员到高培进行户籍调查，当问到他们姓名时，一个说我叫公韦，另一个说我叫公王，官员遂将其名记为姓，这是高培韦、王两姓形成的来历。这一说法也印证了史料的记载："'改土归流'实行后，清王朝为了便于对苗疆的控制，强行将苗民编入户籍，在造册登记时，每家户主（男人）都用汉字将其苗名音译入册"；《苗族简史·姓氏与苗名》也称："苗族大部分地区是在清代'改土归流'后才普遍使用汉姓""清朝末年，官方为了便于编造苗族户籍而强制苗族姓名汉化"。

蒙姓据说是由三江县梅林车寨迁来高培的，具体年代无法考证（蒙姓先辈也说不清楚）。而杨姓先祖杨文生是银匠，民国时期从贵州省黎平县水口镇南江、已流一带辗转到高培打制银饰品，后在当地娶妻生子，定居此地。

（三）语言词汇

高培苗族以本地土语为第一语言和交际工具，并在语音、词汇、语法以及修辞等方面有自己独特的规律和完整的体系。高培苗族自称"Doub Hmaob"（与汉语"兜猫 dōu māo"音节近似），"白苗"为他称。高培本地土语称父亲为 Buk（与汉语"醭 pú"音接近），称母亲为 Meif（与汉语"枚 méi"音相似），称兄为 Dael（与汉语"傣 dǎi"音一致），称弟为 Jingx（与汉语"敬 jìng"音相近），吃饭曰 Nengl Nzouf（与汉语"能柚 něng yòu"音节接近），喝水曰 Haod Aob（与汉语"蚝凹 háo āo"音节相似）……融水苗语属黔东方言南部土语，有 26 个声母，36 个韵母，8 个音调。而高培白苗土语则有 10 个音调，而且应在 26 个声母中的许多声母前面加"n""h"等鼻音才能发音准确。高培白苗土语与融水县境内其他乡镇的苗语差异较大，不能相互交流。

新中国成立前，除了经常外出办事的头人和长期在外打长工的人，高培苗民几乎没有人能说汉语。新中国成立后汉语才在高培苗区逐渐普及，不过还有七八十岁以上的老年妇女至今仍不会说汉语。

高培苗语的词汇相当丰富，包涵了语言所涉及的各个领域，绝大部分是单音节，不单独使用时是构词的成分，单独使用时就是词。随着各民族的不断融合与苗族自身的发展，有些老词汇随之而消失，而有些新词汇则又自然而然地产生，用以表示不断出现的新概念，满足社会对语言的需求。

高培白苗土语属黔东方言南部土语支系的白苗方言。白苗土语同高培白苗族人一起走过了千百年，历经沧桑巨变，有着丰富的山林树木、花草叶果、各种动物、农耕农具、自然现象等方面的名词术语和相关的表达方式，隐含着南方山地民族农耕文化的古老文明以及丰富的思想内涵、道德观念和价值取向，具有较高的历史研究价值。

二、高培白苗土语濒危的原因

笔者经初步调查，初略了解到高培白苗土语流失的基本情况。从 1952 年到 1980 年的 28 年间，白苗土语大约有 50 多个苗语词汇变异或流失。1980 年至 2010 年的 30 年间又有 110 多个苗语词汇与词组流失或同化。这些流失或正在消失的苗语词汇（词组）共有 160 多个。按每代人平均 25 岁的年龄段划分，由

1950年到2010年已经历了二至三代人，平均每代人流失的苗语词汇（词组）有36个左右。而按照1980年至2010年这30年间，苗语词汇流失或正在消失的速度计算，平均每年消失3—4个词汇。按此速度推算，平均每代人要流失或消失75—100个苗语词汇。那么，再过100—200年，白苗土语也许会基本消失。

白苗土语的流失与消失，除时代的发展和社会的进步等因素外，还有许多直接的原因。

首先，受到现代文明的冲击，一些苗语词汇被替代。迄今为止，全县各乡镇的苗族村寨均有了电视和网吧，很多农村群众，特别是广大青少年，一是经常接受电视剧和新闻语言的熏陶；二是经常上网聊天，形成了用语习惯，从而不知不觉地以许多新名词或语言词汇替代了一些苗语，使部分苗语词汇丧失了存在的意义。

其次，为适应现代社会生活而带来的苗族语言变异。改革开放以后，人民生活水平得到了进一步提高，人们对自己的子女教育的要求也相应提高，期望子女长大成才，于是对子女的教育、语言有了进一步要求，从小就让他们学讲汉语，或直接用汉语代替苗语。特别是许多已成为国家干部和职工的人群以及部分进城打工的农民工，往往在平时生活中均只讲汉语，很少用苗语交流，即使用苗语交流也是用许多汉语词汇替代苗语。久而久之，苗语词汇就在不经意中悄悄地流失。

再次，打工潮的影响加快了苗语流失的速度。20世纪八九十年代以后，许多村寨的苗族男女纷纷外出打工。他们均在打工当地结婚生育，生育后与小孩对话交流，大多都教他们学讲汉语；一些留守山村的儿童，其监护人也为了让孩子将来适应社会，经常让他们学习汉语，用汉语直接代替苗语。平时让留守儿童给远方打工的父母通话，也要使用汉语，似乎用汉语说才更亲切一些。于是，下一代人就不能掌握和传承许多苗语词汇了。

第四，婚姻文化的渗透与交融，加剧了苗语词汇的变异与消失。高培、高强一带为高寒山区，地处穷乡僻壤，经济欠发达，生活还不富裕，导致本地苗族年轻一代妇女大量流失。她们为了自己的美好未来，远嫁经济发达地区，在异域他乡不再说白苗土语了，自己的母语被其他方言或普通话所取代。由于没有外地姑娘愿意嫁到本地，村里一大批青壮年男人娶不到老婆变成了单身汉，新生代人口迅速下降，导致使用白苗土语的人口逐年减少，从而加剧了白苗土语走向濒危。

第五，在经济全球化的进程中，人们的传统观念受到西方消费文化观念的冲击，少数民族文化在消费文化面前显然居于弱势，导致传统文化，特别是少数民族语言文字的逐渐衰微。时下，很多人没有充分认识到少数民族文化在保持世界文化多样性中的价值，也没有看到少数民族文化在保持全球文化生态平衡中的意义和重要性，因此对保护民族文化不予以重视。还有一个原因是，随着城乡交往的逐渐增多，人们的需求不断增长，商人主导的消费观念加剧了以往饱受缺衣少食折磨的少数民族村民物质欲望的无限膨胀，面对以财富衡量人的价值的主流价值观，许多人对自己的民族文化逐渐失去了自信心，产生了自卑感。有些年轻人甚至认为民族民间文化是落后的东西。他们在给自己的小孩子起名时不起苗名了（苗族人一般既有苗名又有汉名），赶所谓的潮流和时尚，起了个他们认为最牛（其实是不伦不类）的汉名。很多年轻人都外出打工了，没有时间和心情向老一辈人学习，本民族的歌不会唱或不再去唱了，本民族的民间舞蹈也不会跳了，渐渐地便完全抛弃了传统的民族歌舞，致使民族歌舞后继乏人，民歌语言也面临失传。

第六，学校教育未能承担传承民族语言的责任，有时反而促进了民族语言的消亡。少数民族地区的中、小学教育也是应试教育，对与升学率无关的民族文化和民族语言的教育不予以重视，没有把传承民族文化列入学校教育的目标中，也少有传授民族语言、民族文化这方面的活动，有时甚至把民族文化看作是落后的东西，或多或少有所贬抑。

三、高培白苗土语的保护对策和建议

人类的语言文字蕴藏着丰富的文化现象，是语言文字使用者的民族传统文化和传统经验最直接、最集中的具体体现，特别是有本民族语言而没有本民族文字的少数民族。他们经过艰辛的生存和发展所不断积累的知识和经验全都保留在自己的语言里，依赖语言代代相传，并得以超越时间和空间加以传播。对于一个民族来说，语言与文化是民族的生命和灵魂，失去了语言，失去了文化，血缘传承毫无意义。不管是自己的母语还是其他族群的母语，一种语言的濒危与消失，是人类共同的悲哀和损失。我国境内民族语言丰富多彩，是全国人民的共同财富。努力保护多元的民族语言以及保护多元的汉语方言，是惠及全体中国人民乃至全人类的伟大事业。为了加强少数民族语言的保护力度，保障少数民族文化的传承和发展，保存中华文化的多样性，对白苗土语应采取相应的保护对策和措施，笔者建议如下：

（1）加强对广大苗族群众的宣传和教育，使他们充分认识到民族文化的价值，鼓励少数民族热爱本民族语言和本民族文化，鼓励他们在家庭内部和社会上多使用本民族语言，树立对本民族语言和文化的自信心和自豪感，并把本民族语言通过家庭生活和社会生活传给下一代。不要认为说苗语用苗语就是落后的表现，苗语与其他民族语言一样，都具有同等重要的地位。特别是用苗语编苗歌、唱苗歌，是其他民族语言所无法替代的，也无法达到其所表达的思想境界和语言效果。学好苗语、用好苗语，会更加促进和帮助一个人更好、更完美地学好其他民族语言，使自己的知识更加完善，知识面更加广泛，更能发挥自己的聪明才智。

（2）身居城市的干部职工以及外出打工的人员，在子女教育中应该树立一种正确对待苗语同其他民族语言关系的辩证观，即学好用好苗族语言，并不影响对其他民族语言的学习。实际上，学好苗语，是学好其他民族语言的基础。因此，广大居住城市的干部、职工以及打工人员，应重视对下一代进行苗语的传授和教育工作。

（3）保护民族文化要从教育入手，努力培育民族文化生存、传承和发展的土壤。民族地区应在中小学校中继续开展苗、汉双语教学，让中小学生能从小精通苗语词汇，使他们能说苗语、会唱苗歌，理解每个苗语词汇的含义和用法，使苗语教学能够成为一门民族语言课程在学校这块土地上扎下根来，并代代延续下去。

（4）在少数民族地区的中小学校开设国际音标课程，对少数民族学生进行国际音标教育，以国际音标拼注无文字的少数民族语言。这样就可以让中小学生们自己参与记载本民族的民间故事、传说和民俗等。在少数民族弱势语言还未消亡之前，进行系统的收集、抢救、整理，使之成为文献。即使几百年后，弱势语言真要是消亡了，后人仍然可以通过借助注音文字的记载，学会本民族语言，了解本民族历史文化。

（5）少数民族语言的传承，长期以来主要靠家庭、族群之间的交流得以延续，语言的生命只能在鲜活的口耳之间加以继承，凭借口传心授，以相当脆弱的方式代代相传。应在少数民族聚居区设立民族语言保护区，各地可根据自己的实际情况，划出大小不一的“××民族语言保护区”，规定在该区域内提倡使用该少数民族语言，鼓励他们在日常生活和公共交往中使用本民族语言，充分体现其功能，最终增强该语言的生命力。

（6）各民族都有使用和发展自己语言文字的自由，必须认真落实民族语言文字的法律规定。努力推动对民族语言文字的使用和普及，发展民族地区的双语教学，积极推进建立中国少数民族濒危语言有声数据库，保存中华民族语言的多样性。

语言是一个民族形成的重要标志，是构成民族最基本、最明显的特征。民族感情、民族意识、民族心理基本上都是建立在民族语言基础上的。民族语言和地方方言是一个民族和一个地方最具特色的非物质文化遗产。苗族语言是苗族的灵魂，是苗族祖先在漫长的历史进程中不断创造与传承下来的苗族文化精髓。我们要珍惜苗族祖先为我们创造的这些传统文化，保护好苗族祖先给我们留下的这些非物质文化遗产。

语言与文化关系研究

论壮语文与民族文化的传承

蒙元耀[①]

文字是一种非常重要的信息载体。一个民族有无文字，其文化传承力的强弱是大不一样的。有文字的民族能借助这一信息传播工具，把祖祖辈辈积累下来的各种知识传递给后人。日积月累，后人就能在前人的基础上创造更加璀璨的文化，于是这个民族就能日渐昌盛，进而逐渐强大起来。没有文字的民族，因文盲多，只能在低层次的水平上重复劳动，前辈所创造的精神财富只能依靠口传来传承。口头传播知识是有局限性的，一是传播地域狭小；二是容易淹没在时间的长河里。而有了文字记载，各种知识就能传之久远。世界上的强大民族，无一不是具备文字的。像汉语、英语、法语、俄语、西班牙语、德语、阿拉伯语等语种的文字因有数量庞大的使用人口，有强大的军事、政治、经济实力，有极为丰富的文学作品，故其文字的影响力就显得格外强。

强大民族的文字，其势力范围能随军事、政治、经济、教育、科技和文学的力量而扩展，形成一种强势的话语权，或多或少会影响到周边地区的其他弱势民族。弱势民族为了生存的需要，必须学习强势民族的语言文字，否则就无法实现沟通而游离于主流文化之外，享受不到社会进步带来的好处。然而，每个民族不论强弱大小，能繁衍生息到如今，自身也会在历史长河中创造光辉的文化财富。其哲学理念、道德价值观、认识周边世界的知识、日常生活的智慧以及文学等等，无疑也是人类的一笔精神财富。

认识民族文字与文化之间的关系，能促进人们对多元文化的保护、对和谐社会的构建产生正确的思考。

一、民族文字的社会功能

一种民族语言从诞生到延续至今，肯定经历了种种历史风浪的考验。那些使用人口稀少的语言，其历史价值就越发珍贵，文化价值就越值得珍惜。因为那种少数民族的社会生活经验全都浓缩在民族语言之中，而这些少数民族的社会生活知识体系只有通过语言才能理解。人之所以不同于其他动物，关键有两点：一是会劳动会制造工具，二是能把知识通过语言传给后代。从全人类的知识积累角度看，知识越丰富越好，所以全人类的语言品种丰富是一件大好事。

从语言的性质来看，当着眼于人类头脑的思维时，语言是思维的工具。没有语言，人类就无法拥有完善的思维。哑巴没有语言能力，其思维就存在障碍，无法跟正常人进行很好的沟通。当着眼于人际关系时，语言又是表达思想的交流工具。正常人在思考问题时，就会依靠自己所掌握而且是最习惯的一种语言来进行思维活动。我们读书人最容易感受到的就是写文章时的构思，都会自觉地考虑用什么语言才能恰当地表达自己的思绪。当着眼于人与周边世界的关系时，语言又是人观察大自然的结晶。认识周边世界的事物，给它们一个个互不相同的名称，这些知识积累得多了，人类的语言才丰富起来，人的思维

① 蒙元耀，男，壮族，广西民族大学文学院研究员。

能力才更加缜密、严谨。从人的交往角度考虑，语言还是维系一个民族或一个社区全体成员的感情纽带。语言相通，人们的感情就容易互相交流，因而就能团结互助。说同一种语言的人比较容易谈得来，其原因在于语言起到了联系作用。少数民族语言在维系民族社区群体的团结方面具有不可替代的作用。

语言作为一种文化资源，并不是谁想拥有谁就能够拥有。经历数千年的发展且拥有特定的文化环境和特殊的历史条件才能造就一种语言。所以，使用人口少的语言就显得特别珍贵，濒危的语言资源具有唯一性和不可替代性。一旦消失，这些人类的文化财富将永远无法追寻。

另外，从国家整体利益来考虑，语言文化的多样性能提升国家的软实力。特别是在少数民族地区，假如不充分利用少数民族语言来实施政令，许多事情将因语言沟通发生障碍而导致民族矛盾。少数民族居住地多半是国家的边陲地带，民族团结和睦有利于边疆稳定。

就一般情况而言，缺少文字资料的少数民族，其历史和文化的全部知识就在语言之中。只有理解其语言，才能理解其社会历史和所有的文化内涵。换一句话说，少数民族的语言承载着他们的历史和文化。语言得到传承，文化方能赓续，否则现实就跟历史发生断裂。从这一点看，少数民族文字的历史价值就在于能传承本民族的优秀文化。2014 年 9 月 24 日，习近平主席在纪念孔子诞辰 2565 周年国际学术研讨会上说：“优秀传统文化是一个国家、一个民族传承和发展的根本，如果丢掉了，就割断了精神命脉。”可见，民族文字是一个民族的精神命脉所在，有文字的民族在一般情况下就不会迷失自我。

二、民族语文存在的合理性

语言是我们祖先留下的文化财富。语言本身就是一种文化现象。语言反映社会生活，是人类认识周边世界的知识体系。一些重要的文化现象无法翻译，必须用自己的语言才能理解。比如唱歌，壮语的押韵方式与汉语不同。壮歌押的是腰脚韵，而且有不少意味深长的话，只有明白自己语言的人才能体会得到其中的奥妙，否则就是知道其大意，也不可能领悟到其中的神韵。比如壮族《传扬歌》有两句名言：“Din fwngz caux raemx mboq，boh meh hawj raemxrongz.”直译过来就是：手脚造泉水，父母给洪水。汉语这么说话人家肯定不明白。这话的真实意思是：亲手造的财富像泉水，父母给的财富像洪水。洪水一过就完，泉水长流不断。“din”是“脚“，fwngz 是“手”，两者连用，又表示“手艺”。所以这话是双关，其内涵还另有一层意思，即为人在世要有独立谋生的本事。整句话没有出现财富，但一个“caux”“造”就蕴涵这个意思了。这两句名言很精辟，有哲理性，内涵很丰富。然而要十分传神贴切地翻译出来，很难。别说押腰脚韵，光这双关就无法在译文里精确地体现出来。

文学翻译只是一个生活领域，其他方面同样少不了要用到民族语文。笔者亲身经历了一个实例：事情发生在自治区人民医院，一个病了三天的妇女在都安总找不到病因，丈夫一急之下就带她到南宁直奔区医院。医生检查之后，发觉她几天前曾踩中了生锈的铁钉，判断是破伤风感染。医生开了处方，要打针。由于注射针剂时不能空腹，医生吩咐病人的丈夫要给病人吃过东西才行。丈夫去交了费拿来药物后，就把妻子安置在注射室排队等候，自己出去买食物。然而他还没有回来，注射室这边已排到他的妻子了。护士叫了号和姓名，这妇女因语言不通，只听到叫了自己的名字，就赶忙答应。人家问她吃了东西没有，她“嗯”了一声。旁人不知道她根本就不明白护士的问话，她身边又没有其他监护人。护士刚参加工作，没有经验，但见人家“嗯”了，就以为病人吃过食物，于是就开始注射药物。一支针还没打完，这妇女就抽搐，冒冷汗。护士长在一旁见了，马上制止护士，接着实施紧急抢救。恰好急救医生中有一位是都安人，会说壮语，三下两下就弄清了情况，对症治疗，病人很快就平缓了下来。这种事例虽不常见，但万一遇上这种特殊情况，民族语言文字就派上了用场。其实，在县乡基层，遇到语言不通的情况还是很多的。要跟广大少数民族群众打交道，只有掌握民族语言文字，才能沟通顺畅。

经过多年的九年义务教育，很多人都以为少数民族会汉语汉文了。其实在少数民族地区，九年义务教育的确实施了，但具体效果如何，人们自己心里有数。在少数民族的乡村里，主要交际用语是民族语言，很多用汉文写就的东西老百姓是有隔膜感的。姑且不说那些高深的数理化知识，就像一些法律文本，一些隐晦的合同条款，少数民族民族群众能真正明白里面的内容吗？所以，要宣传党和政府的方针、政策，还得要民族语言来做沟通工具。现在广西各地市县级电视台有 27 家开办壮语节目，主要是针对民族地区民众进行时事宣传、科技推广和文艺节目演播，以此丰富壮族地区的民众文化生活。若是人们的汉语汉文水平足够了，人们直接从汉文书籍和中央电台、电视台收听收视节目就好了，还有必要再搞一套民语节目？问题是少数民族的语言与汉语不同，人们的信息不通，各方面交流就显得困难重重。可以想象，即使人们的文化水平再高，从维系社会和谐需要来看，还得实施双语制度，如此才能保障国家的政令通达。从这个层面去考虑，国家永远需要民汉兼通的双语人才。

语言是一个民族的智慧结晶，让它消失是对人类财富的损毁。实施语言平等政策，是实行民族平等的条件之一。连语言平等都做不到，就不能实现民族之间的真正平等。

三、弘扬文化需要民族文字

我们常常听到各种各样有关文化的说法。这个人没有文化——指的是被议论的人没有受到很好的学校教育。这个老师文化水平高——指这个老师有丰富的知识。此外还有酒文化、旅游文化、饮食文化，却又指一些跟教育、知识不相干的东西。这是某种生活方式，某种生活品位。

那么，文化究竟是什么呢？

其实，现在所说的文化是一个洋玩意。“文化”一词来源于古拉丁语的“colere”，最初指的是对土地的耕耘与改良。后来词义扩大，含有加工、修养、教育、品德、礼貌和知识水平等因素，也指受教育的程度。人得到良好的教育，个人品德实际就已经得到改良。

到了 17 世纪，德国法学家 S. 普芬多夫（1632—1694）提出：文化是人的活动所创造的东西和有赖于人的社会生活而存在的东西的总和。

英国人类学家泰勒是现代文化学的鼻祖。他在自己的名著《原始文化》一书里下的定义是：所谓文化或文明乃是包括知识、信仰、艺术、道德、法律、习俗以及包括作为社会成员的个人而获得的其他任何能力、习惯在内的一种综合体。

文化在中国古代也有一个说法。汉代的刘向在《说苑》里记有：“凡武之兴，谓不服也，文化不改，然后加诛。”这个文化指文治和教化，也就是用文德使人归服。

可见，不同时期、不同国家、不同的人对文化的理解是不一样的。不要以为文化是一个无关紧要的虚概念，是专家学者玩的文字游戏，其实文化是与人民生活密切相关的东西。

帝国主义正是利用人权主义和文化保护主义来大做文章。一方面，他们鼓吹自己的政治制度和文化制度是最好的，要全世界都跟着他们走；另一方面，他们靠技术垄断和资本垄断，不断嫁祸于人，祸乱世界，靠着实力维持霸权地位，到处欺负别人。

我们国家要对抗帝国主义的文化渗透和文化霸权，就绝对不能走文化单一化的发展道路。发达国家强调人权，强调各个少数民族都有自己的发展权利，好，我们承认这一点，用这个斗争武器来跟他们做斗争，你走你的发展道路，但不要干涉别国的发展自由！

文化是一个时髦的词，现在最流行的就是非物质文化遗产保护。少数民族有很多古籍、优秀民间传说故事、传统诗歌，没有民族文字是无法整理出来的。要保持这些优秀作品的原汁原味，又要向外界推介它们，唯一的做法就是利用民族文字结合通用文字来整理、注解和翻译，里面的信息才不至于丢失。

同样，少数民族地区有许多重要的药材，老百姓有运用这些药物的丰富经验。比如青蒿叫 heiqvaiz，heiq 是气味，vaiz 是水牛。因这种植物有一股水牛的气味而得名。科学家从青蒿里提取青蒿素来治疗疟疾，有很好的疗效，壮族民众也用青蒿来治病。比如小孩发烧，人们会采来新鲜青蒿，扎成小把，切平一头，然后将切平的一头蘸上少许花生油，给患儿擦背部、胸部、手脚、太阳穴等部位，可以退烧。像初生婴儿拉肚子，壮族草医会捡来两面针、海金沙、凤尾蕨等草药，煮水后用药水的水汽熏婴儿的屁股、肚子。此法可免除给婴儿喂药的麻烦，这是壮族大众医疗的高明之处。至于像三七、肉桂、薏仁等著名壮药，每年不知创造了多少个亿的社会财富。然而，这些药材的壮名有多少人知道呢？民间还有多少诸如此类的药材还没有得到发掘；可见，民族医药这个大宝库里还有许多珍贵的东西需要民族语言文字来记录整理。若是没有民族语言文字，很多优秀的医疗技艺就会失传，很多草药也因无人掌握识别方法而渐渐被淡忘。这是很令人惋惜的事情。

如今提倡绿色食品、绿色保健，人们向往天然的食物和药物，而新食物新药物的发现与开发，肯定离不开少数民族人民的生活经验。可以说，没有民族语文，要整理这些单方和医案是非常困难的。只有把民族医药知识和民族语言文字有机结合起来，这些传统知识和药物才会大放异彩。壮族能够繁衍到今天的 1800 余万人，没有自己的民族医药是无法想象的事情。武鸣出土的铜针是世界上目前发现最古老的针灸用器。用各种动植物作医药，我们壮族也有自己的一套经验。

经过改革开放到了现在，我们还不时遇到一些人，要么否认民族文化存在的必要性，认为捣鼓民族文化不利于国家建设；要么完全否认壮族的存在，认为壮族是政治需要捏合而成的一个民族，是一个虚假的政治概念。还有一些人认为现代社会要进步，完全没有必要强调民族的个性，更不用说民族文化有什么作用了。更有甚者一些人甚至认为强调民族文化，会使少数民族起来争夺各种利益，是鼓励落后者伸手要好处。从少数民族的角度去看，我们觉得更多情况下是少数民族权益得不到充分的保障，他们的权益受到侵害时无法得到保护。

目前，这种错误认识还有相当大的市场，这说明我们的民族政策宣传、民族政策教育还有民族平等意识，还存在许多工作不到位的地方。

壮族是一个民族，有自己的生活习惯，有民族语言，有自己的宗教信仰，有自己的文明和历史，还有自己的文化特点。

先说历史。壮族是古百越人的后裔，主体是西瓯骆越一支，这一点无人否认。根据语言材料和族称，我们还可以把这段历史往前推，现今的壮傣民族还跟古代的东夷人有渊源关系。从周代开始，岭南这片土地上的西瓯骆越就不断地出现在历史文献记载里。

民族语言也是我们壮族的一个外在标记。直到今天，我们能说好普通话的并没有几个人。从普通话水平测试来看，我们要达到一级甲等是非常艰难的。能考过一级乙等的人，其实数量也不是很多。人家动不动就说我们夹壮。

我们也有自己的信仰。我们崇拜祖先，信奉祖先的神灵不灭，永远保护子孙后代，这就是我们的信仰。我们有二次葬的独特风俗。

壮族也有自己民族的道德观念：行善积德，团结互助，尊敬老人，爱护小孩；不欺负鳏寡孤独者，同情弱者，反对弃亲不养；崇尚劳作，无外出乞讨的习惯。

婚恋方面，壮族提倡男女平等，恋爱自由。歌圩和情歌是一大民族特色。

壮族还有自己的民族文学——民歌、童谣、谚语、格言、神话、传说故事等等。

过去，壮族还有自己的军事武装及作战经验，有自己民族的武术。这都是一些文化层面上的重要内容。

居住方面，壮族有干栏式结构的民居（ranzgyan），很有南方情调。

铜鼓、壮锦、各种竹编工艺，都能显示我们的文化特色。这些物品说明壮族民众心灵手巧，既肯钻研也会创造发明。

从生活用品来观察，壮族是一个竹文化内涵丰富的民族。从生到死，人一辈子都离不开竹子。各种竹编的器物，若是没有民族语言，根本就无法用另外的语言来表达清楚。如 duengq、swx、ndij、mbuep、gyoi、gyez、rieng 等等，翻成英语，只好用一个 basket 来对应；翻成汉语，只能用"篮、篓"对译。duengq 和 swx 可译为"菜篮"，ndij 是购物用的有盖"提篮"，mbuep 是"挎篓"，gyoi 是大孔眼的"粗篓子"，gyez 是装小物件的细密"竹篓"，rieng 是装鱼的"篓子"。但在壮语中，这类竹器不仅形状不同，用途不同，连编织工艺也不同，所以它们的名称也不相同。

从生产角度看，壮族是一个稻作农耕民族，是最早种植水稻的民族之一。水稻栽培技术造福全世界，地球上有一半以上的人以稻米为主食。根据农业考古和水稻基因检测，现代栽培水稻的品种起源于南宁周边地区。壮乡大地不仅水稻品种丰富，野生稻也很丰富，稻米食品的丰富性也远远超乎其他地方，还由此形成了自己独特的节庆文化和节日食品。

要弘扬这些民族文化的精华，离不开民族语言文字。只有自己本民族的语言文字才能充分记录和描写自己的东西。如果全世界都使用单一语言，人类非但不进步，反而会引发矛盾冲突，要出乱子。更何况，任由各种弱势语言消失，谁敢保证自家的语言就一定是最后的赢家？只有文化丰富，各种知识都有传承机会，各民族都能平等发展，世界和平才有希望。所以，非物质文化遗产保护，其实里边也暗含着政治需要。国家为什么要大力申请非物质文化遗产保护，下大力气来做民族文化建设，这是保护多元文化的需要，同时也是建设和谐社会的需要。

四、双语教育的需要

当今世界是竞争的世界，归根到底是资源竞争、资本竞争、科技力量竞争，最关键的一点是人才竞争。落后地区之所以落后，一是经济基础薄弱，二是文化和教育事业建设投入的人力、物力少，三是各种人才奇缺。没有教育投入，就没有人才产出；没有人才，经济竞争能力就薄弱；竞争能力薄弱，自然就无法做大做强经济，也就没有资金来办教育。这是一个互为因果的循环怪圈。

再者，少数民族地区的儿童入学前多是使用民族语言，入学就读之后必须经过双语教育才明白教材上的知识。真正能熟练使用汉语汉文，更需要一定时间的磨练与实践。假如没有双语教育来启蒙，母语是少数民族语言的儿童将很难吸收并消化相应的教材知识，因此，双语教育是少数民族儿童进入知识殿堂的桥梁。

双语教育可以培养少数民族儿童的思维优势，让他们能在学校教育的环境下进一步强化自己的思维能力和表达能力，积累知识，提高智能，开拓眼界。人的语言能力分为两个层次，一是口头表达能力，二是逻辑思维和分析判断能力。一般正常儿童到 10 岁左右就形成了比较完善的口头表达能力，而逻辑思维和分析判断能力要到 18 岁左右才逐步形成。由于以民族语言为母语的儿童在学校学习知识时使用社会通行的语言文字，这就相当于在母语能力尚未完善之际就开始用一门不熟悉的语言来学习知识。而要掌握这种全新的语言文字，往往与自己的智力发展并不同步。许多少数民族的高中毕业生所掌握的知识量就远不如那些母语为汉语的同学，大学三四年级的少数民族同学之中甚至有人写文章还存在病句。可见，两种语言思维表达机制的转换，并不是很容易就能完美实现。这也反证，少数民族儿童要真正做到两种语言文字兼通，非得下一番很大的力气不可。没有母语引导过渡，直接用第二语言来学习知识，要在同样时间段内掌握同等的知识量，他们一起步就已经输在起跑线上了。

要保障少数民族儿童使用母语接受教育的权利，只有双语教育这条途径。而要实施双语教育，最重要的是必须培养高质量的双语师资。双语师资是双语教育成功的关键。要胜任双语教师的工作，最起码的要求是兼通民汉两种语言文字。比较高的要求是从业者具备相应的双语知识，能编写本地适用的教材，会总结教学规律和经验，能随时拓展知识面，有创新意识，可以采用或试验不同教学方法。从学校的校务管理，到各门功课如何开展双语教学活动，每个环节都能精心计划，周密安排，组织实施。双语教育是一项涉及面广的社会系统工程，绝不是短暂培训就可以上岗完成教学任务的应急之举，更不是把汉语教材简单翻译为民族语文来上课就算数。这需要懂得统筹管理的校长、教导主任，要有业务过硬的双语师资，才能在一个学校里营造良好的双语教育环境。更重要的是这些从业人员要有事业心，有服务于少数民族教育事业的热情。没有事业心，缺乏民族感情，绝对是做不好工作的。

双语教育的目的是培养适宜当地经济发展需要的人才。在广大壮乡，最不可或缺的是双语师资、基层医院医师、农村实用科技人员和懂经济运作的基层干部。当然，最终不可能每个学生都上大学，他们当中大部分人还是要回到家乡，从事农业生产劳作。如何把他们培养成拥有较高素质的劳动者，这也是一个需要认真考虑的事情。即便是回到家乡从事农业生产劳动，这些壮乡学生也有一个传承民族文化的需要，如何使民族语言文化薪火相传，最终靠的就是年轻人对母语的挚爱与使用。

就整个双语教育人才培养机制而言，培养本地适用的人才是首要目标。借助双语教育，培养能扎根民族地区农村基层工作的民族干部，这是民族地区经济、文化发展的引擎。无论是整个国家的社会进步或是少数民族的自身发展，都离不开少数民族语言的和谐生存与共同繁荣。假设一个多民族的国家只能发出一种声音，那么多种类的少数民族语言都排斥在社会生活之外，要寻求民族和谐是很困难的。就这个意义而言，双语教育是多民族国家的社会生活和谐的润滑剂与安定剂。要搞好双语教育，首先就要保护好少数民族语言，有意识地营造民族语文使用氛围，用民族语文培养少数民族干部，让民族语言文字有一个和谐的生存发展空间，并得到强力支持而有可能持续发展。

论民族出版在少数民族非物质文化遗产保护中的文化使命

——以广西为例

尹福建[①]

广西少数民族的非物质文化遗产是我国丰富的非物质文化遗产宝库的重要组成部分。改革开放以来，广西少数民族非物质文化遗产得到了有效保护，许多民族民间文化焕发出勃勃生机，丰富了少数民族群众的文化生活，激活了少数民族群众的精神动力。但也不得不承认，许多非物质文化遗产正逐渐失去它的生存土壤，处于濒危状态。因此，保护非物质文化遗产的紧迫性和重要性不言而喻。可喜的是，自从我国2004年加入联合国《保护非物质文化遗产公约》以后，在国家的广泛动员下，我国形成了一股浓厚的全民保护非遗的社会氛围。广西少数民族非遗的保护也得到了强化。在这样的环境下，作为具有文化传播功能的民族出版，如何发挥自己的优势，切实履行时代赋予的文化使命，为非遗保护添砖加瓦，是一个值得探讨的问题。

一、民族出版的文化自觉

“文化自觉”是已故的中国学者费孝通晚年最重要的学术思想。作为社会学家的费孝通，给文化自觉下了这样的定义：生活在一定文化中的人对其文化有“自知之明”，明白它的来历、形成的过程，所具有的特色和它的发展趋向，自知之明是为了加强对文化转型的自主能力，取得决定适应新环境、新时代的自主地位。[1]

文化自觉是保护非物质文化遗产的前提条件。非遗保护意识在中国的建立经历了百年曲折历程。近代中国闭关锁国，拒绝接受外来文化，固守传统观念，但在西方坚船利炮的攻击下，国门洞开，西风东渐，在与西方工业文明的对比中，又深感中国文化之落后，一部分知识分子主张全盘西化，抛弃所有的中国传统文化，泼出脏水的同时把孩子也扔掉。这种唾弃传统文化的行为在“文化大革命”时期达到了登峰造极的地步，在“破四旧”“立四新”的口号下，凡是古老的东西都在被扫除之列。壮族山歌就在这场浩劫中遭受了几乎毁灭性的打击。改革开放后政府虽然力图恢复山歌元气，无奈由于产生山歌的土壤已被铲除——出产山歌的歌圩和传人已经断根，又由于商业文化之风劲吹，新一代年轻人在流行文化面前已经失去了对山歌的兴趣，山歌在当下几乎成为一种真正的“遗产”。广西少数民族的民间文化也基本是这样一种命运。改革开放后政府认识到民族传统文化保护的重要性，采取了一系列保护措施，减缓了民族文化的流失和灭亡。然而在商业文明的冲击下，一些传统文化仍处于濒危状态，保护的任务仍很艰巨而繁重。更严重的是我们的保护意识并非出自民族文化危亡的文化自觉，而是在外力的推动下，出于

① 尹福建，男，壮族，广西民族出版社原副总编辑，副编审。

功利的目的——旅游经济和地方GDP的增长。更有专家透露，我国“非遗”面临着一种“两头热、两头冷”的窘境，即申报热、开发热，保护冷、投入冷。“两热两冷”的背后潜藏着一种通病：重申报、轻普查，重效益、轻保护。反观我们的近邻日本，保护非遗的意识完全出自高度的文化自觉。早在联合国对非物质文化遗产表示重视之前，日本就制定出了文化遗产保护的法律，早早走在各国之前。现今的日本是一个现代化程度很高的国家，许多高科技产品都出自日本。和服、相扑等传统文化遗产得到有效保护并被传承下来，并已成为日本文化自信的象征，是日本屹立于世界民族之林的资本。由此观之，非遗保护成效如何，完全依靠文化自觉的程度。“当一个民族缺乏‘文化自觉’的时候，任何来自外部的‘越俎代庖’式的‘保护’，都是暂时和难以真正起作用的，使‘文化多样性’成为人类文化的基本范式并使各民族的非物质文化遗产得到传承和发展，最终还要依靠各民族自己的觉悟和行动”。[2]

民族出版的文化自觉源于出版的文化属性的要求。出版从其诞生之日起，就与文化结下了不解之缘。出版的产品——图书负载的是价值、思想和知识，给人类提供的是精神食粮而不是充饥御寒的物质。中外出版家对出版文化性的看法基本持肯定的态度。中国现代出版家邹韬奋在其1940年出版的《事业管理与职业修养》一书中谈到生活书店时说：“我们这一群的工作者所共同努力的是进步的文化事业，所谓进步的文化事业是要能够适应进步时代的需要，是要推动国家民族走向进步的大道。……这可以说我们事业性的含义”。美国的J.P. 德索尔在所著《图书出版概说》一书中提出：“出版者有着极其重要的作用。这种作用不仅在图书市场上，而且体现在包括出版业在内的文化和文明之中。正是出版者对自身责任的自觉的有意识的追求，使得图书出版具有上述的双重性质（文化性与商业性）。”日本的清水英夫在《现代出版学》一书中说道：“出版业是具有鲜明个性的事业，它属于上层建筑，因为它向人们指出的商品不是思想、文艺，就是科学之类。”出版的文化性决定了出版的文化使命。

文化自觉之于民族出版更具有前导性。作为从事文化工作的行业，民族出版当之无愧地负起文化担当的责任。社会大众也对其提出比其他非文化部门和普通民众更高的期望和更严的要求。尤其在非遗保护尚未上升到全民意识的时候，作为以文化工作为己任的民族出版，文化自觉直接影响出版工作者的投入程度。文化自觉的树立，促使民族出版把少数民族非遗保护当成分内之事，从而全身心地为少数民族非物质文化遗产的保护尽力尽责。

民族出版的文化自觉体现为对民族文化的热爱。广西少数民族非物质文化遗产丰富多彩，山歌文化、服饰文化、竞技文化、技艺文化大放异彩，美不胜收，令人无限向往。这些文化遗产是广西各族人民世代创造传承下来的智慧结晶，反映了各族人民对美好生活的向往和追求，至今仍闪烁着人性的光辉。如壮族民间文学《妈勒访天边》讲述了一个母亲为了追求光明，带着身孕去造访天边，为自己、为民族、为人类去寻找幸福的感人故事。这种坚忍不拔的毅力和永不放弃的精神是何等的崇高和伟大，真可谓惊天地泣鬼神，其反映的价值追求至今仍具有普世意义。身在其中的民族工作者，如果对此麻木不仁，毫不动情，无论如何也不能产生为非遗保护贡献力量的动力。

民族出版的文化自觉还体现在对民族文化的了解。对民族文化的了解不仅是出于完成本职工作的需要，而且是引发动机和激发情感的内在要求。热爱源自于了解。如果对民族文化茫然无知或一知半解，何来的感情基础，何来的文化自觉？因此，民族出版者即使不能成为研究专家也应该成为民族文化的信息专家。这就要求民族出版者对民族文化特别是非遗要了如指掌，如数家珍。广西少数民族的民间文学、民间音乐、民间舞蹈、传统戏剧、曲艺、杂技与竞技、民间美术、传统手工艺、传统医药、民俗等非物质文化遗产如繁星闪烁，星光熠熠。至今广西入选国家级非遗名录的非物质文化遗产已有共4批49项，其中少数民族有 36 项；[3] 入选广西区级非遗名录的共有 5 批 259 项，其中少数民族的非遗项目占了绝大多数。[4] 除此之外，还有一大批散落民间的非遗尚未得到有效整理。民族出版者不仅要了解有关的数据和资料，而且要深入民间和田野，熟悉少数民族非物质文化遗产的民族特征及生存环境。同时还应该对少数民族文化有一定的研究，能够从理论高度掌握非遗的传承规律，这样才能在图书出版中掌握主动权。

民族出版的文化自觉还体现在要具有世界眼光。这也是费孝通先生提出“文化自觉”的题中之意。按费孝通的解释，文化自觉主要是自知之明，而自知之明的目的是加强对文化转型的自主能力，取得决定适应新环境、新时代的自主地位。他主张每个民族都要通过文化自觉来重新审视自己的文化和他人的文化，找到本民族文化的“安身立命”之地，最终达到“各美其美，美人之美，美美与共，天下大同”[5] 的境界。民族出版者一方面要了解国内其他民族的非遗情况，另一方面要了解世界其他民族的非遗，寻找本民族文化与其他民族文化的对话机制，为本民族文化走向世界寻找最佳的表达方式。如壮锦、湘绣、蜀锦等在审美内涵表现形式上有何共同点和特色；侗族木建筑结构的手工艺与其他民族的技术要求有何异同；壮族三声部民歌与世界上其他民族的曲调在发生机制上有无共通之处等，都应该在比较中求同存异，构建人类和谐文化。

二、民族出版的传播职能

民族出版的文化使命体现在对非遗的传播性保护方面。传播性保护是指人们借助于专门的传播工具和手段将信息向四周扩散，从而达到信息交流目的的一种手段。对于非遗，传承是最好的保护，而传承离不开传播。出版是所有传播工具中最具优势的载体。

传播性保护与活态性保护、生产性保护、记录性保护、馆藏展示性保护一起构成了非遗保护的几大措施。[6] 这几种保护措施各自以独特的功能共同促进非遗的保护和传承。而传播性保护，尤其是大众传播媒介之一的图书出版以其在时间的长久性和空间的广阔性，使文化的传播范围更广更具持久性。自然，以上所述的几种保护措施，除了记录性保护用于收藏外，其他几种也都包含有传播的因素。生态博物馆向游人开放，本身就是传播；生产性传播的节庆活动，在活动中的各种表演、展示活动，也在向人们展现非遗的艺术魅力；馆藏展示也是一种比较有限的传播形式。但作为一种专门的传播工具，传播性保护不仅对其他几种保护措施起促进作用，而且对非遗的保护有着不可替代的功能。

首先是教育功能。美国政治学家、传播学先驱哈罗德·拉斯韦尔在其出版的《传播在社会中的结构和功能》一书中认为，传播“最明显的功能有：（1）对环境进行监视；（2）使社会各部分为适应环境而建立相互联系；（3）使社会遗产代代相传”。文化遗产的“代代相传”正是通过传播得以实现的。图书所传播的非遗艺术与技艺，让更多的读者得以了解和掌握，其教育的作用正是在传播中得到发挥。而这种大众传播手段比起人际传播有着更深刻的内涵。在当代，非遗人际传播主要有师徒口授心传、学校教育两种形式。师徒口授心传的形式是非遗得以代代相传的重要手段，因此，保护传承人则成为各地的当务之急。但由于市场化程度的加深，人员流动的加快，文化交流的普遍，年青一代对本民族非遗的热情已经淡化，非遗传承后继乏人，已出现断代的迹象。在此种情况下，大众传播——图书出版被赋予教育传承的使命。图书作为一种承载知识的工具，通过更广泛的路径传承非遗。学校教育是新形势下一种创新传承形式，在非遗传承中所发挥的作用也愈来愈受到重视。但学校教育也离不开作为大众传播工具之一的图书。出版传播的载体——图书内容的系统性和稳定性，其传播时空的无限性，都凸显了出版传播的优越性。

其次是提振民心的功能。传播性保护的作用还在于通过出版图书增强民族的自豪感和自信心，唤起本民族群众对自己非遗的重视，利于培育民族的文化自觉。一本图书公开面世以后，必然对本民族产生激励作用。如《平果嘹歌》[7]一书的出版，使得本民族的民歌被外界知道和传诵，使本来认识不到自己文化优点的民族陡然升腾起一种被尊重被重视的自尊心。

再次是促进文化交流的功能。非遗保护不是留住历史和保护落后，而是通过文化的交流互动，促进不同文化的理解和沟通，使得本民族的文化融入世界文化体系，从而促进和谐文化的建设，推动世界和平发展，同时客观上也起到了传承本民族文化的作用。比如《壮族麽经布洛陀影印译注》[8]的出版，保留了壮民族原始状态的价值观念和思维模式，这就有利于外界了解壮族原生态文化观念，从而起到互相尊重互相借鉴的作用。同时，远古壮族的道德观念中在当今仍有价值的部分也在为人类进步和社会文明作出贡献。

民族出版要能正确实行出版传播的职能，关键在于出版者要有主导意识。主导意识不是主张出版者越俎代庖代替政府的职能去行使非遗保护规划的功能，而是要求出版者在出版方面要有主人翁的责任感，担当起出版非遗保护出版物的主导责任，而不能甘当附属者的角色。出版者的主导性必然导出主动性，这就表现为出版者在非遗保护出版中主动规划战略，主动策划选题，主动组织书稿，而不是等米下锅——等待政府送项目，等待科研单位送选题，等待作者送书稿。如此等待只能等来被动与惰性。主导性还可导出有序性。选题结构优化，书稿质量上乘，读者逐步扩大。与此相反的则是无序性，选题杂乱无章，东一榔头西一棒子，书稿质量参差不齐，读者寥寥无几。

三、民族出版的选题思路

民族出版的传播职能主要落实在选题上。选题之于出版犹如工程建筑的蓝图，没有一个完美的设计，高楼大厦不仅没有美观的外貌，而且难以有质量的保证。同理，做好选题计划和策划，是提升出版传播社会效益的重要保证。

选题是对文化的选择，具有导向作用。出什么书，应该怎么出，体现着出版者的倾向，反映着出版者对一种文化的重视程度。做好选题工作，理清选题思路，对非遗的保护有着明显的导向作用。通过选题的指向，揭示非遗的重要性，唤起大众对非遗文化的保护意识及自觉加入保护行列。同时，选题的计划性，还可保证非遗图书的可持续发展。

选题工作内涵广泛，涉及面广，本文只针对非遗保护出版的需要，从选题的系统性和创新性两个角度提出一些思路。

（一）是选题系统性

系统性是出版有序性的基础。选题必须要做到有序化才能实现可持续出版。以往出版的非遗图书存在一定的缺陷，选题凌乱，没有章法，甚至有重复出版的现象，致使少数民族非遗的社会影响度不高，缺乏穿透力，直接影响了非遗的有效传播。

系统性可以使图书产生系统效应。系统具有非加和性，系统不等于其各部分之和而大于其各部分之和。对于非遗选题来说，系统效应的产生不仅在于构成选题要素的优选，而且决定于选题结构的优化。结构反映着选题与选题之间的关系，关系和谐即产生系统效应。因此，选题结构的优化是选题的关键环节。

首先是优化系列书与重点书的结构比例。广西少数民族非遗种类繁多，涉及民间文学、传统音乐、传统戏剧、传统舞蹈等十几个大类，大类下面又可分为若干个小类。图书选题的规划既要有系列化又要有重点书。每个文化种类，都要以系列阵容展示面貌，同时在每一类中策划一两个重点选题，打造精品工程，形成金字塔的结构。如，民间谚语可以按民族分类，每个民族的谚语为一个选题；也可以按县份分类，每个县设计一个选题。同时在所有谚语中，优选具有共性的条目编成一本大型的广西民族谚语辞典。又如壮剧，可以以北路壮剧、南路壮剧和师壮戏为蓝本各规划一个选题。同时，综合编撰一本壮剧辞典的精品图书。其次，优化高雅书与通俗书的结构比例。在个性化阅读的时代，选题策划的读者定位问题正日益凸显。少数民族非遗生长于民间土壤，天生就具有土和俗的特性，载入书中的内容与形式当然也离不开土俗的基因。然而任何事情都不是绝对的，非遗内容也可以上升到理论层面，这样，就有了专门为专家学者制作的高深读物。而通俗图书的开发也不限于原汁原味的收录，以通俗语言解读和阐发非遗的当代意义及审美价值也是面向大众读者的一种选题方式。如，建筑技艺类的非遗，可以组织专家进行学术研究，推出学术性的研究成果，同时以图文并茂的形式向大众展示民族建筑艺术之美。

（二）是选题创新性

选题创新对增强非遗传播效果有巨大作用。通过选题创新以增强图书的吸引力，这在出版实践中不乏先例。中国传统经典读物，往往因为晦涩难懂而被束之高阁，乏人问津；以往的历史图书，由于一本正经的面孔，也使读者敬而远之，但自从《于丹〈论语〉心得》[9]《明朝那些事儿》[10]等一批另类经典图书和历史读物推出以后，读者趋之若鹜，一时洛阳纸贵，连续几年成为畅销书。这都是选题创新的功劳。以往的管理类图书着重于理论阐述，很少有非专业读者购买。但中信出版社出版的《水煮三国》[11]等经管类图书却炙手可热。这些畅销书的创意就在于在表达方式上融入了流行元素，以故事的形式来阐发枯燥的理论概念。创新对于非遗选题尤显重要，这是因为非遗本身对现代人的吸引力不够，如果在选题上没有任何新意，所出的图书则难以找到知音。因此，选题创新是非遗图书产生效益的有效途径。

选题创新表现为呈现方式的创新。非遗选题可以分为两类，一类是原生态的记录，不加任何修饰，原汁原味地记录民间故事和原始手艺。此类图书被认为是最严肃的记录式出版。但即使如此，在形式上仍有创新的余地。比如，可以在正文之外加上赏析文字，或通过增加图片的方式，使图书图文并茂，相得益彰。另一类是在保持原内容主旨的前提下，在内容组合上或表达方式上另辟蹊径。比如，通过随笔的方式解读非遗的内涵及艺术特色；还可以通过创意将民间故事制作成卡通，用当代流行文化的元素吸引年轻读者，在潜移默化中传承民族传统文化。

选题创新还表现为营销的创新。选题策划是一个整体，不仅仅是题目和内容方向的选择，还包括营销在内的一系列环节。营销的目的在于提高图书的社会效益和经济效益，非遗图书强调以社会效益为首位，社会效益的重要指标是读者量的扩大。一本图书只有拥有广大的读者，其传播效果才能真正体现，只有被读者所接受才有利于非遗的保护。非遗图书的营销应照顾此类图书的市场特点，尤其是广西少数民族非遗的地域性和民族性明显，在流行文化覆盖的当下，读者对其接受有一个过程。因此，营销及其营销手段的创新更应该做到出奇制胜，花样翻新。首先，要针对选题的读者定位读者群，通过与电视媒体合作，开办电视讲座，扩大图书的影响力，以吸引更多读者关注图书，也就是关注非物质文化遗产。如，出版壮族铜鼓习俗的图书，可以约请民俗专家举办有关铜鼓历史及其内涵的人文宗教观念的讲座。其次，开展丰富多彩的活动，让读者参与非遗的宣传活动，拉近读者与非遗的距离，培养一大批热爱民族文化的粉丝。比如，针对《壮族民歌 100 首》[12]一书的发行，可以联合其他媒体举行包括原生态民歌和根据民歌旋律创作的新民歌的民歌比赛，在比赛中普及非遗知识和推动民族文化的传承。

出版传播既是非遗保护中不可缺少的一环，又是引导和促进非遗保护的重要一环。民族出版应以自身文化传播的职能和出版行为履行保护和传承非物质文化遗产的文化使命。

【参考文献】

[1] 费孝通 . 费孝通论文化与文化自觉 [M]. 北京：群言出版社，2007.

[2] 田青 . 捡起金叶——田青非物质 . 原生态文论集 [C]. 北京：文化艺术出版社，2010.

[3] 广西国家级非物质遗产名录共 49 项 . 广西非物质文化遗产网，2017-01-30.

[4] 广西自治区级非物质文化遗产名录共 259 项 . 广西非物质文化遗产网，2017-01-30.

[5] 费孝通 . 费孝通论文化与文化自觉 [M]. 北京：群言出版社，2007.

[6] 全国政协文史和学习委员会 .“非物质文化遗产保护与传承”专题调研报告 [N]. 光明日报，2009-04-17.

[7] 农敏坚 . 平果嘹歌 [M]. 南宁：广西民族出版社，2006.

[8] 张声震 . 壮族麽经布洛陀影印译注 [M]. 南宁：广西民族出版社，2004.

[9] 于丹 . 于丹《论语》心得 [M]. 北京：中华书局，2006.

[10] 当年明月 . 明朝那些事儿 [M]. 北京：中国友谊出版公司，2006.

[11] 成君忆 . 水煮三国 [M]. 北京：中信出版社，2003.

[12] 范西姆 . 壮族民歌 100 首 [M]. 南宁：广西民族出版社，2009.

浅谈新媒体时代的民族文化传播

——以广西民族报社新媒体建设为例

梁 晴[①]

当前，由于以网络媒体、手机媒体等为代表的新媒体的快速发展和应用，文化的存在形式、功能和传播渠道发生了史无前例的变化，尤其是对我国丰富的少数民族传统文化及其建设带来了前所未有的机遇和挑战。广西壮族自治区作为中国五个少数民族自治区之一，区内聚居着汉、壮、瑶、苗、侗、京、回等民族，少数民族人口占总人口的37.18%，少数民族人口总数在全国居第一位。这里有着十分丰富和珍贵的民族文化资源，但在全球化和新媒体时代的冲击下，正经历着民族文化嬗变的考验。与此同时，新媒体技术的发展给该地区民族文化的传播也带来了机遇，为广西少数民族地区的民族文化的传播提供了崭新的平台。本文以广西民族报社的新媒体建设为个案，探讨新媒体时代民族文化传播及新媒体平台的构建。

一、新媒体时代为传播少数民族文化提供了新机遇

民族文化传播的载体从简单的结绳记事、口语传播到鸿雁飞鸽传书再到如今的信息高速公路，从具体、实在的、可触摸的传播载体到抽象、虚拟的、不可触摸的载体，无不体现着人类文明的巨大进步。当今社会，特别是新媒体的出现，使得民族文化传播迎来了新的发展机遇。

新媒体是相对于传统意义上的报刊、广播、电视这些大众传播媒体而言的，是指随着传播新技术的发展和传媒市场的进一步细分而产生的新型传播媒体，主要是指宽带互联网络、手机两类新媒体。少数民族文化通过新媒体的平台传播，可以打破时空的限制，得到更简便的实现途径和宣传手段，更便利的存储和传承发展以及更大范围的迁移。[1]

（一）新媒体可以促进少数民族文化快速、广泛、多形式、交互式的传播

在传播速度方面，新媒体是建立在数字技术和网络技术基础之上的。它延伸出来的各种媒体形式同传统媒体相比，有超媒体性、交互性和跨时空等特点，因此，新媒体能以更快的速度向全世界任何拥有网络的人传递信息。近年来，在地理位置较偏僻的少数民族地区，那些长期靠口头传播或仪式传承的少数民族文化，在新媒体力量的作用下，得到了快速的传播。如广西民族报社通过建立官方网站，利用文

① 梁晴，女，汉族，广西民族报社编辑。

字、图片、音频、视频等多种形式，全方位地展示广西的民族文化遗产、民族饮食文化、民族节庆文化、民族生态文化等，让广西的民族文化通过网络传播走向大江南北，迅速为外界所了解。

在传播空间方面，传统少数民族文化传播方式或多或少会受到空间限制，而基于数字技术的新媒体传播在极大地压缩了文化传播的物理时空后，使新媒体应用所覆盖的区域都可以随时随地实现民族文化的传播。借助新媒体，传播空间变得更加开阔，世人不用亲临少数民族聚居地也能随时随地感受其文化的独特魅力。据中国互联网络信息中心（CNNIC）在京发布的第 36 次《中国互联网络发展状况统计报告》显示，截至 2015 年 6 月，我国的手机网民规模已经达到 5.94 亿，较 2014 年 12 月增加了 3679 万人。手机、互联网的大量普及和应用为民族文化的传播扩散提供了强有力的技术支撑。在新媒体语境下，民族文化的传播空间得到了无限制的扩大。如广西民族报社通过开通微信公众号，每天将民族动态发送到订阅户的手机上，无论城市还是农村，无论国内还是国外，只要手机在手，就能第一时间获取所订阅的民族信息。

在传播形式方面，新媒体中虚拟信息元素的加入不仅使少数民族文化本身更加生动化、多彩化，还体现出与时俱进的特点。通过新媒体技术，可以将少数民族文化制作成微电影、民歌等流行媒体形式在新媒体平台上发布，传播形式将更加多样。广西民族报社的微信公众号为了让订阅户拥有更丰富的体验，综合运用图文、音频、视频、flash 等形式进行民族文化展示、传播和交流，加深公众对广西民族文化的了解。

在传播内容方面，新媒体向公众放开了话语权，使公众可以通过网站、微博、微信等新媒体平台表达自己的想法。只要在网络覆盖的区域内，借助简单的设备即可对各种民族文化的影像、文字等内容进行发布、传播，人人都是文化传播者，因而传播内容会更加丰富。广西民族报社的网站开通了评论功能，公众可以对网站发布的内容进行自由评论，报社会及时回复网友的提问，形成了线上线下的广泛互动。在广西民族报的微信公众号里，报社可以通过对不同文化产品的点击率和用户留言，获得大概的效果数据。比如，一段专业演唱者的壮族山歌教学视频和一段民间山歌对唱视频同时发布在微信公众号上，一段时间后综合分析视频的点击率、转发率、“顶”的数量，就可以得到订阅户的观看感受，因此，更受欢迎的视频将是报社后期宣传投放的重点。

（二）新媒体是少数民族文化的新型存储器，有利于少数民族文化的保存和传承发展

新媒体具有巨大的存储功能。相对于传统的纸质媒体而言，一方面，新媒体存储“原汁原味”，图、文、声音、动作并茂，真实记录少数民族传统文化，其效果是传统记录方式不可比拟的。另一方面，新媒体存储几乎不占用物理空间，成本低廉，易于保存，存储在网络上的信息还可以通过网络快速便捷地传播，任何网民都可以对不完整的资料进行修改、删除和补充，而且网络存储的民族文化资料可以让使用者更方便迅速地进行检索和利用，实现民族文化资源共享，促进少数民族文化的传承发展。如广西民族报社的官方网站就好比是可以随时随地访问的超大信息容量的民族资料数据库，对广西民族文化的存储、保护和传承起到重要的作用。该网站开通的“在线读报”栏目，存储了《广西民族报》（汉文版）、《广西民族报》（壮文版）、《三月三》杂志（壮文版）从 2013 年至今的报纸、杂志电子版，供读者随时查阅往期报道以及阅读最新一期的报纸杂志内容，并可以随意下载分享，大大地促进了民族文化的快速传播。又如广西民族报网站开通的“壮文教学栏目”，存储了大量的壮文教学视频，从壮文的音节、声调、发音，拼写规则等基础知识，到壮语词汇的解析教学等，完整的学习资料可供网民随意检索学习，实现了民族文化的资源共享，促进了壮族语言文字的传承发展。

（三）新媒体实现着少数民族文化全国性甚至全球性的传播

少数民族文化传播具有强烈的民族性和地域性，新媒体时代的到来使少数民族文化的大范围传递和交流达到了前所未有的广度和深度。小众的少数民族文化借助新媒体实现了向全国甚至全球的传播，把自己的风采展现在世人面前并影响着世人，相应地，新媒体也将其他文化的精华带入少数民族地区，将当地人从过去封闭的文化观念带入一个开放性的文化视野中。[2] 广西民族报社开通的新媒体平台就起到了助推文化传播的作用。作为广西民族类的主流媒体，《广西民族报》开通的网站、微博、微信公众号，让全国各地乃至世界各地的少数民族同胞有了一个全面了解广西少数民族动态的平台。报社利用该平台推送广西各民族文化、动态的同时，也引入并详细介绍其他民族的优秀文化，起到了促进各民族文化交流交融的作用。

二、新媒体时代民族文化传播的困境和瓶颈

虽然新媒体的快速发展为少数民族文化传播带来了巨大机遇，但也在诸多方面使少数民族文化传播陷入了困境。

（一）少数民族文化弱势地位明显

文化传播全球化的重要特征之一就是强势文化对弱势文化的挤压。作为弱势文化的少数民族文化在传播过程中不得不承受来自外来强势文化的巨大压力。新媒体的出现扩大了少数民族文化传播话语权的同时，也使少数民族文化陷入了前所未有的危机。[3] 在普遍的“传媒化”社会里，主流文化的强势传播对少数民族文化不断造成冲击，使少数民族文化汉化趋势日趋明显。在广西的部分少数民族地区，由于现代化信息的大量冲击，壮族歌曲被流行歌曲所取代，新生的媒介文化不断侵吞弱势民族区域文化领地。少数民族文化具有自己独特的历史文化价值，在新媒体的冲击下应当注意加以传承和保护。

（二）少数民族文化在新媒体传播中功利化、娱乐化

当前，我国民族文化以“文化搭台、经济唱戏”的方式来繁荣文化，越来越多的少数民族文化选择与商业“携手”，并借助新媒体手段来传播和传承自己的民族文化。正因为有了经济利益的刺激，使新媒体语境下的民族文化传播表现出一种功利性。广西部分新媒体传播的民族文化内容更多的是商业的、直观的、娱乐性的，以最大限度吸引眼球为目的。对民歌的改编、民族人物的重塑、民族文化的戏说更多的带有不假思索的娱乐成分。甚至出现素养较低的组织或个人为博取观众眼球，异化曲解少数民族文化，传播猎奇低俗信息的现象。

（三）少数民族文化在新媒体传播中同质化、形式化

新媒体具备同步性、复制性、时短面广等优势，但同时带来了内容同质化、形式化的问题，民族文化的内容和形式被大大简化，碎片化、瞬间化的少数民族文化传播大行其道，不断对少数民族文化的完整性、纯洁性和真实性形成冲击，民族文化本身的多样性在新媒体的批量化生产中渐行渐弱。[4] 在广西部分新媒体的少数民族文化传播过程中，断章取义，只注重文化形式，忽略深度挖掘文化内涵的现象屡见不鲜。

（四）新媒体时代对少数民族工作者有更高的要求

作为新型少数民族工作者，除了过硬的新闻采编能力、民族语言、风俗知识等民族新闻人的必备实践能力之外，全媒体时代还要求一线新闻采编人员能够应对媒介融合，处理多类型稿件，运用多种媒介技术工具、搜素、求证、发布少数民族同胞需要的新闻。除此之外，新兴媒介的出现也呼唤着新的媒介管理人才。这类复合型人才的缺乏，成为制约广西新媒体民族文化传播的瓶颈。

三、新媒体背景下的民族文化传播平台建设

新媒体时代的到来为少数民族文化传播带来了机遇和困境，如何抓住机遇，突破困境成为少数民族文化传播的重要使命。

（一）加大传播投资，注重平台建设及更新

少数民族文化传播需要大量资金投入，民族地区新媒体的发展离不开资金作为物质支撑。多方面确保资金来源，加大传播投资是建设运营新媒体平台的保障。广西民族报社从 2013 年起就积极建设新媒体平台，2013 年 7 月 1 日开通广西民族报网站，2015 年开通微信公众号。近年来，报社连续不断争取资金加大新媒体平台建设投入。同时，广西民族报社注重平台的不断更新，于 2016 年 5 月完成网站改版工作，改版后新闻时效性更强，内容更加丰富和吸引人，栏目设置更加合理多样，页面设计更加温暖。与此同时，《三月三》杂志（壮文版）电子版在广西民族报网站正式开通，实现壮文杂志网络化零的突破。

（二）强化人才培养

培养一批既了解少数民族文化又精通新媒体传播运用的少数民族文化传播工作者对于改善少数民族文化传播困境十分重要。广西民族报社十分注重人才培养，2016 年通过设置新岗位，招聘专业人才管理本报网站及公众号，从人才上保障新媒体平台的发展。

（三）加强引导监管，规范传播秩序

新媒体具有强大的舆论形成能力，且传播迅速，影响面广泛，因此，新媒体传播的监管必须加以重视。在少数民族文化传播过程中，政府部门有责任和义务加强引导、监管。广西民族报社作为广西壮族自治区少数民族语言文字工作委员会直属机构，受广西壮族自治区少数民族语言文字工作委员会和广西新闻出版局的监管，发布的内容经过严格把关，确保发布的每一条民族新闻和信息权威、准确。

（四）突出民族文化特色，打造独家内容

新媒体时代，少数民族文化传播应当避免沦为千篇一律的民族文化宣传，而应根植于其文化特殊性，突出民族文化特色的传播。[5] 针对不同少数民族文化特质，异型性文化挖掘是使文化传播具有持久生命力的保证。广西民族报社是广西民族语文标志性的新闻媒体。利用自身优势，报社通过强大的记者团队全面深挖少数民族文化更丰富更深层次的内容，打造独家新闻动态，以专业、特色吸引固定的受众群，形成自己的特色，高效地传播少数民族文化。

四、结语

少数民族文化是中华民族文化的无价瑰宝，是国家软实力的重要组成部分。少数民族文化保护传承是维护中华民族文化完整性的重要使命。在新媒体时代，少数民族文化传播机遇与困境并存。我们既不能忽视在新媒体传播背景下少数民族文化所面临的困境，也不能否认新媒体在民族文化保护和传播中所起到的重大作用。新媒体不仅是民族文化保护和传承的有力保障，还是少数民族文化传播和发展的必经之路。只有不断加大传播投资，构建专业的民族文化新媒体平台，大力培养专业人才，加强引导监管，规范传播秩序，打造更具特色的传播内容，才是保护和传承少数民族文化的最佳路径。

【参考文献】

[1] 石磊．新媒体概论 [M]. 北京：中国传媒大学出版社，2009.
[2] 翁泽仁．大众媒介语境中的少数民族文化发展态势 [J]. 中国民族，2011（5）：47-49.
[3] 李达．新媒体时代少数民族文化传播的困境与策略 [J]. 湖北民族学院学报，2015（2）：113-117.
[4] 庄晓东，尹忠槐．云南少数民族文化民间网络传播研究 [A]. 中国少数民族地区信息传播与社会发展论丛（2009 年刊）[C]. 北京：经济日报出版社，2010.
[5] 陈峻俊．浅析网络时代少数民族文化传播的新特点 [J]. 中南民族大学学报，2007（2）：167-169.

谈谈拼音瑶文对保护与传承瑶族语言及其口头文化的重要性

盘美花[1]

生活在当今信息时代，在全球经济一体化迅猛推进的今天，大家都明显感觉到世界在发生变化，各国各民族的传统文化也在发生变化，在走向融合与统一，包括语言在内。世界上有五六千种语言，有的使用人口多，使用范围广，处于强势地位；有的使用人口少，使用范围小，处于弱势地位。如今每年都有弱势语言在消失。语言是民族历史文化的载体，同时本身也是一种文化，是不可复制的文化。语言一旦消失，它所承载的文化也就跟着消失，那将是民族文化的重大损失。瑶语、瑶文化的情况也是如此。近些年，笔者到各地瑶寨做调研，感觉到各地瑶语及其口头文化现状不容乐观，有的地方口头文化缺失严重，尤其是歌谣文化和宗教文化，懂得的人越来越少，而且懂得的人群也仅仅限于中老年人，甚至有的青少年连瑶语口语都不会说了。整体而言，瑶语口语出现了濒危现象，其口头文化则是处于濒危状态，瑶语瑶文化的发展前景令人担忧。因此，保护与传承该语言文化问题，显得刻不容缓，势在必行。

那么是什么原因导致年轻人漠视本民族优秀传统文化呢？原因可能是多方面的，有外部大环境社会发展大趋势的影响，也有内部环境的影响，但本人认为最主要的应该是口语与“书面语”脱节，年轻人听不懂瑶歌和宗教语言，觉得学习起来有困难，从而导致冷漠。要解决这个问题，拼音瑶文是最有效的途径。本文将着重谈谈与之相关的几个问题。

一、口语、歌谣语与宗教语的关系

研究过瑶歌、瑶族宗教的学者都会注意到，在瑶族社会生活中存在着三种不同的语言形式：口语、歌谣语和师公语。口语就是日常交际语，也叫“勉话”（mjen^{31}wa^{22}）；歌谣语就是唱瑶歌（包括《盘王大歌》《流乐歌》）时所使用的语言，也叫“诵话”（dzuŋ^{31}wa^{22}）；师公语就是师公诵读经书（如《师歌书》）时所使用的语言，也叫“师话”（sai^{31}wa^{22}）。这三种语言形式在语音、词汇上都有其特点，各自服务于不同的领域，曾经形成三足鼎立的局面。三者的区别从下面的例子便可见一斑。

① 盘美花，女，瑶族，广西民族大学文学院副教授。

序号	汉义	口语	歌谣语	师公语
1	吃饭	ȵien^{22} ŋ̊aŋ^{35}	khiʔ^{55}pen^{22}	xeʔ^{55}fa:n^{22}
2	喝酒	xop^{55}tiu^{53}	jiem^{53}tsiou^{53}	xeʔ^{55}tsau^{35}
3	唱歌	pau^{35}dzuŋ^{33}	tshaŋ^{35}ka^{33}	tshjaŋ^{35}kɔ^{33}
4	回去	dzuon^{35}miŋ^{31}	kuei^{33}tɕhiou^{35} 归去	wei^{31}xi^{35}
5	歌堂	dzuŋ^{31}tɔŋ^{31}	ka^{31}daŋ^{31}	kɔ^{31}dɔŋ^{31}
6	花开	piaŋ^{31}gɔi^{33}	kua^{33}gɔi^{33}	xua^{33}xɔi^{33}
7	走路	jaŋ^{31}kau^{53}	xɛŋ^{31}lou^{22} 行路	xaŋ^{31}lu^{22} 行路
8	父母	tie^{35}ma^{22} 爹妈	puoʔ^{22}mou^{23} 父母； jie^{31}ȵaŋ^{31} 爷娘； jie^{31}tsie^{53} 爷姐．	fu^{53}mu^{35} 父母 jie^{31}niaŋ^{31} 爷娘
9	姊妹	muo^{31}sieʔ^{55}	tsei^{53}mui^{22}	tsi^{53}mei^{35}
10	撑船	dzɛŋ^{33}dzaŋ^{53}	dzɛŋ^{33}tsun^{31}	dzaŋ^{31}dzuon^{31}
11	请圣	tshiŋ^{53}mien^{53}	tshiŋ^{53}siŋ^{35}	tsheŋ^{53}seŋ^{35}
12	不是	mai^{53}tsei^{23}	jam^{22}tsei^{23}	paʔ^{55}si^{24}
13	来到	ta:i^{31}thau^{35}	ta:i^{31}thau^{35}	lɔi^{31}to^{35}
14	小事	fiu^{53}si^{22}	fiu^{53}dzai^{22}	siau^{53}dzi^{35}
15	主人	piau^{53}tsiou^{53} 家主	tsiou^{53}mien^{31}	ka^{31}tsi^{35} 家主

从以上15个词或词组读音来看，除了“来到”“请”“小”在口语和歌谣语中相同外，其余都是有区别的。

瑶族同胞一致认为“歌谣语”（dzuŋ^{31}wa^{22}）属于“勉话”，是瑶族自己的语言。尽管它和口语有很大区别，不经过专门训练是不能听懂的，但他们很肯定那是“勉话”（即瑶话）。而“师公语”（sai^{31}wa^{22}）则不同。各地瑶族同胞对“师公语”的认识不一，有的说它是“mjen^{53}wa^{22}”（鬼话），即师公跟鬼神世界打交道时所使用的语言（如贺州水口的说法）；有的称之为“tsje^{31}wa^{22}”（邪话），意思是非正统的话（如越、泰、美优勉的说法）；有的称之为“连州话”（如贺州黄洞）；还有的称它为“梧州话”（田林）。这些说法都反映出它是一种非瑶语的语言形式。

从研究者的角度出发，通过跟古汉语及汉语方言的比较，我们发现“歌谣语”和“师公语”都跟古汉语有关，与古汉语有整齐对应关系。“歌谣语”呈现出半瑶半汉的状态，“师公语”则完全是一套古汉语。在此不再赘述，具体情形可参看赵元任、黄贵权等人的相关论述。

由于歌谣语与口语差别很大，师公语跟口语又截然不同，再加上20世纪六七十年代那场文化大浩劫造成了文化断层，改革开放以后很多年轻人听不懂瑶歌，更无法了解服务于宗教领域的“师公语”了。但是，这两种语言形式非常重要，是瑶族传统文化的重要组成部分，如瑶族还盘王愿仪式都要依靠这两种语言形式为载体来传承，缺失了哪一种，都是一种遗憾。如今有的地方已经没有人会做“还盘王愿仪式”（tsou^{35}daːŋ^{31}）了，对于“歌娘”“俵男俵女”这些角色词语也仅仅是听说过而已。而瑶族优秀传统文化都集中体现在还盘王愿（也叫歌堂良愿）里，体现在“挂灯”“度戒”（盘瑶叫“度师”）仪式当中，如果不懂得歌谣语和师公语，是没有办法继承这些优秀文化遗产的。笔者以为拼音瑶文是一种行之有效的补救措施。

二、拼音瑶文与口语

这里所谓的“瑶文”，是指20世纪80年代初由在京瑶族老前辈（即盘承乾、邓方贵、刘保元等）在50年代全国瑶语大普查的基础上创制出来的拼音瑶文（方案）。该瑶文（方案）以长洞乡镇冲村勉语为标准音，声母30个，韵母130多个，声调8个。经国家民委批准，20世纪八九十年代在全国各地瑶族聚居区（如广西金秀、田林、贺州、南宁，广东乳源，湖南九嶷山，云南富宁、昆明等地）进行试点推行。1984年经中美（还有泰国）瑶语专家在中国广东乳源开会协商达成了中美瑶文统一问题。目前广西民族大学开设有瑶语本科班，使用这套中美统一的瑶文进行瑶语教学，也可以称之为“国际瑶文”。

这套国际瑶文与汉语拼音方案大体相当，都是拉丁字母。其基本原则是：跟汉语普通话读音相同的采用相同的字母表示，如声母 b、p、m、f、d、t、n、l、g、k、h、j、q、z、c、s 这16个声母读音跟汉语普通话是一致的，只是拼读的时候统一跟 a 相拼；与汉语普通话不同的则在26个拉丁字母基础上变通使用，如浊音 mb、nd、nq、nz、nj，鼻音 m、n、ng、ny 和清化鼻音 hm、hn、hng、hny。声调用字母来表示，8个调分别为：bei（知道）、beih（匹）、beiv（比）、beiz（小母猪）、beix（过滤）、beic（被）、batv（笔）、baatc（罚）。第1调是零调号，第2调是 h，第3调是 v，第4调是 z，第5调是 x，第6调是 c；第7调与第3调调号同，第8调与第6调调号同，因为第7、第8带有 -p-t-k-q 塞音收尾，所以不会跟第3和第6相混。

拼音瑶文可以准确忠实记录瑶语口语的任何语料。如：

（1）Yie zeiz Mienh，ninh zeiz Ganx. 我是瑶族，她是汉族。

（2）Mueih haih gorngv Mienhwac maix？ 你会说勉话吗？

Haih. Maiv haih. Haih ditv dorn. 会。不会。会一点儿。

（3）Ninh haih congx congx，yac haih baux nzung，yac haih gorngv gouv. 她会刺绣，也会唱瑶歌，还会讲故事。

（4）Uov dauh ong zeiz saih ' ong，ninh zoux sai henv，haih zoux ndaangh，yac haih guax dang，douc sai.

（5）Lohhnoi mbuo Yiuh ' mienh yiem Naamhging koivngaanc，Ziepcbuvdinc，Betvwaancsen orn ja lorqc nipc. Taux aqv Yienh ' mauz nyeic nin，tin daic hanc，guienhcorng mouc laangh，siemhdorngh mouc nyiouh，diu muoqc cuotv kuiev，ziu muoqc cuotv yin，maanc yungc kiqv zienz. Fei zuqc mouc dorngx ndauh kaux，mbuo 12 fingx Yiuh ' mienh yuoqczunv hienhhiong，piuhyiuh guiex koiv.

对于某些土语点所发生的语音变化也可以如实记录。如湖南过山瑶勉话“喝酒”（hoqv div），“知道”（hiv duqv），“去玩儿”（mingh nzac），“姓赵”（fingx zei），“唱歌”（gorngv jeqv）。

在美国、法国、加拿大均有瑶族能熟练掌握和运用这套文字。泰国、老挝也有少数人会运用。越南可能只有赵妹师女士能认识和接受这套国际瑶文，其他人则不愿意接受，因为他们熟悉的是越南文。所以在越南，要想创制瑶文，必须以现代越南文为基础。所以有多位越南瑶族知识分子为创制适合于越南瑶族的瑶文而努力工作，如盘财团、赵妹师、周朝当等。在中国，约有 500 人学过，能看懂，但能熟练运用的不多。

但我们注意到：近年来有一帮年轻人很喜欢瑶文，借助网络资料，通过自学等方式学习掌握瑶文，并运用瑶文进行网络交流和文学创作。可见，瑶文是年轻人乐于接受的“新鲜事物”。他们也深深懂得瑶文对于瑶语瑶文化的重要性。

文字是记录语言的符号系统。瑶族从前没有文字，借用汉字记录瑶歌及宗教经典，但没有记录过口语，因此没有任何关于瑶语口语方面的文献资料。拼音瑶文可以把口语如实记录下来，可以把瑶族传统的故事、神话传说、谜语、谚语等忠实地描写下来。人们通过学习掌握这些民间文学知识，了解瑶族前人的聪明与智慧，从而增强民族自信心和自豪感。

三、拼音瑶文与瑶歌

总体来看，口头文化之瑶歌文化的缺失是严重的。有相当一部分地区的瑶族已经不会唱瑶歌，只会唱汉语歌。如广西防城大板瑶如今只懂得唱白话歌；恭城瑶族也几乎不会瑶歌只唱官话歌；金秀坳瑶只有极少数老年人懂得瑶歌，年轻人只会白话歌和官话歌等。在瑶歌保留较好的地区，如贺州、百色田林、湖南蓝山、云南金平等地，年轻人中懂得瑶歌的人也不多。国外瑶胞中懂得演唱传统瑶歌的也只限于一些中老年人。

但在古代，瑶族男女老少都爱唱歌，文献中有“瑶族最尚歌”的记载。瑶族也曾经是“以歌择偶”的民族，“坐歌堂”盛行，且拥有大量的用汉字记载的瑶歌手抄本。这些有文字凭借的歌谣过去曾经是广大群众喜闻乐见的文学形式。个个能听懂的“歌谣语”在现代人面前却成了陌生的东西，甚至是无法逾越的鸿沟，因为不知道怎么读，尴尬至极。前面说过，歌谣语跟口语不同，所以会讲瑶话不一定能听懂瑶歌，因为它是“半瑶半汉”的，经过学习是可以掌握的。

瑶歌手抄本中的汉字是个复杂而值得研究的问题，其中主要是“假借字”，有全借（借音兼意）、音读（只借音不借意）、训读（只借意不借音）。还有少量土俗字，有形声、会意两种形式。纯粹依靠汉文版歌本来掌握这些瑶歌读音是不太容易的，如果借助拼音瑶文就不同了。

运用拼音瑶文来进行瑶歌对译，相当于用汉语拼音给汉字注音，这样既能清楚地知道每个歌词的读音，又能够领略到瑶歌的艺术魅力。如：

一片乌云四边开，Yietc pin ou winh feix bin nqoi，
主人请客望客来，Ziouv mienh cingv kaeqv morngc kaeqv daaih，
来到官厅底，Daaih taux guien ting ndiev，
酒盏未曾开。Diuv zanv meic nzangh nqoi.

一片乌云四边开，Yietc pin ou winh feix bin nqoi，
主人请客望客来，Ziouv mienh cingv kaeqv morngc kaeqv daaih，
来到官厅底，Daaih taux guien ting ndiev，
酒盏满筵开。Diuv zanv mienz hinh nqoi.

从中可以看到《盘王大歌》的歌谣形式的多样。

我们注意到：用汉字记录的瑶歌一般是书面化色彩较强的歌谣。对于童谣以及口语化色彩较强的歌谣很难用汉字记录。拼音瑶文则可以如实地描写瑶歌，反映瑶歌词语的特点。如：

Norqc ngaengv dorkv dorkv domh ndiangx dueiv,

Norqc zeic mbauh mbauh zanx louc dauh;

Houh saeng ndaam hlapv mbouh’leih guiex,

Linh duqv kuv sorng seix yamc nzauh.

这首歌是一首情歌，语言较为口语化，通俗易懂。通过词语我们把瑶族经典歌谣如《盘王大歌》《流乐歌》《甲子歌》《交趾歌》等翻译为拼音瑶文，通过学习传唱，可以很好地保护和传承瑶歌文化。

四、拼音瑶文与宗教语言

瑶族宗教典籍都是用汉字记录下来的，内容丰富，数量繁多，令人惊叹，被越南学者陈友山称为瑶山中“宝库”。宗教典籍多用“师公语”诵读。它是一套古汉语，与口语截然不同。年轻男子（徒弟）需要跟师父多读多练方能掌握。

2008年笔者在越南老街考察时，看到当地瑶族的经书上有很多越南文注音，因为年轻人学习这些用汉文（被越南学者称为“瑶喃字”）抄写的经书很困难，一是书写难，二是诵读难。由于这些“瑶喃字”文本只有年长的人才会读会写，所以一般是师父誊抄好复印给徒弟，或卖给年轻人。通过每年春节“开学”（相当于私塾）学习，逐渐掌握宗教经典知识。

美国瑶族有心人士把《开坛歌》这个比较难把握的经书唱本用瑶文标出读音，便于年轻人学习传承，也便于学者研究。

在中国，置身于汉字的国度，很多年轻人已经听不懂师公喃唱的内容。十多年前，我很庆幸跟随瑶学老前辈张有隽教授到中越边境观摩度戒还愿仪式，亲身感受宗教语言的魅力，一种发自内心的兴奋和喜爱促使我采访了各地师公，了解到瑶族宗教语言的丰富多彩。这种被称为“鬼话”的师公专用语的形成，比歌谣语要晚些，但至少不会晚于宋代，最显著的特点是语音方面保留着古浊音声母，具有重要的语言学价值。它是瑶族宗教文化（主要是道教文化）的重要载体，需要保护和抢救。同样，拼音瑶文可以解决其读音问题。运用拼音瑶文与汉文典籍进行对译，年轻人通过学习，可以很好地掌握其读音，了解瑶族宗教充满神秘又博大精深的文化知识。

五、拼音瑶文推行中亟待解决的问题

当前，广西民族大学文学院开设有瑶语本科班，这是可喜的事情。对于该专业的学生，要好好培养，使他们成为有用之才，为拼音瑶文的运用推行添砖加瓦。目前，我们感觉到亟待解决的问题有如下几点：

（一）加强专业人才培养，解决师资匮乏问题

目前瑶文人才出现断层，师资匮乏。要想让拼音瑶文服务于社会，让更多的人认识瑶文，并通过瑶文学习，保护弘扬瑶语瑶族传统文化，需要一定的师资力量。因此应当加强瑶文人才的培养，完善师资队伍建设问题。

（二）加强瑶文教材建设，解决配套教材的问题

目前采用的教材还是20世纪80年代的老教材，还没有来得及出版新教材。为满足教学需要和社会

需要，急需出版规范教材，配套课外读物，使广大瑶文爱好者有书可读，有本可依。

（三）加强瑶语班招生力度，推进瑶语持续发展

加强宣传力度，动员有母语基础的考生报读瑶语班，动员真正热爱本民族语言文化的年轻人加入到瑶语瑶文的工作当中来，使瑶语文事业实现真正的可持续发展。

综上所述，拼音瑶文具有诸多好处，对保护与传承瑶语口语知识、瑶族歌谣语言文化、瑶族宗教语言文化等具有非常重要的作用。各地瑶族同胞通过瑶文培训学习，熟练掌握这套易学易记的拼音文字，忠实地记录整理瑶族民间文化，也可以进行瑶汉双语文学创作（主要是歌谣创作）。需要组织人员翻译整理古籍，首先出版发行经典古籍《盘王大歌》《流乐歌》《歌娘唱本》《师歌书》（师公书）。开办瑶文班，请师公教，瑶文老师指导。瑶文学习可以增强民族自信心和自豪感，为振兴瑶语瑶文化开辟新的局面，为中华民族的伟大复兴添砖加瓦。

非物质文化遗产保护背景下的壮语保护传承
——以南宁市为例

陈钰文[①]

民族语言的形成和发展就是一部民族历史。民族语言记录了民族风物人情。姑且不说民族语言直接保存了多少民间传说、故事、民歌，就连非语言的艺术创造（如音乐、舞蹈、绘画、建筑）和宗教信仰、民俗活动也广泛地留存在民族语言之中。中国语言学会副会长戴庆厦曾大声疾呼：“方言式微，文化遗产保护将成空中楼阁”，由此可见民族语言与民族文化的紧密关系。但是语言到底属不属于非物质文化遗产？应不应该把语言列入非物质文化遗产的类别？按照联合国《保护非物质文化遗产公约》中的定义，语言不算非物质文化遗产，只能作为非物质文化遗产的一个载体。

一、非物质文化遗产保护中语言的保护现状

广西境内生活着壮、汉、瑶、苗、侗等12个世居民族和其他44个民族，其中壮族、彝族、侗族、水族、苗族、京族、瑶族等都有自己的古文字，有些文字至今仍在民间流传。广西的非物质文化遗产（以下称非遗）资源非常丰富，收集整理的非遗资源线索共134458条。目前广西非遗保护中对语言的保护主要体现在以下五个方面：

（一）立法保护

广西是全国第四个通过立法对民族民间传统文化（非遗）进行保护的省区。自2011年《中华人民共和国非物质文化遗产法》（以下简称《非遗法》）出台后，为与上位法保持一致，2015年6月，自治区人大启动了对2006年实施的《广西壮族自治区民族民间传统文化保护条例》的修订工作。《广西壮族自治区非物质文化遗产保护条例》作为新条例，于2017年1月1日起正式实施。《广西壮族自治区非物质文化遗产保护条例》第三条中明确传统口头文学以及作为其载体的语言为非物质文化遗产。

（二）传承基地、传承示范户建设

非遗传承基地和传承示范户建设是非遗传承的一个重要方式。广西目前有国家级非遗生产性保护示范基地两个以及自治区级非遗研究中心、传习基地、传承基地（展示中心）和生产性保护示范基地共43个。通过建设传承基地和研究中心，以点带面，进一步促进非遗的传承保护。南宁市目前有22个传承基地，其中以壮语为传承载体的有9个，包括壮族高腔民歌1个、壮族歌圩8个。

---

① 陈钰文，女，汉族，任职于南宁市民族文化艺术研究院。

（三）数据库建设

2016 年，广西大力推进非遗数据库建设，完成 289 个非遗项目、92 位传承人的建档工作。其中完成了壮族歌圩、壮族三声部民歌的国家级非遗代表性传承人抢救性记录工作。为抢救壮语有声保存和传承，南宁市设立了壮族歌圩保护平台。壮族歌圩保护平台跨平台、跨数据库，整个系统基于 JavaEE 构建，由广西师范学院信息技术学院开发建设。目前，壮族歌圩信息网初步建成，使用 IE 浏览器，主要涵盖壮族歌圩的文字和有声语言（壮语）相关资料及活动内容。

（四）文化生态保护区建设

广西在2010年开始文化生态保护区建设工作，先后设立了自治区级铜鼓文化（河池）、壮族文化（百色）、苗族文化（融水）、侗族文化（三江）、瑶族文化（金秀）、桂派戏曲曲艺文化（桂林）、壮族歌圩文化（南宁）等多个生态保护区。其中壮族歌圩文化（南宁）生态保护区主要以传承保护壮族歌圩、壮族民歌为主，在各县区逐步建立壮族歌圩传承基地示范点，广泛开展壮族歌圩传承活动，开展壮族歌圩文化（南宁）生态保护区相关抢救性保护工作以及壮族歌圩文化（南宁）生态保护区数据库建设工作等等。

（五）活动交流

广西有 12 个世居民族，有着丰富的少数民族文化和非遗资源，民族特性相当鲜明。依托非遗保护和传承，壮族文化及壮语近些年不断地走出去，参加国内外各种文化交流活动。在南宁市目前非遗项目名录中，涉及民歌、歌圩的有壮族歌圩、壮族三声部民歌、壮族“三月三”、壮族信歌、良庆壮族嘹啰山歌、壮族传扬歌、壮族嘹啰山歌、松柏汉族多声部平话山歌、南宁多声部民歌、南宁平话民歌、上林四六联民歌等 20 多个项目。南宁市每年组织的常态活动主要有壮族“三月三”文化艺术节、文化遗产日、各县（区）固定的传统民俗活动，以及参加国内外各种非遗展演活动，通过活动交流，更广泛地传播和传承壮语民歌。

二、非物质文化遗产保护背景下壮语保护传承的欠缺

语言在现有的法律法规中不作为非遗项目列入保护范围，但是依托语言存在的非遗项目却占据了非遗十大类别的大部分。没有民族语言文字，这十大类非遗将不复存在。然而，在非遗保护中对语言的保护还存在很多欠缺：

（一）语言保护意识淡薄

世界语言的多样性创造了文化的多样性。在保护和传承文化的环境中，却唯独缺失了对语言的重视和保护。语言濒危现象在世界范围内普遍存在并日趋严重，尤其是少数民族语言衰变的趋势不断加剧。我国 2011 年颁布实施的《非物质文化遗产法》等法规中未有专项条文来对语言进行保护，也没有将民族语言文字列入名录项目。《广西壮族自治区非物质文化遗产保护条例》中将传统口头文学以及作为其载体的语言列入了非遗的范围，但并未单项列为名录项目。整个非遗保护没有很好地重视对语言的单独、单项保护，只是在保护语言承载的非遗项目中“顺带”保护了语言。总之，对语言的保护意识还十分淡薄。

（二）壮语承载的非遗项目保护方式单一

壮语是广西非遗大部分项目的传承载体，因此，对壮语的保护直接关系到这一大部分非遗的保护传

承。截至2016年12月，在南宁市列入自治区级非遗名录的116个项目中，以壮语为直接载体的表现形式有16项，主要是民间文学、民间音乐、传统戏剧等直接通过壮语来呈现的项目；与壮语密切相关联的有22项，主要是民俗、民间舞蹈、曲艺等；其他部分项目亦或多或少与壮语相关联，只是程度不一样而已。这些壮语直接承载或间接承载的非遗项目，主要是通过建立传承基地、扶持传承人来开展保护传承活动，方式比较单一。

（三）未能整体保护壮语的生存空间

广西第一大少数民族语言——壮语所依赖的生存环境在不断地改变。由于普通话成为社会环境的主流语言，壮语的生存空间不断缩减甚至消失，以壮语为传承载体的传统戏剧（壮剧、壮族采茶戏、师公戏等）、传统音乐（壮族歌谣类）、民间文学（百鸟衣、妈勒访天边等传说）等都面临保护传承危机。在非遗保护的背景下，仅仅保护项目本身，而未能从整体上展开对项目传承环境的保护，这是非遗保护的缺失。

三、非物质文化遗产保护背景下如何更有效地推动壮语的保护传承

作为传统文化中的瑰宝，非遗正受到国家的高度重视和普通民众的广泛关注。非遗保护工作开展了十多年，走过了申报的荣誉期，如今非遗迈入了后续有力的保护进程中。保护非遗，最根本的是保护传承实践、保护传承能力、保护传承环境，让非遗“活态传承”。语言未能作为单独的非遗项目进入保护，那么依托强而有力的非遗保护背景，是目前民族语言活态传承保护的重要路径。

（一）依托非遗保护，进一步保护和传承好以壮语为载体的非遗项目

壮语是壮族文化的载体，保护和传承好壮族传统文化，也就在一定程度上保护了壮语。在南宁市非遗项目名录中，壮语直接承载的非遗项目有壮族歌圩、壮族信歌、壮族三月三、壮族山歌、云表壮族歌圩、四六联民歌、三里壮族歌圩、壮族排歌、更望湖壮族歌圩、壮族三声部民歌、壮族传扬歌、还球歌会、壮族嘹啰山歌等等。针对这些非遗项目，南宁市通过建立传承基地示范点、展示馆以及开展常态化传承活动等保护措施，依托非遗保护政策和措施，保护传承壮语承载的非遗项目，推动和促进壮语的保护传承。

（二）依托非遗保护，建设壮语资源有声数据库

非遗保护的一个重要方式即是建立数据库，保存和保护非遗项目。壮语是一种语言，通过发音形成。在非遗保护数据库建设路径中，利用现代化技术手段，收集记录壮语的实态语料，通过科学整理和加工，建成大规模、可持续增长的多媒体语言资源库。南宁市近些年一直致力于非遗数据库的建设，收集了以壮族山歌为依托的民歌资源和各种民俗活动实体内容，录制了大量的有声资源，建立了壮族歌圩保护平台，开启了壮族歌圩保护与传承网站。依托非遗保护的有利条件和经费投入，建设壮语资源有声数据库，更有效地传承和传播壮语以及以壮语为载体的壮族传统文化。

（三）依托非遗进校园等活动，把壮语引入教育体系

非遗进校园，是非遗传承的一个重要手段。通过本土非遗文化进校园，在广大青少年学生中提高非遗文化的保护意识，培养青少年热爱本土文化、尊重本民族语言和文化的品质。南宁市目前已在武鸣区庆乐小学等12所小学挂牌成立了南宁市非物质文化遗产进校园传承基地示范点，其中以壮族歌圩传承基

地为重点建设内容。壮族歌圩传承基地的建立有利于壮族山歌进校园等传承活动的开展。当地青少年将通过这些活动接触和学习以壮语为载体的壮族山歌，为习得山歌而习壮语，习壮语而学山歌。

（四）依托非遗保护的文化生态保护区建设，保护壮语生存空间的整体性

文化生态保护区建设是我们国家今后非物质文化遗产保护的重要方向。比起传统的保护方式，保护区建设更加注重非遗所依托的整体生态环境、人文环境的保护。语言本身就是一种文化，是文化群中最鲜明也是最重要的文化，民族文化的盛衰与本民族语言的存亡是直接相关的，所以语言的生存空间是最为关键和重要的。南宁市壮族歌圩文化（南宁）生态保护区是自治区级文化生态保护区，保护重点是村落文化空间：壮族歌圩（含壮族民歌）文化空间、传统节庆文化空间、民间文学文化空间、表演艺术文化空间、传统技艺文化空间。壮族歌圩文化生态保护区主要是通过整体性保护、抢救记录性保护、名录体系保护、教育传承保护、生产性保护、宣传保护、数字化保护等方式实施区域性整体保护，这对壮语的生存空间是一种重要保护方式。文化生态保护区保护了文化空间内的非遗及其赖以生存的环境，也有效地保护了壮语的生存空间，这将成为壮语传承保护的一种重要方式。

作为一种交流工具，壮语自有它使用发展的规律，我们要做的就是尊重壮语的生存环境，依托相关的政策和保护传承路径，将壮族传统文化与壮语相结合，激发壮族对自己民族文化和民族语言的认同感、自信感，这是壮语得以存续的关键。

昆明十二兽地名初探

黄　利[①]

地名是一定的社会群体为特定的地域所约定的专有名称。人们为了满足生产和生活的需要而给一个特定的地域定一个名称，这就是地名。它的出现要比文字早得多。起初人们彼此隔绝，活动范围狭小，地名必然很少；以后彼此接触频繁，活动范围扩大，活动内容丰富，语言词汇越来越多，表现形式越来越多样化，地名就由少而多、由简单而复杂地不断产生。因此，地名是一个不断变化发展的语汇系统。

一、昆明地理地名概括

云南是一个多山的省份，山地占省国土面积的 94%，只有 6% 的山间盆地与河谷地势相对较为平坦。这些星罗棋布在广袤山地间的小块平地在西南被称为“坝子”。云南的坝子往往发展成为省内各区域的中心城市。昆明就是一个坝子城市。昆明坝子三面环山，一面临水。在其北方有蛇山；西面有乌龟山、观音山、牛头山等；东面有青龙山、刘家营山、呼马山、陈官山、凤凰山、长春山等；南面是滇池。平均海拔 1894 米，属低纬温带高原山地季风气候，市区年平均气温在 15℃左右，最热的月平均气温也不过 19℃—22℃，最冷的月平均气温 6℃—8℃，既没有寒冷的冬天也没有炎热的夏天，素有“春城”的美称。昆明辖五华、盘龙、官渡、西山、东川五区，安宁市和呈贡、晋宁、富民、宜良、嵩明五县，以及石林彝族自治县、禄劝彝族苗族自治县和寻甸回族彝族自治县三个民族县。面积 21011.27 平方千米，人口 615.2 万，生活着汉、彝、回、白、傣、哈尼、纳西等 40 多个民族，是一个多民族聚居的地区。

在中华人民共和国国务院 1982 年公布的《国家第一批历史文化名城名单》中，昆明榜上有名。这座城市到处洋溢着历史文化气息。有意思的是，这里的许多街巷地名都包涵着浓浓的文化气息。

以动物名为地名，古今中外皆有，但以十二兽为系统，依序纪日，指称集市集期的集市地名却是云南的土特产。在昆明以十二兽命名的地名有：龙翔街、龙泉路、龙头街、双龙桥、金马关、碧鸡关、羊仙坡、猫猫箐（“猫猫”是老虎的俗称）、马市口、金马路、牛街庄、长虫山、羊街坪等。这些地名中很多都带有“龙”字，体现了龙是中华民族的象征。

马市口：今华山南路与正义路交接处一带。此处曾为马交易市场。

金牛街：从前盘龙江经常泛滥成灾，于是清代在江边修建了井宿祠。按汉族传统观念，二十八宿中井宿司理水事。祠中铸有铜犴，犴似牛而独角，百姓误以为牛，遂有“金牛街”之称。

龙潭：黑龙潭、大龙潭。“潭”指泉水。在汉族文化中，龙是掌管水的神，因此昆明人将泉水称为“龙潭”。在昆明地名中，“龙潭”出现的频率大大高于“泉”。

① 黄利，女，广西民族大学文学院语言学及应用语言学专业硕士研究生。

在昆明坝子的边缘山地，有大量的彝语地名。值得注意的是，在昆明坝子的边缘山地还有大量带有“羊”字的地名。如：

洛羊镇：呈贡县西北，毗连昆明市官渡区。原名为“大羊洛堡”，“羊洛”为彝语牧羊坝子之意。1951 年定名为洛羊镇。

羊厩山：昆明市官渡区大板桥镇东北。因以前山上建有羊厩而得名。

羊草山：昆明市西山区团结镇境内。因此山多羊吃的草而得名。

羊方山：原名“羊翻山”，后讹为羊方山。

羊死箐：昆明市沙朗乡境内。因以前常有箐中豹子咬死羊而得名。

羊桃箐：昆明市官渡区大板桥镇境内。因以前常有人牧羊其间且多桃树而得名。

羊山箐：昆明市西山区团结镇境内。

羊槽沟：昆明市盘龙区双哨乡境内。

羊坝冲：昆明市官渡区大板桥镇境内。

羊洞：在昆明市西山区碧鸡镇黑荞母村西南面。因以前牧羊人遇雨时赶羊入洞避雨而得名。

羊子埂：昆明市西山区团结镇境内。彝语意为“关羊的地方”。

羊甫头：昆明市官渡区小板桥镇境内。

二、语言思维特点

（一）通名称谓的方言特色

地名有多种通名，集市地名也有通名，如“市、集、墟、场、街”等。但名从主人，各地的通名便因地而异带上不同的方言色彩。云南大多数集市称为“街”或“街子”，靠近川、黔的地方也有称“场”的。因此，昆明赶集叫“赶街”或“赶场”，此即为其方言特色。同时，昆明称的“街”也是历史上集市贸易的写照。在昆明农村可以看到农民以及其他行业人员走出自己居住的村寨，定期在城乡的某一个固定的地方聚会，交换自己的产品。昆明谚语描述道：“有钱的赶钱，无钱的望街。”“甩手上街，空手回来。”（指赶街不拿东西去卖，自然无钱买东西回来。）“小猪好卖街街来。”（比喻得到一次便宜，想每次都能得到。“街街”，指每一次赶街。）

1949 年，云南省就有 2287 个集市，但绝大部分是所谓的“露水街”“草棚街”“瓦房街”之类。昆明市所属的两郊区和八县都有街子分布，其情况与整个云南省的情况相同。

（二）专名称谓的语义特征

昆明十二兽地名是一个系统，以“鼠、牛、虎、兔、龙、蛇、马、羊、猴、鸡、狗、猪”十二种动物名为专名，包含如下内容：

（1）十二种动物依序排列，标示集期，因此十二系统兽地名一律是纪日集市地名。

（2）十二种动物正好与汉民族的十二属相相类似，兽名同，顺序也同，但用法不同。十二属相用来纪年，而十二兽地名却用以纪日。为此，本文不称“十二属相地名”，而称为“十二兽地名”。

（3）十二兽又可表示集市周期，如鼠街是鼠日集市，之后空十一天，到第二个鼠日又是集市。因此集市名本身就显出昆明集市的时空特点：定点定时，十二日为一个周期。后来，随着贸易的发展，有些集市的集期密度增加了。如宜良县的羊街，街期原为羊、牛两日，称为“大街”；后又增加街期两天，即狗、龙两日，称为“小街”。一个周期内有4次赶街，街期间隔两天。集期间距的缩小，大多以双数递增，以至隔天一集，甚至天天赶集，这样才不致于打乱集期间隔的均衡和原十二兽序列。这样，名实之间虽不副，却依然能显出云南集市贸易发展的轨迹。

（三）十二兽名及其书写形式的雅化

十二兽中有凶恶之兽，如虎、蛇；有害人之兽，如鼠；有供人驱使之牲畜，如马、牛等。民间为了避凶避邪避俗，便变换名称或以谐音字代替这些兽名，使之雅化。例如，南涧、牟定、武定、禄丰、广南等县的虎街都改称“猫街”（姓虎也是说姓猫）；建水县的虎街改称“永善街”；师宗、巍山两县的蛇街改称“长虫街”或“长街”；曲靖市、保山市的猪街改写为“珠街”；姚安县的猪街改写为“朱街”；保山市、建水县的狗街改写为“苟街”；昆明安定的羊街坪改写为“杨街坪”。此外，还有一种得值注意的现象，即十二兽用于地名按理应该机会均等，但实际上并不均等。有的动物名用得很少，如蛇街只有3个，猴街只有5个，鼠街只有6个，兔街只有7个；而有的动物名却用得较多，如马街有37个，羊街有34个，鸡街有26个，龙街有22个，牛街有17个。显然，与人民生活息息相关的牲畜家禽名用得多，“龙”是中华民族最崇尚的吉祥物就更不必说了。总之，十二兽地名的雅化和有选择的使用，是忌讳心理所致，反映出人们弃恶扬善，希望六畜兴旺、国泰民安的心态。

（四）十二兽地名命名的思维方式特色

十二兽地名还表现出这个地区思维方式的两大特色：一是混沌性，二是循环性。

一个集市的集期与地点，必须与一个动物的形象联系起来，方能为当地的人们所理解和接受，这就表现出鲜明的具象思维的特色。这种思维往往含有名实同一的因素。例如，“狗街”是属狗日集市的街子，但“属”非“归属”“属于”之意，而含有一种模模糊糊、若有若无的“种属”之意，就是说，属狗的日子应有狗的某些灵性（而非其生物性），那么，狗街也应有狗的某些灵性。名与实在无形中便有了一定程度的同一性。这种同一性，在人与自然处于原始和谐状态，或者人与自己的家畜相依为命之时，可能标志着某种心理上的喜悦。但是，随着人与自然原始和谐状态的破坏，尤其是社会伦理意识对象化为某种自然物时，这种同一性就要受到重新审视。因此，当“狗”与“人”具有不同的伦理价值时，“狗街”给人的印象就不那么舒服了，狗街被雅化成“耇街”，表示长命百岁，或是“苟街”，与姓氏挂上了钩。这种雅化，实际上正是思维具有名实同一特点的痕迹。此外，这种具象思维还具有异实共名的特性。本来，十二兽名只是十二种动物之名，后来，这些兽名用到另一种实体——人的身上，形成十二生肖。这是人与动物的异实共名扩大为生物（人及动物）和非生物——时间共名。十二兽名被用来纪日，形成了生物与其生存条件之一的时间之间的异实共名。最后，这种共名现象更扩大到两种非生物之间，即时间与空间之间的异实共名。这样，便形成一个以人为中心，而由人及与其生息密切相关的基本条件共同构成的异实共名体系。这种异实共名体系表现出一种古朴甚至可以说有些原始的宇宙观念，即人作为主体虽然与周围的客体有所区别，但这主体与客体之间的一致性以至同一性仍然是主要的。因而，这种思维方式注重的，主要不是事物与事物之间质的区别，而是它们以人为中心的彼此间的联系。因此，主体与客体、客体与客体之间不存在明确的不可逾越的界限，而形成一种彼此相通、界限模糊的混沌状态。所谓混沌性就是指的这种思维方式特殊的具象性。

所谓循环性是指这种思维方式在认识事物之间的秩序时重视的是其并列、循环及有限性。十二兽作地名，体现的是一种左右相邻的并列，而非前后连续的顺序，不是排列为直线的数轴，而是排成一个圆周，“街”与“街”之间，在时间上只是相邻，只是并列，只是彼此挨着。因此，十二兽地名不能延伸，不能无穷排列，只能有限地循环，以十二日为一个周期。

这种思维的混沌性与循环性，虽然不能说表明这种思维方式是原始思维的方式，但至少可以表明这种思维方式带有某种程度的原始思维的痕迹。

三、十二兽地名——汉彝文化的沉淀

这里应对十二生肖街的别称“干支纪日街”作个考察。明代的谢肇淛在《滇略》中记载：“滇谓之街子，以其日支名之，如辰日则曰龙街，戌日则曰狗街之类。”《滇南志略》关于昆明也有类似的记载：“日中为市，率名四街。以十二支所属分为各处街期，如子日为鼠街，丑日名曰牛街之类，街期各处错杂，以便贸迁。”以干支命名的形式代代相传，约定俗成。这说明十二生肖街或干支纪日街绝大多数出现在滇、黔两省，少数出现在与滇东南的罗平、广南两县接壤的广西隆林各族自治县；分布面广而集中，其范围是这些省区中开发较早、经济较发达的汉族和彝族聚居地区。因而与彝文化也必然有密切联系，受到彝族历律观念的影响。彝族对于12天为一周期、按序排列循环往复的集市有自己的彝语称呼。乌蒙山系的彝族称集市为“秋”。“秋”原是动词，义为转动；与十二兽彝语组合为名词，指十二兽集市。如“罗秋”即虎街（场），“塔灼秋”即兔街（场），“鲁秋”即龙街（场），“舍秋”即蛇街（场），“幕秋”即马街（场），“熬秋”即羊街（场），“糯秋”即猴街（场），“昂秋”即鸡街（场），“齐秋”即狗街（场），“网秋”即猪街（场），“含秋”即鼠街（场），“尼秋”即牛街（场）。彝语十二兽集市中的动物与汉语十二生肖街中的动物是一一对应的，周期是一致的，在汉、彝两族聚居地区的使用是相同的。可以认为，十二生肖街或十二兽集市，正是汉、彝两族经济、文化乃至心理相互接触、影响的结果。

【参考文献】

[1] 张映庚．昆明地名的命名规律 [J]. 云南民族学院学报（哲学社会科学版），1996（1）.
[2] 吴彦勤．从昆明城郊地名看明清昆明三大文化同心圆 [J]. 昆明师范高等专科学校学报，2006（3）.
[3] 张映庚．昆明地名的文化蕴藉 [J]. 云南民族学院学报（哲学社会科学版），1997（4）.
[4] 李星．昆明地名趣谈 [J]. 人才资源开发，2011（9）.
[5] 马丽红．昆明地名的语言学分析 [D]. 中国优秀硕士学位论文全文数据库（哲学与人文科学辑），2011.
[6] 褚亚平．地名学论稿 [M]. 北京：高等教育出版社，1968.
[7] 褚亚平．地名学基础教程 [M]. 北京：中国地图出版社，1996.
[8] 张宁．云南十二兽地名初探 [J]. 云南民族学院学报，1989（4）.
[9] 张明仙．珠江源头十二生肖地名源起 [J]. 曲靖师范学院学报，2012（7）.
[10] 游汝杰．方言与中国文化 [M]. 上海：上海人民出版社，2006.
[11] 李树辉．十二生肖的起源及其流变 [J]. 喀什师范学院学报，1999（1）.
[12] 张映庚．昆明方言的文化内涵 [M]. 昆明：云南教育出版社，1997.
[13] 昆明市人民政府．云南省昆明地名志 [M]（内部资料），1986.
[14] 王际桐．中国汉语地名通名的规范 [J]. 中国地名，2002（3）.
[15] 王际桐．王际桐地名论稿 [M]. 北京：社会科学文献出版社，1999.

壮族《奠别歌》研究

蓝　盛[1]

壮族丧葬活动中，师公于凌辰三四点吟唱行孝歌，此时大部分仪式已经完成，待天一亮就移棺出殡。行孝歌结束后，孝男孝女集中于死者灵前，依次跪拜，痛哭，奠酒离别。此时师公就唱起《奠别歌》。“奠别”是“奠酒离别”之意。《奠别歌》饱含深情，营造悲惨凄凉的氛围，离愁哀怨流入心间，其情之悲苦，催人泪下。《奠别歌》运用巧妙的手法展现出了对生命的无奈和对亲情的不舍，字里行间饱含深深的哲理。本文通过研究壮族《奠别歌》来展现壮族人的情感观、生死观和人际观，突出壮族人对亲情的厚爱和对生命的敬畏。

一、哀莫大于亲死

在壮族人看来，最大的灾难莫过于亲人的离世。亲人离世对整个家庭来说是一种灾难性打击，会给家庭带来重大变故。特别是对于以年轻人为核心的家庭来说，父母已老，小孩还小，一旦配偶不幸离去，整个家庭可能就会垮掉，这不仅是经济上的压力，更重要的是情感上的悲痛。人生四大悲：幼年丧母、少年丧父、中年丧偶、晚年丧子。如果遭遇这种境况，可谓是人生之至悲。所以，壮族人中只要有人过世，周边家家户户都会闻讯赶来，主动提供帮助，不图回报，亲朋好友们也会纷纷前来吊唁。即便先前两家有什么仇恨和过节，也都会先放一边，帮助其处理好丧事。

亲人离去，丢下亲朋好友，徒添思念之情。《奠别歌》中唱道：Meh dai haeuj yimlaz，laepda ce beixnuengx.（母逝入阴间，闭眼留朋友）It youh ndek beixnuengx，ngeih youh ndek lwgcaen.（一别离朋友，二别离亲家）Meh baenzbingh gviyim，dai roengz gumz mbouj dauq.（母生病辞世，入土不再回）Ok bakdou bae muengh，heuh meh ndwi sing han.（出门口去望，叫母无应声）Ndek lwg youh ndek lan，ndek mbanjranz beixnuengx.（弃子又弃孙，弃乡亲朋友）亲人离世，受打击最大的莫过于小孩，原本生活在幸福的家庭，可转眼间就成了孤儿，从此失去了父母的疼爱，变得无依无靠，只能自谋出路。《奠别歌》中唱道：Daengq sou gyoengz lwggyax，gag doxnaeuz cauxgya.（嘱咐众孤儿，互商量度日）。由此可见，亲人的离世是一件多么不幸的事情，对家庭是一种深深的伤痛。

二、寿数天定，人力有限

壮族人深信，一个人的寿命是上天定好的，无法改变，寿尽则人亡。当然，他们也相信一个人可以通过不断做好事、善事来延长寿命，但这也是有限的，人最终还是会寿尽，不可能长生不老。虽然如此，死亡对壮族人来说仍是一件非常不幸、难过和无奈的事情。人们对死亡还是有畏惧之心，深感痛惜，不

[1] 蓝盛，男，壮族，广西民族大学文学院中国少数民族语言文学专业硕士研究生。

愿接受。在语言上也有所避讳，如“死”，壮语叫“dai”，而人死常常不说“dai”，而是用尊称“gvaq”（过）、“gvaqseiq”（过世）或“mboouj miz”（没有）等，以趋吉避凶。

《奠别歌》中唱道：Vunz baenzbingh goj ndei，meh ndwi miz doengxhanz.（别人病见好，母病无担保）Aeu yw youh dwk fangz，yienghyiengh caen mbouj lumz.（求药又驱鬼，样样尽做完）为了挽救生命，不惜求医访药、请神驱鬼，该信的信了，不该信的也信了，但最终还是无法逆天改命，躲避死亡。

《奠别歌》还体现出了对死亡的深深无奈。其中就有写到：Goj gyaez youq cien cin，mbouj ngawz mbwn cawz bouh.（也想住千年，不料天除簿）Vih gwnz mbwn neix bik，haet vut lwg mwngz bae.（为老天逼迫，才弃子而去）。Bouxlawz hih gyaez dai，geijlai hoz mbouj fug.（哪个亦想死，心里多不服）可见死亡是注定的，无法避免，纵有千般不愿也无济于事，最终还是要面对这残酷的现实。死亡是令人恐惧的，因此壮族对生命都很敬畏，从出生到死亡，都要举行各种各样的仪式，以示敬重。特别是丧葬仪式，更显隆重而庄严，每一个环节都很严谨，既是对死者的尊重，也是对生命的敬畏。

三、构建和谐的人际关系

家庭和谐、邻里和睦，自古为人们所推崇和不懈追求。只有家庭和谐美满、邻里和睦友好，彼此间才能互帮互助、和谐相处，才能更好地促进个人的成长进步和社会的健康发展。壮族十分注重家庭和邻里关系的构建，长辈们时常强调和叮嘱晚辈要正确处理好家庭内部以及邻里之间的关系，保持融洽、和谐的氛围。家庭关系主要表现在夫妻关系、父子关系、婆媳关系、兄弟关系和妯娌关系上，而家庭主要矛盾也主要表现为这几种关系之间的矛盾。壮族家庭内部也往往存在因这几种关系的协调失衡而产生的种种矛盾，出现家庭不和谐的状况。因此，为了协调和改善这种关系，人们常常把希望寄托于神灵，认为是有鬼怪作祟，要请师公来诵经解除，所以师公的经文中有《解夫妻冤经》《解父子冤经》《解婆媳冤经》等等。人们希望通过这种方式来化解彼此间的矛盾，达到家庭和谐的目的。而邻里关系则表现为外在矛盾，自己与他人的矛盾、家庭与家庭之间的矛盾。

蒙元耀教授所著的《生生不息的传承》收录了两首《奠别歌》。其中有一首就有对十种人的叮嘱：lwgsai（男儿）、lwgbawx（儿媳）、lwgmbwk（女儿）、beixnuengx（兄弟）、loegcin（六亲）、au lungz（叔伯）、mbanjranz（乡里）、lwgnyaeq（幼子）、doengzsab（同辈）、baengzyoux（朋友），可以说基本囊括了所有的社会关系，叮嘱和劝勉世人要建立和保持一种良好的人际关系。其中对子女的叮嘱是最多的，叮嘱他们要相互商量，不能争吵，好好过日子：Daengq sou gyoengq lwggyax，gag doxnaeuz cauxgya.（嘱咐众孤儿，互商量度日）Guh yienghlawz mbouj daengz，doxyaeng gaej doxndaq.（哪样做不到，商量莫争吵）可见，和谐的人际关系是多么重要！它既是逝者的心愿，也是社会的需要。

四、劝人行孝

儒家思想在汉文化中居于主导地位。儒家思想注重礼仪、推崇孝道。所谓“不孝有三，无后为大”，可见传宗接代是孝的最初意义，也是对祖先的尊敬和崇拜。所以梁漱溟认为，“中国是‘孝’的文化，自是没错”。壮族由于受到汉文化的熏陶和影响，自然而然地接受了孝道思想，而且将其融入了现实生活，成为自身文化中不可分割的一部分。壮族所说的行孝包含几大部分，除了在父母生前侍奉、善待父母之外，在父母死后还要操办丧事，请道公师公超度亡灵，守孝三年，三年期满还要择风水宝地捡骨重葬，每年上坟，烧香祭拜，才算是尽完孝道。

劝人行孝、坚守孝道，是《奠别歌》的核心内容之一。在壮家人眼中，丧葬仪式是子女向父母报恩的最重要的方式。父母过世一般都要开丧行孝，举行一到两个晚上的仪式，请道公师公开坛诵经，超度亡灵，送往天界，让逝者安息。《奠别歌》唱道：It biek daengq lwgsai，boh dai caez hengz hauq.（一别嘱男儿，父死齐行孝）Doxyaeng cingj sae dauh，hai sang bauq aencingz.（共商请师公，开丧报恩情）Souj sam bi muenx hauq，duet hauq dauq guh cai.（守三年满孝，脱孝做斋事）《奠别歌》唱到，父母一生辛劳，过了今晚，天一亮就要与子女诀别，要懂得珍惜。Gonq miz sou ndaw mbuk，aemq umj hix dwgrengz.（过去襁褓中，背抱也辛苦）Meh youq haemhneix dem，conz ma bien faex naengh.（母还留今夜，聚到棺边坐）Ngoenzcog meh bae gyae，mbouj ndaej ma loz lwg.（明日母远行，不得再回来）Roengzgvih goj dwk laeuj，raemxda daeuj faenfaen.（下跪来奠酒，眼泪落纷纷）子女唯一能够做的就是举行道场，告慰亡灵，让逝者的灵魂得到安息。Guh song haemh daengyouz，ndwimiz bwnghlawz ca.（做两晚道场，没有哪差错）Sae dem dauh swngdoh，soengq hwnj loh yimlaz.（道师来超度，送上阴间路）父母恩情深似海，父母恩情难报完，作为子女要懂得感恩，尽孝道。

五、艺术特色

《奠别歌》以悲凉感人的曲调来吟唱，激起昔日恩情与眼前的离别之意，幽婉动情，感人泪下。如开头唱道：Guh song coenz hauq damz，daengq mbanjranz caez dingq.（做两句孝歌，嘱众人齐听）Meh dai haeuj caiyaem，siengsim lai youh daej.（母逝入阴间，伤心来痛哭）Gyoengq mbanjranz haeuj ma，ra vah gangj ndwi miz.（乡亲进门来，无话语相对）Muengh raen aen lingzveih，naih ngeix naih seiliengz.（望见灵位牌，越想越凄凉）一开始就定下感情基调，将众人带入这悲凉的氛围之中，引起共鸣，不免心酸。当唱到 Roengzgvih goj dwk laeuj，raemxda daeuj faen faen.（下跪来奠酒，眼泪落纷纷）时，众人泪如雨下，可谓以景催情。

此外还运用了比喻和押韵的艺术手法。如，Raemx roengz rij mbouj hoiz.（水下溪不回）用流逝的水不能回头比喻人死不能复生；Yaek mbaw ndoek mbaw faiz，aeu lai de caenh liux.（不论簕竹叶或麻竹叶，取多它也完）把父母的爱比作簕竹叶和麻竹叶，也终有穷尽的一天。《奠别歌》的另一大特色是押韵。如，It biek daengq lwgsai，boh dai caez hengz hauq.Doxyaeng cingj sae dauh，hai sang bauq aencing. 第一句的句末 sai，与第二句的 dai 押脚腰韵。第二句的句末 hauq，与第三句的句末 dauh 押脚韵，第三句的句末 dauh 与第四句的 bauq 又押脚腰韵。《奠别歌》多以勒脚歌的形式来吟唱，再加上押韵和比喻的运用，唱起来循环往复，环环相扣，婉转动人，可收到一唱三叹的效果。

六、结语

壮族《奠别歌》内容丰富，感情深厚，意义深刻，具有很重要的研究价值。《奠别歌》流传于壮族地区，每逢丧葬仪式通常由师公吟唱，具有一定的普遍性和代表性，是壮族歌谣文化的重要组成部分。通过挖掘和研究这类歌谣，可以进一步促进壮族文化的繁荣和发展。

【参考文献】

[1] 蒙元耀．生生不息的传承 [M]. 北京：民族出版社，2010.
[2] 蒙元耀．壮族古籍与古文字 [M]. 南宁：广西民族出版社，2016.
[3] 梁庭望，罗宾．壮族伦理道德长诗传扬歌译注 [M]. 南宁：广西民族出版社，2005.
[4] 梁漱溟．中国文化要义 [M]. 上海：学林出版社，1987.

扶绥壮族群众“乳名”小考

梁新勇①

扶绥县位于广西西南部，全县总面积 2836 平方千米，辖 11 个乡镇，总人口 45 万，居住着壮、汉、瑶等多个民族，壮族占全县人口的 85% 左右，是一个以壮族为主体的县份。

扶绥县壮族群众平时主要讲壮话，当地俗称“土话”。扶绥县有深厚的壮族传统文化，小孩出生后，一般给孩子取一个不包含姓氏的“乳名”，即“小名”（壮文：mingziq 下同）。长大读书时，才开始取包括姓和名的“学名”。也有少数的人“学名”和“乳名”一致。

“乳名”虽然是小时候父母取的非正式名字，但却陪伴人的一生。很多人离家外出学习、工作和经商，不管身居多高的官职，有多丰厚的身家，回到老家，人们大都只记得他的“乳名”，只称呼他的“乳名”，这样反而很少有人记得他的“学名”，也很少有人叫他的“学名”，

不少民族都有给孩子取“乳名”的习惯。据载，我国秦汉早期就有了取“乳名”或“小名”的类称。历史上最有影响的“乳名”，当属晋成公的“乳名”——“黑臀”，可能因为晋成公一生下来的屁股很“黑”。汉高祖刘邦的“小名”叫刘三或刘季，因家中排行第三的缘故。

在桂北壮族地区，男性青年的“乳名”一般前面加个“特”字（音近 daeg，指男性，也指雄性的动物），相当于汉语的“阿”。如“特三”“特四”“特伟”，即汉语的“阿三”“阿四”“阿伟”。未婚女性青年的“乳名”一般前面加个“达”字（音近 dah，指女性），如“达花”“达红”，即汉语的“阿花”“阿红”。这里的“特”和“达”，是桂北壮语中区分性别的前缀，是壮语语法的主要标志之一。

而在桂西南的扶绥县，男性青年的“乳名”一般前面加个“恒”字（音近 aengz）。这里的“恒”，相当于桂北地区的“特”。如“恒三”“恒弟”“恒伟”，即汉语的“阿三”“阿弟”“阿伟”。未婚女性青年的“乳名”，一般前面加个“麦”字（音近 mbwk）。这里的“麦”，相当于桂北地区的“达”。如“麦花”“麦红”，即相当于汉语的“阿花”“阿红”。这里的“恒”和“麦”，是桂西南壮语中区分性别的前缀，也是壮语语法的主要标志之一。

扶绥县壮族群众的“乳名”用壮话命名，书写用音近的汉字来代替。虽然这些“乳名”从形式和内容上千差万别，有不少的“乳名”用字生僻、粗陋，或是随意用农村的动植物的名称来命名，或者选用一些卑贱的事物名称来命名，毫无文采可言。更有甚者，有不少的“乳名”千奇百怪，听起来让人匪夷所思。有些还是别有韵味的，听起来让人忍俊不禁。然而，绝大部分壮族群众的“乳名”都是按照一定的规律来命名，大都包含传统民族文化意义。从壮族群众的“乳名”去考究，我们可以从中了解壮民族有关生产、生活、文化和社会心理等方面的传统历史文化。

① 梁新勇，男，壮族，崇左市扶绥县民族宗教事务局局长。

一、以“狗”“猫”“大便”等自然生活中常见或低贱事物取名，寄托儿女好养且健康长命之意

在旧社会，壮族农村生活贫困，缺医少药，缺乏保健和卫生条件，婴儿死亡率很高。有的家庭前后生了十来个婴儿，但能活下来长大成人的仅两三个，大部分在出生后不久便死亡，或者是在童年时就夭折了。这种惨状，让父母很是悲痛。故而他们在给婴儿取“乳名”时，就选一些低贱且好养的动物或植物名称作为孩子的“乳名”。连宋朝文学家欧阳修也给自己的孩子起了一个叫“僧哥”的小名。人们奇怪为何起如此一个小名，欧阳修则说“人们要孩子容易养活，往往取个贱名”。

壮族农村起名的规律：一是以农村常见的动物名称作为“乳名”。这种现象较为普遍。在广大壮族农村，不少出生在旧社会或困难时期的人，“乳名”就以“狗、猫、牛”的名称命名，叫“恒狗”（Aengzma）“恒猫”（Aengzmeuz）、“恒牛”（Aengzvaiz）。有的甚至以“老鼠”作“乳名”，叫“恒鼠”（Aengznou）。

二是以自然界常见的植物名称作为“乳名”。不少的农村妇女就以自然界中常见的“草”“花”“树”“竹”等植物名称作为“乳名”，叫“麦草”（Mbwkhog）“麦花”（Mbwkva）“麦树”（Mbwkmaex）。

三是用生活中一些低贱的事物来命名。有的人以“乞丐”作为乳名（Gaujvaq）。更有甚者，有的人竟然以“大便”为名，叫“恒嗨”（Aengzhaex）或“恒亏”（Aengzgij）。这些乳名，名称稀奇古怪，特别是以“老鼠”和“大便”等作为名字，更让人难以想象。但我们只要想想在当时生活困苦，连孩子都难以养活的境况下，给孩子取这些乳名的父母，无不希望自己的孩子们像生活中的狗、猫等动物，以及和自然界中的花花草草一样自生自养，减少病患，快快长大。取“乞丐”名的，就是希望孩子像乞丐一样，虽然吃百家饭、穿百家衣，但无病无灾，能顽强生存下来。取这些“乳名”的父母，笃信“乳名”越低贱越好，能消灾避难，孩子能快快长大。而这些“乳名”的背后，无一不是父母企盼孩子能平安成长的殷殷之情，名字虽然不好听，却饱含父母最朴素、最无私的感情。

二、用“白（byai）”“哟（yog）”“泻（set）”等乳名排行大小，明了兄弟姐妹的长幼次序或反映母亲对多子女生育的无奈和沉重负担

按长幼次序来取乳名的方法简单省事，在各个民族中都比较通行。同时，人们容易从乳名了解到一个家庭孩子的排行。例如清朝的女侠吕四娘、壮族歌手刘三姐，还有《水浒传》里面的阮小二、阮小五、阮小七。武松的大哥叫武大郎，武松的小名叫武二，别人一看，就知道武松在家排行第二。

在扶绥县，用排行法取乳名，男子一般有“恒大”（Aengzmbwk 或 Aengzdaih）“恒二”（Aengzngeih）“恒三”（Aengzsam）“恒四”（Aengzseiq）“恒小”（Aengziq），来表示家中大儿、二儿、三儿、四儿和最小的儿子。女子有“麦大”（mbwkdaih）、“麦二”（Mbwkngeih）“麦三”（Mbwksam）、“麦四”（Mbwkseiq）、“麦小”（Mbwkiq）等，来表示家中大女、二女、三女、四女和最小的女儿。

除此之外，扶绥县壮族地区还有一些特殊的排行叫法，如给最小的儿子或女儿一般取“恒白”或“麦白”。“白”（音近 byai）在壮话中是树梢或末尾的意思。还有，在扶绥县壮语方言中，树梢或末尾叫“哟”（音近 yog）。树梢是一棵树的顶端，以树梢的壮话名来给小孩的“乳名”命名表示家中最小的儿子或女儿，如“恒哟”或“麦哟”。这种命名十分具体形象。

也有用壮话“泻”（音近 set）来取名的，“泻”相当于汉语结束之意。叫“恒泻”（Aengzset）或“麦泻”（Mbwkset），即指家中排行最后的儿子或女儿。但这个“泻”字还包含有一定的社会心理意义。旧

社会，由于没有实行计划生育，没有节育和避孕措施，不少壮族家庭都有多子女的现象，一般生育有五、六个孩子，多的有八、九个。有的父母就给最后的儿子或女儿取乳名叫“恒泻”（Aengzset）或“麦泻”（Mbwkset），意思是生了这个，就不想再生了，再也养不起了。这个乳名的背后，饱含多子女给家庭带来的沉重抚养负担。特别是在当时经济和卫生保健条件落后的环境里，每生育一个孩子，对于母亲来说，就是要趟过一道血与火的关口，每一次都是对生命的考验，不少妇女产后因患各种疾病而丧生。一个“泻”（set）字，反映出妇女们对多子女生育现象所造成的身心痛苦和无奈，通过孩子的乳名，在内心进行的无声呐喊和叹息。

三、用“麦求”“麦换”或“增舅”“带舅”等作乳名，反映当时农村社会重男轻女、盼望生儿子的社会心理

以前，壮族农村社会重男轻女的现象较为严重。这是由于在农耕社会，男子承担耕地耙田等重体力活，是家庭主要的劳动力。同时，不少人也存在养儿防老、多子多福等封建糟粕的思想。因而，不少的父母都是盼望生个男孩，特别是连续生了几个女孩子之后，想生个男孩的愿望就更加强烈。于是父母就把这个愿望反映在女孩子的乳名上。就像在我国北方地区，给女孩子取“招弟”“盼弟”之类的乳名。在扶绥县，就有不少女孩子的乳名叫“麦求”（Mbwkgouh）“麦换”（Mbwkvuenh），其意思是父母生下这个叫“麦求”或“麦换”的女孩子以后，希望能求来或换来一个男孩。叫“带舅”（Daiqgoux）或“增舅”（Aenggoux）的，其意思是父母生下这个叫“带舅”或“增舅”的女孩子之后，盼望接下来就生个男孩子。这个男孩子，就是前面所生的女孩子给家里带来的舅舅，或是增加一个舅舅。看来，过去，在重男轻女这个问题上，不管是在我国的北方或南方，人们都有相似的心理反映和愿望，都有异曲同工之处。

当然，除了以上3种方法，还有其他方法。有的以一些封建迷信来命名。如在一些封建迷信习俗浓重的地方，很多人觉得婴儿多病或夭折，是因为有鬼怪作祟，或是阎王派小鬼勾了去的缘故，所以起乳名经常有驱邪避鬼的内容。如有的农村群众就以“买”（音近“齐”，cawx）和“卖”（音近“还”，hai）命名。“麦买”（Mbwkcawx）这个乳名，大多指这个女孩小时体弱多病，其父母给女孩取该名，意思是这个女孩是向天地或神灵买来的，因此可健康成长了。“恒卖”（Aengzhai）这个乳名和“麦买”的意思大致相同。其他如“恒留”“恒保”或“麦留”，等等，其意思都是父母盼望孩子能平安成长，千万别让妖魔鬼怪捉去。还有诸如以企求吉利消灾来取名的方法也较为普遍。如“恒福”“恒财”“恒发”“恒贵”等，不外乎是希望健康、长寿、发财和富贵等。

双语教育与教学

壮汉双语教育发展六十年论

零兴宁[①]

我区壮汉双语教育已经走过了60年的风风雨雨，其间有过轰轰烈烈的发展势头，也有过徘徊低迷停滞不前的状态。但是，经过壮汉双语学校广大师生的共同努力，壮汉双语教育稳步持续发展，成为壮民族教育不可分割的一部分。目前，我区已初步建立起一个包括学前教育、义务教育、普通高中教育和高等教育在内的比较完整的具有民族特色的壮汉双语教育体系，学前、小学、初中、高中、高校"一条龙"的壮汉双语教育格局已基本形成。截至2017年秋季学期，广西实施壮汉双语教育教学的县（市、区）共有36个，比2010年增加了11个。全区壮汉双语幼儿园、学前班124所（班），比2010年增加了33所（班），在校生14900人，增加了10000人；双语小学197所，比2010年增加了93所，在校生58000人，增加了36000人；专任壮汉双语教师2400人，比2010年增加了1020人；双语初中30所，比2010年增加了5所，在校生45980人，增加了5890人；专任初中壮汉双语教师647人；共有3所高中开设壮语文选修课，在校生6460人，其中壮族学生5329人，占82.49%。目前，在自治区的197所壮汉双语小学中，有101所壮汉双语小学是2010年后新增的，进行二类双语模式教学，原有的96所壮汉双语小学从2017年秋季学期一年级起，将教学模式从同步教学模式改为二类教学模式。初中开设一门壮语文必修课，列为地方课程教学模式。高中开设壮语文选修课，属地方课程教学模式。

一、壮汉双语教育的实施条件

壮族作为全国人口最多的少数民族，世代使用自己的母语，将壮语作为主要交际工具，对壮语有深厚的民族感情和认同感。大多数壮族学生上学前最先学会壮语（母语），平时使用壮语（母语）交际。壮语是壮族的主要特征，维系了壮族人的民族自尊心和凝聚力，是开展壮汉双语教学工作的语言实际和教学基础。汉语作为国家通用语言，有强势的应用地位。学生升学考试，都要考汉语，这决定了学生非学汉语不可。因此，进行壮汉双语教学，成为壮族地区学校课堂教学的重要组成部分和主要特点。

由于历史的原因，在很长的一段时间里，壮族基本上只有民族语言而无民族文字。大约在隋唐时期，壮族先民出于对本民族前途命运的关注。借用汉字来记录壮音，过渡到模仿汉字"六书"的造字方法，采用汉字偏旁及其结构成分来创制了一种文字，这种与汉文有别的文字叫古壮字（也叫"土俗字"或"方块壮字"）。千余年来，古壮字作为壮语的重要辅助工具，一直是壮族民间传情达意、法理记事的工具。但因这种文字表音达意不够完善，又缺乏统一规范，未能普及流行。壮族地区学校教育起步较晚。据考证，隋开皇十七年（597），广西才开设学校，兴办官学。

唐代是中国封建社会繁荣昌盛时期，国力强盛，社会比较安定。唐王朝推行尊崇儒术的文教政策，

---

① 零兴宁，男，瑶族，广西民族教育发展中心译审。

建立了比较完备的科举考试制度和官学制度，因而广西壮族地区学校教育有了更大的发展。唐代的教育制度是每个州县设置官学一所，当时广西有 30 多个州 100 多个县，建有 11 所官学。其中在壮族地区的官学有武缘（今武鸣区）县学、柳州府学、象州县学，这是壮族地区首次有具体名称的学校。唐代，壮族地区的学校比前代发达，壮族子弟在学校接受汉文化教育，学习汉语，文化素质整体上有了提高。

宋、元、明几代，壮族地区官办的学校主要在桂北和桂中。元代不重视教育，壮族地区官办学校不多，更不注重汉语教学。宋、明两代，壮族地区的学校比前代增多，注重汉语教学，教学质量也达到了较高水平。

清初，清王朝在广西壮族最集中的桂西地区创办了西林县学等15所学校。这样，壮族地区的府、州、县，大都有不同体制的学校建立。由此，壮族学习汉文日益普及，不少人入学中第，踏入仕途，有的还成为知名学者。清末，壮族地区兴起新学热潮，各州县相继建立小学堂、中学堂，开始系统地开展汉语教学。民国时期，广西推行国民基础教育运动，规定每村设一国民基础学校，每乡设一中心学校，儿童大都免费入学，并利用夜校教育成年失学男女。国民基础教育运动的推行，使壮族中入学接受汉语教学的人数大为增加。

综观历朝历代，壮族地区因经济贫困，教育落后，接受汉语教育的只是极少数人。到新中国成立前夕，壮族中文盲仍达 90% 以上，很难进行壮汉双语教育。

新中国成立之初，中央就提出了帮助少数民族创制、改革文字的任务，而创制新文字的工作首先就在少数民族人口最多的壮族中进行。包括壮族学者在内的中外语言专家经过长时间、大范围的反复调查、研究、论证，制定出了《壮文方案》，并于 1955 年起在壮族地区试行。1957 年 11 月 29 日，由周恩来总理主持召开的国务院第 63 次全体会议讨论通过《壮文方案》，并同意在壮族地区推行使用。这是迄今为止由国务院批准的还在继续推行的唯一一种新创民族文字。

《壮文方案》获得批准并在壮族地区推行使用，充分体现了党和国家民族平等、语言文字平等的一贯政策，结束了壮族没有与自己语言相一致的科学统一文字的历史，使壮族人民学习文化科技、传播交流、记载历史、传承文化有了自己的载体，增强了壮族人民的自信心和凝聚力，促进了文化繁荣，振奋了民族精神，也为壮族人民学习、掌握全国通用的普通话，以及其他民族学习壮族语言文字搭了桥，为壮民族走向世界、进行国际交流创造了条件，具有重大深远的历史意义和现实意义。

二、壮汉双语教育发展历程

（一）壮汉双语教学曲折发展

1. 开创时期（1952—1959）百废待兴

壮汉双语教育开创时期，正值新中国成立初期，百废俱兴，壮族地区的文化教育事业倍受党委和政府的重视和关怀。这一时期的壮文教育首先重点进行成人扫盲和壮文骨干培训。在壮族聚居的 52 个县（市）创建壮文工作机构和壮文学校，各地机关、单位也纷纷开办壮文学习班，壮文扫盲的入学人数达 290 万，占应扫盲对象的 90% 以上，有 270 万人脱壮文盲。其次，先后在 12 个县的部分小学开展壮文试验教学。1957 年秋，壮族开始了壮汉双语教学的历史。当年在武鸣、龙州、柳城、平果 4 县的 7 所小学进行壮汉双语教学试验。到 1959 年秋，壮汉双语教学在壮族地区全面展开。这一年广西壮族地区小学共有 1380 个班开展壮汉双语教学，学生达 56000 多人。这一时期的教学试验，主要是利用壮文课本进行壮语文和算术的教学，并适当进行一些汉字的识字教学。

这一时期学校开设的课程主要有壮语文、语文（汉语统编教材）、数学（壮文版），也开设美术、音乐、政治、劳动等课程，使用汉语统编教材。《壮语文》《数学（壮文版）》教材由广西少数民族语言文字工作委员会组织编写，教学管理也由广西壮族自治区少数民族语言文字工作委员会负责。

2.“左”倾时期备受摧残

1958 年开始，我国在民族问题上出现了“大跃进”的“左”倾错误，只强调共同性，否认少数民族的特殊性。这种“民族融合”风引发了对社会主义时期各民族语言发展特点的错误认识，以为社会主义时期是少数民族语言开始走向融合、消亡时期。在民族语言与汉语关系上大讲“民族文字无用论”“直接过渡”，认为民族语言的发展可以直接过渡到使用汉语文。随着“浮夸风”“共产风”的盛行，加上当时壮文推行的指导思想只是以壮文当作拐棍，结果在壮文机构被压缩、人员被调走的情况下，“拐棍”也丢了。在这些错误认识和政策导向下，学校的壮语文教学被削弱以致被取消。1960 年下半年，根据国家以调整为中心的八字方针，壮文工作除了在面上做一般推行工作外，开展壮文教学的小学相对稳定。1962 年 3 月 27 日，自治区教育厅又下文增加宁明、那坡、南丹、凤山、东兰、都安、武宣、鹿寨 8 个县（自治县）为壮文进小学教学试验县。但刚经历“三年困难”时期，人心浮动，加上壮文教材编写不够完善，壮文师资缺乏以及其他种种原因，壮文教学试验工作时断时续，甚至逐步萎缩。到 1964 年，壮文教学完全取消。

3. 恢复发展期（1980—1989 年）势头迅猛

从 1981 年到 1990 年，是广西壮汉双语教育工作历史上规模最为壮大的一个时期，壮汉双语教育得到了全面的展开。1980 年 6 月，中共广西壮族自治区委员会决定在广西壮族地区恢复推行使用壮文。1981 年开始恢复壮文进校工作，当年武鸣、德保两县有 8 所小学开办壮文班。1983 年 7 月 2 日，自治区人民政府批转马山、上林等 22 个县部分小学使用壮文教学试点。1984 年以后，又有邕宁、横县等 23 个县开办壮文进校。到 1990 年，广西壮文进校已发展到 45 个县（市），共有小学 306 所，1071 个班。在这一时期里，壮汉双语教育工作由广西壮族自治区少数民族语言文字工作委员会主管。这一时期的壮汉双语教学模式属一类模式，具体如下：小学阶段以壮文教学为主，从三年级起开设汉语文课；初中阶段的全部课程（英语除外）用壮文授课，并增设一门汉语文课。这种教学模式的弊端是汉语文课开设得太晚，教学时间过少，使得汉语文的教学质量低，没能完成教学大纲规定的教学任务。这一时期的教学模式脱离了壮族地区的社会实际，加上工作经验不足、急于求成等原因，导致了一些壮文实验校点的停办。

1986 年武鸣、德保等县（市）陆续在县壮文学校的基础上办民族中学。到 1990 年秋季学期，全区有 25 所民族中学开设 72 个壮文班。

这一时期学校开设的课程如下：小学有壮语文、汉语文、数学、美术、音乐、政治、劳动等课程；初中有壮语文、汉语文、数学、历史、地理、政治、物理、化学等课程。小学阶段的壮语文课程教材共有 8 种：①《小学速成识字课本》3 册；②《拼音》全册；③《课外阅读》8 册；④《课外练习》8 册；⑤《作文》8 册；⑥《学话》4 册；⑦《写字》4 册；⑧《汉语文》8 册。这 8 种教材大体上的教学安排是：《小学速成识字课本》供小学一年级和二年级上学期使用；《拼音》全册，供小学二年级下学期使用；《课外阅读》《课外练习》《作文》供小学一至四年级使用，每学期使用 1 册；《学话》《写字》均在小学三、四年级使用，每学期使用 1 册；《汉语文》供小学三至六年级使用，每学期使用 1 册。除《汉语文》外，数学、美术、音乐、政治、劳动、历史、地理、政治、物理、化学等课程的教材使用汉语统编教材翻译成壮文。这一时期壮汉双语教学管理由广西壮族自治区少数民族语言文字工作委员会负责，壮汉双语教材由广西壮族自治区少数民族语言文字工作委员会业务处组织编写，由广西民族出版社出版。

1982 年 7 月 31 日，自治区人民政府以桂政办函〔1982〕130 号文同意广西壮文学校恢复招生，每年招生 200 人。1983 年 6 月 18 日，自治区人民政府办公厅以桂政办函〔1983〕237 号文同意从 1983 年秋季起，在南宁民族师范学校、桂林民族师范学校、百色民族师范学校和巴马民族师范学校三、四年级开设壮文课，主要课程有壮语语音、壮语语法、壮语写作。

4. 新的发展时期（1990 年至今）平稳发展

（1）小学壮汉双语教学稳步推进。1990 年 6 月 27 日，自治区人民政府决定将壮文进校工作移交给教育部门管理，并确定了壮文进校工作“以小学为重点，初中只开设壮语文必修课，高中暂不推行”的原则。自治区教育委员会接管壮文进校工作后，根据当时自治区的财力、物力、人力情况，对壮文中小学校校点进行了调整。广大壮文教育工作者不断总结经验，加强教学研究，终于探索出了一条利用壮文优势促进小学壮汉双语教学的好经验。这条经验归纳起来就是“以壮为主、壮汉结合、以壮促汉、壮汉兼通”的十六字经验。这“十六字”经验在 1990 年 2 月召开的广西壮族自治区壮文指导委员会第二次会议上被认为是小学壮汉双语教学的好经验。自治区人民政府随后在桂政发〔1990〕24 号文中将“十六字”经验确定为广西壮文进小学实验的“十六字”教学方针。在自治区人民政府确定的壮文进小学实验“十六字”教学方针的指导下，从事小学壮汉双语教学教研的广大教育工作者总结出了一个符合广西壮族地区实际的小学壮汉双语教学的模式，即壮汉双语“同步”教学法。

所谓壮汉双语“同步”教学法，就是从一年级开始就同时使用壮、汉两种语言文字，按照一定的结合方式进行双语教学。壮汉双语“同步”教学的基本步骤如下：学生在学前班阶段集中学习壮文，要求能够掌握壮文的声母、韵母、声调和拼音方法，并能具备对壮文音节的直呼能力。在这个前提下，从一年级开始进行壮汉双语“同步”教学。在语文教学方面，同一篇课文由同一位教师用壮、汉两种语言文字来进行教学，先由壮语文课来完成词义、段意、中心思想、文章结构、写作知识、壮语语法基本知识等几个环节的教学任务，再由汉语文课来完成汉语的字、词、句式和朗读教学等，壮、汉文课的两个教学时段互相结合、互相协调，共同完成教育部制定的课程标准所要求完成的教学任务，并最终达到壮汉兼通的目标。在数学教学方面，由于中低年级学生掌握的汉语词汇量少，汉语文理解能力低，不能正确理解汉文数学教材中的数学概念、运算法则和应用题题意，因此，一、二、三年级主要使用壮文数学课本，辅助使用汉文数学课本，用壮语授课；高年级学生随着汉语词汇量的增多，已有一定的汉语文理解能力，则以汉文课本及汉语为主，壮文课本及壮语为辅进行教学。

根据壮汉双语“同步”教学的要求，壮汉双语小学开设的双语课程有语文、数学（数学开到三年级止）。教学所使用的教材主要包括全国或全区统编的汉文教材、由汉文教材翻译而来的壮文教材、自行编写的壮文教材三大类。全国或全区统编的汉文教材主要是由人民教育出版社出版的九年义务教育六年制小学教科书《语文》《数学》课本以及其他科目的课本。随着我国基础教育课程改革的开展，教材使用呈多样化。2003 年起，南宁、贵港、百色等市的部分实验校开始使用由北京师范大学出版社、江苏教育出版社出版的义务教育课程标准实验教科书《语文》《数学》课本；由汉文教材翻译的壮文教材，主要是分别译自人民教育出版社出版的九年义务教育六年制小学教科书《语文》《数学》和由北京师范大学出版社、江苏教育出版社出版的义务教育课程标准实验教科书《语文》。2006 年起，河池、防城港等市开始使用语文出版社出版的义务教育课程标准实验教科书《语文》，壮文教材译自语文出版社出版的义务教育课程标准实验教科书《语文》。自行编写的教材主要有学前班壮文课本《语音》和《计算》。另外，还编写与九年义务教育六年制小学语文教科书（人民教育出版社、北京师范大学出版社、江苏教育出版社、语文出版社版本）各册相配套的《壮汉双语文教师教学用书》和练习册。

为探索提高壮汉双语教育发展水平的新模式，在总结壮汉双语教育实践经验的基础上，2012 年秋季学期起在壮族地区部分农村学校的预备班和义务教育阶段实施壮汉双语教育二类模式实验。具体的地区为上思县江平镇、钦北区那蒙镇、田东县平马镇、德保县那甲乡、靖西县化峒镇、那坡县百都乡、兴宾区五山乡、忻城县古蓬镇、象州县大乐镇、江州区板利乡、扶绥县中东镇、大新县全茗镇、天等县东平乡、龙州县武德乡。2013 年秋季学期起，大化瑶族自治县六也乡、都安瑶族自治县高岭镇（后改在地苏镇）实施壮汉双语教学二类模式实验。这些地区的学校分别从预备班起逐年级开展壮汉双语教学二类模式实验。

壮汉双语教学二类模式课程设置要求壮语文课程属于必修课程，纳入地方课程管理。教材使用则是汉语文选用根据《义务教育语文课程标准》编写，经全国中小学教材审查委员会审查通过的教材——《语文》，壮语文选用根据《壮语文课程标准（试行）》编写，经广西中小学少数民族语言文字教材审查委员会审查通过的教材——《壮语文》。课时安排是每周一、二年级四节，三、四年级三节，五、六年级二节。

（2）学前壮汉双语教学快速发展。“十二五”以前，全区只有 64 所小学办有壮汉双语学前班 64 个，没有壮汉双语幼儿园。从 2010 年开始，自治区认真贯彻国家关于加快学前教育改革发展的要求，全力推进学前教育三年行动计划，努力扩大教育资源，提升保教质量，壮汉双语学前教育规模持续扩大，壮汉双语学前教育事业迈上了新台阶。2017 年秋季学期，全区壮汉双语学前教育事业基本情况如下：

壮汉双语幼儿园124所，占全区幼儿园总数的1.11%；其中民办28所，占全区民办幼儿园总数的0.29%。

壮汉双语幼儿园在园幼儿 16121 人，占全区在园幼儿总数的 0.76%，其中民办壮汉双语幼儿园在园幼儿 4845 人，占全区民办幼儿园在园幼儿总数的 0.37%。壮汉双语幼儿园毛入园率为 63.7%。

壮汉双语幼儿园园长 123 人，专任教师 470 人，全部是壮族，其中民办幼儿园专任教师 169 人。

壮汉双语幼儿园已评定职称的园长有 34 人，教师有 66 人。

壮汉双语幼儿园共有园长和专任教师 470 人，其中 268 人本科毕业，146 人大专毕业，56 人高中毕业。

壮汉双语幼儿园共有幼儿 16121 人，专任教师 470 人，生师比为 34：1。

壮汉双语学前教育之所以能够快速发展，主要是因为自治区采取强有力措施，力推发展壮汉双语学前教育。这些措施主要是：

①强化政策引导，保障学前教育健康发展。自治区先后出台《广西壮族自治区人民政府关于当前促进学前教育发展的若干意见》《广西壮族自治区学前教育三年行动计划（2011—2013 年）》《广西壮族自治区贫困地区农村学前教育发展工作方案》《广西壮族自治区人民政府办公厅关于促进民办教育发展的意见》和《广西壮族自治区人民政府办公厅转发自治区教育厅等部门关于进一步加强壮汉双语教育工作意见的通知》等 5 个政策文件，为学前教育改革发展提供了强有力的政策支持。自治区教育厅发布《关于印发＜壮汉双语教育二类模式实施办法＞的通知》确定“选择壮族聚居的地区部分农村学校（幼儿园）实施壮汉双语教育二类模式实验”，规定“预备班（学前教育阶段）开设壮语言类教学活动课”。同时在《壮语文课程标准（试行）》中明确规定了预备班的课程目标和教学重点，为壮汉双语学前教育健康发展提供了保障。自治区有关部门也出台相关政策助推学前教育发展。自治区财政厅与教育厅联合出台了《关

于加大财政投入促进学前教育发展的通知》《关于建立学前教育资助制度的通知》《关于印发<支持利用农村闲置校舍改建幼儿园实施方案>的通知》《关于印发<支持农村小学增设附属幼儿园实施方案>的通知》《关于印发<广西壮族自治区财政扶持民办幼儿园发展奖补资金管理暂行办法>的通知》《关于印发<广西壮族自治区财政扶持城市学前教育发展奖补资金管理暂行办法>的通知》等文件，明确了全区“十二五”期间学前教育改革发展目标任务，科学规划幼儿园布局，切实加大投入，加快发展学前教育步伐。

②注重公平普惠，促进学前教育均衡发展。从2011年起，自治区财政增加学前教育专项经费，每年拨款不少于1000万元，实施“以奖代补”制度，实施学前教育布局结构调整。自治区人民政府办公厅转发自治区教育厅等部门《关于广西壮族自治区教育布局结构调整指导意见的通知》，各市、县（市、区）按照自治区要求，将幼儿园布局规划纳入本地中小学布局调整总体规划之中，充分利用中小学布局调整后富余的校舍和教师，通过改扩建或新建等方式加强乡、村两级幼儿园建设，加快学前普及的步伐。

③狠抓队伍建设，支撑学前教育持续发展。积极探索我区学前教育教师培训工作，将幼儿园教师纳入中小学教师名师培训计划，组织中小学富余教师进行相应的专业培训，合格后转岗到学前教师队伍。大部分转岗教师主要通过“国培计划”的远程网络培训实现转岗学习培训。壮汉双语幼儿园教师分期分批到广西壮文学校参加学前教师培训。2014—2017年，共举办14期学前教师培训班，参加培训的教师有945人次。

④突出建管并重，推动学前教育规范发展。自治区教育厅出台了《关于印发<广西壮族自治区学前教育机构审批管理办法>（试行）的通知》（桂教基教〔2013〕53号）、《广西壮族自治区学前教育集团化办园试点办法》《广西壮族自治区多元普惠幼儿园认定及管理办法（试行）》（桂教基教〔2014〕14号）等文件，严格执行学前教育机构年审制度，对幼儿园的办园条件特别是民办幼儿园安全设施定期进行监督检查指导，坚决取缔无证园，维护办园秩序。修改完善了《广西壮族自治区幼儿园办园基本条件》《广西壮族自治区幼儿园保育教育常规管理暂行办法》《广西壮族自治区学前班办班基本条件》和《广西壮族自治区学前班管理办法》等4个学前教育管理文件，按照教育部《关于规范幼儿园保育教育工作防止和纠正“小学化”现象的通知》，规范幼儿园保育教育工作，防止和纠正“小学化”。

学前班壮语文课程定为壮语言类教学活动课，课时安排是每周十节，教材选用根据《壮语文课程标准（试行）》编写、经广西中小学少数民族文字教材审查委员会审查通过的教学活动资料——《快乐壮文》。

（3）初中壮汉双语教学有所发展。这一阶段初中由24所增至30所。初中除了开设国家规定的统一课程，还增设一门壮语文必修课，安排在七、八年级开课，课时安排是每周二节，教材选用根据《壮语文课程标准（试行）》要求、由自治区教育厅组织编写、经广西中小学少数民族文字教材审查委员会审查通过的《壮语文基础知识（初级中学版）》。

（4）高中壮汉双语教学开始进课堂。2015年开始，广西民族高中、武宣县中学、上林县中学开设壮语文选修课，考核合格可以获得4个学分。安排在高一年级开课，课时安排是每学期36节，教材选用由自治区教育厅组织编写，经广西中小学少数民族文字教材审查委员会审查通过的《壮语文（上、下册，高级中学版）》。

（二）壮汉双语师资建设艰难发展

1952年4月到1953年8月，在广西民族学院开办壮语文工作骨干培训班。1956年3月建立桂西壮文学校（1958 年学校易名为广西壮文学校）正式开始培养壮文教师。1958 年起在壮族聚居的 52 个县（市）陆续建立壮文学校。20 世纪五六十年代，广西的壮语文教师（含扫盲群师）都是由广西壮文学校和各县壮文学校培养的。

1983 年秋季学期起，中央民族学院、广西民族学院相继举办壮语文专业本科班，开始培养壮汉双语高层次教师。1982 年 7 月 31 日，自治区人民政府恢复广西壮文学校。1983 年 6 月 18 日，自治区人民政府下文规定南宁民族师范学校、桂林民族师范学校、百色民族师范学校、巴马民族师范学校三、四年级开设壮语文课，培养能胜任壮汉双语文教学的师资。到 2000 年，这些学校共培养了 6500 多名毕业生，部分能够胜任壮汉双语教学工作的学生分配到壮汉双语学校，使壮汉双语学校能够正常开展壮汉双语教学。

1990 年 6 月，自治区人民政府将壮文进校实验工作由民语部门移交给教育部门管理后，自治区教育厅着重抓了壮汉双语学校师资的配备、培养和培训工作，要求壮汉双语小学按不低于 1 ∶ 1.8 的班比配备教师。同时由自治区教育厅、县（市）教育局、壮汉双语学校三级紧抓师资培训，进一步提高了教师的壮语文基础知识、双语文教学水平，以适应教学的需要。1994 年自治区人民政府又制定了广西壮文学校壮语文专业（师范班）的招生指标，每年要用不低于 70% 的比例面向壮汉双语小学所在的县、乡进行定向招生、定向分配，使壮汉双语学校师资得到不断的补充，为提高壮汉双语教学质量打下了坚实的基础。

1990—1998 年，广西壮文学校和南宁等四所民族中等师范学校按国家计划招收学生，能够进行正常的壮语文课教学，每年有部分学生充实到壮汉双语学校任教，使得壮汉双语学校教师队伍有可靠的补充来源。1999 年，我国就业制度开始实行自主择业，随着高等教育的发展和教育结构的调整，中专学校很难招到学生。广西壮文学校壮文专业生源不足，报读壮语文专业的学生逐年减少。例如，2000 年以前壮语文专业招收 4 个班 200 多人，到 2002 年只招到 3 个班 150 多人，2003 年招到 1 个班 50 多人，2004 年只招到 16 人。此后，广西壮文学校以培训壮汉双语小学和幼儿园教师为主。南宁等四所民族中等师范学校先后并入有关高等师范院校或转办高中，停止了壮文课程的教学。壮文教师培养基地丧失，师资来源全面枯竭，壮文教师面临后继无人的窘境。同时，本地熟悉壮汉双语教学的教师又在不断流失、调走，新调进的教师又需要一定时间的培训才能熟悉壮汉双语教学，致使教学出现断层。这就使壮汉双语师资来源越来越少，造成壮汉双语师资的短缺。

为此，教育部门又着重抓壮汉双语学校师资配备、培养和培训工作，自治区教育厅要求壮汉双语小学按不低于 1 ∶ 2.1 的班比配备教师。所配备的教师要具备三个条件，即要有专业合格证，学历要达标；要有比较扎实的双语文基础知识，能够运用壮语文和汉语文授课；要掌握壮汉双语文教学方法，能熟练地按自治区人民政府确定的“以壮为主、壮汉结合、以壮促汉、壮汉兼通”教学方针开展教学活动。同时实行自治区教育厅、县（市、区）教育局、壮汉双语学校三级师资培训，逐步提高教师壮汉双语教学水平。

三、壮汉双语教育的成就与经验

（一）壮汉双语教育发展成就

在各级教育部门和壮汉双语学校师生的共同努力下，壮汉双语教学工作得到积极、稳步的发展，取得了令人瞩目的阶段性成就。

1. 基本建立了壮汉双语教育教学工作管理体系

1990年自治区人民政府把壮汉双语教育教学实验工作转交给教育部门管理以后，自治区教育厅把这项工作纳入基础教育的范畴，根据分级办学、分级管理的原则，各级教育部门也设置了相应的机构，配备专门人员抓这项工作，并制定了管理规章制度，形成了自上而下的管理体系。

第一，自治区教育厅设立了壮文推行办公室（现改为民族双语教育管理办公室），负责全区壮汉双语教育教学行政性事务管理工作。1992年11月6日自治区教育厅又成立了壮文教编教研室（现改为广西民族教育发展中心），配备有4个事业编制人员专门负责全区壮汉双语教育工作的管理、教学研究与指导以及壮汉双语学校壮文教材、教参的编写等工作。

第二，各壮汉双语教育县（市、区）教育部门指定一名领导分管壮汉双语教育教学工作，在基础教育股、教研室或民族中学（壮文初中）增设了壮汉双语教研业务，同时还配备了1至2名专（兼）职壮汉双语教研员，并任命有管理经验、事业心较强、教学经验丰富、热爱民族教育事业的同志担任壮汉双语学校的领导。

第三，建立各种规章制度，努力实现依法治校。自治区教育厅分别在1993年、2001年、2012年下发了《壮文进校实验工作管理意见》（桂教民教〔1993〕05号）、《关于进一步加强壮文进校实验工作的意见》（桂教民教〔2001〕109号）、《壮语文课程标准（试行）》（桂教民教〔2012〕11号），要求各级教育行政部门要切实加强对壮汉双语教育教学的领导，完善壮汉双语教学管理体制。2012年12月31日自治区人民政府转发自治区教育厅等部门《关于进一步加强壮汉双语教育工作意见的通知》（桂政办发〔2012〕329号），进一步明确开展壮汉双语教育工作的总体要求，指出开展壮汉双语教育的意义、指导思想和基本原则。到目前为止，各县（市、区）都已按照自治区确定的原则、意见，相应地建立了管理制度。所有壮汉双语学校都有比较完善的管理办法。

第四，进一步加大壮汉双语教育发展投入，把加强壮汉双语教育作为民族教育特色建设工程子项目列入我区重点工程项目之一。2011年以前，每年壮汉双语教育经费只安排437万元，2012年安排专项经费670万元，比2011年增加233万元，增长34.78%。2013年，自治区本级财政进一步加大了对壮汉双语教育发展的支持力度，安排专项经费1000万元，比2012年增加了330万元，增长33%。2013年至今自治区财政每年安排1200万元壮汉双语教育经费。

2. 建立了一支壮汉双语师资队伍，保证壮汉双语教学持续发展

多年来，自治区教育厅把培养一支政治素质高、业务精干、人员充足的壮汉双语教师队伍作为重点工作来抓，加大壮汉双语师资培养、培训力度。经过民族大学和壮文学校的培养以及自治区、县（市、区）教育行政主管部门、壮汉双语学校三级师资培训，到目前，壮汉双语学校的教师基本达到专业化，人人都参加了县级以上壮汉双语师资培训，教师整体水平得到全面提高，师资力量基本能保证壮汉双语教学的需要。

首先，拓展壮汉双语教师培训途径，提升壮汉双语教师业务能力。采取短期培训与长程培训相结合、短期培训与学历提高相结合、高级研修与学历提高相结合等有效培训方式，举办了壮文基础知识、现代教育技术、双语管理人员、双语骨干教师、学前双语教师等培训班，满足壮汉双语教师多样化的培训需求。确立广西民族大学为壮汉双语教师培训基地，广西师范学院、广西教育学院、广西壮文学校等院校为壮汉双语学校教师培训机构。每年举办10多期培训班，培训壮汉双语教师1500多人次，培训内容包括了壮文基础知识、教育心理学、壮汉双语教育管理、教育现代化信息技术等。在"十二五"期间，每年安排500万元专项经费用于壮汉双语学校教师培养培训。

其次，创新双语教师培训机制，采取短期培训与长程培训相结合、培训与学历提高相结合、高级研修与校本培训相结合的培训方式。2013 年起广西民族大学录取 100 多名双语教师参加“培训加学历”班，教师参加每年培训计算学分，修满学分，发给本科学历文凭。同年 3 月，实施“百名双语教师培养工程”，委托广西师范学院培养，确定了 106 名壮汉双语教师作为名师培养对象。

再次，落实教师编制。贯彻落实有关规定配备壮汉双语教师，开设民族语文课程的教学班，每班增加 0.3 名教师编制，为壮汉双语学校开展双语教学活动提供师资保障。

3. 加强壮语文课程开发，努力建设壮汉双语教材体系

根据壮汉双语教学原则和壮语的特点、标准语与方言的实际以及翻译的原则，开发高质量、适合广西壮汉双语教学模式需要的壮汉双语教材，满足壮汉双语学校师生教学用书，使自治区壮汉双语教材建设工作取得了新的进展。一是编译同步教学模式教材。以人民教育出版社、北京师范大学出版社、江苏教育出版社、语文出版社等 4 个版本的小学全国统编汉文教材为蓝本进行编译小学同步教学模式壮文教材，编写出版了与人民教育出版社等 4 种版本汉文教材相配套的《壮汉双语教学教师用书》《小学生壮文练习册》。二是编写二类模式壮汉双语教材《壮语文》预备班（学前）至六年级 14 种教材。三是编写教师参考书、学生练习册、课外读物等教辅读物 100 多种。据不完全统计，30 年来已经出版、发行壮汉双语教材和教辅读物 600 多万册。

同时，加强壮汉双语教材的审查力度。1999 年成立了广西壮族自治区中等师范学校和中小学少数民族文字教材审查委员会（2010 年 4 月 12 日更名为广西壮族自治区中小学少数民族文字教材审查委员会），专门负责壮汉双语教材的审查工作。1990 年至今，每年经广西壮族自治区中小学少数民族文字教材审查委员会审定的学前班、小学、初中壮汉双语教材有 30 多种。

4. 壮汉双语教学教研有成果有新意

教育行政部门和壮汉双语学校始终把科研活动放在十分重要的位置，将它作为提高教学质量的有效途径，通过科研活动引导壮汉双语学校走向规范化、理性化、科学化，指导教学实践，解决教学中存在的实际问题。多次组织壮汉双语学校师生参加诸如壮汉双语教学论文比赛、课件比赛、说课比赛、学生壮文作文比赛、讲标准壮语故事比赛、标准壮语才艺表演赛等各种层次、形式的教学竞赛和教学科研活动，以“赛”促“研”，用“研”带“教”，使壮汉双语教学向高层次发展。壮汉双语教研员、教学第一线教师积极承担教育部、自治区、市规划重点课题研究，已经出版了一些有较大影响的壮汉双语教学研究成果，例如《广西壮汉双语教育发展论》（广西民族出版社，著者：韦兰明）、《壮汉双语教学研究论集》（广西师范大学出版社，主编：黄永和）、《小学壮汉双语文教学法》（广西民族出版社，主编：慕朝京）、《一线教师谈壮汉双语教学》（广西民族出版社，主编：零兴宁）、《壮汉双语教育研究（第一、二辑）》（广西民族出版社，主编：韦兰明）。2015 年，自治区教育厅壮汉双语教育研究人员从事的课题研究“壮汉双语同步教学模式研究”获教育部国家级教学成果二等奖。这些科研成果内容丰富、资料翔实、见解新颖、指导性强，具有深刻的实践意义、独特的理念意义和较高的学术价值，对开展壮汉双语教学工作具有强的指导意义。

5. 充分发挥民族语文的教学功能，提高壮族农村地区基础教育教学质量

在自治区壮族聚居程度高并以壮语为主要交际语言的农村地区，幼儿园和中小学校利用母语优势开发壮族儿童智力，发挥民族语文教学功能，促进中小学教学质量的提高。多年的实践证明，通过开展壮汉双语教育，实施壮汉双语教学工作，壮汉双语学校的教育教学质量均明显高于当地同类学校，不但壮文学得好，汉文成绩提高很快，也促进了英语教学，深受当地干部群众的欢迎和支持，产生了良好的社会效益。一是建立了壮汉双语同步教学模式。1989 年，通过在武鸣、德保、覃塘等县（区）壮汉双语教学实验的多年实践，总结出“以壮为主、壮汉结合、以壮促汉、壮汉兼通”的办学经验。这一经验被确定为自治区壮文进校、开展壮汉双语教育的“十六字”办学方针，并在全区壮汉双语小学推行壮汉双语同步教学模式。二是实施壮汉双语二类模式实验。制定并印发了《壮汉双语教育二类模式实施办法》，从 2011 年秋季学期起，在 14 个县（区）15 所小学校，开展壮汉双语教育二类模式教学实验。目前，我区小学阶段有壮汉双语同步教学模式和壮汉双语二类模式（壮文必修课模式）两种壮汉双语教育模式。由于教学方法符合壮族学生的特点，充分发挥了民族语文的教学功能，教学质量提高很快。壮汉双语学校授完壮文、汉文课程以后，学生的壮文、汉语文水平达到了语文课程标准的要求，大多数学校整体教学质量略高于当地同类汉文学校的总体水平。

（二）壮汉双语教育经验

广西壮汉双语教育经风沥雨几十年，有成功的经验，也有波折和教训。成功的经验可以简单概括为以下几方面：

1. 科学认识壮汉双语教育是基础

广西是一个多民族、多语言的省区，各民族之间有着相互学习语言的传统。现在，壮族学习汉语，汉族学习壮语，已成为普遍现象，这为在壮族地区开展壮汉双语教学提供了有利条件。根据我国民族平等和语言平等政策，在我国多元一体文化的民族大家庭中，各民族都有使用和发展自己语言文字的自由。因此，在壮族地区进行壮汉双语教育是壮族行使本民族语言文字权利和受教育权利的具体体现，同时，也为壮族学生充分地学习和使用壮族语言文字和汉语文提供了保障。汉语是我国的通用语言，进行汉语教学是我国中小学的根本任务。根据语言的特殊性和汉语的强势地位以及壮族地区的实际情况，壮族地区要发展民族教育，要提高教学质量，进行壮汉双语教学是一条行之有效的途径。

壮族语言文字的使用和汉语相比还存在着功能上的差异。壮族语言文字还有使用层次不高、使用范围有限的局限性。壮族中的大部分人仍以壮语为主要的交际用语，还有一些人不懂汉语文或汉语文水平不高。就此而言，壮汉双语教学既可以弥补壮语文功能上的某些局限性，做到壮汉双语文的功能互补，又可以使壮族学生通过壮汉双语教学的途径更好地学习和掌握全国通用的汉语文。

2. 加强领导和管理是保证

多年来，进行壮汉双语教育的县（市、区）教育行政部门在当地党委、政府的领导下，真抓实干，认真解决在实际工作中出现的各种问题，使该项工作持续健康地向前发展。实践证明，只要教育部门重视，加强领导，壮汉双语教学工作就能搞上去。例如，德保、武鸣、武宣、覃塘等县（区）教育局认真做好领导工作，做到“四到位”，即领导到位、人员到位、师资到位、经费到位。这几个县（区）的壮汉双语教育一直走在自治区前列，双语学校教学质量也明显高于同类学校。

壮汉双语教育是一项系统工程，牵涉的问题比较多，要有综合保障措施，才能促进其发展。加强管理是确保壮汉双语教学质量提高的重要一环。壮汉双语学校的师资、学生、教学等方面的管理，都要有完整的管理体制，制定各种规章制度，做到有章可循，才能保证壮汉双语教学工作顺利开展。

3. 改革与发展是动力

开展壮汉双语教育工作，至今已经走过了数十年的历程。其间我们曾经获得了初步成功的喜悦，也尝到了急于求成的苦果，经历了科学探索的艰辛，积累了一些经验，取得的成绩可圈可点。壮汉双语教育稳步持续发展，成为壮民族教育不可分割的一部分。但是，社会在变革，经济在发展，观念在改变，教育也要随之发展变化。因此，要推动壮汉双语教育改革和发展，就要不断探索实践壮汉双语教育教学多种模式实验，形成模式不同、层次各异、符合壮族地区实际的、效果良好的多种教学模式的壮汉双语教育新局面。遵照民族双语教育规律及壮汉双语教育特点，积极探索创新壮汉双语教学模式，改进和完善壮汉语文同步教学模式，积极开展有利于提高壮族地区农村基础教育教学质量，培养更多民族人才的壮汉双语教育多种模式实验，建立符合壮族地区农村基础教育的壮汉双语教学模式。

4. 建立和健全壮汉双语师资队伍是关键

教师是人才培养的实施者，是教育活动的组织者，在教育中起着主导作用。搞好壮汉双语教学，就必须造就一支高素质的合格的壮汉双语教师队伍。从事壮汉双语教学工作的教师，在业务知识方面，不但要精通汉语言文字，还要精通壮语文，做到壮汉兼通，才能胜任壮汉双语教学工作。壮汉双语教学不同于单一汉文教学，其教学方法有其自己的特点，因此，建立一支合格的壮汉双语师资队伍是壮汉双语教学工作取得成功的基础。教师的健康持续成长是教育力量的源泉，壮汉双语学校要注重校内培训和校外学习相结合，促进教师主动发展，为高素质的壮汉双语师资队伍建设创建良好平台。

5. 加大经费投入是保障

自治区设立民族双语教育专项经费，支持全区开展壮汉双语教育工作，专项经费主要用于语音电教设备、师资培养培训、教研科研、课程建设及教材开发和出版等方面，并根据自治区壮汉双语教育发展情况，逐步加大经费投入，保障自治区积极稳妥地推进壮汉双语教育改革和发展，优先支持壮汉双语学校优质教学资源建设，为学校开展壮汉双语教学提供良好的办学条件。

四、壮汉双语教育存在的问题

壮汉双语教育在发展过程中并非一帆风顺，也存在一些不足，主要有以下几个方面：

（一）双语教师来源单一，教师补充困难

随着教育发展和教育结构的调整，自治区原负责培养壮汉双语师资的南宁、桂林、百色、巴马等四所民族中等师范学校先后并入有关高等师范院校，停止了壮文课程的教学。国家实行自主择业政策后，广西壮文学校壮文专业生源严重不足，被迫停止招生，改为以培训壮文师资为主。2014 年起，在广西师范学院实施小学壮汉双语教师定向培养计划，每年定向为壮汉双语小学所在的乡镇培养专科层次小学教育（壮汉双语方向）专业教师 100 名。即使如此，相对于全区壮汉双语学校教师需求量来说仍是“杯水车薪”。每年有 100 名毕业生到壮汉双语学校任教，还抵不上每年退休的教师数量。目前的壮汉双语师资都不能满足现有的壮汉双语教育规模，更谈不上扩大或发展了。

（二）教材建设面临新问题，品种质量有待提高

一是印刷费上涨过快，壮汉双语教材出版经费不足；二是不同教学模式需要不同教材，使用教材的版本多；三是缺乏编译人员，目前自治区教育部门只有 3 名工作人员负责全区的壮文版教材编译编写工作，任务重，压力大；四是电子教材、教师培训教材、课外读物、练习册、教参、学生字典等辅助教材十分缺乏。

（三）认识不到位，壮汉双语教育工作缺乏良好的社会环境

目前，小学、初中基础教育不计壮文成绩；大、中院校壮文专业招生不多；学壮文只限于开展素质

教育和弘扬民族文化的宣传；壮文在升学、招考录、职称评定等项无用；在社会公共资源，如报刊、广播、影视等领域应用较少，导致社会上产生“壮文无用论”的看法。持有这种观点和态度的人为数不少，认为壮汉双语教学工作是对教师和学生的一种教学负担，对推行使用壮文和壮汉双语教育工作造成一定的难度。

（四）壮汉双语教育管理机制不够完善

自治区教育厅有专门的管理人员指导管理全区壮汉双语教育工作，但目前自治区市一级除来宾市外仍然没有设立相应的负责壮汉双语教育工作管理的部门或人员，市级管理断层。另外，县一级虽然设有壮文教研员，但有部分壮文教研员是民族中学的教师兼职。民族中学的教师都有教学任务，课时任务重，对壮汉双语教育工作的管理和指导力度不够。

五、对策建议

随着经济社会的发展和教育改革的深入，壮汉双语教育也必须进行改革。要科学地认识壮汉双语教育工作，遵循教育规律，积极探索有助于促进壮族地区教育发展水平和教学质量的新模式。为了积极稳妥推进壮汉双语教育科学发展，要抓住关键环节，把握内在规律，切实加强壮汉双语教学工作的针对性和实效性。我们认为要抓好以下几方面工作：

（一）加强“双语”师资队伍建设

针对实施双语文教学的学校师资不足的实际，建议教育部门组织专题调研，检查各地贯彻落实《关于进一步落实〈国务院办公厅转发中央编办、教育部、财政部关于制定中小学教职工编制标准意见的通知〉有关问题的通知》（中央编办发〔2009〕6号）情况，督促各地“从满足教育教学基本需要出发，对开设双语教学课程的班级，按照从严从紧的原则适当增加编制，配足教师”。同时强化对双语专业教师的培养和培训工作，提升双语教师的学历层次，提高双语教师的业务技能。

（二）加强教材编译队伍建设

加大教材编译审查的经费投入，同时指导地方完善教师培训教材、校本教材、乡土教材、音像电子教材、学生课外读物等壮汉双语辅助教材的编写、编译及审查工作，提高教材质量。

（三）加快双语学校普及信息技术教育的步伐，逐步实现信息技术教育与双语教学课程的整合，提高对优质教育资源的共享能力

采取多种形式努力培养培训信息技术教育教师，组织力量开发适应双语教学的软件，通过信息技术教育的普及，提高教育教学质量。

（四）加强壮汉双语教育科学研究

开展壮汉双语教育工作，必须尊重科学，遵循教育规律，必须有科学理论指导和科研成果支撑，将壮汉双语教育科学研究课题纳入国家、自治区民族科学研究和教育科学研究规划，对课题申报予以优先立项，投入研究经费予以支持。鼓励高等院校、科研院所和壮汉双语学校及教师开展壮汉双语教育教学研究。

（五）加强宣传壮汉双语教育工作

充分调动广大教师和学生关心、支持、参与双语教育的积极性。发挥广播、电视、网络、报刊等媒体的作用，大力宣传党和国家的教育方针和民族语文政策，广泛宣传开展壮汉双语教育工作的重要意义、政策措施和实践成果，积极宣传在壮汉双语教学工作中涌现出的典型事例和典型人物，努力营造良好的社会氛围，使全社会对壮汉双语教育工作有更科学的认识，更加关心和支持壮汉双语教育工作。

【参考文献】

[1] 广西壮族自治区少数民族语言文字工作委员会 . 广西民族语文工作法律法规政策参考 [Z]. 南宁：广西民族出版社，2011.

[2] 陈海伦，李连进 . 广西语言文字使用问题调查与研究 [C]. 南宁：广西教育出版社，2005.

[3] 广西壮族自治区教育厅 . 广西教育年鉴 2012[Z]. 桂林：广西师范大学出版社，2013.

[4] 广西壮族自治区民族事务委员会，广西壮族自治区档案局 . 广西民族工作档案选编（内部资料）[Z]. 南宁：广西壮族自治区档案局，1998.

广西干部壮汉双语学习培训及使用情况调查与研究

莫柳桂 ①

一、前言

（一）“干部”定义的界定

“干部”一词在本文中指的是国家机关、军队、人民团体中的公职人员（士兵、勤杂人员除外）。因资料有限，文中对军队中公职人员（士兵、勤杂人员除外）的壮汉双语学习培训情况提及的并不多，重点主要放在国家机关、人民团体中的公职人员的壮汉双语学习培训情况上。

（二）“双语”定义的界定

本文的“双语”特指国家通用语言文字（普通话和规范汉字）和壮语言文字。

二、新中国成立后至2012年前广西干部壮汉双语学习培训情况回顾

关于新中国成立前广西的主要交际用语，清末民初曾有过“官平壮白”的说法[1]，即官话（西南官话）、平话、壮话、白话（粤语）为广西当时主要的交际用语。《广西民政视察报告汇编》（1932年）是一部关于新中国成立前广西民政厅派往各地的视察员的见闻录，其中的《广西各种语言百分比较图》更是以直观的形式介绍了广西各种语言的使用状况，具体为：有62.6%的县使用白话，54.89%的县使用官话，5.06%的县使用客家话，19.15%的县使用平话，25.9%的县使用壮语，22.95%的县使用瑶语，8.15%的县使用苗语，2.22%的县使用侗语。当然，见闻式的视察报告不是语言调查报告，其记录下来的广西语言使用状况也并不一定精准，但我们从中还是基本能够推断出新中国成立前广西境内主要的交际用语，即官话、白话、壮语、平话等语言。这些语言直至今天也都还在广西不同地区发挥着各自的作用。

（一）新中国成立后至“文化大革命”结束广西干部壮汉双语学习培训情况

1. 国家通用语言文字学习培训情况

（1）工作机构

这一阶段广西推广普通话工作主要是由广西省（1958年3月更名为广西壮族自治区）推广普通话工作委员会开展。该机构成立于1956年9月，是省直属机关有关部门联合议事办事的一个临时组织机构，挂靠省教育厅。1958年后，推广普通话工作委员会的活动基本停止，推广普通话的工作由教育厅普通教育处负责。

---

① 莫柳桂，女，瑶族，任职于广西壮族自治区少数民族语言文字工作委员会民族语文应用处。

（2）政策支撑

新中国成立以前，广西和全国一样，推行过“国语”，但主要是在广播、放映电影、歌唱、话剧演出活动、一些会议和一部分学校教学中进行，社会上和大部分学校、机构、企业等使用普通话的不多[2]。普通话在广西渐渐成为强势语言而拥有通用语的身份，是在新中国成立后[3]。

20 世纪五六十年代是广西推广普通话的起步阶段。普通话在广西的普及和深入，其速度之快、规模之大、程度之深，堪称广西语言学史的奇异之举[4]。广西推广普通话取得的成就，离不开政策的支撑。

1955 年 10 月 15 日至 23 日，教育部和中国文字改革委员会联合召开“全国文字改革会议”，确定以北京语音为标准音、以北京话为基础方言的普通话为标准话，并提出采取“重点推行，逐步普及”的推广方针。会议之后，全国各地，从学校到社会都掀起了推广普通话的热潮，广西同样如此。五六十年代，广西推广普通话的重点是大规模、大范围地对中小学教师进行培训，但因教师并不属于文中定义的干部，在这就不进行详细介绍了。

1956 年 8 月 17 日《广西省人民委员会关于推广普通话的指示》（[56]会文字第 18 号）印发。这份文件，一是明确了广西分“少数民族地区”和“汉族地区”进行普通话推广，即在汉族地区要大力推广普通话；在少数民族地区，则是在汉族人民中大力推广普通话，少数民族学校中的汉语教学以汉语普通话为标准。二是对各机关业余学校的语文教学语言、参训学员毕业后的普通话能力提出了要求，并要求党政机关、公检法、医疗体育卫生系统、社会团体、部队等公职人员在三年内学会说普通话。此外，为培养推广普通话的干部，文件还要求省教育厅和各市、县的教育科（局）应普遍地举办普通话短期培训班，当地机关、团体、部队、厂矿、手工业合作社等单位都应派适当的干部参加学习。

广西省教育厅也于 1958 年 3 月 7 日印发了《关于举办汉语拼音字母讲习班的通知》（[58]教师初字第 0112 号），“讲习班抽调学员 300 人，汉族地区每市、县选送政治、业务条件较好的教研室干部 1 人……少数民族地区可根据需要派出，但至少派出教研室干部 1 人”，讲习的目的是为了培养派出单位推广普通话的骨干。

到 1959 年 5—6 月，广西教育厅在学校中开展“推广普通话运动月”活动。运动月最初主要在学校中开展，后逐渐扩大到各机关、团体的干部、工作人员及广大市民。1960 年 7 月，中共广西壮族自治区委员会印发《关于大力推广注音识字和普通话的指示》后，自治区直属机关掀起了学习普通话、推行汉语拼音方案的热潮。

60 年代中期到 70 年代中期，普通话推广工作一度停顿下来，机构撤销，没有专职干部。直到 1974 年全国推广普通话座谈会精神传达后，学校推普才重新开始[5]。

可以说，新中国成立后至“文化大革命”前，广西尽管也在各级国家机关开展了相应的推广普通话活动，但推广普通话的主要阵地还是在学校。

（3）国家通用语言文字学习途径

①学校教育。广西一直以来都使用汉语课本进行教学，直到 1958 年才开始在壮族聚居地区的小学设置预备班和增设壮语文课。但相关数据表明，截至 1966 年，广西小学开预备班（学生先学壮文一年，再转入学汉语课本）或增设壮语文课的县只有 14 个，其他均使用汉语课本进行教学。从基础教育到高等教育，一系列的教学都使用汉语课本，确保了广西的干部能够熟练掌握汉语文。

②集中培训。集中培训是由政府主导的一种学习方式。50年代，这一类培训开展得比较多，如《广西省人民委员会关于推广普通话的指示》（［56］会文字第18号）印发后，省推广普通话工作委员会在省直属机关就举办了普通话学习班，并在省一级机关开展普通话学习活动。此后，许多机关团体和企事业单位也办了普通话学习班[6]。省广播电台也与省推广普通话工作委员会合作，举办普通话讲座。这一阶段的培训主要是为了培训派出单位的普通话推广骨干。

③听广播学习。广西省的广播收音网于1950年9月成立。截至1953年8月，全省共有专区收音站4个，县站74个，市站1个，区站3个，共82个站。各方言区的广播站日常播音节目中都有用普通话播音的节目。较为丰富的普通话广播节目为干部学习普通话创造了良好的条件和氛围。

2. 壮语言文字学习培训情况

（1）工作机构

桂西壮族自治区（州）壮族文字研究指导委员会成立于1954年7月23日，主要工作是调查壮语以及创造和推行使用壮文。1956年3月，桂西壮族自治区改为桂西壮族自治州，桂西壮族自治区壮族文字研究指导委员会也随之改为桂西壮族自治州壮族文字研究指导委员会。1957年撤销。

广西省壮文工作委员会于1957年3月在原桂西壮族自治州壮族文字研究指导委员会基础上成立。1958年撤销。

广西壮族自治区少数民族语言文字工作委员会于1958年3月在原广西省壮文工作委员会基础上成立，“文化大革命”期间被撤销。

（2）壮文的创制、推广壮文的政策支撑及取得的成效

1952年4月至1953年8月，中国科学院语言研究所壮语工作组与广西省民族事务委员会在广西民族学院举办了1期55人的壮族语文培训班。这次培训主要是为大范围调查壮语培养骨干，同时边培训边进行壮语调查。1954年中科院又派出工作组，会同当时的桂西壮族自治区及有关部门对壮语进行普查，1955年底制订出了《壮文方案》草案。1956年《壮文方案》草案在壮语南北方言区6个县26个农民夜校中进行试验教学。1957年11月29日国务院第六十九次全体会议上正式批准《壮文方案》，并在壮族地区推行使用壮文。至此，壮族人民有了统一、合法的文字。

1958年1月20日，广西省人民委员会印发《关于组织机关干部学习壮文的通知》，要求各级机关积极动员干部（首先是壮族干部）学习壮文，各地机关、单位也纷纷开办壮文学习班，干部进入了全省壮族人民学习壮文的大军当中[7]。据统计，截至1958年春，桂西壮文学校（1958年3月改名为广西壮文学校）已举办了3期壮文学习班，培训机关干部近3000人；百色、宜山两专区壮文学校也培养了机关干部730人；各县壮文学校培训两批农村基层推行师资和干部约29000多名[8]。之后，壮文骨干的培训工作继续进行，并取得不错的成效。据统计，1959年至1960年上半年，全广西培训壮文推行干部（含不脱产）及教师（含群师）共136984人。

1960年底，自治区语委被合并，成为自治区教育厅下属的一个处。广西壮文学校继续开展工作，主要培训壮文小学教师、民歌手等。1961年至1962年间，地、县的语委、壮校相继被撤销。1963年3月，自治区党委批准了自治区民委党组关于恢复自治区少数民族语言文字工作委员会的报告，十几个县也恢复了壮校。1964年12月9日，自治区民语委转发自治区党委批转自治区民委党组《关于在壮族人民群众中进行壮文扫盲工作的意见的报告》中提及，要培训壮文群师和壮文专干。1966年5月，“文化大革命”开始，直到1970年底，整个少数民族语言文字工作部门都被撤销，壮文队伍全部解散，壮文推行工作被

迫中断。

（二）“文化大革命”结束至2012年前广西干部壮汉双语学习培训情况

1. 国家通用语言文字学习培训情况

（1）工作机构

广西壮族自治区文字改革领导小组于1978年2月16日成立，是自治区革命委员会有关部门联合议事办事的临时组织机构，挂靠自治区教育厅。1982年后，活动减少，推普工作主要由教育厅开展。

（2）政策支撑

20世纪八九十年代，广西的推普工作主要在教育系统开展，并印发了一系列文件。广西推广普通话工作进行近40年来，普通话已成为县以上党政部门、企事业单位和人民团体以及一部分圩镇居民最通用最基本的交际用语[9]。

进入新世纪，广西加大对干部普通话的培训力度。2001年6月21日广西人事厅、教育厅、语委印发了《关于在全区国家公务员中开展普通话培训的通知》（桂人发〔2001〕60号），对全区各级行政机关国家公务员及政府系统依照公务员管理的各单位人员的普通话进行了规定，要求在2003年前，1956年1月1日以后出生的公务员普通话达到三级甲等以上水平（1955年12月31日以前出生的公务员不作达标硬性要求，但要努力提高普通话水平）。此外，通知还对培训方法、培训教材、测试组织等进行了规定。

2002年2月6日，自治区语委发出《关于印发〈广西壮族自治区国家公务员普通话水平测试管理办法（试行）的通知〉》（桂语〔2002〕1号），对地市语委办的工作、普通话水平测试工作承办单位、试题印制与保管、测试与复听等进行了规定。

2002年4月3日，自治区人事厅办公室印发《关于区直机关国家公务员普通话培训有关问题的通知》，对举办培训班的类型、学时、测试范围、收费等事项进行了规定。

2006年5月26日广西壮族自治区第十届人民代表大会常务委员会第二十次会议通过《广西壮族自治区实施（中华人民共和国国家通用语言文字法）办法》（十届第82号）。办法对国家机关的公务用语用字、国家机关工作人员执行公务时的用语、公务员普通话水平要求、公务员普通话测试等进行了规定。

（3）国家通用语言文字学习途径及效果

1998年，在国家语委的部署和安排下，广西区语委组织实施了全区语言文字使用情况调查工作。调查工作于2000年底基本完成，数据整理研究工作于2003年底基本完成。从调查的结果来看，广西党群领导、教师、企事业领导、公务员、学生、技术人员、办事人员普遍具备普通话能力，比例高达90%以上。此外，数据还显示具备普通话能力者掌握普通话能力的最主要途径是在学校学习，其次是从广播电视及社会交往中习得。

此外，广西各级干部学习普通话的途径还有一条，即集中培训。2001年《关于在全区国家公务员中开展普通话培训的通知》（桂人发〔2001〕60号）印发，文件对干部普通话培训的学时、教材、达标有了明确的规定。随后，2001年10月和11月，人事厅举办了两期公务员普通话水平测试师资培训班。2001年12月1日，教育厅机关工作人员参加普通话测试，成绩合格；新闻出版局、质量技术监督局、供销合作联社、妇联参加普通话测试，合格率达到96.3%。据统计，广西从1998年开展普通话测试工作。到2008年底，全区公务员普通话测试人数就已经达到3.9万人。

2. 壮语言文字学习培训情况

（1）工作机构

这阶段主要是由 1988 年 10 月 17 日成立的广西壮族自治区壮文指导委员会和 1980 年 6 月 25 日恢复并开展相关工作的广西壮族自治区少数民族语言文字工作委员会指导、开展相关工作。广西壮族自治区壮文指导委员会是由自治区及有关部门的领导干部组成，不设办事机构，具体工作由有关部门承办。1989 年召开过两次会议，并印发了会议纪要。

（2）政策支撑及学习培训成效

1980 年 6 月 25 日，广西壮族自治区党委印发《关于恢复自治区少数民族语言文字工作委员会的通知》，壮文恢复推行使用。20 世纪 80 年代，壮文扫盲坚持“积极稳步”的方针和“搞好重点，逐步铺开”的做法，主要在农村的少、青、中年人中进行。1981 年春，在武鸣、德保两个县搞壮文扫盲重点，1983 年扩大到马山等 22 个县，1984 年又扩大到壮族聚居人口 3 万以上的 53 个县（市）、自治县。

干部从 1982 年起重新开始学习壮文，其中自治区民语委从当年起在自治区直属机关办班起[10]。据不完全统计，1980—1987 年，区、县壮校分别培训县、乡、村干部，中、小学领导、教师和应届大、中专毕业生 6968 人，其中县领导干部 152 人，乡干部 366 人，村干部 570 人，中小学领导、教师 2195 人，应届大专毕业生 531 人，应届中专毕业生 2373 人。区直机关和各县、乡组织机关干部壮文学习班 73 个，已有 2375 名干部初步掌握了壮文。其中，自治区语委在自治区直属机关办了 5 次培训班，自治区人大办了一次为期 3 个月的培训班。因经费紧张，1988 年训干工作停止，只于 1988 年 7 月 1 日在广西艺术学院音乐楼举办了 1 期壮语文夜读班，有领导干部、副教授、讲师、工程师、技术员和职工及社会青年等共 100 人参加。

此外，自治区人民政府批转区教卫办、区民委、区语委、区教育局、区人事局《关于我区大专、中专毕业生中的壮族学生学习壮文的请示》（桂政发〔1983〕101 号）文件规定，每年壮族大、中专的应届毕业生分配到工作岗位后，集中到区、县壮文学校学习壮文三个月。其中，壮族应届大专毕业生及分配到区直单位、南宁、柳州两市直机关及南宁、柳州、河池、百色等四个地区地直机关的壮族应届中专毕业生，集中到广西壮文学校学习。分配到各县、市、自治县的壮族应届中专毕业生集中到各县、市、自治县壮文学校学习。1983—1986 年，广西每年的大、中专壮族应届毕业生分配定位后，都会先分到区、县壮校学习壮文三个月，共计 3599 人。1987 年起，因经费不足，停止培训。这一份文件也在 2010 年广西壮族自治区人民政府《关于印发自治区人民政府规范性文件清理结果的通知》（桂政发〔2010〕33 号）文件中被明确废止。

1992 年广西壮族自治区人民政府印发了《关于加强民族语言文字工作的通知》（桂政发〔1992〕81 号），文件中明确规定：“为适应改革开放的需要，在壮族聚居地区要教育和鼓励各民族的干部互相学习语言文字。汉族干部应学习当地少数民族语言文字，少数民族要学习全国通用的普通话和汉文。凡能够熟练地使用两种以上当地通用的语言文字者，应予以鼓励。”这份文件虽然在《关于印发自治区人民政府规范性文件清理结果的通知》（桂政发〔2010〕33 号）文中明确继续有效，但 1992 年以后以政府层面基本没有举办干部壮语文学习培训的活动，只有 2010 年 6 月，广西壮族自治区少数民族语言文字工作委员会举办了为期 2 个月的全区民语系统干部壮语文基础知识培训班，共有学员 30 人参加。

三、广西干部壮汉双语学习使用现状分析

（一）广西干部国家通用语言文字学习使用现状

我们先来看一下广西基础教育（包括幼儿教育、小学教育、普通中学教育的初中和高中）和高等教育的教学用语和教材。据广西教育厅民教处统计数据，截至 2014 年底，开展壮汉双语教育实验的县（区）有 35 个，壮汉双语小学 112 所，壮汉双语初中 27 所，壮汉双语高中 3 所。这些数量较之全区中小学的总数量，占比实在低得可怜。可以说，在广西，除少数小学、初中、高中设有壮文课，其余均使用国家通用语言文字进行教学。高等教育则全部使用国家通用语言文字进行教学。

我们再来看一下 2014 年 4 月自治区语委、教育厅下发的《关于做好普通高校全体在校大学生参加普通话水平测试工作的通知》（桂语〔2014〕8 号），通知要求师范类院校从 2014 级新生起实施全体在校大学生参加普通话水平测试工作，其他院校从 2015 年新生起实施全体在校大学生参加普通话水平测试工作。

此外，我们不妨看一下 2012—2017 年广西壮族自治区公务员报考人员的学历要求，具体见下表：

2012—2017 年广西壮族自治区公务员报考人员学历要求

考试年份	报考人员学历要求
2012	具有大专以上文化程度。经自治区公务员主管部门批准，艰苦边远地区和少数民族乡的部分职位，可放宽到高中、中专学历。高中、中专及大专学历和非普通高校毕业生的报考人员，其生源地或常住户口必须为广西。
2013	具有大专以上文化程度。经自治区公务员主管部门批准，少数民族自治县、民族乡与扶贫开发重点县的部分职位，可放宽到高中、中专学历。高中、中专及大专学历和非普通高校毕业生的报考人员，其生源地或常住户口必须为广西。
2014	具有大专以上文化程度。经自治区公务员主管部门批准，少数民族自治县、民族乡与扶贫开发重点县的部分职位，可放宽到高中、中专学历。高中、中专及大专学历和非普通高校毕业生的报考者，其生源地或常住户口必须为广西。
2015	具有大专以上文化程度。经自治区公务员主管部门批准，国家和自治区扶贫开发重点县、执行艰苦边远地区津贴政策县和少数民族自治县、民族乡（以下简称“少数民族艰苦边远地区”）的部分职位，可放宽到高中、中专学历。建制村（社区）党组织书记、村委会（居委会）主任，报考定向招录村（社区）“两委”成员职位的，放宽到高中、中专学历。高中、中专及大专学历和非普通高校毕业生的报考人员，其生源地或常住户口必须为广西。非普通高等学历教育的其他国民教育形式（如自学考试、成人教育、网络教育、夜大、电大等）毕业生须在 2015 年 3 月 17 日前取得相应的学历、学位证书。限定学历层次的职位，报考人员应当以所获得的最高学历报考，其中社会在职人员应以已经获得的最高学历进行报考，应届高校毕业生应以即将获得的最高学历进行报考。

（续上表）

2016	具有大专以上文化程度。国家和自治区扶贫开发重点县、执行艰苦边远地区津贴政策县和少数民族自治县、民族乡（以下简称“艰苦边远地区”）的部分职位，可放宽到高中、中专学历。报考定向村（社区）“两委”成员招录职位的人员中，属建制村（社区）党组织书记、村委会（居委会）主任的，学历放宽到高中、中专。高中、中专及大专学历和非普通高校毕业生的报考人员，其生源地或常住户口必须为广西。非普通高等学历教育的其他国民教育形式（包括自学考试、成人教育、网络教育等）毕业生须在 2016 年 3 月 21 日前取得相应的学历、学位证书。限定学历层次的职位，报考人员应当以所获得的最高学历报考，其中社会在职人员应以已经获得的最高学历进行报考，应届高校毕业生应以即将获得的最高学历进行报考。
2017	具有大专以上文化程度。国家和自治区扶贫开发重点县、执行艰苦边远地区津贴政策县和少数民族自治县、民族乡（以下简称“艰苦边远地区”）的乡镇的部分职位，可放宽到高中、中专学历。报考定向村（社区）“两委”成员招录职位的人员中，属建制村（社区）党组织书记、村委会（居委会）主任的，学历放宽到高中、中专。高中、中专及大专学历和非普通高校毕业生的报考人员，其生源地或户籍必须为广西。非普通高等学历教育的其他国民教育形式（包括自学考试、成人教育、网络教育等）毕业生须在 2017 年 3 月 16 日前取得相应的学历、学位证书。限定学历层次的职位，报考人员应当以所获得的最高学历报考，其中社会在职人员应以已经获得的最高学历进行报考，应届高校毕业生应以即将获得的最高学历进行报考。

（相关信息源自广西壮族自治区 2012—2017 年度考试录用公务员公告）

从上表我们可以看出，广西招录公务员学历要求一般为大专以上，特殊情况如国家和自治区扶贫开发重点县、执行艰苦边远地区津贴政策县和少数民族自治县、民族乡的部分职位，属建制村（社区）党组织书记、村委会（居委会）主任可放宽至高中、中专。2011 年之后，报考广西公务员的具有大中专、高中学历的考生其生源地或户籍必须为广西。

学校教育和入职要求，都确保了广西即将入职的干部具备熟练掌握国家通用语言文字的能力。而至 2008 年底，广西完成国家一类和二类城市的语言文字工作评估任务。2014 年 5 月，广西 79 个县（市、区）国家三类城市语言文字工作评估任务全部完成，标志着广西的国家一、二、三类城市的公务员和教师基本完成了国家、自治区语言文字法律法规的学习和培训工作，普通话测试成绩达到了《广西壮族自治区贯彻〈国家中长期语言文字事业改革和发展规划纲要（2012—2020 年）〉实施意见》要求的等级。《教育部、国家语委关于开展城市语言文字工作评估的通知》（教语用〔2001〕3 号）明确规定，开展城市语言文字工作评估工作的一类城市指直辖市、省会、自治区首府、计划单列市等的城区部分；二类城市指地级市城区、地区行署所在地城区、一类城市所辖地级郊区（县）政府所在城镇；三类城市指县级市城区、县和一类二类城市所辖县级郊区（县）政府所在城镇。

综上所述，我们可以得出一个结论：目前，广西的干部基本都具备熟练掌握国家通用语言文字的能力。

（二）广西干部壮语文学习使用现状

据广西壮族自治区少数民族语言文字工作委员会调查的相关数据表明：目前，壮文在行政司法、文化教育、新闻出版、广播影视、网络媒体等领域仍未得到广泛的支持和应用；广西壮语文的学习、使用、发展还没有与学生升学、公务员招考录（聘）用、事业单位职称评定、干部任用提拔等联系起来；民族语言文字应用环境仍未能改善。总的来说，目前全广西学习、使用壮语的氛围不浓，能够熟练掌握并使用壮文书写的人更是少之又少。

但是，广西111个县（市、区）中还有71个县（市、区）的壮族在使用壮语，特别是在广大农村地区，大部分壮族群众在日常生活中经常使用壮语，与壮族杂居的汉、瑶、侗、仫佬等民族部分群众在日常交流中也使用壮语。

近些年，政府层面对干部少有开展壮语文学习活动，但少数民族聚居区的国家机关工作人员在执行公务时，还是会根据需要同时使用当地的少数民族语言或方言，特别是在少数民族聚居区的乡（镇）党政机关，下乡开展扶贫、宣传政策等工作时一般使用的都是当地壮话；部分少数民族聚居区的县区法院、检察院、派出所、司法所等，也会根据实际情况使用壮语审理案件，开展法制宣传教育和信访工作，调解纠纷。笔者曾在壮族占人口总数99.7%的靖西工作过两年。在靖西农村，当地人互相沟通交流时使用的都是当地壮话，在县城，当地人也是使用壮话进行沟通交流，只有对外交流时，才会使用普通话。靖西年轻人的普通话能力基本没问题，但是长期生活在农村少与外人沟通交流的中老年人的普通话能力就非常弱了。

笔者因工作之故，曾对广西少数民族聚居地区进行过小范围的干部壮汉双语学习使用情况调研。从掌握的数据看，乡镇干部学习当地壮话的途径是自学或家庭影响；学习壮文的途径则没有。乡镇干部下乡开展工作时一般使用的是当地壮话；若是不会说当地壮话的干部，则必须由一名熟当地壮话的同事一起前往。壮文在基层少有使用，仍然有一定数量的基层干部没有掌握当地壮话。

可以说，广西基层干部的语言能力与群众需求仍存在差距，壮语在司法、科普、扶贫等方面所提供的民族语言服务还是不能满足壮族群众的需要。使用壮语的壮族群众，需要通过通俗易懂的母语了解党和国家的方针政策，学习科技知识。

（三）两种不同结果的原因分析

广西干部一般都能够熟练掌握并使用国家通用语言文字，非工作地或汉族基层干部却难以掌握当地壮话。对于大部分干部都没有掌握壮文的情况，本人认为主要有以下几个方面的原因。

1. 政策的连续性和稳定性对语言工作的开展具有十分重要的现实意义

广西的推广普通话工作，除在“文化大革命”期间停止外，其余时期均在稳步推进当中，而且牢牢抓住学校这个主阵地。据普通话普及情况调查项目组2010年的统计，广西能够使用普通话交流的人已经达到80.75%。这一切与推普工作政策的连续性和稳定性有着非常密切的关系。而壮文推广自90年代起便开始进入低潮，这与政策的变化有关，也与大环境发生变化有关。

2. 壮语文学习途径的匮乏

基层干部主要是通过自学或家庭影响的方式掌握当地壮话，基本没有参加过壮语文的集中培训。此外，规范、健全的壮语文学习培训制度尚未建立，壮语文师资力量不足，壮语文学习教材缺乏，广播电视栏目、微信平台资源匮乏的情况，都导致基层干部很难通过正规培训，甚至是自学快速有效地学习掌握当地壮话。

3. 缺乏学习使用壮语文奖励激励机制

壮文在基层行政、司法、文化教育等领域实用性不强，基层干部群众学习壮文的积极性也不高，与缺乏学习使用壮语文奖励激励机制不无关系。

三、对下一步如何开展广西干部壮汉双语学习培训工作的一些思考

党和国家一直以来都非常重视少数民族地区干部的双语学习工作。毛主席在20世纪50年代就提出“在少数民族地区工作的汉族干部必须学会当地民族的语言，少数民族干部也应当学习汉语”，要求在民族地区工作的各级党政领导干部带头学习并学好当地通用的语言。2014年9月下旬召开的中央民族工作会议就明确强调要着力加强民族地区干部，特别是基层干部的当地通用民族语言学习，使基层党员干部真正与群众打成一片，心息相通，巩固党的群众基础和执政基础。习近平总书记在此次中央民族工作会议上指出：“语言相通是人与人相通的重要环节。语言不通就难以沟通，不沟通就难以达成理解，就难以形成认同。在一些有关民族地区推行双语教育，既要求少数民族学习国家通用语言，也要鼓励在民族地区生活的汉族群众学习少数民族语言。少数民族学好国家通用语言，对就业、接受现代科学文化知识、融入社会都有利。在民族地区当干部，少数民族干部要会讲汉语，汉族干部也要争取会讲少数民族语言，这要作为一个要求来提。不然，这个干部是当不好的，话都听不懂怎么做工作？”

诚然，少数民族地区干部特别是基层干部掌握双语对更好地贯彻落实党和国家的各项方针政策，更好地深入群众，为群众服务，维护稳定，完成各项工作具有重要意义。少数民族地区基层干部的双语能力可以说是开展基层工作必备的一项基本技能。县乡一级的干部只有掌握了双语，才能与群众直接沟通，增进感情，进一步密切干群党群关系，促进民族团结，使社会和谐稳定。

结合广西目前的实际，笔者认为下一步广西干部的壮汉双语学习培训工作可以从以下几个方面开展：

（一）制订符合广西实际的干部壮汉双语培训计划

这是广西干部双语学习培训工作的顶层设计，有助于更好地指导各地各部门开展干部双语培训工作。根据中央的精神，再结合广西实际，为使干部的壮汉双语培训工作更具针对性，更有操作性，可以将重点界定在少数民族聚居地区的县乡一级的党政机关、社会团体、事业单位。又因目前拼音壮文在广西社会使用不多，干部群众学习态度不积极，可以将培训重点放在壮语上，将拼音壮文作为学习壮语的辅助工具。又因壮语标准音（1981年颁布的《壮文方案》［修订案］中明确以壮语武鸣音为标准音）通解度不够高，掌握的群众不多，可以将干部壮语学习的重点放在学习当地壮话上。

（二）拓宽壮语文学习途径

壮语文的学习途径可以以集中学习和网络学习为主，结对帮学、自学为辅。1983—1986年，广西壮族大专、中专毕业生分配到岗后都会先到区壮校、县壮校集中学习壮文3个月。现在也完全可以参照当时的做法，对当年招录的基层公务员先集中培训1到3个月的壮语文，让本就会说壮语的壮族干部更好地掌握、了解自己的母语，也让不会说壮话的干部初步了解壮语的语音、词汇、语法知识，以便在之后的各类壮语培训和自学中更好更快地掌握当地壮话。此外，现在是信息化、网络化的时代，壮语文的学习培训工作也可以利用网络这个平台，建设壮汉双语文学习网络平台和手机终端，开展远程网络壮汉双语培训。

（三）建立公平合理的测试制度

公平合理的测试制度，有助于提高干部学习双语的效率，使干部更好更快地掌握壮汉双语。鉴于教育部对普通话水平的等级标准和测试办法都有了统一的规定，广西实施《国家通用语言文字法》办法也明确规定了公务员须达到的普通话水平等级，因此可以将建立测试制度的重点放在研制壮语能力测试上。

（四）建立完善的奖励激励机制

加强对双语或多语兼通干部的培养使用工作；对报考特定职位的人员，应当增加壮语文能力测试；对表现优秀、实绩突出的双语干部予以奖励等等。

【参考文献】

[1] 陈海伦，李连进 . 广西语言文字使用问题调查与研究（上卷）[C]. 南宁：广西教育出版社，2005：4.
[2][5][6][9] 广西壮族自治区地方志编纂委员会 . 广西通志•汉语方言志 [M]. 南宁：广西人民出版社，1998：844，856.
[3][4] 余瑾 . 广西推广普通话的理论与实践研究 [C]. 上海：上海教育出版社，2008：3，4.
[7][8][10] 广西壮族自治区地方志编纂委员会 . 广西通志•少数民族语言志 [M]. 南宁：广西人民出版社，1998：777，785.

中等民族师范学校壮汉双语文教学的回顾与展望

覃祥周　覃　波　覃柯翔①

中等民族师范学校的培养目标是为少数民族地区培养合格的小学师资。根据党的民族政策，在中等民族师范学校开设壮语文课，实行壮汉双语教学，是贯彻落实党的民族政策、实现民族平等、发展少数民族教育事业的重要内容之一，是从实际出发提高教学质量，培养壮汉双语合格师资的一项重要举措。1983年6月，广西壮族自治区人民政府决定，在广西区内的南宁、桂林、百色、巴马四所中等民族师范学校开设壮文课。这些年来，中等民族师范学校以实际行动认真贯彻落实党的教育方针和党的民族政策，严格按照自治区人民政府的要求，切实抓好壮语文课的壮语语音、语法、阅读、写作等基础知识的教学和基本技能的训练，使学生掌握丰富的壮语文基础知识，具有较高水平的壮语文教学方法，为民族地区培养出了能胜任"壮汉双语"教学的合格师资。

一、中等民族师范学校壮汉双语文教学的指导思想和原则

中等民族师范学校开展壮汉双语教学的指导思想是非常明确的。其指导思想是：以邓小平理论、"三个代表"重要思想和科学发展观为指导，认真贯彻落实《中华人民共和国宪法》和《中华人民共和国民族区域自治法》，以壮语文教学和汉语文教学为突破口，以提高壮族教育教学质量、培养"壮汉兼通"的小学师资为目的，促进中等民族师范学校教育双语教学协调发展，为发展民族地区的教育事业作出贡献。根据这一指导思想，中等民族师范学校壮汉双语教学有着一系列必须严格遵守的原则。

（一）壮汉双语教学遵循"长期性、定位高、计划性"的原则

中等民族师范学校必须把壮文课当作长期固定的主课来设置，统一纳入学校的教学计划。教育部在《全日制民族中小学汉语文教学大纲》中明确指出："在使用本民族语言和文字进行教学的中小学中，学生首先应当学好本民族的语文。有条件的也应学好汉语文。民族中小学的汉语文教学，对少数民族的学生来说是第二语言的教学。"根据这一精神，结合广西的具体情况，中等民族师范学校开设的壮文课应该同汉语文一样，都要统一作为长期固定的主课来设置，统一纳入学校的教学计划，统一调配教师，统一安排备课授课时间，统一安排教研、教具费用等。

（二）壮汉双语教学遵循"壮族学生必修、其他民族学生自愿"的原则

广西壮族自治区内的南宁、桂林、百色、巴马等四所民族师范学校以壮族学生为主体，兼有其他多

① 覃祥周，男，壮族，广西《三月三》杂志社总编辑、译审；覃波，男，壮族，河池市巴马民族师范学校高级讲师；覃柯翔，男，壮族，河池市巴马民族师范学校教师。

个少数民族的学生。这种环境为民族语言文化的交流提供了有利条件，也为不同民族的学生在语言学习中互教互学、共同进步、增进友谊提供了有利条件。学校因势利导，兼收并蓄，要求壮族学生必修壮文，其他民族学生愿意参加学习的也欢迎，并另外组成班级，按班级授课。壮语文课的课程安排步骤，按照壮语语音课、壮语文选课、壮语语法课、壮语写作课、壮文实习课的次序进行。

（三）壮汉双语教学遵循“强化教学、严格考核”的原则

壮语文课是中等民族师范学校在校壮族学生必修课的主课之一。学校必须加强该学科的教学工作，壮语文要进行平时测验、期中考、期末考、毕业考试等，壮文课的成绩当作壮族学生成绩考核的依据，即其成绩要作为评三好学生、升留级、结业、毕业考试等的依据之一。

二、壮语文课课程内容的设置、课时安排和教材编写

（一）壮语文课课程的设置

中等民族师范学校开设壮语文课，实行壮汉双语教学，其课程的设置和教材编写，主要是围绕培养既能掌握壮语文的基础知识，又会壮语文教学方法的小学壮文教师这一目标来确定。其主要课程包括壮语语音基础知识、壮语文选阅读、壮语语法基础知识、小学壮文写作、翻译基础知识、小学壮语文教案编写方法及教学实习总结提纲等几个方面。

（二）壮语文课的课时安排

通过壮文课程的学习，使壮族学生达到较流畅的壮语标准语口语水平，具有较强的壮语文阅读、写作、翻译能力和从事小学壮文教学的基本知识技能。中等民族师范学校从三年级起开设壮文课，总的课时不能少于 200—300 个课时，每周安排 3—5 个课时。对壮、汉文的课时安排，一定要统筹兼顾，各得其所。

（三）壮语文课教材的编写

根据课程内容，按照综合性、系统性和实用性的原则，认真编写好课本教材，编写好教学大纲，这是比较关键的一个环节。为了满足广西区内民族师范学校壮语文教学的需要，自治区少数民族语言文字工作委员会组织了一个壮语教材编写组，专门负责编写民族师范学校的壮语文教材，教材的基本内容是壮语语音、语法、词义、写作指导和壮语与其他语种（主要是汉语）的对译。这些教材的内容分为三册来编写：第一册是《壮语语音》，主要介绍壮语语音的一些基础知识，同时穿插一些壮语文选课文；第二册是《语法》，主要内容是介绍壮语的基本语法知识，鉴于民族师范学校的课时安排较紧，壮语词义不单独成册，只在这一册中一并简述；第三册是《翻译与写作》，主要是介绍壮译汉、汉译壮和壮文写作的一些基础知识。编写这套教材，目的是为了让学习过这套教材的民族师范学校学生在毕业之后除了胜任汉语文教学之外，也能胜任壮语文教学。

根据一般的教学经验，语文知识的教学，尤其是语音、语法和词义的教学，必须有一定分量的文学课教学作基础，才能在教学中收到应有的效果。中等民族师范学校的学生在入学以前大都没有学过壮文，更没有接触过书面壮语文学。中等民族师范学校所要开设的壮语文课程，势必从文字教学开始，在学生

掌握文字的基本读写规则的基础上，才能进行语言知识的教学和语种的对比教学。这些内容都必须在中师阶段完成。在这样的特殊情况下，编写组就选择适当的文学作品编进这套教材中，为这门课程中的各个教学环节提供有一定代表性的书面壮语环境。所选的文学作品同语言学课穿插编排，后者所用例证和作业练习一般均从前者采摘。因此，中师壮文教材中所选用的文学作品，并不打乱语言学课的系统性，两者的前后衔接是紧密的。这样的编写方法，是根据壮文当时的历史情况来安排的。教师在教学过程中可以根据具体情况灵活安排教学步骤和施教内容。

1983年初，自治区语委、民委和教育厅召开联席会议，具体研究中等民族师范学校壮文课的教材问题，由区语委牵头，邀请四所民族师范学校的部分教师和区壮文学校以及一部分县壮文学校的教师，编写了一套中师壮语文教材。编写组以广西民族出版社出版的《壮文干部课本》一书为基础，加深了其中的语音、语法、写作翻译基础等几个方面的内容，并分为3册同时着手进行编写。为了满足多种形式办学的需要，编写组根据实际情况，将中师教材中的壮语知识的分量稍为加重，以满足中师以上各类学校的教学需要，同时又在编排上作了一些调整，把一些有代表性的文选同壮语基础知识穿插编排在同一个本子中。之所以这样编排，是考虑到各种形式的壮语文学习班教学对象，一般都有不同程度的汉文基础，但他们都没有学习过壮文，要有一段壮文识字教学过程。如果使用扫盲课本，显然不符合实际，但又不可能先学完壮语基础知识之后再回过头来学习壮文，因此只能采取文字教学与壮语语文教学同时并进的方式。编进这一套中师教材中的文选，首先是让教学人员便于进行识字教学，让教学对象初步熟悉或掌握一定数量的书面壮语常用词，为壮语基础知识教学提供感性认识，加深对壮语的理性认识。这样，在《语音》教材中，既有壮文识字教学的内容，又有壮语语言学的内容，从而扩大了使用这套教材进行壮语文教学的范围。

这套教材分为语音、语法和写作翻三册，均在1989年之前出版发行。它不但可以作为中等民族师范学校的壮语文教科书，而且还可以作为各类中等以上学校壮语文课的教科书。

1992年以后，壮文进校工作由自治区教育厅全面负责，中师壮文教材的编写工作由教育厅壮文推行办公室组织，编写的体例与上述大同小异，只是增加了课文阅读量。

三、中等民族师范学校壮汉双语文教学的做法

1983年秋季起，广西壮族自治区内的南宁、桂林、百色、巴马等四所民族师范学校按自治区人民政府的要求开设了壮文课。当时，不但壮族学生积极参加学习壮文，而且也有不少其他民族的学生参加学习。据统计，4所民族师范学校每年参加学习壮文的人数超过1000。

现以巴马民族师范学校为例，对中师壮文教学进行全面的调查和研究，从中可以发现壮汉双语教学在中等民族师范学校的实践是成功的。巴马民族师范学校有壮、瑶、苗、水、彝、布依、仫佬、侗、毛南、满、仡佬等12个民族。该校开设壮文课后，瑶、苗、仫佬、毛南、水等兄弟民族学生也参加学习。仅1983年至1988年，全校参加学习壮文的师生达1028人，出现了多个民族学生喜学壮文的新局面。他们的主要做法是：

1. 学校领导班子亲自抓壮汉双语教学

巴马民族师范学校校一级的领导5人，其中，4位是壮族。他们都是从事民族教育工作多年的老干部，对壮族没有文字这一痛苦有很深的体会。开设壮文课后，领导把壮文教学列入学校重要议事日程，并由校长具体负责，加强对壮文教学的领导。在教学上，学校领导采取了很多措施，实行统一安排，统一调

配教师，组织壮文教研组，加强壮文教学研究工作，不断改进教学方法，同时还组织壮文教师到广西壮文学校、南宁民族师范学校等去听课，学习外地经验，取别人之长，补自己之短，考试时严格要求，严格把关。82级有两个壮族学生毕业考试壮文不及格，学校坚决不给他们发毕业证，直到第二年回校补考，壮文成绩及格后，学校才发给毕业证。同时，校长罗伏龙和副校长卢善矩等还带头学习壮文。许多非壮文专业的教师为之感动，后来也有22名教师学习壮文。其中，汉语文组的黄必庄、黄若萍两位老师都是靠自学壮文而脱盲的。该校汉语文高级讲师覃波先生对壮文的学习十分重视，投入精力进行壮文写作与壮汉双语对比的研究，参加自治区内壮文征文比赛和壮汉研究论文比赛均获得奖项，还多次被邀请到北京、新疆等地出席全国性或国际性的民族语文学术研讨会并在会上宣读论文，引起了很大的反响。这些都使该校的壮文学习风气更加浓厚。

2. 采取多种形式，进行广泛宣传，激发学生学习壮文的积极性

为了使学生们深刻地认识到推行和使用壮文的意义和作用，他们采用多种形式进行宣传，既在课堂和各种会议口头宣传，又利用广播、录像、墙报、山歌等各种宣传工具进行宣传。1987年，在区语委的帮助下，每个学校都复录了区语委拍摄的《壮文花开遍壮乡》录像片，在校内连续播放，四校前后播放40多场，引起了很大的轰动。同时，有的学校还得到广西人民广播电台壮语部的帮助，录制了《人民跟党努力干》《壮家齐赞共产党》《没有文化真是苦》等9首壮语歌曲，经常在校内播放，吸引了许许多多的学生强烈要求学壮文。宣传工具的威力大，强有力地推动了各校的壮文工作。

3. 壮文老师先学习学生家乡方言的一些基本词汇的读音

他们一致认为，要教好壮文课，使学生学好壮文，一定要首先解决壮语语音的教学问题。学生是来自自治区内各县的12个兄弟民族，带来几十种方言语音。虽然该壮文老师大部分是本地区的少数民族，对本地区的少数民族语言有一定的了解，但不尽全面。要摸清学生的语音特点，教好他们，就必须先向学生学习，辨别他们的发音方法，并掌握一些常用的方言词。因此，壮文老师要当先生，首先要当好学生，边学边教，不断总结提高。现在各校壮文教师当中，不少人已掌握了壮语方言和瑶、毛南等当地其他少数民族的常用语。为了便于教学，他们将各县各民族语的一些声韵母的发音加以归类，并对之进行初步分析。

4. 因人施教，对症下药，针对不同民族的学生采用不同的教学方法

对壮族学生，老师就从方言着手，用方言与标准语进行比较教学，使学生从中自己去领会和掌握要领。对苗、瑶、毛南、仫佬等民族的学生，老师一边学习他们的语言，一边教他们学习壮语语音，找出他们的语言中读音与壮语相近的词汇来进行发音举例，例如：毛南语的ngw（你），其声母与壮语的ng就相同，通过比较，学生就一目了然了。同时，他们对每个学生存在的问题，都提出了比较具体的解决办法，并注意培养学生树立正确的民族语言观念。

5. 制作《壮语语音讲座》等教学录像片

让学生（特别是非壮族学生）能够反复地看到教师发音时的部位和方法，自己有机会反复跟着训练，利用电子设备进行壮语教学，大大地提升了学生们学习壮文的积极性。

6. 编写乡土教材

为了让各民族学生更快地掌握壮语标准语，各教研组的教师根据自己多年的工作实践和学习体会，结合各少数民族语言的特点，编写了一些乡土教材，作为壮文课的补充教材印发给学生们学习。学生们认为，这些教材通俗易懂，是壮文爱好者的良师益友。

7. 加强语言实践

在学生们学会壮语标准语的一些简单的对话后，壮文教师要求他们经常训练。巴马民族师范学校壮文教研组作了初步调查。巴马城郊巴发村的壮语基本上接近标准语，有很多词汇的声、韵、调类、调值等都基本上与标准语相同。所以，每逢星期日，他们就组织非壮族的学生到那里去与群众会话，使课内教学与课外教学相结合，收到很好的效果。

8. 加强语法课教学

教师特别注重讲解壮语语法、汉语语法与英语语法的一些异同点，调动学生们学习壮文的积极性。壮文使用拉丁字母，学生们在初中阶段学过英语，接触过这些字母，对壮文的书写并不陌生，壮文教师就利用书写、语音、语法的一些相似点进行课堂穿插教学，使学生们很感兴趣，活跃了课堂气氛，提高了教学质量。巴马民族师范学校的教师还根据该校的情况，在学生们学到一定的壮文知识后，利用壮语的一些优势进行英语教学，深受学生们的欢迎，提高壮英双语教学质量。为此，他们还根据自己的教学体会，写出了题为《壮语英语结合，实行优势互补教学——中师双语教学尝试之一》的论文，在国家民委和教育部组织召开的“民族语文国际学术研讨会”上宣读，引起国家民委和教育部及一些外国有关专家学者的关注。有关试验的做法和经验，另有专文介绍。

9. 开展各种比赛活动，巩固提升学习效果

学生们掌握了壮文之后，迫切要求搞一些比赛，以便检验他们的学习情况。各校根据学生们的愿望，先后开展了壮文书法、板报、壮语对话、默写、朗诵、翻译、作文比赛、读报和壮语故事会、壮语歌曲等各种比赛。这些比赛活动促使学生的壮文学习向深度和广度发展。

10. 组织学生到武鸣等地去参观，有机会让他们亲眼看到推行壮文的大好形势，从而坚定信心，更加努力地把壮文学好，并自觉为推行和使用壮文而努力奋斗

经过多年的教学实践，学生们不仅掌握了汉语文，也掌握了壮语文，经严格考试，98% 以上的学生达到了壮汉双语合格的要求，学生的综合素质明显提高，深受社会的欢迎。巴马民族师范学校 1987 年毕业考时，教研组交叉出题，全校共有 204 个学生参加考试，全部及格，85 分以上的有 164 人，其中非壮族学生有 58 人。83 级 2 班瑶族学生樊新克在学习壮文以前不懂一句壮语，经过一年多的努力，很快就掌握了壮文，平时可以随便用壮语标准语进行会话。她在学校举办的“壮语故事会”比赛中获得了一等奖，受到师生们的好评。83 级 3 班仫佬族学生覃庆花学习壮文很用功，每次考试均在 90 分以上。在搞好学习的同时，她还积极给《广西民族报》投稿，一年内就发表了 5 篇文章。82 级 2 班韦汉国（笔名瑶飞）是一个地地道道的瑶族人，爱壮文胜过其他科目，每次考试均在 90 分以上。他经常给《广西民族报》和《三月三》（壮文版）投稿，至毕业时共发表 11 篇文章。毛南族学生谭江涛学会壮文后，能流利地讲壮语标准语，负责学校广播室壮语广播工作，深受师生欢迎。1987 年 5 月，中央民族学院壮文大专函授举行入学考试，从该校毕业分配在都安县都阳小学（现归大化县）任教的黄桂姣参加了考试，壮文得了 78 分。在中等民族师范学校开设壮文课，学生的学业负担虽然比其他中师学校的学生重，但学习成绩并没有因多开设一门语言学科而下降，相反，提高了他们进行壮语与汉语对比的辨别能力，更利于从事小学的教育教学工作。从民族师范学校毕业出去的学生，能教壮文，也能教汉文，达到了“双合格”的要求，深受社会的欢迎。分配在巴马瑶族自治县盘阳小学的韦靖贤是巴马民族师范学校 86 届 1 班的学生，既教壮文，又教汉文，后来成为该校的教学骨干。这些年来，中等民族师范学校的毕业生因为掌握“双语”或“三语”，所以就业率很高。

通过开展壮汉双语教学，中师生的实际能力提高了，特别是写作水平的提高非常明显。学生们学会壮文以后，经常利用壮文来进行写作和搜集整理壮族民间文学。巴马民族师范学校的卢学问、韦振健、陆桂青等，百色民族师范学校的韦奇、黄海文、陆永华等，南宁民族师范学校的苏俊华等经常在《广西民族报》和《三月三》（壮文版）发表壮文作品。据不完全统计，4 所民族师范学校的学生们先后在《广西民族报》和《三月三》（壮文版）发表了 250 多篇文章。同时，他们还翻译了 600 多首民歌民谣并发表在区内外的报刊上。其中，巴马民族师范学校卢学问在《三月三》杂志上发表的散文《颂云》（1991 年第 6 期）和小说《岩洞里的幽怨》（1993 年第 2 期），百色民族师范学校的韦奇在《三月三》杂志上发表的小说《零件》（1990 年第 5 期）和《桥》（1991 年第 5 期）曾引起了较大的影响。卢学问的散文《颂云》还被壮族作家李从式翻译成汉文，刊登在中国作家协会主办的国家级文学刊物《民族文学》上；巴马民族师范学校韦礼岩写的壮文作品《猴子学医》、巴马民族师范学校韦俊农写的壮文作品《Goj Mbungqmbwt》刊登在《广西民族报》后，还被选入中央民族大学的壮文教材《汉壮双向翻译技法》一书（民族出版社，1996 年）。学生们壮文水平的提高，同样也促进了他们汉文写作水平的提高。这些年来，四所民师的学生先后在《民族文学》《民间文学》《广西日报》《广西文学》《三月三》《广西民族报》《南宁晚报》《河池日报》《右江日报》《中师报》等报刊上发表了许多汉文作品。巴马民族师范学校毕业的学生潘莹宇、黄坚等发表了大量的汉文作品，后来还加入了广西作家协会，成为广西的签约作家，在广西的文坛上颇有影响。

以上事实说明，民族师范学校在多民族学生中开设壮文课的做法是正确的，是成功的。据不完全统计，到 1998 年，巴马民师前后参加学习壮文的师生有 3000 多人。

为什么壮族以外的其他民族学生也热心学习壮文，而且能在同等条件下取得好成绩？在探讨这些问题的时候，各校教研组召集各民族学生代表开会，得出以下几点看法。

（1）壮文是一种科学的、先进的拼音文字，笔画简单、明确、均匀、美观，便于阅读和书写。对壮族学生而言，壮语与壮文音义一致，书面表达与口头的语法结构一致，易学、易懂、易记、易用，只要学会声母、韵母和声调的读法，学会拼音和书写的方法，就能够初步掌握壮文了。

（2）党的民族语文政策深入人心。推行壮文是提高壮族人民科学文化水平的有效措施，广大师生热烈支持，坚持拥护。民族师范学校学生将来的去向都是少数民族地区，80% 是壮族地区。他们深知，不学好壮语和壮文，在壮族地区就很难把教学工作搞好。

（3）各校壮文教师的高度事业心和责任感，迎难而上的开拓精神，实干苦干的工作作风，以及不断进行教学改革和提高业务水平，是决定性的因素。同时，也离不开上级的关怀和学校各部门的积极配合与支持。

四、新形势下的中等民族师范学校壮汉双语文教学构想

百年大计，教育为本。教育是民族振兴之道，教育是国家的发展之源。进入 21 世纪以来，时代的挑战越来越严峻，人才的竞争越来越激烈，人们在重视教育发展的同时，更多的是注重教育的创新。传统的教育思维方式已跟不上时代的步伐，旧体制下的教育模式已经不能适应时代的要求。壮族是广西自治区的主体民族，中等民族师范学校的壮汉双语教学是广西教育事业的重要组成部分，是主体民族语言文字教学的一个重要窗口。在新形势下，如何紧跟时代的步伐，适应时代的要求，这是对中等民族师范学校开展壮汉双语教学的严峻考验。

在中国—东盟博览会会址永久落户广西的今天，进一步认识中等民族师范学校开展壮汉双语教学的

价值，并充分开发利用，为壮族地区的中小学教育服务，成了当前广西中等民族师范学校的一个非常迫切的重要任务。那么，如何继续开展这项工作，笔者从《新疆维吾尔自治区少数民族双语教学调研报告》（新疆教育科学研究所 2005 年 5 月）和《青海省双语教学工作情况汇报》（青海省教育厅 2006 年 6 月 30 日）等材料的经验介绍中得到一些启发，我们可以借鉴新疆、青海、西藏、吉林等双语教育工作做得比较好的省区的做法，并结合广西自己的实际，有效地开展我区中师的壮汉双语教学工作。这里就有关问题试作一些探讨。

（一）要进一步加强对中等民族师范学校壮汉双语教学的领导，不断加大宣传力度，从根本上解决思想认识问题

中等民族师范学校壮汉双语教学是一项系统工程，牵涉到全社会的方方面面，需要各方面通力协作，密切配合，大家应以高度的政治责任感共同抓好这项工作。新疆维吾尔自治区高度重视双语教学工作，自治区党委、自治区人民政府在《决定》中明确指出："各级党委、政府要把双语教学工作作为一项重要的政治任务列入议事日程，结合本地实际制定双语教学规划，建立目标责任制。自治区及地（州、市）、县（市）都要成立由分管领导和教育、计划、财政、人事等部门负责同志组成的双语教学工作领导小组，办公室设在教育行政部门，负责组织协调有关双语教学方面的工作，及时研究解决存在的困难和问题。"① 同样，广西也可以仿照这一做法，加强对中师壮汉双语教学工作的领导。1983 年 6 月 18 日，广西壮族自治区人民政府办公厅批转区语委、区民委、区教育局《关于在民族师范开设壮文课的报告》（桂政办函［1983］237 号）中明确指出："在民族师范开设壮文课，涉及的问题较多，工作量大，要求高，力量不足，没有经验等。因此，要求各学校都要把这个工作列入重要议事日程，加强领导，配备好教师，制定好教学计划，积极开展教研活动……为民族教育培养出能胜任'双语教学'的合格师资。"后来，广西壮族自治区人民政府又于 1983 年 7 月 2 日以桂政发〔1983〕99 号文件下发有关地（市）、县，文中明确指出："在壮族地区推行使用壮文，是壮族人民政治生活中的一件大事，是贯彻党的民族政策的具体体现，各级人民政府和教育行政部门必须满腔热情地加强领导，以保证壮文推行工作顺利开展。"可见，政府对该项工作是非常重视的。在新的形势下，我们可以学习新疆的经验，不仅中等民族师范学校要把这个壮汉双语教学工作列入重要议事日程，更重要的是，自治区的有关部门要把中师壮汉双语教学工作作为一项重要的政治任务列入议事日程，要结合广西的实际情况，制定出切实可行的中师壮汉双语教学规划，建立健全目标责任制。自治区和有关地（市）要成立中师双语教学工作领导小组，由分管领导和教育、计划、财政、人事等部门的负责同志共同组成，具体负责组织协调有关中师壮汉双语教学方面的工作，及时研究解决存在的困难和问题。同时，自治区应成立"广西中师壮汉双语教学工作研究中心"，把管理、教学和科研结为一体，制定有关工作规程，有计划有步骤地开展广西中等民族师范学校壮汉双语教学理论研究和管理工作，使这一工作的管理逐步走向科学化和规范化。

中师壮汉双语教学的工作功在当代，利在千秋。绝大多数教职工和学生是理解和支持的，并以积极的态度投身到这项工作上来。但不可否认，目前仍然有部分人（特别是一些学生家长）对这一项工作不理解，不支持，常常抱着怀疑、观望甚至抵触的态度。各级党委和政府要从讲政治的高度来对待此项工作，

① 新疆教育科学研究所：《新疆维吾尔自治区少数民族双语教学调研报告》（内部资料），2006 年。

要以科学发展观的态度认真贯彻自治区党委和自治区人民政府的有关指示精神，特别是要认真领会和贯彻桂政办函［1983］237号和桂政发［1983］99号的精神，大张旗鼓地向全社会和人民群众宣传壮文进学校和中等民族师范学校开展壮汉双语教学的意义、目的和作用，使大家统一思想认识，尤其是要从我们的教育行政部门和学校领导干部队伍及教职工队伍上着手做好宣传教育工作，不断加强对中等民族师范学校壮汉双语教学的领导，使教职员工明确自己的工作目标，振奋精神，敢于迎难而上，不断克服前进道路上所遇到的各种困难，开拓创新，以办好人民满意的教育的高度责任感投入到推进中师壮汉双语教学的工作中去，扎扎实实地做好中师壮汉双语教学工作中的每一项具体环节的工作，以实际行动为少数民族地区培养出壮汉双语合格的师资，为发展广西的民族教育事业作出自己的贡献。

（二）切实加强中师壮汉双语师资的培养和培训工作

建设一支具有较高素质、结构合理、科学配套、相对稳定的中师双语队伍，是搞好中师壮汉双语教学的关键。目前，中师壮汉双语教学的师资不足，综合素质不高，不少人教学水平和学历都还比较低。同时，中师的壮汉双语教学仅作为一门语文课开设，其他科目如数学、政治、物理、化学、地理、音乐等课程都没有涉及壮汉双语教学（只使用汉语文单语教学），这样，就没有形成结构合理、科学配套的授课体制，这在新形势下是很不适应的。也就是说，这样做就大大地局限了壮语母语的优势，使单纯的壮语文不能适应新形势的发展。中师生毕业后到民族地区的小学工作，不仅要教语文课，还要教数学、政治、常识、音乐等课程，同样需要双语教学。特别是有壮文进校试验任务的中小学校，其教科书都是壮汉文两个版本。那么，在中师阶段，就必须对学生们进行其他科目的双语（双文）的培训，否则，毕业后到民族地区的中小学去工作就困难重重，束手无策。因此，多渠道、多层次地培养双语师资就显得非常重要。如何解决好这一问题，还应做好更加细致的工作。一是对中等民族师范学校的教职工进行壮文全员培训，使他们有机会学会壮文，特别是壮族教师一定要学好标准壮语和壮文，以便在上课时把双语教学渗透到相关的科目上去，使学生掌握利用双语教学的技能。二是有关高等院校必须重视壮汉双语师资的培训，为壮族地区提供合格的壮汉双语师资，并且为双语教师的深造创造条件。如中央民族大学、广西民族大学等高等院校应继续招收壮汉双语教育本科、硕士、博士生，鼓励民族师范学生毕业以后报考有关专业，为壮族地区提供壮汉双语教学的高级人才。同时，高等院校要鼓励教师和学生积极从事壮汉双语教学的研究，并且为他们提供帮助，使壮汉双语教学研究工作多出成果，快出人才。三是对现有师资（即已经参加工作的师范类毕业生）定期进行双语教学方法和教学理论的培训。此项工作也许有一定难度，但是很有必要。教育部门、民委、民语部门要上下协调一致，齐抓共管，形成合力，以地（市）、县（区）级培训为主，充分发挥好各级骨干教师的传帮带作用。由于中师毕业生基本上在乡村工作，所以加强县级培训尤为重要。可以考虑首先加强县级双语教师培训基地的建设，充分发挥自治区和地（市）骨干教师的作用，送教下乡，让更多的乡镇以下的教师受益。建设并利用好远程教育设施，真正做到国家和自治区教育资源共享。四是解放思想，进一步拓宽教师入口渠道，在严把入口质量关的同时，善于发现和大胆使用壮汉双语教学能力比较优秀的大中专毕业生，鼓励更多的优秀人才从事壮汉双语教学研究工作。五是加快中小学人事制度改革的步伐，在壮族聚居的乡村学校，也要积极引入竞争理念与机制，采取“能者上、平者让、庸者下”的做法，让教学业绩平平的人有压力，让不称职者腾出岗位，给有志于从事壮汉双语教育事业的中师毕业生有竞岗竞聘的机会和希望，使整个壮汉双语教学的教师队伍充满生机与活力。六是从实际出发，切实关心在边远乡村中小学从事壮汉双语教学工作的教师的生活和学习问题，不仅在生活待遇上给予实在的优惠政策，更要在培训和深造上为他们创造更多的机会，让这些教师获得成才的希望。

要从实际出发，因地制宜，分类指导，切实保证壮汉双语教师培训工作的顺利进行。目前，广西民族地区小学教师的短缺情况还相当严重，尤其是短缺具备壮汉双语教学能力的小学教师。因此，中等民族师范学校应考虑先从加强并提高壮文水平和汉语教学质量入手，认真贯彻落实“以壮为主，壮汉结合，以壮促汉，壮汉兼通”的十六字方针，积极稳妥地推进中师壮汉双语教学工作，不仅语文课采用“壮汉双语”，中师的其他科目也要尽量采用“壮汉双语”，为学生将来进行小学其他科目的教学工作打下坚实的基础。要下大力气抓好中师学生壮汉双语教育的考试和训练。中师生来自不同的乡村，对母语和汉语的掌握程度有较大差别。学校应根据实际情况，对不同地域的学生采取分类指导，学习和掌握壮语语音和汉语普通话语音的一些对应规律，研究壮汉互译的技巧，不断提高壮汉双语水平。

（三）与时俱进，在普通中师转型为幼儿师范之后要创造性地加强对幼师生的幼教语言教育教学方法的指导

以巴马民族师范学校为例。2001 年，该校转型为“中等幼师”，主要是培养适应桂西北少数民族地区幼儿教育的人才。这些幼师学生毕业后将面向农村幼儿园，从事对人生最有“奠基”意义的幼儿教育。他们必须具备的重要基本功之一就是双语教育技能。为了更有效地指导他们，笔者曾对桂西北农村幼儿园语言使用状况进行调研，然后总结出农村幼儿园语言使用的策略，并侧重从如下几个方面去启发和引导他们：

1. 利用有利因素，克服不利因素，优化语言环境

对有利因素的利用：第一，从文化程度上看，幼儿园多数教师具有中等以上文化程度，并且约有一半的教师是幼儿师范专业毕业的，可以成为优化语言环境的领头人。只要他们能作正面引导，幼儿园的语言环境完全可以逐步优化。因此，幼儿园的语言使用的优化必须从教师开始。教师在普通话的使用上应该成为保育员和幼儿的好榜样。在日常交际和教育教学中，教师应该带头使用普通话，并且要说好普通话，使幼儿在良好的语言影响之下逐步提高普通话语言能力。另外，幼儿园的多数保育员具有初中文化程度，这足以应对园内言语交际活动，在幼儿语言的引导方面能发挥仅次于教师的作用。幼儿在幼儿园生活中的大约三分之一强的时间要跟保育员接触，在接触过程中保育员同样要承担对幼儿进行语言教育的责任。因此，保育员语言素养和语言表达能力的提高，同样不可忽视。在语言的使用上，保育员也应向普通话水平高的老师看齐，力求规范。第二，从语言意识方面看，调查显示，幼儿园教师在小班、中班、大班的教育教学活动中都基本上使用普通话，说明他们具有较强的普通话意识，只要保持甚至强化这种意识，势必对幼儿产生良好影响，应该鼓励教师在这个方面继续发展。

克服不利因素：第一，校外语言环境对幼儿语言使用的影响，应当采用“语言通融”的策略。桂西北河池市农村有壮、汉、瑶、仫佬、毛南、苗、侗、水 8 个世居民族，是广西少数民族聚居密集的地区之一。这个区域的广大农村家庭惯用壮语方言。改革开放以来，虽然受汉文化的影响越来越明显，出现壮语、桂柳话和普通话并用的格局，但是，壮语方言的烙印依然较深。我们常常看到这样的事实：桂柳话、普通话要用，但是壮语也丢不掉，于是，学习和交际中采用“多语并用”的方法来应对。因此，普通话作为学习的目的语，自然会受到干扰和影响。幼儿在学校是听普通话、说普通话，回到家或在其他场合往往又进入方言环境，方言思维和普通话思维在碰撞，普通话思维在一定程度上受到削弱。这就涉及幼儿的校外语言使用的引导问题。针对这种状况，我们的策略绝不是禁止使用方言，而应该是有意识地引导

幼儿“多语通融”，促进其思维发展，使幼儿大脑的语言中枢更加发达，为其语言的终身发展奠基。第二，切实提高教职员工的普通话语言素养，给幼儿的普通语言学习提供“正能量”。这就需要对教职员工进行普通话语言教育。

2. 以强化幼儿园教师普通话培训为抓手，在园内营造浓厚的普通话语言氛围

浓厚的普通话语言氛围有利于增强幼儿的普通话语言意识，促进幼儿普通话语言能力的提高。普通话语言的表达，有其特殊的标准和要求，方言过于浓重的普通话表达，会对幼儿产生不良的影响，使他们留下太多的语言缺陷，上了小学、初中之后很难纠正。这是许许多多的例子可以证明的。早期让幼儿在学习本民族语言的同时，从口语学习的角度接触普通话，对他们的终身学习和发展都有重要意义。3 到 6 岁的幼儿是人的一生中学习语言最关键的时期，这个时期的语言开发千万不能被弱化或者耽误。所以，幼儿的普通话语言学习，必须从教师开始，重要的途径就是普通话学习和培训。只有不断地学习和培训，才会使教师的普通话意识得到增强，普通话水平得到提高，才会使教师有信心和勇气去引领幼儿园的语言建设，优化幼儿园语言环境，从而使幼儿园出现浓厚的普通话语言使用氛围。一所好的幼儿园，其重要的标志之一，就是普通话语言使用的范围较广、质量较高。反之，一所方言充斥、普通话水平很差的幼儿园，很难算得上好的幼儿园。原因非常简单：普通话承载着中华民族丰富而灿烂的文化，普通话的弱化和缺失，实际上是大文化的弱化和缺失。作为少数民族地区的幼儿园，应该把教师普通话培训作为一个重要项目来抓，并以此有力推动幼儿园语言建设。

3. 对幼儿园教师进行“双语”教育培训

根据民族语言平等的政策，各民族有使用和发展自己语言文字的自由。推广普通话符合国家宪法，使用少数民族语同样是合法的。同时，有研究表明，在双语或多语的环境里，如果正确对待不同语言，恰当地处理主体民族与少数民族语言之间的关系，就能够推动社会发展、经济腾飞，语言和谐发展，有利于构建和谐社会。少数民族地区幼儿园提倡学习和使用普通话，不但不应该限制使用少数民族语，还应该帮助幼儿学习本民族的语言。双语或多语的语言习得状态，实际上是“民——普（汉）”的习得状态，这是客观事实。如果人为地割裂“民”与“普”的关系，势必挫伤幼儿的语言思维发展。而幼儿的双语发展，必须由幼儿教师来承担主要的任务，就是由他们引导幼儿怎样既学会民族语又学好普通话，这两者在幼儿的思维发展中都是有利的，不应偏废其中任何一种语言。为了完成这项教育任务，幼儿园教师必须壮汉兼通，具有较强的壮汉双语对译能力，以便在幼儿的“双语言生活”中熟练地指导幼儿。少数民族语和普通话在语音、词汇、语法上各有不相同，同样的思维，在表达上会各有不同。因此，幼儿教师首先因该接受双语教育，就是要了解和掌握少数民族语和普通话的各自的特点和规律，并能熟练地使用，而且学会在适当的场合引导幼儿正确使用。

4. 对家长进行“幼儿家庭语言使用”的指导

少数民族往往抱着“宁丢祖宗田，不忘祖宗言”的观念。少数民族地区幼儿的父母（家长）对本民族的语言感情深厚，更希望子女会操壮语，传承“祖言”。尽管改革开放以来，少数民族有“汉化”的趋势，父母配合幼儿园教自己的孩子说普通话或汉语方言，但民族语言的烙印依然较深。他们很自然地也教孩子说壮话，这就是农村幼儿及其家长的“民—汉”双语现象。面对这种情况，最佳的语言使用策略是，由幼儿教师鼓励和支持家长教孩子学习两种语言，而不是强求他们在家里也必须使用普通话，应鼓励他们把壮语说好。会操壮话的幼儿，从壮话中吸取知识，开阔眼界，同样可以提高他们的素养和思维能力。同时，引导他们把壮话与普通话的含义进行对接，更会使他们的思维和智力得到发展，这对他们的发展是大有益处的。不会使用壮语的壮族，就失去了民族的特征，这种民族的异化，其实是民族的文化悲剧。我们教育者应该引导少数民族家长和幼儿“把民族文化之根”留住。

5. 突出“双语学习”的科学性，促使幼儿语言的发展

《幼儿园教育指导纲要》提到幼儿语言教育的五个目标，并且列出相应的教育建议。笔者认为这些教育建议既符合3到6岁幼儿的身心特点，又有较强的可操作性，都是比较科学的，只要运用得好，幼儿的语言定能很好地发展。无论是壮语还是普通话，幼儿的语言能力必须借助于“交流和运用”才能得以发展。所以，教师要把幼儿的语言交往环境变得自由、宽松，同时要让幼儿与成人以及同伴有更多的机会进行交流，激励成人和同伴作出积极反应，使他们想说、敢说、喜欢说。在阅读方面，教师要选择丰富、适宜的读物教他们会看图书、讲故事，使他们的语言变得丰富，表达能力得到提高，使他们的阅读兴趣日趋浓厚，阅读习惯早日养成。只有这样，才能培养幼儿良好的语感，促使其语言的发展。另外，要利用丰富多彩的活动融入各个领域的教育中，使幼儿的经验得到拓展，为幼儿的语言发展创造良好的条件。幼儿语言教育的特点是“生活化”，语言学习内容来自生活；“游戏化”，在玩耍中满足身心需要，发展语言；“活动性”，通过感官刺激来认识事物，发展语言；“潜在性”，在环境、材料、活动和教师的行为中受到潜移默化的影响去习得语言。语言教育必须紧扣这种特点来开展，才是科学的。

总之，幼师学生在校期间应该在上述方面去培养“双语意识”，认识幼儿园语言教育方略，并努力学好壮汉双语，这样才能真正胜任农村幼教工作，提高语言教育教学效率。

（四）加强中师壮汉双语教学教材建设，调整完善课程设置，为推进壮汉双语教学提供有力的保障

目前我区中师学校所使用的壮文教材有《语音》《语音与文选》《语法》《翻译与写作》等。这些教材是针对中师双语教学而编写的，除壮文课外，其他各门学科所使用的教材都是汉语教材。另外，中师学校的壮文教师由于教学水平差异，在实际教学中对于教材中出现的一些偏难、偏深的内容，往往采取不讲或少讲的办法。目前，实行新课程改革以来，具有壮文进校实验的中小学在使用理科教材上困难更多，用母语讲课存在不少困难，用汉语讲课困难更多。根据这一实际情况，自治区教育厅应考虑在中师开设其他学科（尤其是理科类）的壮文课教学，尽快研究和开发适合我区中师学校推进壮汉双语教学工作实际的各科壮文版的教材以及声像的媒体教材。可以考虑仍以人教版的各科教材为蓝本进行编译，减少或删去一些偏难偏深的内容，但在基础知识的学习和掌握上适当加强，教材中的专业术语以括号形式标注母语，便于教师和学生在教学、学习中使用，也可考虑采用在课本后附加专业术语对译表的形式来编写。使用这样的教材，方能为学生将来从事中小学其他学科的壮汉双语教学夯实基础。

在广西民族地区，县以下的小学大多进行民汉双语教学。随着壮汉双语教学的力度不断加大，如果其他学科的双语教学教材的问题得不到及时解决，就会严重影响到教学质量的问题。同时，双语教学各学科专用教材的编写也直接影响到教师专业学科培训的目标定位，必须予以高度重视。另外，本着统一性与特殊性相结合的原则，在修订教材、完善课程设置的过程中，要结合当地的实际情况与经济建设需要，在保证主修师范专业课程的前提下，适当增加一些实用性较强的语言选修课或劳动技能课，并且使二者紧密地结合在新的教材体系中。如开设泰语、越南语、老挝语选修课，壮语影视制作、壮语广播播音学习等，既能丰富学生的学习内容，又能提升技能，在国际化与市场化的新形势下提高他们的适应能力和竞争能力，以适应社会的需要。

（五）加强对中小学壮汉双语教学的研究工作，以实事求是的态度办好中师双语教学工作，努力探索有广西民族地区特色的壮汉双语教学的路子

目前，在中师学校推进壮汉双语教学工作中，有些学校缺乏理论指导，还存在着课程设置和课时安排无序、教材使用随意性大、教学质量难以监控及考试不规范等方面的问题。要解决这些问题，必须认真做好调研工作。目前，各个中师学校进行壮汉双语教学的文件依据仍是自治区桂政办函［1983］237号文件。随着形势的发展，这一文件在课程设置、授课方式、课时安排、学生参加考试等方面的规定和要求已不符合当前实际了。应根据我区实际，重新制订《中师壮汉双语教学课程设置方案》，这一点非常迫切。

广西中师壮汉双语教学工作尚处在摸索阶段，没有什么现成的成功经验可借鉴和参考，许多工作都具有开拓性和创新性。因此，在壮汉双语教学进行过程中，产生一些新的矛盾和问题是不可避免的。有些矛盾和问题是具有共性的，有些是具有特殊性的，如何解决这些矛盾和问题，使中师壮汉双语教学工作得以顺利推进，这是每一位教育工作者都应该深入细致地调查研究，探索科学合理的解决办法。要使这项事业在发展进程中少走弯路，具有可持续发展性，就必须以科学发展观的态度，认真学习和研究有关双语教学的理论，注意观察学习和研究国内外双语教学的动态，从中吸取有益的经验，善于把理论与本地实际结合起来，在不断的实践中逐步积累和丰富自己的经验，形成自己的双语教学特色。

当前，中师双语教学中，必须和中小学双语教学有机紧密地结合起来，进一步加强双语教学研究队伍建设，鼓励社会各界参与双语教学研究工作，广泛开展双语教学科学研究，积极推广和应用双语教学研究成果。各级教育行政部门都要切实按照这一精神重视抓好双语教学科研工作，建立有效的政策保障机制，要把双语教学工作“依靠科研上水平、依靠科研上质量”真正落实到行动中去。要把科研工作的重点放在双语教学上，每年都要召开中师双语教学专题理论研讨会或教学交流会，要研究双语教学工作发展中存在的问题，研究双语教学中的方式、方法问题，还要研究中师双语师资培训中的问题，研究目前中师双语教育与中小学双语教学的关系问题，研究如何充分发挥信息技术及远程教育在双语教学中的作用等，为发展双语教学不断提供科学的决策依据，确保双语教学工作健康发展。在双语教学研究上，特别要重视发挥高等院校的优势，逐步提高研究的深度和广度，如进行壮汉双语教学中的各项政策、规定和措施与国家宪法、法律法规之间的关系，语言和谐与社会和谐的关系，双语教学与农村经济社会发展的关系，进行双语教学与实施素质教育之间的关系，进行双语教学中如何传承和发展少数民族文化，双语课程设置与民族地区地方课程资源开发，推进双语课程与加强少数民族学生职业技术教育如何协调发展的问题等等。同时，相关教育部门应该创办《广西民汉双语教育》或《广西民族教育》杂志，各中师学校之间也应加强合作交流，创办工作通讯等内部交流的刊物，刊登有关双语教学的理论研究文章，交流壮汉双语教学经验和技巧，发表国内外双语教育的最新成果，切实做到加强双语教学工作有科学理论的指导，避免或减少盲目性。

（六）充分利用和发挥好远程教育的优势，运用现代科学技术进行双语教育教学工作

现在，每所中师学校都安装了远程教育模式系统。自治区电教馆和教科所都已开发了远程教育和网上课程资源。中师学校要重视壮汉双语教学技术管理人员的培训，充分利用好远程教育这一装备的优势，为民族地区双语教学服务。

（七）切实加强壮族地区中小学的双语教学改革，不断提高汉语教学质量

近年来，自治区教育厅组织编译了小学到初中各学科的壮文教材，并且组织了教材教法培训。特别是新课程改革实施以来，我区中小学壮汉双语教学也迅速进入了新阶段，每年全区都有许多双语教学第一线的教师参加各种形式的双语新课程培训。但从双语教学推进的形势看，目前我区一些中小学汉语教学不适应双语教学工作发展需要的情况日益明显，突出表现在一些教师整体素质不够高，双语教材内容仍显得单一陈旧，教学手段和教法单一等方面。如果我们在中师双语教学中不重视这方面的工作，将会对中小学的双语教学改革产生严重的不良影响，影响学生汉语实际运用能力的培养。

加强双语教材建设是提高我区民族地区中小学汉语教学质量的重要保证。近年来，我区中小学壮汉双语教师队伍整体素质和教学质量有了一定的提高，这得益于从小学至初中两套双语教材的开发建设。目前全区壮文进校试验的教学已呈现“一纲多本”、教法各异的情况，与各地区经济发展快慢、汉语普通话环境、城市与农村人口文化水平差异等方面实际情况相符合。自治区少数民族中小学大部分在农村，双语教师尤其是小学双语教师大部分也在农村。他们在不断摸索，在教学中利用母语教学生学习汉语，掌握汉语。只有农村中小学的汉语教学质量提高了，全区中小学汉语教学质量才可能得到真正的提高。因此，在汉语教材开发建设上，切实重视对农村中小学汉语教学情况的调研非常重要。根据教育部新制定的《汉语课程标准》，结合在农村加强学前双语教育和在民族地区中小学大力推进双语教学的实际，自治区教育厅要认真考虑组织力量编写从学前、小学、初中这方面的新一套壮汉双语教材，并把一些相关内容贯穿于中师的壮汉双语教学之中，使中师生在中师阶段对学前、小学、初中这方面的新一套壮汉双语教材得到一定的了解，为他们将来适应乡村中小学的教学起到相互衔接的作用，切实为提高农村中小学汉语教学质量服务。

（八）加大财政投入，为中等民族师范学校壮汉双语教学工作的顺利发展提供强有力的经费保障

自治区大力推进壮汉双语教学工作，必须要有强有力的经费支持作重要保障。中师壮汉双语教学工作能否顺利实施、全面推进，也必须以强有力的经费支持作为物质保障。因此，自治区应设立壮汉双语教师培训专项经费，各级政府及财政部门都要通过多渠道筹措资金，设立双语教学专项经费，加大对双语教师培训、教学资源开发、设备购置、教学研究等的投入，为实现双语教学规划目标提供经费保障。

这些年来，自治区教育厅从壮文事业经费中拿出一部分钱用于培训壮汉双语教师，但还远远不够，还要不断增加。同时，财政部门应该给予大力支持，不断改善壮汉双语教学的条件。当前，中师壮汉双语教学也处在起步攻坚阶段。它事关提高教育教学质量、培训合格人才的长远大计，也是我们中等民族师范学校教育教学工作的最终目的。我们必须从长远战略的角度来看待这个问题，务必重视解决好发展和提高质量的问题，下决心加大对壮汉双语教学的经费投入。特别要解决好当前壮汉双语教师的工资问题、社会保障问题，以使这些教师安心工作。更重要的是，要加强壮文专项经费的管理和使用，实行专款专用，提高经费的使用效益，使有限的资金发挥更大的作用，确保中等民族师范学校壮汉双语教学工作的物质保障不会衰竭。

（九）外出考察，学习兄弟民族地区经验，更好地促进我区中等民族师范学校壮汉双语教学的开展

中师双语教学有其特殊性，工作起来具有艰巨性和复杂性。因此，我们既要立足本民族地区实际找出规律，又要借鉴和学习兄弟民族地区开展双语教学的经验和做法，使我区中等民族师范学校壮汉双语教学的起点高一些，少走弯路。如新疆、西藏、内蒙古、青海、四川、云南、贵州、吉林等省区的双语教学工作就搞得比较好。我们应该派人到这些民族省区去参观考察，学习和借鉴他们的经验和做法，理清自己双语教学的发展思路。此外，“现代壮语属于汉藏语系壮侗语族壮傣语支，与我国境内的布依语、傣语以及国外的泰语、老挝语、掸语（缅甸）非常接近，同属一个语支。”因此，也应当到这些语言分布的国家和地区考察，学习他们的双语教学经验，对照自己的一些做法，找出我们中等民族师范学校壮汉双语教学的不足和一些规律，不断开拓创新，把教学的任务和目标确立好，使我们的中师壮汉双语教学工作朝着更好更快的方向发展。

在中等民族师范学校进行壮汉双语教学，这是壮族教育史上的新纪元，是我区民族教育的新尝试，没有现成的经验可借鉴，需要我们在实践的过程中不断地探索。只要我们上下一条心，开拓进取，进一步加强中师壮汉双语教学队伍建设，鼓励社会各界人士参与中师壮汉双语教学研究，广泛开展中师双语教学研究活动，积极推广和应用中师双语教学研究成果，我们就一定能够搞好中等民族师范学校的壮汉双语教学，在快速发展民族教育事业的道路上取得新的辉煌，为民族地区的教育事业、经济建设和文化水平的提高作出更大的贡献，使我们在建设全民族和谐的小康社会的道路上阔步前进。

【参考文献】

［1］新疆教育科学研究所．新疆维吾尔自治区少数民族双语教学调研报告［R］，2006.
［2］区语委壮语教材编写组．壮语教材《语音》（试用本）［M］．南宁：广西民族出版社，1986.
［3］区语委壮语教材编写组．壮语教材《语法》（试用本）［M］．南宁：广西民族出版社，1989.
［4］广西壮族自治区少数民族语言文字工作委员会．壮文工作文件选编［C］，2003.
［5］青海省教育厅．青海省双语教学工作情况汇报［R］，2006.
［6］覃晓航．现代壮语［M］．北京：民族出版社，1995.

广西壮汉双语教育的调查报告

吕玉洁[①]

民汉双语教育是民族教育的重要组成部分，其含义是指同时以民族语和汉语两种语言来进行教学的一种教育形式，使学习者除掌握母语以外还掌握另外一种本地或国家通用语，并能够将其运用于社会生产生活中。具体到我国的民族教育实际，双语教育的目的主要是基于避免国家分裂的考虑和满足各民族共同繁荣的需要，培养“民汉兼通”型的双语人才，以促进汉族和各少数民族之间的相互交流和团结合作。

目前，中国少数民族地区的双语教学主要采取了“以少数民族语文授课为主、加授汉语文”（简称“民加汉”模式）、“以汉语文授课为主、加授少数民族语文”（简称“汉加民”模式）、“部分课程用少数民族语言开设，部分课程用汉语开设”（简称“民汉并进”模式）的授课形式，基本形成了从少数民族幼儿园、小学、初中直到高中的双语教学体系。

广西作为全国唯一的壮族自治区，拥有1800万壮族人口，占全区人口比例的34%。从语言使用人口上来看，掌握和半掌握壮语的占大多数。因此，双语教育的开展显得尤为重要。新中国成立特别是改革开放以来，广西壮族自治区根据《中华人民共和国宪法》《中华人民共和国民族区域自治法》《中华人民共和国教育法》等有关规定并结合自身实际，出台了一系列具体规定，致力于促进双语教育的发展。20世纪80年代，自治区提出“以壮为主、壮汉结合、以壮促汉、壮汉兼通”十六字方针；1993年，自治区教育厅出台《关于壮文进校实验工作的意见》；2001年，又陆续出台《关于进一步加强壮文进校实验工作的意见》。

为深入了解和摸清广西少数民族双语教育工作的发展现状、存在问题和现有需求，从而为进一步规划和指导双语教育工作提供科学依据，笔者跟随导师以及同门师兄通过田野调查走访了马山、上林、武鸣等县市区，对区内双语教育工作情况进行了全面调研，收集到了很多有效数据和信息，全方位展现了自治区双语教育的现状。本文拟对广西壮族地区的双语教育问题进行初步梳理和讨论。

一、研究对象与方法

（一）研究对象

在为期20天的调研期间，我们相继考察了马山、上林、武鸣、覃塘、武宣、金城江、环江等7个县市区，走访了白山镇合作小学、马山民族中学、上林民族中学、上林皇周小学、广西民族高中、武鸣民族中学、贵港市覃塘区蒙公乡高占小学、古山小学、蒙公乡民族初级中学、武宣县桐岭镇中心校等10所学校以及县市区的教育部门、民族宗教部门，还参与了现场听课、培训班座谈讨论等活动，受访者涵盖学校校长、

① 吕玉洁，女，汉族，广西民族大学文学院中国少数民族语言文学专业硕士研究生。

教导主任、任课教师、有关部门领导等 20 多位相关人员，基本上能保证数据资料的真实有效。

（二）研究方法

1. 田野调查法

在走访过程中，对教材设备、授课情况、校园特色文化等进行现场观察，通过记录、拍照等方式及时获取双语教育的第一手资料，为本文提供指导。

2. 访谈法

通过与相关人员的咨询、交流，深入了解当下双语教学在各考察地的开展情况、存在问题和发展前景。

二、全区双语教育开展的基本情况

（一）教育部门、民族宗教部门基本情况

国务院在《关于深化改革加快发展民族教育决定》中特别强调，教育行政部门要有专门机构和人员具体负责民族教育工作。调研过程中发现，每个县市区都基本能落实这项任务，在教育部门、民族宗教部门配备专职人员分管双语教育工作。从总体情况来看，这些负责双语教育工作的人员数量所占比例小，基本上每个县市区有 1—2 人。但除专职人员外，其余人员对双语教育工作的基本情况一概不知，甚至出现如遇到专职人员开会、培训、出差等事宜，双语教育工作就将处于停滞状态的情况。另一方面，这些专职人员对双语教育工作的基本情况和发展历程非常熟悉，对目前工作中存在的问题、原因以及双语教育工作未来的发展规划都有自己独到科学的见解，且建议的可行性极高。

（二）学校基本情况

所考察的学校涵盖幼儿园、小学、初中、高中，基本上能整体反映出全区双语教学活动的开展情况。每个县市区都设有壮文学校或试验点，部分县市区还陆续有新的壮文学校和试验点落成。这些新的壮文学校和试验点目前还处于发展前期，正在逐步配备师资和基础设施。

大部分中小学的生源来自学校周边村镇，学生本身的母语是壮语，日常生活中也均使用壮语交际，语言基础较扎实，因此学校的生源数量基本上能趋于稳定甚至略有上升。初中由于生源流动性大，母语为壮语的学生分流到各个学校，因此一个班平均下来会说壮语的学生只有寥寥几个，这就给壮文课的开设带来了极大的困难。

目前，除马山民族中学和上林民族中学外，其他中学教学试验点仍开设壮文课。课时安排方面，学前班一周十节，主要教会幼儿认读词汇；小学一周一至两节，开设在地方课程上，个别学校还设置有早读；初中一周一至两节，一般授课到初二下学期结束；高中因学业压力大以及课程冲突等原因，除广西民族高中开设有一周两节的选修课“民族语文”外，其他学校不开设壮文课。总体来看，虽然反映在课程表上的壮文课课时足够，但实际上教材知识点多，教师教学任务繁重，因此教学质量可能难以保证。

教材方面，小学基本上使用莫克利主编的《快乐壮文》一书，部分中学选择自己编写的壮文教材。教材基本能反映本民族文化、历史等概况，有一定趣味性。教学内容则以教识字母、个性阅读为主。但大多数学校的双语教材仅仅限于课堂上使用，缺乏同步练习、课后作业等，也没有相应的课外读物，因此学生的双语阅读量是远远不够的。此外，双语教学网络信息资源以及优秀教学课件、教学案例的缺乏

也给学校双语教育工作的开展带来了一些困难。

在校园特色文化方面，所考察的各个学校均设置了双语对应的标语或板报，内容涵盖国家方针政策、校训校规、名人名言、农事生产等，给学生营造了良好的双语文化氛围。学校还经常组织学生参加壮族文艺表演、民族体育竞技、壮语演讲朗诵比赛等活动，且参与质量高，均能取得较好成绩，甚至能形成自己的精品保留项目。此外，贵港市覃塘区古山小学在校园内设置了壮药馆、植物药苑作为教学活动基地，所有药材均以汉、壮双语标注，增强了双语教育的趣味性。蒙公乡民族初级中学校内设立有“那”博物馆，陈列一系列壮乡生产生活用品，民族文化气氛浓厚，教育意义巨大。

（三）师资队伍基本情况

双语师资队伍是双语教学工作的关键因素。双语师资的年龄、学历、来源、所占比、有无培训经历等是了解双语师资的基础数据。调查发现，基本上所有学校都能配备一定数量的壮语教师，且均有校一级的负责人专门管理双语教育工作，双语师资队伍已初具规模。

从年龄分布上看，双语师资队伍中年龄最大的 45 岁，年龄最小的 21 岁。青年教师一般是定岗培训教师或定向师范生，拥有学历和专业优势，能为双语师资队伍注入新鲜血液；中年教师集教学理论与实践于一身，在队伍中发挥着中流砥柱的作用。不同年龄阶层相互扶持，平衡了队伍结构，避免了交替断层、青黄不接的情况，保证了双语教学工作科学、有序地开展。

从学历结构上看，双语教师的最高学历是大学本科，毕业于师范专业，学科专业能力较强。但大专学历的教师仍是双语师资队伍的主力军，部分老师通过专升本的途径最后也能拿到本科证书，提高自身学历和教学技能。可以看出，双语教师队伍的整体素质优良。

但总体来说，壮语教师在整体教师队伍中所占比重小，不能达到自治区规定的比例要求。访谈中，各负责人和老师也提到，实际教学中壮语教师数量不够，仍处于紧缺状态。目前，区内双语师资的来源主要有三个：一是民族师范类院校培养的民语人才，以广西师范学院和广西民族大学为主；二是部分民族中小学在职教师或部分懂壮语的当地代课老师兼任；三是在职教师通过培训后上岗。可以说，大多数教师并不是专业出身，而是通过自学或者培训的方式提升教学能力，没有系统接受过教育学及双语教学理论和技能的训练，教学能力偏低，继续教育不力，难以保证教学效果。同时兼任教师本来的学科教学任务就很繁重，再加上现有的双语教育教学评价体系不够完善、绩效职称问题难以保障等原因，教师心理负担大，超负荷劳动，就会导致教学积极性不高，不能一碗水端平，在学科的选择上会有所侧重，往往是顾了主科而偏废了双语教学。此外，部分偏远乡镇学校教师数量不足，在主课教师短缺的情况下，原本壮文专业出身的定岗定向教师也有可能转为主科教师，以放弃双语教学工作来保证正常的教学质量。因此，就目前的情况来看，各学校普遍存在岗位充足但专业缺人的情况，双语师资队伍结构性短缺，不能满足现有规模需求。

双语师资培训直接关系到双语教师教学能力的高低。目前，双语教师业务培训主要分为两部分：内部培训和区内培训。部分县市区的教育部门会定期组织双语教师进行培训，能结合本地双语教育工作实际情况，具有针对性。区内每年都会成立全区壮汉双语教师业务培训班，一年 2—3 期，每次培训约一至两个星期，各县市区均有固定名额。培训内容综合性强，具有指导性。期间各县市区的教师代表能借助培训研讨会平台分享交流，还能观摩双语现场示范教学，学习科学经验。此外，广西民族大学继续教育学院在暑期也会组织开班，培训期为半个月，开班数量在十个左右，根据生源分为初级班、中级班、高级班，统一安排食宿，统一发放教材，并聘请专业老师为学员们讲课。通过培训，双语教师能在短时间内快速提升自己的教学能力，并直接运用于教学活动中。但培训过程中也暴露出不少问题，例如，参训人员不稳定，随意性大；培训目的不明确，或是应付上级安排滥竽充数，或是提拔、评职称需要等。在开课现场，甚至有走神、聊天、玩手机、迟到、早退、旷课等情况，可见部分双语教师对业务培训不够重视，没有自我提升的意识。

三、对于目前全区双语教学工作现状的思考

考察发现，目前，经过多年试验、探索，我区的双语教学工作不断完善，取得的成绩有目共睹。但不可否认，双语教学工作中还存在着或多或少的问题。以下是笔者经过实地考察后对全区双语教育工作的思考。

（一）顶层设计是关键

双语教学工作的发展关键在于顶层设计。顶层设计是根基所在，其科学合理性，是双语教学工作顺利开展的前提和保证。要健全双语教学体制，转变思路，获得新发展。

双语教育由双语学前教育、双语初等教育、双语中等教育和双语高等教育四个部分组成，只有建立一个相互衔接的双语教育体系，使其成为一个循序渐进的过程，才能使学生建立整体的学习、思维模式。目前，区内的双语教学只局限于学前、小学、中学阶段，到高中则出现了断层。究其原因，可从美国教育人类学家奥格布提出的“文化中断假说”中得到解释：导致少数民族学生成绩不佳的主要原因是语言上与文化上的障碍，或者说是少数民族的家庭环境与期望少数民族学生接受优势民族价值观念的学校环境之反差。高中是学习教育阶段的关键时期，基于对优势民族文化的渴求，少数民族家长、学校以及社会各界越来越重视少数民族学生的汉语言学习，希望他们尽早融入更为先进、发达的文化中。因此，在这样一种强压下，少数民族群体很容易忽视甚至放弃自己的民族语言文化，这就导致了其对双语教育工作持较为消极的态度。

转变社会观念，进而变被动为主动，可以从高考政策入手。根据广西高考加分政策的有关规定，凡属于 10 个世居少数民族或 28 个山区和边境线的考生，均可在考试成绩的基础上再加 20 分。该政策旨在照顾少数民族或少数民族地区的考生，让其借助少数民族的政策优势与汉族考生同等竞争。但其中暴露出来的问题是，这实际上并没有对双语教学工作起到促进作用，也没有真正解决少数民族文化的发展和传承问题。也就是说，只要拥有少数民族身份或居住在少数民族地区就能得到政策照顾，跟是否会操民族语及使用民族语的熟练程度无关。这就违背了保护少数民族文化和选拔少数民族优秀人才的初衷。针对目前高考政策盲目地普遍性照顾少数民族考生的情况，建议改变一贯的以少数民族身份为加分标准的原则，而采取以使用少数民族语言文字的熟练度为加分标准的原则，设立少数民族语水平等级考试或允许使用少数民族文字答题，并根据少数民族语言文字的使用熟练度进行加分。实际上，这就相当于启动了一个激励机制，考生要想获得加分，就必须展示自己使用民族语的技能，那么就会发自内心地认真学习民族语，而少了外界的督促和压力，化被动为主动。从民族政策上说，这样不仅保证了高考的公平公正，同时也促使更多青年学习本民族的语言，使少数民族语言文化获得新的发展。

（二）学校建设要完善

目前，从语言文化传承的角度来看，家庭与社会的教育具有很大的局限性，依靠学校教育来传承民

族语言文化是大多数少数民族学生学习本民族语言文化的唯一途径。但在主科课程的冲击和挤压下，壮文课经常被压缩到地方课与国防、禁毒、防艾等内容一起上，课时不但紧张，进度也十分赶，这样双语教学的质量就不能得到保证。扩充课时已然不现实，但是将双语教学延展到其他课程倒是个良方。图画、音乐、体育等副科课程具有一定的灵活性和综合性，可尝试在其课堂中融入服饰绘画、歌谣戏曲、民族体育等内容，既有趣味性又适当扩展了课堂内容。教师通过一些简单的日常基本词汇或谚语歌谣的双语教学，让学生逐步积累到一些常用词汇，从小学到中学积累 9 年，词汇量就相当可观，再配合上高年级阶段教授一些基本语法框架，那么简单的壮语日常交谈就不成问题。

经费投入是少数民族教育发展战略得以落实的物质保证。双语教学的持续发展需要财力的支持。双语教育教学多媒体设备、民族体育器材、民族语言类教材等基础设备都需要大量经费的投入，仅靠学校收入或社会资助远远不够。同时，区内教育行政部门对双语教学的重要性认识不够，加之财力状况弱，经常会忽略双语教学的经费扶持。建议学校将一些民族特色项目例如民族舞蹈、民族体育、传统手工工艺制作、双语演讲等打造成精英品牌，提升学校民族文化知名度。有了成绩和优势，就容易得到上级的重视和回应，申请财政定向拨款就会更容易、更快捷。

（三）社会服务作助攻

社会力量是不可忽视的辅助因素，要充分发挥区内民族文化精英和知识分子志愿者的重要补充作用。鼓励社会民间资金投入地方双语教学，设立双语教学奖学金和助学金；定期向社会广泛招募各民族语文的志愿者，鼓励少数民族专业的在读大学生、研究生利用假期和实习实践机会回乡支教；聘请当地热爱本民族语言文化的社会人士，如退休专家学者、干部、非遗传承人或民间艺人到学校讲课或作辅导讲座。以这样一种社会人员多样性流动的方式，既加强了教育与社会的联系，让更多的人接触到少数民族双语教育，提升个人社会责任感，又可以解决学校专业教师不足的问题，进而发现和培养新的接班人。

民族语文与民族团结关系研究

广西民族团结进步模范区建设与民族语言文字的关系研究

刘丽静[①]

2010年，中央宣传部、中央统战部和国家民委联合发布《关于进一步开展民族团结进步创建活动的意见》。2011年11月，广西壮族自治区第十次党代会作出了“加快民族事业新发展，建设民族团结进步模范区”的决定，要求做好“加强民族团结进步宣传教育、加快少数民族聚居区发展、深入贯彻落实党的民族政策和凝聚民族团结进步的强大合力”等四项工作。2012年自治区党委、自治区人民政府《关于印发〈广西壮族自治区建设民族团结进步模范区总体实施方案（2012—2016年）〉的通知》确定了广西创建民族团结进步模范区的具体实施指导意见、目的和方法。创建活动进入了实质性实施阶段，经过5年的努力，已经取得了预期的效果。2016年广西壮族自治区第十一次党代会上，彭清华书记提出了继续延续开展民族团结进步创建活动的部署。2010年11月，自治区党委九届十三次全会明确提出，“十二五”时期要努力实现“富民强桂”新跨越的战略任务。[②]广西民族团结进步模范区创建活动紧密围绕“富民强桂”梦开展各项活动，涉及政治、经济、文化等各个领域。机关、企业、社区、乡镇、学校、寺庙，是创建活动的重要单位。[③]开展广西民族团结进步模范区创建活动，可以全面促进广西社会更好地发展民族经济和民族文化，完善区域自治，增强民族团结，维护国家和民族的统一，对广西的民族语言文字工作也有巨大的促进作用。广西民族团结进步模范区在各个领域的创建活动都离不开民族语言文字工作的支持与服务。广西民族语言文字工作是广西民族团结进步模范区创建活动的一个重要组成部分。广西民族团结进步模范区创建活动与广西的民族语言文字之间存在着相互依存、相互作用的关系。研究广西民族团结进步模范区创建活动与广西民族文字之间的内在联系及规律，对于推进广西民族进步工作，落实民族区域自治，贯彻党的语言文字工作方针具有理论意义和现实意义。

一、广西民族团结进步模范区创建活动促进广西民族语言文字工作

“共同团结奋斗、共同繁荣发展”是民族工作的主题，也是广西民族团结进步模范区创建活动的主题。活动的总体目标包括四个方面：推进党和国家民族政策的贯彻落实；促进少数民族和民族地区经济社会发展；维护民族团结、社会稳定和国家统一；依法妥善处理影响民族团结的问题[④]。这些目标都与广

① 刘丽静，女，汉族，玉林师范学院教授。

② 《中国共产党广西壮族自治区第九届委员会第十三次全体会议公报》，广西新闻网，2010年11月2日，http：//news.gxnews.com.cn/staticpages/20101102/newgx4ccf46c5-3373135-2.shtml.

③ 国家民族事务委员会：《关于推动民族团结进步创建活动进机关企业社区乡镇学校寺庙的实施意见》，石柱土家族自治县政府网站，2016年1月12日，http：//mzw.cqszx.gov.cn/html/16/content/16/01/40875.shtml.

④ 中央宣传部、中央统战部、国家民委：《关于进一步开展民族团结进步创建活动的意见》，中国网，2011年10月1日，http：//www.china.com.cn/guoqing/zwxx/2011-10/01/ content_23536615.htm.

西民族语言文字工作有着密切的联系。我国宪法规定：“各民族都有使用和发展自己语言文字的自由。”广西的民族语言文字政策是党和国家民族政策的有机组成部分。它的存在与发展影响广西少数民族地区的经济社会发展；它是民族感情的载体，民族语言文字工作的好坏，关系到民族关系的和谐与否。可以说，广西民族团结进步模范区创建活动对于广西的民族语言文字工作具有推进和催化作用。

（一）广西民族团结进步模范区创建活动推动广西民族语言文字工作更好地贯彻落实党和国家语言民族政策

广西民族团结进步模范区创建活动的首要目标是推进党和国家民族政策的贯彻落实，表现在广西民族语言文字工作方面，就是继续贯彻各民族语言平等的政策，既推广普通话，又促进广西各少数民族语言的保护与传承，保持广西各民族多语多方言的语言生态平衡。2010 年起伴随着广西民族团结进步模范区创建活动的深入发展，广西的民族语言工作有了新的突破。

1. 促进推普工作由城市到乡村

在广西民族团结进步模范区创建活动中，广西的推普工作也经历了由一二线城市评估到三线城市评估最后深入到民族地区，全面普及国家通用语言文字的过程。2008 年底，广西 14 个设区市的一、二类城市语言文字评估认定工作全部完成。①2009 开始进入三类城市语言文字评估认定工作，2014 年完成了全部验收工作。之后，广西的推普工作继续向农村、边远、少数民族地区延伸。在 2016 年的推普周工作中，有关部门要求“要发挥各部门优势，继续推进国家三类城市语言文字评估‘回头看’活动，进一步加强农村、边远、少数民族地区推普宣传力度，构建和谐的语言生活，提高城乡人民群众依法规范使用国家通用语言文字的意识和水平”②。

2. 促进广西民族语言文字的保护与传承

广西拥有 10 多种少数民族语言，6 大类汉语方言。由于全球化、城镇化的发展趋势，广西的少数民族语言文字和汉语方言使用受到了很大冲击，有些少数民族语言处于濒危状态。如广西的仡佬族多罗方言、哈给方言、俫话，瑶族的拉珈语、炯奈话、巴哼话，京语、水语，彝语，毛南语，仫佬语以及学术界仍有争议的布央语、五色话、茶洞话等都处于不同程度的濒危状况。③2010 年至今，广西民族团结进步模范区创建活动期间，广西的民族语言文字的保护与传承工作也取得了突出的成绩，

（1）抢救民族语言文字遗产。为保护广西的民族语言文字，2012 年至 2016 年，依托国家民委“建设中国少数民族濒危语言文字数据库”试点项目，广西开展少数民族语言资源有声数据库建设试点工作，运用现代技术记录民族语言，采用现代技术手段，实地采集并建立真实语音及其转写文本的语料库，长期保存少数民族濒危语言形式有真人朗读单词、词组、讲故事、日常对话等。

广西还重视少数民族语言古籍文化收集和整理活动。在 2014 年和 2015 年，广西民族古籍工作办公室连续两年在全区开展少数民族古籍专项普查、调研。普查中发现并登录的民间散藏少数民族古籍有

---

① 广西壮族自治区语委：《以开展评估为契机，带动语言文字工作难点问题的解决——广西 14 个市全部通过国家一、二类城市语言文字工作评估认定》，《广西壮族自治区语委简报》，2009 年 2 月，http：//www.moe.edu.cn/s78/A18/yys_left/moe_802/s3132/201001/t20100127_78598.html.

② 广西壮族自治区教育厅、广西壮族自治区语言文字工作委员会等 12 部门：《关于在全区开展第 19 届全国推广普通话宣传周活动的通知》，广西壮族自治区教育厅网站，2016 年 8 月 5 日，http：//www.gxedu.gov.cn/Item/14494.aspx.

③ 杨志雄、黄艳梅：《广西抢救民族语文 建语言有声数据库》，中国新闻网，2016 年 1 月 14 日，http：//www.chinanews.com/cul/2016/01-14/7717334.shtml.

27678册（件）；2016年，广西民族古籍工作办公室多次协调与组织开展民族古籍普查工作，搜集到广西11个世居少数民族古籍6000多册（件）。① 这些工作对于保护少数民族文字起到了积极的作用。

（2）开展壮语文水平测试。2012年6月30日，自治区首次壮语文水平考试在南宁举办。336名考生参加考试，壮族考生占九成，另有瑶族、苗族、侗族、仫佬族等少数民族考生，考试采用笔试形式，分为初级、中级和高级三个等级。② 通过测试的方式，推进壮语文水平的不断提高。

（3）开展双语教育，传承民族语言文字。1980年5月起，广西恢复推行使用壮文，1981年开展壮汉双语教学。广西的双语工作一直在探索中前行，取得了较大的成绩。广西民族团结进步模范区创建活动对我区的双语教育也起到了促进的作用。2012年，自治区有65所小学、24所民族中学进行壮汉双语文教学；2012年研究制定并已印发了义务教育阶段《壮语文课程标准》，结束了30多年没有壮语文课程标准的历史。③

2016年《广西壮族自治区壮汉双语教育发展规划（2016—2020年）》明确提出到2020年，全区实施壮汉双语教育的中小学校要达到300所以上，在校学生达到15万人以上。同时，建设10个壮汉双语教学示范基地，打造6个壮汉双语教育连片“三角区”，基本形成壮汉双语教育体系，培养“壮汉兼通”的少数民族人才。

（二）广西民族团结进步模范区创建活动推进广西民族语言文字工作的立法和使用

广西民族团结进步模范区创建活动期间出台了大量的区域语言立法文件，落实国家的语言文字政策。这些地方性语言文字法规，对广西的民族语言文字工作起了明示、导引、规范、校正、服务等作用。

1. 把民族语言文字工作融入民族团结进步模范区建设的法律法规之中

2011年12月22日，《广西壮族自治区关于落实兴边富民行动规划（2011—2015年）的实施意见》印发实施。《兴边富民行动规划》（2011—2015年）是国务院办公厅在2011年6月5日颁发的面向边疆地区加快建设小康社会的行动纲领，其中“四、政策措施”中的“（二）加大民生保障力度”提出：支持边境县义务教育学校标准化建设……加大双语教学支持力度。这就把民族语言文字工作纳入兴边富民工作之中，作为发展边疆少数民族工作的重要组成部分来抓。

2012年4月5日，广西壮族自治区党委宣传部、自治区党委统战部、自治区民委联合下发《关于印发2012年民族团结进步创建活动工作方案的通知》，在全区范围内部署开展民族团结进步创建活动。方案提出，本年度，广西将采取十项举措推进民族团结进步创建活动有效开展。其中第八项是组织58个民族乡国庆升国旗唱国歌仪式。九是开展民族团结宣传月活动。十是开展“三下乡”（文化、科技、卫生）活动。这三项工作都和语言文字工作关系密切。

2013年5月31日，广西壮族自治区印发《2013年进一步加强城市民族工作方案》，其中第六点提出：“推动民族团结宣传教育进课堂、进教材、进头脑、进机关、进社区、进企业，切实增强广大干部群众

① 广西壮族自治区民宗委办公室韦亦玮：《八桂遗珍 璀璨夺目——广西民族古籍发掘整理出版成果综述》，广西新闻网，2017年4月20日．http：//www.gxnews.com.cn/staticpages/20170420/newgx58f81ad0-16117939.shtml.

② 广西壮族自治区民宗委：《广西壮族自治区举办壮语文水平考试336人参加“首考”》，国家民委网站，2012年7月6日，http：//www.seac.gov.cn/art/2012/7/6/art_92_160554.html.

③ 广西壮族自治区民宗委：《广西积极稳妥推进壮汉双语教育工作》，国家民委网站，2013年3月5日，http：//www.seac. gov.cn/art/2013/3/5/art_3967_178337.html.

维护民族团结的自觉性和坚定性。”这六进，都需要借助于语言文字工作来实现。

2. 根据区域民族语言工作需要进行地方民族语言文字工作立法

2013年5月，南宁市人民政府出台了《南宁市壮文社会使用管理办法》，硬性规定了应该同时使用壮语、汉语的场合。如：行政区划的标牌，国家机关、事业单位名称的牌匾和公章，重要的公共场所，（如机场、火车站）等。该管理办法鼓励企事业单位、社会组织和个人在社会用字中同时使用壮文、汉文两种文字。

2015年，《广西壮族自治区人民政府关于加快发展民族教育的实施意见》发布，首次表示：到2020年，壮汉双语教育取得明显成效，基本形成壮汉双语教育体系和课程体系，创建具有特色的双语教学模式，壮汉双语学校达到300所以上。

2016年5月5日，广西壮族自治区教育厅等六部门联合发布《壮汉双语教育发展规划》（2016—2020年），再次明确了双语教学到2020年的培养目标，并要求：自治区统筹资金支持壮汉双语教育发展，为中小学接受双语教育的学生，免费提供壮语文教材和教辅材料等。

2017年1月1日，《广西壮族自治区非物质文化遗产保护条例》实施，其中第三条规定民族语言文字也是非物质文化遗产。文件指出：本条例所称非物质文化遗产，是指各族人民世代相传并视为其文化遗产组成部分的各种传统文化表现形式，以及与传统文化表现形式相关的实物和场所，包括：（一）传统口头文学以及作为其载体的语言；……这条规定指明了语言在非物质文化遗产中的应有地位。

2017年3月，关于征求《广西壮族自治区少数民族语言文字工作条例（草案征求意见稿）》意见的公告出台。这是我区第一部少数民族语言文字地方性法规，按照总则、学习和使用、研究和保护、法律责任、附则等五个方面来构架。这个法规的出台必将推动我区的民族语言文字工作朝着科学、规范的方向前进。

（三）广西民族团结进步模范区创建活动推进广西民族语言文字工作服务理念等的更新

民族团结进步模范区创建活动是中央推进民族地区经济社会发展的重要战略部署。广西在创建民族团结进步模范区活动中，通过完善组织机构、出台示范点评选办法、树立典型、把活动推向基层等多种形式，动员一切可以动员的力量，从人力、物力、财力等方面支持活动的推进，加快了广西社会的发展，顺利完成了广西“十二五”规划的“富民强桂”等目标，在广西民族语言文字工作方面也促进了其向地方、基层转变。同时，也能促进落实国家语言文字平等政策，落实民族区域自治法，完善民族语言文字管理规章制度等，保证民族语言文字工作健康有序发展。

1. 广西民族团结进步模范区创建活动推进广西民族语言文字工作的定位意识更新

在改革开放的初期，我区有些地方、有些部门母语意识比较淡薄，对地方语言文字的保护和使用不够注意。通过创建活动，全社会的母语意识增强，自觉保护母语正成为许多公民的自觉行动。2015年，全国双语和谐乡村（社区）建设工作确定了首批7个基层乡镇、街道或者村、社区进行试点。2017年3月，我区崇左市宁明县城中镇尷塘村获首批全国双语和谐乡村（社区）命名①，东兰县武篆乡正在创建第二批全国双语和谐镇②。

---

① 国家民委办公厅、教育部办公厅：《关于命名首批全国双语和谐乡村（社区）的通知》，国家民委网站，2017年3月1日，http：//www.seac.gov.cn/art/2017/3/8/art_144_276790.html.

② 莫滨：《国家民委教育部遴选考察我区申报第二批全国双语和谐乡村示范点建设工作》，广西民族报网，2017年7月11日，http：//www.gxmzb.net/content/2017-07/11/content_21566.htm.

2. 广西民族团结进步模范区创建活动推进广西民族语言文字工作资源意识增强

通过广西民族团结进步模范区创建活动，广西社会各界更加树立起广西的民族语言文字是一种资源的认识，对民族语言文字的利用呈现上升趋势。政府官员使用各民族语言进行扶贫和开展工作的情况更为常见。如凌云县统战部、民族宗教事务局等6个部门于2017年5月31日在凌云县泗城镇后龙村组织开展特少数民族“提升素质·助力脱贫”活动，面向瑶族群众，使用瑶语进行宣讲，受到群众喜欢[①]。有些地方开设了少数民族语言窗口为民众服务，如隆林蛇场乡服务大厅从2017年8月起设苗语服务窗口为辖区苗族同胞办理养老、低保、计生、信访等业务，同时提供政策咨询、受理诉求等服务[②]。

3. 广西民族团结进步模范区创建活动推进广西民族语言文字工作服务意识增强

广西民族团结进步模范区创建活动要求深入基层，深入民间，广西民族语言文字工作也不例外。通过每年的推普周宣传月、大篷车宣传月和民族团结宣传月活动，把民族语言文字政策送到千家万户。

二、广西民族语言文字为民族团结进步模范区创建活动提供了实施的基础和保障

语言文字是人类社会最重要的交流工具，人际交流，社会发展都离不开语言。我国是多民族国家，语言多样，需要使用共同语。《中华人民共和国宪法》第19条规定：“国家推广使用普通话。”《中华人民共和国国家通用语言文字法》确立了普通话和规范汉字的“国家通用语言文字”的法定地位。《广西壮族自治区人民政府关于加快发展民族教育的实施意见》中提出：全面开设国家通用语言文字课程，大力推广国家通用语言文字。尊重和保障少数民族使用本民族语言文字接受教育的权利，不断提高少数民族语言文字教学水平。[③]

广西一共有壮、汉、瑶、苗、侗、仫佬、毛南、回、京、彝、水、仡佬等12个世居民族，是多民族聚居地。除了回族，每个民族都有自己的语言。广西目前的民族语言文字使用状况是双语或者多语并存。广西常住人口的80%左右是双语者，社会上通用文字是汉字。政府一方面在全社会推广国家通用语言文字——普通话（汉语）及规范汉字，另一方面又在少数民族地区提倡使用少数民族语言及文字，主要是壮文的推广。这是因为我区少数民族以壮族为主体。2013年，广西总人口5240万，常住人口4719万；常住人口中少数民族人口2004万，其中壮族人口1698万，分别占自治区常住人口的42.5%和35.98%。[④]大多数壮族人仍以壮语为交际工具。壮语是广西少数民族使用频率最高的语言。1957年国务院颁布《壮文方案》，帮助壮族人民创制自己的语言文字，满足壮族人民的社会交往需要。

广西的民族语言文字工作在贯彻党和国家的方针、政策，促进民族团结、经济社会发展方面发挥了

① 吴代富：《凌云县特少数民族“提升素质·助力脱贫”活动在泗城镇后龙村拉开序幕》，广西民族报网，2017年6月1日，http://www.gxmzb.net/content/2017-06/01/content_21181.htm.

② 陶德光：《隆林蛇场乡服务大厅设苗语服务窗口》，广西民族报网，2017年8月22日，http://gxmzb.net/content/2017-08/22/content_21842.htm.

③ 广西壮族自治区人民政府：《广西壮族自治区人民政府关于加快发展民族教育的实施意见》，《广西壮族自治区人民政府报》，2016年10月。

④ 广西壮族自治区民语委：《广西民族语文工作情况报告——自治区民语委在国家五部委专题调研座谈会上的汇报材料》，广西民族报网，2015年4月28日，http://www.gxmzb.net/content/2015-04/30/content_9080.htm.

巨大的作用。

（一）广西民族语言文字联络广西各民族感情，增强民族认同，是民族团结进步模范区创建活动的重要载体

广西少数民族地区首先是以普通话为纽带联结各族人民。根据《中国语言文字事业发展报告（2017）》公布的数据，新中国成立60多年来，我国普通话普及率从2000年的53%提高到2015年的73%左右，识字人口使用规范汉字比例超过95%。[①]有数据表明，2011年广西的普通话普及率达到80.7%。[②]可见广西的语言文字工作成效排在全国前列。在全区推广普通话，促进了各族人民的交往，促进了各民族之间的融合和共同发展。

其次是以壮语为纽带加强民族交流。近年来对壮语和其他民族语言的应用范围扩大，新闻、网络媒体加大了对民族语言的使用力度。截至2016年底，"全区共有自治区两台和各地30个市、县（市）开设了90多档民语节目"，"全年全区民语节目制作和播出量分别达到广播节目31个5200小时，电视节目55个4900多小时，…… 目前开播的民族语语种包括壮语（多支系）、瑶语、苗语、侗语、仫佬语和毛南语6个语种"。[③]

政府机关在窗口服务行业使用壮文标志，在各种节庆活动使用壮语、壮文，提升壮语、壮文的社会使用功能。[④]

1. 国家行政机关的牌匾、印章及公务使用双语

《国务院关于国家行政机关和企业事业单位社会团体印章管理的规定》（1999）第十六条指出："实行民族区域自治的地方人民政府的印章，可以并刊汉字和相应的民族文字。"广西各级政府贯彻国务院的精神，印章和其他公务标识使用双语。单是2013年上半年民语委累计翻译壮语牌匾156个、印章19个，翻译南宁市民族工作领导小组会议以及民族工作重要会议、活动会标、宣传标语、台卡近172条(个)。[⑤]2016年6月，贺州市平桂区经国务院同意设立后，当地民族宗教局翻译帮助平桂区党政机关、事业单位完成壮汉翻译牌匾94块，单位章220枚。[⑥]

2. 在重大节庆活动使用壮文

2014年壮族"三月三"申遗成功，将广西壮族及各民族文化推上了国际舞台。每年"三月三"广西全区人民享有两天假期，使用壮语标语、唱壮语山歌、讲壮语故事等，令民族语言文字得到较为广泛的应用。

---

① 孙竞、魏楚云：《教育部、国家语委发布2016年中国语言文字事业发展状况普通话普及率提升至73%左右 "小目标"当选年度国内词语》人民网教育频道，2017年7月19日，http：//edu.people.com.cn/n1/2017/0719/c367001-29415898.html.

② 邱凌、宋潇潇：《广西普通话普及率达80.7%》，广西新闻网，2012年5月25日，http：//news.gxnews.com.cn/staticpages/20120525/newgx4fbf73aa-5329000.shtml.

③ 韦亦玮：《广西推进少数民族语言广播电视节目建设工作》，自治区民宗委网站，2017年3月20日，http：//www.gxmzb.net/content/2017-03/20/content_20421.htm.

④《广西首次开展广播电视奖民族语（壮语）节目评选》，自治区新闻出版广电局网站，2016年8月17日，http：//www.gxmzb.net/content/2016-08/17/content_16784.htm.

⑤《南宁市立法规范和推广壮语文社会使用》，热点新闻，2013年7月3日，http：//www.zxxk.com/article/260554.html.

⑥ 平桂区民宗局：《平桂：做好壮语言文字使用》，广西壮族自治区民宗委网站，2016年12月26日，http：//www.gxmzb. net/content/2016-12/26/content_19247.htm.

3. 日常开展壮语培训

广西民族报网开设有“教学壮文”“壮语试听”栏目，利用网络教学培训壮语人才。南宁市民宗委、南宁市民语委携手南宁新闻网、青秀区民宗局（民语局）于2016年举办了两期“跟我学壮文”培训班。第一期于8月23日在武鸣开班，学员大多是山歌手，具有较好的壮语文基础。第二期于10月22日在南宁市举行。课程包括上午的壮语文基础知识、壮语山歌解读和下午的情景山歌模拟教学等。有60多名学员参加，部分为广西民族大学和广西师范学院的学生。①

（二）广西民族语言文字助推广西民族团结进步模范区建设的政治、经济文化发展

1. 促进少数民族和民族地区经济社会发展是广西民族团结进步模范区建设的基本目标之一

通过使用民族语言文字发展广西民族地区经济文化。

（1）广西的民族语言文字是经济发展的桥梁和助推器。使用民族语言文字即兴演唱的山歌是广西各族人民喜闻乐见的口头文学形式，在各种政治宣传活动中都可以见到山歌的影子。如2016年3月14日，巴马瑶族自治县消费者权益保护委员会和县工商质监局在巴马寿乡大道文化广场联合举办以“新消费我做主”为主题的大型宣传咨询活动暨《消法》宣传山歌会。此次活动借助山歌的形式聚拢人气，发放宣传资料5000份，制作板报展板21块，接受群众咨询300多人次，现场受理投诉1起。②2017年8月29日上午，以“喜迎十九大，山歌颂党恩”为主题的南宁市离退休干部正能量山歌歌友会暨“三下乡”活动在城区老年活动中心广场举行。③以山歌为载体的活动还有很多，说明了广西民众对自己民族语言文字的喜爱。

（2）促进贸易往来。广西位于祖国的南疆，是面向东南亚的桥头堡，与越南有着千里边境线，是我国海上丝绸之路的出发点。东南亚国家使用的语言和广西的民族语言有着千丝万缕的联系。广西有8个县（市）与越南接壤，现有边境口岸12个，其中东兴、凭祥、友谊关、水口、龙邦等5个口岸为国家一类口岸，另外还有25个边民互市贸易点，各边境口岸和边贸点都有公路相通。在边贸地区，使用壮语、粤语、苗语、瑶语、京语等语言，往往更便利人际沟通。边疆人民在对外贸易方面有着天然的语言文字优势，使用双语和多语交际有利于经贸往来。

（3）促进旅游开发。壮族有着悠久的历史，创造了古老的文明，是民族文化的源头，也是旅游文化的重要组成部分。如《壮族麽经布洛陀影印译注》是壮族最重大的古籍整理成果，共8卷527万字。此书还让学术界提出了“田阳敢壮山是珠江流域原住民族人文始祖布洛陀的故里，是布洛陀文化的发祥地”的观点，促成了百色田阳敢壮山一年一度的盛大旅游文化开发，形成的布洛陀文化旅游品牌名扬国内外。

2. 广西的民族语言文字是地方文化的载体，对外交流的名片

以广西民族语言文字为载体，广西人民创造了丰富的民族文化，如山歌、童谣、戏剧、故事等。它们都是以各民族语言文字为基础创作出来的，为各族人民所喜闻乐见。它们是广西节庆文化、旅游文化

① 莫蓓蓓：《南宁市“跟我学壮文”第2期培训班在邕成功开班》，广西民族报网，2016年10月23日，http：//www.gxmzb.net/content/2016-10/23/content_18110.htm.

② 韦党：《河池市巴马县开展“3.15”维权宣传活动暨《消法》宣传山歌会》，广西政府法制网，2016年3月15日，http：//www.gx-law.gov.cn/bmzf/36519.jhtml.

③ 黄子晏：《山歌宣传正能量 ——“三下乡”活动暖人心 南宁市离退休干部正能量山歌歌友会暨“三下乡”活动在武鸣区举行》，武鸣区广播电视台，2017年8月31日。

的核心元素。以地方民族语言文字为载体创造的地方文化成了广西靓丽的文化名片，促进了广西的对外文化交流。资料表明，从2011至2015年，广西全区文化系统发挥对东盟的地缘优势、区位优势，配合国家战略布局，不断拓宽文化交流的渠道和形式，积极推动广西优秀文化走出去，共完成了55个重点文化交流合作项目，出访98起共1803人次，来访29起380人次，涉及近60个国家和地区，开创了“轻规模，深影响”的文化交流新方式。[①]

（三）为社会提供独特的精神文明产品，满足各族人民的精神需要

广西在实施民族团结进步创建活动的过程中，同时开展“建设民族文化强区”活动。2011年11月，中国共产党广西壮族自治区第十次代表大会通过了郭声琨书记《深入贯彻落实科学发展观，加快实现富民强桂新跨越》的报告。报告提出了要奋力推进“五区”建设，加快富民强桂新跨越的任务。“五区”建设指的是西部经济强区、民族文化强区、社会和谐稳定模范区、生态文明示范区、民族团结进步模范区的建设[②]。2012年，《广西建设民族文化强区实施纲要》（讨论稿）发布，提出建设文化强区的主要任务是“推进八大工程，包括百个重大文化项目的实施”。2015年，彭清华书记提出，要“以习近平总书记重要讲话精神为指针，加快推进广西民族文化强区建设”。[③]在广西壮族自治区党委、人民政府的带领下，经过职能部门和全社会的努力，广西的文化强区战略取得了明显的成效。从民族语言文字工作角度看，以其为基础创作了大量的民族语言文化精神产品。

1. 以民族语言文字为载体的山歌创作繁荣

每年的“三月三”都涌现出了大量的即兴山歌。很多县级民语委及时收集整理山歌上报，如2015—2016年，宁明县民语办完成崇左市第四辑《壮族山歌集》（宁明山歌部分）整理和翻译，以汉字壮音、国际音标、标准壮文、汉意译文等四种格式进行标注。[④]有民族地区对山歌结集出版，有些还刻录成多媒体的形式在民间发行，如靖西山歌、柳州山歌、武鸣山歌、那坡山歌等。

2. 民族语言文字作品出版发行生机勃勃

广西民族出版社是出版和发行民族语言文字产品的重要机构。2010至2015年，全社共上报图书选题1689种，出版汉文图书1152种（含重印书），壮文图书502种。用壮文出版了《马克思恩格斯文集》（2012）、《中国共产党第十八次代表大会文件汇编》（2012）、《中国共产党章程》（修订本2012）、《习近平谈治国理政》（2014）、《习近平总书记系列重要讲话读本》（2014）等各类政治读物；还出版了《广西民族风情典录丛书》（2012）、《东盟礼仪》（2012）、《邕州老戏——邕剧》（2016）等精品文化图书；翻译出版了以人民教育出版社和语文出版社实验教材为蓝本的一至九年级壮文教材和一系列教辅

---

① 黄菁菁：《“十二五”期间广西文化惠民力度创新高》，广西新闻网，2016年1月24日，http：//www.gxnews.com.cn/staticpages/20160124/newgx56a49de3- 14329309.shtml.

② 郭声琨：《深入贯彻落实科学发展观 加快实现富民强桂新跨越——在中国共产党广西壮族自治区第十次代表大会上的报告》，中国共产党新闻网，2011年11月11日，http：//cpc.people.com.cn/GB/164113/16219258.html.

③ 彭清华：《加快推进民族文化强区建设——认真学习贯彻习近平总书记在文艺工作座谈会上的重要讲话》，新华网，2015年10月16日，http：//news.xinhuanet.com/politics/2015-10/16/c_128324694.htm1.

④ 宁明县民宗局：《宁明县民语办完成崇左市第四集〈壮族山歌集〉整理和翻译》，广西民宗委网站，2016年12月27日，http：//www.gxmzb.net/content/2016-07/07/content_15939.htm1.

图书[①]。

广西专门发行壮文的刊物有“一报一刊”。“一报”是《广西民族报》，分为壮文、汉文两个版本。2013 年 7 月 1 日广西民族报网站正式开通，读者可以在线阅读电子版的《广西民族报》。网站的壮文版有 8 个栏目，汉文版有 20 个栏目，其中“壮语视听”“教学壮文”“民语视角”“民族文学”等栏目都与语言文字工作有关。一刊是《三月三》杂志，除在我国境内发行外，在美国、日本、泰国、越南、澳大利亚均有订户[②]。该杂志的（壮文版）电子版在广西民族报网正式开通，进一步扩大了壮文的影响。

“一报一刊”在传承民族语言文化方面发挥了积极的作用。

3. 民族语言电影走基层送文化

民族语言电影是少数民族群众喜爱的文化娱乐方式。少数民族语电影译制在广西已有近 60 年的历史。以 2016 年为例，全年共译制民族语电影 86 部，全区放映场次达 14918 场。南宁市民委、市民语委在 2016 年下半年开展“百场壮语电影进基层” 公益放映活动。以所属隆安县为例，2016 年 6 月 28 日前，该县共放映民语故事片 249 场、科教影片 287 场，放映场次远超计划任务场次，观众达 57320 人次。[③]

三、广西民族团结进步模范区建设与广西民族语言文字工作中需要继续调节的几个关系

（一）民族地区经济发展走出去与民族语言文字留下来的关系还要继续理顺

经济生活决定语言生活。少数民族地区的经济基础比较落后，所以很多年轻人到发达地区打工，留守老人、妇女、儿童多。外出打工需要学会主流语言，对本土语言的运用没有那么迫切，这在一定程度上影响了当地民众对母语的态度。

（二）加大推普力度与促进民族地区民族语言文字的生态环境保护之间的不平衡

“推广普通话，推行规范汉字”是我国基本国策。在义务教育阶段，各民族的适龄儿童和青少年都得到了良好的国语和规范汉字教育。但民族地区有些学校缺乏条件对民族学生进行双语教育，或者家庭里不再使用本民族语言作为日常交际的工具，使得学生不会听说本民族语言，造成本民族语言传承的断层。

（三）保护民族地区的语言文字文化从理论到实际应用还要加大工作力度

壮族人口占了广西少数民族人口的大部分，但壮语的实际使用范围还不是很广。以首府为例，壮族人口超过一半，但在公众场所，如火车站、机场，还没有壮语报送信息，鲜有壮语服务窗口，更不用说其他民族语言如瑶语、苗语等的服务窗口了，少数民族语言的运用距离生活比较遥远。

---

① 政策法制处：《创新方式　铸就品牌 ——记广西民族出版社社长、编审朱俊杰》，广西民宗委网站，2015 年 4 月 21 日，http：//www.gxmw.gov.cn/sys/BT/9575.html.

② 徐伟、崔克亮：《以加快发展促进民族和谐》，《中国经济时报》2008 年 1 月 16 日。

③ 韦尹璇：《南宁市民委、市民语委开展“百场壮语电影进基层” 公益放映活动》，广西壮族自治区民宗委网站，2016 年 7 月 11 日，http：//www.gxmw.gov.cn/sxxx/BT/14942.html.

四、结语

综上所述，开展广西民族团结进步模范区建设活动促进了广西多民族语言文字工作的进步和发展，促进了民族地区的语言文字观念更新，促进了地方语言文字立法，促进了语言生态环境的保护。而广西多民族语言文字工作对于实施广西民族团结进步模范区建设活动则起到了极大的促进作用，有利于维护民族团结，减少民族纠纷，为经济、文化活动提供了良好的表现形式。

多语言多方言社区的语言和谐

——以武鸣区城厢镇联兴村语言生活为例

康忠德①

多民族地区最典型的特征之一就是多语言多方言。语言问题与民族问题关系密切，和谐的语言生活既是民族和谐的反映，也是民族和谐的保障之一。语言和谐是指不同语言在一个社会里能够和谐共处，互补互利，既不互相排斥，也不发生冲突，不同语言在使用中各就各位，协调有序，在和谐中各尽其责，在和谐中发展。[1]广西是典型的多民族地区，更是多语言多方言区，研究其语言关系具有重要的意义。

武鸣区古称“武缘县”，1912年更名为武鸣县，2015年撤县设区，设立南宁市武鸣区，成为南宁市最大的城区。武鸣是壮族的发源地之一，壮民族文化源远流长。中国壮语以武鸣方言为标准音，被誉为“中国壮乡”。每年在武鸣城区举办的中国壮乡·武鸣“三月三”歌圩活动已成为中外民族文化交流的平台，由此可见武鸣在地缘上和政治上的重要性。本文以广西南宁市武鸣区城厢镇联兴村为例，探讨其和谐的多语多方言语言生活。

一、研究设计

（一）问卷调查

本次调查预先设定样本范围，随机抽取调查对象，利用调查问卷当面访谈法，采用一问一答的方式，有效解决了调查对象解读调查问卷的问题，保证了调查数据的真实有效。此外还采取重点访谈法，对当地的村干部进行重点访谈。

（二）抽样

本研究对广西武鸣县联兴村凤凰屯、雷皮屯、定江屯和朝东屯四个屯进行了抽样调查。其中定江屯以汉族为主，因而样本相对较少。其余三个屯均以壮族为主，是主要的调查对象。

此次调查共随机抽取调查对象81人，发放调查问卷81份。由于调查方法适当，有效问卷共81份，达到了100%有效，特别是保证了调查问卷数据真实可靠。受访者基本信息分类列表如下：

① 康忠德，男，汉族，广西民族大学文学院教授。

受访者基本信息表（N = 81）

基本信息		受访人数	比例（%）
有效问卷数 / 总问卷数		81/81	100
性别	男	46	56.79
	女	35	43.21
年龄段	12 岁以下	12	14.81
	13—18	11	13.58
	19—59	41	50.62
	60 以上	17	20.99
民族	壮	66	81.48
	汉	15	18.52
文化程度	文盲	1	1.23
	小学	26	32.11
	初中	33	40.74
	高中（含中专）	16	19.75
	大专以上	5	6.17
职业	农民	37	45.68
	外出务工人员	4	4.94
	学生	26	32.11
	个体劳动者	3	3.70
	工人	1	1.23
	教师	3	3.70
	公务员	5	6.17
	企事业工作人员	2	2.47

上表中的样本数据基本比较合理。男女比例基本协调，男性的活动范围大于女性，更能反映语言使用的变化，因而采集的数据也稍微偏多一点。在年龄段的选择上，12 岁以下是语言的形成阶段，大多数小孩使用的是本族语，这里采集了 12 位调查对象的语言材料。13—18 岁为语言基本定型期，能反映年轻一代的语言使用趋势，采集了 11 位调查对象的语言材料。19—59 岁语言已经定型，是一个庞大的语言使用群体，是考量一个民族语言使用的最主要的指标，其重要性最为突出，此年龄段采集了 41 位调查对象的数据材料。60 岁以上的老人是本族语最忠实的使用者，是考量语言历时变化的一个重要参考指标，此年龄段采集了 17 位壮族老人的数据材料。

二、语言使用特征

（一）年龄特征

武鸣区是一个非常典型的壮族聚居社区，壮语的使用人群广，使用场合多。因此，在对母语为壮语的受访者的调查中，各项指标所反映的壮语使用情况在各年龄段所表现出的差异并不是十分明显，但普通话或汉语方言的能力则有明显差异。

此次调查中，12 岁以下的调查对象人数相对较少，因为在小学阶段及入学教育阶段之前的孩子，在壮语的使用方面没有任何问题。在壮族村寨中，他们彼此之间及与家庭成员之间唯一的交际语言就是壮语。他们接触汉语的主要途径是电视、广告等现代媒体，但这是单向的，没法构成双向的沟通，因此影响力有限，特别是学龄前儿童，不具备汉语交际能力，是纯粹的母语单语型。

13—18 岁这一年龄段调查者共计 11 人，有 9 人为壮族，2 人为汉族，全部为在校学生。这一阶段的调查者中能够流利地使用母语壮语的人数为 10 人，只有 1 人仅会说一些日常用语。对于其他少数民族语言，有 7 人表示完全听不懂，有 2 人没有接触过其他民族语言，1 人基本能听懂，但不会说，还有 1 人基本能听懂一些日常交际用语，基本可以和他人交谈。除了 2 人完全不会汉语方言外，其他人基本上都会，有 3 人虽然能基本听懂一些日常交际用语，但却完全不会说，只有 1 人是既能完全听懂且会非常熟练地使用。普通话能力则较强，除了 1 人完全能听懂且基本能交谈之外，其他 10 人完全能听懂普通话且能熟练交谈。

19—59 岁调查对象共计 40 人，基本上平均分布在各个年龄段，其中壮族 33 人，汉族 7 人。这一年龄阶段的调查对象是家庭组织与社会组织的主要成员。他们从事各行各业，其中农民占绝大多数，共 25 人，外出务工人员 3 人，学生和企事业工作人员各 2 人，个体劳动者 3 人，有 4 人是公务员，还有 1 人是教师。所调查对象的汉语方言白话、横塘话，武鸣话①水平参差不齐，其中对于一种方言完全能听懂且能熟练交谈的对象仅为 17 人；基本能听懂且基本能交谈的为 9 人；能听懂一些日常用语也会说一些日常用语的有 4 人；基本不会说的有 6 人。普通话的水平相对较高，完全能听懂也能运用普通话熟练交谈的共计 30 人；完全能听懂也基本能交谈的有 9 人；基本能听懂也基本能交谈的有 1 人。

60 岁以上年龄段的调查对象共计 17 人，其中壮族 14 人，汉族 3 人。外出务工人员、工人、公务员均 1 人，教师 2 人，其余 11 人均为农民。除 1 人自附近村落嫁入外，其余 16 人皆世居本地，基本不曾外出。这一年龄段的调查对象壮语水平最高，是壮语最忠实的实践者，汉语水平较低，其中 3 人完全听不懂也完全不会说方言。普通话水平相对较高一点，但整体水平仍然相当低。其中 5 人完全能听懂普通话且能熟练交谈；4 人完全能听懂且基本能交谈；6 人基本能听懂也会说一些日常用语；1 人能听懂且会说一些日常用语，还有 1 人完全能听懂，基本能交流。他们的人生活动范围基本上局限于村寨与乡镇。这些地段皆为母语通行区，交际用语为母语壮语，汉语的使用场合少之又少。因此，他们喜欢用母语交际且有意回避汉语交际，母语能力最强。

（二）性别特征

在武鸣县的性别语言能力调查中，不同性别在各语言使用方面具有明显的差异，这也与年龄段密切相关。

12 岁以下儿童不分男女性别，壮语能力均比较强，能熟练地运用壮语进行母语交际。

13—18 岁这一年龄段调查者共计 11 人，其中 9 人为壮族，2 人为汉族，男性 6 人，女性 5 人。就壮语口语而言，男女水平有差别。6 名男性中，只有 3 人完全能听懂且能熟练交谈，1 人基本能听懂，但只会说一些日常用语。5 名女性都表示完全能听懂且能熟练交谈；就普通话而言，男女的普通话水平都比较高，全部能够完全听懂，且能够熟练交谈。

① 白话、横塘话、武鸣话为武鸣区的 3 种主要汉语方言。

19—59 岁调查对象共计 41 人，基本上平均分布在各个年龄段，其中男性 21 人，女性 20 人。就壮语而言，除 3 名汉族不懂壮语外，男女水平相差不大，37 人表示完全能听懂且能熟练交谈，1 人表示基本能听懂且基本能交谈。就普通话而言，41 名调查对象都表示完全能听懂普通话，只有 3 名男性和 1 名女性基本能够交谈，其他人都能够熟练交谈，可见这个年龄段的被调查者不论男女，壮语和普通话水平都很高，是双语人的主体部分。

60 岁以上年龄段的调查对象共计 17 人，其中男性 13 人，女性 4 人。这一年龄段的人群除 2 名汉族不会壮语外，其余 15 人不论男女都表示完全能听懂壮语且能熟练交谈（里面包含 1 名汉族）。就普通话而言，男女的语言能力相差不大。4 名女性中有 1 人基本能听懂，有 2 人基本能交谈，剩下的都完全能听懂且熟练交谈。13 名男性中 1 人基本能听懂且会说一些日常用语，4 人基本能听懂且基本能交谈，3 人则完全能听懂且能够熟练交谈，剩下 5 人都能听懂但有 2 人基本不会说。

三、语言使用现状结果分析

从人口比例来考察，联兴村是一个典型的以壮族为主的聚居村庄，也是广西少数民族地区本族语强势型[2]个案研究的一个典型代表。这里的壮族在日常生活中最常使用的交际语言为母语——壮语。武鸣县绝大部分地区在家庭内部、村寨内部以及村寨之间，都使用通行的武鸣壮语。除了壮族，有部分汉族杂居在屯里，还有极少量汉族独居的村落。他们不会讲壮话或壮语讲得不流利，但基本能听懂壮语。

在武鸣，壮语的使用几乎遍及壮族群众日常社会生活的各个领域。当可以用壮语或汉语来沟通的时候，人们会优先选用壮语而回避汉语（普通话）。汉语方言（这里主要指横塘话）虽然使用频率也很高，但他们首选的语言还是壮语，而普通话在武鸣县的使用非常有限。

（一）语言习得情况

语言习得情况既反映了调查对象的语言背景，而且也反映了当地的语言生态。

对于小时候（5 周岁前或上小学前）最先会说的语言或方言，年龄小于 19 岁的有 20 人表示最先学会说壮语和普通话，大于 19 岁的有 61 人皆表示最先学会的是壮语。90% 的调查对象都表示完全听得懂壮语且能熟练交谈，75 人表示通过社会交往学会壮语。习得各语言的顺序，基本按照“壮语—普通话—横塘话（武鸣话）”或者“壮语—横塘话—普通话—（武鸣话）”的模式。

由此可见，壮语在当地仍然扮演着文化传承与社会交际的功能，老年人以“壮语—横塘话”或“壮语—武鸣话”双语为主，年轻人有多语能力，但仍然以壮语作为主要的交际工具。

（二）家庭内部语言使用情况

对于小时候父母与自己的交际语言，58 人均表示为壮语。有 16 人的父亲去世，17 人的母亲去世，48 人的父母还健在。这 48 人表示现在与父母的交际语言仍为壮语。对于与同辈（含兄弟姐妹）的日常交际语言，55 人均表示为壮语。除 30 人未婚或丧偶外，多达 40 人表示使用壮语与配偶交流。除 34 人未婚无子女外，39 人表示用壮语与子女交流。从以上数据分析可以看出壮语几乎是武鸣县壮族家庭唯一的交际语言，家庭成员间的壮语使用率很高。

（三）不同场合语言使用情况

与本民族聊天时，81 名调查对象中有 65 人表示在与壮族同胞聊天时使用壮语进行交流。在本地集贸市场买东西时，有 60 人表示会使用壮语来进行交流。去本地政府部门办事时，有 7 人表示会使用壮语来进行交流。使用普通话的人数有所增加，高达 44 人，另有 15 人则表示看对方使用何种语言而选择相应语言。当自己特别急的时候，有 46 人表示脱口而出的是壮话。民俗活动（如婚丧嫁娶等）中的仪式是比较正式的场合，由专门的人员来主持，所用语言也比较正式，81 名调查对象中有 49 人表示使用壮语来举行仪式，其中 5 人同时选择了壮语和普通话，但没有人选择白话，说明白话与当地民俗活动结合不紧密，没有融入当地的社会生活。另有 19 人使用多种语言。

从以上数据分析可知，壮语在人们的日常社会活动中占有重要地位，是主要的交际工具。

（四）文字使用情况

壮语有文字，但是壮文的使用情况相对于语言来说则不容乐观。60 名调查对象均表示不懂得本民族的文字，几乎没有接触过。在略懂壮文的人群中，只有 4 人表示能借助工具书（如词典）阅读或书写文章或其他作品，另有 4 人表示大致能看懂能书写简易读物。关于壮文的出路，调查对象存在矛盾的心理，一方面是多达 22 人明确表示学习壮族文字没有用处，另一方面又多达 50 人表示有必要保护壮族文字，因为这是一个民族的东西，只有 11 名受访者表示没有必要保护。

（五）语言态度

壮语是壮民族的语言。调查对象中有 66 人认为学习壮语有用，75 人认为壮语受到普通话的强烈影响，61 名调查对象表示有必要采取措施保护本民族语言，52 人表示赞同在广西范围内开播壮语电视节目，并认为这是强化壮语并维护民族权利的一项举措。在双语方面，人们表现出了极大的热情，61 人迫切希望本族人都成为“本族语—汉语”双语人；73 人认为在自己居住的地区民族语和汉语都应该是重要的，认为双语有利于融入社会；44 人不愿意汉语成为本地区唯一的语言；68 人认为儿童应该学习两种语言。对孩子发展最重要的语言次序，24 人表示依次是普通话—壮语；6 人表示依次是壮语—普通话。对于壮语的前途，人们表现得很乐观，74 人认为民族语和汉语在本地区能共存，54 人认为壮语能保持很长时期，不会消亡。

四、结论

通过以上调查数据分析，我们可以得出以下结论：

（1）壮语仍然是联兴村最主要的日常交际语言，与汉语方言和普通话和谐共处，发挥着各自的语言功能。

（2）“代际传承是衡量语言濒危程度的核心指标之一”[3]。联兴村壮语代际传承良好，仍具有较强的活力，老中青少均具有良好的母语语言能力，绝大多数人为双语人。就双语而言，人们普遍认为普通话很重要，普通话在该地方的存在必将进一步加强。

（3）壮语与壮文的使用呈现出不平衡性，存在语言能力强而文字能力弱的现象，加强文字的推广势在必行。

（4）从语言态度来看，联兴村壮族表现出对壮语的热爱，但是现实的要求又迫使他们接受了普通话或其他汉语方言，表现出开放的语言态度。

【参考文献】

[1] 戴庆厦．构建我国多民族语言和谐的几个理论问题 [J]. 中央民族大学学报，2008（2）.

[2] 周国炎．布依族语言使用现状及其演变 [M]. 北京：商务印书馆，2009：19.

[3] 孙宏开．关于怒族语言使用活力的考察——兼谈语言传承和保护的机制 [J]. 玉溪师范学院学报，2015(1).

公务规范使用壮语文对促进民族团结进步起到重要作用

黎学良　赵金宾　潘向苗[①]

一、贺州市及桂、湘、粤三省（区）交界壮族和壮语文基本概况

地处桂、湘、粤三省（区）交界的广西贺州市是多民族聚居的新兴地级市。全市现有1个民族自治县、5个民族乡、212个少数民族行政村。全市主要有瑶族、壮族、苗族等18个少数民族，人口约38万，占全市总人口的15.7%，其中壮族9万余人。同时贺州市还与广东省的连山壮族瑶族自治县连南县、连州市、怀集县、罗定市，湖南省的江华瑶族自治县、江永县、道县以及广西的平乐县和恭城瑶族自治县山水相连。这样的一个省际交界圈子里有壮族同胞16.5万人。长期以来，这里的壮族同胞不仅生活习俗相似，而且语言也相通，还和各民族兄弟姐妹团结奋斗，为民族团结进步以及省际贸易经济发展、社会繁荣做出过应有的贡献，壮语文也得到广泛传播。改革开放以来，特别是近年来，随着经济社会的快速发展、城镇化进程的不断加快以及婚姻互动不断扩大，少数民族被汉化的现象日益严重，壮语文的使用出现危机。如何使壮语文得以保护、传承、推行，贺州市采取的办法首先是从公务规范壮语文入手。

二、全市公务和群众生产生活在壮汉文应用中存在的问题

为进一步贯彻落实民族语文政策法规，更有效地纪念国务院颁布《壮文方案》六十周年，充分体现民族平等和民族文化特色，去年下半年以来，贺州市政府办、市民委、市民语委联合组成三个督查组对全市壮语文应用和乡镇人民政府以上法定单位使用壮汉两种文字书写牌匾、刻印公章的情况进行集中检查。

这次检查采取抽样方式进行，范围涉及全市三县两区和市政府组成的委、办、局和乡（镇）共50个单位。从检查情况看，50%的单位能正确使用壮汉文字书写单位牌匾和刻印公章，特别是新成立的平桂管理区和富川瑶族自治县壮、汉双语文应用推广工作做得较好。但在检查中仍发现一些存在的问题：一是10%的单位尚未使用壮汉两种文字书写单位牌匾、刻印公章。二是15%的牌匾使用壮汉两种文字书写，但刻印公章没有使用壮汉两种文字；或是单位刻印公章使用壮汉两种文字，牌匾没有使用壮汉两种文字书写。三是25%的单位存在着书写不规范、壮文拼写错误、壮汉文书写位置颠倒、字母笔画脱落或字迹模糊等情况。四是40%的干部群众不知道牌匾上的壮文，有的说不在意，有的说是汉语拼音，更有甚者说是英文。五是随着经济社会的不断发展，工业化、信息化、城镇化、市场化、国际化进程的不断加快，人民生活水平的不断提高，城乡之间、区域之间、民族之间的差别不断缩小，各民族人民关系更加密切，

① 黎学良，男，汉族，广西壮族自治区贺州市民族宗教事务委员会副主任，市少数民族语言文字工作委员会主任；赵金宾，男，瑶族，广西壮族自治区贺州市民族宗教事务委员会办公室主任，市少数民族语言文字工作委员会专职副主任；潘向苗，女，壮族，任职于广西壮族自治区贺州市少数民族语言文字工作委员会。

来往更加频繁，婚姻互通增多，原来偏僻的壮族山村不断被现代化气息所渲染，人们的生产生活水平有了很大的提高。随之而来的就是风俗习惯、生活方式及语言习惯的不断改变。在壮族聚居区随时随地都听到南腔北调的普通话和少男少女染成黄色、红色乃至绿色的头发，传统语言显然被强势汉语取代，而作为幼儿期的壮文面临更大的挑战，壮语壮文使用出现危机。如壮族人口达 98.6% 的八步区南乡镇前两年举办了一场原生态壮语山歌大赛，报名参赛的只有 7 个过了 60 周岁的妇女，台下观众还没有台上的歌手多。针对这些问题，督查组将其整理归类，以市政府办公室名义下文提出整改意见，要求限期整改，对问题较多的还在一定范围内进行了通报。

三、导致这些问题的主要原因

通过深入广泛的调查发现，导致这些问题的主要原因有以下四点：

（1）风俗习俗相互融汇

贺州是个多民族聚居地区，各民族父老乡亲、兄弟姐妹朝夕相处，共同奋斗，团结友爱，情同手足，各民族习俗相互借鉴、相互融汇。

（2）婚姻互动的影响

受现代、时尚生活影响和社会体制的改革变化，年轻人走出村屯接触广泛，交际面广，婚姻互动频繁，联亲面广。当地不少夫妻，女方是外地的，为方便交流夫妻俩在家里讲普通话，小孩的母语即为普通话，虽然在民族成分上是壮族，但已经不会讲壮话。同时因婚姻联亲人员来往密切，经常和不是壮族的一方用其方言讲上几句，习惯成自然。

（3）推广普通话的影响

随着经济发展和交通便利，壮族同胞特别是 70 后、80 后的壮族年轻一代，比较重视下一代的学习教育，为了努力培养和造就新一代，都会千方百计创造条件将孩子送到集镇或是县城上幼儿园、小学、中学，到区内外大城市上大学。为适应教学、沟通和未来发展的需要，大多数家长都学讲普通话，用夹壮夹汉的话或其他民族方言来教孩子说话。

（4）外出务工的影响

随着经济社会发展和劳务市场化，在外择业人数骤增。如壮族人口近 30000 的八步区南乡镇有 5600 多名青壮年在外地打工，平时上下班交流基本融入当地语言和工友的多种语言；平桂区鹅塘镇芦岗村壮族人口 2061，仅在广东顺德勒流打工的就有 87 人，现已升为某企业主管的欧阳明说虽然老乡们同在一个镇打工，平时也很少见面，就是每年的“三月三”聚在一起，讲几句壮话后自然又采用其他语言了。随着人口异地交流渐多，人们交往时讲普通话的越来越多，普通话、桂柳话或粤语等逐渐成为人们的共同语言，少数民族语言日渐势衰。只有在县城或集镇里相遇，与会讲壮语的熟人交流时才讲几句壮话。

（5）壮语文重视度带来的影响

地方政府对壮语文的保护、传承、推行工作有待加强。市一级民语工作部门为挂牌单位且无工作经费，县区级没有民语工作部门，目前全市也没有一所学校开设壮文课程。少数民族群众缺乏少数民族荣誉感和自豪感，认为本民族落后、语文土气。

四、在公务和壮族群众生产生活中如何规范应用壮语文的对策、举措

壮文是国务院颁布的少数民族文字，也就是一种法定文字。壮文的发布实施，是党和国家民族政策的成果。为更好地保护、传承、推行壮语文，贺州市人民政府根据去年下半年派出督查组对全市壮语文应用和乡镇人民政府以上法定单位使用壮汉两种文字书写牌匾、刻公章情况进行检查发现存在的问题，

结合本地实际，通过搭建“四个平台”对壮语文进行保护、传承和规范壮语文的应用。一是从宣传倡导平台（如双语宣传、影视传播等）入手。精心策划开展壮语文宣传活动，利用元旦、春节、“三月三”等重大节假日营造宣传氛围。仅去年上半年至今，在市区主要街道、交叉路口、交通要道、广场公园、宾馆酒店、出租车车载广告、邮政公共报亭、大型公益 LED 广告屏和手机短信等，发送含壮、汉文短信，摆置标语宣传牌或横幅 50360 多条（幅），在壮族人口 1000 以上的村屯放映壮语电影《天琴》《寻找刘三姐》60 场，观众达 3 万多人。同时还充分利用好贺州电台、电视台、《贺州日报》、自治区民语委门户网站以及《广西民族报》《三月三》杂志等媒体，大力宣传少数民族语言文字工作相关政策法规，进一步增强广大干部群众对少数民族语言使用、传承和保护的重要性的认识。精心策划和开展推广少数民族语言和壮文活动，进一步提高了壮文在贺州的使用率和知晓度。二是强化推广应用平台（牌匾、印章、通告使用）为抓手。全市先后有 570 多个单位到民语委、公安部门和政府办重新翻译、核对、纠正、更新壮汉文字不规范的牌匾、公章，使其统一、规范、美观大方，以崭新的面貌迎接党的十九大胜利召开。为此，市政府还通过引进特殊人才机制，从外地调入一名懂壮文的干部到市民语委工作。同时在壮族聚居的乡镇颁布通告、下发文件进行公务公开、政务公开应用壮、汉文字的尝试，深受壮族同胞的欢迎。三是搭建传承保护平台（培训、母语教育等）。成立少数民族业余文艺队、壮剧队到少数民族村（屯）巡回演出原生态歌舞或少数民族语言剧目，去年至今累计举行文艺汇演 70 多场，观众达 10 多万人；同时以家庭、幼儿园为单位，要求在儿童入学前对他们进行母语教育。四是搭建学术交流平台。依托贺州学院、贺州职业学院等高校，开展课题横向联系，支持壮语文等民族语言研究，聘请贺州学院文化与传媒学院牟华林、刘宗艳、杨碧婉等少数民族语文专家到民语委挂职。目前，国内首个实体语言博物馆——贺州学院语言博物馆已经成立。多年来，该学院邓玉荣教授等学者已经对贺州的民族语言文化展开了研究，并对现有成果加以保存和保护，取得了很大的成果。同时，在现有基础之上完善语言博物馆建设，继续开展新的调查研究，确定新的研究对象和方向，扎实有效地开展民族语言文化的保护工作。此外，还积极参加广西民研会开展的研讨活动。目前已在《广西民族报》《贺州日报》《今日贺州》等报刊发表有关民族语文的学术论文 8 篇。

五、公务规范使用壮语文对促进民族团结进步起到重要作用

贺州市人民政府这次组织工作组对法定单位牌匾书写和刻公章使用壮汉两种文字的情况进行督查、整改、规范使用，不但没有影响到政府形象，反而对塑造政府形象，对人民群众，特别是少数民族群众增强民族自豪感和自信心，促进民族团结进步起到重要作用。今年初，八步区南乡镇在广东深圳打工的覃文鑫领着湖北籍女朋友到政府办理结婚登记，看到挂在大门口上的人民政府牌匾上写着壮文和鲜红的结婚证的公章上也刻着壮文，无比自豪和骄傲地对妻子说：“你看到了吧，这就是我们壮族的文字！”其他少数民族看到人民政府门口牌匾的壮文也对壮族同胞更加敬重。一些干部职工接送孩子进出政府大门时，都习惯性地指着牌匾上的壮文说：牌匾上有点像汉语拼音和英文的是壮文。它意味着我们贺州是由广西壮族自治区管辖的。

总之，以贺州为例，公务中规范使用壮语文不仅更权威性地保护、传承和推行壮语文，不断维护人民政府形象，而且对进一步促进民族团结进步起到重要作用。同时更好地因地制宜，充分结合贺州和广西环境的特点，借助值得开发的资源，改善不利的条件，保障壮语文的应用和机构的力量，重视壮语文教育的发展和推进，利用各种宣传手段和平台，为壮族地区营造良好的壮语文环境，力争壮语文在壮族地区得以传承和发展以及得到其他民族同胞的认同。

推动壮汉双语文优势互补，促进壮族社会和谐进步

卢勇斌[①]

语言文字工作关系到社会的各行各业，关系到每一个人，是一项涉及面广、影响深远的社会公共事业，其规范化程度是社会文明进步的重要标志之一。做好语言文字工作对推动先进文化建设、促进先进生产力发展、构建社会主义和谐社会和全面建设小康社会具有十分重要的意义。民族地区由于语言文字的多样性和复杂性，语言文字工作的政策性、社会性、科学性则更加明显，工作面临的挑战更为突出。

一、正确认识和掌握壮族地区的语言形势

壮族人口有1700多万，主要分布在广西、云南和广东等省区，居住连成一片，并与汉、瑶、苗、侗、布依、仫佬、毛南、彝、回、京、水、仡佬等民族比邻而居，形成大杂居、小聚居的状态。除了回族已经转用汉语之外，其他的民族都在使用本民族的语言，因此壮族聚居地不仅是一个多民族的聚居地，而且是一个语言多样化的地区。生活在多种语言并存的地区，使壮族群众深受影响的语言有两种：壮语和汉语。

（一）壮语文的使用情况

壮语是壮族的主要交际工具。目前，除了壮族在使用壮语之外，还有瑶、汉、毛南等民族中的一部分人也兼通和使用壮语。因此，综合起来，使用壮语的总人数可达2000万之多。尽管壮语有标准音和法定文字，但因接受过标准壮语文教学的人并不多，能讲标准语和正确使用壮文的人最多也就100万左右。因此，2000多万的壮语人基本上是壮语方言人，绝大多数的壮族同胞都只会讲壮语方言，并不真正了解和掌握壮文。对2000万壮语人作进一步的分析，我们还可以把它划分成下面3种类型：

1. 单一使用壮语类型

母语为壮语，用壮语思维，日常交际使用壮语。这些人长期生活在农村地区，虽然其中有一些人上过学，接受过汉语文的教育，但因教学质量低下，且读完书之后最终扎根乡下，始终生活在壮语的语境里。因听不懂汉语，他们无法从以汉语为载体的广播、电视、电影等媒体上吸收各种信息。这些人多半是文盲或半文盲。这个类型的壮语人占壮语使用总人数的50%以上。

2. 壮汉兼通的双语人类型

母语为壮语，后接受汉语文教育，兼通汉语，能够使用壮汉两种语言来交流。壮汉双语兼通的人，还可以按双语能力的强弱细分为两种类型：壮强汉弱的双语人类型和壮汉熟练的双语人类型。

（1）壮强汉弱的双语人类型。这类人母语为壮语，用壮语思维，日常交际以壮语为主。他们由于在校读书接受过汉语文的教育，通过汉语文听说读写的教学和训练，能听得懂汉语，识别常用汉字，加上

① 卢勇斌，男，壮族，广西民族大学文学院副教授。

常年外出务工，经常接触汉语，所以基本上能够根据不同场合、不同对象选择壮语或汉语（含汉语方言）来进行交流交往。但他们在讲汉语时，受母语影响大，壮语口音重。这种类型的壮语人占壮语使用人数的 40% 左右。

（2）壮汉熟练的双语人类型。母语为壮语，后接受过比较高层次的汉语文教育，具有较高的汉文化素养，成为真正能够熟练地操汉壮双语的人。壮族地区存在双语现象，但并不是人人都会双语，能用双语的。会双语、能够熟练地进行壮汉双语转换的，主要是城镇中的壮族居民，如县以上的机关、企事业单位的工作人员、商人、干部家庭中的人。这种类型的壮语人占壮语使用人数的 5% 左右。

（3）母语并非壮语，而是汉语或瑶语等其他民族语言，因生活在壮族地区，接触并学会了使用壮语。这类人日常交际均以其母语为主，只是跟壮族人交往才使用壮语进行交流。这种类型的壮语人占壮语使用人数的 5% 左右。

值得一提的是，壮族地区群众对母语一直有着深厚的感情，在交际的双方均为同一母语的情况下都会首选母语来交际，故意不说母语，而改说别的语言，均被指为“卖弄”，被认为是不道德的行为。

（二）汉语文的使用情况

汉语不仅是汉族人的母语，也是中华人民共和国的通用语言，使用范围广泛。在壮族地区流行的汉语包括普通话和汉语方言。壮族人日常使用汉语来交流的地域仅仅限于县级以上的小城镇。

壮汉两个民族的交往历史悠久，壮汉语相互交流，相互影响由来已久。长期以来，壮族地区跟汉族地区一样，正式的学校教育一直使用汉语、汉字授课，使用汉文教材，传授汉族文化知识。后来虽然实施了壮汉双语教学，但开展壮汉双语教学的学校规模小，在壮族地区所占的比例不大。学校教育对语言文字使用的作用是不言而喻的。据有关调查资料显示，广西人口中约 80% 有一定普通话会话能力者，其学习普通话的主要途径均来自学校教育。

对于壮族子女在学校中接受汉语文教育所取得的“成效”，无论外界还是壮族自身在认识上一直存在着偏差：很多人都认为“广西各地各民族都汉化了”，“都懂得讲汉语文，都掌握了国家的通用语言文字”。这些人所理解的“掌握汉语文的标准”也就是“能使用普通话或汉语方言来进行日常会话，能听得懂电视电影里讲的汉语”。这是人为地拔高了壮族人的汉语文水平。实际上，广西学习使用国家通用语言文字的范围虽然很广，普通话普及率也比较高，但实际效果并不理想，总体水平还比较低。就壮族而言，由于语言背景（母语是壮语，主流语境是壮语，仅仅只是课堂上讲汉语）以及教学方式（用汉语或兼用壮语做辅助工具给母语为壮语的学生授课）等先天条件的制约，汉语文的教学质量更不容乐观。比如：根据 2014 年广西教育厅调研数据显示，壮族人口中说讲普通话流利标准的占 3.62%，音不准的占 15.60%，口音比较重的占 10.51%，能说欠熟的占 29.56%，挺难说的占 21.19%，略听不说的占 13.30%，不听不说的占 7.23%。

总而言之，壮族人对汉语并不排斥，对汉语文的态度总体上是积极、肯定和包容，甚至是崇拜的。尽管有不少壮族人学会了汉语文，能讲普通话，但总体水平比较低，兼通汉语的人不到 50%，且能讲流利的汉语大多仅为变异的西南官话、白话等汉语方言，普通话大多并不熟练。

二、积极推进壮汉双语文优势互补，促进壮族社会和谐进步

面对壮族地区复杂的语言现状和艰巨的工作任务，各级语言文字工作机关必须认真学习、宣传、贯彻《国家通用语言文字法》和《广西壮族自治区少数民族语言文字工作条例》，把语言文字工作纳入法

制化轨道。深刻影响壮族人民社会生活的壮汉双语，两者既互相矛盾，又互相统一。正确处理两者矛盾关系，倡导壮汉族互相学习语言，鼓励少数民族在学习使用本民族语言文字的同时，学习使用汉语言文字，达到壮汉双语兼通，使国家通用语言文字和少数民族语言文字在自治区改革、发展、稳定工作中发挥各自的优势。

（一）充分肯定和提倡国家通用语言文字的学习和使用

汉语是国家的通用语言。首先，各级职能部门必须采取有效措施，进一步做好汉语言文字的各项工作，依法推广、普及普通话，督促和指导党政机关、学校、新闻媒体、公共服务行业把普及普通话纳入本部门、本单位的管理内容，作为对干部职工的工作要求，使普通话成为国家机关的公务活动用语，学校及其他教育机构的教育教学和集体活动用语，广播电台和电视台的播音、主持和采访用语，话剧演出和电视专题片用语，汉语音像制品、有声电子出版物用语，各类会议、展览、大型活动的工作用语，公共服务行业的服务用语。其次，积极倡导和鼓励广大壮族群众学习国家通用语言文字，以适应社会发展的需要。广西各族人民历来对国家通用语言文字广泛应用于经济社会发展各领域和民族自身个体的交际、升学就业、信息存储获取等方面的总体态度是趋于肯定的，这是我们开展汉语文建设工作的有利条件。但是，我们也要认识到，在广西少数民族聚居区内，客观存在着群众学习和使用国家通用语言文字感到困难的情况，壮族地区急需有效的办法去解决少数民族干部群众的“特殊需求”。只有因地制宜，采取大力培养培训民汉兼通双语人才等有效措施才是解决问题的主要途径。

（二）积极推广和使用壮语文，充分发挥壮语文的优势

少数民族语言文字不只是一个表象性符号，还是本民族人民的思维工具、交际工具，也是民族文化的载体。它除了在民族平等的政治层面发挥作用外，也是民族心理的需要，承载着民族认同感，顽强地植根于一个民族内心。相比汉语文，在壮族地区，从社会功能来看，壮族语言文字在下列几个方面有不可取代的作用。

1. 基础教育阶段的双语教学

常年以来，广西少数民族地区的教育质量存在一直不够理想的问题，反映出广西少数民族地区因学校教学用语跟日常用语不一致的矛盾等长期存在的深层次问题。在壮族农村地区，儿童入学前普遍以壮语为交际工具。入学后，教师要用壮语来对应讲解课文内容，壮族儿童才能明白相应的知识。假如没有壮语来作教学辅助工具，这些学生对课文知识的吸收是大打折扣的。

2. 双语师资的培养

少数民族要发达，教育要优先发展。教育事业要发展，教师的素质至关重要。没有兼通壮汉双语的合格师资，壮族地区的教育要大发展是不可能的。要有大量合格的双语师资，同时还要有完善的教学体系，壮族地区的基础教育才有可能长足发展。民族地区十分需要民汉双语、多语人才的培养培训、使用工作的开展。各级地方行政、司法、教育、医疗、服务等部门，特别是基层一线的部分从业人员要掌握和使用当地民族语或汉语方言才能更好地同基层群众打交道，更好地履职。

3. 民族文化传承与研究

任何一个民族发展到今天，都在自己的发展史上积累了宝贵的文化财富。壮族有几千年的文明发展史，其历史贡献丰厚。物质方面有稻作、铜鼓、竹编、纺织、印染等，精神方面也有自己的哲学、宗教、道德及价值观等。要传承优秀的文化，离不开本民族的语言文字。

4. 民族古籍整理

壮乡号称“歌海”，有著名的歌圩文化。壮族民间歌风浓烈，各地流传着大量的歌本。这些民歌是宝贵的文学财富。要挖掘整理这些歌本，没有民族语言文字，根本不可想象。

5. 民族医药与民族植物研究

壮族地区拥有丰富的植物资源，先民们在与疾病作斗争时积累了宝贵的经验。壮医壮药是中华医药的一大宝藏。壮族能发展壮大到今天近 2000 万人口，没有自己的医药知识和保健手段是不可想象的。仅肉桂（gaujnoh）、田七（samcaet）、薏米（haeuxrou）三项，每年不知令多少人受惠！用民族语言文字挖掘壮医壮药的知识，能给医疗保健事业提供新的药物和有效的治疗手段。

6. 农村科普推广应用

由于语言隔膜与信息流通不畅，壮族农村民众很欠缺各种实用科技知识。如果在农村科普推广工作中运用民族语言文字，效果肯定大不相同。广西电影公司译制的科普影片，因用民族语言来传播科技知识，故大受少数民族群众欢迎。每每放映这类片子，几乎全村民众全体出动观看。

7. 影视文艺表演

目前广西的电影电视节目以及各种文艺表演多以汉语为媒介，反映少数民族生活且用民族语言来演播的节目非常稀少。一般民众虽然也有电影电视可看，但真正领会内容而且能转化那些相关知识的人毕竟很少。用民族语言演播少数民族喜闻乐见的节目很受人们青睐，节目内容与演播语言所产生的亲近感是无法用其他语言替代的。

8. 时事政策宣传

语言隔膜导致沟通不畅，所以国家的政策法规要落实到民族地区的基层农村，时间上比较缓慢，执行时还因理解上的因由而打折扣。如果直接使用民族语文进行时事政策宣传，实际效果就大不相同。在壮族聚居地方，计划生育、公安、税收、征兵等政府部门都在运用民族语文来编写宣传材料开展相关工作。因工作用语跟民众语言一致，相关政策法规的内容就容易为民众接受而得到落实。广大民族地区少数民族干部群众在贯彻党和国家的许多法律法规，接受生产生活知识和信息时，很多时候都要用民族语或换成当地通用的汉语方言才得以明晰和理解。

9. 濒危文化保护

确保少数民族人口能够利用有声望的国家标准语言并获得识字能力，同时又支持少数民族语言的代际留传。这个双重性的目标之间是具有互补性的。执行民族平等政策，坚持民族团结共同发展，符合国家的长期利益。保护文化的多样性，有利于社会和谐与进步。少数民族语言文字本身就是一种文化资源。要保护弱势的民族语言文化，首先就要研究和描写这些民族语言，了解这些文字。了解少数民族的语言文字，才能有效地发挥其作用，才能有效地保护民族文化。

总之，我们对壮语文不仅要尊重，而且要用心去呵护、使用和壮大它，不能因为政策贯彻不到位、工作不到位而导致民族心理的失衡。

三、结语

民族语言之间相互影响和各民族之间互相学习的现象客观存在。壮族地区壮汉双语之间既有竞争又有互补，二者相互作用，共同编织成了壮汉两个民族语言动态和谐之网络。壮族地区各级机关应该加强调研，积极构建壮族地区和谐的语言环境，大力推动壮汉语言文字的优势互补，使民族语文和汉语文在更加稳定、和谐的关系中相互促进、共同发展，进而促进壮族社会和谐进步。

以民族团结进步创建工作为契机全面推进边境民族地区民族语文工作发展

——以崇左市为例

陆 琨[1]

民族团结进步创建活动是我国民族工作的重要品牌之一，在推动广西民族团结进步事业中发挥了积极的作用。党的十八大以来，以习近平同志为核心的党中央总揽全局，高瞻远瞩，系统地提出了新形势下加强民族工作的新思路，对民族团结进步创建的理念、形式、方法和主要任务作出一系列部署。开展民族团结进步创建活动，是党和国家推进民族团结进步事业的重要举措。少数民族语言文字工作是“民族团结进步创建活动”的重要内容，对深化新阶段民族团结进步创建活动具有重要意义。

一、民族语文对民族团结进步创建活动的作用

少数民族语言文字作为一种民族符号，是民族文化的外在表现形式。民族学家的符号互动理论认为，人类群体通过语言、手势和行动实现了互相之间的沟通，人类互动主要依赖这些符号。从文化意义上来讲，民族符号就是这个民族的特征，最主要的表现就是民族的语言和文字，具体表现为历史、传说、宗教、民歌、节庆等各种符号。这些内容的表达均离不开少数民族语言文字。

国内有学者认为，民族语言文字是最能体现民族自我认同和他者认同、标识民族边界的最典型、最活跃的文化元素。它常会成为强有力的群体标记，不仅对于它所归属的民族极为重要，而且对于他族理解这个民族的文化也非常重要。因此，民族语文工作的传承和发展对于民族团结进步创建活动具有非常重要的意义。

（一）民族语言文化能满足少数民族群众的精神需求

社会生活中，人与人都有情感和归属的需求。山歌作为民族语文的表现形式，在生活中得到广大少数民族群众的喜爱和传承。山歌作为一个重要的民族符号还是满足少数民族同胞精神需求的重要载体。例如崇左市凭祥壮族民众自古以来常常用壮语山歌表达情意，交流感情。凭祥的歌坡、歌圩数量超过50处，如南山歌圩、那岭歌圩、隘口歌圩等；山歌有《放牛歌》《纳勒歌》《拜山歌》（“三月三”祭祀、祭祖所唱山歌）、《怀胎歌》《祝寿歌》《四季歌》《情歌》等7个种类。这些山歌内容丰富，曲调悠扬动听，音律独特，富有地方民族特色。由此可见，民族语文工作中对壮族歌圩活动的支持，能满足当地少数民族群众的精神需求。

---

① 陆琨，男，壮族，崇左市少数民族语言文字工作委员会干部。

（二）民族语言文化可以维持社会秩序

新中国成立以前，各少数民族都有一套自己的管理社会事务和维持社会秩序的社会组织形式。古老的歌圩活动在维护社会秩序方面有着辅助作用。例如崇左市仍盛行的歌圩有207个，各县（市、区）组建的山歌队、山歌协会有30个。这些山歌协会的会员，经常参加宣传各行各业的山歌宣传活动，宣传党的政策和国家法律法规，宣传党委、政府的中心工作，赞美家乡发展变化，歌颂先进人物和优秀事迹，批评不良现象和不良行为，有力地调动了山歌爱好者的积极性，活跃了少数民族群众的文化生活，使党的民族政策得到广泛宣传，使壮族山歌在群众生活中不断升温。这类歌坡活动气氛热烈非凡，乡土气息浓厚，增强了民族同胞对于未来生活的信心和勇气，维护了少数民族地区社会的稳定。

（三）民族语文工作能维护民族团结

目前，在广西境内使用壮语的人数已超过1600万。壮语文作为壮民族文化的载体和民族情感的纽带，是壮民族认同的重要依据。壮语文作为壮族人特有的民族符号相对稳定，而且毫无例外地体现在壮族人民的实际生活当中，体现在他们的思维方式和行为方式上，体现在他们所创造的物质和精神产品上，因此民族语文在形成本民族凝聚力和向心力方面有着举足轻重的作用。如每年农历“三月三”是广西壮族同胞的重要传统节日。节日当天，全区各地举行各类节庆活动共同纪念骆越先祖。其中最热闹最隆重的属歌坡、歌圩活动。这种活动不仅能进一步强化壮族内部的族群认同，还能强化壮族同胞的民族凝聚力和向心力。可以说，做好民族语文工作中的山歌活动工作，就是做好民族团结工作。

（四）民族语文工作能促进民族地区经济发展

边境民族地区旅游，因其独特的自然环境和人文环境而吸引了国内外众多游客观光体验民族文化。如凭祥市友谊关景区、大新德天瀑布景区、左江花山岩画等通过旅游开发，有力带动边境民族地区和谐社会构建。这些地方的旅游经济发展不但是贯彻党的民族政策、帮助民族地区群众脱贫致富的重要途径，还能推动民族地区和谐发展、弘扬民族传统文化。民族文化旅游推动了民族地区经济文化发展，民族地区文化又为民族地区旅游提供了宝贵资源，二者的发展实现双赢。崇左市民族边关旅游业蓬勃发展，正是多彩的边境民族文化和美丽的边关风情优美结合的结果。这些边关景区正在把新的节庆歌会及各种庆祝活动逐渐演变成新兴的歌圩。歌圩上民族群众载歌载舞，用自己的民族语言欢迎八方来客。目前崇左德天边关国际旅游节、宁明花山艺术节、天等天椒艺术节、龙州天琴艺术节等，都已经成为了崇左壮族新兴的“歌圩”，配合推动当地民族旅游业的发展。作为民族文化的重要组成部分，民族语文的传承发展对边境民族地区的经济发展的推动作用不可估量。

二、以往民族团结进步创建工作的经验和做法

由于在以往的民族团结进步创建工作中认真贯彻党的民族政策，围绕“共同团结奋斗、共同繁荣发展”这一主题采取有力措施，全方位开展民族团结进步创建活动，全面推进民族团结进步创建取得了很好的实效，许多经验做法值得继续开展。

（一）运用宣传手段对党和国家的民族政策、法律法规进行宣传

培育中华民族共同体意识，深入开展爱国主义和民族团结教育，引导各族群众牢固树立“三个离不

开”思想，不断增强“五个认同”，树立正确的国家观、民族观、宗教观、历史观、文化观是开展民族团结进步创建工作基本要求之一。如崇左市近年来从增进民族团结进步、促进社会和谐稳定、推动经济社会科学发展的高度，扎实开展民族政策法规和民族团结宣传教育，按照“民族团结大宣传”的理念，着力打造多层次、立体化、全方位的民族团结宣传教育格局，充分利用报刊杂志、广播电视、网络媒体、短信党课、电子屏、专题讲座、宣传资料等多种形式，结合山歌会、民族节庆、农家讲堂等各种群众喜闻乐见的方式开展宣传。近五年来，共开展民族团结宣传月活动 5 次，举办民族知识大赛 1 场，电视专题宣传 43 期，山歌比赛和文艺晚会 39 场（次），图文专栏宣传 6 万多字，短信宣传 10 万人（次），悬挂横幅 119 条，宣传板报 83 版，电子屏幕宣传 2800 小时，专题讲座和专题座谈会 9 次。这些宣传活动使民族团结进步创建深入全市各族群众心中。

（二）“和谐壮乡、团结进步”宣传教育活动的有效推动

健全民族团结教育常态化机制，把民族团结教育纳入国民教育、干部教育、社会教育全过程。这些年来，崇左市深入挖掘当地民族民俗文化元素，在城市社区、党政机关、企事业单位开展读书周、图片巡展、演讲比赛、山歌比赛、民族团结心连心等群众性宣传教育活动，累计开展“百团千场”“边境大舞台·天天演”“文化进万家、共筑中国梦”等主题文化演出活动 2732 场，征集“中国梦·我的梦”征文 105 篇，打造了民族文艺大汇演、壮族山歌擂台赛、骆越始祖公祭大典及“三月三”系列民俗文化活动等一批民族文化精品，“大榕树课堂”、边境“国旗工程”等活动成为品牌，取得十分好的效果，有力地推进当地民族团结进步创建活动。

（三）民族团结进步教育基地建设得到加强

加强民族团结进步教育基地建设，大力开展群众性主题实践教育活动，举办民族团结进步创建活动成果展等，是开展民族团结进步创建的利器。如根据《广西壮族自治区民族团结进步教育基地管理办法》要求，崇左市先后建成龙州红八军纪念馆、凭祥友谊关、天等县博物馆等 3 个自治区级民族团结进步教育示范基地和广西民族师范学院附属小学、崇左市壮族博物馆等 2 个市级民族团结教育示范基地。通过基地教育示范作用，弘扬了爱国主义精神，宣传了民族团结教育。

（四）学校民族团结教育得到巩固

把民族团结教育内容纳入教育教学计划，推动民族知识进课堂、进教材、进头脑，充分利用校内外资源，广泛宣传民族团结进步活动在国家繁荣进步、社会和谐稳定中的巨大作用，对拓宽民族团结进步创建工作的渠道有重要作用。如崇左市按照教育部和国家民委联合下发的《学校民族团结教育指导纲要（试行）》要求，在各中小学校发放统一编印的民族团结教育读本，组织中小学校开展国旗下讲话、民族团结主题班会、民族体育大课间等活动，组织部分民族学校建设民族知识宣传长廊、编印崇左乡土民族校本教材，增进各族学生对中华民族、中华文化的认同感，不断深化“三个离不开”的思想观念，使民族团结进步创建活动取得良好效果。

（五）突出抓好民族文化特色，积极打造民族文化品牌效果明显

以发展民族风情旅游、民族特色文化产业为抓手，充分利用少数民族传统节庆活动、文艺演出、体

育竞技、文化宣传栏、村规民约等多种形式，结合当地特点开展多种形式的民族团结进步创建活动，是一项重要的工作方法。如崇左市通过全力推进左江花山岩画文化景观申遗成功，精心打造“三月三”活动月山歌擂台赛、骆越根祖公祭大典等系列活动及发展民族传统体育、民族传统文化，先后成功举办3届崇左市少数民族传统体育运动会和3届全市中小学生民族传统体育运动会；先后举办7届全市山歌大赛和擂台赛，编印山歌集4本；先后开展不同形式的民族山歌手培训和创作指导班，有力地把民族团结进步创建活动推向高潮。

以上民族团结进步创建活动的开展，随处都展现有民族语文工作的身影。没有民族语文这个重要的工具，这些创建活动将难以在少数民族地区的群众中有效开展。

三、当前民族语文工作面临的问题

（一）少数民族语言文字工作的社会文化功能弱化严重

一直以来民语工作的社会地位、社会使用、社会影响均受到局限，导致民语工作被轻视或忽视。由于缺乏应有的法律地位，导致少数民族语言文字管理工作行政支持力度不足，经费投入不够。一些少数民族地区至今尚未建立民族语文管理机构，如崇左市扶绥县、天等县将民族语文工作职能并入县民族局，只明确由民族局一名副职领导分管民语工作，作为县民族局的一个内设机构。有些地区虽然建立了民族语文管理机构，但与相关部门的职责分工不明，民语工作人员被随意抽调，严重影响民族语文的推行、使用。民语工作部门壮语文专业人员缺乏，业务水平有待提高。这些现象都在很大程度上制约了少数民族语言文字传承和发展，影响了民族语文工作的有效开展。

（二）民汉双语教师师资队伍有待壮大

调研中，我们发现目前壮汉学校的壮语文教师严重短缺。由于双语师资培养渠道少，培训规模小，层次低，目前全市各地壮汉双语教师严重短缺，任科教师缺乏系统培训，对壮文只是一知半解。如崇左市大新县全茗镇中小学开设8个壮汉双语班，只有一个老师兼任壮汉双语课，而且该老师只接受过自治区民教处举办的3次短期培训。天等县东平乡中心小学从二年级至六年级共11个班开设壮文课程，只有3位语文老师兼任，而这3位老师只接受过自治区民教处举办的壮汉双语短期培训。全市的壮汉双语教师虽然参加了自治区教育厅举办的壮文基础短期培训班，但由于培训时间短，只掌握一些壮语基础知识，表达能力差，无法用壮文交流，还不具备壮文教师的技能。民汉双语教师师资水平的不足，不仅影响了民族语文的传播发展，也使得民族团结进步创建进校园的工作效果受到影响。

（三）民族语广播影视工作有待加强

民族语广播影视是宣传党和国家民族政策法规的主要阵地，也是民族团结进步创建的重要手段，但目前却存在一些问题。一是民族语专业播音（主持）人员缺乏，如崇左市本级广播电台、电视台在用的3位播音员（主持人）中有两位是借调人员，一位是暂时顶替，人员极不稳定。由于人员缺乏，一些节目难以维系。大新电视台《生活百宝箱》、电台《大新革命史》《边陲放歌》等3个壮语栏目已经停止播出。二是农村少数民族群众收看民族语影视节目仍有困难，收看的民族语节目时间短，内容单一。当前边境民族地区大部分的村屯没有开通闭路电视网线，群众认为闭路电视收视费高，不愿消费。多数群众选择使用卫星接收设备收看电视，无法接收市、县一级的电视节目。三是广播影视设备简陋陈旧、经费不足，民族语影视节目播放时段不够合理。有部分群众认为民族语节目土里土气，对民族语节目不感兴趣。这些不良因素导致边境民族群众无法享有收听收看本民族语言广播电视的权利，影响了民族团结进步创建的有效实施。

（四）少数民族语文在维护国家文化安全及边疆稳定方面力量薄弱

广西有 637 千米的陆地边境线。生活居住在边境线上的基本是少数民族。当国内少数民族语言文字的文化产品不能满足本民族群众需求时，境外同语种、同文种的文化产品就有可能会乘虚而入，民族团结进步创建工作就将面临考验。如崇左市地处祖国西南边陲，全市辖 7 个县（市、区），有大新、宁明、龙州、凭祥 4 个县（市）与越南北方的高平、谅山、广宁 3 个省 10 个县 32 个社 216 个自然屯接壤，与越南通便道 200 多条。2000 年以来，邻国越南不断加大对边境地区广播电视建设力度，在边境地区设置大功率广播电视设施，信号覆盖我境内 100 千米以上。边境农村群众普遍通过室外天线收听收看越南广播电视节目。由于越方电台、电视台发射功率大，声音清楚，图像清晰，加上边境村民基本熟悉越南语，因此收听收看越南广播电视节目成了群众日常文化生活的一部分。这种情况若不改变必将影响我国的文化利益和文化安全，对民族地区的社会稳定和民族团结也有潜在的不利影响。

四、对把民族语文工作融入民族团结进步创建活动的几点建议

实践证明，民族语文工作对民族团结创建工作的影响是深远的、重要的、复杂的，也是不可替代的。做好民族语文工作，对我区民族团结进步创建活动有着事半功倍的作用。对于如何利用民族语文工作和发展民族语文事业推进民族团结进步创建活动，我们有如下几点建议。

（一）出台《广西少数民族语言文字工作条例》，将少数民族语言文字作纳入法制化轨道

目前我区少数民族语言文字工作主要是依据《宪法》和《民族区域自治法》等法律法规对少数民族语言文字进行管理使用。广西尚缺乏一部针对少数民族语言文字工作的专门立法。已有的相关法律法规对少数民族语言文字权只作了原则性阐述，缺乏具体可操作性，权责不明晰，也没有明确规定侵犯少数民族语言文字权行为的法律责任。尽快制定出台符合广西区情的民族语文工作条例，将使全区少数民族的语言文字的使用和发展得到国家法律和政策的有力保障，也是把民族语文工作融入民族团结进步创建活动的根本保障。

（二）建立健全民族语文工作机构

少数民族语文工作机构是开展少数民族语言文字工作的主要力量，也是开展民族团结进步创建活动的关键力量。建立健全各级少数民族语言文字工作机构，加快打造一支完整、专业化的民族语文工作队伍，对推动少数民族语言文字工作，完成民族团结进步创建活动的具体任务有着积极作用。

（三）加强民汉双语师资队伍建设

校园作为民族团结进步创建活动场所之一，是做好民族团结工作的主要阵地。做好边境民族地区青少年民汉双语教育工作，是落实党和国家民族政策的重要体现。搞好民汉双语教学，关键要有一批合格

的教师。从事民汉双语教学工作的教师，在业务知识方面不但要精通汉语言文字，还要精通民族语，做到民汉兼通，只有这样，才能胜任民汉双语教学工作。对在职教师进行民族语文培训，是加强师资队伍建设的重要手段。一是要继续扩大培训的面，让广大在职的教师获得参加培训的机会。二是要增加教师参加培训的时间，提高培训的质量。三是认真落实民族语文定向生培训政策，争取配足民族语文专业教师。

（四）要加大对民族语广播影视事业建设和民族语广播影视人才培养的力度

民族团结进步创建活动的开展离不开民族语广播影视工作的支持。建议加大对民族语广播影视事业的投入，尽快完成各项影视基础设施建设和设备更新升级工作，使之尽快为边境民族地区群众服务。同时，加快物色培养民族语播音（主持）人员。一是不拘一格网罗人才。如面向全区选拔优秀的民族语广播电视节目播音、策划、主持人，吸引更多人才加入到这个队伍中。对于深受观众和听众喜爱的播音、主持人及有特别专长的优秀人才，要不拘一格，破格录用。二是拓宽人才培养渠道，有计划、有针对性地组织播音（主持）人员参加培训学习，通过委培、选送深造、以老带新等方式，提高民族语播音（主持）人员业务水平，培养一批本地民族语广播影视人才。利用优秀民族语广播影视节目维护边境民族地区的国家文化安全及边疆稳定。

（五）利用民族语文传承发展特色村镇民族传统文化

利用民族语文的优势传承发展特色村镇民族传统文化，不仅可以营造民族团结友爱的良好氛围，也可以发展民族风情旅游、民族特色产业，还能充分利用少数民族传统节庆活动、文艺演出、体育竞技、文化宣传栏、村规民约等多种形式，大力宣传党的民族政策、民族知识和民族法律法规。结合当地民语特点开展多种形式的民族团结进步创建活动，还能促进不同地区不同民族的群众相互欣赏、相互借鉴、相互交流、和谐共处。

（六）利用民族语文促进各民族交往交流交融

边境民族地区的群众都有讲民族语的习惯。营造各族群众共居共学共事共乐的民族语文和谐环境，对建设各民族共有精神家园，增强对中华文化的认同，促进各民族相互了解、相互尊重、相互包容、相互欣赏、相互学习、相互帮助，推动建立相互嵌入式的村镇社会结构和社区环境有良好的作用。如全国民汉双语和谐乡村（社区）试点——宁明县城中镇馗塘村的试点工作就充分体现了这一点。利用民族语文促进各民族文化交融创新，广泛开展群众性互动交流。通过打造民汉双语和谐示范点，在联系少数民族群众、维护民族团结和社会稳定等方面发挥特殊作用，增强各族干部群众识别大是大非、抵御国内外敌对势力思想渗透的能力。

（七）利用民族语文推进民族团结进步创建示范区（单位）建设

边境民族地区的机关、企业、乡镇、社区、学校、宗教场所到处都有民族群众的身影。要想深入开展民族团结进步创建工作进机关、进企业、进乡镇、进社区、进学校、进宗教活动场所，拓展参与类型、参与范围，必然少不了民族语文的帮助。因此，深化新阶段民族团结进步创建工作，必须依靠民族语文这一工具来加强各级各类民族团结进步示范区（单位）建设。如加强边境民族地区干部民族语培训教育工作，对新录用的公务员应开展长期民族语培训等等。只有掌握好民族语，各级干部在工作中与民族群众交流才能得心应手，及时为群众排忧解难。

（八）利用民族语文加强民族团结进步宣传教育

边境民族地区应运用民族语文优势进行民族团结进步宣传教育工作。要创新民族团结进步宣传理念、方法和手段，结合传统歌圩活动扩大媒体和社会传播，拓展网上传播平台，实施“民族语文＋互联网＋民族团结”行动。可以充分利用民族地方节庆举办歌坡、歌圩活动大力宣传党和国家的民族政策。

把民族语文工作融入民族团结进步创建活动，是加强和创新社会管理、推进民族团结进步事业的重要举措，是促进经济社会发展，维护民族团结、社会稳定和国家统一的重要保证。民族地区开展民族语文工作就是依靠本族语言的天然条件促进个人以至整个社会的团结进步与发展。所以，利用民族语文开展民族团结进步创建活动能让各族群众牢固树立科学的民族观，正确处理民族关系，增强中华民族向心力、凝聚力，维护各民族团结。

【参考文献】

[1] 杨红杰，刘照惠．美国少数民族双语教育政策对中国的启示 [J]. 贵州民族研究，2012（3）.
[2] 廖华力．广西凭祥市壮族山歌文化的传播现状研究 [J]. 广西师范学院学报，2013（1）.
[3] 陆圊霖，莫滨．五大举措助推壮语文工作向前发展 [N]. 中国民族报，2015-02-17.
[4] 蒙元耀．民族语文的社会功能与作用——兼谈壮文的创制 [J]. 广西师范学院学报，2010（4）.
[5] 高纯．民族符号促进民族团结进步创建路径探讨 [J]. 民族论坛，2016（3）.

充分发挥民族语文在建设民族团结进步模范区中的作用

姚恩明 ①

2016年11月21日至24日，中国共产党广西壮族自治区第十一次代表大会决定持续推进民族团结进步模范区建设。广西是我国少数民族人口最多的边疆地区，是以壮族为自治民族、多民族聚居的区域自治区，语言使用情况特别复杂。民族语言文字是少数民族最重要的交际工具和民族文化的重要载体，是民族情感的纽带和民族认同的重要标志，是宣传贯彻党的方针政策、团结各民族的桥梁和纽带，是民族团结的粘合剂。民族语文工作是民族工作的重要组成部分。做好民族语文工作，不断提高各民族的语言文字水平，是党和国家民族政策、民族语文政策的具体体现，是民族平等自治权利的重要标志，对巩固和发展平等、团结、互助、和谐的社会主义民族关系，促进各族人民和睦相处、和衷共济、和谐发展，维护边疆稳定和祖国统一具有重要意义。

一、民族语文在民族团结进步模范区建设中的定位和作用

（一）民族语文是维护民族团结、边疆稳定和祖国统一的重要工具

广西是地处祖国南疆的多民族地区，与越南等国接壤，有1020千米的陆地边境线，边境地区6个世居民族中有壮、瑶、苗、京、彝等跨境民族，语言与接壤国相通，文化相近，边民交流频繁，语言文化相互渗透。长期以来，由于历史和基础等原因，广西边境民族地区群众文化教育水平相对落后，民族语文等民族文化产品和服务供给能力不足，境外敌对势力通过边境民族语广播电视宣传、民族语文印刷品传播、民间文艺演出、婚丧嫁娶、宗教活动等途径对广西边境民族地区的政治、文化、宗教渗透一直没有停止过。如在广播电视领域，越南在边境地区设置大功率广播电视设施，信号覆盖广西境内30千米以上，距边境30千米以内的农村群众通过室外天线都能收听收看到越南民族语广播电视节目。这些境外民族语文的渗透情况对国家认同、民族认同、思想认同以及文化安全、民族团结、边疆稳定构成严重威胁，必须引起高度重视。

（二）民族语文是保障少数民族基本权利、协调民族平等关系、增强民族团结的重要内容和标志

民族语文的使用和发展是少数民族的一项基本政治权利，也是民族平等的重要内容和具体体现。这项权利能否得到尊重和保障往往成为影响国家政局稳定的一个重要因素。苏联解体、东欧剧变的原因固然很多，但包括语言使用发展在内的少数民族权利得不到尊重和保障，也是引起少数民族不满并要求独

① 姚恩明，男，壮族，广西壮族自治区少数民族语言文字工作委员会办公室干部。

立的一个重要因素。我区各族人民都对自己的语言文字有着特殊的感情。他们往往把对自己语言文字的尊重或歧视，看作是对自己民族的尊重或歧视。当出现民族问题突发事件的时候，使用本民族语言文字来化解矛盾，往往事半功倍。

（三）民族语文是发展民族教育、宣传贯彻党的方针政策、团结各民族的桥梁和纽带

国家积极支持开展民汉双语文教育。在民族地区采用本民族母语进行启蒙教育，小学生不仅容易理解，而且能够感受到学习的快乐。要发展民族教育，民族语文工作十分关键。民族语文还架起了党和政府与广大少数民族母语群众沟通的桥梁。少数民族母语群众说的是本民族语言，用的是本民族文字。通过为他们提供民汉双语文公共服务，帮助各族群众学习现代科技知识，有效宣传党和国家的各项方针政策，使广大少数民族母语群众及时体会到党和政府的温暖，增强对党和政府的感情和信任，增强他们的民族自豪感和祖国的向心力，有利于民族团结、边疆稳定。

（四）民族语文是保护和发展民族传统文化、全面提升民族凝聚力的重要途径。

少数民族语言文字是重要的精神财富。它记载和保存着各族人民世代相传的文化成果，内容独特而丰富，是中华民族传统文化的重要组成部分。各族人民使用和发展自己的语言和文字，能更好地传承和发扬本民族优秀传统文化，从而提升民族自豪感和凝聚力。

二、广西民族语文基本情况

广西是以壮族为主体民族实行民族区域自治的省份，世居着壮、瑶、苗、侗、仫佬、毛南、回、京、彝、水、仡佬等 11 个少数民族，另有 40 多个其他民族。广西 2010 年第六次全国人口普查主要数据公报显示，广西少数民族人口 1957.56 万，占自治区总人口的 37.94%；其中壮族人口 1658.72 万，占自治区总人口的 32.15%，占自治区少数民族人口的 84.7%。2005 年出版的《广西语言文字使用问题调查与研究》指出，广西使用壮语的人口占广西总人口的 35.52%。壮族能讲壮语者在日常生活中用壮语的比例高达到 84.95%。广西世居的少数民族除回族使用世居地的汉语方言外，均有自己的民族语言，其中壮、苗、侗、彝等少数民族有自己的民族文字。壮文是经过国务院批准并在使用的唯一一种新创文字。由于历史、地域、政治、经济、文化、民族等诸多原因，广西语言使用情况复杂。

民族语文工作是民族工作、文化工作和语言文字工作的重要组成部分。改革开放以来，自治区党委、政府高度重视少数民族语言文字管理工作，恢复和建立了工作机构和专业机构；将壮汉双语文教学纳入了基础教育和民族院校高等教育；培养了大批专业人才，壮大了少数民族语文队伍；民族语文规范化、标准化建设和信息处理有了可喜的进展；民族语文在翻译、出版、新闻、广播、影视、古籍整理、文艺创作、学术研究和交流等领域获得前所未有的发展。民族语文工作在加强民族团结、传承民族文化、维护民族团结、保持社会稳定，促进少数民族和民族地区经济社会发展等各方面发挥了重要作用。

三、深刻把握广西民族语文工作发展面临的新挑战和新机遇

多年来，广西民族语文工作虽然取得了可喜的成绩，但也面临着新的挑战。由于历史、自然、基础等原因，随着经济全球化进程的不断加快和国内改革发展进程的日益推进，社会结构发生了深刻变动，利益格局有了深刻调整，思想观念发生了深刻变化，广西民族语文工作面临着新形势：少数民族语言文

字应用领域有所扩展的同时，也面临着一些新的问题；信息技术、互联网等现代通讯技术的发展，给少数民族语言文字的使用带来了机遇和挑战；越来越多的少数民族公民学习和掌握了国家通用语言文字，在利于少数民族发展进步的同时，学习使用本民族语言文字的少数民族人口也趋于减少，有的民族语言甚至走向濒危，到了需要保护的境地。广西的京语、毛南语、仡佬语、仫佬语、水语、倈语等语言，由于使用人口较少，已属于濒危语言，需要保护；壮汉“双语”教育亟待加强；民族语文工作领域的渗透与反渗透、分裂与反分裂斗争必须引起高度重视；部分领导干部对民族语文的方针政策、社会功能、战略地位和现实作用认识模糊，导致广西民族语文工作得不到重视；民族语文法制建设滞后，政策法规执行落实不到位；民族语文工作机构和管理体制不健全，专业人才缺乏，工作经费不足，民族语文在广西基础教育、新闻出版、广播影视等领域仍未得到广泛的理解和支持；少数民族使用和发展本民族语言文字的法定权利得不到充分保障，民族语文工作部门服务广西经济社会发展的能力需要加强。这些问题严重影响了民族语文在服务党委政府中心工作、维护民族团结大局中作用的发挥。

当今世界正处在大发展、大变革、大调整时期，我国也面临着挑战与机遇。当前广西民族语文工作也面临着前所未有的大好机遇。近年来，党和政府及有关部门下发了《中共中央关于深化文化体制改革推动社会主义文化大发展大繁荣若干重大问题的决定》《国务院关于进一步繁荣发展少数民族文化事业的若干意见》《国务院关于进一步促进广西经济社会发展的若干意见》《国家民委关于做好少数民族语言文字管理工作的意见》《国家民委关于进一步做好民族语文翻译工作的指导意见》《广西壮族自治区党委自治区人民政府贯彻落实＜中共中央国务院关于加强和改进新形势下民族工作的意见＞实施方案》等一系列文件，对少数民族使用和发展自己的语言文字作出了相关规定。2011 年自治区第十次代表大会提出建设民族团结进步模范区的决定，2016 年自治区第十一次党代会决定持续推进民族团结进步模范区建设。特别是党的十八大报告指出“全面正确贯彻落实党的民族政策，坚持和完善民族区域自治制度，深入开展民族团结进步教育，加快民族地区发展，促进各民族和睦相处、和衷共济、和谐发展”，提出“扎实推进社会主义文化强国建设”并强调“繁荣发展少数民族文化事业”。这一系列的重要文件和会议，从国家层面和自治区层面指出了民族语文作为民族文化载体的重要性，为我们开展民族团结工作、民族语文工作指明了方向，坚定广西做好民族团结工作、民族语文工作的信心和决心。

四、抓住发展机遇，努力在持续推进民族团结进步模范区建设中发挥积极作用

广西各级少数民族语言文字工作部门作为管理少数民族语文工作的职能部门，今后将认真履职，积极开展民族语文研究、学习、应用和保护等各方面工作，努力发挥民族语文在持续推进民族团结进步模范区建设中发挥的积极作用，增强民族文化的“软实力”，为持续推进民族团结进步模范区建设作出积极贡献。

（一）开展民族语文法治建设，保障学习、使用和发展少数民族语言文字的平等权利

为了贯彻落实中央、全区民族工作会议精神及有关文件关于“加快少数民族语言文字工作立法进程”的要求，2015 年自治区民语委组织开展广西民族语文法规调研、论证和起草工作，形成《广西壮族自治区少数民族语言文字工作条例》（以下简称《条例》）草案初稿及其说明，并向自治区法制办呈报立法建议。2016 年，自治区人民政府将《条例》列入了 2016 年地方性法规立法调研项目。2016 年，自治区民语委组织在新疆、西藏、内蒙古等 3 个自治区和区内所有市县（区）及 20 多个区直部门、学会组织开展书面

调研，深入云南、贵州等省和区内 8 个市 16 个县进行实地调研，通过门户网站向社会征求意见，开展立法理论研讨征文活动，撰写调研报告，反复修改《条例（草案初稿）》，并召开了两次专家评审会，为争取列入自治区下一年度立法计划打下了基础。2017 年 2 月，自治区政府将《条例》列为 2017 年内完成项目。2017 年 8 月 29 日自治区第十二届人民政府第 103 次常务会议审议了《条例（草案）》，并决定提请自治区人大常委会审议，全力配合自治区人大常委会做好《广西壮族自治区少数民族语言文字工作条例》的调研、审议等相关工作。下一步，自治区民语委将全力配合自治区人大常委会做好《条例》的调研、审议等相关工作，争取《条例》早日出台，为开展民族语文工作提供法律保障。

加强对贯彻落实党和国家民族语文政策特别是壮汉两种文字社会使用的监督和管理，通过督查，掌握各地各部门贯彻落实党和国家民族语文政策的基本情况，对存在的问题及时整改落实，促进党和国家民族语文政策在各地各部门落到实处。组织各级民语部门为法定单位提供公章、牌匾及各种文稿壮文翻译服务，同时指导对法定单位名称印章、牌匾等同时使用壮汉两种文字书写的督查，规范少数民族语言文字的社会应用和管理，使民族语文工作更好地服务于民族团结进步事业，更好地满足各族人民群众的需要。

（二）利用民族语文开展民族团结进步宣传教育活动，营造良好的民族团结进步氛围

通过专题培训、座谈会、研讨会等形式，以“三月三”“民族团结进步活动月”“法制宣传日”“纪念国务院颁布《壮文方案》60 周年”等活动为载体，强化民族团结宣传教育，提高民族语文工作者对民族团结进步模范区建设工作重要性的认识，不断增强责任感和使命感，激发他们参与民族团结进步模范区建设的积极性。组织各级民族语文工作部门利用民族政策法规、民族传统节日等活动，通过翻译发放民汉双语文宣传资料、制作民族团结宣传标语横幅和板（墙）报、组织文艺表演等形式，广泛宣传《宪法》《民族区域自治法》等党和国家民族、民族语文方针政策和法律法规，保障各民族使用和发展自己语言文字的自由权利，进一步增强广西各族人民的民族、民族语文的法制意识和政策意识，使党的民族政策、民族语文政策和“两个共同”“三个离不开”以及广西“四个模范”的思想更加深入人心、家喻户晓。

组织做好《广西民族报》《三月三》杂志出版和办好广西电视台壮语新闻、广西电视台壮语广播，建设广西少数民族语言文字工作互联网网站和广西民族报社、《三月三》杂志社信息化平台（网站），充分发挥语言特色优势，广泛开展党和国家大政方针、民族团结的教育和宣传，大力提倡民族平等、民族团结，维护各民族平等权利、促进各民族和睦相处和共同繁荣进步，使民族团结成为强大的社会舆论和良好的社会风尚，促进各民族平等相待、团结和睦、友好互助的良好社会环境的形成，打造民族团结宣传教育舆论阵地。

通过举办壮语故事比赛、壮语演讲比赛、壮语歌曲比赛等群众喜闻乐见的活动，大力宣传广西少数民族和民族地区经济社会发展取得的巨大成就，反映广西民族团结、社会和谐进步、民族语文工作长足发展、壮乡人民安居乐业的喜人景象，传承和发展民族语文，打造民族文化品牌，加深我区各族群众对民族语文的了解和热爱，提升民族群众的民族自豪感。

（三）组织开展民族语文调查研究和理论研究，为党委、政府决策提供参考

围绕民族工作“两个共同”主题和民族语文工作部门工作重点，认真研究民族语文改革和发展中的重大的、全局性的问题以及热点和难点问题，组织深入基层，广泛调查研究，及时了解经济社会的发展

状况和民族语文推行使用过程中的具体问题，为政府决策提供第一手的信息和资料，当好民族语文工作部门的参谋和助手，服务于民族语文工作和民族团结工作。

组织开展少数民族语言文化安全状况调研，全面了解少数民族语言文字使用状况，掌握境外势力利用少数民族语言文字对广西进行渗透的方式、途径及危害情况，研究制定落实少数民族语言文化安全工作措施，防止和抵御境外敌对势力的语言文化渗透，为民族地区和边境地区全面建设小康社会营造良好的语言环境。

（四）扩大少数民族语言文化对外学术交流合作，提高民族语文的国际影响力

组织科研机构、高等院校、社会团体的会员对少数民族语言文字的基础理论和应用问题进行专题研究，参与重大民族语文项目，开展民族语文政策法规、民族语文应用、民族语文翻译理论、民族语文发展规律、民族语言文化安全、壮语文跨省区协作、民族语文与民族团结进步建设、少数民族濒危语言抢救和保护等方面的研究，为广西民族语文工作和民族团结进步事业提供理论支撑和基础保障，为党委和政府的决策服务。加强对国外民族语文理论政策的研究与借鉴，扩大少数民族语言文化对外学术交流合作，利用广西民族语言与东盟国家语言相通、文化相近的优势，协调有关部门，开展民族语与东盟国家语种的学术研讨活动，争取我国在本区域内民族语文的主动权和话语权，处理与东盟国家的语言文字关系，服务中国与东盟国家经济文化发展，拓展国际区域民族语文工作的空间和深度，提升广西民族语文的国际影响力。

（五）开展少数民族语言文化科学保护工作，繁荣少数民族文化，提高民族自豪感，促进民族团结

组织开展广西少数民族语言濒危情况调查研究，了解广西少数民族语言濒危的现状。积极采取措施抢救、保护广西少数民族语言文字，加强对京族京语、“喃字”等各种濒危语言文字的抢救和保护。建立健全广西少数民族语言有声数据库，完成中国语言资源保护研究中心委托的语保项目，进行壮语词汇调查收集工作，运用现代科技手段，调查、收集、研究、整理、保存少数民族濒危语言资料。组织开展少数民族语言文字古籍等传统文化资源的挖掘整理和保护，继承和弘扬优秀民族文明。

开展民族民间节庆文化传承工作。依托壮族“三月三”歌圩、瑶族盘王节、苗年、侗年、京族唱哈节、彝族火把节、毛南分龙节等少数民族民间节日文化传承活动，加强方言山歌、壮语歌曲、壮剧、民间谚语等民间节庆文化的保护、传承和发展，组织开展民族团结歌曲传唱、民族舞蹈演出、少数民族语言文化展示等形式多样的文体活动，彰显广西独特的民族文化，丰富少数民族群众精神文化生活，充分展示各族人民团结一心、共创和谐的精神风貌，进一步增强各族群众的民族凝聚力、自豪感和认同感。

培育民族语文示范点。充分利用广西丰富的民族语言文化资源，结合民族团结进步示范点建设，培育民族语文示范点，开展民族语文进机关、进农村、进企业、进学校等“四进”活动，以项目落实成效，服务当地经济社会发展，保障少数民族群众在语言文字方面的特定需求。

（六）推进民族语文规范化、标准化、信息化建设，提高民族语文应用水平，促进多语和谐社会语言生活的构建、广西信息安全、民族团结

研究制定广西少数民族语言文字急需标准，做好新词术语的搜集、翻译、审定和发布工作。协同有关部门进行少数民族语言文字信息技术基础研究和软件开发，开展多民族语言文字平台建设和民族语言资源库建设，搭建少数民族语言文字信息化平台，满足民族地区信息化的需要，方便少数民族群众学习

使用。同时，加大对民族语文软件产品的监管力度，维护广西的信息安全。

扎实推进壮语文水平考试工作，大力提高壮语文的应用水平。加强宣传推广，提升社会的关注度、知晓度和认知度，培育考试群体。强化跟踪监测、分析评价，树立考试信誉和权威，建立健全考试健康发展长效机制。争取国家民委、教育部等相关部门在政策、项目、技术、资金等方面的支持，树立全国少数民族语言文字规范化、标准化、信息化的品牌，为全国少数民族语言文字尤其是周边省区民族语文工作做好榜样，促进多语和谐语言生活的构建。

（七）协助开展民族语文翻译出版、广播影视译制播出等工作，维护民族团结，巩固边疆稳定

协助有关部门强化少数民族语言文字图书出版发行工作，提高信息化水平和传播能力；配合开展民族地区民汉双语科普工程，协助少数民族语言文字科普宣传品的翻译；编译时事政治、法律法规、科普、文化等民汉双语文读物，为广西各民族提供少数民族语言文字翻译服务和音像制品、书报刊等公共文化产品，扩大覆盖面和受益面。

协助做好民族语广播影视节目制作、译制、播出能力建设。协助有关部门单位继续联合办好“壮语文广播学校”，用壮语开播新闻和宣传科技知识、法律法规等；向有关部门呼吁设立少数民族语言文字广播影视译制中心、壮语（民族语）广播卫星频率和壮语（民族语）电视卫星频道，增加播放内容和时间，扩大覆盖面；协调指导有关市、县开展民族语广播电视译制播出工作和开展民族语科技电影下乡活动，充分发挥民族语文在“三下乡”活动中的积极作用，解决少数民族和民族地区收听收看民族语言广播影视节目和本民族文的出版物难的问题，让广西少数民族听到国家的声音，感受到党的关怀、政府的重视和祖国大家庭的温暖，满足他们的精神文化需求，增加他们的民族自豪感和祖国的向心力，提高他们抵御国外政治文化渗透的自觉性，维护民族团结，巩固边疆稳定。

（八）开展民汉双语教育培训工作，提高广大干部群众的科学文化素质，进一步巩固民族团结的基础

参与民族地区中小学民汉双语文教育，培养培训民汉双语文教师和民汉双语文兼通人才，推进民族语文进校园、进课堂，开发民族智力。通过母语启蒙教育，培养民族教育、民族团结进步事业接班人，使少数民族群众从小树立保护少数民族语言的文化意识和民族认同意识，增强民族自信心、自豪感和维护民族团结、边疆稳定的自觉性和能力。

协助开展民族语文专业人才的培养和培训，组织会员协助相关民族院校培养民汉双语文人才。根据广西少数民族人口是我国最多的实际，发挥区位优势、民族特色资源，呼吁建设民汉双语文翻译人才培训基地，培养一支素质较高的民族语文工作者队伍。继续举办多种类型的短期培训班，分期分批培训各级民族语文工作干部，为开展民族团结宣传教育、管理储备人才，为民族语文事业可持续发展提供智力支持和技术保障。

积极举办农民学民语学科技培训班、民族歌师歌手学民语培训班，推进民族语文进村庄、进社区，培养农村实用人才，普及科技知识，推广实用技术，增强农民使用本民族语言和文字的自信心、自豪感和勤劳致富的能力，使他们成为当地建设的主力军，推进广西经济社会发展，进一步巩固各民族同呼吸、共命运、心连心的良好局面，巩固和发展平等、团结、互助、和谐的社会主义新型民族关系，不断打牢民族团结的社会基础。

民汉比较与翻译

重要文献汉壮翻译的积极效用

关仕京[①]

自中国民族语文翻译局壮文室成立以来，全室职工不忘初心，不辱使命，砥砺奋进，开拓创新，卓有成效地翻译了一大批重要文献。这些高层次、高水平的翻译精品，在壮族地区产生了积极而深远的影响，发挥了多方面的效能作用，值得我们加以探讨。

一、“重要文献”定义

本文所说的“重要文献”包括这几方面内容：（1）中国共产党全国代表大会、中华人民共和国全国人民代表大会和中国人民政治协商会议的重要文件;（2)中国共产党和中华人民共和国领导人的重要著作;（3）马克思恩格斯经典著作；（4）中华人民共和国颁行的法律法规文件。

二、“三会”文件笔译：积极宣传党和国家大政方针

“三会”重要文件，即中国共产党全国代表大会（以下简称“党代会”）、中华人民共和国全国人民代表大会和中国人民政治协商会议（以下简称“两会”）的重要文件。

“党代会”每五年举行一次。“两会”每年一度，一般在2—3月召开。每当这“三会”召开时，用蒙、藏、维、哈、朝、彝、壮七种少数民族语文翻译会议重要文件就成为我们中国民族语文翻译局的头等大事，是全局工作的重中之重，当然也就是壮语文室的第一要务。全室上下高度重视，不辱使命，全力以赴，严要求、高标准、高质量地完成了每次笔译任务。

（一）全国党代会文件笔译工作

从1987年党的十三大起，至2017年党的十九大，壮语文室的同事们都在首都北京以高昂的斗志、饱满的激情翻译会议重要文件，至今已是第7次承担这项光荣而艰巨的任务。

在党代会召开期间，我们的工作任务主要有：一是用壮文翻译大会重要文件，包括党代会工作报告的全文、简本版、中纪委报告、党章（修正案）、党章（修正案）的说明、工作报告新华社通稿等；二是向壮族地区的新闻单位传送大会主要文件译稿和新华社通稿译稿，让壮族地区同胞能及时学习领会党代会文件精神。我们竭尽全力为党代会服务，为宣传党的路线、方针、政策服务，以特殊身份见证了党和国家庄严光辉的政治进程，目睹了中华民族伟大复兴中国梦大幕徐徐开启的辉煌瞬间！

---

① 关仕京，男，壮族，中国民族语文翻译局壮文室译审。

（二）全国人大、政协会议文件笔译工作

从1987年的中华人民共和国第六届全国人民代表大会第五次会议、中国人民政治协商会议第六届全国委员会第五次会议，到2018年的中华人民共和国第十三届全国人民代表大会第一次会议、中国人民政治协商会议第十三届全国委员会第一次会议，我们承担了历年“两会”文件翻译的重要任务。每年全国人大、政协会议召开期间，我文室的同事们都在北京参与“两会”文件的翻译工作。笔译的人大会议文件主要有：政府工作报告、国民经济和社会发展计划执行情况与国民经济和社会发展计划草案的报告、中央和地方预算执行情况与中央和地方预算草案的报告、最高人民法院工作报告、最高人民检察院工作报告、全国人民代表大会常务委员会工作报告等。笔译的政协文件有：中国人民政治协商会议全国委员会常务委员会工作报告、中国人民政治协商会议全国委员会常务委员会关于提案工作情况的报告，以及50多份政协委员发言稿。同时，我们还向壮族地区的新闻单位传送两会的主要文件译稿。

每当党代会、全国“两会”召开时，举国心系首都，世界注目北京，会议的重要性不言而喻。全国广大干群迫切需要了解文件内容，领会文件精神。翻译好“三会”重要文件，及时向与会壮族人大代表和政协委员提供文件译本，让他们用自己熟悉的民族语言文字去解读文件内容，准确、全面、深入地把握文件的精神实质；同时向壮族地区的新闻单位传送大会主要文件译稿，让广大壮族同胞及时聆听党中央的声音，及时听到或看到“两会”文件内容，更好地贯彻落实文件精神，是我们的当务之急。几十年来我们都能圆满完成任务，为在壮族地区宣传党和国家的路线、方针、政策作出了应有的贡献，为民族团结进步事业发挥了桥梁和纽带作用。我们为此倍感自豪，自觉荣光。

中华人民共和国成立以来，党和国家制定了一系列保护推行民族语文的法律法规和政策，有效保障了少数民族使用本族语言文字的权利。中华人民共和国的宪法，一直都明确规定“各民族都有使用和发展自己的语言文字的自由”，还给我们创造了优良的工作环境和条件，让壮语文室“安家”北京，使壮语文得以通行于国家政治、文化领域。让壮文在党和国家最重要的“三会”上发挥积极作用，是宪法赋予壮族人民自由使用本族语言文字权利的具体落实，是党和国家深切关怀壮族人民政治、文化生活的具体表现，是文明之国各民族享有平等使用本民族语言文字权利的完美展现。同时，也充分证明拼音壮文是一种科学合理、表达精确的文字，能够很好地承担翻译国家级重要会议文件的使命。

三、“三会”同声传译：壮语传扬北京人民大会堂

全国“党代会”和全国“两会”的同声传译工作，是“三会”翻译工作的重要组成部分。同声传译有其独特优势，可直接传送到听众耳里，渗透到心灵中，见效快，效果好。我们翻译局党委对此项工作，高度重视，每次均精心部署。会前充分动员，演练常抓不懈；大会召开期间领导亲自带队到人民大会堂，使每次同传任务都能出色地完成，多次受到全国人大、政协领导表扬；会后又认真总结教训。

（一）“党代会”同声传译

从党的十三大到十九大，我文室的同传人员和本局其他6个语文室的译员们一起，都到北京人民大会堂负责同声传译。我们至今已是第7次圆满完成用壮语同步传译党代会的报告这项任务。比如在中国共产党第十九次全国代表大会上，我们到北京人民大会堂同步传译习近平总书记代表第十九届中央委员会向大会所作的报告《决胜全面建成小康社会夺取新时代中国特色社会主义伟大胜利》，3.2万多字的报告，高屋建瓴，气势磅礴，振奋人心。在3小时25分的同传过程中，我们始终做到声情并茂，节奏分明，语言流畅。

（二）“两会”同声传译

1987年以来，每年2—3月全国人大政协会议召开期间，我们都到北京人民大会堂负责“两会”同声传译工作。每年全国人大会议上同声传译文件的种类主要有：政府工作报告、全国人民代表大会常务委员会工作报告、最高人民法院工作报告、最高人民检察院工作报告等。在每年的政协会议上，同声传译的文件主要有：中国人民政治协商会议全国委员会常务委员会工作报告、中国人民政治协商会议全国委员会常务委员会关于提案工作情况的报告和政协委员们的发言等。

“三会”的壮语同声传译，是在前无古人可仿效的情况下摸着石头过河，现如今已积累了丰富的临场实战经验，培养壮大了译员团队。它是责任重大的政治任务，岂能掉以轻心。要让听众听得懂，才能正确理解、准确把握文件涵义。同传对译员的要求很高，务必做到耳朵听——主席台上的讲话，眼睛看——手中的翻译文稿，嘴巴说——同步传译，耳、眼、嘴三者并用。此时周围环境气氛的影响，对翻译人员能力的展现有一定干扰，严峻的考验，严格的检验，好铁淬火方成钢。正是因为有“三会”同声传译这样的“大考”带来的压力和挑战，我室的壮语译员敢为人先，探索前行，锻炼成长，勇挑重任。在“三会”同声传译工作中，我们让壮语传递信息、交流信息的功能发挥得淋漓尽致，力求语义精准到位，气势恰如其分，把党和国家领导人、人大代表和政协委员的声音，第一时间准确传递给在北京人民大会堂参会的壮族代表和委员们。

壮语不愧为历史悠久、传意精确、韵调优美的语言。几十年来，壮语顺利通过了“三会”最严格的同声传译业务检验，久久回荡在国之神圣殿堂——北京人民大会堂里，随后飞传神州！正因为如此，这些年的“三会”上，壮语一直成为媒体广泛关注的语种，壮语译员也成为媒体镜头聚焦的对象。

四、领袖著作翻译：广泛传播中国特色的马列主义

在中国，以毛泽东为代表的中国共产党人把马克思主义的基本理论与中国历史、社会实践相结合，创立发展了毛泽东思想。后来又有了邓小平理论、“三个代表”重要思想、科学发展观、习近平新时代中国特色社会主义思想。这就是中国特色的马列主义，即指导中国革命和社会经济建设不断从胜利走向胜利的具有中国特色的马列主义。她是民族复兴、中国崛起、人民富裕的基石和保障。

我文室正式设立后，才有了领袖著作——党和国家领导人重要著作汉壮翻译的专门机构，从此揭开了系统汉壮翻译领袖重要著作工作的新篇章，有效传播了中国特色的马列主义。

领袖重要著作大多为政论作品，其内容涉及古今中外，博大精深，富有哲理，逻辑严谨，同时各人著作的遣词造句、语言风格各具特点，翻译难度较大。但我们迎难而上，刻苦钻研，精心雕琢，译出精品。工作主要从以下几方面入手：

（一）准确表达原文含义

领袖的思想、观点，都体现在自己的著作中，是中国化的马列主义。我们想方设法通读了原著丰赡粹美的文辞，在全面深刻地把握原文蕴含的思想、观点后，才用壮文精确传译。

比如《毛泽东选集》中的“实事求是”[①]，我们是这样理解的：“实事”是客观存在的事物，“是”

① 毛泽东：《毛泽东选集（第三卷）》，北京：人民出版社，1991年，第801页。

指客观事物的内部联系，即规律性；“求”就是人们的研究、探索。把“实事求是”译为 saedsaeh gouz dwg，确保了译词的准确性。又如《毛泽东选集》里的这副对联：“墙上芦苇，头重脚轻根底浅；山间竹笋，嘴尖皮厚腹中空。”① 它采用了3种修辞手法：一是拟人，用“头重脚轻”和“嘴尖皮厚”修饰“芦苇”和“竹笋”；二是暗喻，用这副对联讽贬不学无术之人；三是对偶，对联结构相同，字数相等，意义相关。毛泽东用此对联形象地讽刺了主观主义的学风。弄清对联内容和作者真正用意后，我们译成：Go’ngox gwnz ciengz，gyaeuj naek din mbaeu goekrag feuz；Gorangz luengq ndoeng，bak soem naeng na ndaw dungx byouq。译文传神而形象地译出原文讽刺主观主义的学风的深刻内涵。

《邓小平文选》中有一句：“革命是解放生产力，改革也是解放生产力。”② 这一论断表明社会革命与社会改革都是要解决社会基本矛盾，开门见山，一语中的，具有强烈的说服力和震撼力。我们译为：Gwzming dwg gaijfang swnghcanjliz，gaijgwz caemh dwg gaijfang swnghcanjliz。这个准确而又简洁的朴实译文使邓小平科学的论断深入人心。

翻译领袖著作务必做到准确无误，才能确保我们传播的中国化马列主义的正确性，才能发挥正确指导人民群众实践的无穷效能。

（二）生动再现语言特点

领袖著作内容十分丰富，语言特点格外鲜明，理念先进，清新脱俗，独树一帜，创新性强。翻译领袖著作，要善于从各人语言特点入手，才能译得出彩，才能传神地再现原文风貌。

毛泽东是伟大的革命导师，也是非凡的语言大师，形成了独具个性的语言风格。他的著作气势磅礴，用典丰富，辛辣幽默，俗雅结合。就说气势磅礴的特点吧。在井冈山时期，革命处于低潮，毛泽东高瞻远瞩，坚定必胜的信念，用诗一样的浪漫语言预言革命高潮必将到来：“它是站在海岸遥望海中已经看得见桅杆尖头了的一只航船，它是立于高山之巅远看东方已见光芒四射喷薄欲出的一轮朝日，它是躁动于母腹中的快要成熟了的一个婴儿。”③ 我们译成：De lumj dwg aen ruz byaij ndaw haij，ndwn youq henz haij gyae’gyae yawj bae gaenq raen gij byaisoem ganjruz lo；de lumj dwg aen daengngoenz yaek hwnjdaeuj，ndwn youq dingj bya sang daj gyae yawj baihdoeng gaenq raen gij nditrongh seiqhenz byoq okdaeuj sadsad；de lumj dwg boux lwgnding couh yaek doekfag，cingq youq ndaw dungx daxmeh dikdoengh. 译文将原文气魄豪迈、气势磅礴、鼓舞人心的语言特点生动地展现了出来。

邓小平同志是伟大战略家、思想家，是我国改革开放的总设计师。他有博大的思想和敏锐的洞察力，其著作语言也颇具特色：言简意赅，观点鲜明；开门见山，一语中的；充满哲理，令人信服；实事求是，尖锐深刻。邓小平著作之所以能具备这种语言魅力，是因为他能透彻地理解马克思主义基本原理，长期参加斗争实践，对党和人民的事业高度负责，具有伟人的宽广胸怀，最终成就了一个光芒四射的思想和语言宝库。试看其语言充满哲理、令人信服的特点。20世纪60年代前期，针对用行政手段推行“一大二公”的错误做法，邓小平提出了“黄猫、黑猫，只要捉住老鼠就是好猫”④ 的著名论断，意思是：无论计

① 毛泽东：《毛泽东选集（第三卷）》，北京：人民出版社，1991年，第800页。
② 邓小平：《邓小平文选（第三卷）》，北京：人民出版社，1993年，第370页。
③ 毛泽东：《毛泽东选集（第一卷）》，北京：人民出版社，1991年，第106页。
④ 邓小平：《邓小平文选（第一卷）》，北京：人民出版社，1989年，第323页。

划经济还是市场经济，都只是一种资源配置手段，与政治制度无关。资本主义可以有计划，社会主义也可以有市场。只要能够发展生产力的，都可以在实践中施行。我们抓住这一论断令人叹服的特点，译为：Meuz hэnj、meuzn daem，cijaeu gaeb ndaej nou couh dwg meuz ndei。

《江泽民文选》是中国特色社会主义理论体系中的重要著作，是马克思主义中国化的新成果，是党最宝贵的政治和精神财富，是全国各族人民团结奋斗的共同思想基础。江泽民著作具有的特点是：科学的系统性；鲜明的时代性；强烈的创新性；生动的实践性；成语运用的灵活性。比如灵活运用成语这一特点，《江泽民文选》运用的成语超过 1000 个。例如“培养不是溺爱，也不能拔苗助长，而是要真正让年轻干部在工作实践中得到艰苦的磨炼，增长才干和胆识。”① “拔苗助长”说宋国有个人嫌禾苗长得慢，就一棵棵往上拔高一点，结果禾苗都枯死了。江泽民用这个成语来比喻违反事物发展的客观规律，急于求成，反而把事情弄糟。我们译为：Gungganq mbouj dwg ungjcungh，hix mbouj dwg yut miuz hwnj sang，cix dwg aeu caencingq hawj gij ganbu bouxcoz youq ndaw saedguh gunghcoz ndaej daengz yiengh muzlienh dwgrengz，demgya bonjsaeh caeuq damjliengh。“拔苗助长”译成 yut miuz hwnj sang，很准确、精练、到位。

习近平新时代中国特色社会主义思想，是当今马列主义中国化的最新成果。他的著作《习近平谈治国理政》主要围绕着治理一个什么样的国家、怎样治理国家这一根本问题，高屋建瓴地提出了当下中国共产党人的治国理政新思想、新理念。该著作特点是：用摆事实凝聚共识；用大实话解惑释疑；用谈心触及心灵；用现象作靶开诚布公；抒发大情怀展现真性情。比如这段话“现在，大家都在讨论中国梦，我以为，实现中华民族伟大复兴，就是中华民族近代以来最伟大的梦想。”② 我们译为：Seizneix，daihgya cungj cingq yaenglwnh aen loqsiengj Cungguek，gou nyinhnaeuz，saedyienh Cunghvaz Minzcuz daih fukhwng，couh dwg Cunghvaz Minzcuz ciuhgyawj doxdaeuj aen loqsiengj ceiq hungmbwk haenx。译文准确表达了原文善于抒发大情怀、展现真性情的特点。

翻译领袖著作要求我们努力寻觅事物发展的规律，找出解决问题的良方妙策。比如准确表达原文含义，确保译著思想内容的准确性；生动再现语言特点，这样就能译出特色，译出风格。翻译过程也是我们虔诚、认真学习的过程。经过几十年的翻译实践，我们提高了思想觉悟，提升了理论水平，锻炼了翻译队伍，历练了翻译技能，经受了业务检验，翻译水平跃上新台阶。难怪同事们都说，参加领袖著作翻译后，理想信念更坚定了，工作信心更足了，业务能力增强了，能够从容承担各种汉壮翻译业务了。

辛勤耕耘，收获颇丰。这些年来，我们相继推出了一批翻译精品：《毛泽东著作选读》（上下册）、《毛泽东选集》（1—4 卷）、《邓小平文选》（1—3 卷）、《江泽民文选》（1—3 卷）、《习近平谈治国理政》《之江新语》等几代国家领导人的重要著作。我们还注重翻译成果的效用，在壮族地区广泛传播，加大送书下乡力度，先后多次向广西壮族自治区壮族聚居的市、县、乡赠送领袖译著，为广大干部群众学习中国特色马列主义理论提供了较好的壮文读本，也为中国特色马列主义理论宣传、研究作出了应有的贡献。

同时，这些领袖译著也成为壮文写作的范本，无论是谋篇布局、提炼主题思想、巧妙的说理方法，还是别具风格的语言特点，都对壮文写作产生了深刻的影响，让壮文作者坚信：壮文可以完美地翻译领袖的鸿篇巨著，壮文也可以写出洋洋洒洒的长篇小说。蒙飞、黄新荣的壮文长篇小说《CIET MOQ》（《节日》）就是典型的一例。

---

① 江泽民：《江泽民文选（第三卷）》，北京：人民出版社，2006 年，第 52 页。
② 习近平：《习近平谈治国理政》，北京：外文出版社，2014 年，第 36 页。

五、马恩著作翻译：积极传播马克思主义理论

在中国，马克思主义是中国共产党的理论基础和指导思想。这是经过新民主主义革命和长期的社会主义建设实践检验所得出的结论。在马克思主义理论指导下，中国共产党团结和带领全国各族人民取得了新民主主义革命的伟大胜利和社会主义建设的伟大成就，取得了改革开放后令世人惊叹的丰功伟绩。然而，马克思主义并不源于中国。壮族人了解和学习马克思主义主要是阅读经过翻译出版的汉文图书。当前壮族地区的群众大都汉文水平不高，有不少甚至不懂汉文，阅读汉文版马恩著作就很困难，把马恩著作汉文版译成壮文版就非常必要。这样可使更多的壮族同胞能够读懂马恩著作，在壮族地区促成了马克思主义的中国化。

翻译马克思恩格斯经典，要解决很多的翻译难题：关于哲学、政治经济学和科学社会主义的新词术语；关于历史、文学、神话和圣经方面的典故；关于汉文版大量的复杂长句等等。比如新词术语：剩余价值、剩余价值率、劳动异化、简单再生产、信用货币原始积累、资本周转、利润率、虚拟资本、生息资本、差级地租、绝对地租。比如复杂长句："即剩余劳动——已经完成并对象化在商品中的劳动超过有酬劳动即超过以工资形式取得自己等价物的劳动的余额——理解为一般范畴。[①] 又如"为什么资产阶级政治经济学本能地坚持亚•斯密把'不变资本和可变资本'范畴与'固定资本和流动资本'范畴混同起来的做法，……"[②] 要完全理解这些新词术语和复杂长句确实不易，理解不深不透，翻译就无从下笔。有时为一个术语，令人废寝忘食，数日难眠。经过长期实践、揣摩归纳，我们已找到办法，达成共识，主要把握好如下几点：

（一）译文准确到位

马克思主义是我们一切行动的指南。如果把马恩学说译得错漏百出，那就会造成不良后果，甚至给革命和建设带来严重损害。比如"商品的价值对象性不同于快嘴桂嫂，你不知道对它怎么办"[③]。"快嘴桂嫂"是英国莎士比亚的剧本《亨利四世》中的一个酒店女店主，自称是个老老实实的女人，从来不会藏头盖脸的。马克思运用这个典故来说明：价值本身不包含自然物原子，在商品中是看不见、摸不着的，因而价值不同于快嘴桂嫂，人们可以看见她。正确理解原文含义后，可译成：Sanghbinj gij gyaciz yienhsaed mizyouq de，mbouj lumj vunzmeh Gveisauj bakbyoengq yienghhaenx gijmaz cungj haengj gangj okdaeuj，gyaciz yawj mbouj raen lax mbouj dawz，mwngz doiq de mbouj rox baenzlawz guh。这样的译文才能准确表达原文含义。

（二）译文通俗易懂

马克思和恩格斯的著作大多是经济学、哲学理论，比较深奥，普通百姓难以理解和掌握。因而，把深奥的马恩学说译得通俗易懂，就成为我们孜孜不倦的追求。《资本论》汉文版本中那些哲学概念、经济学术语、高深的经济学理论、以及大量的复杂长句，让普通群众觉得晦涩费解。针对原文中的这种情况，我们在进行汉壮翻译时就要按照壮语的表达习惯翻译，想方设法让译文通俗易懂。比如："劳动资

① 马克思：《资本论（第二卷）》，北京：人民出版社，2004 年，第 14 页。
② 马克思：《资本论（第二卷）》，北京：人民出版社，2004 年，第 244 页。
③ 马克思：《资本论（第一卷）》，北京：人民出版社，2004 年，第 61 页。

料是劳动者置于自己和劳动对象之间、用来把自己的活动传导到劳动对象上去的物或物的综合体”[①]这个长句几个意思夹杂在一起，一般读者会很难懂。我们把长句拆成短句，层次分明，再用通俗的壮语来翻译：“Lauzdung swhliu dwg gij doxgaiq roxnaeuz doxgaiq cunghhozdij baenzneix，boux guhhong cuengq de youq gyang swhgeij caeuq lauzdung duisieng、yungh daeuj cienz gij hozdung swhgeij daengz lauzdung duisieng bae。”把深奥的哲学、经济学、社会科学理论译得明白易懂，是翻译马恩经典的基本要求，也是译者务求攀达的境界！

（三）生动再现文采

马克思恩格斯都是语言大师。他们的著作不仅有深刻睿智的思想，而且有优美的文采。《资本论》不仅是一部理论性很强的政治经济学巨著，也闪烁着马克思独特的文学天赋光芒。读《资本论》，我们不仅惊叹马克思的深刻思想理论，而且也赞叹他卓尔斐然的文采。那黄河奔腾的咄咄气势，那高屋建瓴的雄浑风格，那夸张幽默的有趣语言，那博大自由的开放精神，那坚强不屈的战斗意志，都强烈地感染着我们。《资本论》中，马克思在指明资本原始积累的残酷性时巧妙地运用了借喻，使经济学著作的语言这么富于文采：“如果按照奥日埃的说法，货币‘来到世间，在一边脸上带着天生的血斑’，那么，资本来到世间，从头到脚，每个毛孔都滴着血和肮脏的东西”，[②]形象而深刻地揭露了所谓“原始积累”的本质。本来枯燥的哲学叙述，在马克思的笔下竟变得灵动鲜活、意趣盎然。翻译这段文字时，务必传神再现其文采：Danghnaeuz ciuq gij gangjfap Auyizaih，hobi“daeuj daengz ndaw vunzbiengz，mbiengj naj ndeu couh sengcingz daiq miz vunqlwed，baenzde，swhbwnj daeuj daengz ndaw vunzbiengz，daj dingjgyaeuj daengz lajdin，moix congh danoh cungj ndik lwed caeuq doxgaiq uekcuek”。在这段译文中，原文生动唯美的文采也跃然纸上了。

马克思主义经典著作的汉壮翻译工作，是我局翻译事业组歌中的重要乐章，也是我室全体同仁义不容辞的责任。我们同心协力，攻坚克难，译完了《资本论》第一至三卷，已由出版社出版发行。《马克思恩格斯文集》（第1—10卷）译稿业经审定，待出版社付梓问世。

这些年来，我们协力辛劳，把汉文版《资本论》译成壮文版，并送到壮族百姓手中，让他们用自己熟悉的民族文字学习和理解译著内容，让马克思主义学说在壮乡广泛传播，有效推进了马克思主义中国化进程。这必将变成巨大的精神力量，有力推动物质文明建设，创造出巨大的物质财富，加快脱贫致富，全面建成小康社会。我们有幸参与马恩著作的翻译工作，加入传播马列主义的行列，倍感自豪，十分珍惜！

六、法律法规翻译：积极推进普法教育进程

这里所说的“法律”指我国全国人民代表大会制定的基本法律，如宪法、民法、刑法等；“法规”指国务院制定的行政法规，一般用条例、规定、规则、办法等称谓。从1987年起，我文室就开始从事法律法规的汉壮翻译工作。

法律的本质特点决定了壮文译稿的本质特点，因为译者是在特定的汉文法律文本内进行解读、翻译。同时，法律有其权威性，因而法律翻译是权威性翻译，权威性译文才具有权威法律约束力。法律翻译质

① 马克思：《资本论（第一卷）》，北京：人民出版社，2004年，第209页。
② 马克思：《资本论（第一卷）》，北京：人民出版社，2004年，第871页。

量有着很高的要求，译文和原文含义必须对等，译者务必要确保法律译文能成为权威性译文。我们对法律的汉壮翻译遵循这几个原则：1. 忠实传译原文篇章结构程式。法律篇章结构最突出的特点是有特定的程式，译文要忠实体现程式化的特点。2. 译文语义要准确。法律追求正义和公正，真正体现“铁面无私”。因而法律翻译更重要的是法律概念和内涵的准确传达，才能伸张正义，确保公正。3. 译文语言要精练严谨。汉文法律语言是非常简约、精练的，以最严谨短小的篇幅表达最丰富的内容。因此，我们的法律汉壮翻译要切实做到认真推敲，仔细斟酌，惜墨如金。

加快法治进程，已是当前国家社会治理的一个紧迫的课题。守法理念内化于心，才能外化于行。只有让公民铭记法律条文，才能约束小我，遵规守法。这些年来，我们一直以翻译法律法规、宣传法律法规、推进依法治国为己任，至今已翻译了一系列法律法规及司法解释：《中华人民共和国宪法》《中华人民共和国刑事诉讼法》《最新司法解释全书》（第 1—3 册）、《中华人民共和国立法法》《中国共产党廉洁自律准则》《中国共产党纪律处分条例》《关于新形势下党内政治生活的若干准则》《中国共产党党内监督条例》等等。这些译著扩充了壮族地区的法律图书内容，丰富了壮族人民的精神食粮，为他们学习法律法规、普及法律法规和正确运用法律法规提供了通俗易懂的壮文法律法规译著，让他们通过不断学习逐步成为依法治国的参与者、捍卫者、推进者，有效推进了壮族地区的普法教育进程。

七、重要文献翻译：有效地促进壮语文发展

我们生逢盛世，智有所用，心倍感恩，尽职尽责。这些年来，全室同仁坚定信念，不辱使命，撸起袖子加油干，用壮语文翻译党和国家重要会议文件、领袖重要著作、马恩经典、法律法规。据不完全统计，笔译图书有 127 种，翻译量超过 2000 万字，还圆满完成了 1987 年以来历届历次全国“党代会”“两会”主要文件的同声传译任务，累计 800 多万字，为党和国家的重大政治活动提供了优质汉壮翻译服务。为党和国家的路线、方针、政策在壮族地区的传播，为保障壮族人民在国家政治生活中使用本民族语言文字的权利，为促进各民族群众交往交流交融，为民族团结进步事业，发挥桥梁和纽带作用，作出了积极的贡献。同时，重要文献翻译对壮语文本身的发展也产生了积极而深远的影响，主要表现为：

（一）民族语文领域领头羊

中国民族语文翻译局现为国家民委直属的公益性厅局级文化事业单位。1955 年 12 月 12 日，经周恩来总理亲笔批示设立，是我国唯一的国家级民族语文翻译机构。壮语文室是翻译局七个翻译室之一，设在北京，专门从事重要文献的汉壮翻译工作，在汉壮翻译领域竖起标杆，成为民族语文领域的领头羊，积极推动着壮语文事业向前健康发展。

我室全体同仁长期从事重要文献汉壮翻译，经过高难度、高强度、高水平翻译实践，不仅具有高度的政治觉悟，还具备过硬的翻译技能，受到壮语文界同行的“青睐”。该文室成员有的主持广西壮族自治区民语委科研项目修订《壮文方案》（修订案）；有的成为壮语文水平考试的出题、评卷骨干；有的是广西壮族自治区教育厅壮语文教材编写、审定的顶梁柱；有的当上广西高校兼职教授；有的受邀到广西壮族自治区民语委、广西民族出版社、广西民族报、《三月三》杂志社举办的培训班作专题讲座，为民族语文事业发光发热，添砖加瓦，已然成为汉壮翻译领域的带头人。

（二）丰富和发展壮语文

我们进行重要文献的汉壮翻译，有效地丰富了壮语词汇，改造了壮语语法结构，促进壮语书面语完善，使壮语表达更精致缜密，更富有表现力，更具有逻辑性。

1. 丰富壮语词汇

“三会”重要文件、领袖重要著作、马恩经典、国家法律法规中有大量的新词术语，而壮语没有对应词。我们切磋琢磨，反复推敲，钻研试译，最终较好地解决了问题，创造性地译出一系列新词术语。从2012年起，我室连续六年在广西区内外召开新词术语专家审定会，每年审定数百条新词术语，至今已经审定了一大批新词条，丰富了壮语词汇。比如：aeu vunz guh goek（以人为本）、anqgimcienz（金钱案）、anqyouqgaenj（要案）、bienqnduk（腐化）、binghbanh（传染病）、binghgaeqraq（禽流感）、bonghhamj（跨越）、bouxguenjsuiq（税务员）、caiqsaemj（再审）、canghyouzyaz（经纪人）、canjbinj lwyawz（剩余产品）、swhbwnj riuzdoengh（流动资本）、it rangh it loh（一带一路）、saenqyungh hobi（信用货币）、laeb'anq（立案）、gienzlaebfap（立法权）、swnj gonq ciep laeng（承前启后）、byaij roen doxbyonj（背道而驰）等等。这些译词内容新颖，生命力强，正广泛应用于壮语文领域，给壮语补充新鲜“血液”，使壮语充满活力，更富有时代性和表现力。

2. 增加壮语介词结构

汉语常用介词结构充当句子成分，但过去壮语书面语句子较短小，很少用这种结构。我们翻译重要文献时，为了让句子表达得准确、完善，常常运用介词结构充当句子成分。比如“在……上”“在……中”，分别直译成“Youq …… fuengmienh（gwnzde）”“Youq …… ndawde”结构，并大量运用于我们的译著。例如：Youq canloz fuengmienh，Bazluginh cingq aeu Sanhsih guh gyangsim hoenx cancwngh。（在战略上，八路军正以山西为中心进行战争。①）又如 Youq ciengzgeiz cancwngh caeuq vanzgingj gannanz ndawde，cijmiz gungcanjdangjyenz caeuq dangj baengzyoux、bingdoih baengzyoux lienzdaengz sojmiz gij senhcin fwnswj ndaw yinzminz dacung doxgap hwnjdaeuj，……（在长期战争和艰难环境中，只有共产党员协同友党友军和人民大众中的一切先进分子，……②）现在壮文读者能理解这些介词结构及其含义，也乐意接纳这些结构。介词结构正在壮语书面中得到广泛认同而通行。

3. 增添壮文复杂长句

尽管壮语有悠久的历史，但标准壮文只有60年历史，是一种非常年轻的文字，起初的书面语大都照搬壮语口语，短句、小句居多。随着汉壮翻译事业的发展，尤其是重要译著大量运用长句、复杂句，现在壮语书面语中的复杂长句也逐步增多了。复杂长句主要表现在定语、状语的层次变得更多、更复杂。例如：Gaengawq gij seiqdaeuz moq seiqgyaiq ginghci gohgi fazcanj caeuq gij iugouz ginghci fazcanj gaihdon moq guek raeuz ……（根据世界经济科技发展新趋势和我国经济发展新阶段的要求……③）又如：Cungj doxceng neix youq Fazgoz dwg yo youq baihlaeng gij doiqdingj siuj diegdeih sojyoujci caeuq daih diegdeih sojyoujci，youq Yinghgoz cix youq Aen Fap Haeuxgwn fatbouh gvaqlaeng goenghai bauqfat okdaeuj。（这种纷争在法国是隐藏在小块土地所有制和大土地所有制的对立后面，在英国则在谷物法颁布后公开爆发出来。）④译文中适当运用长句、复杂句，可使壮语书面语表达得更细致、缜密、完整。

---

① 毛泽东：《毛泽东选集（第二卷）》，北京：人民出版社，1991年，第237页。
② 毛泽东：《毛泽东选集（第二卷）》，北京：人民出版社，1991年，第523页。
③ 江泽民：《江泽民文选（第三卷）》，北京：人民出版社，2006年，第544页。
④ 马克思：《资本论（第一卷）》，北京：人民出版社，2004年，第17页。

（三）促进壮语书面语完善

20世纪50年代之前，壮族还没有本民族统一而规范的文字。虽然“早在秦汉年间就已经出现方块壮字”①，但它一直只是为普通百姓使用，只在民间流行，官方从未规范、统一而通用。直至1957年国务院正式批准在壮族地区推行壮文后，广西民族出版社、广西民族报社、广西《三月三》杂志社等单位出版或登载了一大批壮文新作、汉壮翻译作品，壮语才逐步有比较系统的书面语，但由于缺乏重量级的典范作品，难以形成规范的书面语。广西民族出版社出版的《布洛陀经诗译注》《壮族传统古歌集》《壮族麽经布洛陀影印译注》《赶歌圩》《壮族四大悲歌》《壮族民歌古籍集成》（情歌一、情歌二）等传统经典之作，只是山歌作品，对形成书面语作用不大。中国民族语文翻译局壮语文室翻译全国“三会”重要文件，翻译经典著作《毛泽东选集》《邓小平文选》《江泽民文选》《习近平谈治国理政》《资本论》《马克思恩格斯文集》等。这些重要著作政治性强，文法规范，结构严谨，表达完好。一套《毛泽东选集》（1—4卷）就有107.2万字，一部《资本论》（三卷）多达229.5万字。我们几十年如一日，不断推出新译著，随着译品数量不断增多，壮语书面语得到不断改造，不断演进规范。当初以短小句、简单句为主的壮语书面语，逐步发展成为有一定数量长句、复杂句的书面语，语式长短交错，灵活多样。同时，译品中有大量复句使用成套关联词，甚至有多层复句，表达细腻而完整。这就标志着壮文书面语不断完善。反过来，壮文书面语的逐步完善又进一步促进了汉壮翻译事业的不断发展，相互促进，良性循环。总之，壮语文书面语句式的与时俱进，使之更具有实用性和时代性的特点。

（四）传承壮族语言和文化

我们用拼音壮文把重要文献翻译成壮文文本，供广大壮语文读者阅读、掌握，充分发挥宣传教育的作用。同时，壮文文本也能较好地传承发展当代壮语的词汇、语法和壮族文化。当今社会，广播电视、报刊杂志、网络大都被汉语占据着。处于强势地位的汉语，对于弱势的壮语影响很大。比如，现在一些壮族小孩少说或不说壮语，汉语把母语代替了。又如，现在农民外出务工的多，好多农活没人干了，因之许多关于农村、农业的词汇就逐步轶失，春种秋收的农活文化逐渐消亡了。而我们的译品却能较好地记录并传承当今壮族语言、文字、文化。我们相信，将来这些译品必将成为人们研究壮族历史、生活、文化、语言、文字诸方面的宝贵资料。

重要文献的汉壮翻译，还涉及文化交流的方方面面。比如汉文积淀的文化价值、文本所赖以产生的土壤、文本转换所涉及的汉语文化等等，通过翻译，被较好地保存在壮译文本中，同时也加强了汉壮不同文化之间的交流与沟通。

八、结语

中国民族语文翻译局壮语文室几十年来翻译重要文献，硕果累累，在壮族地区产生了积极而深远的影响：宣传党和国家的大政方针，让壮语传扬在北京人民大会堂，传播中国特色的马列主义，传播马克思恩格斯理论，推进壮族地区普法教育进程，丰富、传承和发展了壮族语言文化，谱写了民族语文翻译事业的新篇章。实践使我们深刻认识到，国家成立重要文献汉壮翻译专门机构，使壮族人民使用民族语

① 覃晓航：《方块壮字研究》，北京：民族出版社，2010年，第33页。

文的权利得到切实保障。我们在与时俱进中有效利用壮语文，在广泛应用中发展壮大壮语文，在机制保障中科学保护、传承壮语文。面对未来，我们充满信心，坚定决心，要更加努力搞好汉壮翻译，把新时期的民族语文事业推向新高潮，让壮语文充分发挥它的功能作用，更好地为党和国家服务，为民族振兴服务，为谐和社会服务，为决胜全面建成小康社会服务，我们永远在路上！

【参考文献】

[1] 关仕京 . 马克思主义经典著作汉壮翻译探析——以《资本论》为例 [J]. 民族翻译，2011（2）.

[2] 关仕京 . 汉壮翻译对壮语文的影响 [J]. 民族翻译，2013（1）.

[3] 佘娟 . 翻译中的文化资本流转——以理雅各为例 [J]. 哈尔滨师范大学社会科学学报，2017（2）.

[4] 杨荟娟 . 抗战时期马列著作的翻译及其影响 [J]. 湖北经济学院学报（人文社会科学版），2017（10）.

60年广西少数民族语广播电视节目译播的历史沿革、现状分析和未来思考

王江苗[①]

2017年是国务院颁布《壮文方案》在壮族地区推行使用60周年。回顾60年来广西民族语广播电视事业的发展历程，其中有成绩，也有困境；有过繁荣，也有低迷。随着自治区少数民族人口素质普遍提高，文化生活日益丰富，民族语广播电视译播工作也获得了新发展，但与汉语节目相比，仍处于弱势地位。近年来，群众对民族语广播节目的形式、内容提出了更高要求。民族语广播电视面临着人才断流、经费投入不足、节目形式和内容单一、发展滞后等诸多问题。如何继续推动我区民族语广播电视节目译播工作，满足群众不断增长的信息需求和文化需求，是值得我们深思的问题。我们只有扬长避短、抓住机遇、开拓创新，才能走出困境。

一、广西少数民族语言广播电视节目译播的历史和现状

（一）广西少数民族语言广播电视节目译播的政策演变

制定广播影视发展政策，营造良好的舆论环境，是推动民族语广播影视工作的基础和前提。60年广西少数民族语言广播电视节目译播政策经历了“机构设置定级定员”（1980年）→“办好壮语广播”（1992年）→“继续办好壮语广播”（2001年）→“积极争取增设壮语广播电视节目专用频道和频率”“市县应开播民族语广播电视节目”（2014年）→“积极推进民族语广播的开办”（2017年）等。

（二）中央人民广播电台壮语节目播出的历史和现状

1957年11月11日，中央人民广播电台壮语节目开始播音。“文化大革命”期间大部分民族语广播中断，“文化大革命”结束后，蒙、藏、维、哈、朝等少数民族广播事业获得国家重视，不断发展壮大。中央还给西藏、新疆、青海、四川等省区划拨专项经费，以加强各自的少数民族语言广播。而中央人民广播电台的壮语广播自“文化大革命”停播后再未恢复。

（三）广西人民广播电台壮语节目译播的历史和现状

1. 广西人民广播电台壮语节目译播的的历史沿革

广西人民广播电台（简称广西电台）于1949年12月底筹建，1950年5月1日开播。在以普通话播

① 王江苗，女，壮族，现任职于广西壮族自治区少数民族语言文字工作委员会民族语文翻译处。

音为主的前提下，还用壮语、白话（粤语）、柳州话、桂林话播出或重播部分节目。1958年3月3日，广西壮族自治区成立前夕，广西人民广播电台开办壮语广播节目，同时为了配合自治区推行壮文，于同年5月5日开办《壮文教学讲座》。

广西电台的壮语节目于1971年10月1日恢复播音，用壮语北部和南部两种方言口头翻译播音。1980年6月25日，自治区党委批准广西人民广播电台设壮语编辑部。1983年10月1日，正式用壮语文稿和壮语标准音播出，并用壮语文自采自编。

1983年1月，广西人民广播电台开办《壮乡歌台》和《民族文艺》，同时还录制播出了大型民族风情歌舞《三月三》、歌剧《蛇郎》、配乐民间长诗《达稳之歌》等。

1985年，广西人民广播电台对壮语广播进行了较大改革，壮语节目由综合性节目变为专题节目，在每周将《壮语新闻》节目由4次增至6次的同时，还增办了《壮乡新风》《科学知识》《谈心会》《民族文艺》等专题节目。

1988年4月1日，自治区民语委与广西人民广播电台联合开办“壮语文广播学校”，采用壮语标准音和汉语方言西南官话对照播音，节目主要内容是党和国家的重大政策、法规、壮语文知识、有关农村种养技术及卫生保健知识等。

1989年，广西人民广播电台壮语部改为民族部，借庆祝“百色起义”“龙州起义”60周年之际，报道革命老区的巨大变化，讴歌邓小平领导百色起义、龙州起义的丰功伟绩。

1994年10月1日，进行机构改革，撤销民族部，在新闻综合台设置的《乡村风采》《民族之光》等板块节目中各开设5分钟《壮语新闻》，直至1995年。2001年底，教育生活广播每天2次，每周7次，每次用壮语广播30分钟。

2. 当前广西人民广播电台壮语节目译播情况

截至2017年4月底，广西人民广播电台在综合广播开设有三档壮语栏目：《壮语文广播学校》《壮语新闻》《壮语新闻联播》。这三档节目得到了自治区民委、民语委、自治区新闻出版广电局的资金支持和各方面的指导，栏目宗旨是宣传党和政府的方针政策，在报道新闻、传播资讯的同时，服务壮族群众生产、生活，提高壮族听众科学文化素质，丰富少数民族群众精神文化生活。

3. 广西人民广播电台壮语节目译播创新情况

2017年壮族“三月三”期间，广西人民广播电台推出了三档壮语节目：《母爱》《为你读诗》（壮语版）、《壮语听天下》。由广西电台、靖西市广播电视台联合录制的壮语戏剧广播剧《母爱》（上下集）依据现代小壮剧《母爱》改编而成，采用非物质文化遗产“南路壮剧”的形式表现，全剧用壮语演播。该剧播出后，得到自治区党委宣传部有关领导的高度赞赏，靖西市当地群众反响热烈。目前，广西人民广播电台正在着手将该剧向德保、那坡等民族地区推广，同时，在广西电台官方网站——北部湾在线及微信、微博中推广，以进一步扩大宣传效果。

《为你读诗》用壮语朗诵经典诗歌，让更多人领略壮语言的魅力。《壮语听天下》每期选取一个热门关键词，译成壮文，解构其中的广西文化元素。截至4月底，《为你读诗》壮语版已经播出15期，《壮语听天下》播出30期，每天同步在微博、微信进行图文、音频推送。这两个文化类线性节目一经推出，赢得了各方点赞。

（四）广西电视台壮语节目播出的历史和现状

1. 广西电视台壮语电视节目播出的历史沿革

1994年10月，广西电视台卫星频道开播《壮语新闻》栏目，星期一至星期四06：10播出，时长6分钟，播出内容主要是广西各地时事新闻、社会新闻、民俗风情。

2008年6月23日，广西电视台公共频道推出《壮语报道》，星期一到星期五19：40播出，每期20分钟，次日8：30重播。2010年1月至2012年5月，变更为星期一到星期五11：10播出，每次10分钟。《壮语报道》播出的内容除了《壮语新闻》外，还有《壮乡探秘》《教你学壮语》等小栏目。

2012年1月10日至5月30日，广西电视台资讯频道播放《壮语报道》栏目，星期一至星期五11：10分播出，每次10分钟。2012年5月，广西电视台停播公共频道和资讯频道的《壮语报道》，将该栏目内容整合到卫星频道《壮语新闻》播出。

2012年5月，广西电视台停播公共频道和资讯频道开播的《壮语报道》栏目，并将《壮语报道》栏目播放的内容整合到卫星频道的《壮语新闻》节目中，每天早上6：54分播出，时长10分钟。

2. 当前广西电视台壮语电视节目播出情况

目前，广西电视台《壮语新闻》栏目播出时间为卫星频道星期一至星期四7：00，新闻频道星期一至星期四14：30，节目时长10分钟。

3. 广西电视台壮语电视剧译制播出情况

除开办壮语新闻电视栏目外，广西电视台一直致力于民族语电视剧译制，曾组织译制播出壮语版电视剧《西游记》（2008年）、《水浒传》（2008年）、《射雕英雄传》（2004年）等，其中壮语电视译制片《射雕英雄传》获全国民族语（民族题材）优秀电视节目评选译制片类“金鹏奖”的金奖。近年来，广西电视台还对本台制作的动画精品节目《少数民族民间故事》系列动画片进行民族语的译制，现已完成12集电视动画片《大战人熊婆》（壮语标准音和靖西壮语音两个版本）、8集电视动画片《百鸟衣》（壮语标准音）、6集电视动画片《灯花儿》（苗语）的译制。

（五）市、县（市）开办民族语广播电视节目的历史和现状

1. 20世纪末自治区只有10个县（市）开办民族语广播电视节目

1958年广西人民广播电台开办壮语广播节目后，百色、河池、崇左、来宾等壮族聚居市所辖各县也相继开办壮语广播节目。20世纪末以来，全区119个县（市、区）中，只有靖西、田阳、武鸣、上林、东兰、融水、三江、龙州、宁明、凭祥10个县（自治县、市）的电视台先后开办民族语电视新闻节目。

2. 近年来自治区民族语广播电视开播的市、县不断增多

2012年10月31日，武鸣县广播电视开播壮语节目。防城港东兴市于2013年8月至10月试播《东兴京语新闻》。由于该项工作所需经费投入大，缺乏后续的经费来源，最终节目因无法持续运转而停播。2014年1月6日，靖西县壮语广播电台正式开播。2014年5月12日，来宾市象州县开播壮语新闻广播，用群众语言讲群众身边事。2014年8月6日和11月6日，崇左市广播电台和崇左市电视台先后开播壮语新闻节目，是自治区第一个在地级市广播电视媒体开办的壮语新闻栏目。2014年11月，崇左全市所有电台都开播了民族语节目。2015年10月，上林县电视台恢复播出的壮语新闻节目。2016年资源县、凤山县和田东县分别开播了苗语新闻和壮语新闻栏目。

3. 崇左市民族语广播电视节目发展迅速

2011年底，崇左市开播民族语节目的仅有宁明县电台、电视台各1家，开设民族语节目各1档。截至2014年11月，全市7家广播媒体开播民族语节目达20档。自治区14个地级市的电视台至今只有崇左市开展民族语广播电视译节目。

4. 目前自治区民族语广播电视开播的市、县（市）数

近年来，开播民族语广播电视节目的市、县（市）数：2011年5个、2012年8个、2013年12个、2014年19个、2015年27个。目前，自治区共有广西人民广播电台、广西电视台和30个市、县（市）开设90多档民语节目，涉及百色、河池、崇左、南宁、柳州、来宾、防城7个市，12个自治县中的7个。自治区民语节目制作和播出量分别达到广播节目31个，全年5200小时；电视节目55个，全年4900多小时。开播的民族语语种有壮语（多方言）、瑶语、苗语、侗语、毛南语和仫佬语。自治区县级民族语广播电视呈现出良好的发展态势。

二、60年来广西少数民族语言广播电视节目播出的特点分析

回顾广西少数民族语言广播电视事业发展历史，尽管有高潮和低潮，非常艰辛，断断续续，但也是从无到有，从单一到多样，逐步发展，前景看好。其有以下几个特点：

（一）断断续续，但少数民族语言广播电视事业发展前景看好

广西少数民族语言广播电视事业的兴起、发展、繁荣，与壮文推行使用60年发展历史相适应。壮文推行使用做得好，民族语言广播电视事业就得到较好的发展；如果壮文推行使用陷入困境，民族语言广播电视事业也就处于停滞不前的状态。广西少数民族语言广播电视事业发展较好的时期有：20世纪50年代的探索发展阶段；20世纪80年代的全面发展阶段；21世纪以来，特别是党的十八大以来的基层发展阶段。

20世纪50年代的探索发展阶段的主要标志是1950年5月1日广西人民广播电台开播。在以普通话播音为主的前提下，电台用壮语、白话（粤语）、柳州话、桂林话播出或重播部分节目，还用俄语、英语、日语播出教学节目。1958年3月3日广西壮族自治区成立时正式播出壮语节目。1958年广西人民广播电台开办壮语广播节目后，百色、河池、崇左、来宾等壮族聚居市所辖各县也相继开办壮语广播节目。1957年11月11日，中央人民广播电台壮语节目开始播音。

20世纪80年代全面发展阶段的主要标志是1980年设立广西人民广播电台壮语编辑部。1983年1月，广西人民广播电台开办《壮乡歌台》节目，1985年壮语节目由综合性节目变为专题节目，1988年4月1日建立“壮语文广播学校”。1994年广西电视台开始播出壮语新闻。壮语广播影视在经过上世纪末的低潮后进入新世纪在基层县逐步得到发展。

进入21世纪，特别是党的十八大以来，基层的发展阶段有几个特点：一是自治区重视，多次下发文件明确要求。二是市县民族语广播电视发展迅速。近年来，自治区大力推动市县少数民族语言广播电视节目发展，进一步加大政策扶持和资金扶持力度，少数民族语广播电视节目建设发展迅速。三是边境地区民族语言广播电视发展较好。边境十个县（区、市）和百色市、崇左市、防城港市三个地级市的民族语言广播电视节目建设得到加强。

（二）发展良好，但与兄弟民族广播电视事业发展相差甚远

1. 广西民族语言广播电视节目与兄弟民族相差甚远

近年来，广西民族语言广播电视节目呈现出良好的发展局面，但与其他民族地区相比仍有较大差距。如新疆电视台有6个少数民族语电视频道，新疆人民广播电台有3个少数民族语广播频率，全疆人口在

10 万人以上的少数民族都拥有本民族语言的广播电视，全疆各地、州、市和绝大部分县市、乡镇广播电视台（站）都用汉语和当地主体民族语言等两种以上语言播出广播电视节目。西藏、内蒙古、四川、云南、青海、甘肃、吉林等省区也都开办有各自的少数民族语频道。与新疆、西藏、内蒙古、青海等省区相比，广西有其特殊性，如壮文是新创文字，标准壮语普及率低，壮语方言多，相通率也不高，特别是与标准壮语不相通。这也是影响广西少数民族语言广播电视事业发展的重要原因。

2. 广西壮语广播电视节目播出量不如云南省文山壮族苗族自治州的壮语广播电视节目播出量

和与广西相邻且民族情况相似的云南、贵州相比，广西民族语言广播电视节目开办落后就没有理由了。我们再看壮族聚居的文山壮族苗族自治州，其少数民族语言广播电视发展远远走在广西前面，其壮语节目播放量比广西壮族自治区的广西电视台和广西人民广播电台还多。1979 年 6 月 20 日，文山人民广播电台正式成立并采用汉、壮、苗、瑶 4 种语言播音，成为全国播出语种最多的地方台之一，共有“新闻综合频率”“七花频率”“民语频率”三个广播频率，每天播出节目总计 43 小时 45 分钟，其中直播节目 12 个小时。

（三）呼声不断，但开办壮语广播电视专用频率频道难以实现

开办壮语广播电视专用频率频道，加强广西少数民族语言广播电视工作是党和国家的要求，也是壮族干部群众的强烈愿望。尽管有明确的政策依据和坚实的群众基础，但是由于思想认识不统一和经费困难一直未能实现。这一直是广西少数民族语言广播电视事业发展的主要问题。

1. 国家支持开办壮语广播电视频率频道

中央多位领导曾作出重要批示，要求尽量予以支持并纳入西新工程总体规划，支持广西广播电视壮语节目的播出，帮助他们加强译制中心建设，增加壮语影视剧播出。国务院、原国家广电总局也有相关文件要求加强壮语广播影视节目译制制作，开办壮语卫星广播和壮语卫星频道。

2. 群众对开办壮语广播电视频率频道呼声高

近年来，自治区干部群众和专家学者对开办壮语广播电视专用频率频道的呼声不断。2008 年 8 月 21 日，国家民委在京召开壮族专家学者座谈会，9 名壮族专家学者阐明了开办壮语卫星广播电视频率频道的重要性和必要性。2009 年 3 月，全国人大广西代表向大会提交了《关于开设壮语频道的建议案》。2010 年 1 月，全区政协十届三次会议有委员向大会提交《关于尽快开播广西壮族语卫星电视频道的建议》。2010 年 5 月，有 120 名壮族专家学者致信中央领导要求尽快开设壮语卫星电视频道。2013 年 3 月，全国人大代表向大会提出广西电视台开设少数民族语卫星频道和中央人民广播电台、中央电视台开设壮语节目的建议。

3. 对开办壮语广播电视频率频道所作的努力

自治区人民政府领导对开办壮语广播电视频率频道的可行性研究也作出批示，自治区民语委多次进行调查研究，并与有关部门商讨相关事项。2010 年初，自治区广电局与自治区发改委编制上报了《西新工程第五期广西建设方案》，规划建设广西广播影视壮语译制中心、广西人民广播电台壮语卫星广播专用频率和广西电视台壮语卫星专用频道。项目曾通过国家发改委专家评审团的评审，但未被纳入 2013 年下半年经国务院批准正式下达的建设项目中。2013 年 12 月 9 日、2014 年 3 月 17 日、2016 年 6 月，自治区民委、广电局、民语委先后向自治区人民政府以文件的形式提出加强我区民族语广播影视工作和开办壮语广播电视频率频道的建议。开办壮语卫星广播和壮语卫星电视，发展广西少数民族语言广播电视事业，既有国家政策支持，也受到群众欢迎，符合党的民族政策和少数民族群众的根本利益。

三、当前广西少数民族语言广播电视节目播出存在的问题

（一）政策不明确，贯彻不到位

党和国家对我国民族语广播影视事业发展高度重视，对广西民族语广播电视事业发展的要求也是十分明确的。目前，全国兄弟民族的少数民族语言广播电视事业发展迅速，但是广西的少数民族语言广播电视事业发展就显得停滞不前，相对落后。其中一个重要的原因就是有关部门对中央有关政策贯彻落实不力，贯彻落实的政策要求不明确，原则性多，具体性少，态度模糊，比如怎样的县应该开办民族语广播电视节目，怎样支持和扶持民族语广播电视节目等，都没有具体措施。

（二）播出时间短，时间不合适

目前自治区各级广播电台、电视台开办的民族语广播电视译播节目不仅数量太少，而且播出时间短，有的播出时间安排也不适宜群众收听收看。如广西电视台每天只有一档10分钟的壮语新闻节目。广西人民广播电台《壮语新闻》播出时间是周一至周五05：20—05：30。多数开办民族语广播电视节目的市、县（市、区）开办的是电视新闻节目，每周制作1至2期，首播时间10至20分钟，重播的时间也很有限，无法满足群众需求。

（三）内容单一，质量有待提高

目前，自治区民族语广播电视节目内容比较单一，形式呆板，制作粗糙，与少数民族群众需求存在很大差距；以新闻节目为主，综合节目少，信息量有限；同时播出时间短，除少数县外，多数县都是10至30分钟，且重播率高。全区44个有民族语广播电视节目的单位中只有新闻节目的是广西电视台、隆安县广播电视台等31个单位。靖西市广播电视台《五色糯》栏目和那坡县人民广播电台《尼来尼傣》（壮语）等民族语广播电视节目内容比较丰富，受到群众欢迎，自开播以来得到有关方面和当地群众的认可，收视率较高，影响力较大。

（四）人才缺乏，编制难以落实

缺乏少数民族语言广播电视专业人才是市县的普遍现象。更严重的是，目前广西高校没有开设少数民族语言广播电视译播专业，事业发展前途堪忧。各地广播电台和电视台要找到既能讲壮话、会壮文，又有播音主持技能的人才相当难。有的市县无法开办民族语言广播电视节目的主要原因是专业人才缺乏。同时，因缺乏编制指标，专业人员待遇不高，难以吸引和留住高素质的专业技术人才，导致一些市县节目被迫停播或延播，断断续续，无法保证正常播出。

（五）经费不足，设施不完善

目前，广西各级少数民族语言广播电视节目译播经费大都没有列入当地政府的年度财政预算，上级主管部门也没有专项经费补贴，使得节目运作资金没有保障，严重制约节目的生存和发展。开办电视节目需要投入大量的经费，开办民族语电视节目花费更大，而且都是没有经济效益的公益节目。

（六）开播难度大，发展不平衡

目前，广西有 14 个市设区（地级市），37 个市辖区、7 个县级市、54 个县、12 个民族自治县，共计 110 个县级行政单位，另辖 1 个管理区和 3 个新区。其中有 64 个少数民族聚居县（区市）（含 12 自治县、3 个少数民族人口未达 30% 的享受自治县待遇县和 1 个享受边境县待遇区）。但是，自治区 14 个设区市（地级市）只有崇左市开办了少数民族语言广播电视节目，16 个民族自治县（含 3 个享受自治县待遇）只有 8 个开办了少数民族语言广播电视节目；自治区 48 个少数民族聚居县（区、市）只有 22 个开办了少数民族语言广播电视节目。

四、促进广西少数民族语言广播电视事业发展的几点建议

（一）提高对广西少数民族语言广播电视节目播出的必要性的认识

自治区少数民族语言广播电视事业发展的关键在于各级领导干部的思想认识。当前，自治区一些领导干部在民族工作、民族问题、民族发展上仍然存在不同的思想认识，缺乏民族思想、民族意识、民族感情。必须抓住领导干部这个“关键少数”，首先解决好是否需要发展广西少数民族语言广播电视事业的思想观念问题；其次解决好广西少数民族语言广播电视事业发展的具体目标问题；再次是解决好如何发展广西少数民族语言广播电视事业的政策措施问题。思想认识是第一位，必须使自治区领导和各级干部深刻认识到，开展少数民族语言广播电视节目译播工作是我们学习宣传和贯彻落实党和国家的路线方针政策的有效途径，是维护国家政治安全、文化安全和边疆稳定的重要举措，是推进精准扶贫、实现富民兴桂的必然要求，是开展民族团结进步创建活动、建设民族团结进步模范区的重要保证，是传承和发展民族文化、建设民族文化强区的重要内容，是凝聚民心、增强民族自信和文化自信的重要基础，是提高少数民族群众的文明素质、促进民族地区经济社会发展的有效途径，是丰富和提高少数民族群众精神文化生活的一项民生工程和民心工程。

（二）完善广西少数民族语言广播电视节目播出的政策措施

政策是做好工作的重要保证。对于基层来说，其包括两个方面：一是贯彻落实好上级的政策；二是制定好贯彻落实上级政策的对策措施。根据广西实际情况，必须在加强相关扶持政策的制定与实施上下功夫，注意政策措施的具体性、明确性和可操作性。一是强化少数民族语言广播电视事业发展研究，解决发展中的重大认识、理论和实践问题。二是加强法治环境建设，对少数民族语言广播电视发展作出制度性安排。编制少数民族广播电视事业发展规划，研究出台广西民族语广播影视工作管理意见，作为文化改革发展的重要内容，明确发展任务和目标，要求相关市县特别是少数民族人口聚居市县，逐步开展民族语广播电视节目工作。三是加大自治区财政支持力度，同时统筹整合现有相关资金，把它作为精准扶贫、富民兴边、振兴民族文化的重要内容，建立健全民族语广播电视经费投入机制，确保在广西人民广播电台和广西电视台以及相关市县增加民族语言栏目、调整节目播出时间和丰富节目内容所需要的必要经费。四是制定和完善相关表彰激励制度和奖励、补贴政策，落实优惠政策，充分调动全社会的积极性和创造性，引导和鼓励企业、社会组织及个人捐赠或共建相关项目，不断提高民族语言文化产品供给能力，对成绩突出的人员进行表彰奖励。五是建立健全少数民族语言广播影视机构编制，加强对相关人才培养的培训工作，提高少数民族语言广播影视节目的制作、译制和播出能力。

（三）创新广西少数民族语言广播电视节目播出的思路

广西少数民族语言广播电视发展需要改变、需要创新。只有通过理念创新、手段创新、基层创新，才能推进少数民族语言广播电视发展。

首先是思想理念创新。要改变过去的少数民族语言广播电视无用论、不必要论等思维定势，要充分认识民族语言广播电视作为民族精神文化在满足人们精神文化需求方面的重要作用。目前，广西有一股发展民族语言广播电视的民间力量。这些社会力量人员越来越多，力量越来越大，制作的民族语言文化作品也越来越多，影响越来越广泛，需要政府重视和引导，大力发展少数民族语言广播电视事业。其次是手段创新，要积极探索有利于破解工作难题的新举措、新办法。时代在发展，形势在变化，广西少数民族语言广播电视事业要始终保持蓬勃生机，就必须适应新形势、立足新实践、创造新手段。第三是基层创新，以基层为重点，突出抓好市县民族语广播电视节目播放工作，加强边境地区民族语言广播电视节目覆盖能力建设，不断提高民族语言广播电视节目的质量。特别是要注重抓好若干个示范市县建设，让他们发挥示范带头作用，以点带面，促进自治区少数民族语言广播电视事业发展。

新闻稿壮译民族语要素优用尽用的策略

唐　龙[①]

在壮文报纸编辑工作中，我们常看到不少壮文新闻来稿“汉腔汉调”较为严重。要消除这种现象，最有效的办法就是优用尽用民族语要素。这里所说的“民族语要素”包括壮语词汇、壮语语法、壮语表达习惯等三方面内容。

壮文译稿要优用尽用民族语要素，这已是汉壮译界的共识，只是有些译者或作者没有引起重视罢了。“优用尽用”，意即优先使用并尽可能多地使用。优用，指民族语要素层级的优先选择次序；尽用，指某层级内所能运用要素的极大值。

一、优用尽用民族语要素由新闻特点所决定

汉文稿的壮译要优用尽用民族语要素，这不仅是各种汉文体作品壮译最基本的要求，更是汉文新闻稿壮译的首要要求，这是由新闻快、实、新、短的特点所决定的。壮文新闻要实现最迅速的传播，取决于两方面，一是所刊登媒介的发行速度，二是新闻（信息）本身的被接受度。所谓的被接受度，就是新闻受众对新闻所包含信息的吸纳程度。要让读者尽可能多、尽可能快地吸纳壮文新闻所传达的信息，就要让壮文新闻的词句及表达方式容易被读者接受，因此就要优用尽用民族语要素。

二、优用尽用民族语要素的几个基本要求

怎样才能做到优用尽用民族语要素？对于这个问题，也许见仁见智。再者，不同的文体（记叙文、说明文、议论文、应用文等），也许对优用尽用民族语要素的要求会有所不同。然而，万变不离其宗，笔者认为，译文优用尽用民族语要素要符合以下几个基本要求。

（一）词汇——优用尽用群众所熟知的壮语词汇

新闻译稿所使用的词汇，必须是壮族群众所熟知的壮语词汇。那么，什么词汇是壮族群众所熟知的壮语词汇？我们知道，自古以来，绝大多数壮族人民都是聚居，地理上连成一片，因而语言保持着很大的一致性。但是，由于受壮族地区社会发展不平衡、交通不发达、外部语言影响等种种因素影响，壮语形成了南北两大方言。两大方言又各分为若干个土语。北部方言包括邕北、红水河、柳江、桂北、右江、桂边、邱北等 7 种土语；南部方言包括邕南、左江、德靖、文麻、砚广等 5 种土语。壮语的现状是南北两大方言的各土语之间、南北两大方言内部各土语之间的词汇确实存在不少差异。如何选取为群众所熟知的词汇呢？笔者认为，应按固有优先、通用为主的原则来选取词汇。例如常用的第一人称代词“我”，

① 唐龙，男，壮族，广西民族报社编辑。

武鸣说 gaeu、来宾说 gou、宜山说 gu、田阳说 gu、龙州说 gaeu 或说 ngoh、邕宁（南）说 gou、靖西说 ngoq[2]。其中，龙州的 ngoh 和靖西的 ngoq 应是借自汉语粤方言的“我”，已属借词；其余各地的 gou、gu 和 gaeu 等，读音很相近。《壮语通用词与方言代表点词汇对照汇编》（以下简称《汇编》）选取 gou 为通用词，是按固有优先、通用为主的原则选取的。选取群众所熟知的壮语词汇，在操作上，目前可以参照《汇编》中所列出的通用词。

（二）语法——句子表达符合壮语语法

句子表达符合壮语语法，这是优用尽用民族语要素对语法的最基本要求。我们知道，语法是一种语言的结构规则。语法规则从本质上说，是本族语的人头脑中潜在的一种直觉知识，也可以说是人们说话时的一种约定俗成的习惯。正因为是习惯成自然，所以一般人没有察觉到本族语言语法的存在。只有通过语言比较，潜在的“语法”才会显现出来。

在汉壮语之间，大多数语法规则是相同或相近的，最显著的语法规则的区别在于定语和中心语之间位置不同。“汉语定语放在中心词之前，壮语定语放在中心词之后，这是两种语言最基本的语序，也是汉壮两种语言最明显的区别特征。”[3] 至今壮语大多仍遵循此项语法规则。

然而，随着时代的发展，壮语的此项语法规则也有所变化。“随着汉壮翻译的不断发展，壮文译品的不断涌现，壮语语序由于受到汉语语序的强大渗透，也发生了很大的变化，出现了很多定语前置的现象。”[3] 根据关仕京先生的总结，有两方面的变化，一是“定语直接放在中心词前，组成定中关系”[3]；二是“定语放在中心词之前，定语和中心词有助词 dih，这个 dih 是汉语‘的’的音译词。”[3]

（三）表达——语言表述符合壮语表达习惯

语言也是一种文化，文化隐含在语言中。语言表述要符合语言表达习惯，特别是要符合文化习惯，才能体现出某一种语言的特色。比如壮语中对逝者的述称，往往在称呼之前加 fangz（鬼、神）。比如“意思是赞扬这位母亲的品德堪比孟母”，句中的“这位母亲”（已去世）可以翻译为 meh neix 或 daxmeh neix。虽然信息已经传达完整，但这样表述并不确切、地道。因为壮族人对逝者的述称往往要冠以 fangz（鬼、神），以示一种敬重或表明被述称者是已故的。故例中的“这位母亲”应翻译为 fangz meh neix。译文与原文相比，多出了 fangz 这个词，信息量增多了，属信息超额，但这种超额是必要的。因为增加一个词，使译文表达更确切、完备，更符合壮族人的思维习惯，让人读起来才感觉更加自然、通顺。

三、优用尽用民族语的策略和要素

（一）优用尽用策略

民族语要素的优用尽用，主要是指壮语词汇和语法的优用尽用。优用，是指某层级民族语要素的优先使用，关涉先后次序；尽用，是指某层级内民族语要素使用的极大值（最大可能）。借词和汉语语法虽不属于民族语要素，但为便于论述，本文也一并论及。

1. 民族语要素的优用次序

词汇优用尽用的次序是：固有词→合璧词→壮式借词（以壮语的构词法为构词规则，以汉语老借词与老借词或汉语老借词与汉语新借词作为构词语素组合而成的词汇）→老借词→新借词。前一层级优先于后一层级；固有词优先于合璧词，合璧词优先于壮式借词，壮式借词优先于老借词，老借词优先于新借词。语法优用尽用的次序是：壮语语法→汉语语法；壮语语法优先于汉语语法。

2. 民族语要素的尽用策略

在词汇的选用中，优先并尽量使用壮语固有词；在用尽固有词的前提下，优先并尽量使用合璧词；在用尽固有词、合璧词的前提下，优先并尽量使用壮式借词；在用尽固有词、合璧词、壮式借词的前提下，优先并尽量使用老借词；在用尽固有词、合璧词、壮式借词、老借词的前提下，再使用新借词。换句话说，该用、可用（或变通后可使用）固有词（语素）的，就不用合璧词或借词；该用、可用（或变通后可使用）合璧词的，就不用借词；须用借词的，优用尽用壮式借词；须用纯借词的，优用并尽量使用老借词；该用老借词（语素）的，就不用新借词。在语法的选用上，优先并尽量使用壮语语法；在用尽壮语语法的前提下，才用汉语语法。

（二）优用尽用壮语词汇要素

为方便展开论述，我们以一则新闻中的一段为例。这则题为《忻城：电商扶贫闯新路》的新闻其中有这么一段“我家土面条订单不断，临时购买要‘走后门’喔！近日，忻城县古蓬镇东河村板曾屯村民樊文章笑呵呵地说。原来，今年以来他家的土面条月月被一抢而空——将近 0.75 万公斤的面条、10 多万元的销售额，刷新了樊家以前的销售纪录。”

1. 优用尽用壮语固有词

译文优先并尽量使用译语的固有词，是做好翻译工作的必然要求。新闻的壮文译稿，应优先并尽可能地多用壮语词汇（语素）。壮语固有词的使用有以下几种方式：

（1）直接使用固有词。原文和译语有相对应的词汇，就可直接使用壮语固有词。例文中：“我、家、不、购买、要、走后门、笑呵呵、说、地、今年、以来、月月、将近、多、以前”等词可以直接对译为壮语固有词：gou、ranz、mbouj、cawx、deng、byaij doulaeng、riuhwzhwz、naeuz、dieg、bineix、doxdaeuj、ndwenndwen、yaek daengz、lai、gaxgonq。

（2）创造条件使用固有词。为了尽可能地运用壮语固有词，应当尽可能多地“创造条件”。所谓的“创造条件”，在汉壮翻译中，一般是指对原文（汉文）进行“化解”。即有些句子要先经过“化解”后，才尽可能多地用到壮语固有词（合璧词）。如上例中的“刷新了樊家以前的销售纪录”一句，是书面化极强的句子，壮语没有直接对应的说法。因此，可以换另一种说法“这比以前卖得更多”，再翻译成 neix beij gaxgonq gai ndaej engq lai。再如“原来”这个词，壮语没有直接对应的词。应该可以先转化为“说到根由（缘由）”，再翻译为 gangj daengz goekgaen，这样就可对应地使用壮语固有词来表达。由此可见，经过这样“化解”后再翻译，可挣脱原文（原语）表达思维的束缚，转为贴近译文（译语）的表达方法，这样就可用更多壮语固有词了。

2. 优用尽用固有语素

语素是“最小的有意义的语言成分”[4]；“所有的词都可以看成是由语素构成的”[4]P11。语素是词的构成要素。因此，民族语要素的优用尽用应当延伸到固有语素的优用尽用。固有语素的优用尽用，是指尽可能多地使用以壮语固有语素作为构词成分的合璧词。在壮语中，以固有词（语素）作为构词成分的，主要是指以壮语固有词（语素）作为构词成分的壮汉合璧词。壮汉合璧词是壮语与汉语长期接触的产物。它是以壮语的构词法为构词规则，用壮语固有词（语素）和汉语借词（语素）组合而成的词汇。

如 byaekgaiqlanz（芥兰菜），是壮语固有词 byaek（菜）与汉语词借词 gaiqlanz（芥兰）组合而成的。在优用尽用壮语固有词的前提下，优用尽用合璧词，不但可保证固有词（语素）的尽用，而且也可保证固有语法（词法）的尽用。

3. **优用尽用壮式借词**

壮语中还存在这样一类词汇——以壮语的构词法为构词规则，以汉语老借词与老借词或汉语老借词与汉语新借词作为构词语素组合而成的词汇。我们权且称此类借词为壮式借词。壮式借词是壮汉语接触的产物。例子中“土面条”一词，译为 mienhdoj，mienh（面）和 doj（土）是两个老借词，按壮语构词法组合而成新词 mienhdoj。再如 faenjhan ' ouj（旱藕粉），faenj（粉）是老借词，han ' ouj（旱藕）是新借词，由老借词和新借词组合成一个壮式借词。壮式借词使用的构词成分虽为借词，但保留了壮语语法。在优用尽用固有词（语素）、合璧词的前提下，优用尽用壮式借词，可保证固有语法（词法）的尽用。

4. **优用尽用老借词**

壮汉语接触由来已久，汉语很多要素早已融入壮语词汇系统中，汉语老借词早已成为壮语词汇的重要组成部分。因此，在优用尽用固有词（语素）、合璧词、壮式借词的前提下，还应优用尽用老借词。如例文中的“断、临时、万、公斤、元”以及转换表达后“闯（开）、不断（不停不断）、原来（说起缘由）”中的“开、停、说（讲）”等，都应该用老借词来表达。

值得一提的是，壮汉合璧词和壮式汉语借词都是以壮语构词法为构词规则。其“灵魂”是壮语的，其“血肉”有混合的——壮汉合璧词由壮语语素与汉语语素组成，也有全由汉语语素构成的。无论如何，这些词汇均可称之为壮式词汇。在翻译中，在尽用固有词的前提下，应该做到尽用这些词汇。如例文中的“土面条”，应该用壮式汉语借词，即翻译为 mienhdoj 比较符合壮语实际。

按照上述原则，这段新闻稿可翻译为：“Gij dandingh aeu mienhdoj ranz gou de mbouj dingz mbouj duenh，bouxlawz laemzseiz cawx ne lij deng ‘byaijdoulaeng ' bw！” Geij ngoenz gonq，Yinhcwngz Yen Gujbungz Cin Dunghhoz Cunh Mbanjbanjcwngh bouxvunzmbanj Fanz Vwnzcangh riuhwzhwz naeuz. Gangj daengz goekgaen，daj bineix daeuj，gij mienhdoj ranz de ndwen ndwenndaej vunz aeu seuq bae——gai bae yaek daengz 0.75 fanh goenggaen mienh、ndaej 10 lai fanh maenz，neix beij gaxgonq gai ndaej lij haemq lai.

（三）优用尽用壮语语法要素

确定词汇后，要通过组合把词汇组织起来，方能成为句子。汉壮翻译要优用尽用民族语要素，应当包括优用尽用壮语语法来统御词句。壮语的语法特征具体表现在词法和句法两个方面。

1. **优用尽用壮语词法**

与汉语相比较，壮语的词法自有它独特之处。在组合规则上，壮汉语词法除了大家所熟知的偏正式词汇的“偏”与“正”的位置不同外，壮语还有冠以“词缀”而改变词汇性质。“在壮语中，量词可以单独（脱离数词）放在某些实词的前边，起到词缀的作用。这些‘词缀’具有明显的名词语法特征，因此，凡是冠以这些‘词缀’的实词（包括动词、形容词、数词等）都是名词。”[5] 如 miz“富有”是形容词，冠以量词 boux 作为“词缀”后变成名词 bouxmiz“富人”。如新闻例稿中的“村民”，按字面可以翻译为 vunzmbanj 或 vunzndawmbanj，但冠以量词作为“词缀”，翻译成 bouxvunzmbanj 或 bouxndawmbanj，则更符合壮语词法。壮语的独特词法，除了正偏搭配、冠以词缀改变词性等词法外，仍有其他特有词法，囿于篇幅，不予尽述。总之，优用尽用壮语词法，首先要优用尽用壮语与汉语及其他语言相比而特有的词法。

2. **优用尽用壮语句法**

句法是句子各个组成部分的排列顺序。与汉语相比较，壮语句法的一大特征是主题在先，或者说主题优先。如“我家土面条订单不断”这句，如果译成 Ranz gou mienhdoj dandingh mboujduenh，基本可以传达信息，但读起来感觉比较别扭。在壮语中，一般是主题优先，即优先提到“土面条订单”，即 gij dandingh aeu mienhdoj。整句可译为 Gij dandingh aeu mienhdoj ranz gou de mbouj dingz mbouj duenh，则比较符合壮语句法，更符合壮语的表达习惯。除了主题优先外，壮语还有其他独特的句法，限于篇幅，不再尽述。总之，要优用尽用壮语句法，首先要优用尽用壮语特有的句法。

（四）优用尽用民族语要素最终要让译文表达顺畅

书面语（文本）的翻译效果，最终以句、段、篇、章的形式呈现出来。因此，优用尽用民族语要素的效果，要通过句、段、篇、章的表述来检验。让译文表达符合壮语的习惯，有比较浓厚的壮语语感，读起来比较顺畅，是优用尽用壮语语素的检验标准，也是优用尽用壮语语素的最终目标。

用壮语词法和句法来统御词汇后，再通读句子，根据壮语的表达习惯及语感来进行“调整”。必要时，须做转换表达的处理，使之读起来更符合“壮味”。如上例新闻稿中的“将近 0.75 万公斤的面条、10 多万元的销售额，刷新了樊家以前的销售纪录”。如果按照字面直译为 gyawj 0.75 fanh goenggaen mienh、gij soq cienz gai ndaej de miz 10 lai fanh maenz，neix cauh ' ok le gij geiqloeg gaisiu moq gaxgonq Fanzgyah cungj mbouj miz de. 信息量基本传达出来了，但是信息冗繁，读起来感觉很拗口，不通畅，更别提“壮味”了。但进行转换表达的处理之后，该句可表达为“卖出去近 0.75 万元、卖得 10 多万元，这比以前卖得都多”。可翻译成 gai bae yaek daengz 0.75 fanh goenggaen mienh、ndaej 10 lai fanh maenz，neix beij gaxgonq gai ndaej lij haemq lai. 这样的译文，读起来比较符合壮语的语感，更自然流畅了。

四、结语

翻译的目的是为了把原文的信息完整准确地传递给译文读者。如果译文缺乏读者所熟知、习惯运用的民族语要素，译文读者不愿接受或勉强接受，那通过翻译进行信息传递的效果就会大打折扣。优用尽用民族语要素既是汉壮翻译最基本的要求，也是终极追求。综上所述，新闻稿的壮译要优用尽用民族语要素，至少应在这三方面尽最大的努力：优用尽用壮语固有词汇（语素）；用壮语语法统御词句；让语言表达符合壮语的习惯。

【参考文献】

[1] 熊英．消息与通讯的语言异同比较 [J]. 常州信息职业技术学院学报，2008（2）.

[2] 广西壮族自治区少数民族语言文字工作委员会研究室．壮语通用词与方言代表点词汇对照汇编 [Z]. 南宁：广西民族出版社，1998：309−310.

[3] 关仕京．汉壮翻译对壮语文的影响 [J]. 民族翻译，2013（1）：27.

[4] 朱德熙．语法讲义 [M]. 北京：商务印书馆，1982：9.

[5] 张元生，覃晓航．现代壮汉语比较语法 [M]. 北京：中央民族学院出版社，1993：14.

试论壮语广播电视新闻翻译

李炳群[1]

广播电视是具有教育性、群众性和影响面广的宣传工具。壮语广播电视是沟通壮民族群众的桥梁和纽带。壮语广播电视的新闻翻译是一种创造性活动。它与壮民族语言翻译实践和理论有着直接关系，关系到壮民族语言的标准化、规范化，对壮民族文化的传承与发展起到不可估量的作用

新闻学和翻译学是各有特殊规律和特点的两门学科。新闻是对新近发生的事实的报道，新闻翻译是将用一种语言表述事实的报道改用另一种语言陈述出来，让使用另一种语言的人也获得同样的信息。那么，在新闻翻译实践中如何达到这个要求？本文主要以探讨壮语广播电视新闻翻译技巧为目的，分析壮语广播电视新闻的特点，通过举例说明的方式，对壮语广播电视新闻翻译技巧进行科学归纳。

一、壮语广播电视新闻必须口语化、通俗化

广播电视具有传播快、涉及面广、受文化知识局限性小的特点，但与报纸、刊物等平面媒体相比，也有不足的一面。广播电视语言在播出时瞬间即逝，不给听众或观众留下推敲思考的余地。所以，壮语广播电视新闻要想收到好的宣传效果，除了做到选材准、针对性强以外，还必须在翻译上下足功夫。翻译的口语化、通俗化、大众化对壮语广播电视新闻来讲至关重要。一是鉴于当前壮民族地区经济还不够发达、广大壮族群众文化素质普遍不高的现状，壮语广播电视新闻要致力于名词术语的规范化，不能过分强调方言差别，各行其是。就像有些人倾向于滥用新借词，一些电台、电视台的壮语新闻（特别是政论性新闻）听起来已经不像是壮语了。因为他们播出的这些所谓的壮语新闻真正使用的壮民族词语不到30%，难怪有些没有学过壮语的汉族人也敢说：壮语我也能听懂……其实，这是对壮语翻译的误读。在日常的壮语翻译实践中，每个壮语广播电视新闻的翻译人员都会碰到一些最新的词汇，比如："留守儿童"（Lwgnyez dawz ranz）、"空巢老人"（Vunzlaux dawz ranz）等。大量新生事物的出现，往往需要壮语广播电视新闻翻译工作者来定名，定得好不好，就看我们怎么使用壮民族词语了，这就是翻译的奥妙。它考验着我们的学识和智慧。二是对一些原文中过于深奥的书面语，要尽量避免简单直译或生硬"借汉"，要根据当地的口语习惯进行译播。因为对于壮族地区的群众来说，将这些书面语简单直译或生硬"借汉"确实无法使他们真正理解新闻的内容。比如"具有十分重要的意义"（Miz gij yiyi de gig hungnaek）。三是由于生存环境以及历史文化背景的差异，壮族地区的俗语在很多方面形成了自己浓郁的民族特色，尤其是那些比喻类的俗语（vahbeij），生动传神，容易入耳入脑。壮语广播电视新闻的播音员、主持人除了要有一定的文化知识，还必须熟悉两种语言。比如气象规律方面的俗语，"电闪在南边，三天没有雨；电闪在北边，天黑雨就到"。（Mehbyaj myig baihnamz，sam ngoenz mbouj miz fwn；Meh byaj myig

---

① 李炳群，男，壮族，任职于广西南宁市武鸣区广播电视台。

baihbaek，haeujndaep fwn couh daengz.）；生活常识方面的俗语，“吃着碗里，望着锅里”（Gwn ndaw vanj，yawj ndaw rek）；人生哲理方面的俗语，“起早发财，晚起贫穷”（Hwnq romh fatcaiz，ninz gvaiz gungz ndangj）；婚嫁伦理方面的俗语，“瓦房檐水滴对滴，茅屋檐水排对排”（Yag vax ciuq yag vax，yag haz ciuq yag haz）；宗教信仰方面的俗语，“墓葬龙口，穷变富有”（Moh cangq bak lungz，ranz gungz bienq fouq）等。

可见，不同语言各有不同的珍品。它们的共同点是都能够给人幡然顿悟、豁然开朗的感觉和收获。所以，只有熟悉和掌握各种语言的精髓，才能真正实现翻译的口语化、通俗化和大众化，才能更好地满足广大群众对壮语广播电视的需求。这也是壮语广播电视新闻报道的基本要求。

二、壮语广播电视新闻翻译应具备的基本条件

翻译是消除语言障碍的金钥匙。壮语广播电视翻译尤其新闻翻译是壮语翻译的重中之重。它要求译者必须具有正确的世界观、人生观和价值观，以及强烈的使命感、责任感和事业心。

（一）强化对壮语广播电视新闻翻译重要性的认识

壮语广播电视新闻的翻译是一项非常严肃的工作，涉及政治、经济、军事、法律、宗教、社会制度及价值观等。其最大的特点是政治性和时效性很强。因此，壮语广播电视新闻的翻译工作者首先要有较高的政治素质，具备高度的政治觉悟和爱国主义精神，时时刻刻牢记党和国家赋予新闻翻译工作者的光荣使命。其次，要有高度的责任感和严谨的工作作风。翻译者在翻译一篇新闻稿件之前，必须理解其内容。理解是一切翻译的基础，理解得对不对，理解得好不好是译播的关键。只有这样，才能把原稿的内容准确无误地传达给广大受众，起到正确的引导作用。再次，要有强烈的事业心。新闻翻译与党和国家的事业有着密切联系。新闻翻译工作者应充分认识自己所从事工作的重要性，严肃认真地对待翻译工作的每一个环节，确保译播内容准确无误。

（二）加强学习、虚心求教，不断扩大知识面

广播电视新闻涉及的内容包罗万象，无所不有。这就要求翻译工作者必须具备广博的知识，必须了解国内外的政治、经济、文化状况。在平时的工作和学习中，要不断积累知识、更新知识、虚心求教，不断扩大知识面。翻译实践表明，翻译工作者具备丰富的知识，有助于加深对原稿的理解，对原稿的理解深刻透彻，译播时就可以摆脱原稿语言的束缚，灵活自如地选用最恰当的词语，把意思恰如其分地表达出来。因此，作为壮语广播电视新闻翻译工作者，应该不断地研究和探讨壮语新闻翻译的特点，提高翻译质量，用高质量的新闻译稿把党和国家的方针政策和社会发展的最新成果及时准确地传达给听众和观众。

三、壮语广播电视新闻的翻译技巧和方法

在壮语广播电视新闻翻译工作中，掌握和运用正确的翻译技巧和方法，准确表达原文意义，对提高壮语新闻宣传质量，坚持正确的舆论导向具有重要作用。谈起翻译，通常有“直译”和“意译”之说。直译和意译作为两大常用译法，在翻译中是相辅相成、交替使用的。何时选用何种译法，要根据原文的内容来确定。一般来说，政论、科技、法律等非文学作品的翻译宜于直译。意译则宜于文学方面的翻译。

但由于壮民族语言具有很强的隐喻特色，壮语广播电视的新闻翻译还需要我们深入研究。需要熟练掌握的翻译方法和翻译技巧，具体地说主要有以下几种：

（一）新闻稿的翻译

壮语广播电视新闻稿汉译壮的主要译法通常有三种：全译、摘译和编译。

全译——就是对汉文新闻稿不做任何增减，全部译播。短小精悍的原稿及国家法律、法令、法规稿件大多采用全译的方法。如：3 月 28 日，自治区领导和厅级主要干部学习贯彻十八届五中全会精神暨“两学一做”学习教育专题研讨班在自治区党委党校开班。自治区党委书记彭清华围绕“十三五”怎么看、干什么、怎么干这三个重大问题作了专题报告。（3 nyied 28 hauh，daengx gih swngj gaep lingjdauj caeuq dingh gaep cujyau lingjdauj hagsib gvancez cibbet gaiq haj cung cienzhoih cingsaenz caeuq “Hag song guh ndeu” yozsiz gyauyuz ciendaez yenz dauj banh youq swcigih dangjveij dangjyau hai ban.Swcigih dangjveij suhgi Bungz Cinghvaz hoedheux “Cib sam haj” baenzlawz yawj、guh gijmaz、baenzlawz guh sam aen vwndiz hungnaek neix guh liux ciendaez baugau.）这样全译后，原稿的意思得到了完整、准确的译播。

摘译——就是摘取原稿表达重要信息的段落或内容进行翻译。由于时间的限制，对于长篇稿件如果全文翻译，会耗费很长的时间。为了新闻栏目的信息量，在翻译新闻稿时，大多选择摘译。摘译稿件时，译者选取最有代表性的内容，将它完整地翻译出来。如《壮语新闻备受群众欢迎》一稿：

百色市有壮、汉、苗、瑶、仡佬、彝、回等 7 个世居民族，近 400 万人口，其中壮族人口 300 多万，占全市总人口的 80% 以上。在百色市，壮族群众在日常社交活动中大部分都用壮语方言进行交流。近年来，百色市抓住壮语方言为本地区群众广泛使用这一特点，充分发挥壮语言在该地区的优势，从 2006 年起在田阳、靖西两县开播壮语电视新闻节目，在该地区用壮语宣传党的路线、方针、政策和科普知识。

该节目的特点是壮语新闻节目内容与普通话新闻节目内容相同，实行一稿两用，即稿件在用于普通话新闻节目的同时，也用于壮语新闻节目，至今共制作播出了 924 期 1596 条新闻。壮语新闻用百色当地壮语方言播报新闻、民族风情、生活习俗、科技知识、法律知识等，内容丰富多彩，以真实、自然、亲切的画面和语言，介绍各领域的风土人情和人世间的真善美，深受壮族人民的喜爱。

目前，该节目已成为两县重要的社会宣传教育窗口，成为广大群众必看的新闻栏目。

在翻译这篇稿件时，译者把它摘译为（原稿划线部分）：Gaenh bi daeuj，Bwzswz si cimdoiq dangdieg beksingq dauqcawq cungj gangj vahcuengh gij daegdiemj neix，cungfaen baijok gizdieg neix gangj vahcuengh gij ndeicawq de，daj bi 2006 doxdaeuj，Denzyangz、Cingjsih song aen yienh neix hai boq le Vahcuengh sinhvwnz densi cezmuz.

Aen cezmuz neix gij daegdiemj de couh dwg Vahcuengh sinhwnz caeuq vahgun sinvwnz saedcaet gangj gijmaz cungj doxdoengz liux. coudwg bien gauj ndeu song mbiengj cungj yungh. Daengz seizneix guh le 924 geiz boq le 1596 diuz sinhvwnz.

Vahcuengh sinhvwnz aeu gij vahcueng bonjdieg Baksaek daeuj boq sinhvwnz、boq gij fungcingz minzcuz、boq gij fungsug gwndaenj、boq gij cihsiz gohgi、boq gij cihsiz fazliz haujlai haujlai.

Dangqnaj，aen cezmuz neix gaenq dwg song aen yienh neix sevei senhconz gyauyuz conghcueng youqgaenj ndeu. Dwg aen sinhvwnz lanzmuz gaengxgyoengq beksingq bietdingh yaek yawj ndeu.

可见，这样摘译也能相对完整地把原稿的主要内容传达给壮族听众或观众。

编译——是摘取原稿的要点进行重新编排整理后进行的译播。编译可以对原稿进行加工处理，可以增减。编译有时是对一则新闻进行增删编辑后翻译，有时是对几篇内容相近的新闻进行综合、压缩、编辑后再进行翻译，一份篇幅长的文稿有时可以被编译成两三百字的消息。但值得注意的是，编译后的新闻稿仍要忠于原稿，保持原意，不能歪曲。如每年的“三月三”前夕广西各地都积极筹备具有特色的民族活动，但这类稿件在同一时段一般是不一一播出的，只能进行综合整理：广西各地积极筹备“三月三”活动民族特色亮点频现（Gvangjsih gak dieg gaenxmaenx cobbwh“samnyied sam” hozdung minzcuz daegsaek gizgiz gyaciq）。这样才可用最精简的篇幅，把最大的信息量编译传递给听众和观众。

（二）新闻语句的翻译

壮语新闻跟汉语新闻一样，都要求真实、简洁和生动。因此，我们在进行语句翻译时，应根据壮语的语法规律和表达习惯，还原事实的原貌，使人获得如临其境、如闻其声、如观其事的感觉。

新闻语句的译法。新闻语句的翻译可以用直译、意译、拆译、解译等方法。

直译——对新闻语句进行直译，在新闻翻译中占很大的比重。如：6 月 7 日下午，凌云县泗城镇陇雅村举行“两学一做”学习教育专题党课，全国优秀共产党员、全国最美基层干部陇雅村党支部书记吴天来用朴实的语言，给全村 50 多名党员上了一堂既生动又深刻的党课。（6 nyied 7 hauh banringz gvaq，Lingzyinz yen Swcwngz Cin Lungyaj cunh gawjhengz aen ciendaez dangjgo “Hag song guh ndeu” yozsiz gyauyuz，daengxguek boux gungcanjdangjyenz maenhndei、daengxguek boux ceiq gyaeundei gihcwngz ganbu Lungyaj Cunh dangjcibu suhgi Vuz Denhlaiz yungh gij vah saedsaed caihcaih de，hawj daengx mbanj 50 lai boux dangjyenz hwnj le dangz dangjgo ndeu gawq sengdoengh youh laegdaeuq.）

意译——是根据语句的意思进行翻译，要做到尽量符合原文意思，语句尽可能照顾原文词义。意译有一定的灵活性，文字可增减，词语位置可变动，句式可变化。如：金秋十月，秋高气爽。在重阳佳节来临之际，为弘扬中华民族敬老爱老的传统美德，体现县委、县政府对老同志们的关怀，9 月 28 日下午，我县组织召开了迎重阳老干部座谈会……意译为：Cibnyied seizcou，rumz seuqsisi. Youq mwh ciet bouxlaux yaek daeujdaengz seiz，vih haenqrengz fazyangz Cunghvaz minzcuz gingqgyaez vunzlaux gij conzdungj meijdwz neix，yienh ' ok yenVeij、yen cwngfuj doiq gyoengq dungzci geq gvansim gyaezhoh，9 nyied 28 hauh banringz gvaq，yienh raeuz cujciz ciuhai liux ciepcoux goujnyied cogouj codanzvei......

拆译——即对较长的汉文原句进行拆分、调整语序后再翻译。如：广西农垦永新畜牧集团有限公司良圻原种猪场是一家集约化养猪规模大、自动化程度高、技术先进、设备精良的广西农业产业化重点龙头企业。拆译为：Gvangjsih Nungzgwnj Yungjsinh Cuzmuz Cizdonz Youjhan Gunghswh Liengzgiz Yenzcungjcuh cangz dwg gvangjsih aen nungzyez canjyezva lungzdouz giyez youqgaenj he，aen giyez neix gij cizyozva ciengx mou gveihmoz daih、swdungva cingzdoh sang、gisuz cix ndei、sezbei caemh ndeiak dangqmaz.

解译——顾名思义，就是解释性翻译，即在翻译的时候对于所译的内容作出必要的解释性说明。从总体上说，它是对语言意义的解释和背景知识的补充说明。在翻译过程中，为了让新闻清晰易懂，就要对生僻的词汇、行话、俚语及历史典故等进行解释性翻译。如：山寨手机在使用一段时间之后，就会频繁出现硬件故障。“山寨”本意是山区里的村庄，经过不断演绎，如今引申为“模仿”“翻版”“冒牌”的意思。“山寨”壮语为“mbanjbya”，“山寨手机”如果直译为“soujgih mbanjbya”，听众或观众就会不知所云。因此在翻译时，应该根据“山寨”的引申义进行解释性翻译：Sanhcai soujgih cungj soujgih mauhbaiz gyajhuq neix，yungh mbouj geij nanz，gij sim ndaw de couh yaepya ep vaih mbouj baenz yungh lo.

（三）名词术语的翻译

随着时代的迅猛发展，广播电视名词术语日益增多，尤其是新闻中经常出现的政策、理论及生活上的新词术语，成为摆在每个翻译工作者面前不可回避的重大责任。如何才能准确、快捷、规范地翻译好这些名词术语，是保证引进文化的正确度和真理性的重要基础。因此，准确翻译和统一规范名词术语势在必行。特别是对壮语广播电视新闻翻译来说，新闻的特点决定报道必须要及时，注重时效性，这就要求翻译人员必须在很短的时间内完成翻译任务。现行名词术语的翻译，通常采取音译、直译、意译三种方法。

1. 音译

就是借用汉语词汇，通常简称为借汉，通过借汉可以达到丰富和发展壮语词汇的目的。借汉其实就是按照广西的桂柳话对这些新词术语进行音译，使大家都能理解和接受。借汉有全借、半借、加注音借三种。熟练掌握这三种借汉译法，可以使借汉多的译文读起来顺畅，原意也表达得清楚、准确。

全借——即整个词都按西南官话音译。新出现的名词，一般都采用全借翻译，比如：社会主义 seveicujyi、少数民族 saujsu minzcuz、产业政策 canjyez cwngcwz。这类词组在口语中广泛使用。目前当媒体特别是广播电视经常提到这些新词术语时，人们也自然而然地接受并接纳了全盘的新借词。虽然有些新借词的音译没有多少壮语味道，但我们对当下壮文的推行使用也要有客观而又理性的认识。

半借——即一个短语（词组）的一部分是按壮语翻译，另一部分是按西南官话音译。比如："四个全面"战略布局"Seiq aen cienzmienh" canloz baijbouh、"三个代表""Sam aen daibyauj"等。

加注音借——即在音译词之前或后面用壮文加注，便于壮族读者阅读理解。比如：长江 Dahcangzgyangh、喜马拉雅山 Byahijmajlahyahsanh、菠菜 byaekbohcai 等。

2. 直译

是对汉语词汇的对等翻译。如：老虎 duzguk、高富帅 Sang fouq mbauq、悲催 Caepcuij、创新驱动 Cauxmoq doidoengh 等。这样的对译一目了然，基本是字对字译写过来的。

3. 意译

是根据汉语词汇的意思，用便于壮族群众理解的壮语语汇进行翻译。如：未雨绸缪 Fwn caengz doek guh diengz，大意是，趁着天没下雨，先修缮好房屋门窗，比喻防备，可对应地译为提前做好准备；又如："两学一做" Hag song guh ndeu、"一带一路" It rangh it loh 等词汇的明显特点是，把壮语民族词加以组合、引申，间接译出汉语词组的含义。

（四）格言的翻译

格言不仅凝聚了几千年的经验教训，是思想的精华，同时又具有简练生动的表达方式，更是语言的精华。比如："善有善报，恶有恶报" Sim sienh vunz cix gyaez，guh yaez byaj cix bag；"不见棺材不落泪" Gyaeuj mbouj daemj ciengz mbouj rox dauq等。这些例子不胜枚举，引用壮族流传久远的经典语言不仅简练生动，同时也能传播壮文化。因此，作为新闻翻译工作者，博览群书、汲取和贴近壮民族群众生活中的各种语言势在必行。

（五）敬语的翻译

现代壮语里，大多数方言的敬语体系都随着汉语敬语体系的退化而随之瓦解。不过，在壮族聚居的地方，还有不少方言不同程度地保留了敬语体系，在广播电视新闻翻译稿件中，对什么人、在什么场合使用敬语，没有明确的标准可以遵循。这些敬语主要体现在人称代词的复杂应用上，一般属于谦逊语和尊敬语两种类型，要求我们根据地方的习惯尽量用尊敬语言进行表达。比如："领导"这个词在正式场合就要音译为"lingjdauj"，非正式场合可译为"goengak 或 goenghak"。又如嘉宾（hek、hekndei、hekgviq）、同志（dungzci、gyoengq beixnuengx）、朋友（baengzyoux）、父老乡亲（gyoengq bouxlaux caeuq gyoengq beixnuengx doih）、后生青年（bouxcozhauxseng）、小伙子（lwgmbauq、daegmbauq）、姑娘（lwgsau、dahsau）、小男孩（daeg ' iq）、小女孩（dahniq）等等，都是使用尊敬语言来表达的。

（六）数字、数量的翻译

壮语的数字翻译应该遵循壮语本身的规律，让人一听就听明白他的意思。比如"粮食产量达到 1.21 万亿斤"，把它译成"haeuxgwn canjliengh daddaengz 1.21 fanh ik gaen"，这就很难理解了。正确的翻译最好是把数量"1.21 万亿斤"换算成"吨"，"haeuxgwn canjliengh daddaengz 6.07 ik dun"。套用并且广泛使用原稿的书面语，是我们翻译工作者必须注意避免的问题。

另外，数词和量词的使用，比如：一个人 boux vunz ndeu、一部分人 mbangj boux、人人或每一个人 bouxboux、全家人 daengx ranz vunz、第一个 boux daih ' it、多一倍 lai boix ndeu、两三千元左右 saek song sam cien maenz、几百斤 geij bak gaen、千余亩 cien lai moux、成千上万 baenz cien baenz fanh 、人山人海 vunzlai vunzdaih、成群结队 baenz gyoengq baenz bang、一一二二 it it ngeih ngeih、三番五次 sam boek seiq bienq、三重四叠 sam caengz seiq luep 等。值得一提的是，有的人由于缺乏数学知识，经常把"翻两番"译成"增加两倍（dem lai song boix）"，这是需要注意的。

（七）地名的翻译

地名的翻译分两种情况，一种是纯粹的汉语地名。壮译这种地名时，本着"音从主人"的原则音译就可以了。如"田东、宜州、宁明"分别音译成 Denzdungh、Yizcouh、Ningzmingz。另一种是源于壮语的地名，壮译时要还原成壮语。如"那坡（县）"是 Nazbo（坡上的田）的音译，"花山"是 Byaraiz（有花纹的山）的意译，壮译时要按壮语读音拼写，不能按新汉语借词的读音写成 Naboh、Vahsanh。

同时，地名壮译还要注意两种情况：一种是壮语和汉语各有说法的地名，壮译时要用壮语的说法，如"大明山"要译成 Byacwx，而不是译成 Damingzsanh。另一种是不能确定是汉语说法还是壮语说法的音译或意译的，要按汉语说法音译。如有人认为"南宁、北海"分别是壮语 Namhnding（红土）、Bakhaij（海口）的音译，但都缺乏充分的依据，为稳妥起见，壮译时仍音译成 Namzningz、Bwzhaij。

地名翻译必须要了解当地民众的说法以及历史根源，不要"望文生义"。如：闻名中外的"法卡山"，壮语叫做 Ndoibyajgaj，其中"Ndoi"是"山"的意思，"Byaj"是"天或雷"的意思，"Gaj"是"杀"的意思，所以"法卡山"的实际含义是"天杀山"或"雷劈山"。还有，都安瑶族自治县的"林冲"，与水浒里的林冲毫不相干。"林"（Raemx），"冲"（Cung），即"雨水冲刷"的意思。翻译这些地名一定要熟悉或了解壮语中的地域称谓。有些地名必须通过询问当地老人获才能确定，这就要求翻译工作者在平时的工作和生活中积累知识，以达到准确无误。

总之，上述几种翻译方法是汉壮翻译的基本手段，也是壮语广播电视新闻翻译的有效技巧。只有在新闻翻译实践中加以灵活运用，才能把壮语新闻翻译得更加准确、更加通顺流畅，才能更好地完成新闻宣传工作。

【参考文献】

[1] 根恒卓玛 . 谈广播电视新闻的翻译 [J]. 民族翻译，2010（1）.

[2] 广西壮族自治区少数民族语言文字工作委员会研究室 . 壮语新词术语汇编 [Z]. 南宁：广西民族出版社，1992.

[3] 广西壮族自治区少数民族语言文字工作委员会研究室 . 壮汉词汇 [Z]. 南宁：广西民族出版社，1984.

[4] 广西民族报（壮文版）[N]，2008-10-22.

[5] 张芦震 . 广西壮语地名选集 [Z]. 南宁：广西民族出版社，1988.

汉语六甲话和壮语的若干相似现象

韦彩珍[①]

人类语言相似现象是指两种或多种语言在语音、词汇、语法结构各个层面上存在的一种大致相当的关系。这种相似现象大多是语言互相接触的结果。

三江侗族自治县居住着侗、汉、苗、壮、瑶、毛南、仫佬、回、彝、水、黎、满等民族。其中侗、汉、苗、壮、瑶是历史上迁入的世居民族，其余少数民族为 1950 年以后从外地迁入。[1]

六甲话是三江侗族自治县中的六甲人所说的一种汉语方言，总体格局跟粤语近似，方言学界一般称为桂南平话。六甲人，即原住于“甲”（古行政区）的汉族人。明代后期将县城三江口（今老堡）周围的汉民编为三个甲，时称“三甲民”。清代划为六个甲：曹荣甲、程村甲、黄土甲、古宜甲、文村甲、寨准甲（今分属古宜镇、斗江镇、老堡乡、程村乡），这六甲的汉民通称六甲人[2]。据 2010 年人口统计，三江县壮族人口与六甲人口大体相当，全县常住人口 297244，六甲人口 34541，占常住人口 11.6%；壮族人口 21769，占常住人口 7.32%[3]。六甲人历史上长期与其他少数民族共同生产生活，建立了水乳交融的民族关系，因此，作为交际工具的语言就不可避免发生渗透，即语言之间造成互相影响。

平话与壮语之间的接触关系是学界公认的。欧阳觉亚认为，汉语北方方言和南方各方言差别之大是众所周知的，这有多种原因，其中少数民族语言的影响是相当重要的[4]。李心释在《东南亚语言区域视野中的汉、壮语接触研究》一书中认为，汉、壮民族之间经历了“汉化”“壮话”的语言影响，壮语和平话属于深度接触，双方的影响都会深入基本词汇、形态句法和语音系统，只是影响的扩散方向不同[5]。多年来，有很多学者研究壮语对汉语的影响，取得了丰硕的学术研究成果。如：闭克朝的《壮语对横县平话的影响》[6]、谢建猷的《壮语陆西话和汉语平话、白话若干相似现象》[7]、吴安其的《温州方言的壮侗语底层初探》[8]、欧阳觉亚《两广粤方言与壮语的种种关系》[9]、张元生《壮汉语关系浅谈》[10]等。

目前已有不少学者对六甲话做过研究，但关于六甲话与少数民族语言关系的比较研究尚未见涉及。因此，笔者尝试对壮语与汉语六甲话的一些相似现象进行比较，以期抛砖引玉，还望老师和同行们赐教！

一、音义与壮语相同或相似

在调查字（词）中发现，六甲话中的部分有音无字词，即古代汉语中没有地位的词（语素），在壮语中能找到音义相同或相近的对应词。列表如下：

① 韦彩珍，女，壮族，中央民族语文翻译局壮文室副译审。

意义	六甲话	壮语
跟（～我走）	nim^{53}	nim^{31}
小（～风）	nei^{422}	nai^{33}（方音）（凤山壮）
锄（动词）	tʃɔp^{44}	kwa:k^{35}
砍	ŋɐk^{55}	kjak^{55}（凤山壮）
搛（～菜）	ŋap^{44}	ne:p^{33}
打嗝	sɐk^{11}ɐk^{11}	θa:k^{33}ʔak^{55}
屙屎	ɔk^{11}kɐi^{24}	ʔo:k^{35}hai^{42}i^{42}
秕（～谷）	tip^{55}	pe:p^{33}
罂（瓷器：酸～）	ieŋ^{53}	ʔe:ŋ^{24}
姑妈	pa^{33}	pa^{33}
化脓	ɔm^{22}nuŋ^{31}	ʔom^{35}no:ŋ^{24}
串（量词：一～葡萄）	piəŋ^{42}	pjoŋ^{42}（凤山壮）
草	ɲaŋ^{33}	ȵa:ŋ^{55}
嚼	ɲai^{42}	ȵa:i^{55}
抿（用石膏～坛口）	pia^{42}	pja^{31}（凤山壮）
烘（～手）	phieŋ^{53}	ɣi:ŋ^{24}
挖（～红薯）	ləu^{53}	lau^{35}（凤山壮）
掐	ɲən^{42}	ȵan^{55}
靠	pəŋ^{22}	paŋ^{33}
发火	ɲap^{44}	ȵa:p^{35}
把（名量：一～米）	kəm^{24}	kam^{24}

二、词语偏正结构与壮语相同

六甲话中一些偏正词语的修饰语素后置，形成“中心语＋修饰语”的结构形式，与壮语结构形式相同。例如：

普通话	六甲话	壮语
种猪	猪种 tʃy^{53}tʃuŋ^{33}	猪种 mou^{24}ɣai^{24}
母猪	猪娘 tʃy^{53}ɲiəŋ^{53}	猪母 mu^{24}me^{33}

（续上表）

普通话	六甲话	壮语
公牛	牛牯 ɲiau^{31}ku^{33}	水牛公 vaːi^{31}tak^{8}
母牛	牛母 iau^{31}mu^{24}	水牛母 vaːi^{31}me^{33}
公马	马公 ma^{24}kuŋ^{3}	马公 ma^{42}tak^{33}
母马	马母 ma^{24}mu^{24}	马母 ma^{42}me^{33}
公狗	狗牯 kɐu^{33}ku^{33}	狗公 ma^{24}tak^{33}
母狗	狗母 kau^{33}mu^{24}	狗母 ma^{24}me^{33}
公猫	猫牯 mau^{33}ku^{33}	猫公 meːu^{31}tak^{33}
母猫	猫母 mau^{33}mu^{24}	猫母 meːu^{31}me^{33}
公鸡	鸡公 kei^{53}kuŋ^{53}	鸡公 kai^{35}pou^{42}
母鸡	鸡母 kei^{53}mu^{24}	鸡母 kai^{35}me^{33}
公鸭	鸭公 ap^{44}kuŋ^{53}	鸭公 pit^{55}pou^{42}
母鸭	鸭母 ap^{44}mu^{24}	鸭母 pit^{55}me^{33}
公兔	兔公 thu^{42}kuŋ^{53}	兔公 tou^{35}tak^{33}
母兔	兔母 thu^{42}mu^{24}	兔母 tou^{35}me^{33}
白眼珠儿	眼白 ŋan^{24}pek^{44}	眼白 ta^{24}haːu^{24}
黑眼珠儿	眼黑 ŋan^{24}xɐk^{55}	眼黑 ta^{24}ʔdam^{24}
肉末	肉碎 ɲiuk^{13}suei^{42}	肉碎 no^{33}leːk^{33}

三、动词、形容词后附加音节形式与壮语相似

动词形容词加上后附加音节在壮语和平话、白话中是常见的构词方法。覃晓航认为，壮语动词大多能带后附音节，这些后附音节分为与动词同声母的和不与动词同声母的两种。其中不与动词同声母的动词后附音节具有描绘动作的状貌和连续的特点，形容词带后附加音节的一切形式都表示程度的加深和状貌的显示[12]。本文提及的壮语动词、形容词后附加音节形式就是这种情形。谢建猷认为，壮语陆西话和汉语平话、白话的动词、形容词都可以加上后附加音节。这些后附加音节不仅使动词、形容词所表述的行为动作或性质情状更加形象化和具体化，而且还从状态、程度、方式上限制、修饰、补充说明动词、形容词所表述的某种动作或某种性状[13]。闭克朝也认为，壮语的后附加音节非常丰富，汉语用状语表达的许多意思，壮语往往用后附加音节来表达，这些后附加音节除了可以表示声音、形貌、情状、持续或间歇等等之外，还能表示说话人的态度、语气[14]。六甲话的动词、形容词后附加音节也很丰富，且与壮语很相似，大概有以下几种形式：

（一）ABB 式

A 是动词性或形容词性词根，BB 是后附加音节，起着拟音描状绘形的作用。（下列表中无法用汉字表示的语素用空围表示，一个空围代表一个语素。另，文中下标的汉字表示注释。）

1. 拟声

词义	六甲话—ABB 式	壮语—ABB 式
形容声音很尖	喊□□ xam^{33}let^{44}let^{44}	喊□□ he:u^{33}ʔde^{33}ʔde^{33}
形容声音很大	喊呱呱 xam^{33}kua^{53}kua^{53}	喊□□ he:u^{33}ŋa^{31}ŋa^{31}
形容响声很大	响□□ ʃiəŋ^{33}xəm^{22}xəm^{22}	响□□ ji:ŋ^{55}lom^{31}lom^{31}
形容哭声有气无力	哭□□ khɔk^{55}pie^{24}pie^{24}	哭□□ tai^{33}ŋe^{31}ŋe^{3131}
形容哭声低沉	哭□□ khɔk^{55}ŋu^{53}ŋu^{53}	哭□□ tai^{33}ŋu^{24}ŋu^{24}
形容哭声很大	哭□□ khɔk^{55}pa^{24}pa^{24}	哭□□ tai^{33}ŋa^{24}ŋa^{24}
形容笑声很大	笑哈哈 siu^{42}xa^{33}xa^{33}	笑哈哈 ɣi:u^{24}ha^{31}ha^{31}
形容咬声很大	咬□□ ȵau^{24}kɔk^{44}kɔk^{44}	咬□□ ȵam^{33}kok^{33}kok^{33}
形容咀嚼声小	咬□□ ȵau^{24}phek^{44}pʰek^{44}	咬□□ ȵam^{33}pje:k^{33}pje:k^{33}

2. 摹状

词义	六甲话—ABB 式	壮语—ABB 式
形容微微笑的样子	笑□□ siu^{42}uei^{24}uei^{24}	笑□□ ɣi:u^{24}he^{31}he^{31}
形容面带微笑的样子	笑□□ siu^{42}ɲin^{33}ɲin^{33}	笑□□ ɣi:u^{24}ȵum^{55}ȵum^{55}
形容不停地跳的样子	跳□□ tiu^{42}tshəŋ^{22}tshəŋ^{22}	跳□□ ti:u^{35}ɕɯŋ^{31}ɕɯŋ^{31}
形容大物体来回摇摆的样子	动□□ tɔŋ^{22}nɔŋ^{24}nɔŋ^{24}	摆□□ pi^{24}no:ŋ^{24}no:ŋ^{24}
形容小物体来回摇摆的样子	动□□ tɔŋ^{22}nap^{55}nap^{55}	摆□□ pi^{24}ŋe:t^{33}ŋe:t^{33}
形容带状物很长的样子	长□□ tʃəŋ^{31}lai^{22}lai^{42}	长□□ ɣai^{31}ɣa:ŋ^{33}ɣa:ŋ^{33}
形容物体表面很脏的样子	龌□□ o^{53}suei^{22}suei^{42}	龌□□ poŋ^{31}pa:t^{33}pa:t^{33}
形容物体潮湿的样子	湿□□ ʃɐp^{55}pi^{22}pi^{42}	湿□□ tum^{31}pje:p^{33}pje:p^{33}
形容天很黑的样子	暗□□ ɔm^{42}mieŋ^{22}mieŋ^{42}	暗□□ lap^{55}jum^{31}jum^{31}
形容瘙痒的样子	痒□□ iəŋ^{24}ɲɔp^{11}ɲɔp^{11}	痒□□ hum^{31}ȵa:p^{33}ȵa:p^{33}
形容微痒的样子	痒□□ iəŋ^{24}iəm^{31}iəm^{31}	痒□□ hum^{31}ȵum^{31}ȵum^{31}
形容剧痛的样子	扯□□ tʃhie^{33}nɔk^{11}nɔk^{11}	痛□□ ʔin^{24}tɯt^{33}tɯt^{33}

（续上表）

词义	六甲话—ABB 式	壮语—ABB 式
形容隐隐作痛的样子	痛□□ thuŋ^{42}iəm^{33}iəm^{33}	痛□□ ʔin^{24}ɕum^{42}ɕum^{42}
形容微辣的样子	□表示辣的意义□□ lɐu^{53}let^{44}let^{44}	辣□□ ma：n^{33}la:t^{33}la:t^{33}
形容很辣的样子	□表示辣的意义□□ lɐu^{53}lia^{33}lia^{33}	辣□□ ma:n^{33}pjo^{31}pjo^{31}
形容很甜蜜的样子	甜□□ tin^{22}nəm^{22}nəm^{53}	甜□□ va:n^{24}ɕup^{55}ɕup^{55}
形容态度很生硬的样子	硬□□ ɲieŋ^{33}pieŋ^{22}pieŋ^{22}	硬□□ tiŋ^{55}ke:ŋ^{24}ke:ŋ^{24}
形容很酸的样子	酸□□ sun^{53}ny^{22}ny^{53}	酸□□ θum^{55}θa:t^{35}θa:t^{35}
形容大快朵颐的样子	咬□□ ŋau^{24}ŋap^{13}ŋap^{13}	咬□□ hap^{33}ȵop^{33}ȵop^{33}
形容咀嚼难咽的样子	嚼□□ ɲai^{42}ɲɐk^{11}ɲɐk^{11}	嚼□□ ȵai^{55}ȵak^{33}ȵak^{33}

3. **绘形**

词义	六甲话—ABB 式	壮语—ABB 式
形容通红的样子	红□□ xɔŋ^{31}fɐt^{55}fɐt^{55}	红□□ hoŋ^{31}fɯt^{55}fɯt^{55}
形容很红的样子	红彤彤 xɔŋ^{31}tɔŋ^{33}tɔŋ^{33}	红彤彤 hoŋ^{31}kjɯk^{33}kjɯk^{33}
形容很黑的样子	黑□□ xɐk^{55}ma^{22}ma^{53}	黑□□ ʔdum^{24}ʔda:t^{35}ʔda:t^{35}
形容咖黑的样子	乌□□ ɐu^{33}tat^{44}tat^{44}	乌□□ ʔau"tat^{33}tat^{33}
形容雪白的样子	白□□ pek^{44}mɔŋ^{33}mɔŋ^{33}	白□□ ha:u^{24}ʔbok^{55}ʔbok^{55}
形容很惨白的样子	白□□ pek^{44}pɐu^{22}pɐu^{31}	白□□ ha:u^{24}ʔbon^{24}ʔbon^{24}
形容很蓝的样子	蓝□□ phuŋ^{33}phɔk^{11}phɔk^{55}	蓝□□ ɕe:ŋ^{33}pik^{55}pik^{55}
形容深绿的样子	青□□ tshiŋ^{53}xat^{55}xat^{55}	青□□ he □ u^{24}tat^{55}tat^{55}
形容浅绿的样子	青□□ tshiŋ^{53}kɐi^{22}kɐi^{53}	绿□□ lok^{33}ja:u^{33}ja:u^{33}
形容坚硬的样子	硬邦邦 ɲieŋ^{33}paŋ^{22}paŋ^{53}	硬□□ ʔdo □ ŋ^{55}ʔda:ŋ^{35}ʔda:ŋ^{35}

从上表看，ABB 式中的六甲话与壮语两种语言的后附音节 BB 很相近，少数词整个 ABB 词完全相同，如：

词义	六甲—ABB 式	壮语—ABB 式
形容小口并使劲咀嚼的样子	嚼□□ ɲai^{42}ɲɐk^{11}ɲɐk^{11}	嚼□□ ȵa：i^{33}ȵak^{33}ȵak^{33}
形容跳个不停的样子	跳□□ tiu^{42}tshəŋ^{22}tshəŋ^{22}	跳□□ ti：u^{35}ɕɯŋ^{31}ɕɯŋ^{31}
形容咖黑色的样子	乌□□ ɐu^{33}tat^{44}tat^{44}	乌□□ ʔau^{55}tat^{33}tat^{33}

（二）APC 式

A 是形容词性词根，P 是中缀，在六甲话中表现为“pa^{33}”，在壮语中表现为“ka^{31}”或“pa^{31}”，C 是后附加音节。PC 结合一般起着描状绘形的作用。如：

词义	六甲话—ABC 式	î í—ABC 式
形容很矮的样子	矮□□ ai^{33}pa^{33}tɐk^{55}	矮□□ tam^{35}ka^{31}ŋat^{55}
形容很脏的样子	龌□□ o^{53}pa^{33}siɐk^{44}	龌□□ ʔu^{35}ka^{31}ʔa:t^{35}
形容很泥泞的样子	泥□□ nei^{31}pa^{33}siɐk^{44}	泥□□ poŋ^{31}pa^{31}θa:t^{33}
形容很烂糊的样子	烂□□ lan^{22}pa^{33}siɐk^{44}	烂□□ mja^{31}pa^{31}θa:t^{33}
形容稀烂的样子	融□□ iuŋ^{31}pa^{33}siɐk^{44}	融□□ joŋ^{31}ka^{31}ja:k^{33}
形容很短的样子	短□□ tun^{33}pa^{33}siɐk^{44}	短□□ tin^{55}ka^{31}ŋat^{55}

（三）AX 式

A 为动词性或形容词性的词根，X 为后附加音节，音节数可多可少，一般是根据描述事物具体状态而定，具有很强的灵活性，一般用于描绘形状。这种后附加音节结构比“BB”式和“PC”式松散，但描状绘形很形象。部分形成“ABCBC”的结构形式。如：

词义	六甲话	壮语
形容捧腹大笑	笑□□ siu^{42}mat^{11}kɐt^{55}	笑□□ ɣi:u^{24}ʔdan^{53}kan^{35}
形容弯着腰猛跑	□表示跑的意思□□ iau^{33}kɔŋ^{24}kiet^{55}	跑□□ pu:t^{35}kum^{35}pɯn^{55}
形容撒腿乱跑	□表示跑的意思□□ iau^{33}ka^{22}la^{24}	跑□□ pu:t^{35}ka:n^{31}ka:n^{31}
形容蹦蹦跳跳	跳□□□□ tiu^{42}tsha^{33}lɐŋ^{33}tsha^{33}lɐŋ^{33}	跳□□□□ ti:u^{35}ka^{31}laŋ^{31}ka^{31}laŋ^{31}
形容活蹦乱跳	跳□□□□ tiu^{42}tsha^{33}lɐŋ^{33}tsha^{33}lɐŋ^{33}	跳□□□□ ti:u^{35}ʔjok^{55}ʔjek^{55}ʔjok^{55}ʔjek^{55}

四、动词的重叠方式与壮语相同

动词的重叠方式在现代汉语或平话、白话等汉语方言以及壮侗语中是常见的构词方式，重叠形式十分多样。汉语方言中存在丰富多彩的动词重叠形式，其中 VXVX 式是类型丰富、分布范围广、规律性比较强的一种动词重叠式。这种动词重叠强调动作行为或状态的持续。[15] 笔者经调查只发现 AXAX 式在六甲话中使用较为广泛，并与壮语中的 AXAX 式相似，都表示动作连续不断进行的意义。如：

六甲话：得见只牛儿噜揵噜揵在［tu^{22}muən^{42}］看见小牛一直在那里打滚。

壮语： ɣan^{24} tu^{31} va:i^{31} ʔi^{35} ɣou^{42} liŋ^{42} ɣou^{42} liŋ^{42}jou^{35} ki^{31} han^{42}.

见 只 牛 小 打 滚 打 滚 在 那里

六甲话：她尽讲尽讲冇停（她不停地讲。）

壮语：te^{24} kɯ^{33} ka:ŋ^{55} kɯ^{33} ka:ŋ^{55} ʔbou^{55} taŋ^{42}.

她 老 讲 老 讲 不 停

六甲话：前面两只蹄尽爬尽爬（前面两只蹄不停地爬。）

壮语：θo:ŋ^{24} ka:i^{35} tai^{31} pa:i^{33}na^{55} kɯ^{33}pa:k^{33} kɯ^{33} pa:k^{33}.

两 只 蹄 前 边 老 爬 老 爬

六甲话：他尽睡尽睡到夜都冇起（他一直睡到夜晚都不起床。）

壮语：te^{24} kɯ^{33}nin^{31} kɯ^{33}nin^{31}taŋ^{31}ham^{33}ɕuŋ^{55}ʔbou^{55}hɯn^{35}.

他 老 睡 老 睡 到 夜晚 都 不 起

六甲话：你尽行尽行，样远冇累啊（你不停地走，这么远不累吗？）

壮语：mɯŋ^{31}kɯ^{33}pja:i^{55}kɯ^{33}pja:i^{55} pan^{31} nei^{42} kjai^{24} ʔbou^{55} na:i^{35}?

你 老 走 老 走， 这么 远 不 累

六甲话：他尽吃尽吃，一下就醉了（他不停地喝，一下就醉了。）

壮语：te^{24}kɯ^{33}kɯn^{24} kɯ^{33}kɯn^{24} jap^{55}ʔde:u^{24}ɕou^{33} fi^{31} lo.

他 老 吃 老 吃 一下 就 醉 了

六甲话：箇儿娃哩为么尽哭尽哭啊（这个小孩为什么哭个不停呢？）

壮语：pou^{42}lɯk^{33}ȵe^{31} nei^{42} vi^{33}ma^{31} kɯ^{33} tai^{55} kɯ^{33}tai^{55}?

个 小孩 这 为什么 老 哭 老 哭

六甲话：娘（ɲie^{22}）尽数（骂）尽数（骂）我（妈妈不停地骂着我。）

壮语：me^{33} kɯ^{33} ʔda^{35} kɯ^{33} ʔda^{35} kou^{24}.

妈 老 骂 老 骂 我

五、量名结构与壮语相同

量名结构是由量词与名词构成的量名词组。六甲话的量名结构正是平话中常见的语法现象，其具体结构形式分为单数形式和复数形式，单数形式由“泛指量词＋名词”构成，复数形式由“集体量词＋名词”构成。如：

（一）量名词组的单数形式

普通话	六甲话	壮语
一个弟	个弟 ko^{42}tei^{22}	个弟 pou^{42}nu:ŋ^{42}
一根竹	根竹 kən^{53}ʧuk^{55}	条竹 tiu^{31}fai^{42}
一个寨	个寨 ko^{42}ʧai^{22}	个村 ʔan^{24}ʔba:n^{55}
一本书	本书 pən^{33}ʃy^{53}	本书 po:n^{55}θaɯ^{24}
一条路	根路 kən^{53}lu^{22}	条路 tiu^{31}ɣon^{24}

（续上表）

普通话	六甲话	壮语
一间屋	间屋 kan53uk55	间房 fuŋ33ɣa:n31
一头牛	只牛 ʧik55ɲiu31	只牛 tu31va:i31

（二）量名词组的复数形式

普通话	六甲话	壮语
弟弟们	帮弟 puŋ53tei22	群弟 kjoŋ35nu:ŋ42
姐姐们	帮姐 puŋ53ʦø33	群姐 kjoŋ35ɕe55
好多张桌	□（集体量词）台 pɔŋ33tɐi31	拨台 pu:k35ta:i31
好几本书	□（集体量词）书 pɔŋ33ʃy53	拨书 pu:k35θaɯ24
好几张椅	□（集体量词）椅 pɔŋ33i33	拨椅 pu:k35ʔei55
好几栋房	□（集体量词）房 pɔŋ33fuŋ31	拨房 pu:k35ɣa:n31

六甲话和壮语的量词单独跟名词组合构成量名词组。壮语的量词还可以单独跟指示代词、疑问代词、方位词、人称代词、动词、形容词和象声词构成组合[16]。这种量名结构是壮语常见的语法形式。如（下列例子之间用“‖”隔开）：

an24 nei42（这个）‖ pou42 laɯ31（哪个）‖ tu31 pa:i33toŋ24（东边的那只）

个 这 个 哪 只 东边

fa:k33 mɯŋ31（你的那把）‖ tu31 ʔbin24（飞的那只）

把 你 只 飞

ko24 θa:ŋ24（高的那棵）‖ tu31 tek35 te42（嘚喋叫的那只）

棵 高 只 嘚 喋

综上所述，六甲人和壮族人共同居住在一片土地上，长期和睦相处，互相通婚，共同开发，形成了水乳交融的关系，语言上相互借用、吸收，你中有我，我中有你。三江县的高基乡的板瓦屯、高基屯，还有斗江镇白言、榕树等很多村屯出现“三夹民”，即在一个村屯，甚至一个家庭使用六甲话、侗语和壮语 3 种语言，有“公讲六甲，奶讲侗，娘讲壮，妻讲瑶”之说。即使在六甲人口集聚地的古宜镇、斗江镇、程村乡、老堡乡 4 个乡镇，在生产生活中也不可避免要与他族人交往。在经济社会越来越发展的当今，生活环境和条件在发生变化，人们的语言也在随着社会的发展而发展，通婚、商品交易、文化娱乐等场合的语言时空交际作用越来越大，语言互相影响就成为一种必然。因此，笔者认为，六甲话与壮语之间一些相似的语言现象，是六甲话与壮语长期接触的必然结果。这种情况，在我国西南的广西、贵州、云南一带多民族杂居的地域具有广泛的代表性。

值得一提的是，在研究中还发现一些奇特的语言现象，比如：发现一些主谓结构词组（“肚痛→痛肚”“头痛→痛头壳”）或述宾结构词组（“回家→屋去”）语序颠倒的现象，但是从汉语自身系统找不到依据，也不是来自壮语的，可能来自于侗族语等其他少数民族语，由于笔者尚未调查，暂不予论及。

【参考文献】

[1] 三江侗族自治县县志编纂委员会．三江侗族自治县志 [M]. 北京：中央民族学院出版社，1992.

[2] 三江侗族自治县县志编纂委员会．三江侗族自治县志 [M]. 北京：中央民族学院出版社，1992.

[3] 三江县 2010 年第六次全国人口普查数据．三江县统计局公报 [R]. 2011.

[4] 欧阳觉亚．运用底层理论研究少数民族语言与汉语的关系 [J]. 民族语文，1991（6）.

[5] 李心释．东南亚语言区域视野中的汉、壮语接触研究 [M]. 北京：中国社会科学出版社，2012.

[6] 闭克朝．壮语对横县平话的影响 [J]. 中南民族学院学报，1991（4）.

[7] 谢建猷．壮语陆西话和汉语平话、白话若干相似现象 [J]. 民族语文，1994（5）.

[8] 吴安其．温州方言的壮侗语底层初探 [J]. 民族语文，1986（4）.

[9] 欧阳觉亚．两广粤方言与壮语的种种关系 [J]. 民族语文，1995（6）.

[10] 张元生．壮汉语关系浅谈 [J]. 中央民族学院学报，1980（1）.

[11] 覃晓航．壮语特殊语法现象研究 [M]. 北京：民族出版社，1995.

[12] 谢建猷．壮语陆西话和汉语平话、白话若干相似现象 [J]. 民族语文，1994（5）.

[13] 闭克朝．壮语对横县平话的影响 [J]. 中南民族学院学报，1991（4）.

[14] 王红梅，詹伯慧．汉语方言“VXVX”动词重叠式比较研究 [J]. 语言研究，2007（3）.

[15] 张元生，覃晓航．现代壮汉语比较语法［M］. 北京：中央民族学院出版社，1993.

浅析宣传项目、标语的壮文翻译技巧

陆晓荔[①]

《壮文方案》自1957年11月经国务院正式批准以来，壮族人民就一直用壮文来学习、工作。然而，作为一种古老语言和新文字，壮语已有几千年的历史，而壮文刚刚过上“六一”儿童节。有很多细节需要我们不断地实践应用、规范管理，再实践，再规范，最后才能形成规则，以规则指导壮文工作。

自治区民语委翻译处有民族语文翻译服务的职能，同样，各级民语局也有同样的职能。具体体现为：为机关、企事业单位、社会团体等提供公章、牌匾和重大民族节庆、活动、会议等会标、宣传标语的壮文翻译服务。

特别是这几年来，广西“三月三”民歌节不仅是弘扬民族文化的盛会，也是民族经济交流的盛会，亦是我们宣传、推广、应用壮文的盛会。所以人名、项目名称、会标、宣传标语的壮文翻译工作越来越多，而且越来越受到广西各族干部群众的重视，同时，也越来越得到全国各地网民们的关注。这对于我们搞壮语文翻译工作者来说，是一件值得庆贺的事情，也是一件压力很大的事情。

为什么这么说呢？因为关注和重视本身就说明大家已经慢慢被地被唤起民族感情与尊严，关注并逐步地接受我们的壮文会标、壮文宣传标语，这是一件值得庆贺的事情。可是，如果我们的壮语文水平还在原地踏步，所翻译的壮文会标和宣传标语因为没有规律可依而乱七八糟，人们不认可，民族感情接受不了，就会阻碍壮语文的推广，所以我们壮语文工作者的压力是很大的。

以下，笔者将从我们平时翻译壮文宣传标语的实践中找出一些可遵循的规律，统一我们的工作方法，提高我们的壮文翻译水平。更重要的是，为今后制定翻译规则提供有效的依据。

一、体育项目名称的壮文翻译

在民族体育运动会上，经常有一些项目名称要翻译成壮文。比如“报到处”“签名单”等，我们要按照一定的规则进行翻译。

（一）简单名称的壮文翻译

根据《壮文方案（修订案）》第十条第一点规定：专有名词，如人名、地名、机关、团体、书篇、文件、运动、会议等的名称，翻译成壮文时，每一个词的头一个字母都须大写。这样，我们在实际的翻译工作中，就有规则可遵循。然后根据壮文语法排列为：

---

① 陆晓荔，女，壮族，广西壮族自治区少数民族语言文字工作委员会民族语文翻译处处长、译审。

Giz Bauqdaengz 报到处	Dan Ciemcoh 签名单	Diuq Faexsaux 跳竹竿
Dwkdom 抛绣球	Haizgieg Doxdax 板鞋竞技	Ringx Dietgengx 滚铁环
Dwkgyangq 打陀螺	Dwklongj 扁担舞	Ciengj Bauqva 抢花炮

因为《壮汉词汇》中没有收入绣球这个词，以前大家翻译这里的 dwkdom 抛绣球的时候，经常是按照字面翻译成 bau siugiuz，没有体现出它的民族特色来。然而靖西壮语方言中称绣球为 dom 或者 domq，专家们认为壮文从简不从繁，就把绣球的通用词定为 dom，再加上《壮汉词汇》中把很多民族传统活动都用 dwk 来表示，例如：抓子儿 dwkcij、打尺子 dwkcik、占卦 dwkgvaq、扁担舞 dwklongj 等。所以，专家们就把抛绣球当作一个民族传统活动名称定为 dwkdom.

（二）复杂一点的项目名称

如果是翻译复杂一点的项目名称，仍然按照上面的规定，每一个词的头一个字母都用大写来书写壮文，然后根据壮文的语法结构组合来翻译复杂一点的名称。例如：

Dieg Doxdax Minzcuz Dijyuz Cojcienz 民族传统体育竞技区

Dieg Feihgwn Minzcuz Cojcienz 民族传统美食区

Dieg Daejniemh Minzcuz Fungcingz 民族风情体验区

Dieg Yienhciengz Senhconz Minzcuz Doxgiet 民族团结现场宣传区

Dieg Daejniemh Cauhmoq Hawciengz 创意集市体验区

Dinfwngz Dajcauh Meng Nizhingh 坭兴陶烧制技艺

Dinfwngz Cojcienz “Diemj Haeux Baenz Veh” 传统技艺“点米成画”

Yienj Yozgidoj Bouxcuengh Ndawbiengz 壮族民间土乐器演奏

Gij Ywfap Bingh ' indot Singq Gungh 龚氏痛症疗法

Vasiuq Bouxcuengh 壮族刺绣

Dinfwngz Fapgeq Guh Feihgwn Cojcienz 古法手工传统美食

Bwzhaij Siengqdeu Gyapbangx 北海贝壳雕

这些壮文翻译尽量采用壮文固有词为主，例如：区 dieg、竞技 doxdax、美食 feihgwn、传统 cojcienz；其次是启用老借词，例如：体验 daejniemh、风情 fungcingz、现场 yienhciengz；最后才是新借词，例如：民族 minzcuz、体育 dijyuz 等。

（三）各种展览名称的壮文翻译

Langhbaij Gij Dinfwngz Daihhagseng Cauhmoq 大学生创意手工展示

Langhbaij Goengdoh Minzsug 渡河公民俗展示

Langhbaij Gij Dinfwngz Guh Goengdoh 渡河公制作技艺展示

Langhbaij Gij Sawveh “Sam Nyied Sam Bouxcuengh Minzcuz Doxgiet Baenaj” “壮族三月三·民族团结进步”书画展

这里采用了组合新词展示为 langhbaij，创意 cauhmoq，大学生 daihhagseng，进步 baenaj 等等，本意是希望这些组合新词能在实际的应用中得到验证，赋予它新的生命力。

二、各种用于横幅项目名称的壮文翻译

用于做横幅时的项目名称，是处在会议或者主会场比较庄重的地方。为了体现它的严肃性，我们在做壮文翻译时，建议字母全部采用大写的书写形式。

（一）活动项目名称的壮文翻译

AEN HOZDUNG CIENGJGONQ CENGNDEI SWCIGIH MINZYIJVEIJ ANGQHOH LAEBDANGJ 90 HOPBI 自治区民语委庆祝建党 90 周年创先争优活动

AEN HOZDUNG DOXDAX SWCIGIH MINZYIJVEIJ HIDUNGJ ANGQHOH LAEBDANGJ 92 HOPBI 自治区民语委系统庆祝建党 92 周年比赛活动

AEN HOZDUNG “SAM NYIED SAM BOUXCUENGH NDONJ GVAQ BYACIBFANH” GAG HAICI YOUZ “壮族三月三 · 穿越十万山”自驾游活动

SWCIGIH MINZYIJVEIJ HAEUJLAEG HAIGUH GIJ HOZDUNG VUNZLAI LOHSIENQ SON’GYAUQ AEN DANGJ SAEDGUH 自治区民语委深入开展党的群众路线教育实践活动

SWCIGIH MINZYIJVEIJ HWNJHEIQ HAIGUH GIJ HOZDUNG “CANGGYAEU GUENGJSAE BAETSEUQ LAJMBANJ” 自治区民语委积极开展“美丽广西 · 清洁乡村”活动

BI 2015 FUZSUIH YEN NDWEN HOZDUNG “SAM NYIED SAM CAEQ COJCUENGH GANJ HAWFWEN NGONZ VAGOREUX” 2015 年扶绥县“三月三 • 祭壮祖赶歌坡赏木棉”活动月

BI 2015 FUZSUIH YEN HAIGUH GIJ HOZDUNG NDWEN SENHCONZ MINZCUZ DOXGIET BAENAJ 扶绥县 2015 年开展民族团结进步宣传月活动

BI 2017 DUNGHHINGH SI “SAM NYIED SAM” SAWVEH BAIJNGONZ HOZDUNG 2017 年东兴市“三月三”书画展览活动

如果这些横幅的“宾语”中心词前的定语比较简单的话，就可以采用倒装句的翻译方式，并在句子前面加上个数 aen 或者 gij。例如：AEN HOZDUNG DOXDAX SWCIGIH MINZYIJVEIJ HIDUNGJ ANGQHOH LAEBDANGJ 92 HOPBI 自治区民语委系统庆祝建党 92 周年比赛活动；如果宾语中心词前的定语比较复杂的话，只能按照顺序翻译，只把宾语部分的中心词前置，并加上特指的词 aen 或者 gij。例如：SWCIGIH MINZYIJVEIJ HWNJHEIQ HAIGUH GIJ HOZDUNG “CANGGYAEU GUENGJSAE BAETSEUQ LAJMBANJ”自治区民语委积极开展“美丽广西 · 清洁乡村”活动。不然，有可能将句子的词序打乱，最终影响内容的表达。

（二）培训班的壮文翻译

BI 2015 BANSONLIENH DAENGX GIH GVANGJBO DENSI BOUXBOQYAEM BOUXCUJCIZ VAHMINZCUZ 2015 年自治区广播电视民语播音员主持人培训班

BANSONLIENH GVANGJSIH MINZYIJVEIJ HAGSIB CINGJGANGHSANH CINGSAENZ ROXYIUJ HAJ DAIH HWNGFAT LEIXNIEMH 广西民语委学习井冈山精神 领会五大发展理念培训班

BANSONLIENH DAENGX GIH MINZVEIJ HIDUNGJ CAIZVU GUENJLEIX 自治区民委系统财务管理培训班

BANSONLIENH HONGSAEH SWCIGIH MINZVEIJ （CUNGHGYAUGIZ）、MINZYIJVEIJ DANGJVU CAEUQ GIJGENJ 自治区民委（宗教局）、民语委党务与纪检工作业务培训班

这里把中心词培训班 bansonlienh 前置，翻译成倒装句，同时，也按照培训班的意义组合新词造成 bansonlienh。这种造词法有待在实际应用中检验。

以下两条的“党课”，大概因为“谓语”“宾语”从意义上太紧密相连的缘故，只能按照汉语语法顺序进行壮文翻译了。

SWCIGIH MINZVEIJ（ CUNGHGYAUGIZ）、MINZYIJVEIJ “HAG SONG GUH NDEU” HAGSIB GYAUYUZ DANGJGO 自治区民委（宗教局）、民语委“两学一做”学习教育党课

SWCIGIH MINZYIJVEIJ “HAG SONG GUH NDEU” HAGSIB SON’GYAUQ GIHGVANH DANGJVEIJ SUHGI HWNJ DANGJGO 自治区民语委“两学一做”学习教育机关党委书记上党课

（三）活动项目仪式的壮文翻译

AEN YIZSIZ HAIDOENGH YEZ GANGJ AU FANH VUNZ YOUZ YILINZ 粤港澳万人游玉林启动仪式

AEN YIZSIZ SWCIGIH MINZYIJVEIJ GIENHAWJ 2016 NIENZ “NGOENZ BANGGUNGZ” 自治区民语委 2016 年“扶贫日”捐赠仪式

因为以上条目汉文数字比较少，很容易就找出句子的主谓宾，所以就按照“宾语”前置的倒装句来进行壮文翻译。

但是，也有一些标题项目汉字很多，句子中也包含有多层的意义，很难找出它的中心词在什么地方，同时，又要保证翻译的准确性，建议还是按照汉语的句式语法来进行壮文翻译。这样准确率比较高。例如：

BI 2017 “SAM NYIED SAM BOUXCUENGH AEN CIETANGQ HOZCIZ” BAENZBUEK MINZCUZ HOZDUNG CAEUQ GUENGJSAE YIZCOUH GAIQ DAIHBET LIUZ SANHCEJ VWNZVA CIET LIJYOUZ HAIDOENGH YIZSIZ 2017 年“壮族三月三·河池嘉年华”系列民族活动暨广西宜州第八届刘三姐文化旅游节启动仪式

BI 2017 YILINZ SI HOIH EU FWEN “VAIQVUED SAM NYIED SAM YILINZ LAI YIENGH FUNGCAIJ” CAEUQ “NDWEN SENHCONZ MINZCUZ DOXGIET CINBU” HOZDUNG HAIDOENGH YIZSIZ 玉林市 2017 年“欢乐三月三·五彩玉林风”山歌演唱会暨“民族团结进步宣传月”活动启动仪式

BI 2017 YILINZ LAI YIENGH FUNGCAIJ CIET LIJYOUZ VWNZVA CAEUQ GAIQNDUJ CIET LIJYOUZ VWNZVA GUENGJSAE LAJMBANJ HAIDOENGH YIZSIZ 2017 年五彩玉林旅游文化节暨首届广西乡村旅游文化节启动仪式

（四）展示、演出项目名称的壮文翻译

HAIDOENGH YIZSIZ CAEUQ BAIJYIENJ FEIH VUZCIZ VWNZVA YIZCANJ MINZSUZ 启动仪式暨非物质文化遗产民俗展演

AEN HOZDUNG LANGHBAIJ DUNGHHINGH SI “SAM NYIED SAM BOUXCUENGH AEN CIETANGQ BETGVEIQ” DOXDAX FEIYIZ FEIHGWN 东兴市“壮族三月三. 八桂嘉年华”非遗美食竞赛展示活动

DUNGHHINGH SI “SAM NYIED SAM BOUXCUENGH AEN CIETANGQ BETGVEIQ” IK BEKSINGQ VWNZYI HOZDUNG BIUJYIENJ 东兴市“壮族三月三·八桂嘉年华”惠民文艺活动演出

DUNGHHINGH SI “SAM NYIED SAM BOUXCUENGH AEN CIETANGQ BAZGVEI” FEIHVUZCIZ VWNZVA YIZCANJ BAUJHOH CIENZSWNJ LANGHBAIJ BIUJYIENJ 东兴市“壮族三月三·八桂嘉年华”非物质文化遗产保护传承展示演出

GAIQ DAIHHAJ DAENGX GIH GIHCWNGZ GINZCUNG VWNZYI VEIBAU COMZYIENJ 第五届全区基层群众文艺汇演汇报演出

AEN HOZDUNG BAIJYIENJ YILINZ SI NDAWBIENGZ YISUZ 玉林市民间艺术展演活动

AEN VANJVEI FOUXMINZCUZ BINGZSIENGZ CIN “SAM NYIED SAM BOUXCUENGH” 凭祥镇“壮族三月三”民族舞晚会

“SAM NYIED SAM BOUXCUENGH” CIENCIENGZ VWNZYI VANJVEI “壮族三月三”专场文艺晚会

SIM LIENZ SIM FWNGZ YIEN FWNGZ MINZCUZ DAIH DOXGIET DOENGZSIM CAEZ CUK SIENGJMUENGH CUNGGUEK LIENZVUEN VANJVEI “心连心·手拉手民族大团结 同心共筑中国梦”联欢晚会

“SAM NYIED SAM BOUXCUENGH MINZCUZ DOXGIET CINBU” VWNZYI VANJVEI “壮族三月三·民族团结进步”文艺晚会

“SAM NYIED SAM BOUXCUENGH DOXIU BYACIBFANH” FEIZDONG VANJVEI “壮族三月三·相约十万山”篝火晚会

因为这些横幅的中心词“晚会”前面的定语多而且含义比较多，所以多借用汉语的语法句式来翻译。这样翻译的准确程度高一些。

（五）比赛活动项目名称的壮文翻译

BAIJDAIZ DOXDAX GUENGJSAE “FWENVUENGZ” 广西山歌“王中王”擂台大赛

GUENGJSAE GAIQ DAIHSAM DOXDAX YIENJGANGJ VAHCUENGH 广西第三届壮语演讲大赛

FUZSUIH YEN GAIQ DAIHSEIQ “SAM NYIED SAM” BAIJDAIZ DOXDAX EUFWEN 扶绥县第四届“三月三”山歌擂台赛

BI 2014 NANZNINGZ SI ANGQHOH NGOENZCIET “SAM NYIED SAM BOUX- CUENGH” 2014 年南宁市庆祝“壮族三月三”节庆

HOIHFWEN “SAM NYIED SAM” “三月三”山歌会

“SAM NYIED SAM BOUXCUENGH CIET FEIHGWN SANGSWH” “壮族三月三·上思美食节”

2017 GUENGJSAE “SAM NYIED SAM BOUXCUENGH” CIET DENSANGH 2017 广西“壮族三月三”电商节

以上这些横幅因为汉字比较少且精练，我们能很快地看准它的主要内容和抓住中心词，然后尽量按照壮语语法句式进行翻译。

三、项目活动宣传标语的壮文翻译

根据《壮文方案（修订案）》第十条第三点规定：题目、标语、招贴等，主要语词的头一个字母或者全部字母都可以大写。在翻译实践中，我个人认为，宣传标语采用每个语词的头一个字母大写，其余字母小写比较合理。因为这样不仅使得人们比较容易认读壮文的字母，而且字母排列坐落有序，比较能吸引人们的目光，宣传效果也就比较好。比如：

（一）汉字对应工整的宣传标语

Cienzswnj Minzcuz Conzdungj Dijyuz，Coicaenh Minzcuz Doxgiet Baenaj 传承民族传统体育，促进民族团结进步

Doigvangq Gij Dijyuz Minzcuz Conzdungj，Cauxok Gij Binjbaiz Minzcuz Vwnzva 推广民族传统体育，打造民族文化品牌

Camgya Gij Hozdung Minzcuz Dijyuz Caezyiengj Gij Vaiqvued Minzcuz Dijyuz 参加民族体育活动 共享民族体育快乐

Fwencuengh Guhmoiz Lai Gyau Baengzyoux，Vwnzva Hoihyoux Caez Hingz Daengzcog 山歌为媒广交朋友，文化会友共赢未来

Fwencuengh Ciuhgeq Eu Mbouj Liux，Mbanjcuengh Gyaeundei Lumz Mbouj Ndaej 唱不尽的千年山歌，忘不了的美丽乡愁

Byaij Betgveiq，Cingz Mbanjcuengh 八桂行，壮乡情

Ganj Hawfwen Betgveiq，Ngonz Fungcingz Mbanjcuengh 赶八桂歌圩，品壮乡风情

Cimz Haeuxnaengj Hajsaek，Dingq Fwengeq Bouxcuengh 尝五色糯饭，听千年山歌

Gyaeundei Cungzcoj Guengjsae Huzndei 魅力崇左，和谐广西

Cingz Noengz Sam Nyied Sam Conzdungj，Caez Ganq Dujva Minzcuz Doxgiet 浓情传统三月三，共育民族团结花

Doengzcaez Doxgiet Haenqguh Doengzcaez Mwnhoengh Hwngfat 共同团结奋斗共同繁荣发展

Doxgiet Haenqguh Doidoengh Yathamj Huzndei Hwngfat Caez Buet Coh Siujgangh 团结奋斗推动跨越 和谐发展齐奔小康

Yathamj Hwngfat Yienfwngz Caez Bae Minzcuz Doxgiet Mwngzgou Caez Byaij
跨越发展携手共进民族团结你我同行

Henhoh Minzcuz Doxgiet Hwnqguh Guengjsae Gyaeundei 维护民族团结建设美丽广西

Henhoh Minzcuz Doxgiet Saedyienh Siujgangh Sevei 维护民族团结实现小康社会

Gyagiengz Minzcuz Doxgiet Coicaenh Aenbiengz Huzndei 加强民族团结促进社会和谐

Gvancez Doeksaed Gij Minzcuz Cwngcwz Aen Dangj，Coicaenh Hwngfat Dieg Minzcuz Ginghci 贯彻落实党的民族政策，促进民族地区经济发展

Minzcuz Doxgiet Fwngz Yien Fwngz，Huzndei Hwngfat Sim Lienz Sim 民族团结手牵手, 和谐发展心连心

Caez Ganq Va Minzcuz Doxgiet，Caez Yiengj Mak Mwnhoengh Onjdingh 同栽民族团结之花，共享繁荣稳定硕果

Henhoh Minzcuz Doxgiet Bouxboux Miz Cwzyin，Caez Yiengj Mwnhoengh Onjdingh Bouxboux Ndaej Leih’ik 维护民族团结人人有责，共享繁荣稳定人人受益

Dauqhwng Gij Fungcaij Dijyuz Guengjsae，Hwnqguh Dieg Giengzak Dijyuz Baihsae 重振广西体育雄风，建设西部体育强区

以上这些宣传标语，汉字对应得很好，所以翻译壮文时，字、韵也要相应地对应。如果真的不会，就采用汉文的单音节词对应壮文单音节词，汉文的双音节词对应壮文的双音节词，这样句式就工整一些，读起来也比较朗朗上口。

（二）汉字对应工整，而壮文无法对应工整的宣传标语翻译

还有一些宣传标语，汉字对应得很好，但是怎么都无法找到相应的壮文词语来对应汉字，只好以意思表达清楚为主，字词对应为辅。例如：

Ciensim Maeuz hwngfat Caezsim Cauh Huzndei 一心一意谋发展同心同德创和谐

Haizgieg Buet Baenaj，Lwggyangq Baenq Hwnjdaeuj 板鞋跑起来，陀螺转起来

Angqgvaq Sam Nyied Sam，Caez Saedyienh Siengjmuengh Cungguek 欢度三月三，共圆中国梦

Doxiu Sam Nyied Sam，Langh Cungguek Siengjmuengh 相约三月三，放飞中国梦

Doxiu Sam Nyied Sam，Saedyienh Siengjmuengh Cungguek 相约三月三，放飞中国梦

Mbanjcuengh Gyaeundei，Eufwen Riengz Siengjmuengh 美丽壮乡，踏歌追梦

这里的“一心一意”可以翻译成 itsim iteiq 或者 ciensim；同样的，“同心同德”可以翻译成 doengzsim doengzdaek 或者 caezsim，但是，为了壮文字面的对应，我们只能翻译成：

Ciensim Maeuz hwngfat Caezsim Cauh Huzndei 一心一意谋发展同心同德创和谐

再比如以下这些宣传标语，汉字基本对应，我们翻译成壮文时，也应该尽最大的努力对应好，并且尽量按照壮语语法句式进行翻译：

Hwngfat Minzcuz Dijyuz Yindung，Gyagiengz Ndangdaej Gak Cuz Yinzminz 发展民族体育运动增强各族人民体质

Laizbinh “Sam Nyied Sam Bouxcuengh Angj Rongh Minzcuz Fungcaij” 来宾“壮族三月三·民族风采炫”

Sam Nyied Sam Youzbyaij Laizbinh Cimzfeih Vwnzva Ngonzyawj Gingjndei 三月三·游来宾·品文化·赏美景

Cimzfeih Minzsug Fungcingz Sam Nyied Sam，Ngonzyawj Hoihhoengh Bouxcuengh Vwnzva 品三月三民俗风情，赏壮民族文化盛宴

Sam Nyied Sam Bouxcuengh，Siengj “Angq” Mwngz Couh Daeuj！壮族三月三，想“昂”你就来！

Cauh’ok Baizokmingz “Sam Nyied Sam Bouxcuengh”，Doidoengh Laizbinh Vwnzva Lijyouz Daih Hwngfat 打造“壮族三月三”品牌，推动来宾旅游文化大发展

Banh Ndei Bi 2016 Guengjsae Ciet Angqyangz Minzcuz Dijyuz “Sam Nyied Sam Bouxcuengh” Laeb Yienghsiengq Moq Cungzcoj 办好 2016 年广西“壮族三月三”民族体育欢乐节树立崇左新形象

Cukhoh Daengx Singz Gak Cuz Yinzminz “Sam Nyied Sam Bouxcuengh” Ngoenzciet Vaiqvued 祝全市各族人民“壮族三月三”节日快乐！

Foux Vaiqvued Cingz Doxhuz 欢乐舞和谐情

Bingzsiengz Saekrongh Mbanjcuengh Gyaeundei 多彩凭祥美丽壮乡

Eu Hot Fwen Ndeu Hawj Dangj Dingq 唱支山歌给党听

（三）这几年在民族团结宣传月活动中，我们也翻译了很多有特点的民族宣传月标语

在翻译的句式上，多采用壮语语法来表达，词汇也是多采用和谐和展望的壮语词汇，尤其是在句式翻译上，我们尽可能采用壮语语法分词汇。它在宣传我国民族语文政策，建设民族团结示范区方面起到非常重要的作用。比如：

Henhoh Caeuq Coicaenh Minzcuz Doxgiet Gyavaiq Ginghci Caeuq Aenbiengz Hwngfat 维护和促进民族团结加快经济和社会发展

Gak Minzcuz Soujmuengh Doxbang Hwnqguh Ranzmbanj Gyaeundei 各民族守望相助建设美好家园

Gvancez Doeksaed Minzcuz Gihyiz Swcifaz Saedyienh Gij Siengjmuengh Gak Minzcuz Doxgiet、Siengjmuengh Hwngfat 贯彻落实民族区域自治法圆好各民族团结梦、发展梦

Roengzrengz Haicauh Aen Geizmienh Moq Minzcuz Doxgiet Baenaj Saehnieb 努力开创民族团结进步事业新局面

Gvancez Doeksaed Minzcuz Cwngcwz Coicaenh Gak Minzcuz Mwnhhoengh Hwngfat 贯彻落实民族政策促进各民族繁荣发展

Laebdaeb Ciengq Gok Diuz Gohaenh Minzcuz Doxgiet Baenaj Hwngfat 坚持唱响民族团结进步发展主旋律

Yaengx Sang Mbawgeiz Minzcuz Doxgiet Caez Cauh Aenbiengz Huzndei Siujgangh 高举民族团结旗帜 共建和谐小康社会

Gak Minzcuz Caemh Ruz Gvaq Dah Vunzlai Caezsim Haenqrengz Saedyienh Gij Siengjmuengh Cungguek Hungmbwk 各民族同舟共济 万众一心 努力实现伟大中国梦

Roengzrengz Doidoengh Dieg Minzcuz Cienzmienh Hwngfat 努力推动民族地区全面发展

Gak Minzcuz Doxhuz Caezyouq Caezsim Roengzrengz Huzndei Hwngfat 各民族和睦相处 和衷共济 和谐发展

Gak Cuz Yinzminz Caez Diemheiq Caemh Minghyinh Sim Doxlienz 各族人民同呼吸共命运心连心

Insik Minzcuz Doxgiet Ceng Guh Minzcuz Doxgiet Mozfan 珍惜民族团结争当民族团结模范

Henhoh Guekcoj Doengjit Henhoh Minzcuz Doxgiet Henhoh Aenbiengz Onjdingh 维护祖国统一维护民族团结维护社会稳定

Daengx Guek 56 Aen Minzcuz Caemh Ranz Ndeu 全国 56 个民族一家亲

Guekgya Ndei，Minzcuz Ndei，Caezgya Cij Ndei 国家好，民族好，大家才会好

Lumj Gyaezhoh Lwgda Yienghneix Gyaezhoh Minzcuz Doxgiet 像爱护眼睛一样爱护民族团结

Minzcuz Doxgiet Dwg Diuz Sienq Sengmingh Guek Raeuz Gak Cuz Yinzminz 民族团结是我国各族人民的生命线

Yienfwngz Doengzsim，Caez Laebguh Minzcuz Doxgiet Baenaj Mozfangih 携手同心，共建民族团结进步模范区

Gyagiengz Minzcuz Doxgiet，Coicaenh Gak Minzcuz Baedauq Gyaulouz Yungzhab 加强民族团结，促进各民族交往交流交融

Cienzmienh Saedyienh Siujgangh，Mbouj Noix Ndaej Saek Aen Minzcuz 全面实现小康，一个民族都不能少

Gak Minzcuz Gag Hengz Gizgyaeu，Hag Bouxwnq Gizndei，Ndei Gyaeu Caez Bae 各民族各美其美，美人之美，美美与共

Ciensim Maeuz Hwngfat Caezsim Cauh Huzndei 一心一意谋发展同心同德创和谐

Bouxboux Ceng Guh Mozfan Minzcuz Doxgiet Gizgiz Haihoengh Va Minzcuz Doxgiet 人人争做民族团结模范 处处盛开民族团结之花

Minzcuz Doxgiet Coicaenh Hwngfat Yienfwngz Caez Saedyienh Siengjmuengh Cungguek 民族团结促发展携手共圆中国梦

Gangj Gij Vah Mizik Minzcuz Doxgiet，Guh Gij Saeh Mizik Minzcuz Doxgiet 说有利于民族团结的话，做有利于民族团结的事

Haenqrengz Fatyiengz Caeuq Baujhoh Gij Cojcienz Vwnzva Ndei Gak Minzcuz 大力弘扬和保护各民族优秀传统文化

Sam Nyied Sam Bouxcuengh Aen Cietangq Betgveiq “壮族三月三•八桂嘉年华”

Sam Nyied Sam Bouxcuengh Huzndei Youq Betgveiq “壮族三月三•和谐在八桂”

Sam Nyied Sam Bouxcuengh Fungcingz Minzcuz Noengz “壮族三月三•桂风壮韵浓”

Sam Nyied Sam Bouxcuengh Angj Rongh Minzcuz Dijyuz “壮族三月三•民族体育炫”

Sam Nyied Sam Bouxcuengh Doxiu Youz Guengjsae “壮族三月三•相约游广西”

Sam Nyied Sam Bouxcuengh E Vangj Gaicawx Angq “壮族三月三•e 网喜乐购”

（四）励志宣传标语的壮文翻译

标语在宣传我国各项政策方针、建设党务工作和思想教育方面起到非常重要的示范作用。在翻译的句式上，我们多采用壮语语法来表达，词汇也是多采用鼓舞和激励的壮语词汇。比如：

Yiemzsuk Gij Gijliz Vuenhgaiq，Saedbauj Vuenhgaiq Rumzseuq Heiqcingq 严肃换届纪律，确保换届风清气正

Cojcienz Maenhndei Daih Cienz Daih，Raeuz Ciengxlwenx Riengz Dangj Byaij 优良传统代代传，我们永远跟党走

Roengzrengz Fatyiengz Gij Cingsaenz Guengjsae，Yungh Cingzcik Maenhndei Yiengq Dangj Cibbet Daih Soengqlaex！ 大力弘扬广西精神，以优异的成绩向党的十八大献礼！

Guh Ndei Hong Minzcuz，Ceiq Youqgaenj Dwg Guh Ndei Minzcuz Doxgiet，Ceiq Mizyauq Dwg Ceng’aeu Simvunz 做好民族工作，最关键的是搞好民族团结，最管用的是争取人心

Gyagiengz Minzcuz Doxgiet，Vih Hwnqguh Fouqmiz Vwnzmingz Huzndei Guenjsae Moq Roengzrengz Haenqguh！ 加强民族团结，为建设富裕文明和谐新广西而努力奋斗！

Ndiepgyaez Guenjsae，Hwnqguh Guenjsae，Hwngfat Guenjsae！ 热爱广西，建设广西，发展广西！

Haeujlaeg Gvancez Doeksaed Gij Minzcuz Cwngcwz Aen Dangj Caeuq Guekgya，Cienzmienh Coicaenh Minzcuz Doxgiet Baenaj！ 深入贯彻落实党和国家的民族政策，全面促进民族团结进步！

Gak Minzcuz Huzndei Caezyouq、Caezsim Cawz Hoj、Huzndei Hwngfat！ 各民族和睦相处、同舟共济、和谐发展！

Gungganq Caeuq Hengzguh Sevei Cujyi Haedsim Gyacizgvanh，Cauhguh Aen Cingsaenz Ranzmbanj Caez Miz Dangdaih Cunghvaz Minzcuz 培育和践行社会主义核心价值观，构建当代中华民族共同的精神家园

Hengzguh Sevei Cujyi Haedsim Gyacizgvanh，Guh Vwnzmingz Mizlaex Vunz Fuzsuih 践行社会主义核心价值观，做文明有礼的扶绥人

Guengjsae Gak Cuz Yinzminz Yiengq Daengx Guek Yinzminz Gingqlaex！广西各族人民向全国人民致敬！

Hagsib Gwzming Cingsaenz Ciengjdang Habgek Dangjyenz 学习革命精神争做合格党员

Demgiengz “Seiq Aen Yisiz” Saedyienh Cienzmienh Siujgangh 增强“四个意识”决胜全面小康

（五）最难翻译的校训壮文翻译

Daek Cingq Gag Giengzak，Huzndei Miz Linghyiengh 明德自强，和而不同

Yw Bingh Cing Saed，Canghyw Simsienh 大医精诚，医者仁心

Mbouj Guh Bouxguen，Couh Guh Canghyw 不为良相，便为良医

这些校训因为包含比较广泛而深刻的内容，翻译的时候只能抓住主要意义，大概翻译出中心意思，用最精练的壮文词汇表达出来。当然所采用的壮文词汇也应该前后对应才行，最好是采用押韵的壮文词汇。

四、民族体育运动会的壮文翻译

全国民族体育运动会已经举办了十几届，我们也翻译了不少的宣传标语。这些宣传标语一般都采用鼓动性比较强的词语，所以，我们翻译的时候也要相应地采用积极向上、简洁明了的壮文词语，而且句式和语法应该尽量按照壮语语法来排列。例如：

Dang Ndei Vunzdiegcawj，Banh Ndei Guengjsae Daih 12 Gaiq Minzcuz Dijyuz Yindung’vei！当好东道主，办好广西第十二届民族体育运动会！

Comz Gij Rengz Daengx Singz，Banh Hoengh Guengjsae Daih 12 Gaiq Minzcuz Dijyuz Yindung’vei！举全市之力，办广西第十二届民族体育运动会盛会！

Caezsim Gaprengz Banh Ndei Minzcuz Dijyuz Yindung ’ vei，Doengzsim Doengzdaek Hwnqguh Yilinz Moq！齐心协力办好民族体育运动会，同心同德建设新玉林！

Banhndei Guengjsae Minzcuz Dijyuz Yindung ’ vei，Laebhwnj Yilinz Yienghsiengq Moqsak！办好广西民族体育运动会，树立玉林新形象！

Caez Yiengj Giencangq Vaiqvued Minzcuz Dijyuz，doengz guh Cienzswnj Minzcuz Vwnzva！共享民族体育健康快乐，共系民族文化永续传承！

Hwngfat Minzcuz Dijyuz Yindung，Demgiengz Gak Minzcuz Yinzminz Ndangdaej！发展民族体育运动，增强各民族人民体质！

Banh Ndei Minzcuz Dijyuz Yindung ’ vei，Bouxboux Dang Ndei Vunzdiegcawj！办好民族体育运动会，人人当好东道主！

Baij Yiengh Vwnzmingz Yilinz，Coux Ndei Beixnuengx Minzcuz！展玉林文明风貌，迎民族兄弟姐妹！

Coux Hoihhoengh Minzcuz Dijyuz Yindung ’ vei，Laeb Yiengh Moq Vwnzmingz Yilinz！迎民族体育运动会盛会，树玉林文明新风！

Angqhoh Guengjsae Daih 12 Gaiq Siujsoq Minzcuz Cojcienz Dijyuz Yindung ’ vei Youq Yilinz Gawjhengz！热烈祝贺广西第十二届少数民族传统体育运动会在玉林举行！

Hoh Guengjsae Daih 12 Gaiq Siujsoq Minzcuz Cojcienz Dijyuz Yindung ’ vei Banh Ndaej Baenzgoeng！祝广西第十二届少数民族传统体育运动会取得圆满成功！

Angqcoux Daj Daengx Gih Gak Dieg Daeuj Gyoengq Dijyuz Yindungyenz！ 热烈欢迎来自全区各地的体育运动员！

Hoh Daengxgyoengq Yindungyenz Youq Gwnz Guengjsae Daih 12 Gaiq Siujsoq Minzcuz Cojcienz Dijyuz Yindung ' vei Aeundaej Cingzcik Ndei！ 祝全体运动健儿在广西第十二届少数民族传统体育运动会上取得优异成绩！

Doxdax Ok Funggek、Doxdax Ok Suijbingz！ 赛出风格、赛出水平！

Minzcuz Dijyuz Yindung ' vei，Aen Hoihhoengh Dijyuz，Aen Hoihhoengh Gak Minzcuz Doxgiet！ 民族体育运动会，体育的盛会，各民族人民团结的盛会！

Cingzngeih Daih ' it，Doxdax Daihngeih！ 友谊第一，比赛第二！

Guh Bouxyawj Vwnzmingz，Laeb Yienghmoq Doxdax！ 做文明观众，树赛场新风！

Daezsang Gij Suijbingz Dijyuz Yindung，Saenqhwnj Gij Cingsaenz Cunghvaz Minzcuz！ 提高体育运动水平，振奋中华民族精神！

Ciepcoux Minzcuz Dijyuz Yindung ' vei，Langhbaij Yienghmoq Vwnzmingz Ginhcouh！ 迎接民族体育运动会，展示文明钦州新形象！

Bouxboux Caeuqfaenh Hoihhoengh Minzcuz Dijyuz，Caezlaeb Ginhcouh Gyaeundei Huzndei Vwnzmingz！ 全民参与民族体育盛会，共建文明和谐美丽钦州！

Cauxguh Aensingz Vwnzmingz Veiswngh，Angqcoux Hoihhoengh Minzcuz Dijyuz！ 创建文明卫生城市，喜迎民族体育盛会！

Angqhoh Guengjsae Daih 13 Gaiq Siujsoq Minzcuz Cojcienz Dijyuz Yindung ' vei Youq Ginhcouh Gawjhengz！ 热烈祝贺广西第十三届少数民族传统体育运动会在钦州隆重举行！

Cauhlaeb Aensingz Vwnzmingz Hailangh，Angqcoux Hoihhoengh Minzcuz Dijyuz！创建文明开放城市，喜迎民族体育盛会！

Minzcuz Dijyuz Yindung ' vei Dwg Aen Hoihhoengh Gak Minzcuz Yinzminz Doxgiet！ 民族体育运动会是各民族人民团结的盛会！

以上是我们在翻译工作中的一些做法和体会，当然也不是唯一正确的做法，只是提出来与大家交流，为以后更好地做好壮文翻译工作服务。

汉语“有”字句和壮语“miz”字句对比研究

韩清霞[①]

“有”字句是一种使用频率高、形式多样、表意丰富、存在于任何语言中的句式。汉语对于“有”字句的研究可以追溯到马建忠的《马氏文通》，其中提到了“有”“无”的用法。黎锦熙的《新著国语文法》，不仅说明“有”具有“领有”“所有”等义项，还有“存在”的意思。随着对“有”的不断探讨，人们也对“有”字句开始进行研究。而第一次正式将“有”字句作为一种句式研究，是从吕叔湘的《中国文法要略》开始的。

汉语和壮语同属汉藏语系的语言，二者有着相似之处也有着不同之处。随着研究的不断深入，壮语的语法研究逐渐丰富起来，但是与汉语相比还是远远不够的，更不用说壮汉语的比较了。本文旨在对现代汉语里常见的几种“有“字句与壮语进行比较，浅析汉壮语语法上的异同。

一、汉语“有“字句与壮语“miz”字句的界定

张豫峰在《“有”字句研究综述》里认为我国汉语语法学界对“有”字句范围的理解一般来说大致有两种：一为狭义的“有”字句，一为广义的“有”字句。狭义的“有”字句指以“有”包括和“有”对立的“没有”，“没”为谓语或谓语中心的句子。广义的“有”字句是指句子中含“有”的句子，即不仅把“有”作谓语或谓语中心词的句子看作“有”字句，而且把不作谓语或谓语中心词的句子也看作“有”字句。

但是不管是狭义的还是广义的，汉语“有”字句里的 “有”的主要用法有以下几种：

（1）表示领属。如我有一个苹果。

（2）表示存在。如桌上有两本书。

（3）表示性质、数量达到某种程度。如这树有四米高。

（4）表示比较。如我有哥哥那么高了。

（5）表示发生或出现，跟其他存现动词用法相似。如他有病了。

在壮语中，“有”被翻译为“miz”，是一个动词。我们与汉语做对比的也是指含有“miz”的句子。壮语的语法研究深入的程度还比上汉语，单独对“有”的研究也还是不够深入的。但还是有学者在研究中直接或者间接讨论了“miz”的意义。例如：张元生、覃晓航的《现代壮汉语比较语法》，韦茂繁的《下坳壮语参考语法》等。

为了更好地比较汉壮语语法上的异同，本文将以汉语“有”字句里的 5 种情况为例，与壮语的“miz”字句做对比。

---

① 韩清霞，女，广西民族大学文学院中国少数民族语言文学专业硕士研究生。

二、汉语“有”字句与壮语“miz”的句法对比

（一）汉语表示领属的“有”字句与壮语“miz”字句

汉语表示领属的“有”字句与壮语“miz”字句基本上是对应的。

（1）我有一个李子。

Gou miz aen lwgmak ndeu.

我 有 个 李子 一

（2）我有三本书。

Gou miz bonj saw sam.

我 有 本 书 三

（3）他有一双鞋。

De miz gouh haiz ndeu.

他 有 双 鞋 一

但当汉语的“有”在这类句子中能充当“是”的意思时，壮语与汉语不对应。

（4）他有十岁。

De cib bi.

他 十 岁

（二）汉语表示存在的“有”字句与壮语“miz”字句

表存在是这 5 种句子中最为常见的。这一类句子更多是放在存现句里进行讨论。存现句是指某人某物存在某处或某人某处存在某物，即“名 $_1$+ 有 + 名 $_2$”。壮语也有对应的句式。

（5）楼顶有一个人。

Gwnzlaeuz miz boux vunz ndeu.

楼顶 有 个 人 一

（6）树上有只鸟。

Gwzn faex miz duz roeg.

上 树 有 只 鸟

（7）桌子上有两本书。

Gwnz daiz miz song bonj saw.

上 桌子 有 两 本 书

大部分这类句子中，汉语和壮语各部分基本对应。此外，汉语有时表示存在的“有”字句还可以省去主语，壮语也有对应的。

（8）有人。

Miz vunz.

有 人

（9）有空闲。

Miz hoengq.

有 空闲

同时，汉语也可以将表示存在的事物名词放在“有”字之前作主语，壮语也可以使用这个形式表示存在。

（10）这些是衣服，裙子、裤子都有。

Gijneix dwg buh，gunz、vaq cungj miz.

这些 是 衣服 裙子 裤子 都 有

（11）Gijneix dwg buh，gunz miz，vaq caemh miz.

这些 是 衣服 裙子 有 裤子 也 有

壮语在表达这种语义的情况下，以上两种形式都采用。

（三）汉语表示性质、数量达到某种程度时，可以用“有”表示。壮语“miz”字句也可以起到这个作用

（12）树有四米高。

Faex miz seiq mij sang.

树 有 四 米 高

（13）水塘有五米深。

Daemz miz haj mij laeg.

池塘 有 五 米 深

（四）汉语表示比较的意义的“有”与壮语“miz”不太对应，壮语更多是直接使用表示比较的动词来表示这一意义

（14）我有你一样高。

Gou caeuq mwngz sang caemh.

我 和 你 高 一样

（15）我没有你有学问。

Mwngz beij gou sawlaeg.

你 比 我 有学问

（16）今天没有昨天冷。

Ngoenzlwenz beij ngoenzneix nit.

昨天 比 今天 冷

（五）汉语表示发生或出现，跟其他存现动词用法相似的“有”字句与壮语“miz”字句也不对应

（17）他有病了。

De bingh lo.

他 病 了

（18）大树有叶子了。

Faex hung maj mbaw lo.

树 大 长 叶子 了

三、汉语“有”字句与壮语“miz”的语法对比

（一）汉语“有”与壮语“miz”后带附着成分对比

汉语“有”经常附带“着”“了”“过”来表示动作或者状态的持续、完成、经历。壮语也有这类时态助词，但是“miz”一般不附带这类时态助词。

（19）田里有着稻子。

Ndaw naz miz haeux.

里 田 有 稻子

（20）床上有了三张被子。

Gwnz congz miz mbaw denz sam.

上 床 有 张 被子 三

（21）这里曾经有过猴子。

Gizneix gaenq miz lingz.

这里 曾经 有 猴子

（二）汉语“有”与壮语“miz”后接数量宾语对比

汉语“数量名”结构与壮语表示“数量名”的结构有一定区别，汉语中数量短语修饰名词并放在名词前作定语，而壮语则是“量名数”。但随着与汉语的接触和融合，现在壮语也可以借汉语语法规则使用“数量名”的结构，两种并行使用。

（22）我有三本书。

Gou miz sam bonj saw.

我 有 三 本 书

Gou miz bonj saw sam.

我 有 本 书 三

（23）他有一个孩子。

De miz it boux lwg.

他 有 一 个 孩子

De miz boux lwg ndeu.

他 有 个 孩子 一

（24）他有个孩子。

De miz boux lwg.

他 有 个 孩子

壮语表示“一”的时候，可以用“ndeu”和“it”两种形式来表示，这也是“借汉”以后的影响，并且这两种形式还有不同的用法。例如“一个孩子”，如果是“量名数”的结构，“一”要使用“ndeu”放在名词后；如果是“数量名”结构，“一”要使用“it”放在量词前。这样有两套用法，但使用方法不一致的数字还有“二、五、六、八”。汉语和壮语一致的是，“一”在表达时可以视情况而省去，因为量词已经包含了“一”的意思，如例句（24）。

四、小结

通过以上的对比，我们发现汉语和壮语虽然同样属于汉藏语系，存在相似之处，也存在着区别。它们二者的对比研究有助于壮族人学习汉语 “有”字句的使用。第一，在表示比较、发生、存在时，壮语会使用其他的动词来表示，但是汉语可以用“有”来表达。第二，壮语的“Miz”后不附带动态助词来表示动作或状态的持续，而汉语会频繁使用“着”“了”“过”。第三，汉语一般使用“数量名”的结构短语。壮族人在表达这个意思时不使用“量名数”的结构。

当然，本文只是较为浅显地研究了二者之间的异同点。实际上，“有”和“miz”之间还有更多的研究意义有待挖掘。

【参考文献】

[1] 丁声树．现代汉语语法讲话 [M]. 北京：商务印书馆，1961.

[2] 张元生，覃晓航．现代壮汉语比较语法 [M]. 北京：中央民族学院出版社，1993.

[3] 张增业．壮—汉语比较简论 [M]. 南宁：广西民族出版社，1998.

[4] 韦茂繁．下坳壮语参考语法 [M]. 南宁：广西民族出版社，2014.

[5] 张豫峰．“有”字句的语义分析 [J]. 中州学刊，1999（3）.

[6] 张豫峰．“有”字句研究综述 [J]. 汉语学习，1998（6）.

汉语四字固定词组及新词壮译之我见

韦彦强[①]

一、汉语四字固定词组的壮译

四字词语是汉语词汇中的一种常见的语言现象。它富于音韵美和意境美，且易懂易记，除传递信息功能外还有美感功能和表情功能，间接地向读者展现其要表达的内容。由于汉壮民族文化的差异，要将汉语四字固定词语翻译成壮语词组需要下一番功夫，在翻译的过程中，不能简单地机械对应，而是要采取动态对应，通过动态的对应实现功能对等。在进行翻译时，必须准确把握汉语词组的基本意义，选择恰当的壮语对应词，进行合适的对译。

笔者认为，汉语壮译的动态对应主要有两种，一是对等对应，二是替代对应。

（一）对等对应

对等对应，就是语法相同，词性相同，词汇一致，语序一致。如：

Gwnz hengz laj nemz 上行下效

Mbaet gwn mbaet yungh 省吃俭用

Haeb heuj haeb faenz 咬牙切齿

Gyaeuj dok da raiz 头昏眼花

Iek ndang caiz buh 量体裁衣

Sim mbouj youq denh 心不在焉

（二）替代对应

替代的要义就是将词义动态化。由于壮汉民族文化的差异，居住的环境不同，替代词存在千变万化，但万变不离其宗，其本义总是保持不变的。

1. 方位词变化的替代对应

瞻前顾后 Yawj gwnz yawj laj

方位词“前、后”变成了“上、下”，因壮语的“上、下”比“前、后”所指的范围广，这里 Yawj gwnz yawj laj 是瞻前顾后的本义，形容做事之前考虑周密慎重。如：

东张西望 Yawj gwnz yawj laj

东游西浪 Banh gwnz cunz laj

① 韦彦强，男，壮族，河池市凤山县少数民族语言文字工作局局长。

东奔西跑 Lied gwnz lied laj

东想西想 Ndiep gwnz ndiep laj

以上例子，壮语的方位词由“上、下”来替代“东、西”，这是由于壮语中没有“东、西”方位的概念。

2. 数词变化的替代对应

千叮万嘱 Sam daengq seiq daengq

三头六臂 Seiq da haj rwz

汉语数词“千、万”在壮语中用“三、四”来替代，刚好达到再三再四嘱咐的本义；“三、六”被“四、五”替代，是两种语言对数字用语的习惯不同，但两者都是泛指“多数”，词语的本意保持不变，都是比喻神通广大，本领出众。

3. 名词变化的替代对应

万水千山 Cien bo fanh naux

跋山涉水 Hwnj bo roengz sok

这两例中，壮语词组中虽然没有出现“水”，但“水”又隐含在其中。“bo”和“naux”都是指“山”，因为壮族人认为山水是相连的，有山必有水；“sok”指的是“水沟”，跋山涉水就是上了这座山，过了那条沟。如：

赶牛上树 Son mou bin faex

这例壮语用“猪”替代“牛”，因为壮族认为猪是最笨的动物，怎么教猪也上不了树。如：

摩拳擦掌 Vid gen daj ga

这例壮语直译为：挽起袖子，拍打大腿。这样的替代更加形象化。如：

死牛烂马 Goep dai ngwz naeuh

这例壮语用“青蛙”和“蛇”分别替代“牛”和“马”。壮族人认为死过的蛇和青蛙才是最腐烂的东西。如:

摇头晃脑 Bi gyaeuj bi rwz

这例壮语用“耳朵”替代“脑”，说明壮族人的聪明，因为耳朵是长在脑袋上的，头在摇动耳朵也跟着摇动。如：

隔墙有耳 Rog fa miz da

这例壮语用“篱笆”替代“墙”，“眼睛”替代“耳朵”。壮族与汉族居住的环境条件不同，过去壮族居住的是木架房，四周围的是篱笆，而汉族居住的是石头房或泥墙房，说明语言受环境的影响。虽然词汇不同，但表达的词义是一样的，都指：（注意）小心泄露秘密。如：

袒胸露乳 Leg aek leg ai

这例壮语用“嗉囊”替代“乳”，显得壮族人更趋于文明。

4. 物种变化的替代对应

指桑骂槐 Nyaengq mou diz ma

这例壮语的直译为：恨猪打狗。由于两个民族生活习性上有差异，比喻表面上骂这个人，实际上是骂那个人。汉语用植物指代，壮语用动物指代，两者的词义是相同的。如：

蚍蜉撼树 Maet haeb din vaiz

这例壮语用“跳蚤”替代“蚍蜉”，用“咬”替代“撼”，用“牛蹄”替代“树”，虽然指代的物种有了变化，但两者的词义都一样，都是比喻力量很小而想撼动强大的事物，不自量力。

5. 歇后语式的替代对应

自讨苦吃 Nyex doq aeu laez

这例壮语的原义是：惹马蜂挨蜇

力不能及 Laez haz cengj mbwn

这例壮语的直译为：茅草尖撑天。

6. 人体器官指代变化的替代对应

饥肠辘辘 Saihoz cae yut

这例壮语用“喉咙”替代“饥肠”，用“纺纱”替代“辘辘”。壮语意为：（肚子饿了）喉咙直吞口水，像纺纱机的转轮在转动。这样的替代达到殊途同归的效果。如：

降心相从 Ut dungx ut hoz

用“肚子”“喉咙”替代“心”是壮语的一大特点，如：“有耐心”在壮语中叫“hoz laez”，“心毒”在壮语中叫“dungx yak”。本例的壮语直译为：收缩肚子和喉咙，意为：放下架子，委屈自己，低调相从。

7. 引申义的替代对应

走街串巷 Hwnj haw rongz gex

本例壮语“gex”原指“角落”，引申为小地方，这里用“角落”替代“巷道”。

8. 形象比喻的替代对应

鸦雀无声 Caem baenz gaeq dai

目瞪口呆 Da daengx gaxhaengx

同归于尽 Ma dai maet dai

9. 文化差异的替代对应

爱屋及乌 Maij sau maij goenh

总之，在汉语四字词组壮译时，既要做到相对对应，又要做到灵活多变，不拘泥于单一的形式。这就要求译者在翻译过程中对壮语文化语境的应用功能与汉语词义保持高度一致，并尽可能全面地捕捉壮语词汇发出的真实信息，才能顺利进行替代对应，为翻译的准确性奠定基础。

二、汉语新词的壮译

为加强壮汉文化的交流与合作，随着汉语新词的不断出现，将汉语新词翻译成地道的壮语有着现实的意义。汉语新词壮译，必须考虑壮族人对壮译新词的接受问题。要解决这一问题，最好的方法就是在壮语中找到汉语新词的对应词。下面就汉语新词壮译谈一些粗浅的看法。

（一）汉语新词壮译应遵循的基本原则

汉语新词壮译的基本原则是：必须弄清汉语新词的本义，不能望文生义，草率直译。在翻译时，尽可能在壮语中找出指称意义、联想意义、感情色彩、寓意等方面与汉语新词功能对等并能完整表达汉语新词内涵的词语进行对应。

（二）汉语新词壮译的方法

鉴于汉语新词的特定性，汉语新词壮译，只有极少数词语可以直译，大部分新词都得以意译为主。因此，汉语新词壮译仍然采用动态对应的翻译方法，以替代对应为主。

（三）汉语新词壮译实例及分析

按照上述汉语新词壮译的原则和方法，笔者对一些汉语新词进行了如下尝试翻译。

“小三”译为“yahsau”，“yahsau”在壮语中是指不落夫家，与有妇之夫在外以夫妻名义共同生活的第三者。

“蜗居”译为“ruggex”，“gex”本义为“角落”，这里引申为“狭小”，“ruggex”意为“狭小的房间或屋子”，与“蜗居”指称对等。

“套牢”译为“gyaeng gyoengz”，这里是直译，用于引申义也是对应的。

“割肉”（赔钱卖出）译为“giengq lwed”，“giengq lwed”壮语意为“排血”，由于文化的差异，这里用“排血”替代“割肉”更为贴切，与“血本无归”遥相呼应。

“埋单”译为“dazdaeh”，“dazdaeh”意为“掏腰包”，与“埋单”指称对等。

“搞笑”译为“ronghriu”，直译，同本意。

“按揭”意为“baen boiz”，“baen boiz”意为“切分赔偿”，与“按揭”本义对等。

“暖男”译为“au raeujhoz”，为什么要这样翻译呢？“au”代指“男士”，“raeujhoz”意为“贴心、如意可爱”；因为“暖”即：阳光、亲切、贴心、善良、实在、真诚等；“男”，在这里指男士、男子，不单指男性。“暖男”——就是积一身好处，值得可亲可爱的男士。因此译为“au raeujhoz”，而不能简单地译为“sai raeuj”，“sai”是男性（bouxsai）的简称，“sai”单独一词就是“带子”，如果翻译为“sai raeuj”会容易让人误认为是“暖带子”。

“不忘初心”译为“mbouj lumz goek nduj”，“初心”在这里不能简单地直译为“cosim”，必须充分理解“初心”的深刻含义。“初心”其本义是“初衷、当初的思维方式和思想意图”，不能简单地理解为“当初的心”。因此，把“初心”翻译为“goeknduj”才与它的本义对等。

《现代汉壮词汇》有待“现代”

熊宗平[1]

前些天，原工作单位关心我退休后的学习和生活，送我一部《现代汉壮词汇》，令我万分感激。我手拿砖块般的《现代汉壮词汇》，如获至宝，随手翻开，第一个入眼的词是“入赘[rùzhuì]<动>coemq；coemqyah；hwnjranz；hwnjdou”。这四个壮语译词，不管你是操壮语北部方言还是南部方言，听起来都耳熟，念起来都顺口，是名符其实的通用语。从这可以看出编译者为这部词典所付出的心血。但在日后的随便翻翻中，我逐渐发现有些壮语译词过于老旧，觉得《现代汉壮词汇》欠“现代”，显得“壮味有余而汉气不足”，落后于当今社会进步、时代文明、科技发达和城镇化进程的步伐，有悖于现时壮族群众的交际语言，书中编的，人们讲的，有些口径不一。主要表现在以下几方面：

一、太固守于壮语的老词汇、老语法

如：卫生衣 buhveiswnghyih，皮鞋 haiznaeng，苹果 makbingzgoj，牛奶 cijvaiz，月饼 bingjronghndwen，出租车 ciokco，快车（名）civaiq，危房 ranzvaih、ranzyiemj，扶贫 banggungz，艾滋病 bingh ' aiswbingq。

在日常的语言交际中，这些与百姓衣食住行息息相关的词语，人们很自然、很习惯地按汉语字面的意思用音译的桂柳话脱口而出，音简义明，干净利落。如照上面的壮语注音，反而拗口、啰嗦。这是编译者固守壮语民族词及其语法“中心词十修饰词”“通名十专名”老规矩的表现。

当然，那些属于我们壮族老祖宗流传下来的相应的词语，我们后代人仍然在沿用，如：草鞋 haizhauj、木菠萝 maknam、我的父亲 daxboh gou。我们的壮族语言怎么会“不纯”或“濒危”呢?

再者，壮语有北部、南部方言之分，同一个汉语词，南北叫法不一样，比如，医生 canghyw、社会 ndawbiengz、发展 hwngfat，像南部方言的宁明，就很难找出对应的壮语词，只能借音说 yihswngh、sevei、fazcanj。如果大家都能这么说，既能减少南北方言的差异，对壮语推行使用起到规范和统一的作用，又能使 yihswngh、sevei、fazcanj 与“医保社保 yihbauj sebauj、小康社会 siujgangh sevei、经济发展 ginghci fazcanj”等当今诸多热词很自然、顺畅地对接。

二、汉语专名音译中硬塞点“土”味

音译是翻译汉语专有名词最常用的方法，操作简便，意思明了。而《现代汉壮词汇》中对某些汉语专名则采用半音半意的译法，显得不“土”不“洋”，不伦不类。

单举节日专名为例：

三八妇女节 Sam-Bet Ciet Vunzmbwk、五一劳动节 Haj-It Ciet Guhhong、六一儿童节 Roek- It

---

[1] 熊宗平，壮族，崇左市宁明县少数民族语言文字工作办公室原主任。

Ciet Lwgyez。如照此类译，“八一建军节”应译为“Bet-It Ciet Bouxbing”，为何又译为“Baz-Yiz Genginhcez”？

其实，以上的节日都是国外或国内各民族人民的共同节日，壮族群众不论老幼，文化水平高低，都惯用普通话或桂柳话说出这些节日的名称。区民语委编的《壮文基础读本》也把“五一”译为“Vujyiz Gozci Lauzdungzcez”，为什么到了“中国”反而译得更“土”了？

另外，“三八”“五一”“六一”“八一”分别都是一个词，为在其注音中间加短横“—”？

三、壮语词不紧扣汉语词来对译

某些汉语词，如果壮语有相对应的词语，应尽量一对一来意译。可《现代汉壮词汇》中有些词语就没有遵循这个规律，译歪了。如：

第 1 页，挨整 [áizhěng]< 动 >dengceih.“dengceih（挨治）”只是“挨整”的近义词，“ngaizcingj”与汉语词“挨整”义同，音近，而且壮语口语也常说，为何不用？

第 1 页，哀叹 [āitàn]< 动 >gyangznaek.“哀叹”中心义是“叹”，而壮语注音却没有“danq”。如果注为“gyangzdanq”，组成并列式合成词，既显出了“naek（重）”，又扣住了“叹”字的音、义。

第 11 页，百废待兴 [bǎifèi-dàixīng] yienghyiengh yaek guh.“yienghyiengh（样样）”里面没有“废”义，“vutfwz（荒废）akyiengh cungj caj guh”是否较贴近汉语词？

第 12 页，百闻不如一见 [bǎi wěn bùrú yí jiàn]dingqnyi mbouj yawx yawjraen. 壮语缺了“bak（百）”和“it（一）”两个数字，“闻”和“见”两者对比的效果就不突出了。可译为“dingq bak baez mbouj yawx raen baez”。

第 566 页，死有余辜 [sǐyǒu-yúgū] dai lij bienzngeiz. 壮语注音没有扣住“辜”字，“bienzngeiz（便宜）”不足以表示“罪大恶极、罪该万死”的程度。可译为“dai le lij miz （lw 余）coih（罪）”。

第 6 页，压倒 [yādǎo]< 动 > dwkroengz、dwkbaih、hoenxbaih、dajloemq. 四个壮语词里只有“打”义，没有“压”义。“压倒”壮语相对应的有 aplaemx；apdoemq 之常说。

四、许多新词汇未能随时编入词典

词典要随着社会的发展变化，随时收录那些反映当代社会政治经济、文化生活等方面发展进步的相关词汇，给词典增添新的文化元素，注入新的文化活力，才会与时俱进，彰显“现代”气息。然而，《现代汉壮词汇》与时代发展的节奏相比慢了半拍。比如，2004 年起，中国—东盟博览会每年定于南宁举办；2013 年中国倡导构建“一带一路”；十八大提出 2020 年实现“全面建成小康社会”宏伟目标。可是，“中国—东盟”“一带一路”“小康”这些与我们广西人息息相关的词汇在《现代汉壮词汇》里还未出现，这就是“现代”的欠缺。

以上四点看法只是笔者结合现时群众使用壮语的实际情况谈的个人意见，《现代汉壮词汇》编译者也有自己的指导思想和编纂目的。一个汉语词汇，壮语该怎么说，专家学者有他的审定权，平民百姓也有自己的话语权，总之，能交流沟通就管用。

《现代汉壮词汇》还有以下值得磋商的地方：

《凡例》部分

（1）原句：三、……汉字条目中的轻声字注音不标调号，只在注音前加圆点“.”，如“喜欢 [xy.huan]”。

《汉语拼音方案》也指出，轻声音节不标调。同是汉语拼音，都是轻声音节，为什么我们的《现代汉壮词汇》却要在轻声音节前加圆点“·”？同时，圆点“·”在标点符号系统中是间隔号，表示间隔或分界。“喜欢 [Xǐhuan]”是由两个词根组成，“喜”和“欢”意义相同，关系并列，如在其注音中间加“·”，无疑割裂它们两者之间的关系。

（2）原句：五、（省略）。该款是否统一表述为“汉语、壮语专有名词，如人名、地名、机关、团体、书篇、文件、运动、会议等的名称，每一个词的头一个字母都大写”。这一表述更简洁明了，也都符合《汉语拼音方案》和《壮文方案》的规则，而且正文中的汉壮注音书写也是一致的。如：

李自成起义 [Lǐ Zìchéng Qǐyì] Lij Swcwngz Gijyi；

北京奥运会 [Běijīng Àoyùnhuì] Bwzgingh Auyinvei.

（3）原句：六、本书对一些结构特殊的壮语词组、成语，在组合中间加短横“—”，如“政治经济学”对应的壮语词组写成 cwngci-ginghciyoz，“支离破碎”对应的壮语成语写成 vaihluk-vaihlik。

这一款问题有：

（1）短横“—”在标点符号系统中叫做连接号，用来把密切相关的词语连成一个意义的整体。在汉语、壮语拼音书写规则中，词组、成语词与词一般都分写了，为什么还要在其组合中间加短横“—”？这短横“—”到底是表示“连”还是“分”？而且音节之间转行时，要在上行末加短横“—”，那么，这短横“—”在文中频频出现到底有什么作用，就更分不清了。

（2）“结构特殊的壮语词组、成语”，什么样的结构才叫“特殊”？

例举的“政治经济学”“支离破碎”，“政治”与“经济”，“支离”与“破碎”，相互之间是并列关系，中间加短横“—”。这一推测，可以在正文得到验证：

第 2 页和第 3 页中的 安分守己 [ānfèn-shǒujǐ] lauxlaux-saedsaed、安家落户 [ānjiā-luòhù] an ' gya youqdingh、安居乐业 [ān jū lè yè] youq onj maij hong.

这些词组、成语都是并列结构类型，中间加短横“—”，和条款中的举例一样。可问题又来了，请看下面的词组：

第 11 页，百发百中 [bǎifā-bǎizhòng] nyingz bak baez deng bak baez□

百花齐放 [bǎihuā-qífàng] bak va caez hai□

百家争鸣 [bǎijiā-zhēngmíng] bak gya caez gangj.

这些词组都是主谓结构，中间也加短横“—”了。

其他的：搬弄是非 [bānnòng-shìfēi]（动宾） buenloengh dengloek，不义之财 [búyì-zh ī cái]（偏正） cienzya，也都加短横“—”了。

从以上的归类厘清中，可以看出所谓的“结构特殊”其实什么结构都有，没有指定，来体现“特殊”。

（3）……条款中表述为“本书对一些结构特殊的壮语词组、成语，在组合中间加短横‘—’”，而在正文中却见汉语注音加短横“—”的多，反而是壮语注音的不加。

可以说，条款六表述得最含糊，不明确，相应的正文中乱笔最多。

其他排版有误的：

第 507 页，三八妇女节 [Sān-Bā Fùnǚ Jié]< 形 >，应该是名词。

第 800 页，只 [zhī] 一 ~ 双袜子 多了个“双”字。

第 3 页，安家落户 [ānjiā-luòhù] ang ' gya youqdingh. 壮语注音多了个“g”。

第 544 页，市场经济 [shìchăng jīngjì]< 动 >，应该是名词。

《笔画查字表》第 10 页，页眉上的“七画 八画”应去掉“七画”，因为这一页所列的字都是八画。

第 387 页，马列宁主义多了个“宁”字。

有感于“我们恳切希望广大读者多多提出宝贵意见，以便今后修订”一句，笔者才冒昧提出以上个人见解，如有不妥之处，恳请专家学者批评指正。大家的目的都是为了我们的壮语文能够科学、健康、可持续地发展。

广西少数民族古籍整理研究

京族喃字的使用现状及喃字文献的抢救

韦树关①

京族主要居住在广西防城港市下辖东兴市的“京族三岛”（尾、山心、巫头）。据第六次全国人口普查数据，京族人口为2.8万多，其中，东兴市京族人口1.9万多，是我国京族唯一的聚居地。京族大约在16世纪，即明代正德年间（公元1506—1521年）至19世纪末，陆续从今越南的涂山、春花、宜安、花丰、瑞溪、芒街、万柱、角白等地移居今“京族三岛”等地的。京族通用汉字，但在民间也使用本民族文字——喃字（京语称 $tsɯ^3nom^1$）。喃字是一种“类汉字”（在汉字基础上创造出来的文字），认识汉字的人看起来都感觉似曾相识，但又望文兴叹，似懂非懂。京族喃字是京族先民从越南带来的。因为近500年前京族先民移居今天的“京族三岛”时，越南已出现了喃字。

一、喃字的使用现状

与越南喃字不同的是，中国喃字至今仍在京族民间使用着，而越南喃字是已经死亡的文字，在越南已经不再有人使用。

外人来到京族地区，对三个喃字一定印象深刻，一个是“山心吃亭”（山心哈亭上的横匾）的“吃”字，一个是“沥尾岛”的“沥”，一个是沥尾村市场边上的“粑摊”。

人们看到“吃亭”很是奇怪，难道这是吃喝的亭子？其实不然。“吃”虽然形同汉字“吃”，实际上是个喃字，是用形声造字法造出来的，读 $[ha:t^7]$，是“唱”的意思。“吃亭”就是“唱歌的亭子”。“口”是形旁，表示“吃”的字义与“口”有关；“乞”是声旁，汉语粤方言读 hat^7，表示“吃”的读音与 $[hat^7]$ 接近。

《新华字典》收有“沥尾岛”的“沥”这个字，但只出现在京语地名中。“沥”在京语里读 $[va:n^6]$，含义如何，京族人也说不清。

“粑摊”的“粑”，读 $[et^{7'}]$，义为“糍粑”。这也是个形声字，形旁为“米”，表示“粑”的字义与“米”有关，声旁为“乙”，汉语粤方言读 it^7，表示“粑”的读音与 it^7 相近。

2001年，沥尾新哈亭建成，京族民间歌手苏维芳先生用喃字创作了三首民歌：《磋踭亭厨荣光》（建设宏伟新哈亭）、《民些䎌席⺳慉》（哈亭胜节回助兴）、《咹唁默卒拱恤党些》（美好生活全靠党）。苏维芳先生把这三首歌收入了他编译的《京族哈节唱词》（手抄本，2003年）一书中。兹抄录一首：

喃字原文　　　　**汉译**

磋踭亭厨荣光　　　　建设雄伟新哈亭

民廊福德劳沛，　　　　乡民福德如海量，

---

① 韦树关，男，壮族，广西民族大学文学院教授。

〽蓮㓥𬝛亭高〽坯。　　建立高亭又宽敞。
牆𪖫𩙍堆行句对，　墙柱直写对联辞，
𨤔中心亭香𬊈奉事。　　亭中奉事敬上香。
𦓿时学册文精，　　男儿读书得精灵，
㛪时𬘴緻𦖻𦖻於茹。　　女子织布家务事。
民廊福德显和，　　乡民福德显和睦，
朱𬨸𥕾𨀈亭厨荣光。　　建设雄伟新哈亭。

尽管京族喃字是一种仍在使用的文字，但目前已经处于濒危的状态。据统计，目前只有7位京族老人还能流利地认读喃字，其濒危程度可想而知。

二、喃字文献简况

京族喃字的文献，从内容上大致可分为以下几类：

（一）祭文、祝文类[①]

主要是在京族传统节日“哈节”祀神、祭祖时由“哈妹”或主持人唱读的。主要篇目有（括号前为喃字篇目，括号内为汉译，下同）：

《神灵》（《神灵》）、《啃𪎊敬神》（《敬神乐鼓》）、《𠲖祝𨤔亭》（《“哈节”祝词》）、《埃埃拱特平安寿长》（《人人都平安长寿》）、《积善奉善》（《积善奉善》）、《芳氽别𫅜求如意》（《“求”字如此深意》）、《埃埃拱特𧼋𠾕礼神》（《人人都得出来拜神》）、《唷𩄲𠽉𩗂𩇢𩇢》（《驱风拨云观星辰》）、《𠲖咽咘咛咛只决》（《有益寄语牢记心间》）、《一统坤河刘伯温》（《一统山河刘伯温》）、《渃𠊚埃𦹵𣝁船待埃》（《顺水谁肯泊船等人》）、《埃迻缘吏喝唛茹村》（《谁送姻缘到村来》）、《侮真情埃𢭸朱𦖻》（《真正姻缘谁驱得散》）、《車銮自细宫仙》（《銮车自驾仙宫》）、《千里江山千里念》（《千里江山千里念》）、《𥠅核𥙪德𥙪仁》（《种树图德又图仁》）、《庄埃𡗶坦𢶢朱（一）》（《不靠天地靠自己（一）》）、《庄埃𡗶坦𢶢朱（二）》（《不靠天地靠自己（二）》）、《共同日月结義共天》（《共同日月结义同天》）、《寻缘麻庄𬀦缘》（《寻姻缘未见缘分》）、《底朱𫏀𫏀記底衔𣃱》（《让后代人永铭记》）、《出入门庭迎五福》（《出入亭门迎五福》）、《平証民些𢆥𢆥𨓡𩚵》（《吾乡民求年年富贵》）、《𧿆𠤩㓥聖𨤔悉拱𢣂》（《步入圣门心情欢》）、《氽𣇜𡦫𫅜相逢》（《年正当想相逢时》）、《𢂞𨖅亭求贴吏求𡥵》（《向亭神求财又求子》）、《𬀦梗花𦹵底悉些𢣂》（《见枝花开心花怒放》）、《喎咹制𫏀之𫏀》（《美好生活人追求》）、《春渚过夏𣇜𡦫时》（《春天未过夏已到时》）、《功吒义媄养餒》（《父母育儿情义重》）、《没𢆥誉礼没各》（《每年一度庆哈节》）、《𣇜固吒𨀈𨀈朱些》（《父辈栽树儿乘凉》）、《𦖻𦗏𥄭𥙪仍𠲖媄吒》（《父母话儿记在心》）、《景箕最㷮𢲨𡞕奇廊》（《美景显现全村庄》）、《翁𦓿調𡦫亭𥄭喝》（《老翁聚亭听歌谣》）、《民廊尊敬討神》（《尊敬孝神我村民》）、《民廊富贵𨓡𩚵》（《乡民富贵显荣华》）、《𨀈𨀈亭厨荣光》（《建设雄伟新哈亭》）、《民些𪖫席〽𢣂》（《哈亭盛节回助兴》）、《咹唁㸃卒拱𢚸党些》（《美好生活全靠党》）、《迎神祝詞》（《迎神祝词》）、《仪式祭礼仪詞》（《哈节祭礼仪词》）。

① 陈增瑜主编：《京族喃字史歌集》，北京：民族出版社，2007年，第681页。

（二）风物传说类

目前见到的只有《镇海大王故事》[①]（《镇海大王的故事》）。这是一个关于京族三岛形成的传说。

（三）传统故事类

主要篇目有：

《刘平楊礼结義》（《刘平杨力金兰结义》）、《�石生》（《石生的故事》）、《传該鐄》（《盖王的故事》）、《宋珍歌》（《宋珍歌》）、《金雲翘新傳》（《金云翘新传》）。

（四）英雄人物类

主要篇目有：

《京族英雄杜光辉传诵》（《歌颂京族英雄杜光辉》）、《京族統領蘇光清》[②]（《京族统领苏光清》）。

杜光辉是沥尾村京族人，生于1840年，卒于1928年。他年轻时曾组织义军，加入刘永福的抗法黑旗军，转战中越边境，屡建奇功。《京族英雄杜光辉传诵》记载了杜光辉组织义军抗法援越的传奇经历。

苏光清是沥尾村京族人，生于1819年，卒于1905年。他年轻时曾在海宁府（今越南境内）任干事，后任宁海总里役副总。《京族統領蘇光清》讲述的是苏光清机智勇敢带领村民抗击法军的故事。

（五）史歌类

主要反映京族迁徙的历史。主要篇目有：

《沥尾京族简史》[③]（《沥尾京族简史》）、《忆沥尾京族史》[④]（《忆沥尾京族史》）、《巫头史歌》[⑤]（《巫头史歌》）、《山心史歌》（《山心史歌》）、《京族迁徙传說詩歌》[⑥]（《京族迁徙传说诗歌》）。

（六）经文类

这些作品是道公做法事时念的经文。主要有：

《婆青提傳》（《青提婆传》）、《水晶公主》（《水晶公主》）、《柳杏公主》（《柳杏公主》）、《唐僧西天取經》（《唐僧西天取经》）、《懺饭叹文》（《懺饭叹文》）、《招魂叹文》（《招魂叹文》）、《开辟五方文》（《开辟五方文》）、《买柳车文》（《买柳车文》）、《哰血湖文》（《哰血湖文》）。

（七）村规民约、契约类

村规民约喃字文献未见到手抄本，目前所能见到的是《广西京族社会历史调查》（国家民委民族问题五种丛书编辑委员会广西壮族自治区编辑组编，广西民族出版社，1987年）第96—107页所录的有关

① 从对应的京语读音来看，篇名应为《哰镇海大王》。
② 从对应的京语读音来看，篇名应为《統領民族京蘇光清》。
③ 从对应的京语读音来看，篇名应为《版沥尾史简约》。
④ 从对应的京语读音来看，篇名应为《忆吏史略廊沥尾》。
⑤ 从对应的京语读音来看，篇名应为《忆吏史略廊沥尾》。
⑥ 从对应的京语读音来看，篇名应为《民族京移居歌传》。

京族祭祀、捕鱼、风俗习惯的各项规约共 4 条，未附译文。

此外，苏维芳编译的《京族史歌》（2004，手抄本）中附有“卖田契”一份。

（八）家谱、族谱类

京族人有修族谱、家谱的习惯。族谱、家谱主要用汉文，但有的用喃字或夹杂着喃字。

（九）情歌、儿歌、谜语类等

这类喃字文献数量最大，难以一一列举。

以上只是对喃字文献作了简单的分类。这里需要说明的是，各类喃字文献实际上数量远不止这些，更多的还保存在京族民间。

三、喃字文献的抢救

喃字有相当丰富的文献保存在京族民间，是一笔弥足珍贵的京族文化遗产。通过这些文献，我们可以了解京族的历史和文化。

如通过祭文、祝文类和经文类喃字文献，我们可以了解京族的宗教文化，包括他们所供奉的神灵、宗教仪式以及宗教仪式的内容等。

通过史歌类和家谱、族谱类喃字文献，我们可以了解京族人从越南迁徙到今中国京族三岛落地生根、艰苦创业的历史。以《沥尾京族简史》为例，歌中唱道：

自莀洪顺三年，吒翁流落福安准尼。（年号洪顺三年间，先祖漂流到福安。）

“洪顺”是越南后黎王朝的年号，“洪顺三年”即公元 1511 年，相当于中国明朝武宗正德六年，“福安”即今之沥尾村。这说明京族人移居“京族三岛”已有 500 年的时间。此外，几首歌中都提到，京族祖先是从越南涂山迁来的。这些都对中国京族历史的研究有重要的参考价值。

通过村规民约、契约类喃字文献，我们可以了解历史上京族的社会形态以及经济状况、风俗习惯等。

至于语言和文学方面的价值更是自不待言。语言方面，这些喃字文献，是研究京语的难得的书面材料；文学方面，这些喃字文献绝大多数都是韵文，运用京族传统的“六八体”格律进行创作，读起来朗朗上口，诗中多种修饰手法运用自如，情节生动，具有很高的文学价值。值得一提的是，这些喃字文献中有些篇目是从越南流传过来的，如《刘平楊礼结義歌》《传該鐄》《宋珍歌》（越南称《宋珍菊花》）、《金雲翘新傳》等。京族人对这些作品既有继承，又有所创新。这些作品对研究越南京族与中国京族的文学交流有重要的价值。此外，也有不少作品是由中国汉族的古典文学作品改编而来的，如《娄青提傳》根据汉族佛教故事《目莲救母》改编而成，《唐僧西天取统一經》根据汉族古典名著《西游记》改编而成。这些作品对研究汉族文学京族文学的影响有重要的参考价值。

京族丰富的喃字文献亟待挖掘、抢救和研究。

在喃字文献的抢救工作方面，有一个人我们是不能不提到的，就是原防城港市公安局副局长苏维芳先生（沥尾京族人）。苏维芳先生是一个京族歌手，从小受到京族文化的熏陶，在其外祖父的指导下学会了喃字。他在 20 世纪 60 年代中期参加抗美援越战争，精通越文，转业后到防城港市公安局工作，念念不忘京族传统文化的传承。繁忙的工作之余，他回到“京族三岛”，奔走于“京族三村”，收集了大量的喃字文献。2002 年他退休后回到家乡沥尾村，与京族歌手苏凯等人一起，将收集到的喃字文献整理、编译成《京族史歌》（手抄本，2002 年）、《京族哈节唱词》（手抄本，2003 年）、《京族传统叙事歌集》（手抄本，2003 年）等书，自费复印放在哈亭供人们传阅。可以说，苏维芳先生对喃字文献的抢救工作，是功不可没的。

苏维芳先生为了使喃字不至于失传，自编教材，先后开办了十余期喃字培训班，共有近百人参加了学习。

此外，苏维芳先生还积极向国家民委写信，反映喃字文献的濒危情况。国家民委文化宣传司十分重视京族喃字文献的抢救工作，将京族喃字文献的编译纳入了“中国民族语言文字保护丛书”的选题范围。2007 年 9 月，出版了《京族喃字史歌集》（陈增瑜主编，民族出版社出版）。这本书收入了苏维芳等人所收集、整理、编译的《京族史歌》《京族哈节唱词》《京族传统叙事歌集》中的大部分篇目，此外还把叙事长诗《宋珍歌》也收入其中。全书分“京族史歌”“京族哈节唱词”“京族传统叙事歌”三章，共收入 56 篇喃字作品。每句歌词都有喃字原文、国际音标、直译、意译，便于读者了解喃字字义和字音。《京族喃字史歌集》是迄今为止第一本正式出版的喃字文献，对研究京族文化有重要的参考价值。

喃字文献的抢救工作还仅仅是开始，还有大量的喃字文献散落在京族民间，抢救工作迫在眉睫，毕竟现在只有不到 10 位京族老人能流利阅读喃字文献了。

喃字文献的抢救工作，具体而言，应从以下几个方面入手：

（一）尽可能完整地收集京族民间各种版本的喃字文献，并对这些文献进行分类，为进一步的整理打下基础

（二）邀请京族民间能够释读喃字文献的人与京语研究专家对喃字文献进行整理、译注工作

最理想的做法是做到“三有”：

1. 有文本。即像《京族喃字史歌集》那样，做到每句歌有“喃字原文、国际音标注音、直译、意译”，这样既便于读者了解喃字字义和字音，又能保持文献原有的意味。例如：

喃字原文：𡎥 𢜝 擬 吏 茷 𠸗

国际音标：ŋoi^{2} buːn^{2} ŋi^{3} laːi^{6} dəːi^{2} sɯə^{1}

汉语直译：坐　烦　　回忆　　古代

汉语意译：闲来座谈古代时

喃字原文：吒 翁 傳 吏 罗 𨈒 塗 山

国际音标：tsa^{1} oŋ^{1} tiːn^{2} laːi^{6} la^{2} ŋɯːi^{2} do^{2} thəːn^{1}

汉语直译：祖先　　传 来 是　人　涂山

汉语意译：越南涂山是祖籍

2. 有录音。即通过数字化的录音技术，建立起喃字文献的音频语料库。

3. 有影像。即利用数字化摄像技术，建立起喃字文献的视频语料库。

当然录音和录像材料要与文本材料相配套。数字化技术不仅可以使喃字文献的语音、影像资料的保真质量和精准程度大大提高，而且便于喃字文献的持久性保存。文本、录音、影像三位一体的整理方法，可以从多个角度直观、形象、生动地反映喃字文献所蕴含的各种信息。

（三）编撰《京族喃字字典》

据统计，京族喃字有 4000 个左右。对这些喃字作注解很有必要，但迄今为止还没有一本有关京族喃字的字典，因而有必要组织专家学者编撰一本《京族喃字字典》。字典要依据现有的喃字文献编撰，要求做到每一个喃字有国际音标注音、有释义、有例句。

（四）对京族喃字及喃字文献进行研究。

对作为一种“类汉字”的京族喃字进行研究，有助于我们了解京族喃字与汉字的关系。京族喃字是越南喃字的变体。对它进行研究，也有助于我们了解京族喃字发展、演变的历程。京族喃字文献是京族历史文化的记录。对这些文献进行研究，无疑对京族历史文化的研究将起到重要的促进作用。

京族喃字文献的抢救工作是一个系统工程，单靠民间个人的力量是远远不够的。各级政府相关单位部门应将京族喃字纳入少数民族文化遗产抢救的范畴，制定规划，拨出专款，并在人力的组织与调配上发挥作用，使喃字文献这一弥足珍贵的京族文化遗产得以保存并传承下去。

【参考文献】

[1] 陈增瑜 . 京族喃字史歌集 [M]. 北京：民族出版社，2007.

壮族古籍整理的理论与实践

韦如柱[①]

壮族是我国多民族大家庭的重要成员。在长期的历史发展进程中，壮族先民创造和积累了丰富多彩的历史文化，留下了卷帙浩繁的古籍文献。这是一笔价值无可估量的财富，是壮族人民智慧与创造力的结晶。加强对壮族古籍的抢救、整理和保护，对于丰富民族文化宝库，全面了解壮族的发展历史，构建平等、团结、互助、和谐的社会主义民族关系，推动民族团结进步事业，具有重要的历史意义和现实意义。

一

壮族主要分布在我国华南和西南地区，东起广东省连山壮族瑶族自治县，西至云南省文山壮族苗族自治州，南至北部湾，北达贵州省从江县，西南至中越边境。壮族古籍随人口分布，呈大分散、小集中的特点。由于特殊的地域性和政治、经济等因素，壮族经历了先秦远古时代自主发展、秦汉至民国时期在中央政权统治下与汉族和其他少数民族杂处中生存发展的历史过程。直至中华人民共和国成立，在中国共产党的统一领导下，实行民族平等政策，建立了广西壮族自治区，壮族进入了民族区域自治的时代，迎来了跨越式发展的新阶段，壮族古籍才真正进入学术视野。

壮族有自己的语言和古文字。壮语属于汉藏语系壮侗语族壮傣语支。现代壮语分南北两大方言。壮族古文字称为“古壮字”或“方块壮字”，是壮族的知识分子最早于汉代、最晚于唐代根据汉文六书创制的民族文字。古壮字未经规范，仅限于民间使用，在民间被称为“sawndip”，意思是生而未熟的文字。它主要由壮族的麽公、师公、道公、歌手等民间艺人使用流传，用于抄录民间经书、创作山歌、记录契约文书、族谱、药方、碑刻、地名等，至今仍在壮族民间使用。

壮族古籍与其他少数民族古籍一样，根据载体的不同分为四大类，即书籍类、铭刻类、文书类、讲唱类。书籍类指壮族在历史上形成的具有古典装帧形式的书册；铭刻类指石碑、摩崖石刻、墓志、木刻、金属刻等；文书类指告示、契约、函告、账单、抄件、执照、规约等；讲唱类指壮族民间口头传承的有关壮族起源、迁徙等具有历史文化价值的神话、传说、故事、歌谣等。历史上壮族人民用古壮字写下了大量的文献典籍，内容涉及政治、经济、宗教、哲学、历史、伦理、天文、地理、医药卫生、文学艺术等。从内容上看，古壮字古籍常见的有几种：一是民间信仰经书，包含壮族鸡卜经、壮族麽经、壮族伕经、壮族师公经书、壮族道公经书 5 种，如《麽请布洛陀》《塘伕》等；二是壮族民歌抄本，如《嘹歌》《宽欧巾》等；三是壮族民间叙事长诗或长歌抄本，如《唱唐皇》《毛洪与玉英》等；四是壮族戏剧抄本，如《农老》《太平春》等；五是壮族字书抄本，如《三千书》《字学纂要》等；六是壮族医书，如《巫医》《医摩》等；七是碑刻，目前仅发现宜州《廖士宽墓门碑》用古壮字刻写；八是契约文书，如《河野黄氏卖田契约》《分单契约》等。

① 韦如柱，男，壮族，广西壮族自治区少数民族古籍工作办公室主任、副译审。

壮族古籍（特指书籍类）大多为抄本，材质用广西特有的构皮绵纸，一般墨书、线订册叶装。书写格式为从右至左竖写，有的抄本分上下栏。封面封底有用麻布或棉布，也有用桐油纸的。壮文古籍基本上收藏在民间，多由民间艺人，如麽公、道公、师公、民歌手等使用和保存，使用范围并不广泛。其传承方式主要是师徒传承、父子（祖孙）传承。

历代文人儒士用汉文记录的壮族历史与文化，也是壮族历史文献的重要组成部分。如宋代《桂海虞衡志》《岭外代答》，明代《赤雅》，清代《菜根草堂吟稿》等。这些典籍，记载了壮族地区的政治、经济、社会、文化、民俗民风等情况，是研究壮族的重要参考资料。

由于壮族古文字的使用范围的局限性，口耳相传是壮族民间传播与弘扬壮族文化的主要方式，形成并流传下来大量的壮族口传文献。它们是壮族历史文献中不可或缺的重要组成部分。有些壮族口传文献在中国少数民族文学史，乃至世界文学史上都具有重要影响，如《布洛陀》《姆六甲》《特康射太阳》《莫一大王》《布伯与雷王》等。这些壮族口传文献与文字古籍组成了完整的壮族历史文化基础资料。

二

壮族古籍在旧时代从未得到认可和重视，更谈不上整理和保护。只有在中华人民共和国成立后，实现了民族平等，壮族文化才得到同等的对待，壮族古籍才逐渐进入人们的视野。壮族古籍整理大致经历了三个阶段：

第一阶段：1949—1985 年，壮族古籍整理零星开展阶段。随着大规模的民族识别、少数民族社会历史调查的开展，壮族古籍资料开始得以搜集、整理、出版。20 世纪五六十年代，国家组织对全国少数民族社会历史状况的科学调查工作，抢救搜集了许多民族历史文化资料。80 年代以来，国家民委主持编辑的“中国民族问题五种丛书”中的《中国少数民族社会历史调查资料丛刊》陆续出版，其中就涉及壮族古籍资料。80 年代初，由文化部、国家民委和中国民间文艺家协会组织编纂《中国民间文学三套集成（歌谣、故事、谚语）》，从各地、市、县搜集到一大批与壮族古籍有关的原始资料，并由各县按三套集成的形式编辑出版或存档。此阶段属于壮族古籍整理工作零星开展的阶段。它不是作为专题工作进行实施，而是依托于其他工作项目的开展而开展，作为神话、传说、故事、歌谣、谚语的章节将涉及的壮族古籍进行初步的搜集和整理，是壮族古籍整理工作的萌发阶段。

在这一阶段，壮族古籍整理主要采取汉译的方法，如《广西壮族社会历史调查》（二）（广西壮族自治区编辑组《中国少数民族社会历史调查资料丛刊》修订编辑委员会，民族出版社 2009 年出版）中《南丹县壮族社会历史调查》设“传说故事”节，收入了《莫一大王的故事》，还有《中国歌谣集成·广西卷》（中国民间文学集成全国编辑委员会主编，中国歌谣集成广西卷编辑委员会编纂，中国社会科学出版社 1992 年出版）收入的《布洛陀造米》《姆洛甲》《布伯》《特华之歌》等作品，让世人逐步了解了壮族的古老文化遗产。

第二阶段：1986—2000 年，有组织、有计划、有步骤开展阶段，壮族古籍整理取得前所未有的丰硕成果。20 世纪 80 年代初，中共中央下发了《中共中央关于整理我国古籍的指示》（中发 [1981]37 号）文件，指示要用 100 年时间开展古籍整理工作，这是我国古籍工作大发展大繁荣的开端。随后国务院办公厅转发《国家民委关于抢救、整理少数民族古籍的请示的通知》（国办发 [1984]30 号），再次强调了少数民族古籍工作的重要性，明确指出：少数民族古籍是祖国宝贵文化遗产的一部分，抢救、整理少数民族古籍，是一项十分重要的工作。各地、各有关部门要加强这项工作的领导，并在人力、财力、物力方面给予支持。

为了落实党和国家关于抢救和整理少数民族古籍工作的指示精神，广西壮族自治区于 1986 年 3 月批准成立了自治区少数民族古籍整理出版规划领导小组及办公室（以下简称广西少数民族古籍办），由它专门负责抢救搜集整理保护包括壮族古籍在内的少数民族古籍，壮族古籍整理工作正式进入了有组织、有领导、有计划的新阶段。

此阶段的壮族古籍整理工作重在抢救搜集整理具有重要影响和价值的壮族古籍。它的理论与实践主要是围绕中央提出的“救书、救人、救学科”的方针展开工作。根据壮族古籍主要分布、流传、保存在民间的特点，“抢救”是这一阶段工作的第一要务。通过自上而下宣传民族古籍工作政策，举行全区范围的古籍普查，从加强古籍保护的高度动员民间艺人、个体收藏者和一些不具备保存条件的单位、机构，捐献、捐赠壮族古籍文本，以政府的名义集中保存保管。这个阶段，不论是民间的少数民族群众，还是各机关单位、科研机构的干部、文化人，对民族古籍工作都给予了极大的支持，纷纷响应国家号召，积极捐献、捐赠各类古籍文本。据不完全统计，此阶段各级民族、文化部门共抢救搜集的壮族古籍抄本达到 5 千余册，建立了壮族文化资料的基础构架。“救书”的同时，壮族古籍整理工作也侧重“救人”。首先是对代表性文化传承人的口传文献进行抢救录音，保存第一手资料；其次是开展文化、文字传承人培训培养工作，使文化、文字能继续承传；三是吸收一些有代表性的传承人参与重大项目的翻译整理，这样既能抢救传承人所知的文化，又能发挥传承人传帮带的作用。

经过 10 多年的努力，壮族古籍整理实践取得了突出的成就：壮族古籍从无到，对壮族古籍的分布、流传、保存、数量、种类、价值等状况有了基本的了解，涌现出了一批懂民族政策、热爱民族文化、掌握壮汉两种语言文字的民族古籍整理人才队伍，翻译整理了一批有重要影响和价值的壮族古籍成果，大大提升了壮族文化的知名度和地位，为促进民族团结、文化繁荣作出了应有的贡献。

这一阶段的整理成果，从整理方法上看，主要有几种：一是汇编，将同类的古籍资料进行汇集整理。如《古壮字字典》（初稿），由广西壮族自治区少数民族古籍整理出版规划领导小组办公室编，苏永勤、蔡培康等编纂，广西民族出版社 1989 年出版。该书共收入流行于壮族地区的古壮字 10700 个，其中常用字 4918 个，以常用字立条，按拼音壮文字母顺序排列，每个字后附同音同义异形字，注拼音壮文、国际音标和汉语释义对照，在释义后附有壮语例句及汉语译句。该书是关于古壮字的第一部字典，堪称壮族文字研究史上的丰碑。它首次向世人展现了壮族古文字的面貌，对促进壮族古籍整理、壮族语言文字研究、古壮字的传播应用具有重要作用。二是译注，即翻译和注释。代表作是《布洛陀经诗译注》，由广西壮族自治区少数民族古籍整理出版规划领导小组搜集整理，广西人民出版社 1991 年出版。本书是从流传于壮族民间的 22 个《布洛陀经诗》古壮字手抄本缀辑而成，以版本较古老、内容较完整的本子作为基础本。篇章包含序歌、造天地篇、造人篇、造万物篇、造土官皇帝篇、造文字历书篇、伦理道德篇、祈祷还愿篇等。本书首次采取原文、拼音壮文、国际音标、汉直译、汉意译“五对照”的整理方法，对壮族民间信仰经典进行系统科学的整理，展示了壮族规模宏大的诗性宗教文学篇章，为壮族历史、哲学、宗教、语言文字、文学、艺术等研究提供了珍贵的资料。三是校注，即点校和注释。代表作是壮族文人著作系列成果《亦器轩诗稿》（［清］蒙泉镜著，刘映华注释，广西人民出版社 1989 年出版）；《菜根草堂吟稿》（［清］黎申产著，刘映华注释，广西人民出版社 1993 年出版）；《茹芝山房吟草》（［清］韦绣孟著，顾绍柏注释，广西人民出版社 1993 年出版）；《薰生诗草》（［清］崔毓荃著，刘映华注释，广西人民出版社 1997 年出版）。这些成果通过标点、校勘、注解、诠释等环节全面展现了壮族文人作品的原貌，反映其思想内容和文学艺术价值，以辩证眼光评述各壮族文人及其作品的历史影响和地位。

第三阶段：21 世纪开始至今，壮族古籍整理进入方法科学化、学术规范化阶段。这一时期国家对民族文化日益重视，政策扶持和经费投入逐渐加大，壮学研究的不断深入为壮族古籍整理提供了学术支撑，壮族古籍整理工作迎来了更好的发展机遇。《国务院办公厅关于进一步加强古籍保护工作的意见》（国办发 [2007]6 号）、《国务院关于进一步繁荣发展少数民族文化事业的若干意见》（国发 [2009]29 号）、《国家民委文化部关于进一步加强少数民族古籍保护工作的实施意见》（民委发 [2008]33 号）、《广西壮族自治区人民政府办公厅关于进一步加强广西古籍保护工作的意见》（桂政办发 [2007]69 号）、《国务院关于印发"十三五"促进民族地区和人口较少民族发展规划的通知》（国发 [2016]79 号）等一系列文件的出台，为壮族古籍整理工作的持续、健康和深入发展提供了保障。为适应新形势、新目标的需要，壮族古籍整理工作改变以往重在加快抢救、搜集的工作思路，工作重心逐步转到规范整理、科学保护、系统研究工作上，逐步树立了壮族古籍整理学术规范化、探索壮族古籍学科建设的理念，改变以往类似偏重"短、平、快"项目的做法，重在整合资源打造壮族古籍整理的大型代表性精品和促进壮族古籍整理深度化、系列化的成果，以壮族古籍整理成果深化壮学研究，为建立壮学学科理论体系奠定文献资料基础。在壮族古籍整理理论实践方面提出了"民族性、科学性、规范性"的原则和"构建壮学基础资料库"的工作目标。

此阶段对壮族古籍整理的方法进行了更多的实践和总结，形成了一套更加趋于科学化和规范化的整理方法和体例，既体现了壮族古籍的个性，又兼顾壮族古籍和汉文古籍的共性，即遵循了"民族性、科学性、规范性"的整理原则。在具体的实践中，壮族古籍整理采用了影印加译注的整理方法，其最早成果是《壮族布洛陀麽经影印译注》（1—8 卷，张声震主编，广西民族出版社 2004 年出版）。该书采用双封面设计，右翻阅为经书抄本原件影印，左翻阅为经书译注，并结合标点、校勘等多种整理方法，将壮族布麽用古壮字抄写、世代流传的壮族麽经抄本共 29 本进行原样影印和全文译注，首次向世人全方位展示了壮族古代先民心目中的精神偶像布洛陀作为传世神、祖先神、宗教神的神格面貌，集中表现了壮族麽文化体系中的精神信仰、思想观念、感情体验、行为活动、生产方式、社会制度等方面的历史轨迹及丰富内涵，具有文字学、语言学、宗教学、人类学、民族学、民俗学、社会学等多学科研究价值。该书被学者誉为"南方少数民族古籍整理的典范""壮学研究的基石"。

壮族古籍整理工作中体现"民族性、科学性、规范性"原则最好的方法就是采用"五行对照"的翻译整理体例。在第一阶段出版的成果《布洛陀经诗译注》和《壮族民歌古籍集成·嘹歌》曾采用了"五行对照"整理体例，但该成果其中的一行为古壮字规范行，在实践中显得效果不佳，人为破坏了壮族古籍文本文字的原貌。为了真正体现上述的"三性"原则，壮族古籍整理者进一步修订了"五行对照"体例，即第一行为文本古壮字原行，第二行为国际音标行，第三行为拼音壮文行，第四行为汉直译行，第五行为汉意译行。在"五行对照"制中，第一、三、四行凸显了壮族古籍整理的"民族性"原则，在文字、语言、风俗、信仰等方面各具独特性的壮族古籍的形、音、义原貌得以最大限度地展示。而第二、五行则是依据国际记音标准及中国现代汉语规范化的要求设立，目的就是要让不同民族、不同地域、不同文化背景的读者、研究者获得精准阅读和利用壮族古籍的便利，进而将壮族优秀传统文化传承下来，传播开去。这里体现的就是民族古籍整理的"科学性"和"规范性"原则。采用"五行对照"整理体例的代表成果是《壮族鸡卜经影印译注》（1—8 卷，何正廷、欧薇薇主编，广西民族出版社 2013 年出版）。该书第一次将史籍中记载的越巫鸡卜以壮族鸡卜经的形式向世人展示，反映了千百年来壮族民间运用鸡卜进行社祭、家祭、战争占卜、招魂、送鬼、求财等民风民俗。该书采取古壮字原行、国际音标行、拼音壮文行、汉文直译行、汉文意译行“五行对照”的整理体例，破解了多年来存疑的鸡卜核心内容——卦象、卦名、卦宫和卦辞的内涵，揭示了鸡卜这一壮族先民的神秘文化面纱。它的出版为研究壮族社会历史、古代哲学思想、伦理道德观念、科学文化及原始宗教文化提供了详实可靠的文本文献，具有十分珍贵的史料价值。

在此阶段，壮族古籍整理还出现了新的方法——编目，这是古籍整理工作发展到特定阶段的产物，即古籍抢救搜集掌握了比较可观的数量，古籍整理积累了相对成熟的实践经验。壮族古籍已具备了这两个条件，但更重要的是国家层面的推动。1997 年国家民委立项实施《中国少数民族古籍总目提要》这项跨世纪民族文化重点工程。它是将中国 55 个少数民族的古籍收集整理登录成册的大型工具书，与汉文《四库全书总目提要》互补构成全面完整的中华古籍总目。该项目属于文献目录学的范畴，其主要的编纂方法是将现存的各民族古籍进行一一著录，每部古籍一个条目，内容要素含版本情况、内容梗概、保存收藏信息等，最后按书籍类、铭刻类、文书类、讲唱类进行编排。广西于 2004 年正式启动该项目，先后编纂完成并出版了《仫佬族卷》《毛南族卷》《京族卷》《瑶族卷》等。《壮族卷》由广西牵头组织，协调云南、广东、湖南、贵州、四川等省区共同完成。经过近 10 年的努力，现《壮族卷》已编写了 10000 个条目，取得了阶段性成果。壮族古籍编目既是对壮族古籍收藏情况的一次全面清点汇总，又是对壮族古籍内容和价值的一次全面展示，具有重要的实践意义。

三

注音是壮族古籍整理中的重要一环，也是“三性”原则最直接的体现。目前的相关研究表明，古壮字是表音文字，因此“以形定音”“以音释义”是壮族古籍翻译最有效的方法。注音通常采取拼音壮文和国际音标相结合的办法。但在具体的工作实践中，还会面临方言土语的问题，如何分配拼音壮文和国际音标各自的职能以准确记录壮族古籍文字的读音，这是壮族古籍整理需正视的问题。

在壮族古籍整理工作发展的第一、第二阶段，通常采取拼音壮文和国际音标同步的方法，即以拼音壮文标准音记录古壮字原行，国际音标根据拼音壮文转写，两者同音。《古壮字字典》（初稿）、《布洛陀经诗译注》即采取上述方法。例如《布洛陀经诗译注》第 221 页：

[illegible]	眉	[illegible]	[illegible]	[illegible]
Biengz	miz	baeuq	cam	baeuq
pi:ŋ^{2}	mi^{2}	pau^{5}	ɕa:m^{1}	pau^{5}
地方	有	公	问	公

地方有长老便问长老

[illegible]	[illegible]	[illegible]	洛	陀
Caux	cam	baeuq	roxdoh	
ɕa:u^{4}	ɕa:m^{1}	pau^{5}	ɣo^{4}	to^{6}
就	问	布	洛	陀

去问布洛陀

[illegible]	[illegible]	広	渌	甲
Caux	cam	mo	loeggyap	
ɕa:u^{4}	ɕa:m^{1}	mo^{1}	lok^{8}	kja:p^{7}
才	问	么	渌	甲

去问么渌甲

⿰火造	斐	倒	貧	斐
Cauh	feiz	dauq	baenz	feiz
ɕa:u^{6}	fei^{2}	ta:u^{5}	pan^{2}	fei^{2}
造	火	倒	成	火

造火已经造成火

制	火	倒	貧	火
Cig	hoh	dauq	baenz	hoh
ɕi^{5}	ho^{6}	ta:u^{5}	pan^{2}	ho^{6}
制	火	倒	成	火

制火已经制成火

可以看到，古壮字原行标写的拼音壮文是标准音，国际音标根据拼音壮文标准音转写，它们的读音是一致的。该书的底本来源主要是田阳县玉凤镇、百色右江区拜百兰村乡、八马瑶族自治县燕洞乡，所在地域的壮语分别属于北部方言右江土语和桂北土语，古壮字实际读音与拼音壮文标准音是有差异的。如体现在声母方面，右江土语的主要特点是声母简化，声母 by［pj］、gy［kj］合并为 tɕ，ny［ȵ］并入 y［j］，my［mj］并入 n［n］。例如“鱼”［tɕa^{1}］（标准音 bya［pja^{1}］），“蛋”［tɕai^{5}］（标准音 gyaeq［kjai^{5}］），“蚊子”［juŋ^{2}］（标准音 nyungz［ȵuŋ^{2}］），“口水”［na:i^{2}］（标准音 myaiz［mja:i^{2}］）等。

因此，在注音环节，应注意记录壮族古籍所在地方的方言音，否则难以保持壮族古籍的语音原貌。

到了壮族古籍整理工作发展的第三个阶段，整理者已充分吸取了前人的经验，进一步改进了注音的方法，主要体现是拼音壮文和国际音标职能分离。国际音标是直接对古壮字行当地读音进行记录；拼音壮文对古壮字行进行转写，并按当地壮语方言与壮语标准音声、韵、调的对应规律，将古壮字行的壮语方言读音转换为壮文标准音，少量方言词没有对应词的，以《拼音壮文方案》框架内的形式记录当地方言音。国际音标和拼音壮文标准音的读音不一定一致。如《壮族麽经布洛陀遗本影印译注》（上中下册，黄明标主编，广西人民出版社 2016 年出版）第 119—120 页：

榜	末	布	喙	布
Biengz	miz	baeuq	cam	baeuq
piaŋ^{2}	mi^{2}	pau^{5}	ɕa:m^{1}	pau^{5}
地方	有	公	问	公

有祖公就问祖公

閉	喙	布	淥	啚
Bae	cam	Baeuq	lueg	doz
pai^{1}	ɕa:m^{1}	pau^{5}	luak^{8}	to^{2}
去	问	布	洛	陀

去问祖公布洛陀

閉	**㖠**	**麽**	**淥**	**甲**
Bae	cam	Mo	lueg	gyap
pai^{1}	$ça:m^{1}$	mo^{1}	$luak^{8}$	$tça:p^{7}$
去	问	姆	六	甲

去问祖婆姆六甲

布	**淥**	**啚**	**造**	**合**
Baeuq	lueg	doz	couh	hoed
pau^{5}	$luak^{8}$	to^{2}	$tço^{6}$	hot^{8}
布	淥	啚	就	说

祖公布洛陀就说

麽	**淥**	**甲**	**造**	**㗅**
Mo	lueg	gyap	couh	naeuz
mo^{1}	$luak^{8}$	$tça:p^{7}$	$tço^{6}$	nau^{2}
姆	六	甲	就	讲

祖婆姆六甲就讲

呃	**盟**	**哩**	**双**	**爤**
Vax	mwngz	lo	song	lan
$ʔwa^{4}$	$mɯŋ^{2}$	lo^{6}	$ɬo:ŋ^{1}$	$la:n^{1}$
傻	你	了	二	孙

两位孙子你们傻

从上引译文可以看到“造”字的国际音标和拼音壮文标准音读音有差异，这是因为该书底本来源于田阳县坡洪镇，国际音标直接记录当地语音，而拼音壮文为标准音，两者的功能是不同的。这也更符合壮族古籍整理“三性”原则。

四

有组织、有计划、有步骤地开展壮族古籍整理已走过30多年的历程，壮族古籍整理的理论日趋扎实科学，整理方法日趋多样化和规范化，积累的实践经验也更加丰富有效。这些都得益于国家文化战略的有力推动和壮族古籍工作者的开拓探索。

在理论探索和工作实践中，拼音壮文始终作为壮族古籍整理的核心内容。这不是一种民族性的象征符号，而是理论科学化、学术规范化的要求，对拼音壮文的推广使用同样是大有裨益的。

壮族民间文学的壮文整理及其对标壮的建构[①]

周飞伶[②]

一、壮族民间文学的壮文整理概况

壮族民间文学的壮文整理，主要指用壮文对流传于民间的壮族古壮字手抄本古籍和壮族神话故事传说进行搜集整理，并特指其文学性较强的文本整理，其中壮族古籍的整理文本往往是拼音壮文、汉文、国际音标等文字符号的共同参与。

新中国成立之后，壮族民间文学的搜集与整理几乎没有间断过，或是有组织、有计划、有领导地展开，或是个人式、零散式、民间式地进行。其整理文本于早期主要是汉译形式，随着壮文的推广使用以及壮民文化主体意识的增强而有了独立发声的渴望，壮文文本出现并逐渐增多。而真正的壮族壮文民间文学则主要出现于1980年以后。这是随着中国改革开放的深化、现代化进程的加快以及全球化影响的日益深刻，壮族有了更强的身份危机意识和自我现代性需求，从而其文化统合也显得更自觉、更积极、更纯正，由此壮文民间文学作为一种文化自觉与寻根意识得到了更多的呈现。

20世纪50年代初广西壮文工作委员会为创制新壮文，在壮族各地区进行壮语方言调查，在此过程中搜集和整理了许多壮族传统歌谣和故事，后来由依易天、韦其麟负责编选，出版了壮族第一部民歌集《壮族民歌选集》，其中就收录了壮族著名的长歌《文龙》和《达稳之歌》。1958年广西壮族文学史编辑室为完成中国科学院下达的编写壮族文学史任务，曾以4个壮族民间文学采风队，深入广西壮族聚居的32个县，进行了一次前所未有的大规模的民间文学普查、挖掘和搜集工作，总共搜集到数万句诗歌和数百万字故事及其他文学史料。正是在此基础上，1959年至1961年先后编印了7本民间歌谣和民间故事资料，而一批较有质量的民间文学作品如故事集《宝葫芦》《太平天国故事歌谣选》等，也是这时候出版的。这一时期所面世的壮族民间文学主要是汉译本，只有少量用壮文整理以单篇形式出现于《僮文报》上，而且这类整理文本多为民间故事，如 *Lwggyoux Bauj*（《宝葫芦》）、*Canghdwknyaen Maij Cej*（《喜欢吹嘘的猎人》）、*Duzlingz Caeuq Haijlungzvuengz*（《猴子与海龙王》）、*Caizcawj Caeuq Bouxhoiq*（《财主和长工》）、*Banz Bya Ndeu Caeuq Loz Haeux Ndeu*（《一碟鱼和一萝谷》）、*Raemj Dan'gveiq*（《砍丹桂》）、*Yaeuh*（《欺骗》）、*Naezyou Doxhoenx*（《泥菩萨打架》）、*Gamj Gimngaenz*（《金银岩》）、*Caizcawj Simhamz*（《贪心的地主》）、*Duzdoq*（《小兔子》）、*Moed Caeuq Roeggacak*（《蚂蚁和喜鹊》）等。

---

① 本文系2015年度教育部人文社会科学研究青年基金项目“壮族新创制文字壮文文学的现代化研究”（项目批准号：15YJC751066）和南宁师范大学前期基础研究基金项目“少数民族文字纸媒传播下广西特色文化传承与发展策略研究”的研究成果之一。

② 周飞伶，女，南宁师范大学新闻传播学院副教授。

20世纪80年代，为编纂《中国民间歌谣、故事、谚语三套集成·广西卷》，广西壮族自治区《三套集成》编委会在全区范围内深入开展比以往规模更大、历时更长的民间文学普查和搜集工作，总共获得了数以吨计的民间文学作品和材料。除编出《三套集成·广西卷》外，各个县市还出版了本地民间文学作品精选本。正因为如此，壮族传说故事中几乎所有的名篇都在这个期间得到进一步整理和汇集出版，如《壮族民间故事选》（第一集）、《中国少数民族文学丛书·故事大系·壮族民间故事选》、《神弓宝剑》等。而真正的壮文民间文学就出现于这一时期。广西民族出版社自1981年恢复以来，非常重视壮族民间文学作品壮文版的出版工作，曾在1982年到1984年的两年时间内集中出版了《达稳之歌》（*Fwen Dahvwnj*）、《达备之歌》（*Fwen Dahbaez*）、《百岁歌》（*Fwen Danh Bak Bi*）、《米苏与勒苏》（*Mehsoh Nem Lwgsoh*）、《特华信歌》（*Fwen Saenq Daegvaz*）、《凌云排歌》（*Fwenbaiz Lingzyinz*）、《达妍与勒驾》（*Dahnet Caeuq Lwggyax*）、《莫一大王》（*Daihvuengz Moit*）、《苏六娘》（*Sohloegnangz*）等30多部壮文长诗，原汁原味地再现了壮族经典文学作品，回应了20世纪80年代现代主义思潮下“越是民族的越是世界”的思想认知。而成立于1986年的广西少数民族古籍整理出版规划领导小组暨办公室所整理的古籍中包含了大量的壮族民间文学古壮字手抄本，20世纪90年代所重点出版的《布洛陀经诗（译注）》（1991年）、《嘹歌》（1993年）、《欢岸》（1997年）等就是非常著名的壮族长诗，每部作品都在万行左右，均用古壮字原文、壮文、汉译等几种文字符号相对照，完全保持其原貌，对壮族文学、文化、历史、社会等各领域都具有极高的研究价值。这种对文化原生态的注重与20世纪90年代逐渐兴起的多元现代性思潮不无关系。

21世纪以来，伴随着人类文化学思潮的兴起而出现了一个不小的壮文书籍出版高潮，特别是2009年以来，具有文学性的壮文书籍就有180来种。这些书籍除了部分的编译，如《伊索寓言选译》《古代寓言选译》《中国经典童话》《世界经典童话》《罗通成亲》《十五贯》《窦娥冤》等，少数的原创作品如壮文长篇小说《节日》《古荒河畔》等，其他的几乎都是壮族民间文学的壮文整理文本，如《花山故事》《壮族民间故事精选》《伊岭岩的故事》《赶圩歌》《哭嫁歌》《武鸣情歌》《壮族末伦》“壮族世传悲歌”系列、《平果壮族嘹歌》《传扬歌》《壮族鸡卜经影印译注》《特华信歌》《达妍和勒驾》《韦拔群》《壮族师公二十四孝经书译注》“壮族俗语集成”系列、“典藏壮族师公经”系列、“唱故事传说”系列等。这些壮文整理文本，大部分是在更广泛、更深入、更系统与更精细的层面上的整理，另有一部分是对出版于20世纪80年代的经典文本的再版。

如果说以上的壮文民间文学主要基于有组织、有计划、有领导地搜集整理，那么个人式、民间式、零散式的整理文本则主要发表于壮文版《广西民族报》和《三月三》上。《广西民族报》虽主要以推广壮文为主，但其中也包含了“利用本民族文字搜集整理广为流传的、有教育意义的民间故事、山歌、寓言、谚语、童谣”[1]。而《三月三》作为全国唯一的壮文文学刊物，自其1986年创刊以来，便以发表传统文学与现代文学为其主要内容，而“传统文学”即主要是民间文学的壮文整理文本。故该杂志一直以来都保持着民间文学或壮歌专栏，以发表优秀壮文民间文学作品，如《咱俩小时候》（*Doenghbaez Raeuz Lij Iq*）、《依依离别情》（*Vunz Biek Sim Mbouj Liz*）、《破镜重圆》（*Gingq Vaih Ndaej Dauq Nduen*）、《河边妹洗衣》（*Nuengx Bae Dah Guh Saeg*）、《结亲礼仪歌》（*Fwen Guhsau Guhndong*）、《芭蕉独独一条心》（*Go'gyoij Diuz Sim Dog*）、《铜鼓山歌》（*Fwen Nyienz*）、《乜渌甲》（*Mehroeggap*）、《相逢歌》（*Fwen Doxbungz*）、《古代情歌》（*Fwencingz Ciuhlaux*）、《寻太阳》（*Ra Daengngoenz*）、《大女和小女》（*Dahhung Caeuq Dahlwnz*）、《宝葫芦》（*Lwggyoux Bauj*）、《两兄弟》（*Song Beixnuengx*）、《娅怀的故事》（*Goj Yah*

Vaiz）、《太阳和月亮》（*Daengngoenz Caeuq Ronghndwen*）、《懒婆偷肉》（*Yah Gik Caeg Noh*）、《仆伙和财主》（*Bouxhoj Caeuq Caizcawj*）等。这些壮文整理文本的作者有壮族歌手歌王、壮学家、壮文工作者、壮文爱好者等，体现出一种普遍的民族文化自觉。

壮族民间文学的壮文整理主要体现为两种形态：一是原生态型多元呈现，一是艺术性表述再现。前者多有古壮字手抄本为依据，后者多以口传文本为依据。原生态型壮文整理文本的有《布洛陀经诗译注》《嘹歌》《欢岸》等。如《布洛陀经诗译注》，“为了保存民间手抄本的本来面目，在翻译、整理中，对原诗行始终坚持不删不改的原则”，主要在科学选材与确定篇章结构、正字正音正义、直译、汉意译、题解注释上作整理。正是这种客观的“不删不改”原则，阻隔了主流意识形态的干涉与介入，较好地保存了壮族民间原初文化的多元杂合形态。这使得《布洛陀经诗译注》在内容上呈现出一定的紊乱，经诗中说到开天地时，开始是蜾蜂咬裂磨刀石成片，一片飞上为天，一片飞下为水，可地没有了，但在另一处却说是盘古开天辟地，然后又讲皇帝造天空，老君造大地；在造人上，先说布洛陀派四脚王来造，又说伏羲兄妹造人等。这里既有道教文化，又有壮族巫教文化；既有次生神话，又有原生态神话；既有壮族始祖神布洛陀、么渌甲，又有道教神如太上老君、天德、北辰等，或汉族神祇如燧人氏、有巢氏等，呈现出巫教与道教互为渗透、壮汉文化互为交融的混杂状态，而正是此混杂保存了壮族文化的原初特性。而艺术性表述再现整理文本，由于较侧重文本的文学艺术性，对原口传文本或古壮字手抄文本的整理表现出较多的再创造性。这种再创造性体现在，或情节上的部分增删与趋于完整，或叙述细节上的完善与充实，或叙述风格上的个性化等。但这不是“只取一点因由，随意点染，铺成一篇”[2]，而是以尽量保持其原貌为基本原则，在故事叙述框架和诗歌的韵律格式上保证与原口传或古壮字手抄本的一致。如壮族悲歌系列之一的《米苏与勒苏》（*Mehsuh nem Lwgsuh*），是寡妇米苏用血汗与眼泪写下的悲诉自己悲苦人生的十六句勒脚体长歌，流传于来宾、柳江、武宣、忻城一带的红水河流域。民间所流传的既有口传也有古壮字手抄本，搜集整理者以忠实于底本、突出主题、表现人物性格为原则，对原情节作了一定的改动。寡妇米苏作为长歌中的主要人物，其前后的思想表现对其性格的刻画很重要，原歌后半部分有一百来行歌是米苏哀怨自己的命苦，认为守寡及儿媳的不孝都是由于自己的命苦，是命中注定的事，具有浓郁的宿命论色彩，有损于米苏这个人物形象，也不利于主题的表现，故整理时这一部分内容被删除。米苏的孙子兰苏在原手抄本中有些写得较略有些写得较详，整理者认为他作为其父母的反衬人物起到警省作用，并给人一种希望，故采用了兰苏描写较详的版本，给了他较多的笔墨。歌中的反面人物即米苏的儿子勒苏，在底本里有些写他最后变好，有些没有指明其变化，而整理者采用了大团圆式结局，让勒苏到最后慢慢变好，强调了主题的激勉与鞭挞作用。从这里可以看出，艺术性表述壮文整理文本旨在同时兼顾文学艺术性与忠于原貌，最大限度地彰显壮族文化艺术魅力。

其实不管是原生态型多元呈现还是艺术性表述再现，用本民族文字来整理、纪录和呈现本民族文学，这便是一种文化记忆的整理。“一个民族的存在，也是以族群文化记忆为标志，文化记忆把族群成员紧密联系在一起，使之意识到彼此之间的血脉相连和休戚与共。”[3]正因为如此，这些壮文民间文学在很大程度上树立了壮民族文化自信心和增强了民族凝聚力。《壮族文学发展史》曾指出：“壮文的推行，不仅有利于提高壮族人民的文化素质，有利于保存民族文化遗产，而且为壮族人民之间的交流和沟通，提供了有效的工具，并对壮族文化的整合发挥巨大的功能。”[4]这里所说的民间文化在很大程度上体现为民间文学，而民间文学的壮文整理必然与其他的壮文使用领域共同“对壮族文化的整合发挥巨大的功能”。这种文化整合源于少数民族文化天然就是内部多样性的存在，对此多样性的整合同样服务于整个中华民族文化的统合。

二、壮文民间文学蕴涵着壮族共同语即标壮的建构

语言作为“将一个民族区别于另一个民族的差异性的外在的和可见的标志”[5]，是“一个民族整体性的文化—心理底座。底座奠基在那里，一切（宗教、文化样式、思维方式、风俗习惯、生产方式、生活方式等等）都不能游离，一切都被吸附”[6]。正因为如此，“现代壮族”的建构首先是共同语的建构。这不是说壮族没有语言，而是需要一种建基于而又超越于原有的众多次方言的标准语言。拼音壮文的创制其宗旨便是在繁杂的壮语次方言基础上建立起一种标准壮语。“拼音壮文”在《壮文方案》里被规定为“采取拉丁字母形式，以壮语北部方言为基础方言，以壮语武鸣音为标准音”的文字。这个规定实际上就是建构壮族共同语言即原则，这在一篇题为《推行壮文漫话》的文章里阐述得很清楚：

僮文是用来书写僮话口语的，但它不是随便依照任何僮族地区的人的口语写出来，而是依照大多数人都听得懂的话来写。这是因为各地口语不完全相同，如果随意按各地人的口语来书写文字，文字的形体就不一致，各地人学习文字 就有困难。因此，书刊里面文字应该有个统一的规格。也就是说，一个字的读音，一样东西的名称，一句话的说法，都要有严格的规定。比如“玉米”，各地就有“haeuxyangz”“haeuxdaeq”“megsuek”等十几种不同的说法，书刊上统一采用“haeuxyangz”。又如“我的书”这句话，各地也有“saw duh gou”“gou dih saw”“saw gou”等不完全相同的说法，书刊上统一采用“saw gou”。文字中所以采用这些词儿和句子，是因为有较多的人听得懂它。就僮族地区来说，北部地区人口较多，讲的僮话相同的地方也比较多，因此，僮文用北部的话作基础，用北部地区中的武鸣僮话口音作标准音。这是经过详细地调查研究才决定的。

为什么创造文字要用一个地方的口音作标准呢？因为拼音文字是要依照口音来书写的。但僮语口音各地不同，如果不规定以一个地方的口音作标准来读来写，字形和字音就乱，学习就增加困难。所以，必须选定一个地方的口音作标准，才有利于创造、学习和使用文字。武鸣在僮族地区的中部，又靠近省会南宁，很容易联系各个方面，因此，僮文选定武鸣音作标准音。这对文字的推行是有利的，对僮话人民的全体利益也是有利的。[7]

这里就很通俗地阐明了拼音壮文的设计缘由和宗旨。然而《壮文方案》对拼音壮文的规定并不是一个已经十分完备的标准壮语，而更是一个有待于不断充实、完善与丰富的共同语方案。壮文以武鸣壮话语音作标准音并不意味着标准壮语等于武鸣壮话，因为标准语必然是超方言的，从本质上来讲应覆盖所有方言。但这并不意味着标准语是架空的、抽象的，而恰恰因为它能嵌于地域，才可笼罩住所有方言。如果把标准语的超方言性能称为脱域性，而将其可嵌于地域的性能称为嵌入性，那么这即意味着标准语同时具备脱域性与嵌入性，也就既超方言又在方言中或源于方言。其实共同语的形成与建构是一个复杂而漫长的过程。它需要不断地从方言脱域而出，然后又不断再嵌入方言。只有某种表达能脱域于某方言又同时能再嵌入别的方言，它才具有标准语的潜质。而壮文民间文学最为典型地践行着拼音壮文由脱域到再嵌入到脱域的符号衍化与语言共同体的建构。

壮族民间文学在处于未整理的自然状态时是地域性的，其表述是方言性的。如果说拼音壮文就是根据壮语音而拼写的文字，属于“我手写我口”，那么用壮文整理的壮族民间文学便最为忠实地保存了其

地域性与方言性。但这里的“地域性”与“方言性”却已蜕去原本意义上的具有不可迁移的空间概念，而体现为具有脱域性的“标准化”壮文对某一地域性方言文化的再现或再嵌入，也就是说，其“地域性”与“方言性”共同地参与了呈脱域状态的标准壮文，从而使其文化既表现为地方性而为本地人所把握，同时因载于脱域性标准壮文而可以脱离本地为非本地人所把握。在此过程中一种无形的共同语言便出现了。在这里，我们以《布洛陀经诗》和《欢岸》的壮文整理为例。

《布洛陀经诗》是壮族巫教的经文，主要包括两大类内容，一是创造天地万物，一是伦理道德、宗教禁忌。该经文主要流传于广西红水河流域、右江流域、龙江流域、左江流域及云贵南、北盘江流域的广大壮语、布依语地区。由此可知：一是这部经诗流传范围广而杂，甚至溢出壮语区，这必然出现因地域的不同而不同的多个版本；二是经诗尽管流传范围广，但并没有覆盖住整个壮语区，而仍然是一种各自为政的地方性表述。基于此，广西学术界将此经诗的搜集整理工作具体分为了两步：第一步，广泛收集民间手抄本，翻译原始资料；第二步成立整理小组，进行科学版本的整理。他们搜集到的《布洛陀经诗》手抄本共 22 本，全部是用古壮字书写。由于该经诗的历史悠久，故其表述不仅仅存在多地方言，而且保留了许多古壮语、宗教语。将此各异的版本整理成科学版本，即将手抄本的古壮字译成现代壮文和现代汉文，这在语言上便意味着一个规范化的过程。它集中体现在正字、正音和正义上。当然这个“规范化”并不意味着一种完全的修编。该经诗在整理注释时是这样处理其语言的：

整理注释《布洛陀经诗》首先碰到的问题是正字。《布洛陀经诗》二十二个手抄本来自几个地区，因壮语方言差异，古壮字又无统一规范，往往同一词意，用字各异。如汉义的“下”，各抄本写法往往不同，有“歪、讧、逻、喇、忑”，幸得我们前些年对古壮字已做了整理并出版了《古壮字字典》（初稿），对古壮字做了规范，现在对《布洛陀经诗》的古壮字就以《古壮字字典》为依据进行规范。凡是同一字词，字典上有的，一律采用字典的规范字。如上述“歪、讧、逻、喇、忑”规范为“歪”。字典没有的字、词，就选取结构较合理的字统一使用。正音的原则是：凡原文壮语方言与壮语标准音接近的，用标准音；原文壮语方言和标准音不一致的，仍保留原壮语方言。正义，由于壮语方言差异，有些词音形相同而词义不一，则保留方言，按方言语义翻译。[8]

古壮字本身不是超方言文字不同的方言有不同的文字形体，甚至同一个字在同一土语区内也有不同的写法，故难以形成统一的语言，尽管也有了相应的规范性，但那毕竟还是一种民间性的试用。所以古壮字手抄本有必要译成标准拼音壮文。转译时方言与标准语音相近的用标准音，音不一致的保留原方言，这样就很好地处理了语言标准规范化问题与保存方言文化原貌问题的龃龉之处。如《布洛陀经诗（译注）》的“序歌（一）”前面的几句经诗：

請　　𠈥　　肛　　恢　　哼

cingj　baeuq　daengz　hoiq　daengq

$ɕiŋ^{3}$　pau^{5}　$taŋ^{2}$　$hoːi^{5}$　$taŋ^{5}$

请　　公　　到　　我　　嘱

（请布洛陀来到我就诉说）

請　　𠈥　　3　　恢　　吽

Cingj　baeuq　naengh　hoiq　naeuz

ɕiŋ³ pau⁵ naŋ⁶ hoːi⁵ nau²
请 公 坐 我 说
（请布洛陀坐定我就喃唱）
记 合 腽 耵 敢
geiq haeuj aek dingq nyi
kei⁵ hau³ ak⁷ tiŋ⁵ ȵi¹
记 入 胸 听 闻
（主家你要牢记在心）

褋 聏 㺐 耵 敢
Caeb rwz swix dingq nyi
ɕap⁸ ɣɯ² θɯːi⁴ tiŋ⁵ ȵi¹
竖 耳 左 听 闻
（主家你要竖起耳朵倾听）

这里一共四句经诗，每一句包括正字正音正义注释共五行。第一行是正过字的原手抄本古壮字，第二行是拼音壮文，第三行是国际音标，第四行是汉直译，第五行是汉意译。正过字的古壮字由于其非壮非汉的字形难以从统一的方面正音，而转译出来的拼音壮文更接近于一种标准化的语音符号，但由于其符号附着于语音而仍带有方言性，没有疆域界线的国际音标无疑可以消解拼音壮文的方言性。但这种超越于任何区域的语音符号只能标音不能标义，对此，汉直译与汉意译无疑起到了释义的作用。正是在这多种语言符号的参与下，这部原本以完全附着于某一具体区域的方言文本存在的《布洛陀经诗》，在呈现着各方言文化的同时，也在超越着各方言文化，以拼音壮文构筑起壮族的共同语言，由此成为了“现代壮族”的创世史诗或“现代壮族”的宗教文学。

同样，《欢岸》的壮文整理也很好地处理了标准壮文与方言之间的关系。“欢岸”指的是流传在田阳、田东、百色、田林、巴马等一带的壮语情歌，所收集到的十本古壮字手抄本都包含这些地方的方言。整理文本正文每句分为四行，第一行为原句，第二行为古壮字规范，第三行为拼音壮文，第四行为汉意译。至于第三行拼音壮文，“是根据田东、田阳、百色壮语音系对原行字句的习惯读音予以标音，对个别较生僻的方言则用《壮文方案（修正案）》的壮语标准音在其后规范，外加括号标明”[9]。如下面这一节选自“赞歌”，由男方所唱的歌词（这里略掉第一行和第二行的古壮字，只取第三行的拼音壮文和第四行的汉意译）：

男：（壮）Gvai lei haemhneix ha
（汉）乖哩哎今晚呵
（壮）Go haeuj mbanj neix ma
（汉）哥进这村来
（壮）Namhsa lengz gyaeujhoq
（汉）膝盖沾满土
（壮）Faedmoq go samj boengz

（汉）让歌新带沾烂泥

（壮）Roengz biengzlawz bae ra

（汉）到哪里去找

（壮）Gvaq gizlawz bae doeng

（汉）走哪里能通

（壮）Nangz cij roen hawj go

（汉）妹给哥指路

这里的壮文虽然体现的是田东、田阳、百色壮语音系，但其书写仍遵照《壮文方案》（修订案）的壮文字母设计原则。从文字符号来看其与标准壮语不同的地方主要在个别的词汇或个别的表达方式，至于实际上的方言语音与标准壮语音之间所存在的差异，在书写形式上几乎看不到。以致于这一非常富于地方文化特色的山歌，在进行拼音壮文整理后，让其地方歌谣得以呈现的同时，有了越超于其方言土语的文本特性。这首先应该源于，壮语虽方言林立，但却可以在各差异之间找到一定的语音对应规律，从而使各方言土语与标准语之间可建立起一种对应关系。有了这种对应性，同一标准语的书写便可以传达不同的与此标准语对应的方言，这就类似于同一个汉字可以用不同的汉语方言来读。更何况壮语各地方言土语之间的词还是有着较大的一致性。南部方言与北部方言间相同的词最少 60.2%，最多 68.2%；北部方言各土语区间相同的词最少 63.3%，最多达 86.6%；南部方言各土语区间相同的词最少 63.3%，最多 77.5%[10]。正因为如此，用标准壮文书写各地方言土语文化成为可能。所以，在《欢岸》包含了拼音壮文书写的整理文本中，我们看到的不仅仅是地道的田阳、田东、百色一带的情歌，还看到了一种被方言土语所丰富与充实的标准壮文。而正是这具有共同语特征的标准壮文让《欢岸》不仅仅局限于田阳、田东或百色，而成了“现代壮族”的情歌。

不管是《布洛陀经诗（译注）》还是《欢岸》，抑或其他的壮文民间文学，其最初的形态是地域性的，附着于某一具体的不可迁移空间，以各自为政的形态存在，但在赋予其拼音壮文的书写形式之后，不仅自身的方言语音得到呈现，而且由于方言语音的壮文符号化而让嵌于各地的土语因有共同的书写形式与原则而连结为一种共同的语言，从而让自身挣脱出方言空间所设置的屏障，共同诠释和充实“现代壮族”这一共同体。

三、结语

壮族民间文学的壮文整理主要出现于 20 世纪 80 年代以后，是文化自觉与寻根意识的产物；其搜集整理从组织形式来看，主要分为两种，一是有组织、有计划、有领导的，二是个人式、民间式、零散式的；从其文本的呈现形式来看，则主要分为原生态型多元呈现和艺术性表述再现。

壮文民间文学蕴涵着壮族共同语言的建构，也即蕴涵着壮族想象共同体。此共同体并不包含有政治意义。它仅仅是作为中华民族这一大共体中的一种地方文化。广西少数民族古籍整理办公室在出版《布洛陀经诗译注》等壮文古籍时便作了相关的出版说明：“我国的少数民族古籍，是我国民族文化的珍贵遗产，也是我国典籍的一个重要组成部分。其源远流长，绮丽多姿。广西少数民族古籍则是这个宝库中的一朵奇葩。”[11] 这就指出了少数民族文化的地方性与“集体的多样性”[12]。它是以中国大传统为预设前提，即像壮文民间文学所蕴涵的壮族想象共同体是一种服务于“民族统合”大叙事的地方文化建构。

【参考文献】

[1] 佚名．关于推行壮文等几个方面的报道提示 [N]. 壮文报，1984–12–14.

[2] 鲁迅．故事新编序言 [A]. 鲁迅小说杂文散文全集（上册）[C]. 南宁：广西民族出版社，1995：521.

[3] 刘大先．现代中国与少数民族文学 [M]. 北京：中国社会科学出版社，2013：37.

[4] 周作秋，黄绍清，欧阳若修，覃德清．壮族文学发展史（下册）[M]. 南宁：广西人民出版社，2007：1302.

[5][英] 埃里·凯杜里．民族主义 [M]. 张明明译，北京：中央编译出版社，2002：58.

[6] 钱冠连．语言：人类最后的家园 [M]. 北京：商务印书馆，2005：165.

[7] 僮文报 [N]，1958–02–08.（由于当时壮族还是沿用最初所定的“僮族”，所以文中的“壮文”还是写为“僮文”，这里遵照原文，不作改动。）

[8] 张声震．布洛陀经诗译注序 [M]. 南宁：广西人民出版社，1991.

[9] 张声震．欢岸凡例 [M]. 南宁：广西民族出版社，1997：1.

[10] 韦景云，谭晓航．壮语通论 [M]. 北京：中央民族大学出版社，2006：160.

[11] 广西少数民族古籍整理办公室．布洛陀经诗译注（出版说明）[M]. 南宁：广西人民出版社，1991.

[12] 刘大先．民族文学研究的方法、立场和理论命题的产生 [J]. 贵州民族大学学报（哲学社会科学版），2014（1）.

广西少数民族语言本体研究

靖西壮语方式副词、程度副词与谓语的语序模式及其历时动因

吕嵩崧[①]

一、引言

靖西壮语属壮语南部方言德靖土语，为笔者母语。本文基于 Dryer（1992）的语序关联理论，来讨论靖西壮语方式副词、程度副词与谓语的语序模式及其历时动因。我们的基本观察是，壮语副词与谓语的语序正经历谓语 + 副词>副词 + 谓语的演变过程，方式副词、程度副词与谓语的语序演变过程略有差异，方式副词：V+AM ＞ AM+V+AM/V ＋ AM ＋ V ＞ AM+V；程度副词：Adj/V+AD ＞ AD+Adj/V+AD ＞ AD+Adj/V。演变的动因是语言接触，机制是"语序重组"。

二、方式副词与谓语的语序[②]

靖西壮语方式副词充当状语时与谓语的语序有如下几类：V+AM；AM+V；框式结构：AM_1–V+AM_2，V_1+AM+V_2。

（一）V+AM

充当状语的副词有三类：

1. 副词是民族词

民族词普遍进入这一语序，囿于篇幅，仅举数例。如：

（1）ko:i¹ taŋ²na:i¹ 仅仅看　　phja:i³ lak⁸le:m⁴ 偷偷走　　tok⁸ ɬei¹ kham⁵ 努力学习
　　看　而已　　　　　　　　走　偷偷　　　　　　　读　书　努力
　　ja⁶ pei³ 这样说　　　　hat⁷ pu³lei² 怎么做　　　　hat⁷ lei² 怎么做
　　说这样　　　　　　　　做　怎样　　　　　　　　　做　怎样

2. 副词是中古汉语借词

（2）khau³ ŋa:m⁵ho¹ 正好（塞）进
　　进　正好
　　ho¹ 为中古汉语借词"合"：正好，正合适。

---

① 吕嵩崧，男，壮族，百色学院文学与传媒学院教授。

② 部分形容词重叠式可充当方式状语，如：nai¹ nai¹ 好好，认真，仔细；khan¹ khan¹ 紧紧，一般用于"绑缚"义动词；kɛ⁵ke⁵ 老老，一般指人说话大声、粗声；kin³kin³ 非常努力，用功。本文暂不讨论。本研究得到了国家社科基金重大项目"中国境内语言语法化词库建设"（项目批准号：15ZDB100）、国家社科基金一般项目"语言接触视野下的南部壮语语法研究"（项目批准号：13BYY144）的资助，吴福祥老师及覃凤余教授给予了精心指导，在此一并致谢。文中错误概由作者自负。

3. 官话借词

仅观察到两例。

（3）tha:i¹ je:n⁵wa:ŋ⁵ 白白（无价值的）死 phja:i³ wən⁵jəu² 慢慢（悠闲的）走

死 冤枉 走 温柔

je:n⁵wa:ŋ⁵、wən⁵jəu² 分别为官话借词“冤枉”“温柔”，je:n⁵wa:ŋ⁵、wən⁵jəu² 二词进入这一结构时词义都有变化，je:n⁵wa:ŋ⁵ 指“白白，无价值”；wən⁵jəu² 指动作缓慢，悠闲。靖西壮语对这两个词的词义做了改造。

4. 副词是民族语语素＋借自中古汉语的语素组成的合璧词

（4）ɬau¹ ma:t⁹ tok⁸ 一次收（齐） hat⁷ pai¹ kwa⁵ 重新做 lən² fan⁶tsau³ 独自玩儿

收 下 独 做 去 过 玩儿 独自

ma:t⁹ tok⁸ 一次（完成），ma:t⁹ 民族词，动量“下”，tok⁸ 借自中古汉语“独”；pai¹ kwa⁵ 重新，pai¹ 民族词“去”，kwa⁵ 借自中古汉语“过”；fan⁶tsau³ 自顾自，fan⁶ 借自中古汉语“份”，tsau³ 民族词“自己”①。

（二）AM+V

充当状语的副词有三类：

1. 副词是民族词

（5）sak⁷la:i⁵ nei¹ ko:n⁵ 幸好先跑 kun³ no:n² 总是睡 khjaŋ⁵ hat⁷ 勉力做

幸好 跑 先 总是 睡 勉力 做

pjam⁶ kin¹ 一块儿吃

一块儿 吃

（6）pu³lei² hat⁷（ni¹）怎么做 pan² pei³ hat⁷（a²）这样做

怎样 做 语气助词 成 这样 做 语气助词

例（6）中的 pu³ lei² 和 pan² pei³ 可进入上文所述 V+AM 和下文 V_1+AM+V_2 结构。进入 AM+V 结构时，其后一般需带语气助词；不加语气助词也可，但不自然。说明其进入 AM+V 结构是有标记的，应该是后起的结构。

2. 副词是汉语借词

例（7）为中古汉语借词，例（8）为官话借词。官话借词普遍进入这一语序，囿于篇幅，仅举数例。

（7）ka:k⁸ pai¹ 自己去 toŋ²nin¹ 互相关心 to⁵ kin¹ 一道吃

独自 去 同 关心 一道 吃

ka:k⁸ 中古汉语借词“各”：独自；toŋ² 中古汉语借词“同”：互相；to⁵ 中古汉语借词“斗”：一道。

（8）ŋa:n⁴si² ləŋ²ta:ŋ² 按时下课 thə²ji⁴ phja:i³ ko:n⁵ 特意先走

按时 下课 特意 走 先

ɬo²ɬəŋ³ we:ŋ⁴ pai¹ 索性扔掉

索性 扔 去

①tsau³，吕嵩崧（2014）认为是中古汉语借词“主”，覃凤余认为是上古壮语指“首”的名词演变而成（与覃凤余讨论）。本文采纳覃凤余的说法。

3. 副词是分别借自中古汉语和官话的语素组成的合璧词

只观察到一例。

（9）sən³tsau⁴ kha:i¹pai¹ 趁早卖掉

趁 早 卖 去

sən³tsau⁴ 趁早。sən³ 借自官话“趁”，tsau⁴ 借自中古汉语“早”。

（三）框式结构

刘丹青（2002）提出了“框式介词”的概念，其所指“框式介词”，是指前置词和后置词形成的一个框式。邓思颖（2006）按照刘丹青（2002）提出的这种“框式”的观点，把粤语常见的虚词按照框式的观点进行了讨论。本文中这一术语是指：（1）谓语前后两个副词状语，词形不同，但意义一致；或词形相同。（2）副词前后有两个词形相同的谓语。

1. AM_1+V+AM_2

① AM_1 为中古汉语借词，AM_2 为民族词

（10）ka:k⁸ pai¹ na:i¹ 自己去

独自 去 独自

② 2 AM_1 为官话借词，AM_2 为民族词

（11）pə²pə² pai¹ na:i¹ 白白去（了一次）

白白 去 独自

pə²pə² 官话借词“白白”。

2. V1+AM+V2

（12）hat⁷pei³ hat⁷ 这样做　　hat⁷pu³lei² hat⁷ 怎么做　　hat⁷ pan² pei³ hat⁷ 这样做

做这样 做　　做 怎样 做　　做 成 这样 做

以上显示，当副词为民族词时，语序一般是 V+AM；部分中古汉语借词可进入这一结构，说明层次较深的汉语借词可进入壮语固有结构；少数官话借词也可进入这一结构，如例（3），但进入 V+AM 结构的 je:n⁵wa:ŋ⁵“冤枉”和 wən⁵jəu²“温柔”语义发生变化，说明官话借词进入这一结构需要条件。副词为汉语借词（包括借自不同层次的汉语语素组成的合璧词）时，语序有 AM+V，少数民族词可进入这一结构，其中个别需加语气助词，说明民族词进入这一结构需要标记。少量民族词可进入 V_1+AM+V_2 结构。

以上我们观察到的情况，虽存在少数例外，但副词来源、层次对副词和谓语语序的制约是显而易见的。

三、程度副词与谓语的语序

靖西壮语程度副词充当状语时与谓语的语序有如下几类：Adj/V+AD、AD+Adj/V、框式结构 $AD_1+Adj/V+AD_2$。

（一）Adj/V+AD

充当状语的副词有三类：

1. 副词是民族词

（13）khwa:i⁵ la:i¹ 太快　　nai¹ la:i⁴ 很好　　hat⁷ kha:i¹ ɬei⁴o¹ 做生意厉害

快 多　　好 厉害　　做 买卖 厉害

2. 副词是中古汉语借词

（14）khwa:i5 tsan1 真快　　ja:k9 le:u4 极饿　　nai1 ki3 lo6 比较好

　　　快　　真　　　　　饿　完　　　　　好　比较

tsan1 真：很；le:u4 了：极度；ki3lo6，ki3 和 lo6 分别是借自中古汉语的“几”和“路”，指比一般程度略高或略低，相当于“比较”。

3. 副词是民族语语素 + 借自中古汉语的语素组成的合璧词

仅观察到一例。

（15）jat8 ma:t9 tok8 极度顽皮

　　　顽皮　极度

ma:t9 tok8，民族语语素 ma:t9“动量（下）”+ 借自中古汉语的语素 tok8“独”，指“极度”。

层次晚近的官话借词不进入 Adj/V+AD 语序。

（二）AD+Adj/V

充当状语的副词有三类：

1. 副词是民族词

（16）na:u2 na:ŋ3 比较冷

　　　比较 冷

进入这一语序的民族词，我们只观察到此例。

2. 副词是中古汉语借词

（17）tsan1 nut9 a2 真热啊　　ta:i6 wa:n1 lo1 真甜啊

　　　真　热 语气助词　　　　真　甜 语气助词

tsan1 真：很；ta:i6 大：真。

居后的语气词不出现，也可接受，但不自然，说明中古汉语借词作状语时位置居前的语序是后起的。

3. 副词是官话借词

官话借词普遍可进入这一语序，囿于篇幅，仅举以下数例：

（18）tsei3 nam1 最黑　　fei5sa:ŋ2 ɬoŋ1 非常高　　ɬja:u5wei2 tam5 稍微矮

　　　最　　黑　　　　非常　高　　　　　稍微　　矮

例（18）中的官话借词分别为 tsei3 最、fei5sa:ŋ2 非常、ɬja:u5wei2 稍微。

4. 副词是借自中古汉语的语素 + 民族语语素

只观察到一例。

（19）kja1la:i1khwa:i5 更加快

　　　加 多　快

kja1la:i1，借自中古汉语的语素 kja1“加”+ 民族语语素 la:i1“多”，与现代汉语“更加”意义一致。

（三）框式结构：AD_1+Adj/V+AD_2

1. 副词$_1$为官话借词，副词$_2$为民族词

（20）tha:i3 wa:n1 la:i1 太甜

　　　太　甜　多

tha:i3 官话借词“太”。

2. 副词 $_1$ 为官话借词，副词 $_2$ 为中古汉语借词

（21）kən³kja¹ nu:t⁹ kwa⁵ 更加热

更 加 热 过

kən³kja¹ 官话借词“更加”。

3. 副词 $_1$ 为汉壮合璧词，副词 $_2$ 为中古汉语借词

（22）kja¹ la:i¹ pe:ŋ² kwa⁵ 更加贵

加 多 贵 过

4. 副词 $_1$、副词 $_2$ 为同一汉语借词

仅观察到一例。

（23）tsan¹ nai¹ tsan¹ 真好

真 好 真

例（23）中的 tsan¹ 是中古汉语借词“真”，例（20）（21）中，tha:i³、kən³kja¹ 分别为官话借词“太”“更加”，例（22）中的 kja¹ la:i¹ 虽是汉壮合璧词，但我们仅在靖西市区新靖镇观察到，很可能是新中国成立后迁入的汉族以从中古汉语借入的语素 kja¹“加”和固有语素 la:i¹“多”组合成的合璧词，层次相当晚近。

由上可知，当程度副词为民族词时，语序一般是 Adj/V+AD。副词为中古汉语借词时，语序是 AD+Adj/V，但其后往往要加语气助词，说明这样的语序需要标记；也可以是 Adj/V+AD。当副词为官话借词时，语序是 AD+Adj/V。在“AD_1+Adj/V+AD_2”结构中，副词 $_1$ 一般为汉语借词及个别层次晚近的汉壮合璧词，副词 $_1$ 以官话借词为主，副词 $_2$ 有中古借词和固有词，层次一定不早于副词 $_1$。

四、语序演变

（一）“谓语＋副词”是壮语的固有语序

根据 Dryer & Gensler（2011）对全世界 500 种语言的调查研究，绝大部分 VO 型语言，旁格状语是后置的。壮语是典型的 VO 语言，“谓语＋副词”应是其固有语序。

上述材料中，副词为民族词的，语序以“谓语＋副词”为主，且不需标记，可知其是早期的语序。目前的资料也显示，“谓语＋副词”是侗台语普遍的固有的语序。对此，学界有一致的意见。如梁敏、张均如（1996：876）早期侗台语族诸语言以谓词为中心的修饰词组的语序属修饰成分位于中心语之后的顺行结构。

侗台语方式副词中的民族词与谓语的语序：

水语（张均如，1980：47）

ȵa² fan² pu³ fan² ɣo². 你说也白说。

你 说 也 说 空

仡佬语（贺嘉善，1980：40）

i³³ xɒ³³ za⁴⁴ mpa³¹. 我们还没有吃晚饭。

我 吃 晚饭 尚未

水语（王均等，1984：578）

ljum³he⁴nau²？怎样卷？　　ljum³he⁴ja⁶. 这样卷
卷　怎样　　　　　　　　卷　这样
黎语（王均等，1984：738）
vu:k⁷doŋ¹nei² 这样做
做　　这样
侗台语程度副词中的民族词与谓语的语序：
傣语（喻翠容、罗美珍，1980：84）
hɔn⁴ha:i⁴ 太热
热　太
侗语（梁敏，1980：53）
ni⁵ɕi⁵’ 小极
小 极
布依语（王均等，1984：160）
zai² ta:i⁴ 真长
长 真的
傣语（德）（王均等，1984：270）
maɯ² pai⁵ xa:n⁴ phɛu¹！ 你别太懒！
你　别　懒　太
傣语（西）（王均等，1984：270）
di¹ tɛ⁴ 很好，非常好
好 很
仫佬语（王均等，1984：478）
i¹ kon³ 很好
好 很
水语（王均等，1984：556）
da:i¹ ɕu⁵ 真好
好 真的
黎语（王均等，1984：720）
hwou³ nei² phe:k⁷ pai³ ja³. 这座山高极了。
山　这　高　极
上述壮侗语“谓语＋副词”的结构，副词均为民族词，说明“谓语＋副词”是早期的结构。

（二）“谓语＋副词”语序来自汉语的影响

（1）进入“副词＋谓语”结构的副词一般是汉语借词。晚近借入的官话借词，一般只能进入“副词＋谓语”语序，不需要语气词即可自足，是稳定的句法关系。靖西壮语官话借词主体层的形成距今不过六七十年，层次比较浅近。靖西壮语从官话借入这些语词的同时复制了“状语＋中心语”的结构。也有个别为官话借词的方式副词可进入“谓语＋副词”结构，如例（3），但该汉语借词语义发生变化。

方式副词为中古汉语借词的，可进入 V+AM 结构，如例（2）。也可进入 AM+V 结构（包括分别借自中古汉语和官话的语素组成的合璧词），如例（7）（9）。

程度副词为中古汉语借词的，语序既有 Adj/V+AD，如例（14）；也有 AD+Adj/V，如例（17）。程度副词为中古汉语借词时进入 AD+Adj/V 多不自足，一般要后加语气词才能成句。这说明，中古时期借入的程度副词，一方面服从壮语的 Adj/V+AD 语序。另一方面，有些借来的副词使用汉语的“副词 + 谓语”语序，但此语序停留在话语层面，其后需有语气词才能自足，尚未成为稳定的句法关系。方式副词中，中古汉语借词（包括分别借自中古汉语和官话的语素组成的合璧词）能进入 AM+V 结构的数量极少。

中古汉语借词，无论是方式副词，还是程度副词，能进入“副词 + 谓语”结构的数量都有限，或需要标记，说明其能产性弱。早期的借词，一般是进入固有结构。

（2）借自中古汉语的语素与民族语语素组成的壮汉合璧词，有的居谓语后，如例（3）中的 $ma{:}t^9tok^8$，有的居谓语前，如例（8）（12）中的 $kja^1\ la{:}i^1$。借自中古汉语的语素作为构词成分与民族语语素组合，说明其进入靖西壮语是很早的，因此 $ma{:}t^9tok^8$ 在靖西壮语中服从固有语序，是很正常的。但 $kja^1\ la{:}i^1$ 不同。kja^1 是借自中古汉语的语素“加”，$la{:}i^1$ “多”是民族语语素。两个语素组合后意义等同于“更加”。与一般的借自中古汉语的语素与民族语语素组成的合璧词不同的是，$kja^1\ la{:}i^1$ 是一个后起的词，使用并不普遍。因此，虽包含中古汉语和固有成分，但产生时间却相当晚近。其在靖西壮语中出现，应该是壮语状中结构已经深受汉语影响的时候。

（3）方式副词中固有词 pei^3 “这样”可进入 V+AM 和 V_1+AM+V_2 结构；$pu^3\ lei^2$ 和 $pan^2\ pei^3$ 可进入 V+AM、V_1+AM+V_2 和 AM+V 三种结构，而进入 AM+V 结构时后面一般带语气助词，说明少量固有词进入 AM+V 结构是有标记的，应是受汉语影响所致，不是固有的结构。

前贤对壮侗语的这些变化也有观察。梁敏、张均如（1996：869、876）“（壮语）从汉语吸收的副词如：$ɕau^6$ 就、$ɕuŋ^3$ 都（总）、$ŋa{:}m^1$ 刚、$ɕiŋ^5$ 正、$ɕai^5$ 最、$ta{:}i^5$ 太、$it^7tiŋ^6$ 一定、$ɕiəŋ^2θai^2$ 时常、$jɯŋ^2jiən^2$ 仍然……一般都依汉语习惯放在动词、形容词前面。”“后来在汉语的长期影响下，修饰成分才逐渐前移，形成目前有些修饰成分在谓语前面，有些修饰成分在谓语后面的格局。修饰成分前置的多少与该语言受汉语影响的程度基本上是成正比例的。”覃晓航（2012：106、128）认为“也有少数‘程度副词 + 动词’的语序，后者受汉语的影响，因为其中的程度副词都是汉借词。”

如我们在上文所论，“谓语 + 副词”是固有的语序。出于语义强化的目的，人们在“谓语 + 副词”结构前再添加副词，或在“谓语 + 副词”结构后添加谓语，形成“副词 $_1$+ 谓语 + 副词 $_2$”的结构；因接触的原因，副词 $_1$ 一般来自汉语，个别是层次晚近的汉壮合璧词，副词 $_2$ 有中古汉语借词和民族词两类，副词 $_1$ 的层次一定晚于副词 $_2$。

对于类似结构，前贤在对壮侗语的观察中也已经有所发现。梁敏、张均如（2002：111）认为“有些意义相近的副词可以一前一后地修饰和补充同一动词，表示强调”。张均如（1980：47）认为“两个词义相同或相关的副词可以同时出现在一个单句中，分别位于谓词的前后（在前面的，往往是汉语借词），表示强调”。

民族词充当的方式副词可进入 V_1+AM+V_2 结构，但 V_1+AM 也正逐渐词汇化。如 $hat^7pu^3lei^2=pu^3lei^2$（怎样），$hat^7pei^3=pei^3$（这样）。由此而论，其结构实际与 AM+V 无异。李云兵（2008：114、153）认为，V_1+AM+V_2 是壮侗语方式副词与谓语语序的过渡阶段。靖西壮语的这一表现，也证明了这一点。

郭中（2013）认为，在 VO 型语言中，状语的语序以 VOX（X 指状语）为优势语序。其所预测的

VO 型语言的共性——VO⊃VAdv 也得到了 Dryer（2011）调查数据的支持。以汉语为首的 VO&XVO 语序语言属于比较特别的少数。根据郭中（2013）所论，壮侗语中方式副词、程度副词从原本的 VOX 向 XVO 语序演变，是受汉语影响的结果。根据我们上文对壮语的观察，其副词与谓语的语序，与副词属民族词、中古汉语借词、官话借词、汉壮合璧词这样的不同层次语词存在着制约关系，说明壮语这样的演变与汉语影响关系密切。

李云兵（2008：153，114，153）认为侗台语族语言动词与方式副词语序类型发展演变的轨迹为 V+AM → V+AM+V → AM+V。他认为这种演变既有汉语的影响，也有语言内部机制的作用。形容词与程度副词语序转换的过程是 Adj+AD → AD+Adj+AD → AD+Adj。他（2008：116）认为，Adj+AD 是侗台语族语言早期的语序类型，AD+Adj 是在汉语强势的影响下衍生的语序类型。我们注意到，靖西壮语也有 AD+Adj+AD 语序存在。

吴福祥（2008，2009）认为，南方少数民族语言如果具有“A-B”“A-B/B-A”和“B-A”三种语序类型，而 B-A 语序正好跟汉语的模式一致，则这些语言固有的语序模式是“A-B”，“B-A”是受汉语影响而发生语序演变的产物，而“A-B/B-A”则处在“A-B ＞ B-A”演变之中的变异阶段。对照靖西壮语的情况，固有语序是“谓语＋副词”，汉语的语序是“副词＋谓语”。靖西壮语“副词＋谓语”语序是副词与谓语语序演变的最终阶段，是受汉语影响而发生的演变。而框式结构“副词 $_1$＋谓语＋副词 $_2$”“谓语 $_1$＋副词＋谓语 $_2$”则是处在演变之中的变异阶段。因此，靖西壮语副词与谓语的语序演变如下：谓语＋副词＞谓语 $_1$＋副词＋谓语 $_2$/ 副词 $_1$＋谓语＋副词 $_2$ ＞副词＋谓语。

五、结语

（1）本文认为靖西壮语副词与谓语之间的语序演变步骤，方式副词：V+AM ＞ AM_1+V+AM_2/ V_1+AM+V_2 ＞ AM+V；程度副词：Adj/V+AD ＞ AD_1+Adj/V+AD_2 ＞ AD+Adj/V。根据吴福祥（2008）的研究，此演变为语法结构复制中的语序重组。

（2）靖西壮语副词与谓语语序的这些变化，在壮侗语中多有体现。除了固有的“谓语＋副词”的语序外，当前资料显示，壮侗语中“副词（汉语借词）＋谓语”的语序有：

布依语（喻翠容，1980：37）

ka:ʔ⁸ ko⁴ ka:ʔ⁸ kɯn¹ 独自做独自吃

独自 做 独自 吃

ka:ʔ⁸ 是汉语借词“各”。

侗语（梁敏，1980：53）

hən⁴la:i¹ 很好

很 好

hən⁴ 是汉语借词“很”。

毛南语（梁敏，1980：56）

ka:i³fa:ŋ⁴cun⁵ tswai⁴ da:i². 解放军最好。

解放军 最 好

tswai⁴ 是汉语借词“很”“最”。

仡佬语（贺嘉善，1983：38）

thai^{24}ta^{55} 太热

太 热

thai^{25} 是汉语借词“太”。

框式结构“副词$_{1}$（汉语借词）+ 谓语 + 副词$_{2}$”有：

仡佬语（王均、郑国乔，1980：246）

ɕɯ^{55}qo^{3ʔ}tɕen^{55}su^{33}t ɑ^{33}sen^{33}ni^{21}thɛ^{13}tshɒ^{33}hen^{55}ŋk ɑ^{33}. 铁匠师父这几天太忙了。

公 打 铁 二 三 日 这 太 忙 很 了

这里的 thɛ^{13} 是汉语借词“太”。

水语（张均如，1980：47）：

n̥a^{2} sjen^{3} fan^{2} haːi^{1} man^{1} kon^{5}. 你先告诉他吧。

你 先 说 给 他 先

sjen^{3} 是汉语借词“先”，kon^{5} 是民族词。

布依语：

sjen^{3} pai^{1} kon^{4} 先走

先 去 先

仫佬语（王均、郑国乔，1980：53）：

həi^{2} tsi^{3} mɛ^{2} n̥ə^{5} kwən^{5} pət^{7} tok^{8}. 我仅仅只有一支笔。

我 只 有 一 支 笔 独

tsi^{3} 和 tok^{8} 分别为汉语借词“只”和“独”。

毛南语（梁敏，1980：56）：

ŋ^{2} siːn^{1} paːi^{1} kuːn^{5}. 你先去。

你 先 去 先

siːn^{1} 是汉语借词“先”，kuːn^{5} 是民族词。

标话（梁敏、张均如，2002：112）：

mu^{2} θɛn^{3} poi^{1} ti^{6}nu^{3}. 你先去。

你 先 去 先

θɛn^{3} 是汉语借词“先”，nu^{3} 是民族词。

侗语（石林提供）：

n̥ɐŋ^{2} kai^{1} n̥ɐŋ^{2} 真好①

好 好 真

框式结构“谓语$_{1}$+ 副词 + 谓语$_{2}$”有：

莫语（杨通银，2000：144）

vi^{4}thaŋ^{5}si^{5}vi^{4}？怎样办？

做 怎样 做

（3）壮语副词与谓语的框式结构是语言演变的产物。语言自 身演变或语言接触都可导致框式结构。汉语方言在演变中也能观察到很多跟壮语类似的框式结构，如：

粤语（邓思颖 2006）

佢当然去定啦！（他当然去了！）

平话（王小静、阎俊林，2011）

我再吃碗还。（我还再吃一碗。）

高山汉话（本人调查）

我们全部张家完。（我们都是张家。）

【参考文献】

[1] 邓思颖 . 粤语框式虚词结构的句法分析 [J]. 汉语学报，2006（2）.

[2] 郭中 . OV/VO 语序与状语位置关系的类型学考察 [J]. 民族语文，2013（1）.

[3] 贺嘉善 . 仡佬语简志 [M]. 北京：民族出版社，1983.

[4] 蓝庆元 . 壮汉同源词借词研究 [M]. 北京：中央民族大学出版社，2005.

[5] 李云兵 . 中国南方民族语言语序类型研究 [M]. 北京：北京大学出版社，2008.

[6] 梁敏，张均如 . 侗台语族概论 [M]. 北京：民族出版社，1996.

[7] 梁敏，张均如 . 标话研究 [M]. 北京：中央民族大学出版社，2002.

[8] 梁敏 . 侗语简志 [M]. 北京：民族出版社，1980.

[9] 梁敏 . 毛南语简志 [M]. 北京：民族出版社，1980.

[10] 刘丹青 . 粤语句法的类型学特点 [J]. 亚太语文教育学报，2001（2）.

[11] 刘丹青 . 语法调查研究手册 [M]. 上海：上海教育出版社，2008.

[12] 刘丹青 . 汉语中的框式介词 [J]. 当代语言学，2002（4）.

[13] 陆丙甫 . 汉语语序的总体特点及其功能解释：从话题突出到焦点突出 [A]. 庆祝《中国语文》创刊 50 周年学术论文集 [C]. 北京：商务印书馆，2004.

[14] 陆丙甫 . 语序优势的认知解释：论可别度对语序的普遍影响 [J]. 当代语言学，2005（1）（2）.

[15] 吕嵩崧 . 靖西壮语语法研究 [D]. 上海师范大学博士学位论文，2014.

[16] 覃晓航 . 壮侗语族语言研究 [M]. 北京：民族出版社，2012.

[17] 王均等 . 壮侗语族语言简志 [M]. 北京：民族出版社，1984.

[18] 王均，郑国乔 . 仫佬语简志 [M]. 北京：民族出版社，1980.

[19] 王小静，阎俊林 . 汉壮接触与平话副词后置 [J]. 钦州学院学报，2011（5）.

[20] 吴福祥 . 南方语言正反问句的来源 [J]. 民族语文，2008（1）.

[21] 吴福祥 . 南方民族语言关系小句结构式语序的演变和变异——基于接触语言学和语言类型学的分析 [J]. 民族语文，2009（3）.

[22] 杨通银 . 莫语研究 [M]. 北京：中央民族大学出版社，2000.

[23] 游汝杰 . 合璧词和汉语词汇的双音节化倾向 [A]. 东方语言学 [C] 上海：上海教育出版社，2006：140-151.

[24] 喻翠容 . 布依语简志 [M]. 北京：民族出版社，1980.

[25] 喻翠容，罗美珍 . 傣语简志 [M]，北京：民族出版社，1980.

[26] 张均如 . 水语简志 [M]. 北京：民族出版社，1980.

[27] Dryer，M. S. 1992. The Greenbergian Word Order Corrections. Language（68）.

[28] Dryer，Matthew S.& Gensler，Orin D.2011 Order of object，oblique，and verd.In Dryer，Matthew S.& Haspelmath，Martin（eds.）WALS Online.Max Planck Digital Library.（http：//wals.info/chapter/84）

桂北壮语与湘南壮语特征词比较研究

梁 生①

一、特征词理论的发展和完善

特征词理论的建立、发展、完善，主要经过以下几个阶段：

1955 年，丁声树在《方言调查词汇手册》中提出要选录方言中若干有异同的词，经过调查后，能够判断方言间的远近关系。

1997 年，李如龙先生在《论汉语方言特征词》一文中，系统地论述了汉语方言特征词基本内涵、存在客观性、词汇特点、来源演化、研究意义、具体方法，认为汉语各方言有语音特征，也有词汇特征，方言的词汇特征首先体现在特征词上。具体而言，特征词是具有特征意义的方言词，在方言区内普遍应用、大体一致，在外区方言比较少见，有一定批量；根据特征意义的大小，分为不同的等级；要求重点考察常用词、有派生能力的根词、单音词中的特征词；研究方法方面，提倡“由点到面，由内到外地比较，制定分级的特征词表，重点考证，排除假象，群策群力，反复修改”。就理论框架而言，这是篇颇有深度的理论文章，可以被视为汉语方言特征词理论的集大成者，具有重要的理论指导意义。

1999 年，许宝华先生在《加强汉语方言的词汇研究》中第一次提出“特征词”术语，认为“所谓特征词，是指具有方言特色、对内基本一致、对外有一定排他性的方言里头特有的词语”，主张“方言分区的层级不同，方言特征词的通行范围显得有大小不同之分”。

2009 年，王宏佳先生在《对“汉语方言特征词理论”的理解和补充》一文中认为特征词理论经过各位专家和学者的补充完善，已解决了方言特征词研究过程的重要问题，对汉语方言词汇研究提供了重要的方法论基础和原则。其不足之处在于术语表达存在欠缺，使得大于词的短语和小于词的语素被排除在外，对特殊词、特色词、核心词、特点词等术语的区别和联系，目前没有从理论上加以解释，强调方言特征词研究的范围宜先小后大，建议把“汉语方言特征词”扩展为“汉语方言特征词语”，包含语素和短语成分。特征词分为两类：一类是特有词语，另一类是方言关系词语。

2014 年，李如龙先生在《论方言特征词的特征—以闽方言为例》指出，由于材料不足，工程太大，部分学者对特征词的本体特征认识不够，即使十多年前提出特征词理论，但目前相关的研究成果不太多。该文以闽方言特征词为例，探讨特征词基本特征，强调特征词应该是常用词，不是一般词、生僻词或语素，主张方言特征词是共时比较的概念，即不同方言区片间的共时差异；从共时观点出发，在频度方面，提取方言特征词要坚持“常用基本词”要求；结构方面，大多是多义项的单音词，能够组成大量多音词；语义方面，基本词义泛化、分化或引申、转移；语法方面，具有较强的组合能力、构句能力；用字方面，

① 梁生，男，广西民族大学文学院中国少数民族语言文学专业博士研究生。

是常见的古字、俗字和有音无字。这些特征，可以作为考察特征词的词汇本体特征的参考，也可以作为选择、选取特征词的提示。李如龙先生在是否把语素和短语作为特征词范围的问题上，观点与王宏佳先生不一致。王先生主张把语素和短语列入特征词范围。

本文的桂北兰田壮语和湘南清塘壮语特征词，是一个共时比较的概念，即桂北壮语、清塘壮语与贺州南乡壮语的共时比较，属于桂北兰田和湘南清塘壮族民众日常生活使用的壮语基本词汇，通行于桂北兰田、湘南清塘、贺州南乡壮语地区。其基本特点是：音节结构方面，大多是单义项的多音节词，有的能够组成一定批量的词语；语义方面，基本词义比较稳定，在不同语言环境中能够泛化、分化或引申、转移；语法方面，具有较强的组合能力、构句能力。

二、桂北壮语和湘南壮语特征词例释

1. 汉语：公牛

贺州南乡壮语 wai^{35}ta:ŋ^{24}，语序是“牛公”，中心语 wai^{35}（牛）前置，修饰成分 ta:ŋ^{24}（公）表示雄性，后置，符合传统壮语表达方式；清塘壮语 tha^{35}tshou^{24}，语序是“公牛”，汉语表达方式。桂北兰田壮语 ta^{35}wai^{42}。传统壮语中，ta 用于表示雄性动物，由于受周边语言影响，清塘壮语声母由不送气发的 t 演变为送气声母 tha^{35}，tshou^{24} 是古代汉语“犨”的读音。犨，《说文解字 . 牛部》：“犨，牛息声。”段玉裁注：“今本皆作犨，雔声，而《经典释文》《唐石经》作‘犫’，《玉篇》《广韵》皆作‘犨’，云‘犫’同。”《广韵》：“赤周切。”

2. 汉语：母牛

贺州南乡壮语 wai^{35}nia^{24}，语序是“牛母”，nia^{24} 用于表示雌性动物，作为修饰成分后置，wai^{35}（牛）作为中心语前置；清塘壮语 mie^{35}tshou^{24}，语序是“母牛”，汉语语序，mie 表示雌性动物性别；桂林兰田壮语 mie^{42}wai^{24}，汉语语序。

3. 泥水匠

贺州南乡壮语 xai^{33}tɕi^{35}ja:ŋ^{24}，意思是“匠砌水”，xai^{33} 表示职业类型，作为中心语前置，修饰成分 tɕi^{35}ja:ŋ^{24}（砌水）后置，符合壮语传统表达习惯；桂林兰田壮语 tsaŋ^{35}tsei^{33}，意思是“砌匠”，中心语 tsaŋ^{35}（匠）前置，修饰成分 tsei^{33}（砌）后置，壮语语序；清塘壮语 tsei^{33}tsa:ŋ^{24}，意思是“砌匠”，语序与南乡、兰田壮语相反，采用当地官话语序，语音同兰田壮语，声调不同。客，《说文解字 • 宀部》：“客，寄也。”段玉裁注：“自此讬彼曰客。”又指从事某种职业、活动或具有某种专长的人。唐代王维《桃源行》：“樵客初傳汉姓名。”《集韵》丘驾切。《广韵》苦格切。《中原音韵》拟音为 khiai/khiɛ。匠，《说文解字 . 匚部》：“匠，木工也。”段玉裁注：“百工皆称工，称匠独举木工者，其字从斤也。”后来，语义范围扩大，指有专门技术的工人。《广韵 . 漾韵》：“匠，工匠。”段玉裁《说文解字注 . 匚部》：“匠，以木工之偁，引申为凡工之偁也。”《集韵》：“疾亮切。”《广韵》：“疾亮切。”

4. 汉语：裁缝

贺州南乡壮语 xai^{33}tɕia^{35}pou^{24}，意思是“匠缝衣”，中心语 xai^{33} 前置，表示职业身份，修饰成分 tɕia^{35}pou^{24}（缝衣）后置，壮语语序；清塘壮语 ȵei^{35}pou^{35}tsa:ŋ^{24}，意思是“缝衣匠”，修饰成分 ȵei^{35}pou^{35}（缝衣）前置，中心语 tsa:ŋ^{24}（匠）后置，整个词语语序与汉语相同。兰田壮语 tsaŋ^{42}feŋ^{24}，意思是“匠缝”，中心语 tsaŋ^{42}（匠）前置，修饰成分 feŋ^{24}（缝）后置，壮语语序。

5. 饭锅

贺州南乡壮语 kua^{42}ta:ŋ^{35}ŋai^{24}，清塘壮语 kua^{35}lou^{51}。二者相同之处在于，中心语 kua^{42} 前置，其他修饰和限制成分后置，符合传统壮语表达习惯；不同之处在于，南乡壮语有"饭"的音节 ŋai^{24}，清塘壮语则没有该音节。桂北兰田壮语 ŋai^{24}nu^{42}。锅，《玉篇》："盛膏器。"《方言》："自关而西，盛膏者乃谓之锅。"《集韵》："古火切。"《广韵》："古火切。"王力先生拟上古音为 kuai，周法高、董同龢、王力先生拟中古音为 kua。

6. 汤药

贺州南乡壮语 rə^{35}ja:ŋ^{24}，意思是"药水""药汤"，桂林兰田壮语 jei^{42}taŋ^{42}，意思是"药汤"，清塘壮语 ta:ŋ^{42}jou^{42}，意思是"汤药"。三者相同之处，在于都有"汤"和"药"的语素；不同之处，南乡壮语把"汤"称为"水"，汉语语序；清塘壮语是壮语语序。汤，《说文解字》："热水也，从水易声，土郎切。"后来词义范围扩大，指熬煮食物后的汁液，包括中草药的剂型等。汤，《集韵》："他郎切。"《广韵》："他郎切。"

7. 汉语：我爸

南乡壮语 po^{24}ku^{42}，意思是"爸我"；清塘壮语 ku^{51}po^{24}，意思是"我爸"；兰田壮语 kə^{35}lau^{35}ku^{42}，意思是"爸我"。各个语言点的语音结构中都有相同语素 ku^{42}，声调一致。不同之处有两个方面：（1）在表达"爸"意义时，兰田壮语用 kə^{35}lau^{35}，南乡和清塘壮语都用 po^{24}；南乡壮语 po^{24}（爸）前置，清塘壮语 po^{24}（爸）后置；（2）兰田壮语和南乡壮语的中心语前置，清塘壮语中心语后置，其语序与当地官话相同，应该是受汉语方言长期影响的结果。

8. 树根

兰田壮语 nuo^{42}fei^{33}，意思是"根树"，两个音节是壮语语音；南乡壮语 ja^{35}fei^{24}，壮语语音；清塘壮语 fai^{35}ja^{24}，壮语语音。从 3 个语言点的语序分析，兰田和南乡壮语 fei^{24}（树）后置，而清塘壮语 fai^{35}（树）前置。

9. 汉语：树皮

兰田壮语 fei^{35}pia^{33}，南乡壮语 na:ŋ^{35}fei^{24}，清塘壮语 fai^{35}na:ŋ^{51}。从 3 个语言点语音分析，兰田和清塘壮语语素"树"作为修饰成分前置，南乡壮语后置；南乡和清塘壮语有共同语素 na：ŋ^{5}，声调不同，南乡壮语前置，清塘壮语后置。

10. 树叶

兰田壮语 mon^{42}fei^{33}，南乡壮语 pə^{35}fei^{24}，清塘壮语 fai^{35}pau^{51}，三者都是壮语语音，兰田和南乡语序一致，中心语"叶"前置；清塘壮语不同，中心语"叶"后置，应该是受当地强势方言影响的结果。

11. 汉语：翅膀

贺州南乡壮语 fui^{24}，是壮语语音，桂林兰田壮语 fuai^{35}，壮语语音，清塘壮语 lə^{35}jau^{24}tɕhi^{33}，直接翻译为"鸟翅"，其中 lə^{35}jau^{24} 是壮语通用名，前置，tɕhi^{33} 则从当地梧州方言借入，整个语序是汉语语序，是壮语和梧州方言组成的合璧词。翅，《说文解字注》："翼也，从羽支声，施智切。"《玉篇•羽部》："翅，翼也。"《广韵》："施智切。"《集韵》："居企切。"《洪武正韵》："昌智切。"

12. 汉语：鸡公

贺州南乡壮语 kei^{35}pou^{24}，是地道的壮语；清塘壮语 kai^{35}ko:ŋ^{51}，前音节是壮语语音，后音节从当地梧州方言借入，而不是从当地官话借入，其原因是清塘壮语相关音节的声调同于梧州方言，异于当地官话，语法上符合传统壮语表达习惯，即中心语前置，修饰成分后置；桂林兰田壮语 ta^{35}kei^{33}，其中 ta^{35} 表示动物性别，前置，而中心语 kei^{33} 后置，其语序发生变化，是受周边强势汉语方言即桂柳话长期影响渗透的结果。

13. 汉语：小拇指

贺州南乡壮语 lə^{35}feŋ^{35}tsan^{24}；桂林兰田壮语 lə^{35}feŋ^{33}sei^{33}，意思是“儿指小”，sei^{33} 是“小”或“细”的意思；清塘壮语 lə^{35}foŋ^{35}man^{24}，意思是“儿指满”。“满”在湖南地区用于辈分时指“小”的意思，例如“满叔，满崽，满女”。满，《说文解字》：“盈溢也，莫旱切。”《唐韵》：“莫旱切。”《集韵》：“莫旱切。”

14. 汉语：幺叔

贺州南乡壮语 nia^{354}nin^{35}niau^{35}；桂林兰田壮语 ʔau^{42}sei^{33}，意思是“叔小”，中心语 ʔau^{42} 前置，修饰成分 sei^{33} 后置；清塘壮语 ʔau^{35}leŋ^{24}man^{24}，意思是“叔满”，中心语 ʔau^{35}leŋ^{24} 前置，修饰成分 man^{24} 后置，是“小”的意思，壮语语序。满，《说文解字》：“盈溢也，莫旱切。”《唐韵》：“莫旱切。”《集韵》：“莫旱切。”《广韵》：“莫旱切。”

15. 汉语：乞丐

贺州南乡壮语 xai^{33}kou^{35}wa^{33}，意思是“匠叫化”，xai^{33} 是中心语前置；兰田壮语 kaŋ^{42}wa^{33}；清塘梧州方言 mei^{35}xei^{42}ke^{33}/kau^{35}fa^{35}lou^{35}，意思是“讨吃的”或“叫化佬”；清塘壮语 kau^{35}fa^{33}，意思是“叫化”，受梧州方言影响的结果，但没有表示身份、职业的语义“佬”。叫，上古属于幽部，王力先生拟音为 kiu，李方桂先生拟音为 kiə g wh；中古魏晋时代属于宵部，王力先生和李方桂先生都拟音为 kieu。

16. 汉语：硬币

兰田壮语 xau^{35}tsi^{33}，事实上是“毫子”的读音，南乡壮语 ŋen^{35}pei^{24}，语音同当地官话，清塘梧州方言 ʔou^{35}ti^{33}，也是“毫子”的读音，清塘壮语 ʔau^{35}sou^{35} 壮语中，ʔau^{35} 从梧州方言借入并发生相应变化，sou^{35} 是“叟”的读音。毫，《广韵》：“胡刀切。”《集韵》：“乎刀切。”毫，古代重量单位，指钱的千分之一。《文献通考·衡权》：“毫则百。”注：“一百毫为一分，以千毫定为一钱之则。毫者，毛也。”银元一角称为一毫。梁启超《格里森货币原则说略》：“私铸赝币，所铸者全为二角之一种，即粤所称双毫是也……其单毫（即一角）虽间有存，而以双易丹。”

17. 汉语：划拳

兰田壮语 wa^{42}kuan^{24}；南乡壮语 tsai^{35}mui^{24}；清塘梧州方言 tshai^{42}mui^{33}ti^{33}；清塘壮语 tshai^{42}mui^{35}sou^{35}。四者相同之处，都是动宾结构，清塘壮语 tshai^{42}mui^{35} 从当地梧州方言借入，sou^{35} 是“叟”语音。南乡壮语“猜”声母读 ts，清塘壮语则受当地梧州方言影响读 tsh，是否送气成为这两个壮语区域的标志之一。又如“猜谜语”，南乡壮语 ʦai^{35}sə^{42}，清塘壮语 tshai^{35}mi^{33}。猜，《说文解字》：“仓才切。”《广韵》：“仓才切。”《集韵》：“仓才切。”清塘地区把“划拳”称为“猜枚子”。猜，是猜测、猜想之意。《篇海类编·鸟兽类·犬部》：“猜，测也。”

18. 汉语：饭馆

兰田壮语 ŋai^{35}than^{33}，意思是“饭摊”，其中 ŋai^{35} 是壮语语音，than^{33} 是从当地官话借入；南乡壮语 fan^{35}kun^{42}，意思是“饭馆”；清塘壮语 n̥ai^{35}than^{42}，意思是“饭摊”。三者相同之处，结构和语序一致。不同之处，南乡壮语从当地粤方言直接借入，清塘壮语中，n̥ai^{35} 是本族语音，than^{42} 是从当地梧州方言借入的语音成分。摊，《说文解字》：“开也，一曰手布也。”《广韵》：“他干切。”《集韵》：“他干切。”在西南地区，可以指设在路旁、广场等处的简易售货处。明陈世彭《<元故宫遗录>跋》：“予於万历三十六年间，得於吴门书摊上。”

19. 枣树

兰田壮语 fei^{35}tsau^{42}，意思是“树枣”，中心语 fei^{35}“树”前置，修饰限制成分 tsao^{42} 是汉语“枣”在当地的读音，后置；南乡壮语 fei^{24}xoŋ^{35}sau^{33}，表面意思是“树红枣”，实际上是“红枣树”，中心语 fei^{24}“树”前置，壮语语音，xoŋ^{35}sau^{33} 是汉语“红枣”在当地读音，整个词语语序是壮语语序，但在其部分语素 xoŋ^{35}sau^{33} 而言，又是汉语语序的；清塘壮语 ti^{33}tuo^{33}fai^{24}，表面意思是“子枣树”，其中 ti^{33}tuo^{33} 是当地梧州方言“子枣”语音，但清塘壮族民众根据自己民族语言习惯，把梧州方言“枣子”tuo^{35}ti^{33} 的语序作适当调整，中心语 ti^{33}“子”前置，修饰成分 tuo^{33}“枣”后置，使之符合传统壮语表达习惯，民族固有词作为中心语成分 fai^{24}“树”后置，因此，整个词语的大语序与汉语一致。

20. 汉语：嫉妒

兰田壮语 ŋan^{35}tɕiaŋ^{33}，意思是“眼胀”；南乡壮语 ŋan^{24}ŋei^{24}，意思是“眼热”；清塘梧州方言 ŋan^{33}ʔo:ŋ^{35}，意思是“眼红”。这三个语言点有个共同特点，都有共同语素成分 ŋan，从粤方言借入，语序相同，都是主谓结构。清塘壮语 mei^{35}pja^{35}lin^{42}，直接翻译为“眉眼红”，第一个音节是语音从当地官话借入，pja^{35}lin^{42}“眼红”，是壮语语音，与其他三个语言点相比，多了一个语音 mei^{35}，整个词语也是主谓结构。汉语“嫉妒”四个表达抽象含义的词语，在以上四个语言点，都用“眼”来表达人类抽象的心理形态，不同的是，受清塘梧州方言的影响，清塘壮语用本族语音 lin^{42}“红”对应清塘梧州方言的 ʔo:ŋ^{3}“红”。

结语

桂北与湘南清塘壮语特征词，其语音、语序和语义表达的规律性和特殊性，有助于解释隐藏于语言背后的地域文化因素，揭示当地的信仰、习俗、道德观、价值观，更好地解释桂北和湘南壮语与周边语言接触的过程和结果。

【参考文献】

[1] 蓝庆元．壮汉同源词借词研究 [M]. 北京：中央民族大学出版社，2005.

[2] 张均如，梁敏，欧阳觉亚等．壮语方言研究 [M]. 成都：四川民族出版社，1999.

[3] 中央民族学院少数民族语言研究所第五研究室．壮侗语族语言词汇集 [Z]. 北京：中央民族学院出版社，1985.

壮语语法教学与研究需要一个去汉语化的新框架

覃凤余[①]

一、壮语语法研究的回顾

壮语语法的研究，分境内和境外。境内各个时期代表性的论著有：1940年，李方桂的《武鸣土语》；1958年，袁家骅、张元生的《武鸣壮语词法初步研究》；1980年，韦庆稳、覃国生的《壮语简志》；1985年，韦庆稳的《壮语语法研究》；1986年，广西壮族自治区民语委研究室的《壮语语法概述》；1988年，广西壮族自治区民语委研究室的《壮语虚词》《壮语量词》；1989年，广西壮族自治区民语委研究室的《武鸣壮语语法》；1993年，张元生、覃晓航的《现代壮汉语比较语法》；1995年，覃晓航的《壮语特殊语法现象研究》；1996年，郑贻青的《靖西壮语研究》；1999年，张均如等的《壮语方言研究》；2011年，韦景云、何霜、罗永现的《燕齐壮语参考语法》；2014年，何霜的《现代壮语句法》；2014年，韦茂繁的《下坳壮语参考语法》。上面这个单子，不包括学校用的教材和大量的单篇论文、硕博士学位论文。

总体而言，壮语语法的研究可归纳为如下几点。

（一）一直都很重视壮语与汉语的比较研究

壮语研究者基本上都是汉壮双语人，受过良好的汉语训练，所以，其研究很自然地跟汉语做比较，许多论著直接冠以汉壮比较之名。

（二）重北轻南

冠以“壮语”的语法论著，如果不标明方言点的话，基本是北部壮语的材料，是北部壮语，不一定是武鸣壮语。比如，领属定语标记 tu^6 是武鸣没有的，但是很多著作都描写到了。而南部壮语相应的定语标记 $ka:i^5/ka^6$ 并不见于壮语语法论著。

（三）在汉语的框架下进行壮语语法的描写和研究

翻开壮语语法的著作，几乎是汉语语法的翻版。比如，汉语语法普遍使用介词来指动源前置词，使用量词这一术语来指分类词，使用补语这一术语来笼统指谓词后的成分，普遍设有形容词词类和对单句与复句的界定等等。几乎所有在汉语语法研究中的框架和术语，都可以在壮语里找到。汉语里缺乏的句法概念，比如关系从句、名词化标记、标补词等，壮语也同样缺乏。

[①] 覃凤余，女，壮族，广西大学文学院教授。

这三个特点中，第一个是优点。我们呼吁今后要加强这方面的研究，不仅要跟汉语做比较，还要将壮语置于普遍语言的框架下来观察和描写。第二个特点是缺点。这一缺点是历史造成的。由于北部壮语是标准语的基础方言，推广标准语的需求促使北部壮语的研究成果多，也深入一些。另外，专家学者也以北部的为多。南部壮语有相当完整和详细的调查材料，即李方桂先生调查的龙州土语和郑贻青先生描写的靖西壮语。但是，研究者囿于母方言的制约和推广拼音壮文的需求，很少使用这两份重要的文献。壮语与境内的傣语、境外老挝语、泰语有同源关系，尤其是南部壮语，与之关系更近。但是壮语语法研究的重北轻南导致南部壮语研究严重缺失。在语言类型和语言比较日益兴盛的今天，这种缺失严重妨碍了我们对壮语总体面貌的把握，也严重制约着南部壮语与傣语、老挝语、泰语的横向比较，使研究无法向深度发展。这一情况后来有一些改观，来自南部壮语的学者，如郑贻青、吕嵩崧、黄美新都致力于南部壮语的语法研究。

这里，我们着重谈谈第三个特点。这一特点是优点也是缺点。优点很明显，哪个语言开始都是借鉴，汉语《马氏文通》最初也是借鉴国外语言的框架。壮语尽管是套用汉语的框架，但是毕竟构建出了一个自己的框架。不然，后出的研究将无法进行。这一框架形成于 1980 年韦庆稳、覃国生的《壮语简志》一书中。1985 年，韦庆稳将《壮语简志》中的语法框架加以补充和完善，出版了《壮语语法研究》一书，标志着壮语语法研究的基本框架已经成熟。此后八九十年代的语法论著，基本都在这一框架中修修补补。进入新世纪后，两部重要的语法著作《燕齐壮语参考语法》《下坳壮语参考语法》都冠以“参考语法”的名称，但是基本还在韦庆稳 1985 的框架中打转，实质性的突破并不多。这一特点的缺点也很明显，即套用汉语的框架，使壮语自己的东西总觉方枘圆凿，妨碍大家正确地认识壮语。这一点，很多学者都已意识到。王晓在 1997 年发表的《关于壮语语法若干问题的商榷》一文中表达了对壮语语法研究状况的忧思：“壮语中一些分歧的、模糊的、欠妥的语法问题长期得不到解决，以致于人们对壮语语法问题的看法陈陈相因，人云亦云，而创见性的观点不是很多”。王文进一步提出：“壮语语法学界应该学习和借鉴汉语语法研究的经验和成果，把汉语语法学的一些方法和理论运用于壮语语法实际，实行拿来主义，从而确切地找出壮语语法的特点和规律，以便科学地建立壮语语法的体系。”李旭练在 2011 年出版的《都安壮语形态变化研究》一书中也在思考：“南方少数民族语言研究能否走出一条特色之路？壮语研究能否在前辈的基础研究上有所突破？”而覃晓航在 1995 年出版的《壮语特殊语法现象研究》一书中更是将壮语与汉语的不同之处提取出来，做了一番研究。可惜的是覃晓航在处理这些问题的时候，仍旧是用汉语的框架来思考问题，汉语的框架成了一个无标记的参照系统。著中所称的“特殊语法现象”是指跟汉语不相符合的情况，比如“特殊的补语”“特殊的量词”等等。用普遍形态句法的视野来看，跟汉语不符合的，也许是汉语特殊，不一定是壮语特殊。比如“量词、补语”就是汉语特设的概念，不是普遍的语法的术语。所以，覃晓航的探索是很可贵的，但突破也不是很大。

再说境外。境外的语法研究最有代表性的是罗永现的 *The Tai-Kadai Language* 一书中有关壮语的章节。作者本身是海外华人学者，用英文撰写著作。文章用普遍语法的眼光来处理壮语的材料，其语法分四大部分：（1）word class and basic syntactic patterns；（2）grammatical processes；（3）simple main clauses；（4）complex constructions。其框架基本不在汉语语法的框架内，诸多术语也不是汉语特设的术语。

本文呼吁，研究壮语语法及进行壮语语法的教学，尽量用普遍的形态句法的框架，逐步“去汉语化”，逐步建立能反映壮语类型特点的语法体系。本文将举几个例子来说明。

二、量词

汉语的量词是数名之间的中介。朱德熙（1982：48）称“量词是能够放在数词后头的粘着词”。壮语研究者也仿照汉语将壮语数名之间的中介称为量词。但是壮语量词有很多跟汉语不一样的句法功能，列举如下：

1. 不出现在数名组合中，甚至跟数词没有关系，单独构成“量＋名”结构（1），还可以构成“量＋量＋名”（2）

（1）武鸣：koŋ^{1} θø^{1} ni^{3} ki^{5} ɕi^{4} pai^{1} hauɯ^{3} te^{1} tauɯ^{2} ma^{1} kwi^{5}lim^{2}

个　苏汝记就去　让　他　拿　回　桂林

苏汝记就让他拿回桂林。（李方桂，2005a：48）

龙州：ŋo^{1} ne^{5} tɕau^{6} laːi^{5} tu^{1} vaːi^{2} ŋe^{5} bau^{3}，ni^{1} tɕau^{6} tɕuŋ^{1} tu^{1}vaːi^{2} ti^{1} ŋe^{5}haːŋ^{1}.

我呢就　拉只牛个头　你就　牵只牛的个尾

我呢就拉牛的头，你的就牵牛的尾巴。（李方桂，2005b：86）

（2）靖西：khai^{1} nai^{3} theːu^{1} kha^{1} ta^{6} naːu^{5} 开挖一条河没开成

开　得　条　腿　河　不（张均如，1999：917）

东兰：ʔdan^{1} faːk^{8} kwaːk^{8} 锄头

个　把　锄头（覃凤余，2015）

标准语：toŋ^{6} ʔdak^{7} ko^{1} fai^{4} han^{4} 那些粗大的树[①] ｜ kei^{3} luɯk^{8} pou^{4}ɕak^{8} 几个小贼

若干个大的棵树那（韦庆稳，1985：32）[1] 几　个小的　个　贼（王钧等，1984：58）

2. “量＋名”可以表无指名词（3）、类指名词（4）

（3）龙州：nai^{4} tu^{5} mi^{5} mi^{2} maːk^{8} pja^{4} to^{2}. 现在都没有刀打柴了。

现在都不有　把　刀　打（张均如等，1999：899）

巴马：te^{1} raːi^{2} θəɯ^{1} ɕa^{1} ʔdei^{3} luɯk^{8} ȵe^{2} toŋ^{2}lom^{4}. 他写字和小孩一样差。

他　写　字　差　跟　个　小孩　相像（陈芳，2010：61）

（4）邱北：tə^{0}be^{4} sauɯ^{1} ȵiu^{2} tə^{0}məu^{1} 羊比猪干净（梁敏，1983）

只羊　干净　过　只猪（tə^{0}< tu^{2}）

由于“量＋名”可以表无指和类指名词，壮语通常会将“量＋名”当作一个独立的“词”收入词典。有的学者给“量”另外起个名字叫“词头”，而数名之间的还叫“量词”，并论证词头与量词之间的转化关系。晋风 1982 年发表的《对壮语量词研究中几个论点的商榷》一文认为《壮汉词汇》（1958 年版）中收录的 ko^{1}、pou^{4}、tu^{2}、an^{1} 等不是词头，而是独立的词，理由是它们一方面可以单用，另一方面可以做名词化标记。言下之意是，词头的范围太宽，有些独立的词也被当成词头收进去了。本文暂且不讨论这个问题，我们关注的是，汉语不会有（3）（4）那样的用法，汉语的研究者也不会把“量＋名”当作一个“词”收入词典。

3. 量词可以单独回指，蒙元耀称为“指代用法”

（5）waːi^{2} kuɯn^{1} kja^{3}，lai^{6} tu^{2} teu^{1}. 牛吃稻秧，赶它走。

牛　吃　秧　赶只走（蒙元耀，2009）

---

①ʔdak7 在韦庆稳（1985：26）、《壮汉词汇》（1984：563）中被标注为“个、大块”就是量词，后者例句：ʔdak7 vun2 nei4（个 - 人 - 这）、soːŋ^{1} ʔdak7rin1（两 - 大块 - 石头）。

θou^{1} la:ŋ^{6} ʔbou^{3} θin^{5} ɕou^{5} heu^{6} ta^{6} tau^{3} toi^{5}pa:k^{7}. 你们若不信就叫她来对质。

你们 若 不 信 就 叫 个$_{\text{女孩}}$来 对 口（蒙元耀，2009）

Anna Siewierska《人称范畴》（2008：247—250）指出：第三人称代词的另一个来源是量词（classifier），演变为第三人称代词的前提条件是回指语境。壮语的量词在上述情况下，已经有第三人称代词的功能了。明确指出壮语量词有发展为第三人称代词趋势的是林亦、唐龙（2007）以及孟飞雪（2016）。相比之下，汉语则根本没发现量词有演变为第三人称代词的任何迹象。

4. 汉语的数名组合之间量词是强制使用的，而壮语的数名组合量词则是可选的，可以有，也可以没有

覃晓航（1995：3—5）、韦达（2009：171）甚至将不需要量词的数名组合当作现代壮语与现代汉语的一项重要区别。

（6）so:ŋ^{1} ro:ŋ^{2} rok^{8} 两个鸟窝 | sei^{5} ɕo:ŋ^{6} 四个洞

两 窝 鸟（袁家骅、张元生，1958） | 四 洞（小航、文安，1988）

θo:ŋ^{1} ja^{6} 两个老婆 | ha^{3} θəp^{7} kən^{2} 五十个人 | θa:m^{1} ɕo:ŋ^{6} nou^{1} 三个老鼠洞

两 妻（覃晓航，2008）| 五 十 人（郑贻青，1996：220）| 三 洞 鼠（蓝利国，2008）

5. 汉语的“数＋量＋名”之间不能插入别的成分，而壮语“数＋量＋名”“数＋量”间则可以插入别的成分。

（7）sa:m^{1} ti^{6} tu^{2} kai^{5} 三（小）只鸡（张元生，1979）

三 点 只 鸡

te^{1} ɕi^{3} to^{3} ɗai^{3} θ o:ŋ^{1} ti^{1} tu^{2} wik7 ni^{4}. 他只钓到这么两条鲫鱼（蓝利国，2008）

他 只 钓 得 两 点 只 鲫 鱼 这

（8）sa:m^{1}ko^{1}ko^{1}fai^{4} | so:ŋ^{1} tu^{2} tu^{2}va:i^{2}

三 棵 棵树 两 只 只猪（广西壮族自治区民语委，1988：19）

例（7）中间插入 ti^{1}，例（8）中间还插入一个量词。

再看看壮语量词的语义，我们举武鸣壮语（黄莹洪《武鸣壮语量词的语义分析》，2016）与汉语的官话做个比较，如下表：

<table>
<tr><th></th><th colspan="4">武鸣壮语</th><th>汉语（官话）</th></tr>
<tr><td rowspan="10">有生</td><td rowspan="6">人 boux</td><td rowspan="3">男</td><td colspan="2">长 laux</td><td rowspan="6">个</td></tr>
<tr><td colspan="2">中 goeng</td></tr>
<tr><td colspan="2">幼 daeg</td></tr>
<tr><td rowspan="3">女</td><td colspan="2">长 naih</td></tr>
<tr><td colspan="2">中 meh</td></tr>
<tr><td colspan="2">幼 dah</td></tr>
<tr><td rowspan="3">动物 tu^{2}</td><td colspan="3">禽 tu^{2}</td><td rowspan="3">个 / 只 / 头 / 匹 / 条</td></tr>
<tr><td colspan="2" rowspan="2">兽</td><td>公 daeg</td></tr>
<tr><td>母 meh</td></tr>
<tr><td colspan="4">植物 ko^{1}</td><td>棵</td></tr>
</table>

（续上表）

<table>
<tr><td></td><td colspan="4">武鸣壮语</td><td>汉语（官话）</td></tr>
<tr><td rowspan="6">无生</td><td>一维</td><td></td><td colspan="2">粗 gyouh</td><td rowspan="2">条 / 根</td></tr>
<tr><td></td><td colspan="2">细 dug/geu</td><td></td></tr>
<tr><td>二维</td><td></td><td colspan="2">大 mbangq</td><td rowspan="2">张 / 面</td></tr>
<tr><td></td><td colspan="2">小 mbaw</td><td></td></tr>
<tr><td>三维</td><td></td><td colspan="2">大 ndaek/ngauq</td><td rowspan="2">个 / 块 / 团</td></tr>
<tr><td></td><td colspan="2">小 ngveih</td><td></td></tr>
</table>

壮语的量词能对名词进行系统、有理据、层次清晰的分类。汉语的所谓通用量词“个”，既可以用于人，也可以用于动物，还可以用于无生命事物，说明汉语无法像壮语那样，用量词对名词做层次清晰的分类。

由此可见，壮语的量词跟汉语的量词无论在句法还是语义上差别都很大。汉语的量词，给名词分类的功能很弱，之所以叫“量词”，纯粹是因为“能够放在数词后头”（朱德熙，1982：48）。壮语跟着汉语叫“量词”，不是合适的称呼。首先，壮语的量词语义上能对名词进行系统的分类，这是汉语缺乏的。其次，句法上，上述列举的句法功能，在汉语中都很少见，即便是“放在数词后头”这一条也不同，即汉语数名组合中量词强制性使用，而壮语数名组合量词不是强制使用的。早有学者呼吁过，壮语不要跟着汉语叫量词了，应该叫“分类词”或“类别词”（蓝利国，2008）。

“量词”是汉语特设的概念，国际语言学通行的叫法是 classifier，译为“分类词”“类别词”。这一类词，实质是一种名词分类系统，是名词的相关附属语义，无论它以什么形式出现，出现在什么位置，都是对名词进行分类。根据 Aikhenvald 的研究，世界语言的分类词共有 8 种类型。我们介绍两种跟本文相关的，数—分类词（numeral classifiers）和名—分类词（noun classifiers）。

数—分类词以专门的语素形式存在并紧邻数字或表数量的词语，数—分类词通常会有一个几乎可以跟任何名词相搭配的通用分类词。比照这些特点，汉语确实是典型的数—分类词，因为它主要的句法功能就是强制性地出现在数词之后，并且有一个几乎可以跟任何名词相搭配的“个”。而名—分类词总是出现在名词上。Aikhenvald 根据世界语言的情况，总结名—分类词与数—分类词在句法功能上有如下的区别：

1. 只有名—分类词能独立回指，如 Yidiny 语

（9）问：nyundu　duguur-mu　gada-any 你刚从那屋子过来吗？

you+NOM　house-ABL　come-PAST

答：（yiyi）ngayu　bulmba-m　gada-any 是的，我刚从那儿来。

（yes）I+NOM　CL：HABITABLE-ABL　come-PAST

壮语的量词能独立回指，有演变为第三人称代词的趋势。

2. 只有名—分类词有不同层次分类词同现，如 Yidiny 语

（10）bama　waguuja　wurgun 男孩

Cl：PERSON　CL：MAN　boy

bulmba　walba　malan 可露营的平石块

Cl：HABITABLE　CL：STONE　flat rock

壮语的“量 + 量 + 名”正是这种情况。

3. 名—分类词会不断语法化并语音弱化为名词的词缀

壮语被人称为“词头”的就是这种情况，其实准确的说法应该称为“前缀”。

4. 在枚举结构中，数—分类词强制性使用，而名—分类词非强制性使用

壮语的枚举结构中，量词就是非强制使用的。

5. 在枚举结构中，名—分类词和数—分类词可以同时出现，如 Minangkabau 语

（11）sa-batang　　　batang　　　pisang

oen-num.cl：long vert　　　noun.cl：tree　　banana

‘oen banana tree’

壮语的（8）就跟这个（11）是一模一样的结构。

6. 类名词都可以用如分类词

壮语就是这样的，如：

（12）ko^{1}　rau^{1}　=　fai^{4}　rau^{1}　|　pu^{6}　$la\eta^{5}$ i^{5}　=　keu^{1}　$la\eta^{5}$ i^{5}

棵　枫树　　树　枫树　　衣　毛衣　　件　毛衣

$ta^{6}ljau^{3}kja{:}\eta^{5}$=$te{:}u^{2}$ $ljau^{3}kja{:}\eta^{5}$　|　mak^{7}　puk^{8}　=　$l\text{ɯ}k^{8}$　puk^{8}

河 柳江　　条　柳　江　　果　柚子　　个　柚子

7. 数—分类词的语言中，总会发现拷贝式分类词

汉语历史上有“羌百羌”，但是壮语至今没有这样的报道。

8. Aikhenvald（2000：100）称：**数词贫乏的语法不倾向于有数—分类词**

壮语的数词，除了“一”之外，全部都是汉语借词。小航、文安（1988）记录：马山县偏僻的加方乡壮人表达“四头猪”时，先说“mou^{1} $ka{:}u^{2}$ nei^{4} 猪—多—这（猪这么多）”，再伸出四个指头。加方乡壮人如果不用汉语借词，壮语的数字说不出来，说明壮语的数词确实很贫乏。

对照 Aikhenvald 列举的上述名—分类词的句法功能，壮语条条都对得上。

从类型性质上说，壮语的量词是名—分类词语言；壮语也有数—分类词，但是数—分类词是晚起的，是名—分类词的一个下位类型（相关讨论见覃凤余，2015）。从人类普遍语言的视角来看，壮语和汉语的量词都属于分类词的范畴，壮语属于名—分类词，有名—分类词的句法特点，而汉语属于数—分类词，有数—分类词的句法特点。学术发展到今天，确实到了该放弃“量词”这一汉语特设的术语的时候了。

三、形容词

汉语有形容词这一词类，仿照汉语的壮语自然也设形容词词类。但是跟壮语同源的老挝语、泰语则跟汉语不一样。N.J.Enfield（2007：242）将老挝语的动词分为活动动词（Active）和状态动词（Stative），而一般所谓 adjective 是状态动词（STATIVE）的一个下位类型。我们比较了 4 本泰语的参考语法，Iwasaki，Shoichi & Ingkaphirom，Preeya. 2005. A Reference Grammar of Thai 设有形容词词类；Richard B Noss 1964 Thai Reference Grammar 也设有形容词词类；David Smyth 2002 Thai An Essential Grammar，设有形容词词类，但是专门注明是“状态动词 stative verbs”；James Higbie & Snea Thinsan2002 Thai Reference Grammer the structure of spoken thai 不设形容词词类。近年来有些学者不主张壮语形容词独立设类，如黄美新（2010：49）。所以，很有必要对这个问题再做一番研讨。

名词和动词是人类语言普遍存在的两个基本词类范畴。形容词是否是基本的词类则在学术课有分歧。

有的语言学家认为有些语言没有独立的句法层面，如形容词词类。形容词是介于名词和动词之间的一个词类。Thomas E.Payne（2011：64）指出亚齐语处理为动词，芬兰语处理为名词。Thomas E.Payne（2011：18）指出：一种语言如果有形容词这个类别，至少可以表达下列语义：年龄、体量、评价、颜色、物理属性、形状、人类属性、速度等。我们选取崇左壮语中的上述语义的词（我们也暂时称为形容词），从形态句法两个方面跟动词做一下比较。

（一）形态特征

各种重叠形式表示程度加深。

AA 式：θaːi^{5} θaːi^{5} taːi^{4} 小小的； | ABB 式：θaːi^{5} niŋ^{1} niŋ^{1} 很小

小 小 的 小 □ □

AABB 式：θu^{3} θu^{3} θa^{3} θa^{3} 莽莽撞撞

莽 莽 撞 撞

ABAB 式：pin^{2} θaːu^{1} pin^{2} θaːu^{1} taːi^{4} 很漂亮

成 靓 成 靓 的

ABAX 式：wo^{1} θoːi^{1} wo^{1} θɯːŋ^{5} 很邋遢

黑 □ 黑 □

动词也可以有各种重叠的形式表示动作呈现出来的状态或程度，如：

ABB 式：min^{1} faŋ^{5} faŋ^{5} 飞飘飘 | AABB 式：liŋ^{3} liŋ^{3} laːŋ^{3} laːŋ^{3} 懒散地躺

飞 □ □ 滚 滚 躺 躺

前贤早已观察到壮语的动词有跟形容词相通的形态变化，如覃国生（1981）。

（二）句法特点

1. 动词充当谓语是最无标记的，形容词也一样，充当谓语也无需任何标志

动词 形容词

ku^{1} kin^{1} aːm^{1} 我吃饭 | man^{2} ha^{2} pin^{2} θaːu^{1} 文霞漂亮

我 吃 饭 文 霞 漂 亮

2. 与体标记组合。体标记是动词的主要特征，形容词也一样可以带体标记

（1）完成体 ljaːu^{4}

min^{1} kin^{1} ljaːu^{4} 他吃了 | min^{1} ke^{5} ljaːu^{4} 他老了

他 吃 了 他 老 了

（2）经历体 ka^{5}

ku^{1} pei^{1} ka^{5} ljaːu^{4}，pa^{5} thi^{3} hoːŋ^{5} pu^{2} mi^{2} nam^{4} taːu^{5}.

我 去 过 了，处 地 那 不 有 水 到

我去过了，那个地方没有水。

ku^{1} i^{4} sin^{2} jam^{3} phɯːk^{7} ka^{5}，θi^{2} phɯn^{3} jeːŋ^{3} nam^{1} ljaː u^{4}.

我 以前 也 白 过，现在 晒 黑 了

我以前也白过，现在晒黑了。

（3）持续体 ju^{5}

tsaːŋ^{1} laːm^{2} mi^{2} tu^{1} mjaːu^{1} ɯŋ^{2} fam^{2} ju^{5} | maɯ^{1} mai^{4} tiŋ^{2} pha^{2} njaːŋ^{1} ju^{5}

中 篮 有 只 猫 一 趴 在 叶 树 上 山 红 在

篮子里有只猫趴着 山上的树叶红着

3. 带宾语

动词最典型的功能是带宾语，某些形容词可以带完全名词或代词做宾语①，如：

min^{1} kin^{1} si^{2}| θɯ^{3} kha^{5} khiu^{1} wan^{2}

他 吃 糍粑 衣 裤 臭 烟

他吃糍粑 衣裤有烟的臭味

早在《壮语简志》（第 41 页，第 60 页）时期，这类结构就已被发现，但《简志》不承认这些名词的宾语身份，而称"表示味觉、嗅觉、色彩的形容词能带个别名词做的补语"，如 hau^{1}hai^{4} 臭-屎（像屎一样臭）。王晓（1997）称：这种"形容词 + 名词"的格式更近乎于动宾关系，黄美新（2010：59—63）也将大新壮语的此类现象称为"形容词带宾语"。形容词的使动用法也是"形容词 + 名词"，如：

柳江：laːi^{1} kɯn^{1} ti^{5} tap^{7} mu^{1}，hjoŋ^{6} hjam^{4}pja^{4}

多 吃 点 肝 猪， 亮 眼 睛

这是两种不同的结构，语义也不同，"衣裤臭烟"，具有"臭"属性的是主语"衣裤"，而"臭"的对象是"烟"。而使动用法如"多吃点猪肝亮眼睛"，具有"亮"的属性却是宾语"眼睛"。

4. 动词可以独立作极性问句的答句，所有的形容词可作极性问句的答句

mɯːŋ^{2} kin1mi^{5}？—kin^{2}| noːŋ4 mɯːŋ^{2} θoŋ^{1} mi5？—θoŋ^{1} a^{1}

你 吃 吗 —吃 弟 你 高 吗？— 高 啊

你吃吗？吃。你弟弟高吗？高啊。

5. 动词能与否定词组合，所有的形容词也能跟否定词组合

ku^{1} mi^{2} kin^{1}| kɯ^{1} no^{5}mai^{4} kai^{2} mi^{2} ke^{5}

我 不 吃 个 竹笋 这 不 老

我不吃 这个竹笋不老

6. "量词 + 动词"，可名词化表转指②，"量词 + 形容词"也可以

kɯ^{1} phak^{7} kai^{2} peːŋ^{2}，oŋ^{1} kin^{1} ai^{3} tɯn^{5} ne^{2} saŋ^{2} mi^{2} haːu^{3} laːi^{1}

个 菜 如此 贵，个 高 吃 得 起 还 有 好 多

这菜这么贵，吃得起的人还有好多

maːn^{3} hoːŋ^{5}phu^{1} oŋ^{1} θoŋ^{1} laːi^{1} ka^{5} oŋ^{1} tam^{5}

村 我们 个 高 多 过 个 矮

我们村个子高的比个子矮的多

7. 作定语容易带上指示词标志

动词最主要的功能是充当谓语，动词作定语的功能是有标记的，最容易带上标志。动词作定语就是关系小句定语，一个最显著的标志是在名词短语的最右边带上指示词。因此，指示词容易语法化为一个定语标记，即便不表定指，也需要指示词（覃凤余，2013）。如：

巴马：kou^{1}ʔjak^{7} ra^{1}θaːm^{1}pou^{4}ro^{3}haːi^{1}ɕe^{3} e^{1}toŋ^{2} pai^{1}naːm^{2}neŋ^{2}.

我 将 找 三 个 会 开 车 那 同 去 南宁。

我要找三个会开车的人一块儿去南宁。（覃凤余，2013）

---

① 此用法跟形容词的使动用法不同。"衣裤臭烟 θɯ^{3} kha^{5} khiu^{1} wan^{2}"，具有"臭"属性的是主语"衣裤"。而使动用法如"跑步会大你的腿"，具有"大"的属性却是宾语"你的腿"。

② 名词化转指都是类指名词，类指名词的判定我们依据刘丹青（2002），即"用'多、少、丰富、稀少'等作属性谓语"。

上例的 θaːm^{1}pou^{4}ro^{3}haːi^{1}çe^{3} 是个歧义，可理解为主谓结构，也可以理解为定中结构。但如果后面带上指示词 e$^{1}_{\text{那}}$，只有定中结构一种解读。带上 e$^{1}_{\text{那}}$的定中结构，并没有定指解读，说明 e$^{1}_{\text{那}}$已经丧失了定指的功能，语法化为一个定语的标志。

形容词在句法上的根本特点是作定语（刘丹青，2008：85；张伯江，1997）。主张形容词成为独立词类的壮语论著，大多称形容词有定语的功能（韦庆稳、覃国生，1980：41；韦庆稳，1985：59）。这是否能成为形容词独立成类的主要理由呢？前述，形容词跟动词一样，也可以作谓语无需标志。一个“名词＋形容词”的组合也是歧义结构，有主谓结构和定中结构两种解读。因此，形容词作定语的时候，也跟动词作定语一样，容易在右端带上个指示词作标志。

oŋ^{1} hoŋ^{5} θoŋ^{1} ni^{1} ju^{3} taːm^{2} ai^{3} mɯk^{7} pin^{2}θaːu^{1} ni^{1}.

个 那 高 那 就 谈 得 女$_{\text{少}}$ 漂亮 那

高个子男孩总能娶到漂亮姑娘。

min^{1} nam^{3} pei^{1} kap^{8} tu^{1} pa^{1} ɯŋ^{1} luŋ^{1} luŋ^{1} ni^{1} ma^{2} tseːn^{1}.

他 想 去 抓 条 鱼 一 大 大 那 来 煎

他想去抓一条大鱼来煎。

关于动词或形容词作定语对指示词的要求，前贤是有观察的。《壮语简志》（第 41 页）、韦庆稳（1985：60）称：形容词“作定语时，后面要有指示词”；《武鸣壮语语法》（第 251 页）指出：“复杂定语……习惯上要有指示词和量词配合着用”；《燕齐壮语参考语法》（第 292 页）指出：“关系子句必须带限定词 he$^{55}_{\text{那}}$或 ni$^{42}_{\text{这}}$”；《现代壮汉语比较语法》（第 163 页）指出：“壮语谓词性多层定语在一定句子中要借助量词和指示词才能确定”。① 可见，形容词作定语采用的是关系小句的句法操作，跟动词的性质是一样的。由于作定语是形容词最根本的句法特点，单就作定语这一条，我们再着重比较一下汉语和泰语的情况。

一般汉语的语法书中，形容词是个开放的类，但确实有学者不主张汉语形容词独立设类。赵元任（1968）、McCawley（1992）就认为汉语的形容词是动词的次类。然而张伯江（1997）的研究告诉我们，汉语有形容词词类，但是远远没有一般语法书所说的那么多。张文的依据就是能否自由作定语。根据自由作定语的标准，汉语的形容词有两类，一类是本质属性词“大、小、黑、白、老、少、好、坏、高、低、慢、软、硬”等单音节词，能自由地作定语，也能作谓语，第二类是附加属性词“初级、袖珍、微型、额外、高速”等，只能作定语，不能作谓语。

泰语跟壮语一样，“名＋动、名＋形”都有主谓结构和定中结构的解读，要把定中结构跟主谓结构区分开来，就需要加一些标志。标志可以加在两个地方，一个是最右边，壮语就是用这种方法，在最右边加个指示词做定中结构的边界标记，只是壮语无论是“名＋动”还是“名＋形”都用相同的指示词标志，导致无法将形容词和动词区分开来。另一个加标志的地方在“名＋动、名＋形”的中间，即“名 +X+ 动、名 +X+ 形”，泰语就用这个办法。跟壮语不同的是，泰语的这个定语标志，动词和形容词分开的，动词

① 黄美新《大新壮语形容词研究》（2010：39）甚至把 N+AA+D（N 名词、A 形容词、D 指示词）当作检测形容词的句法框架。其实，该框架无法将形容词与动词区分出来。因为该框架本质上就是关系小句的框架，复杂化的谓词如动宾结构、主谓结构、重叠式动词或重叠式形容词都能就进入 AA 的位置。这说明形容词仍不好从动词那里区分出来。

作定语即关系小句用的是 thîi，而形容词作定语则用量词。如：

Rót khan phɛɛŋ | phîi- phîi thîi yùu thîi bâan kháw kɔ̂ lîak

car CLS expensive OS.3 SBR stay at home 3 LP call

‘an expensive car’ ‘my brother，who were at home，called…’

（Iwasaki2005：91、246）

这说明，泰语的系统里，形容词作定语跟动词作定语，被看作两种性质不同的东西。泰语的形容词，单看作定语所使用的标志就能从动词里剥离出来。也就是说，泰语形容词单独设类的理由比壮语更充分。

汉语的形容词单独设类，我们不能照搬；泰语的形容词单独设类，我们也不能照搬，要看壮语的形态和句法表现。上述壮语的所谓形容词的形态句法表现，跟动词基本没有什么差别，尤其是能带宾语，更是动词的典型特点，而作定语采用与动词作定语相同的标志，跟动词的性质更是相同。所以，我们很难将壮语形容词从动词中剥离出来独立设类，只能是动词的一个次类，叫状态动词是比较合适的。

四、介词

介词指句法结构中“赋予间接题元的虚词”（刘丹青，2004：78），国际语言学界叫附置词（adposition），包括前置词（preposition）和后置词（postposition）。人类语言的介词主要有两个来源：一是源于连动式或“分词结构式”中的动词的语法化，即动源介词，如汉语的“在”；另一是源于领属结构式中用作中心语的关系名词的语法化，即名源介词（吴福祥，2005；刘丹青，2004：88）。传统的汉语语法学注重描述的是源于动词的前置词。近年来，一些重要的语法学家指出，汉语也有源于方位名词的介词，出现在后置词的位置上，如“上/下/里/中”等。

壮语也设有介词这一概念。壮语小句结构为 SVO，领属结构为 NG（中心语+领属语），属 VO 与 NG 和谐型语言，所以壮语的介词是前置词。目前，套用汉语介词的研究框架，壮语研究在认识壮语自身介词的特点和性质时，还存在比较大的缺漏。

（一）某些重要的介词类词没有得到有效的描写

1. 汉语注重描述动源前置词，壮语也跟着

一般而言，跟汉语来源相近的如“在、从、到、跟、给”等有比较好的认识，跟汉语来源不相近的，长期被忽视，其介词的性质得不到认识。如：

源点格介词

来宾：kwa^{3} la^{3} kok^{7} ko^{1}fai^{4} po:ŋ^{6} hɯn^{3} kɯn^{2} pai^{1}.

过 下 根 棵 树 跃 上 上面 去

从树底下跳到树上面去。（张均如等，1999：842）

武鸣：koŋ^{33}ɕaŋ^{13}jɑu^{21}kum^{24}kɑu^{21}ʔdeu^{33}plai^{55}kwa^{24}la^{55}fai^{51}poi^{33}

公 匠 油 驼 背 一 走 过 下 树 去

一个驼背的卖油佬打树下走过去。（李方桂，1956/2005：34）

处所格介词：

田阳：la:ŋ^{4} thui^{3} po^{4} ʔbo^{6} 在泉水旁洗碗

洗 碗 放 泉（朱婷婷，2015）

终点格介词：

忻城：fan^{21} θo^{32} vit^{55} kja^{33} ɕi^{54} fan^{21} ɕo^{55} ki^{21} nai^{24} ʔo^{32}.

他 索性扔 架 车 他 放 处 这 哦

他就把他的车扔在这里啊。（何霜，2011：223）

下坳：te^{42} pou^{42} hiːn^{42} so^{33} ku^{4} koːn^{5}.

他 扔 石头 放 我 先（韦茂繁，2014：82）

他先朝我扔石头。

与格 / 受益格介词：

马山：te^{1} ku^{6} θai^{6} kjai^{2} ɕaːŋ^{1} hoŋ^{4} tɯk^{7} vun^{2}. 他做事爱设圈套给人家。

他做 事 爱 装 陷阱 放 人（蒙元耀，2006：336）

下坳：te^{42} tshən^{31}ʨin^{33} so^{33} faːp^{33} so^{33} ku^{42} waːi^{42}. 他曾经向我施过法术。①

他 曾经 放 法术放 我 过（韦茂繁，2014：43）

这里有两个动源介词，一个是“过”，作源点介词，相当汉语的“从”；另一个是“放”。其功能分别有：处所格介词、终点格介词、与格 / 受益格介词。由于来源于趋向动词和来源放置义动词的介词在汉语中比较少见，壮语中即便比较常见，也没有得到很好的描述。

2. 汉语长期以来忽视名源前置词，壮语也跟着忽视

壮语的名源介词有两类，一类源于方位名词，如：

柳江：kɯn^{1} ŋaːi^{2} ʔdə^{1} hjaːn^{2}. 在家吃饭。

吃 饭 里 家

来宾：kɣau^{3} kap^{8} daɯ^{1} fai^{4} ʔma^{3} leːu^{3}. 头被夹在树杈里了。

头 夹 里 树 杈 了（张均如等，1999：824）

东兰：ɕoŋ^{5} ho^{5} kɯn^{2} ɕoːŋ^{2}. 放东西到桌上。

放 东西 上 桌

ku^{1} ʔam^{6} heːu^{4} mɯŋ^{2} nɯn^{2} la^{3} ɕwaːŋ^{2}. 我不让你睡在床下。

我 不 叫 你 睡 下 床

ɕo^{5} ʔȵit^{7} kjaː ȵ^{1} lou^{3} pai^{1}. 放点（草药）到酒里去。

放 点 中 酒 去

另一类源于处所名词，目前我们发现最典型的就是武鸣的 laŋ^{1}。武鸣的 laŋ^{1}，本来就是个处所名词，如：

lɑŋ^{33} plɑu^{33} kjau^{33} ɕun^{33} xun^{31} ɕi^{51} ɕɑi^{33} na^{31} plok^{45} kik^{45}.

地方 我们 交 春 人 就 犁 田 翻田中土块。

我们那儿一开春人们就犁田翻土块。（李方桂，1956/2005：49）

lɑu^{31} tiŋ^{24} jɑu^{31} lɯk^{12} θɑi^{33} te^{33} poi^{33} lɑŋ^{33} me^{13} θɑi^{33} te^{33}

刘 定 猷 孩子 徒弟他 去 处 母 师 那。

他的徒弟刘定猷就去师母那儿。（李方桂，1956/2005：48）

① 下坳的这两例，韦茂繁 2014 年的译文解读为终点 / 目标格，跟我们解读为与格是相通的。据覃凤余、吴福祥（2009），位移事件表达的是客体由原来的处所位移到新的处所；给予事件，表达的是实体由原来的物主转移到新的物主。给予事件本质上是一种抽象的位移事件，接受者本质上是一种抽象的终点 / 方向题元。所以很多语言的与格（接受者）标记与终点 / 方向格标记用的是同一个语法形式。

laŋ¹ 很明显有了介词的功能，如：

i⁴⁵ ɕiŋ²⁴ pɔːi³³ laŋ³³ huːn³¹ ɕi³⁵ ɕai³³ ma³¹，ʔbɔːn⁴⁵fan²⁴ mi⁴⁵ ʔdai⁴⁵ ɕaɯ⁴⁴ ha²⁴？

要老　去　从　人　借　犁　嘛，　自己　不　得　买　啊？

干嘛老去别人家借犁啊，自己不能买啊？（覃海恋）

te¹ ŋon² lɯːn² laŋ¹ kou¹ au¹ poːn³ saɯ¹ ʔdeːu¹. 他昨天向我要了一本书。

他天　昨　向　我　要　本　书　一（王晓，1997）

mɯŋ2 ɣo4 na3 θak7 pou4 laŋ1 naːm2 niŋ2 ʔbo3？在南宁你认识什么人吗？（关仕京）

你　认识　任何　位　在　南　宁　吗

壮语语法的研究与教学长期以来对壮语的名源介词熟视无睹。王晓（1997）已经十分难能可贵地观察到了 laŋ¹ 的介词功能，但是由于没有语法化的理论和视野，不知道介词的另一个常见的来源是名词，仍然坚持将"他昨天向我要了一本书"的 laŋ¹ 处理为名词。相比较而言，同一语支的泰语对名源介词的描写就比较充分。James Higbie & Snea Thinsan（2002：261—286）描写了泰语的前置词（preposition），其中有好些就来自名词，我们摘一例 reuang 如下：

Reuang 原来的名词，如：

Chan roo reuang thee kao keuy lawk fa-rang

I know affair SBR he deceive foreigners

我知道他欺骗外国人的事情。

Reuang nee mai gio kawng gap koon rawk

Matter this not ...

这件事情跟你没关系。

Reuang 用如前置词，如：

Phom pen huang reuang gan seuk-sa kawng look

I be worry about ...

我对孩子的教育问题感到担忧。

这说明，我们的研究不光要着眼汉语，也要关注跟我们有亲缘关系的泰语、老挝语等的研究。

（二）无法解释某些受汉语介词影响而产生的"汉式介词"

汉语的介词有一种很特殊的"在……上／下／里／中"，有学者称为"框式介词"。比如英语的 in，对译汉语的"在……里／中／间"，on 对译汉语的"在……上"，under 对译汉语"在……下"。英语的介词 in、on、under 在汉语中的相应表达是一个框式的结构。壮语的介词跟英语的介词一样，是单个的，如：

柳江：kɯn¹ŋaːi² jɯ⁵ hjaːn² / kɯn¹ ŋaːi² ʔdə¹ hjaːn²

吃　饭　在　家　　吃　饭　里　家

jɯ⁵ 是动源介词，相当于英语的 in、at，ʔdə¹ 是名源介词，相当于英语的 in。但是，现在壮语出现了如下的说法：

kɯn¹ ŋaːi² jɯ⁵ ʔdə¹ hjaːn²

吃　饭　在　里　家

对于这种“动源介词＋名源介词”结构，以往的壮语语法论著均无法解释。我们相信，这不是壮语的原生结构，而是“抄”汉语的框式介词“在……里”而来的结构，是晚起的格式。汉语的名源介词“里”出现在后置词的位置，而壮语的名源介词 ʔdə^{1} 受壮语语法的制约出现在前置词的位置上。

如果我们有相应的形态句法学和语言类型学的知识，就能有效地认识壮语的各种介词，也能有效地识别壮语受汉语影响而来的结构。在编纂壮文教材的时候，应有效地解释壮语后起的结构，尽量推荐壮语的原生结构。

（三）对介词悬空缺乏相应的认识

刘丹青（2002）转引 Tsunoda 等（1995）指出，前置词语言有 8%—10% 明显允许介词悬空。传统汉语语法不承认汉语的介词可以悬空①，照搬汉语的壮语语法也从未提及壮语的介词悬空现象。其实，壮语是典型的前置词语言，前置词一般有比较强的句法独立性。壮语的介词悬空比比皆是。如：

下坳：to:n^{42} ka:ŋ^{42}wa^{33} se:n^{42} məŋ^{231} ju^{13}di^{42} re:n^{33} 跟你说实话你又不信。

跟 讲 话 真 你 又 不 信（韦茂繁，2014：268）

武鸣：lɯk^{33}ŋe^{42} tø^{42}tup^{33} wun^{42} pi^{33} ke:k^{55} la^{33}，mɯŋ^{42} ɕi^{42} ku^{33}ma^{42} pi^{33}ɕou^{35} tup^{33}？

小孩 相打 人 去 隔 啦， 你 却 做 啥 去 和 打

小孩打架人们要去劝架啊，你怎么去帮着打？（韦景云等，2011：458）

龙州：me^{6}pa^{3} ŋa:i^{2} la:i^{5} ɬe^{1}，pin^{3} tɕau^{6} ɕau^{5} ju^{5} ɯ.

姐姐 捱 拉 着 于 是 就 和 住 了

姐姐被拉住，于是，就跟（他）同住了。（张均如等，1999：905）

ʔun^{33}kən^{21} ba:t^{55} ha:i^{55} ja^{55} ne^{55}，ʔi^{55} luk^{21} ɬə:n^{21} tɕau^{11} thai^{55} hu^{33} hɯ^{24}

位 人 一下 死 了 呢 些 子 家 就 剃 头 给

那个人一死，家里人就给他剃头。（李方桂，1947/2005：156）

靖西：te^{1} ɬɔŋ^{5} ke^{2} ɬai^{5}？ te^{1} ɬɔŋ^{5} ɕek^{7} hɔ:i^{3} 他送什么？他送书给（我）。

他 送 什 么？他 送 册 给（黄阳，2010：89）

壮语研究中首次提及介词悬空的是黄阳（2010）。黄文提及靖西壮语的与格 / 受益格介词能悬空。而覃凤余等（2016）描述的东兰壮语，几乎所有的介词都可以悬空。介词悬空是台语支的一个语族共性，傣语、泰语、老挝语都发现有。

傣语：xɔi^{3} tsak^{7} pai^{1} ʔau^{1} ja^{1} ma^{2} sai^{5}h ɯ^{3} 我去取药来给你敷上。

我 要 去 取 药 来 施 给（罗美珍，2008：239）

nai^{2} ba:n^{1} bau^{5} ma:i^{1} ka:n^{3} saʔ^{7}xiʔ^{7} h ɯ^{3} 村里不打证明给（我们）。

里 村 不 写 单子 证明 给（罗美珍，2008：114）

泰语：phĩi cà sɯ́ɯ rót hây ná 哥哥我会给你买辆车哦

哥 将 买 车 给 哦（Iwasaki，2005：341）

---

① 介词悬空（preposition stranding）是生成语法的重要概念，指在 w ｜ r 移位（w ｜ r movement）中，只移动 w ｜ r 短语，而介词留在原位不动。比如“Which girl did you give the book to？”刘丹青（2002）对介词悬空的定义为：介词所统辖的 NP 因某种句法程序而出现在句子的其他位置，不再与介词直接相连。本文所说的介词悬空，遵从张谊生（2009）的定义，指任何一个介词后面没有宾语的现象，范围比生成语法的要宽得多。

老挝语：khuang1 maj4-khòòn4 saj1

throw wood-bat put

（They）throw pieces of wood at（it）（Enfied，2007：283）

由于照搬传统汉语介词的框架，壮语研究对壮语的介词悬空视而不见，妨碍了壮语语法特点的挖掘。介词悬空是造成壮语语法史上若干重要的语法化和词汇化现象的重要原因。有了介词悬空的认识，我们可以对很多其他的语法现象做出合理的解释。比如武鸣壮语有一种祈使句：

pjaːi3 vaːi5tɯk7，ʔbou3mi2 ɕou6 pjaːi3 ʔbou3 taŋ2 pɯ1

走 快 着 不然 就 走 不 到 喽

快走！不然就走不到的。（广西壮族自治区民语委研究室，1988：104）

祈使的语气词是 tɯk7，tɯk7 在北部壮语中是“放置”义。壮语很多方言的“放置”义动词有祈使语气的功能，如：

忻城：mən21 θɯːi33 ɣeːk33 ɕo33 你洗锅吧。

你 洗 锅 放（何霜，2011：1987）

邕宁双定：kuk7 plak7 tsou2 tiːu6 做晚饭吧。

做 饭晚饭 放（覃凤余、田春来，2014）

宜山：hai1 pak7 tu1 se1 /θɯt7 把门打开。

开 口 门 放/放（覃凤余、田春来，2014）

靖西：ni6 paːŋ1 ŋo6 pu6 an1 taːn5ɕe5 po6 你帮我扶一下单车吧。

你 帮 我 扶 个 单车 吧（覃凤余、田春来，2014）

我们认为放置义动词演变为祈使语气词，中间就经过介词悬空这一环节。（相关研讨参见覃凤余、王全华《从壮语看汉语史“着”表祈使语气的来源》，待刊）

五、补语

汉语语法一般所谓六大句子成分，即主谓宾定状补。定语是人类语言的普遍概念，指名词的修饰成分。有的语言定语前置，如汉语；有的语言后置，如泰语；有的同一个语言既有前置又有后置，如英语形容词定语前置，beautiful girl（漂亮的姑娘），关系从句定语后置，the girl who is the most beautiful in my class（我们班最漂亮的姑娘）；即便同是领属定语，teacher's book（老师的书）前置，而 the book of teacher（老师的书）后置。状语是人类语言的普遍概念，指动词的修饰成分。状语理论上也有前置和后置两个位置，古汉语一般后置，如“议于廷”，现代汉语一般前置，如“在大厅商讨”。现代英语的状语以后置为常，如：I bought a second-hand car cheaply from Nelson Garage with my sister yesterday（我昨天跟姐姐一起从纳尔逊修车厂很便宜地买到了一辆二手车）。也有少量后置，如上面这句，yesterday 就可以前置，Yesterday，I bought a second-hand car cheaply from Nelson Garage with my sister。

现代汉语的情况是：名词的修饰成分叫定语，位置在名词前；而动词的修饰成分，有两个位置，两种叫法，动词前的叫状语，动词后的叫补语，如：“他早走了”与“他走早了”。两句的“早”都是动词“走”的修饰成分，前句的“早”分析为状语；后句的“早”分析为补语。按照汉语的逻辑，英语中名词的修饰成分，前置和后置也应该分开叫，beautiful girl（漂亮的姑娘）的 beautiful 叫定语，the girl who is the most beaytiful in my class（我们班最漂亮的姑娘）的 who is the most beaytiful in my class 得另外叫一个名称。

而动词的修饰成分，前置和后置也得分开叫，speak clearly 的 clearly 是补语，clearly speak 的 clearly 是状语。对于瓦语这类动词的修饰成分只能后置的语言来说，我们就得说瓦语只有补语没有状语。实际上，这样的分析是荒唐的，没有哪个语法学家采用这样的分析。因为状语是人类语言普遍具有的基本句法成分，而补语不是。从人类普遍语言的情况来看，定语是名词的修饰成分，无论前置于名词还是后置于名词，都叫定语；状语是动词的修饰成分，无论前置于动词还是后置于动词，都叫状语。可见，现代汉语对动词的修饰成分纯粹以位置的先后离析出状语和补语两种不同的句法成分，实在是现代汉语特设的概念。

壮语完全接受了汉语的主谓宾定状补的句法分析框架。原生壮语的定语，一律后置。但晚近以来受汉语的影响，壮语也出现了在名词前的定语，如：

waŋ^{31} jiɑn^{31} ŋwai^{24} ti^{33} høi^{24} . 王员外的家奴。

王　员　外　的　奴仆

ʔbɑu^{55} mi^{33} pø^{13} ʔbɑu^{55} mi^{31} me^{13} ti^{33} lɯk^{12} . 无父无母的孩子。

不　有　父　不　有　母　的　小孩

kai^{24} pek^{55} θiŋ^{24} ti^{33} lɯk^{12} θau^{33} . 老百姓家的姑娘。

些　百　姓　的　小孩　女孩

（摘自李方桂《武鸣土语》）

一般壮语语法著作并未区分前置和后置的定语，统统叫定语。但是，唯独壮语，以位置的前后区分状语和补语。《壮语简志》称：“介词结构可以放在动词前面和后面作状语和补语。”覃晓航（1995）、王晓（1997）更是将这种位置决定论发挥到了极致。覃、王都在论文中称：“汉语中，状语的正常位置一律在谓词之前，补语的正常位置一律在谓词之后，作状语的词移到谓词的后边一般都成了补语。也就是说，一个词在谓语的前后位置将决定它的作用（或“成分”）……壮语在这一点上，与汉语是一致的。……据此，我们把壮语谓语后边的非宾语成分（除开少数倒装的状语）都视为补语 。”据《壮语简志》、覃晓航（1995）、王晓（1997），下例左边的为状语，右边的为补语：

jou^{5} ɣa:n^{2} naŋ^{6} | dɯn^{1} jou^{5} pja:i^{1} pja^{1}

在　家　坐　　站　在　顶　山

jɯ^{5} hja:n^{2} kɯn^{1} ŋa:i^{2} | kɯn^{1} ŋa:i^{2} jɯ^{5} hja:n^{2}

在　家　吃　饭　　吃　饭　在　家

Gou vaiq bae | gou bae vaiq

我　快　去　　我　去　快

si:n^{1} pai^{1} | pai^{1} ko:n^{5}

先　去　　去　先

比较一下同语支的境外老挝语、泰语，没有哪个语言设有像汉语、壮语的“补语”这么一个句法概念的。类型学的研究成果表明，壮语这类语言动词的修饰成分以后置于动词为主（kɯn^{1} ŋa:i^{2} jɯ^{5} hja:n^{2} 吃—饭—在—家），而前置于动词的语序（jɯ^{5} hja:n^{2} kɯn^{1} ŋa:i^{2} 在—家—吃—饭）是晚近受汉语影响而来。照《壮语简志》、覃晓航（1995）、王晓（1997）的意见，壮语如果不受汉语的影响，动词的修饰成分主要是补语，而前置的状语在壮语中是很不发达的。照这一推理，同样可以说，古代汉语补语发达，状语也很不发达甚至没有状语；泰语补语很发达，状语不发达或几乎没有状语。这样的结论是荒唐的，没有人会接受一个语言有补语而没有状语这样的语法描述。另一方面，位置决定论分析出来的状语和补语，除了给相关的词语贴上空洞的标签外，看不出有什么实际的意义，因为“吃饭在家”与“在家吃饭”，“先去”与“去先”意义并无差别，分别贴上状语或补语的标签，对我们认识语言结构帮助不大。

月“补语”指谓词后面非宾语的成分，这是现代汉语特设的概念。特设的背后是有原因的，也就是说，现代汉语有特殊的需要。这特殊的需要是什么呢？有学者认为汉语的补语是两种语义、语用功能句法化的结果，一是像似性认知原则的句法化，另一条是焦点居后的语用规则句法化（刘丹青，2008：74）。“经济缓慢增长”和“经济增长缓慢”，前者的“缓慢”是状语，后者的“缓慢”是补语。前者的语义重点在“增长”，全句还是肯定了经济在增长，语义是正面的。后者有两点要注意：其一，听说双方都知道“增长”是事实；其二，这个“增长”不是新信息，句子强调的重点不在“增长”，而是强调经济增长所呈现出来的状态是“缓慢”，全句的语义则是负面的。在显性的标志方面，前置的状语用“地”，“经济缓慢地增长”；而后置的补语用“得”，“经济增长得缓慢”。

现代汉语分析为“动—补”的，都有特别的语用功能。一方面“动”先发生，“补”后发生，遵循先“动”后“补”的时间顺序；另一方面焦点强调都要落在“补”上。壮语的这两条原则都未发生句法化（分析详后），并不具备汉语那样的特殊需求，单单以后置于动词之后，就称为“补语”，导致壮语的“补语”与汉语的“补语”总是对应不上。于是覃晓航（1995、2004）把跟汉语对不上的“补语”称为“特有补语”“特殊补语”。我们将现代汉语的补语与壮语的正常补语和特殊补语做一番比较：

现代汉语		壮语的正常补语（韦庆稳，1985）			壮语的特殊补语（覃晓航，2004）	
结果补语	打死、喝醉	结果补语	带 daengz\dwk\ndaek	Beng soh 拉—直	使成结果补语 （带 dwk/ndaej）	Dub sieng 打—伤
趋向补语	走来、爬起来	程度补语		Sang- lai 高—多	方式补语	Gwn ndip 吃—生
可能补语	走得远、跳不高	状态补语		Beng raezraez ne 拉—长—长—的	可能补语	Coih ndaej 修—得
带“得”的副词性程度补语	好得很				比况补语	Sij nyauj 写— 鸡爪
带“得”的谓词性情状补语	唱得很动听	趋向补语		Gai bae 卖—去	原因补语	Dai nit 死—冷
带“得”的谓词性结果补语	累得倒在田里	时间补语		Cae gonq 犁—先	象声补语	Diuq gwj cum 跳—？ — 扑嘣
带“得”的小句补语	说得大家都笑了	感觉名词补语（带 lumj）		Hom makbug 香—柚子		
不带“得”的副词性程度补语	好极了	比较补语		Laeg gvaq haij 深—过—海		
动量补语	跑了两趟	疑问补语		Ndaem caengz 种—未曾	数词补语	Rauq ngeih 耙—二

（续上表）

现代汉语		壮语的正常补语（韦庆稳 1985）		壮语的特殊补语（覃小航，2004）	
时量补语	住了半年	量词补语 （带 baenz）	Raez conq 长—寸	量词补语	Heq gaiq 割—块
介词结构补语	走在路上、开到北京、来自民间	介词结构补语	Ma coh meh 回—向—妈 Suenvaihvihyiengz 园—坏—为—羊		

比较一下粤语。副词居于动词之后在粤语中也很常见，如“你行先”“食啲嘢先”“食碗添”“走晒”。这些副词在粤语研究的论著中都没有被当作补语，而是被当作状语处理。结构上它们确实跟“打死”“食饱”一类最相近的结果补语不同。结果补语大都可以加变成表可能或表状态的补语，如“打得/冇死”、“食得/冇饱”（可能）、“食得饱饱嘅”（状态）。而“行先”无法有“行得/冇先”“行得先先嘅”。壮语也一样，pai^1 ko：n^5 无法有相应的结果补语或状态补语。

更重要的是，汉语的补语是象似性认知原则的句法化以及焦点居后的语用规则句法化，壮语中这两条语用规则也有作用，但是未发生语法化。所谓象似性认知原则，指语言的句法结构模仿人类的活动。比如，时间顺序象似性，句法结构的排列顺序也遵循客观世界的时间顺序，“开到北京”，“开”是动作，“到北京”是终点，要先发生动作“开”才能“到北京”。“打死”“食饱”确实在时间顺序上是象似的，先“打”然后“死”，先“食”然后“饱”。时间顺序象似性是语用规则，在不同的语言中起的作用是不同的。这条规则在汉语中比壮语严格，甚至已经上升为句法规则 。壮语中占主导地位的还是句法规则。壮语的句法规则是：核心居前，附属的修饰成分一律居于核心之后。动词是核心，动词的修饰成分一律居后，结构为“动词+修饰成分”，修饰成分所代表的状态无论在发生在动词前、动词后，还是与动词同时发生，都在后面，即句法规则高于时间顺序原则。比如pai^1 ko:n^{5}完全没有“先发生pai^1（去）的动作，然后再出现ko:n^5（先）的方式或状态”这样的解读。覃晓航（2004）列举的8种特殊补语，语感上之所以认为“特殊”，就是因为其中大多数不符合时间顺序象似性的认知规则，比如Gwn ndip（吃—生），不可能是先发生“吃”的动作，然后才呈现出“生”的状态，Dai nit（死—冷）更是相反，先有“冷”，才有“死”。汉语里补语的显性标志是“得”，“得”后所出现的所有性状、程度等都发生在动词之后。壮语的显性标记是dwk（北部）、hɔi^3/ hai^3（南部）①，dwk、hɔi^3/ hai^{3}后的状态、程度、方式等，有的就不一定发生在动词后。如：

武鸣：goeng cawj de ae dwk gaeb

个 主人 那 咳嗽 着 喀喀（白丽珠，2001：376）

te^1 hau^3 o:k^7 ɕuŋ^3 riu^3 tai^6 jiən^1 tɯk^7 nuŋ^{3}neŋ^3 reŋ^1。

他 进 出 总 提 袋 烟 着 吊 荡 貌（袁家骅、张元生，1958）

① 吴福祥（2010）：壮语 ndaej 做补语标记，源于接触导致的语法化，是受汉语的影响。所以，北部壮语的显性标志是 dwk，南部壮语是 hɔi3/ hai3。相关研讨参见覃凤余《壮语方言源于使役动词的状语标记》（2016）。

邕南：kən¹ hai³ waːi⁵ ti¹，　taŋ³ jaːp⁷ teːm⁶ suːi⁵ na：ŋ¹ hai³ muŋ²

吃 给 快 些 以便一会 再 洗 身 给 你

靖西：i⁵ lok⁸ eŋ¹ kei³ non² hɔi³ kjɔn¹

个 孩 小 这 睡 给 呼噜

武鸣第一句，咳嗽发出喀喀的响声，喀喀的声音跟咳嗽的动作是同时发生的，很难说先发生“咳嗽”的动作，再呈现出“喀喀”的状态。武鸣第二句，“提烟袋”与“吊荡貌”也难说有先后关系，“吊荡貌”与“提烟袋”是相伴随着的。邕南句是提出要求的祈使句，“吃”这一动作还没发生，“快些”显然不是“吃”已然发生之后呈现的状态，而是说话者要求听话人以“快些”的方式来进行“吃”的动作。靖西句，“呼噜”这一状态也是与“睡”同时发生的。

再看焦点居后的语用规则。汉语的“动补结构”，“动”是已知的、次要的背景信息，“补”才是焦点所在。但凡说话人要突出或强调“补”，都可以用“得”。而壮语，这条规则并不是很显著地发挥作用。一方面，不是所有的“补语”都可以加 dwk、hai³ / hɔi³，如 Gwn ndip（吃一生），另一方面，加了显著标志 dwk、hai³ / hɔi³ 并未起到强调后面的修饰成分的作用。上述武鸣、邕南、靖西的几个带 dwk、hai³ / hɔi³ 的例句，要翻译的话，译为前置的带“地”或不带“地”的状语似乎顺畅一点，当然要译为后置带“得”的补语也勉强可以，有点别扭。如武鸣第一句：主人喀喀喀地咳 / 主人咳得喀喀的响；武鸣第二句：他进进出出总是提着个烟袋，吊囊囊的样子 / * 他进进出出总是提着个烟袋，提得吊囊囊的；邕南句：快吃，等一会儿给你洗澡 / * 吃得快快的，等一会儿给你洗澡；靖西句：这个小孩呼噜呼噜地睡 /* 这个小孩睡觉睡得呼噜呼噜的。这从另一个侧面证明，壮语中的显性标志 dwk、hai³ / hɔi³，既能跟汉语的“得”对应，也能跟“地”对应，本质就是状语。也就是说，动词的修饰成分，在壮语中只用一个显性标志，而在汉语中则分开用两个标志，前置的用“地”，后置的用“得”。做汉壮翻译的专家在这方面体会更为深刻。莫克利在 2016 年出版的《壮汉语同步教材翻译之商榷》一书中指出：壮汉语同步教材中，常用壮语的 dwk 来对译汉语前置的带“地”或不带“地”的状语。莫文认为译为后置的修饰语更为恰当：

例句	教材	莫文推荐
紧紧相拥	gaenjgaenj dwk got	doxgot ndaetndwng
小心翼翼	siujsim dwk	siujsim riri

汉语的“地”还能将两个小句整合为状中结构，壮汉语同步教材也用 dwk 来对译，如：他收其铁罐，毫不犹豫地跑出家门—— De sou hwnj guenqdiet ，di hix mbouj lawq dwk buet ok dou ranz；莫文建议拆分为两个小句更好，即 De sou hwnj guenqdiet，mbouj lawq saek di buet ok dou ran。

壮语在象似性认知原则及焦点居后的语用规则这两方面都没有发生语法化。原生壮语动词的修饰语在动词后面，其性质就是状语，套用汉语的“补语”这一术语，必然带来诸多麻烦。与其像覃晓航（1995、2004）那样在汉语补语的桎梏下修修补补，还有如此多的“特殊”，还不如干脆地说：汉语的“补语”不适合壮语，解决不了壮语的问题。我们要用人类语言普遍的形态句法框架来处理壮语。按照普遍的形态句法理论，动词的修饰语无论出现在动词前还是动词后，都是状语。是到了该放弃“补语”这一汉语特设的术语的时候了。这方面已经有了先行者，如韦景云等《燕齐壮语的参考语法》（2011：189）就把动词后出现的副词称为状语，而不再称补语。明确提出将动词后的修饰语都叫状语并且动词与修饰语之间的标志都称为“状语标记”的是覃凤余《壮语方言源于使役动词的状语标记》（2016），可参见。

有必要再次澄清一下论著中使用“补语”这一术语的真正含义。《燕齐壮语的参考语法》（2011：

294—300）专门用一节的篇幅来描述“补语结构”。这一节把两个不相关的含义混为一谈了。书中的第一个含义指宾语从句。这个含义是现代语言学中称为“补足语 complement”的意思的延伸。现代语言学中，“补足语 complement”是一切动词论元的总称，连主语都包括在内。如果是小句充当了动词的主语宾语，那么这些充当补足语的小句就叫补足语从句。补足语从句的标记（关系代词、连词等）就被称为 complementizer，意思是把小句补足语化了的标记。总之，“补足语 complement”的主要性质是名词性的或小句性的。《燕齐壮语的参考语法》说的宾语从句就是补足语从句，可看出《燕齐壮语的参考语法》在努力向普遍的形态句法学靠拢。书中的第二个含义，就是汉语“补语”，以 ndaej\dwk 为标志的补语，其性质基本是副词性或谓词性的。两个含义是不同性质的东西，要分开来看。

六、结语

本文以量词、形容词、介词、补语为例，谈了研究壮语语法的思路和框架。壮语语法在建立框架之初，借助了汉语的理论和框架，就像个呀呀学语的孩子，及时地拄上了汉语这副坚实的拐杖。经历半个世纪的风雨洗礼，壮语的研究在逐步走向成熟，我们不能再全身倚靠汉语这付拐杖了，要适当地抽身站直，看清自己的路跟汉语的路有哪些不一样，从而考虑该如何走出一条自己的道路。我们希望越来越多的年轻同仁一起来探路，我们也希望部分研究成果能应用到学校教学、壮汉翻译等领域。愿壮语的明天越来越好！

【参考文献】

[1] Enfield，Nick J. A Grammar of Lao[M]. New York：Mouton de Gruyter，2007.

[2] Iwasaki，Shoichi & Ingkaphirom，Preeya. A Reference Grammar of Thai[M].Cambridge University Press，2005.

[3] Richard B Noss .Thai Reference Grammar[M].Washington，D.C.：Foreign Service Institute，1964.

[4] 白丽珠 . 武鸣壮族民间故事 [M]. 北京：民族出版社，2001.

[5] 陈芳 . 巴马壮语语法研究 [D]. 广西大学硕士学位论文，2010.

[6] 广西壮族自治区壮文工作委员会研究室 . 壮汉词汇 [M]. 南宁：广西民族出版社，1958.

[7] 广西壮族自治区民语委研究室 . 壮语量词 [M]. 南宁：广西民族出版社，1988.

[8] 广西壮族自治区民语委研究室 . 武鸣壮语语法 [M]. 南宁：广西民族出版社，1988.

[9] 何霜 . 现代壮语句法 [M]. 南宁：广西民族出版社，2014.

[10] 黄美新 . 大新壮语形容词研究 [D]. 中央民族大学博士学位论文，2010.

[11] 黄阳 . 靖西壮语语法研究 [D]. 广西大学硕士学位论文，2010.

[12] 晋风 . 对壮语量词研究中几个论点的商榷 [J]. 中南民族学院学报，1982（2）.

[13] 蓝利国 . 名与实：对壮语所谓量词的重新认识 [A]//. 第一届侗台语族国际研讨会论文集 [C]. 未刊稿，2008.

[14] 李方桂 . 武鸣土语 [M]. 北京：清华大学出版社，2005.

[15] 李方桂 . 龙州土语 [M]. 北京：清华大学出版社，2005.

[16] 李旭练 . 都安壮语形态变化研究 [M]. 北京：民族出版社，2011.

[17] 梁敏．壮侗语族量词的产生和发展 [J]. 民族语文，1983（3）.
[18] 林亦，唐龙．壮语汉达话第三人称代词 [J]. 民族语文，2007（3）.
[19] 刘丹青．语法调查研究手册 [M]. 北京：商务印书馆，2008.
[20] 蒙元耀．壮语物量词的指代用法 [A]//. 壮语言文学探索：纪念壮语言文学学科重要开创者张元生教授（一）[C]. 北京：中央民族大学出版社，2009.
[21] 覃凤余．壮语源于指示词的定语标记——兼论数词“一”的来源 [J]. 民族语文，2013（6）.
[22] 覃凤余，田春来．从平话、壮语看“着”表使役的来源 [J]. 汉语史学报，2014.
[23] 覃凤余．壮语方言源于使役动词的状语标记 [J]. 民族语文，2016（2）.
[24] 王钧，欧阳觉亚，韦庆稳等．壮侗语族语言简志 [M]. 北京：民族出版社，1984.
[25] 覃凤余．壮语分类词的类型学性质 [J]. 中国语文，2015（6）.
[26] 张元生，覃晓航．现代壮汉语比较语法 [M]. 北京：中央民族学院出版社，1993.
[27] 孟飞雪．语言接触视野下的壮语方言人称代词研究 [D]. 广西大学硕士学位论文，2016.
[28] 覃国生．壮语柳江话动词、形容词的后附成分 [J]. 民族语文，1981（4）.
[29] 覃晓航．壮语特殊语法现象研究 [M]. 北京：民族出版社，1995.
[30] 王晓．关于壮语语法若干问题的商榷 [J]. 中央民族大学学报，1991（1）.
[31] 韦达．从壮语与古汉语相同的语法现象看壮汉语的关系 [A]//. 壮语言文学探索：纪念壮语言文学学科重要开创者张元生教授（一）[C]. 北京：中央民族大学出版社，2009.
[32] 韦景云，何霜，罗永现．燕齐壮语参考语法 [M]. 北京：中国社会科学出版社，2011.
[33] 韦茂繁．下坳壮语参考语法 [M]. 南宁：广西人民出版社，2014.
[34] 韦庆稳，覃国生．壮语简志 [M]. 北京：民族出版社，1980.
[35] 韦庆稳．壮语语法研究 [M]. 南宁：广西民族出版社，1985.
[36] 小航，文安．壮语类属词头与壮语量词的关系 [J]. 广西民族学院学报，1988（4）.
[37] 袁家骅，张元生．武鸣壮语词法初步研究 [M]. 南宁：广西民族出版社，1958.
[38] 张均如，梁敏，欧阳觉亚等．壮语方言研究 [M]. 成都：四川民族出版社，1999.
[39] 张元生．武鸣壮语的名量词 [J]. 民族语文，1979（3）.
[40] 张元生．武鸣壮语名量词新探 [J]. 中央民族学院学报，1993（4）.
[41] 郑贻青．靖西壮语研究 [M]. 北京：中国社会科学院民族研究所，1996.
[42] 朱德熙．语法讲义 [M]. 北京：商务印书馆，1982.
[43] 朱婷婷．广西田阳壮语“po~4（放）”的语法化 [J]. 钦州学院学报，2015（10）.

浅谈壮族俗语的内容、结构、押韵及翻译策略

杨兰桂[①]

“俗语”，壮族人叫 vahsug。由于壮族俗语大都蕴含比喻，因而不少壮语方言又把“俗语”叫做 vahbeij，即含有比喻的话。壮族俗语是壮族人民在社会生产生活中创造出来的一种通俗并广泛流行的定型语句，内容广泛，口语特色鲜明，生活气息浓郁，不愧为壮语的精华。它巧妙地运用了比喻、夸张、对仗等修饰手法，具有简洁明快、形象生动、富有韵律、朗朗上口的特性，突显壮族俗语的艺术特色。研究壮族俗语，对了解壮族的语言文化、风土人情、民间文学具有重要的参考价值。与汉语相比较而言，这里所探析的壮族俗语包含谚语、成语、歇后语、格言、警句等。当前，有大量的壮族俗语还没被翻译出来，需要翻译界的同仁继续努力。如何才能翻译好壮族俗语，让更多的人了解它，是本文所要探讨的问题。

一、壮族俗语涵盖内容十分广泛

壮族俗语简练、通俗、含义深刻，涵盖内容十分广泛。就其内容而言，大致可分为六大类：

（一）生产经验

我们都知道，种植农作物是有季节性要求的。抓紧季节，适时种植，才能确保有好收成。壮族俗语中有很多是生产经验的总结。比如：Ndwencieng ganj hongreih，ndwenngeih ganj hongnaz（正月赶畲地活，二月赶水田活），说的是旱地的作物（玉米、南瓜等）要在正月里播种完毕，二月就转入水稻的育秧栽种；goekhawx ndaem hing，cingmingz ndaem biek（谷雨时节种姜，清明时节种芋），此句指出了种姜、种芋的最佳时节，是农民宝贵生产经验的准确总结。

（二）气象规律

对于刮风、打雷、下雨等大气的状态和现象，有些动物是能预先感知的。比如：Moed daeh gyaeq，raemx dumh biengz（蚂蚁搬蛋，洪水泛滥），蚂蚁能预知洪灾，它们成群结队把蛋搬离蚁穴，说明要下大雨发洪水；haet fwj bya haemh fwj bya，mbouj miz raemx haeuj naz（早晚都有鱼鳞云，天旱没有水灌田），在早晨或傍晚，当我们看到天空的云是鱼鳞状时，就知道近段时间不会下雨，农田灌溉会有困难，要做好抗旱准备工作。

（三）生活常识

很多壮族俗语中包含十分珍贵的生活常识。理解并掌握这些俗语，对我们的生活大有裨益。比如：

① 杨兰桂，女，壮族，广西民族报社总编辑，译审。

Gwn ndei mbouj yawz seizsaiz（吃得好不如睡得好），说的是即使吃山珍海味，如果睡不好，人的身体状况也不好，提醒人们自我调节，注意休息；dwg yw sam faen doeg（是药三分毒），说的是不论什么药，都含有一定的毒性，所以用药要十分谨慎，不能随意吃药。

（四）人生哲理

富有人生哲理的壮族俗语，有的能催人奋进；有的鞭挞社会丑恶现象；有的鼓励人们勤劳致富。如：Hwnq romh fatcaiz，ninz gvaiz hojndoq（早起发财，晚起贫穷），早起干活，勤恳劳作，能创造财富，相反，懒惰怕苦，太阳高挂还赖在床上，注定要贫穷，警示人们幸福不会从天而降，勤劳才能发家致富。

（五）婚嫁、伦理观念

透过一些壮族俗语，我们可以窥视到壮族人的婚嫁、伦理观念。如：Aeu bouxbaz mbouj saih，vaih bae geij ciuh vunz（娶个糟糕妻，坏去几代人），说的是娶了不会持家的老婆，害得几代人都没好日子过，说明一个主妇对家庭的重要性，提醒男子在婚恋择偶时要选择心灵手巧、精于谋划、勤俭持家的女子；yag vax ciuq yag vax，yag haz ciuq yag haz（瓦房檐水滴对滴，茅屋檐水滴对滴），说的是屋檐滴水都滴在同一地方，喻示不孝顺老人的人，自己的后辈也会有样学样，到自己年老体弱时也会遭受同样的遭遇，告诫人们要孝顺老人，做好榜样。

（六）宗教信仰

比如：Moh cangq bak lungz，ranz gungz bienq fouq（葬墓龙口，穷变富有），坟墓葬在龙口这样的风水宝地，贫穷之家会变得富有。从这个俗语可以看出壮族人的宗教信仰。对这类俗语，我们要用科学的观点去分析，去粗取精，去伪存真。

二、壮族俗语的多样结构

（一）句子长短不一

壮族俗语句子有长有短，没有固定统一的句式。比如：aeu rwz cauq（要锅耳），意指强人所难，这个俗语是单句，只有3个音节，句子较短；aeu lumj duzrwi gaenx aeu va，gaej hag duzma gag ciengx bak（要像蜜蜂勤采花，别学懒狗顾嘴巴），这个俗语由2个句子构成，每个句子7个音节，句子稍长；cieng coit doek fwn haeux rim mbung，cieng coit mbouj fwn mbung cix sied（正月初一落雨谷满囤，正月初一无雨谷囤降），这个俗语有两句，每句有8个音节。此外，还有的壮族俗语每句多达9个音节的。

（二）壮族俗语句式主要有单句式、双句式、四句式等

1. 单句式俗语

单句式俗语句式简洁、言简意赅、形象生动。比如：duet vaq ok roet（脱裤子放屁），意指多此一举；gag yaekij gag riu（自胳肢自笑），意指自娱自乐。

2. 双句式俗语

双句式俗语结构形式匀称，分上下两句，就像对联一样，两句前后照应，相辅相成，共同把内容

表述得充分而完备：Cin doek ceh，cou gvej haeux （春播种，秋收谷）；duzfungh bwn loenq mboujyawx gaeq，vuengzdaeq buh vaih mboujyawx minz （凤凰落毛不如鸡，皇帝衣烂不如民）。

3. 四句式俗语

四句式俗语能够表达一个比较复杂的话题，逻辑性强，文思缜密，内容完整。比如：Duzgaeq mbouj miz faenz，gwn baenz gaen haeuxraeh；duzndwen mbouj miz saej，lij ok haex baenz dong（鸡仔没有牙，吃论斤谷子；蚯蚓没有肠，还拉屎成堆）。又如：Duzmaet yienznaeuz iq，cungj lij ndaej haeb vunz；duzciengh yienznaeuz hung，haeb duznyungz mbouj dawz（跳蚤虽然小，还能够咬人；大象虽然大，却咬不着蚊）。

壮族俗语句式长短不一，灵活多样，在不同的场合使用不同的句式，表达得体，生动形象，令人印象深刻。

三、壮族俗语的押韵情况

壮族俗语简练明快、富有节奏感，尤其是双句式、四句式俗语，对仗工整。如：Bak bouxlaux baenz yw，haex duzcwz baenz haeux（老人话成药，黄牛粪成米），bak—haex，bouxlaux—duzcwz，baenz—baenz，yw—haeux，上句与下句字数相等，句式对称，词性相同，内容相关，相辅相成。

壮族双句式、四句式俗语为对偶俗语，讲究押韵。押韵的壮族俗语，韵律优美，独具艺术风格，读起来朗朗上口。押韵方式主要有：

1. 以押脚腰韵为主

如：Haq deng gvan guhdoj，ciuhvunz hoj daengz dai（嫁给赌博夫，一辈子辛苦），doj 和 hoj 押脚腰韵；goekhawx fwn mbouj doek，dah mboek moed gwn bya （谷雨不下雨，河干蚁吃鱼），doek 和 mboek 也是押脚腰韵。

2. 押脚头韵

如：Son naeuz ndaq，haq naeuz gai （教说骂，嫁说卖），ndaq 和 haq 押脚头韵；ae lai hoz byoj，doj lai baih gya（咳多喉哑，赌多败家），byoj 和 doj 也是押脚头韵。

3. 押脚韵

如：Aen gyong boiq aen laz，boux gvan boiq boux baz（一鼓配一锣，一公配一婆），laz 和 baz 押脚韵；bak cim loek cix cek，bak geuz loek cix ndek（缝错就拆，剪错就丢），cek 和 ndek 为押脚韵。

四、壮族俗语的翻译策略

壮族俗语在壮族群众中广泛流传，是壮族语言的精华，日常交际使用频率极高。它的使用，使壮族群众的口语交际或形象生动，或风趣幽默，或喻义深广。要翻译好壮族俗语，可从如下几个方面入手：

（一）结构的处理

1. 单句式的结构处理。

在翻译单句式俗语时，遵循精练、达意的原则，译语与原语的字数不一定等同。

如：Yaek ok haex cij daeuq cingj

屎 急 才 挖坑（与“临时抱佛脚”意思相同）

又如：soengq noh haeuj bak guk

虎　口　送　肉（意指有去无回）

2. 双句式、四句式的结构处理

在翻译过程中，依照壮族俗语原有的音节数进行翻译，即尽量使译语与原语字数相同。

例如：Faenz yaek lai cix gon，rwz mbon lai cix nuk

牙　剔　多就空，耳　掏　多就聋

又如：Bouxrox caeuq bouxrox gangjgoj，bouxhoj caeuq bouxhoj gapcaen

智者　和　智者　谈天，　穷人　和　穷人　合亲

（二）押韵的处理

壮语和汉语是两种不同的语言，要在译语中保留押韵，难度极大。目前的壮族俗语翻译中有一种译法为不保留原语的押韵形式，然而这种译法值得商榷，因为译语已韵味全无。比如：Aeu guk ma guh lwg，lau mwngz dwg naeng humz（要虎来做儿，怕你是皮痒），原语中“lwg”和“dwg”押韵，即壮族俗语中常见的“脚腰”押韵，读起来具有音韵美，而译语“儿”和“是”不押韵，缺失音韵美，可译为“要虎当儿养，你皮痒找累”；aeu mou bae cang guk，vunz huk cang guh gvai（要猪去装虎，笨人装做乖），原语中“guk”和“huk”押韵，译语“虎”和“笨”不押韵，缺失韵味，可译为“要猪去装虎，笨人徒装乖”。这两例译句虽然翻译出了原语的意思，但译语没有了原语中的押韵，读起来让人觉得生硬干涩，索然无味。既然押韵在翻译中十分重要，那么，该如何处理呢，在翻译实践中，可遵循如下两个原则：

1. 按照汉语末字押韵的方法来处理，即双句押尾韵

例如：Gwn haeuxceh，gvej hozsae（吃谷种，割喉咙），原语“ceh”和“gvej”押脚腰韵，译句“种”和“咙”押尾韵；ae vunz guhhong mwngz mbouj guh，ae vunz daenj buh mwngz lohgengz（人家做工你不做，人家穿衣你赤膊），原语“guh”和“buh”押脚腰韵，译句“做”和“膊”押尾韵。

2. 按壮语独特的押韵方式来翻译

壮族俗语之所以读起来朗朗上口，听起来悦耳动听，是因为它具有独特的韵律，才使得它易于记忆，便于诵读，广泛流传。因此，在翻译壮族俗语时，遵循壮族俗语原有的押韵方式进行翻译是非常必要的。例如：Langh vaiz lumz daiq mauh，guh dauh lumz daiq gyong（放牛忘带帽，做道忘带鼓）；yaxmonz laeg lumj haij，iugvaiq daeuz gvaq mbwn（衙门深似海，妖怪大过天），这两句译语按壮族俗语最常见的“脚腰韵”押韵方式进行翻译，“帽”和“道”、“海”和“怪”分别押脚腰韵；aeu youz bae rwed va，mbouj miz maz ndeicawq（拿油去淋花，啥好处都没），译语按壮族俗语“脚头韵”的押韵方式进行翻译，“花”和“啥”押脚头韵。如此翻译，译语保持了原语的韵律，保持了原语抑扬顿挫的旋律，能让其他兄弟民族读者领略壮族俗语深邃内涵的同时，欣赏到壮族俗语别具特色的音韵美。当然，译文这种押韵方式与汉语固有的押韵方式不同，是否被大众所接受，还得经过时间的检验。

（三）节奏的处理

壮族俗语不仅讲究押韵，而且很注重鲜明的节奏。壮族俗语的节奏安排主要有以下几种形式：

1. 单句式

（1）单句式 4 个音节 2 顿。此类句子有 4 个音节，构成 2 个音步，其形式为“2-2”。例如：Duet

vaq / ok roet（脱裤 / 放屁——多余）。

（2）单句式 5 个音节 3 顿。这类句子有 5 个音节，构成 3 个音步，其形式为“2-1-2”。例如：Ngwz gvaq / cij / mboengj namh（蛇过 / 才 / 打地——马后炮）。

2. **双句式**

（1）双句 8 个音节 4 顿。这类双句式俗语每句 4 个音节，单句构成 2 个音步，两句则构成 4 个音步，其形式为“2-2”。例如：Baen bya / baen doh，baen noh / baen yinz（分鱼 / 分遍，分肉 / 分匀）。

（2）双句式 10 个音节 6 顿。这类双句俗语每句 5 个音节，单句构成 3 个音步，双句构成 6 个音步，形式主要有“1-2-2”“2-1-2”“2-2-1”三种。例如：Iek / mbouj gwn / haeuxceh，ngah / mbouj gaj / gaeqmeh（饿 / 不吃 / 谷种，馋 / 不杀 / 母鸡），此句节奏为“1-2-2”；bouxcaeg / yiemz / ronghndwen，guh fwen / yiemz / mbwn laep（贼人 / 嫌 / 月亮，唱歌 / 嫌 / 天黑），此例为“2-1-2”；bae naj / guh hong / gwn，lajmbwn / daihbaj / dieg（往前 / 打工 / 吃，天下 / 大把 / 地），此例为“2-2-1”。

（3）双句式 12 个音节 6 顿、8 顿。

双句式 12 个音节六顿俗语，每句 6 个音节，单句构成 3 个音步，双句构成 6 个音步，其形式主要有“2-2-2”。例如：Bitlwg / gwn ndwen / cix maj，go'gyaj / dwk bwnh / cix hoengh（鸭仔 / 吃蚯蚓 / 就大，秧苗 / 施肥料 / 就茁）。

双句式 12 个音节 8 顿俗语，每句 6 个音节，单句构成 4 个音步，双句构成 8 个音步，主要形式有“1-2-2-1”和“1-2-1-2”两种。例如：Boux / ciengx mou / mbouj ndaej / gaj，boux / ciengx max / mbouj ndaej / gai（人 / 养猪 / 没能 / 杀，人 / 养马 / 没得 / 卖），此句为“1-2-2-1”；vunz / mbouj rengz / gaej / rap naek，dungx / fouz maeg / gaej / son saw（人 / 没力 / 别 / 负重，肚 / 无墨 / 莫 / 教书），此句为“1-2-1-2”。

（4）双句式 14 个音节八顿、十顿。

双句式 14 个音节 8 顿俗语，每句 7 个音节，单句构成 4 个音步，双句构成 8 个音步，其形式主要有“1-2-2-2”“2-1-2-2”“2-2-1-2”等。例如：Yah / gaenx hong / ndaw ranz / cix moq，yah / lau hoj / ndaw hoq / cix hoengq（妻 / 勤劳 / 家庭 / 才新，妻 / 怕苦 / 寝室 / 会空），此句为“1-2-2-2”；bouxmiz / caeuq / bouxmiz / gangjgoj，bouxhoj / caeuq / boux hoj / doxceng（富人 / 与 / 富人 / 聊天，穷人 / 和 / 穷人 / 争吵），此句为“2-1-2-2”；caencik / baengzyoux / ndei / gangjgoj，caen lwg / caen boh / ndei / moeb guk（亲戚 / 朋友 / 好 / 聊天，亲子 / 亲父 / 好 / 打虎），此句为“2-2-1-2”。

双句式 14 个音节 10 顿俗语，每句 7 个音节，单句构成 5 个音步，双句构成 10 个音步，形式主要有“1-2-1-1-2”。例如：Boux / loh din / ciengx / boux / daenj haiz，boux / ninz gvaiz / ciengx / boux / liuzlangh（人 / 赤脚 / 养 / 人 / 穿鞋，人 / 晚睡 / 养 / 人 / 流浪）；caengz / ok haex / sien / lwnh / moumeh，caengz / doek ceh / sien/ viq / ma gwn（未 / 屙屎 / 先 / 告 / 母猪，未 / 播种 / 先 / 找 / 来吃），此类句子节奏为“1-2-1-1-2”。

3. **四句式 20 个音节 12 顿**

这类俗语共 4 句，每句 5 个音节，单句构成 3 个音步，全句构成 12 个音步，形式主要为“2-2-1，1-2-2”。例如：Duzgaeq / mbouj miz / faenz，gwn / baenz gaen / haeuxraeh；duzndwen / mbouj miz / saej，lij / ok haex / baenz dong（鸡仔 / 没有 / 牙，吃 / 论斤 / 谷子；蚯蚓 / 没有 / 肠，还 / 拉屎 / 成堆）。

以上是壮族俗语节奏的主要形式。壮族俗语节奏感强烈，即便是句式不规则的俗语，如 hom / naeuz / haeu，dabaeu / naeuz / ndok cot（香 / 说 / 臭，踝骨 / 当 / 骨翘，节奏形式为“1-1-1，2-1-2”），仍保持了鲜明的节奏。有节奏的壮族俗语才显示出壮语的顿挫，有顿挫的壮族俗语读起来才具备韵律美。因此，正确理解壮族俗语的节奏安排，在翻译中保持相应的节奏，才能让译语体现出壮族俗语的韵味。

分析壮族俗语的节奏是个较为棘手的问题。划分同一个俗语的节奏，也许是见仁见智，有所不同。当然，这并不奇怪，同一个俗语的节奏，可有多种划分方法。笔者在此提出的肤浅看法，仅供参考。

五、结语

综上所述，翻译壮族俗语时，译者要深刻理解壮族俗语的深邃内涵，准确把握壮族俗语的结构形式、韵律节奏，按照壮族俗语独有的押韵方式、节奏安排进行翻译，才能翻译好壮族俗语。

【参考文献】

[1] 蒙元耀 . 壮语熟语 [M]. 北京：民族出版社，2006.
[2] 关仕京 . 壮族俗语 [M]. 南宁：广西民族出版社，2012.
[3] 三力 . 诗词格律 [M]. 北京：中华书局，2009.
[4] 赵莉 . 从英汉谚语的文化特点看其翻译策略 [J]. 山西大同大学学报，2010（1）.

壮语 ŋaːm³ 的语法化分析

黄平文[①]

一、引言

从汉藏语系语言演变的历史来看，虚词多是由词汇语法化而来，其中动词语法化最为突出。多数介词、助词、副词和连词是从动词语法化演变过来的。充当谓语中心语是动词的基本功能，而后逐步虚化成其他虚词充当句子的其他功能，则是谓语动词语法化的结果。

近些年有一些学者关注壮语语法化现象，做了一些研究，发表了一些论文。如李旭练的《都安壮语趋向动词 ʔoːk⁷ 的介词化过程》（1998）、覃晓航的《壮语动词语法化探因》（2006）、何霜的《忻城壮语语气词 koːn²³¹ 的形成》（2008）、何霜的《忻城壮语 jɯ³³ 的语法化》（2007）和《壮语 kwa³³ 的语法化》（2006）、韦景云的《壮语 ʔjou⁵ 与泰语 ju⁵ 的语法化差异分析》（2007）、林亦的《壮语给与义动词及其语法化》（2008）、黄平文的《隆安壮语 pai²⁴ 的语法功能分析》（2009）等等。但是，相对于汉语语法化研究来说，壮语语法化现象的研究还处于起步阶段。由于壮语与汉语长期接触，并受汉语深刻影响，所以，壮语语法化研究不仅可以揭示壮语语法发展的规律，还能探索壮语语法化是否受到汉语影响，影响到什么程度，解释语言接触下语法化的问题。

现代壮语 ŋaːm³ 有“满意、适合、适宜、恰巧”等多种意思，可以单独用，也可以与动词、名词组合使用，出现频率较高。这个词具有动词的功能，同时又有形容词、副词功能。此外，壮语中还有一个副词 ŋaːm⁵，与 ŋaːm³ 仅有声调上的区别，语义和句法功能与副词 ŋaːm³ 功能像似。它们之间是否有关联，值得探讨。

二、ŋaːm³ 的语义和语用功能

壮语 ŋaːm³ 有“满意、适合、适宜、恰巧”等多种意思，语义之间有细微差别，出现的语句环境不同，其作用也不一样。详见如下：

1.ŋaːm³ **作动词**

（1）mɯŋ² ɣan¹ ŋaːm³ ʔbou³ ŋaːm³？ 你觉得满意吗？

你　见　满意　不　满意

（2）ʔbou³ mi² vun² ŋaːm³ ku⁶ɕuŋ³ hoːŋ¹ nei⁴. 没有人适合做这种工作。

不　有　人　符合　做　种　活　这

① 黄平文，男，壮族，广西民族大学文学院教授。

2.ŋaːm^{3} 作形容词

（3）an^{1} maːu^{6} nei^{4} ŋaːm^{3} kou^{1} tan^{3}. 这顶帽子适合我戴。

个 帽子 这 适合 我 戴

（4）ki^{3} pjak^{7} nei^{4} ŋaːm^{3} soŋ^{5} lau^{3}. 这菜适宜下酒。

（指示词） 菜 这 适宜 下 酒

（5）soːŋ^{1} pou^{4} te^{1} ku^{6} kvaːn^{1}pa^{2} ŋaːm^{3} lo. 他们俩适合结成夫妻。

两 人 他 做 夫妻 合适 咯

3.ŋaːm^{3} 作副词

（6）tou^{1} taŋ^{2} ɕi^{1} ŋaːm^{3} haːi^{1} lo. 我们来到时车子恰巧要开。

我们 到 车 恰巧 开 咯

（7）kou^{1} ɕau^{5} te^{1} jou^{5} kɯn^{2} haɯ^{1} ŋaːm^{3} to^{4}duŋ^{5}.

我 和 他 在 上 街 恰巧 相逢

我和他在街上恰巧相逢。

三、ŋaːm^{3} 语句环境和语法化分析

从对上述例子分析中，我们知道，ŋaːm^{3} 的语义基础是“满意、适合”，表示两个东西“非常的符合本来愿望”，所以，ŋaːm^{3} 最初应该是一个动词。例如：

（8）mɯŋ^{2} ɣo^{4}sei^{1} la：i^{1}，vun^{1} jou^{6} so^{6}，ŋaːm^{3} ku^{6} laːu^{4} sai^{1} lo.

你 知道书 多 人 又 善良 适合 做 老师（语气词）

你有知识，人也善良，适合当老师。

然而，我们也注意到，ŋaːm^{3} 作动词跟它作形容词的界限不是很明显，有时候比较难以分辨，比如：

（9）tjeu^{2} pu^{6} ŋaːm^{3} ʔdaːŋ^{1}. 这件衣服合身。

条 衣服 合适 身

（10）mɯŋ^{2} ɣan^{1} ŋaːm^{3} ʔbou^{3} ŋaːm^{3}？ 你觉得满意吗？

你 见 满意 不 满意

正是因为这种难以辨认的“模糊性”是新现象发生的初始通常暴露出来的“混沌”现象。在使用变成常态之后，形容词性反而变得比动词性更加突出。这也是语法化发生阶段性的表现，反映语法化具有程度差异。

当这种“适合、事宜”语义确实表明事情发生在一个非常“巧妙的”境遇时，就转化出“凑巧、恰巧”的意思，发生在行为动作的语境中，副词就产生了。例如：

（11）vaːŋ^{2} vɯn^{2} ɕau^{5} vei^{2} faːŋ^{6} jou^{5} tu^{2}su^{6}kvaːn^{3} ŋaːm^{3} to^{4}ɣan^{1}.

王 文 和 韦 芳 在 图书馆 恰巧 相遇

王文和韦芳在图书馆恰巧相逢。

（12）tou^{1} taŋ^{2} tou^{1} ŋaːm^{3} haːi^{1} lo.

我们 到 门 恰巧 开（语气词）

我们来到时门恰巧打开。

由此可见，ŋaːm^{3} 的语法化轨迹是从动词发生二次分析，分化出形容词，再从形容词演化出副词。我们可以用以下公式描述：

ŋaːm^{3}（动词，满意、符合）→ ŋaːm^{3} 形容词（适合、适宜）→ ŋaːm^{3} 副词（恰巧、凑巧）。

四、ŋaːm^{3} 与 ŋaːm^{5} 的关系分析

从上述分析中，我们明白了 ŋaːm^{3} 发生语法化的语义基础和语句环境。副词 ŋaːm^{3} 是从形容词再次发生分析而成的，指“凑巧、恰巧”之义，这层意思与壮语 ŋaːm^{5} 有相同或者相近的意思。ŋaːm^{5} 作副词，有 3 种意思，分别为：

1. 表示发生在不久以前，相当于“刚”

（13）ŋaːm^{5} tau^{3}. 刚来。
刚　来

（14）te^{1} ŋaːm^{5} kɯn^{1} ɕau^{2}. 他刚吃晚饭。
他　刚　吃　晚饭

2. 表示“正好、刚”

（15）ŋaːm^{5} haːp^{8} ʔdaːŋ^{1}. 刚刚合身。
刚　合　身子

3. 表示“人数或数量就这么多”，相当于汉语的“单、仅、只”

（16）ŋaːm^{5} mɯŋ^{2} pai^{1} ʔdai^{3} lɯi？ 你独自去行吗？
仅　你　去　得　吗

从这些例子中，我们可以看出，壮语 ŋaːm^{5}（副词）与 ŋaːm^{3}（副词）之间的语义基础是一样的，而且关联明显。为什么是两个词？我们认为是变调的结果，动因是语法功能发生变化。语言语法化涉及因素很多，语音变化是其中之一。同理，我们认为副词 ŋaːm^{5} 是采用变调的手段从 ŋaːm^{3} 变化而来，而且是从副词 ŋaːm^{3} 再次分析变来的。实际上，大多地方的壮语中这两个词没有区别，读为一个调。南部方言的隆安话只有一个读法“ŋaːm^{5}”。也就是说，ŋaːm^{3} 在许多壮语方言土语中即便发生了语法化现象，也没有受到语音因素的影响。

至此，我们认为壮语 ŋaːm^{5}（副词）与 ŋaːm^{3}（副词）本是同一个词，一些地方话因语法化，表达语法功能而改变了声调，一些地方虽然也发生语法化，但是读音不变。

五、结语

综上所述，我们认为，壮语词语 ŋaːm^{3} 和 ŋaːm^{5} 应该有渊源关系，且 ŋaːm^{5} 是从 ŋaːm^{3} 分化出来的。ŋaːm^{3} 的最初作动词用，表示“符合、满意”的意思，后动词意义弱化，兼作形容词，表示“适合、适宜”。当位于动词前边，描述后边动词所指事情“恰巧”发生，意义从“适宜”转向“凑巧、恰巧”，作副词用。而形容词 ŋaːm^{3} 通过变音的手段，表示“刚、只，正好”的 ŋaːm^{5}。语法化的轨迹可以描述如下图：

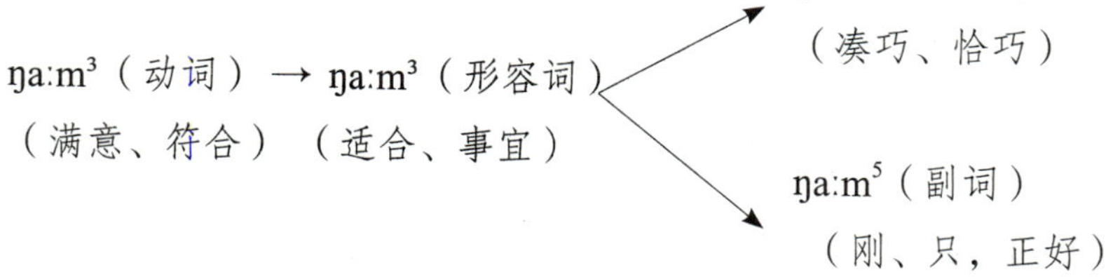

连词在贵港壮语中的应用和句法功能

黄诗婷①

一、引言

汉语和壮语连词是虚词的一个重要组成部分，是一种具有多层级连接功能的虚词，既可以连接词和短语，也可以连接小句和句子，还可以连接句子和句组。连词可以表并列、承接、转折、因果、选择、假设、让步、递进、条件、目的等关系。

二、连词在贵港壮语中的应用

根据词的不同性质，可以把连词分为联合连词和偏正连词。

（一）联合关系

表联合关系的连词有连接两个相同的成分表示并列，有连接两个相同的成分只选其一表示选择，也有一个连词与另外一个连词或副词在句子前后呼应表示递进。除此之外，还有连接两个偏正句表示目的、补充等的连词。

1. nem^{24}（跟），ʔaːi^{24}（和），tɔŋ^{13}（同）

表示连接的两个组成成分没有主从或者轻重之分，即并列关系、联合关系。

① pu^{31}laːu^{42} nem^{24} lɯ^{31}ʔie^{13} jou^{33} laːn^{13}. 老人跟小孩在家。

② ken^{24} ʔaːi^{24} kuk^{33} ka^{24} tu^{31} te^{24} θɯːŋ^{24} pei^{24} lou^{55}. 他的胳膊和大腿受伤了。

③ kou^{24} tɔŋ^{13} mɯŋ^{13} pei^{24} kɯn^{33} lou^{33}. 我同你去喝喜酒。

“nem2^{4}、ʔaːi^{24} 和 tɔŋ^{13}” 在词语之间起连接作用，不充当任何成分，与其他成分组合成句子，如①②③，“pu^{31} laːu^{42} nem^{24} lɯ^{31}ʔie^{13}” “ken^{24} ʔaːi^{24} kuk^{33}ka^{24}” “kou^{24} tɔŋ^{13} mɯŋ^{13}” 都是连接名词作联合短语在句中充当某一成分。

2.（1）...i^{31}θɯi^{33}...（……或、或者……）

用在陈述句里，表示选择或者同等关系。

① i^{31}θɯi^{31} laːi^{24} ti^{55} i^{31}θɯi^{31} θiu^{33} ti^{55} tɕoŋ^{33} mɯi^{13} ti^{55} ʔdɯi^{24} kei^{55}.

或多或少都有一点点好处。

② te^{24} laːu^{24} kou^{24} tɕaŋ^{31} tiŋ^{55} rei^{33} lo^{31} i^{31}θɯi^{31} mɯ^{55} tɕi^{33} ɯi^{55}，θuo^{31} hɯi^{31} jou^{31} tɕɔŋ^{31} fo^{55} lɯn^{33} nen^{24}.

他怕我没听懂或不注意，所以又重复了一遍。

---

① 黄诗婷，女，广西民族大学文学院中国少数民族语言文学专业硕士研究生。

（2）mɯ55 **θ**ɯi^{33}... tɕiu^{31} **θ**ɯi^{33}...（**不是……就是……**）

③ kɯi^{33} ŋuen^{13} hɯi^{33} mɯ^{55} θɯi^{33} fa:t^{33} lɯm^{13} tɕiu^{31}θɯi^{33} lɔŋ^{31} vɯn^{24}.

这几天，不是刮风，就是下雨。

（3）**θ**ɯ:i31...nei13...（**是……还是……**）

表示选择，放在每一个选项的前面，第一个选项可省略“θɯ:i^{31}（是）”：

④ mɯŋ^{13}（θɯi^{31}）ka:ŋ^{33}het^{55} pei^{24}，nei^{13} ja^{31}ŋu^{31} pei^{24}？

你上午去，还是下午去?

“i^{31}θɯi^{33}” “mɯ^{55}θɯi^{33}...tɕiu^{31}θɯi^{33}...” “θɯi^{31}...nei^{13}...”连接的句子的分句间具有选择关系，有的选择句表示“或此或彼”。它们一般带有任意选择的意思，如①，“lai^{24}ti^{55}、θiu^{33}ti^{55}”都可以，用“i^{31} θɯi^{33}”时也表示并列，表示有一种或两种可能，如②，“tɕaŋ^{31} tiŋ^{55} rei^{33} lo^{31}”和“mɯ^{55} tɕi^{33} ɯi^{55}”时并列关系。有的选择句表示“非此即彼”。句子限定在两项之中选择一项，强调“两者必有其一”。如③，在那几天，必有“fat^{33} lɯm^{13}” “lɔŋ^{31} vɯn^{24}”其中的一种。

如果是选择问句，则用“θɯi^{31}...nei^{13}...”，如④就是问“ka:ŋ^{33} het^{55}” “ja^{31}ŋu^{31}”。

3....mɯ^{55} tɕi^{33}...（……不只……）

用在表示递进的复句的上半句。

① mɯ^{55} tɕi^{33} kou^{24} lo^{42}，ku^{31}lei^{31} mɯi^{13} mɯ^{31} la:i^{24} tɔŋ^{42} ha:k^{33} lo^{31}.

不只我知道，还有许多同学都知道。

② mɯ^{55}tɕi^{33} ɔu^{24} lo^{31} ku^{33} vɯn^{31}，ji^{31}ɔu^{24} lo^{31} ha^{31}tɕɯp^{13}。

不但要学会做人，也要学会学习。

③ te^{24} mɯ^{55}tɕin^{24}tɕin^{24} tei^{31} tɕhin^{13} ku^{33} lei^{33}va:ŋ^{24}，ka^{24}θɯ:ŋ^{33} jiu^{31} puaŋ^{24} kɯi^{31} ta^{24} tɔŋ^{42} ha:k^{33}.

他不仅提前完成了工作，而且还帮助其他同学。

“mɯ^{55}tɕi^{33}” “mɯ^{55} tɕin^{24} tɕin^{24}”连接的句子是递进句，表示分句间有更递一层的关系。它们出现在前分句，作用相当于“不但、不仅”，下半句里都要有“ku^{31} lei^{31}” “ji^{31}” “ka^{24} θɯ:ŋ^{33}”等相呼应，是对“mɯ^{55} tɕi^{33}” “mɯ^{55} tɕin^{24} tɕin^{24}”连接的事件的递进。

4....ka^{24}θɯ:ŋ^{33}...（……而且……）

用在复句分句中。

① te^{24} ha^{42} tɕɯp^{13} ho:ŋ^{31} lia:ŋ^{13}，ka^{24}θɯ:ŋ^{33} ma:i^{33} puaŋ^{24} vɯn^{13}，la:u^{31}θei^{24} nem^{24} tɔŋ^{31}ha^{33} ke^{31} ma:i^{33} te^{24}.

他学习用功，而且乐于助人，老师和同学很喜欢他。

② te^{24} mɯ^{55} tɕin^{24} tɕin^{24} tɕɔŋ^{33} hɯi^{55}，ka^{24} θɯ:ŋ^{33} ji^{31} ɳun^{33} puaŋ^{24} nem^{24}.

他不但赞成，而且也愿意帮忙。

③ te^{24} ke^{31} tɕɔŋ^{31} mi:ŋ^{24}，ka^{24} θɯ:ŋ^{33} jou^{31} ta:i^{31}ta:m^{33}，nin^{31} kɯi^{33} ɳei^{55}ɳei^{55} tɕɔu^{31} lo^{31} puaŋ^{24} bu^{31} la:u^{31} ku^{31}va:ŋ^{24}.

她很聪明而且也很勇敢，小小年纪就学会帮父母承担家务。

④ ko^{24} ko^{55} fei^{31} hei^{33} ke^{31} θa:ŋ^{24} ka^{33} θɯ:ŋ^{33} jou^{31} hoŋ^{24}，hou^{33} θiu^{33} vɯn^{13} pen^{13} lei^{33} hoŋ^{31} kɯn^{13} pei^{24}.

这棵树很高加上又大，很少有人爬得上去。

“mɯ^{55} tɕin^{24} tɕin^{24}”连接的句子是递进句，作用相当于“而且、且”，可以表示递进关系和并列关系，如①②，“mɯ^{55} tɕin^{24} tɕin^{24}”是对前分句的递进，这里相当于“而且”；如③④，“mɯ^{55} tɕin^{24} tɕin^{24}”用

于连接并列的动词或形容词等，表示几个动作同时进行或几种形式同时存在，相当于“且”。

5....min^{31} θei^{33}...（……以免……）

用在下半句的开头。

① ʔbɯn^{45} lɯːŋ^{13} eŋ^{24}kuei^{24} ten^{33} laːi^{24} ti^{55} lɯ^{31}kaːi^{55}，min^{31}θei^{33} tɯ^{31} piːŋ^{33} pei^{24}.

天气凉了应该穿衣服，以免身体生病。

② ɕeŋ^{33}ɕiːn^{24} tu^{31} jɯːŋ^{33} eŋ^{24}kuei^{24} kɯp^{33} θi^{13} kɯn^{24} pei^{24}，min^{31}θei^{33} hɯn^{33} muaŋ^{33} pei^{24}.

新鲜食物应该吃掉，以免发霉。

“min^{31} θei^{33}”连接的句子是一种目的句，句子间具有行动和目的的关系，是一种免除性目句，表示目的是使下文所说的情况不至于发生。如①②，为了避免“tɯ^{31} piːŋ^{33}”“hɯn^{33} muaŋ^{33}”，就要采取“ten^{33} lɯ^{31} kaːi^{55}”“kɯn^{24} pei^{24}”的行动。

6. ...tɕɯ^{13} pei^{13}ti：^{55}...（……此外……）

一般是放在句中。

① paːn^{24} tu^{31} lɔu^{13} mɯi^{13} θaːm^{24} pou^{42} vɯn^{13} θɯi^{31} nam^{13}neŋ^{13} vɯn^{13}，θuaːŋ^{24} pou^{31} θɯi^{31} jok^{31}lɯm^{13}vɯn^{13}，tɕɯ^{13} pei^{13} ti^{55}，mɯi^{13} pou^{31} tem^{24} θɯi^{33} jɯt^{33} nem^{13} vɯn^{13}.

我们班上有三个同学是南宁市的，两个同学是玉林市的，此外，还有一个同学是越南的。

“tɕɯ^{13}pei^{13}ti：^{55}”连接的句子具有补充作用，除了所说的事物或情况以外的，用在陈述句里，是对前分句的补充。如①，“θaːm^{24} pou^{42} θɯi^{31} nam^{13}neŋ^{13} vɯn^{13}”“θuaːŋ^{24} pou^{31} θɯi^{31} jok^{31} lɯm^{13} vɯn^{13}”，“tɕɯ^{13} pei^{13} ti^{55}”是用来补充这个班还有一个同学是“jɯt^{33}nem^{13}vɯn^{13}”。

（二）偏正关系

表示偏正关系的连词连接句子的正句和偏句，偏正连词下又分为表示假设、因果、条件、转折、目的、让步等关系的连词。

1.θɯi^{31}kaːŋ^{33}、θɯi^{31}nou^{13}...（tɕɔu^{31}...）如果……（就……）

如果是一种假设，分为五类，过去的如果、现在的如果、将来的如果、可能实现的如果、不可能实现的如果。

① θɯi^{31}kaːŋ^{33} kou^{24} ŋuan^{31}luːn^{13} mɯ^{55} pei^{24} θɯːŋ^{31} pan^{24} taŋ^{13}，nɯi^{31} tɕou^{31} tɯ^{14}pla^{31} lei^{13} pa^{33}.

如果我昨天没有去上班，那现在就挨雷劈。

② θɯi^{31}kaːŋ^{33} kou^{24} θɯi^{33} tu^{31} lo^{13} hou^{24}，kou^{24} ma^{31}θɯːŋ^{33} ʔmin^{24} tiau^{13} pei^{24} ka^{33} klei^{24}.

如果我是一只小鸟，我马上飞离这里去到远方。

③ θɯi^{31}kaːŋ^{33} kou^{24} pei^{24} nam^{31}neŋ^{13}，kou^{24} kuei^{24}tiŋ^{55} pei^{24} la^{24} mɯŋ^{13}.

如果我去南宁，我肯定会去找你。

④ θɯi^{31}kaːŋ^{33} kou^{24} min^{31} θi^{55} kua^{55} lei^{33}，kou^{24} tɕiu^{31} tɕeŋ^{33} mɯŋ^{13} tɔu^{33} laːn^{31} kou^{24} kɯn^{33}ʔaːi^{13}.

如果我面试通过了，我就把你请来我家吃饭。

⑤ θɯi^{31}kaːŋ^{33} kou^{24} mɯi^{13} θaːm^{24} tɕhit^{55} ka^{24}，kou^{24} tɕiu^{31} haŋ^{33} mɯŋ^{13} tiu^{13} hou^{24}.

如果我有三条脚，我就给你一条。

θɯi^{31}kaːŋ^{33}...（tɕɔu^{31}...）在壮语复句中是一个假设句形式，使分句间具有假设和结果的关系，前分句的形式标志 θɯi^{31}kaːŋ^{33} 可以和 θɯi^{31}nou^{13} 互换。假设分句可以倒置。它倒置在结果分句之后，既有补充说明的作用，又有引人注意的作用。

1.θɯi^{31}ka:ŋ^{33} 、（tɕɔu^{31}...）如果……（就……）

⑥ .kou^{24} kuei^{24} tiŋ^{33} pei^{24}，θɯi^{13} nɔu^{31} ɳuan^{31} tɕua^{31} mɯ^{55} lɔŋ^{42} vɯn^{24}.

我一定去，如果明天不下雨。

用“θɯi^{31}ka:ŋ^{33} ...（tɕɔu^{31}...）”表示假设关系的有一个较特殊的类，“θɯi^{31}ka:ŋ^{33} mɯ^{55} θɯi^{31}...，tɕɔu^{31}...”，这种假设句表示反事实的假定与结论。如：

② θɯi^{31}ka:ŋ^{33} mɯ^{55}θɯi^{31} te^{24}，mɯŋ^{14} tɕɔu^{31} ku^{33} ɳan^{42} tɯ^{13} an^{31} pei^{24} lo^{42}.

如果不是他，你早就被骗了。

这个句子用“如果不是他”来推断，回转过来指明是因为“他”，具有反证的作用，能够突出前者对后者的决定性影响。

2.hen^{24}vɯi^{33}...（θuo^{31}hɯi^{31}...）：因为 ......（所以 ......）

常跟所以连用，表示因果关系。

① hen^{24}vɯi^{33} ŋuen^{31}nɯi^{31} lɔŋ^{31} vɯn^{24}，θuo^{31}hɯi^{31} lɯ^{31}kai^{55} mɯ^{55} lo^{13}.

因为今天下雨，所以衣服没有干。

② hen^{24}vɯi^{33} te^{13} te^{24} mi^{24} te^{24} pei^{24} pa^{31} lua^{33} ku^{31}va:ŋ^{24}，jou^{31} la:n^{13} mɯ^{55} mɯi^{31} vɯn^{13} kun^{33} lei^{33} te^{24} hou^{33}.

因为他父母去外地工作了，家里没有人能管得住他。

③ hen^{24}vɯi^{33} nam^{13}paŋ^{31}jɔu^{33} tu^{31} te^{33} jou^{33} nam^{31}neŋ^{13}，(te^{24}) pet^{55} nim^{33} pei^{24}ji^{31} jou^{55} nam^{31}neŋ^{13} ku^{31}va:ŋ^{24}.

因为她男朋友在南宁，毕业之后也在南宁工作。

“hen^{24}vɯi^{33}...（θuo^{31}hɯi^{31}...）”连接的句子是因果句，表示句子间具有某种实际联系的因果关系，因果关系的句子内带有说明关系成分，用来说明两事物之间的因果关系，典型标志是“hen^{24}vɯi^{33}...，θuo^{31}hɯi^{31}...”，在运用中原因标志和结果标志可以成对出现，如第一个例句；也可以只出现“hen^{24}vɯi^{33}”，即后两个例句，都是重在补充说明原因产生“lɯ^{31}kai^{55}mɯ^{55}lo^{13}”“mɯ^{55}mɯi^{31}vɯn^{13}kun^{33}lei^{33}te^{24}”、“ji^{31}jou^{55}nam^{31}neŋ^{13}ku^{31}va:ŋ^{24}”的结果。

3.tɕi：^{33}jiu^{24}...tɕou^{31}...（只要……就）……

常用“就”相呼应，表示充足的或必要的条件，后半句是条件产生的效果。

① tɕi^{33}jiu^{24}ta:i^{31}ka^{24}ku^{31}tui^{33}hoŋ^{31}lia:ŋ^{13}，tɕou^{31}mɯ^{55} mɯ:i^{13}jei^{13}va:ŋ^{24}mɯ^{55}ku^{33}lei^{33}tɕei^{13}hou^{33}.

只要大家一起努力（充足条件），就没有什么工作做不完。

② Mɯŋ^{13}tɕi^{33}jiu^{24}ku^{33}tɕei^{13}tɕo^{33}nim^{33}，tɕou^{33}haŋ^{33}mɯŋ^{13}pei^{22}ku^{31}tɕom^{13}.

你只要写完作业，就可以出去玩了。

③ fa:n^{13}θɯi^{33} lou^{31}pa:n^{33} jɯm^{55} pa:n^{31} ti^{33} θei^{33}，kɯi^{31}ta^{24} vɯ:n^{13} tɕoŋ^{24} pan^{33}lei^{33}ta:ŋ^{13}，tɕi^{33}jiu^{24} la^{24} lou^{31}θa:m^{24}，tɕou^{31}mɯ^{55}mɯi^{13}lɯn^{24}ɳei^{13}mɯ^{55}ku^{33}lei^{33}pɯ:n^{13}hou^{33}.

凡是老板要这件事，别人都办不到，只要找老三（必要条件，不可缺少），就没有一次不能完成的。

“tɕi^{33}jiu^{24}...tɕou^{31}...”连接的句子是条件句，表示分句间具有条件和结果的关系。条件句包括必要条件句和充足条件句。它们的分句与分句之间也有因果关系，但它们总是一个分句表示条件，一个分句表示结果，与因果关系有所不同。充足条件句用来表明足够的条件，即对于实现某种结果来说，它所提的条件有了就够了。如①②，只要有“ku^{31} tui^{33} hoŋ^{31} lia:ŋ^{13}”“ku^{33} tɕei^{13} tɕo^{33} nim^{33}”，就可以实现“va:ŋ^{24} ku^{33} lei^{33} tɕei^{13}”和“mɯŋ^{13} pei^{24} ku:^{31} tɕom^{13}”的结果。必要条件句是用来强调必备条件，对于某种结果来说，它所提的条件是必不可少的。如③，对于老板要做的事“tɕi³³ jiu²⁴ la²⁴ lou³¹ θa:m²⁴”来说，“la²⁴ lou³¹ θa:m²⁴”是唯一必备的条件：缺他不行，除了他就没有人可以办这件事。

4.（1）mɯ⁵⁵lɯn³³...tɕi³³...（不论……都……）

表示条件或情况不同，而结果不变，后面往往有并列的词语或表示任指的疑问代词，下文多用“都、总”等副词跟它呼应。

① mɯ⁵⁵lɯn³³ va:ŋ²⁴ ʔbou²⁴ nei¹³ va：ŋ²⁴nak⁵⁵，tɕi³³ tɯ¹³ ta³³ lɯi²⁴ tɕeŋ³¹θen¹³ hoŋ³¹liaŋ¹³ ku³³.

不论工作任务是轻是重，都要打起精神好好干。

② mɯ⁵⁵lɯn³³ θɯi³³ hak⁴²tɕɯp¹³ nei¹³ koŋ³³tɕua³³，te²⁴ tɕi³³ ku³³ lɯi³³ ke³¹ lɯi²⁴.

不论是学习还是工作，她都做得非常好。

（2）mɯ⁵⁵kun³³...tɕi³³...（不管……都……）

③ mɯ⁵⁵lɯn³³ θɯi³³ ra:i³¹ lak³³，te³³ tɕi³³ hou²⁴ pei²⁴.

不管是谁拦着，他都要去。

④ mɯ⁵⁵lɯn³³ pla⁵⁵ mɯ:i¹³ ka³³la:i²⁴ ma:n³³，te³³ tɕi³³ ma:i³³ kɯn²⁴.

不管菜有多辣，她都爱吃。

“mɯ⁵⁵lɯn³³...tɕi³³...、mɯ⁵⁵kun³³...”连接的句子为无条件让步句。这类句子先无条件地对各种情况统统认可，然后转过来指出在任何情况下都会产生的某种结果。“无条件”是在前分句所划定的事物范围之内无条件，有选择式和任指式两种。选择式是前分句列出可供选择的种种情况，如①②的前分句“a:ŋ²⁴ʔbou²⁴”和“va:ŋ²⁴nak⁵⁵”“hak⁴²tɕɯp¹³”和“koŋ³³tɕua³³”列出可供选择的条件，后半句是在这些情况下产生的结果。任指式的前分句用表示任指的疑问代词，如③④的前分句任指的疑问代词“ra:i³¹”“ka³³la:i²⁴”。

5.tɕi³¹fɯi²⁴...han²⁴...（除非……才……）

表示唯一的条件，相当于“只有”，常跟“才”合用。

① tɕi³¹fɯi²⁴ mɯŋ¹³ ku³³ kua⁵⁵ ti³³ θei³³ hɯ:i³³，vɯn¹³han²⁴ mɯi¹³ ko³³naŋ¹³ len²⁴.

除非你自己做过这些事，别人才可能看到。

② tɕi³¹fɯi²⁴ mɯŋ¹³ kɯ:ŋ³¹ pa:u³³pou³³，han²⁴ko³³naŋ¹³ mɯ⁵⁵ mɯi¹³ ȵen³¹ la:i³³ pɯi¹³.

除非你能坚持跑步，才可能不那么胖。

“tɕi³¹fɯi²⁴...han²⁴...”连接的句子具有条件转折的关系。它先指明甲事物，接着指出只有在甲事物的基础上才会有乙事物，如①②的前分句“mɯŋ¹³ ku³³ kua⁵⁵”“kɯ:ŋ³¹ pao³³ pou³³”是作为条件，后半句是在条件的基础上发生转折“vɯn¹³ han²⁴ len²⁴”“mɯ⁵⁵ mɯi¹³ ȵen³¹ la:i³³pɯi¹³”，这一连接词清楚地表明了条件和结果之间的转折，强调了条件对事情具有决定性的影响。

6.θui²⁴θi:n¹³...tan³¹θɯi³³...（虽然……但是……）

表示前后偏正两句的关系是一种意义相反的转折关系。

① te²⁴ θui²⁴θi:n¹³ ȵei⁵⁵，tan³¹θɯi³³ ke³¹ lo³¹ θo⁵⁵.

她虽然年纪小，但很懂事。

② θui²⁴θi:n¹³ te²⁴ ke³¹ tɕa:u⁵⁵，tan³¹θɯi³³ θeŋ³¹ tɕe⁵⁵ tu³¹ te²⁴ ke⁴² rɯi²⁴.

虽然他很贪玩，但他学习成绩很好。

“θui^{24}θi:n^{13}...ta:n^{31}θɯi^{33}...”连接的句子是让步句，前分句用让步词，预示后面将有转折。如①②的前分句先认定所提事件“ȵei^{55}” “ke^{31}tɕa:u^{55}”为事实，然后转过来指出“lo^{31}θo^{55}” “θeŋ^{31}tɕe^{55} ke^{42} rɯi^{24}”的成立不受甲事物的影响。

7....pet^{33}ko^{55}...（……不过……）

用在后半句的开头，表示转折，对上半句话加以限制或修正。

① ta^{31}koŋ^{24} tɕeŋ^{31}ɕen^{13} me:n^{33} lei^{33} kua^{55}，pet^{33}ko^{55} vei^{31}hɔu^{33} mɯ^{55} lei^{24} ka^{33}la:i^{24}.

爷爷精神还不错，不过胃口不大好。

② ŋuen^{31}mɯ:i^{31} paŋ^{31}jau^{33} tu^{31} kou^{24} i:u^{24} kou^{24} pei^{24} jou^{31} ve:ŋ^{31}，pet^{33}ko^{55} kou^{24} lɯm^{31}θi^{13} ka^{33}pa:n^{24} tɕou^{31} mɯ^{55} pei^{24}.

今天我朋友约我去游泳，不过我临时加班就没有去。

“pet^{33}ko^{55}”连接的是转折句，表示分句间具有单纯的直接转折关系，与“θuai^{24}θi:n^{13}...ta:n^{31}θɯ:i^{33}...（虽然……但是……）”的作用相同。相对于后者来说，“pet^{33}ko^{55}”是一种比较简单的转折。如①②，前分句都是一般的陈述句，后半句表示轻微的转折，并带有对前分句补充的效果。

8.tɕiu^{31}θɯi^{33}...（就是……）

连接偏正复句的前分句。

① tɕiu^{31}θɯi^{32} ka^{33}pa:n^{24}，lou^{24} ji^{31} tɯ^{13} ku^{33}tɕei^{13} ŋuen^{31} nɯ:i^{31} mi^{31} va:ŋ^{24} hɯi^{33}.

就是加班，我们也要完成今天的任务。

② tɕiu^{31}θɯi^{32} ku^{33} tɕho^{55}nek^{55} niɯŋ^{33}ni^{24} θei^{33}hou^{24}，lou^{24} ji^{31} tɯ^{13} tɕɯi^{31} kɯi^{33} fan^{33}ɕiŋ^{33}.

就是一点小错误，我们也要自己反省。

“tɕiu^{31}θɯi^{33}...”表示假设的让步关系，偏句用“tɕiu^{31}θɯi^{33}...（就是......）”提出假设，正句根据假设推出结论，常用“ji^{31}（也）”呼应。如①②，根据假设就是“ka^{33}pan^{24}” “ku^{33}tɕho^{55} nek^{55} niɯŋ^{33} ni^{24} θei^{33}”推出后半句的结论。

三、壮语连词的句法功能

与汉语连词相似，壮语连词既可以连接词和短语，还可以连接句子和句组。而且，连词除了具有连接的语法功能之外，还兼有修饰的语义功能和表述的语用功能。例如：

Ndaundeiq caemh goj lau lauxboh. Baez daengz daengngoenz yaek okdaeuj le，couh vaiq riengz meh ndoj hwnjdaeuj. Cij miz caj deangngoenz roengz bya liux，**cij gamj** okdaeuj caeuq meh guhcaemz. **Danh** goj miz di lwgnyez mbouj siujsim，daengngoenz okdaeuj lo，caemh lij miz di ngah guhcaemz，doeksaet caemh deng boh dawz bae gwn.

星星也非常害怕他们的太阳父亲。每当太阳要出现的时候，就赶快跟着母亲躲藏起来。只有等太阳下山去了，才敢和母亲一起玩。但是，也还是有些孩子不小心，在太阳还没有下山时就迟来了，结果便给他吃掉了；也有一些在太阳出来时，还贪图玩耍，结果也给太阳父亲吃掉了。[①]

第三句的“Cij miz... cij...”（只有……才……）连接分句，构成复句。第四句的“Danh...”（但是……）连接句子构成句组。

① 金丽、蒙元耀：《壮族民间故事选 壮汉英对照读本》，南宁：广西人民出版社，2010年，第45页。

（一）连词在句法功能上主要具有的特征

1. 连词本身不能单用

（1）te^{24}nem^{24}te^{24}　　她和他　　*nem^{24} te^{24}　　*和他

（2）i^{31}θɯi^{31} lai^{24}ti^{55} i^{31}θɯi^{31}θiu^{33}　　或多或少　　*i^{31}θɯi^{31}θiu^{33}　　*或少

（3）θɯi^{31}ka:ŋ^{33} mɯ^{55} ɕin^{55}，tɕou^{31} tɕɯi^{31} kɯi^{33} pei^{24} jɯi^{55}jɯi^{55}.

①你如果不信，就亲自去看看吧！

θɯi^{31}ka:ŋ^{33} mɯ^{55} ɕin^{55}，*

②你如果不信，*

在对话中，会话一方单用的连词其实是配合关系的合用。比如：

A：θɯi^{31}ka:ŋ^{33} lɔŋ^{31} vɯn^{24} mɯ^{55} mɯi^{13} pan^{31} fat^{33} kao^{33} hɯi^{55} pa:i^{13}tɕok^{13} pei^{33}θa:i^{55} ni^{55}？（要是下雨没有办

法进行排球比赛呢？）

B：i^{55}ȵen^{31} ʦiu^{31} tɯ^{13} ken^{33} laŋ^{24} he:n^{55} ʦa：i^{55} pɯi^{33}.（那就得往后顺延了。）

2. 连词不能被其他词语修饰，如果有，则是修饰整个由连词引导的分句

① tɕiu^{31}θɯi^{33} hen^{24}vɯi^{33} te^{24} mɯ^{55} tou^{55}，han^{24} mɯi^{13} pa:n^{31} fa:t^{33} ku^{33} lei^{33} tɕei^{13} va:ŋ^{24}.

就是因为他没来，才没有办法完整做完工作。

② mɯ^{33}len^{33} mɯŋ^{13} jɯ:n^{33} mɯ^{55} jɯ:n^{33}，ji^{24} mɯ^{55}len^{33} mɯŋ^{13} ʦun^{33} pɯ:i^{33} lɯ:i^{24} jaŋ^{13}，nɯi^{13} mɯ^{55} mɯi^{13} kɯi^{31}ta^{24} pa:n^{31}fa:t^{33} lou^{33}，tɯ^{13}ma^{42} θɯ:ŋ^{33} ku^{33}.

不论你愿意不愿意，也不论你是否已作好准备，现在没有其他办法，只有马上行动。

可以看出，“tɕiu^{31}θɯi^{33} hen^{24} vɯi^{33}、ji^{24} mɯ^{55} len^{33}”在壮语中单用都是不能成立的。

3. 连词可以位于主语之前，也可以位于主语之后

① te^{24} θɯi^{31}ka:ŋ^{33} ɕɯŋ^{24} to^{13} tai^{31}hak^{33}，tɕou^{31} ta:u^{55} pei^{24} ha^{33}ka:u^{33} fok^{55}to^{13}.

她如果想读大学，那就回学校复读。

② θɯi^{31}ka:ŋ^{33} te^{24} ɕɯŋ^{24} to^{13} tai^{31}hak^{33}，tɕou^{31} ta:u^{55} pei^{24} ha^{33}ka:u^{33} fok^{55} to^{13}.

如果她想读大学，那就回学校复读。

不过，单音节连词由于受音节的限制，只能位于主语之后。

① mɯŋ^{13} θɯi^{31} ka:ŋ^{33}het^{55} pei^{24}，nei^{13} ja^{31}ŋu^{31} pei^{24}？

你是上午去，还是下午去？

② *（θɯi^{31}）mɯŋ^{13} ka:ŋ^{33}het^{55} pei^{24}，nei^{13} ja^{31}ŋu^{31} pei^{24}？

*是你上午去，还是下午去？

③ kou^{24} ȵɯn^{31} pei^{24} ŋuen^{31} θɯ^{24}，ji^{24} ɕɯŋ^{24} fɯ:i^{55} θi^{31}ka:n^{24} pei^{24} pla:i^{33} hɯ^{24}.

我宁愿去看书，也不想花时间去逛街。

④ *ȵɯn^{31} kou^{24} pei^{24} ŋuen^{31} θɯ^{24}，ji^{24} ɕɯŋ^{24} fɯ:i^{55} θi^{31}ka:n^{24} pei^{24} pla:i^{33} hɯ^{24}.

*我宁愿去看书，也不想花时间去逛街。

壮语连词的数量是壮民族语言中不可缺少的部分。不过还是有许多没有经过专门培训过的使用者往往忽视连词的存在，没有意识到自己使用的词是连词，甚至认为自己民族语里面没有连词。希望通过初步研究，能让更多语言使用者或是语言爱好者了解。上文提到的贵港壮话连词都是日常经常使用的连词，只是初步的总结，其中更多的文化价值还有待深入挖掘。

四、结语

过去壮族没有与本民族语言相对应的文字，汉文的书籍关于记录壮语的文献较少。近几十年来越来越多的学者对各地方的壮民族语言进行研究。本文对家乡的语言中的连词进行考查，找出贵港壮民族在平常交流时常用到的连词。随着时间的推移，壮汉两个民族之间的交流也越来越频繁，两个民族之间的语言文化也会受到影响。在某些情况下，本民族会直接借用汉语连词进行表达。无论是相同的特点还是不同的地方，都包涵有语言接触及语言自身发展的原因。

【参考文献】

[1] 广西壮族自治区少数民族语言文字工作委员会研究室 . 壮汉词汇 [M]. 南宁：广西民族出版社，1984.

[2] 邢福义 . 现代汉语复句研究 [M]. 北京：商务印书馆，2001.

[3] 李晓琪 . 现代汉语虚词讲义 [M]. 北京：北京大学出版社，2005.

[4] 韦景云，覃晓航 . 壮语通论 [M]. 北京：中央民族大学出版社，2006.

[5] 张斌，范开泰 . 现代汉语虚词研究综述 [M]. 合肥：安徽教育出版社，2002.

[6] 周刚 . 连词的相关问题 [M]. 合肥：安徽教育出版社，2002.

[7] 郑军 . 现代汉语连词研究概述 [J]. 龙岩师专学报，2004（1）.

[8] 游燕 . 基于语料库的现代汉语假设连词研究 [D]. 广西师范大学硕士学位论文，2015.

[9] 刘璐 . 递进标记词语“而且”“并且”“并”和“且”的异同 [J]. 哈尔滨学院学报，2015（1）.

壮语熟语中的反义词研究

黄晓琳[①]

词汇研究是语言学研究的重要组成部分。壮语词汇研究成果大多集中在词类研究，例如动物词汇、植物词汇、稻作词汇、亲属称谓、饮食词汇、生产工具词汇等，此外还有针对单个词的研究，但关于壮语反义词的研究比较少见。笔者在收集壮语反义词的过程中，发现壮语熟语通常使用对比、比喻和夸张等修辞手法，语言表达生动形象且容易为人所接受。而造成这样的表达效果的重要原因是，壮语熟语中大量使用反义词。壮语熟语是壮族人民在长期的生产生活中总结出的凝练口语，因此壮语反义词研究可以在壮语熟语这个框架里展开。本文以壮语熟语作为材料，对其中的反义词进行分类，并分析它们的形式和意义。

人类对事物的认识，首先从分类开始，可以说没有分类就没有科学。分类是研究的基础，没有科学的分类就无法进行系统的研究。

汉语反义词分为两类：绝对反义词和相对反义词。绝对反义词指的是肯定一方就必须否定另一方的反义词，例如“有”和“无”这对反义词。某时某地存在某个事物用“有”来表示，不存在某个事物用“无”来表示，说“有”就否定了“无”，说“无”就否定了“有”。现实生活中不会同时存在既“有”又“无”的情况，这两种情况是绝对对立的，所以是绝对反义词。这类反义词还有“生”和“死”“出现”和“消失”“成功”和“失败”等。相对反义词指的是肯定甲必须否定乙、否定甲未必否定乙的反义词。在这两个词之间还存在其他可能性，例如“黑”与“白”这对反义词。我们肯定一样东西是白色的，那它就不是黑色的；但当我们说一样东西不是白色的，那它也未必是黑色的，可能是灰色或者其他颜色，这样的反义词是相对反义词。这类反义词还有“大”和“小”“开始”和“结束”“聪明”和“愚钝”等。

壮语的反义词也可以按照汉语的分类法进行分类，例如韦景云、覃晓航编著的《壮语通论》就是这样分类的，其中绝对反义词的定义是“两个意义绝对相反的词”；相对反义词的定义是“两个意义相对相反的词”。壮语绝对反义词诸如“死”和“活”“弯”和“直”；相对反义词有“高”和“矮”“冷”和“热”等。这样的分类基本上可以满足教学的需要。但在实际研究中，这样的分类太过简单，所下的定义也很模糊。“绝对”和“相对”本身就是意义抽象的词语，用抽象的词语进行解释，那这个定义也是抽象的、不能一目了然的。因此在本文中，笔者将按照另外的思路给壮语反义词分类。

在收集反义词的过程中，笔者发现壮语熟语中有大量反义词，分别属于名词、动词、形容词等，因此本文拟按照汉语词汇分类的思路给壮语反义词分类。壮语和汉语同属汉藏语系，两种语言的语音、词汇、语法系统有相似也有不同，词汇系统的构造方法大同小异。在研究壮语反义词时，可以借鉴汉语词汇系统的分类模式，这样不但有利于研究，还有助于读者阅读。本文拟将壮语熟语中的反义词分为名词、动词、形容词、区别词等几大类，在分析过程中根据实际情况再分出小类。

① 黄晓琳，女，广西民族大学中国少数民族语言文学专业硕士研究生。

一、名词类反义词

壮语的名词和汉语的名词都表示人或事物或时间地点的名称。这是根据词的意义和形式划分出来的，按照同样的原则又可以把名词再细分成小类。所有收集到的名词类反义词可以细分为以下三个小类：时间反义词、方位反义词以及普通名词反义词，其中普通名词反义词只出现一对。

（一）时间反义词

1. ngoenz 和 laep

ngoenz 是多义词，有三个义项：（1）晏；（2）日，日子，天，昼；（3）午饭，晌午。laep 的汉语释义是：黑，黑暗。这两个词在壮语熟语 boux huk caeuq boux mengz，ngoenz doxceng daengz laep 中同时出现，ngoenz 取“白昼”之义，laep 取“黑夜”之义，构成反义词，这句话的意思是“愚蠢的人和固执的人吵架，从白天吵到黑夜也吵不完”。

2. romh 和 gvaiz

romh 即“早”；gvaiz 即“晏”，“迟，晚”的意思。壮族人崇尚勤劳节俭，有 boux hwnj romh fatcaiz，boux ninz gvaiz souh hoj 的说法，即“早起的人发财，睡懒觉的人受穷受苦”；还有 boux hwnj romh ciengx boux ninz gvaiz，boux ninz gvaiz ciengx boux louzlaiz 的说法，即“早起的养睡懒觉的，睡懒觉的养闲荡的”，这话是说社会的不公平：懒惰者瓜分勤劳者的劳动果实，闲荡者侵占懒惰者的劳动果实，这里的闲荡者其实是鱼肉乡里的权势者。

3. haemh 和 haet

haemh 即“晚、夕”；haet 即“朝、早晨”。doengxhaemh cix sam haet，gyanghaet cix caet ngoenz 是一句气象谚语，意思是“晚上刮风要连刮三天，早上刮风要连刮七天”，haemh 和 haet 在这句谚语中构成反义词。

4. ngoenz 和 haemh

ngoenz 是多义词，有三个义项：（1）晏；（2）日，日子，天，昼；（3）午饭，晌午。haemh 即“晚、夕”。doengxngoenz niemh faed，doengxhaemh guh caeg 说的是“白天念经，夜晚做贼”，用来揭穿“当面一套、背后一套”的阴险之人。

5. gyanghwnz 和 ranzrongh

gyanghwnz 即“深夜、半夜”；ranzrongh 即“天亮”。gyanghwnz guh daeuhfouh，hix dwg ranrongh gai 中的 gyanghwnz 和 ranzrongh 构成反义词，这句话是说豆腐早在半夜就做好了，可还要等到天亮才能卖。这话与“人算不如天算”相似，不管人们事先如何筹划，还是会受到客观条件的限制。

6. hwnz 和 ngoenz

hwnz 即“夜、宵”；ngoenz 是多义词，有三个义项：（1）晏；（2）日，日子，天，昼；（3）午饭，晌午。hwnzngoenz 即“日夜”，mbouj hwnz mbouj ngoenz 即“没日没夜”，两者构成反义词。

（二）方位反义词

1. naj 和 laeng

naj 即“脸、面孔”，引申为“前面”的意思，laeng 即“后、背后”。bae naj yawj laeng 即瞻前顾后，bae naj cix vaengz，dauq laeng cix raiq 即“往前是深潭，退后是急滩”，比喻进退两难的处境。

2. byai 和 goek

byai 有多个义项：梢、末端、尾部、后尾、末尾。例如 byaifaex 是树梢，byaidin 是脚尖。goek 即“根端”，例如 goekfaex 是树蔸即树墩下长根的部位，goekheuj 是牙根。boux byai mbouj lau doek，boux goek gag lau dai 的意思是“爬树梢的不怕掉落，站树底的怕被砸死”。

3.namz 和 baek

namz 即“南”，baek 即“北”。壮语有关“南”“北”方位词的熟语多为气象谚语，如 byajyap namz yap ndit，byajyap baek yap fwn，“南边闪电晴，北边闪电雨”；hoiznamz fan rumzbaek，gaek dwk heuj doxdot，“回南天刮北风，冷得牙齿打哆嗦”。

4. gyaeuj 和 rieng

gyaeuj 即“头、头（尾）、首（尾）”，rieng 的本义是“尾巴”。这对反义词通常同时出现在四字格熟语中，例如 dem gyaeuj dem rieng，“添头添尾”相当于汉语“添油加醋”，说的是那些搬弄是非的人在讲流言蜚语时罔顾事实，喜欢添油加醋。fouz gyaeuj fouz rieng 即“没头没尾”，比喻说话办事没有来由，让人摸不着头脑。raemj gyaeuj raemj rieng 直译为“砍头砍尾”，表示“彻底完成”的意思。

5. doeng 和 sae

doeng 即“东”，sae 即“西”。这对反义词通常同时出现在四字格熟语中，例如 doeng gyaep sae vag 直译为“东张望西瞟”，也就是“东张西望”，这话有点贬义的味道，指不该看却看。doeng ndaej sae gangj 直译为“东得西讲”，也就是“胡言乱语”的意思。

6. swix 和 gvaz

swix 即“左”，gvaz 即“右”。fwngzswix haeuj，fwngzgvaz ok 即“左手进，右手出”，比喻经济紧张，钱财一到手就马上支付出去。fwngzswix mbouj saenq fwngzgvaz 即“左手不信右手”，这是说在钱财方面计算清楚，往来分明，从不盲目相信他人。

7. gwnz 和 laj

gwnz 即“上，上面”，laj 即“下，下面”。gwnz mbouj rox naj，laj mbouj rox coh 直译为“上不知脸，下不知名”，说明双方既不认识，也没听说过对方名字。namh dauq gwnz，mbwn dauq laj 直译为“地在上，天在下”，比喻颠倒是非，把黑的说成白的。

8. ndaw 和 rog

ndaw 即“里，内”，rog 即“外，外边”。ndaw yaek mbup cix mbup，gaej hawj nduk daengz rog 直译为“里要瘪就瘪，别给朽到外”，意思是木头里边已经腐朽了，可外表还是完好无损，比喻家丑不可外扬。suenq ndaw suenq rog“算里算外”，绞尽脑汁，内外盘算，寻求最佳方案。

（三）普通名词反义词

ndit 和 fwn

ndit 是“阳光”，引申出“晴，晴天”的意思，fwn 是“雨”。boux gaenx muengh ndit，boux gik muengh fwn 直译为“人勤盼阳光，人懒盼雨”，勤快人盼望天气晴好干活，懒人盼望下雨好偷懒。

二、动词类反义词

动词是表示人或事物的发生、发展、变化、存在以及心理活动等意义的词（韦景云、覃晓航）。壮语和汉语的动词在类型上基本一致，壮语熟语中的动词类反义词有两类：动作动词和趋向动词。但动作动词一类只有两组反义词，在此不单独分出。

1. gai 和 cawx

gai 有“卖、售、经销”的意思，cawx 有“买、购、购买”的意思，两者构成反义词，还可以构成一个词 gaicawx“买卖”。gwn ngaiz vanz gwn ngaiz，gaicawx vanz gaicaw“吃饭归吃饭，买卖归买卖”，做生意要算得清清楚楚，不能因为私交好而糊里糊涂。riuz guk ndei guh caeg，riuz caeg ndei gaicawx“流传闹虎好做贼，流传有匪好经商”，形容社会不安定，被打劫也无处申告，哄抬物价也无人管理。

2. laep 和 hai

laep 是“闭（眼）”；hai 是“开”，hai dou 即“开门”。汉语“睁一只眼闭一只眼”的壮语表达为 laep da ndeu，hai da ndeu。da 是“眼睛”，ndeu 是“一”，此处可以看出壮语把数词放在名词之后表示单个事物，而且不使用量词。这和汉语有显著的区别。

3. bae 和 dauq

bae 是“去，赴”的意思，dauq 即“归来、回来”，一“去”一“回”构成反义词。raemx dah lae mbouj daengx，bi ndwen bae mbouj dauq“河水奔流不停息，岁月消逝不回头”，这句话劝人珍惜时间，多学本领。bae naj cix vaengz，dauq laeng cix raiq“往前是深潭，退后是急滩”，比喻处于进退两难的境地。

4. hwnj 和 roengz

hwnj 即“上”，hwnj bya 即“上山”；roengz 即“下”，roengz bya 即“下山”。hwnj bya cij rox bya sang daemq，roengz raemx cix rox raemx cienj laeg“上山才知山高低，下水才知水深浅”，说明实践出真知。guh mbouj hwnj，swnj mbouj roengz 直译为“做不起，接不下”，意思是事情发展到一定阶段，进退两难。

5. haeuj 和 ok

haeuj 即“进、入”，ok 即“出”。ngvaz doxhaeuj mbouj ngvaz doxok“糊涂进不糊涂出”，用于经济方面：进账时，别人给多了就装糊涂收下；出账时，一分一厘都算得清清楚楚。rap bwnh haeuj，rap haeux ok“挑粪进，担谷出”，意思是种庄稼要舍得施肥才会有好收成。

6.daeuj 和 bae

daeuj 即“来”，bae 是“去、赴”的意思。daeuj ndaej yungzheih bae caemh ngaih“来得容易去也易”，人往往不太珍惜容易得到的事物，用起来就大手大脚。

三、形容词类反义词

形容词是表示形状、性质和状态的词（黄伯荣、廖序东）。壮语的形容词分为四类，即性状形容词、状态形容词、心态形容词和数量形容词。汉语将形容词分为性质形容词和状态形容词两类。

1. ndei 和 naeuh

ndei 的意思是“好、良好”，naeuh 的意思是“腐烂”，腐烂的东西是不好的，引申出“坏”的意思。bak ndei sim naeuh 直译为“嘴好心烂”，嘴巴说得好听，内心却阴险毒辣，即“口蜜腹剑”。

2. ak 和 nyemq

ak 即“强”，nyemq 在《壮汉词汇》里只有一个解释：钓（鱼），意思与 ep 相同。boux bang boux cij ak，boux hangz boux couh nyemq 解释为“人帮人则强，个压个就弱”，人与人团结协作会使集体变得强大，人与人互相压迫剥削会使集体日渐衰微，ak 和 nyemq 构成反义词。

3. coengmingz 和 ragraix

coengmingz 即“聪明”，ragraix 即 aijraij，意思是“不检点，不小心”。两个词看起来没有任何关系，但在壮语熟语 boux coengmingz loek couh gaij，boux ragraux loek cix muenz 当中，它们构成一对反义词。这句话的意思是“聪明人有错就改，蠢笨人有错就瞒”，知错就改不但有助于个人能力的提高，还能使事情有转机；怕被人笑话而隐瞒错误，不但于事无补，还无法使人进步。

4. gaenx 和 gik

gaenx 的意思有：勤、勤劳、勤恳、辛勤、勤勉。gik 的意思是“懒、懒惰”。boux gaenx mbouj lau nit，boux gik cij lau fwn“勤劳的人不怕冷，懒惰的人才怕雨”，这是说勤快的人风雨无阻地去劳动，懒惰的人以天气不好为借口偷懒。

5. bid 和 fag

bid 即“干瘪、不饱满”，fag 即“饱满”，一般指农作物的果粒，与 raeng、gawh、cuengq 意思相同。壮族是农耕民族，人们口语中自然有关于耕作的谚语，例如 boux gaenx gwn haeux bid，boux gik gwn haeux fag 直译为“人勤吃谷瘪，人懒吃谷饱满”，这句话是说种田不遵循科学规律，勤于施肥却得不到好收成。

6.gvai 和 huk

gvai 有“乖、聪明、活泼（指小孩）”的意思，huk 有“傻、愚蠢、笨拙”的意思。boux gvai lw gyaj，boux huk lw naz“精者余稻秧，愚者田丢荒”，秧苗会分蘖，聪明的人知道这一点，因此插秧时用的秧苗少所以有剩余，愚笨的人不知道这一点就大把大把地用秧苗，秧苗不够用就丢下剩余的田让其荒置。

7.imq 和 iek

imq 是“饱”，iek 是“饿、饥饿”。boux imq mbouj roxnaj boux iek，duzliek mbouj roxnaj vaiz byom“饱汉不知饿汉饥，牛虻不知水牛瘦”，此话用于讥讽那些对困境中的人缺乏同情心的人。

8. miz 和 hoj

miz 即“有”，引申出“富、富裕、富饶”的意思，hoj 有“穷、苦、贫苦、贫穷”的意思。壮语用 bouxmiz 表示富人，用 bouxhoj 表示穷人，在熟语中很常见。例如 bouxmiz cix gangj goj，bouxhoj cix doxndaq“有钱人家就讲古，穷苦人家就骂架”；bouxmiz cix lau hoj，bouxhoj ndi lau maz“富人害怕穷，穷人没啥怕”；bouxmiz riengz bouxmiz guh dong，bouxhoj caeuq bouxhoj cauh ndong“富人跟富人坐一堆，穷人和穷人结亲家”。

9. ndei 和 yak

ndei 即“好、良好、善”，yak 同 saix，“恶、凶、恶毒、凶恶”的意思。boux ndei yungh bak，boux yak yungh gienz“善人用嘴，恶人用拳”，有争执的时候，秉性好的人用嘴巴讲道理，脾气差的人用拳头教训人。

10. ndei 和 nyauq

ndei 即“优良”，nyauq 即“（质量）差、粗劣”。boux rox boux couh ndei，boux hei boux couh nyauq“人理解人就好，人欺负人就差”，人与人交往能够互相理解就是好事，互相斗争就是坏事。

11. dinj 和 raez

dinj 即“短、短促”，raez 即“长”。bwnda ok gonq dinj，mumh ok doeklaeng raez“眉毛先长短，胡子后出长”，意思是后来者吸取前人的经验教训而赶超前人。

12. dai 和 lix

dai 是“死、亡、逝世、去世”的意思，lix 是“活、活着”的意思。bya guh dong bya dai，vunz guh boengj vunz lix“鱼成堆鱼死，人合群人活”，这话是说鱼凑成一堆很容易被捕获，人则要生活在一起才能合作完成劳动。

13. hung 和 iq

hung 即“大”，iq 即“小、细小”。bya hung gwn bya iq，bya iq gwn nyauh，nyauh gwn boengz“大鱼吃小鱼，小鱼吃虾子，虾子吃泥巴”，这句话用来指责恃强凌弱的人。

14. lai 和 siuj

lai 即“多”，siuj 有三个义项：少、缺少、小。byaek lai byaek liux，byaek siuj byaek lw“菜多全吃完，菜少有得剩”，菜多了就拼命吃，吃到后面没有菜下饭；菜少了就省着吃，到最后还有剩余。这话告诉人们办事前期要保持紧张不要松懈，这样有利于办好事情；前期松懈后期紧张容易误事。

15. lai 和 noix

lai 即“多”，noix 即“少、缺少”。byaekb ndei mbouj gwn lai，vunz gvai gangj coenz noix“好菜不多吃，聪明人不多说”，好菜少吃些回味无穷，聪明人明白言多必失，只在关键时候说一两句就够了。

16. ndip 和 cug

ndip 即“生、未熟透的”，cug 即“熟”。byongh ndip byongh cug“半生半熟”，指食物没有煮熟，也指人说话不阴不阳。

17. na 和 mbang

na 即“厚”，mbang 有“薄、浅薄、薄弱、淡薄、单薄”的意思。cien na vax mbang“砖厚瓦薄”，这话意思是办事不公，厚此薄彼。

18. nit 和 raeuj

nit 是“冷、寒冷”的意思，raeuj 是“暖，温暖”的意思。cieng nit ciemg haeux，cieng raeuj cieng iek“春节冷，兆丰年；春节暖，兆饥荒”，这是一句气象谚语，春节气温低能够冻死虫子，来年收成好；暖冬虫子不死，到春夏会爆发虫灾，粮食减产。

19. raeuj 和 liengz

raeuj 是“暖、温暖”的意思，liengz 是“（气候）凉”的意思。cin mbouj faen mbouj raeuj，cou mbouj faen mbouj liengz 直译为“春不分不暖，秋不分不凉”，意思是不到春分天不暖，不到秋分天不凉。

20. ndei 和 vaih

ndei 即“好、良好、善”，vaih 即“烂、破、坏”。coenz ndei mbouj ngaih，coenz vaih mbouj nanz“好话不易，恶语不难”，这话有两个意思：一是讲好话不容易，学坏话一学就会；二是要得到别人的好评不容易，要招人骂可是容易得很。

21. ngaih 和 nanz

ngaih 即“容易”，nanz 即“难、困难”。coenz ndei mbouj ngaih，coenz vaih mbouj nanz“好话不易，恶语不难”，这话有两个意思：一是讲好话不容易，坏话一学就会；二是要得到别人的好评不容易，要招人骂可是容易得很。

22. ngaih 和 hoj

ngaih 即“容易”，hoj 即“困难、艰苦”。coi ndang ngaih，coi bak hoj 直译为“催身易，催嘴难”，

动嘴皮子使唤别人做事很难，还不如自己动手做来得快。

23. gvangq 和 gaeb

gvangq 即“宽大、广阔”，gaeb 即“窄”。da gvangq dungx gaeb 即“眼宽肚子窄”，见到食物总以为自己能吃很多，真正吃进肚子的也没多少。

24. gaenj 和 menh

gaenj 即“快”，menh 即“慢”。gaenj bae menh daengz，menh bae gaenj daengz“急去后至，慢去先达”，急急忙忙办事情容易出错，延误时间；准备充分再办事情，表面上看是慢一些，但结果令人满意。

25. ndei 和 nanz

ndei 即“好、良好、善”，nanz 即“难、困难”。gaeq ndei gaj，hek nanz cingj“杀鸡容易请客难”，在这句话中，ndei 和 nanz 构成反义词。

26. cienh 和 bengz

cienh 即“贱（价钱低）、便宜”，bengz 即“（价钱）贵、宝贵（就价值而言，一般不用于表达抽象概念）”。gaiq gwn cienh baenz haex，saenzcingz bengz gvaq gim“食物贱如粪，人情贵过金”，人与人之间的情谊比聚在一起吃吃喝喝要珍贵得多。

27. biz 和 byom

biz 即“肥、胖”，byom 即“瘦”。gwn biz byaij byom“吃肥走瘦”，意思是到远方谋生不如在近处生活，到远方谋生，即使有点收入也当路费花光了。

28. mbwk 和 leg

mbwk 同 hung，“大”；leg 同 saeq，“细、小”。gwn mbwk guh leg“吃大做小”，即“吃饭打冲锋，干活磨洋工”。

29. sug 和 seng

sug 即“熟悉”，seng 的意思是“生疏、不熟悉、陌生”。gwn sug mbouj gwn seng“吃熟不吃生”，俗话说兔子不吃窝边草，可生活中偏偏有一类人专门坑骗熟人。壮语中还有一句话和这句相对：gwn seng mbouj gwn sug“吃生不吃熟”。

30. ndongj 和 unq

ndongj 和 geng 意思相同，即“硬”；unq 的意思有“软、软弱、温柔”。gyaeuj ndongj caekhaex unq“头硬屁股软”，形容不敢当面顶撞，背后振振有词的人。

31. sang 和 daemq

sang 即“高”，daemq 即“矮、低”。hwnj bya cij rox bya sang daemq，roengz raemx cix rox raemx cienj laeg“上山才知山高低，下水才知水深浅”，说明实践出真知。

32. cienj 和 laeg

Cienj 即“浅”，laeg 即“深”。hwnj bya cij rox bya sang daemq，roengz raemx cix rox raemx cienj laeg“上山才知山高低，下水才知水深浅”，说明实践出真知。

33. hau 和 ndaem

hau 即“白、白色”，ndaem 即“黑、黑色”。黑白是一对相对反义词，ma hau caeg raemz，ma ndaem dwg dub“白狗偷吃糠，黑狗挨棒揍”，此话常用于形容执法不公，冤枉好人。

34. siuj 和 daih

siuj 有三个义项：少、缺少、小。《壮汉词汇》中 daih 的单字释义没有和 siuj 相对的，但通过另外一些词语可以推导出 daih 的意思。例如 daihgya “大家”、daihhoih “大会”、daihfueng “大方”、daih’eiq “大意”，通过以上词语可以推出 daih 即“大”。maeuz siuj ndaep daih “贪小失大”，捡了芝麻丢了西瓜。

35. doiq 和 loek

doiq 即“对、对待”，loek 即“错、差错”。meh cix doiq，lwg cix loek 直译为“母就对，子就错”，老娘永远都是对的，要错只能是儿子的错，比喻权大者有理。

36. gyaj 和 caen

gyaj 即“假、不真实”，caen 即“真、真正、真实”。meuz daej duznou seih gyaj，ma ngah ndaek ndok dwg caen “猫哭耗子是假，狗馋骨头是真”，形容同一件事发生在不同的人身上就有一真一假两种情况出现。

37. cingq 和 mbit

cingq 即“正”，《壮汉词汇》中 mbit 的单字释义没有和 cingq 相对的，只有一个 mbitmbieng “歪扭（专指变形）”含有“歪”的意思。ndang cingq mbouj lau raemhngaeuz mbit “身正不怕影子歪”，行为举止端正合理就不怕别人说三道四。

38. cingq 和 mbieng

cingq 即“正”，mbieng 即“歪”。mbwn mbouj cingq deih mbieng “天不正地歪”，也就是“上梁不正下梁歪”。

39. ndei 和 ndeiq

ndei 即“好、良好、善”，《壮汉词汇》没有收录 ndeiq 这个词。在熟语 ndei ok ndeiq 中，ndei 为“好”，naeq 为“坏”。这句话的意思是“好事变坏事”。

40. doengq 和 saw

doengq 即“浊、浑、水不清”，saw 即“稀”，引申为“清”。raemx doengq mbouj rox raemx saw rox “浑水不知清水知”，情况不明朗时大家无法做出判断，等时间长了一切都会真相大白。

41. coz 和 geq

coz 即“年青、年轻”，geq 即“老”。rap naek dingh bouxcoz，vanj moj dingh bouxgeq “重担定是青年挑，好吃先是敬老人”，壮族从古至今都有尊老的传统。家庭、家族里，无论是正餐、酒席，都要等到最年长的老人来了大家才能入席，小辈争相给老人夹菜，杀鸡宰鸭时，总是特意留出肝脏、尾椎给老人吃。

42. laux 和 saeq

laux 同 hung，意思是“大”；saeq 同 leg，意思是“细、小”。sien laux ndei baiq，fangz saeq nanz gouz “大仙好拜，小鬼难求”，有事请求大官帮助比较容易，因为他们比较好说话，而求小官小吏帮忙则比较困难，因为他们不好说话。

43. laep 和 rongh

laep 即“黑、黑暗、昏暗”，rongh 有两个义项：“亮、光亮、明亮；光明。”deuz laep bae coh rongh，cogneix lix raen ndei “弃暗投明，日后见光明”，这里的 laep 是黑暗，rongh 是光明，劝人改邪归正，将来还有好日子过。

44. leih 和 goem

leih 即“利”，goem 即“损失、亏损”。gwn cix leih，geih cix goem 直译为“吃就利，忌就亏”，此话常用来劝说病人吃东西不要忌讳太多食物，否则饮食单调容易导致营养不良。

四、区别词类反义词

区别词表示人和事物的属性或区别性特征，有区分事物的分类作用（黄伯荣、廖序东），往往成对或成组出现。壮语尚未划分出区别词一类。壮语熟语中的区别词往往不是同时成对出现在一句话里，这与以上其他类别的反义词不同。

1.dog 和 sueng

dog 即“独”，放在名词、量词后面，表示单独一个；sueng 即“双”。一“单”一“双”构成一对区别词，分别出现在不同的熟语中。dog 出现在对比型的谚语中，例如 lwgdog nanz u，mou dog hoj ciengx“独子难照料，独猪难饲养”；giuz faex dog nanz gvaq，ga dawh dog nanz nip“独木桥难过，单根筷难夹”。sueng 的使用比较灵活，有四字格的 baenz sueng baenz doiq“成双成对”；也有其他形式：gwn sueng max，guh bak roek，即“吃双份，干半活”，说的是马儿吃双份马饲料，但只能拉 160 斤，这样的马干活太差劲了。此话常用来嘲讽那些吃饭积极、干活不顶用的人。

2.gim 和 luengz

gim 即“金”，luengz 即“铜”。它们是金属物的区别词，出现在一句谚语中：miz gim yo daej loengx，mbouj yungh bienqbaenz luengz，直译为“有金藏底箱，不用变成铜”。这里运用了夸张的修辞手法，金子留久了变成铜是不可能的，其实是劝勉年轻人珍惜时间抓紧机会不要虚度光阴，否则老了以后就追悔莫及了。

3.boux 和 meh

boux 即“雄性”，指的是植物花卉的性别，以及禽类的性别；meh 即“雌性”，除了指人，也指生育过的禽兽雌性。gaeqboux lai luenh“公鸡多就乱”，比喻发号施令的人太多，手下办事的人不知道该听谁的，事情就容易乱。gaeqmeh haen ranz“牝鸡司晨”，意思是母鸡报晓，比喻妇女掌握当家做主的权力。

4.meh 和 ndai

meh 即“雌性”，除了指人，也指生育过的禽兽雌性。ndai 在《壮汉词汇》里的释义有：耘（田）、除（草），空、闲、白白地。可以看出，ndai 没有与 meh 相对的释义。但 goepndai 这个词解释为“雄蛙”，goep 即“蛙”，那剩下的 ndai 可以肯定是“雄性”的意思。goepndai dai vih bak 直译为“雄蛙死为嘴”，因为雄蛙叫声响亮，人们很容易据此抓到它。这话用于人则是说祸从口出，言多必失。有句农谚 hawxsij dai duz lwg，gingcig dai duz meh，即“雨水死牛仔，惊蛰死母牛”，意思是小牛因为怕冷雨水时节容易冻死，母牛熬过寒冬到惊蛰时节却因为不适应气候变化而死。

五、小结

本文一共整理出 69 条壮语反义词，其中名词类反义词 15 条，动词类反义词 6 条，形容词类反义词 44 条，区别词类反义词 4 条。从语音上看，壮语熟语格律优美，例如 boux hwnj romh ciengx boux ninz gvaiz，boux ninz gvaiz ciengx boux louzlaiz，意思是“早起的养睡懒觉的，睡懒觉的养闲荡的”，其中 ninz gvaiz 和 louzlaiz 押韵。从词汇上看，壮语熟语通过使用反义词来增强表达的趣味性及准确性，例如 hwnj bya cij rox bya sang daemq，roengz raemx cix rox raemx cienj laeg 这句谚语使用了 3 对反义词，意思是“上山才知山高低，下水才知水深浅”。从语法上看，壮语熟语运用了对比、比喻和夸张等修辞手法，例如“睁一只眼闭一只眼”表达为 laep da ndeu，hai da ndeu，运用了对比手法；“上梁不正下梁歪”表达为 mbwn mbouj cingq deih mbieng，分别用“天”“地”比喻“上梁”和“下梁”；miz gim yo daej loengx，mbouj yungh bienqbaenz luengz，直译为“有金藏底箱，不用变成铜”，这里运用了夸张手法。反义词的使用令壮语熟语的趣味性和准确性大大增强，人们通过这些生动形象的熟语传播生产经验，教授为人处世之道。

【参考文献】

[1] 周荐．现代汉语词汇学教程 [M]. 北京：北京大学出版社，2016.
[2] 韦景云，覃晓航．壮语通论 [M]. 北京：中央民族大学出版社，2006.
[3] 蒙元耀．壮语熟语 [M]. 北京：民族出版社，2006.
[4] 黄伯荣，廖序东．现代汉语 [M]. 北京：高等教育出版社，2002.
[5] 广西壮族自治区少数民族语言文字工作委员会研究室．壮汉词汇 [Z]. 南宁：广西民族出版社，1983.

武宣壮话语音曲折构词特点

黄雪梦[①]

壮语和汉语一样属于孤立语，通过词内部的语音曲折构成新词的现象比较少见，但并不是没有。由语音曲折构成的一组词语音相近或相同，语义相关、相同。这样一组词被称为同族词“一个语言内部由其一根词及其派生词、或派生词与派生词构成的一组词，这些词在语音（或形态）和意义上相同，相近或相关”[②]。王力先生称之为滋生词。他认为“汉语是单音节的，因此汉语滋生词不可能是原始词加后缀，只能在音节本身发生变化，或者仅仅在声调上发生变化”[③]。语音曲折构词通过声母、韵母、声调变化来构成新词。

一、声调变化构词

1.ȵa:ŋ^3 稻梗，稻草 / ȵa:ŋ^5 坚韧

ȵa:ŋ^3，名词，稻梗；ȵa:ŋ^5，形容词，坚韧的、柔韧的。ȵa:ŋ^5“坚韧的”是 ȵa:ŋ^3“稻梗”的性质。

义素分析：ȵa:ŋ^3=[+ 植物][+ 稻草]

ȵa:ŋ^5=[+ 性质][+ 稻草]

2.ȵuŋ^3 弄乱 / ȵuŋ^5 凌乱

ȵuŋ^3，动词，弄乱；ȵuŋ^5，形容词凌乱。ȵuŋ^5“凌乱”是 ȵuŋ^3“弄乱”的结果，两者是因果关系。

义素分析：ȵuŋ^3=[+ 动作][+ 乱]

ȵuŋ^5=[+ 性质][+ 乱]

3.ʔȵau^3 揉皱 /ʔȵau^5 皱

ʔȵau^3，动词，揉皱；ʔȵau^5，形容词，皱。ʔȵau^5“皱”是动词 ʔȵau^3“揉皱”的结果。

义素分析：ʔȵau^3=[+ 动作][+ 皱]

ʔȵau^5=[+ 性质][+ 皱]

4.pja^2 涂抹开 /pja^4（声音、豁口）大

pja^2，动词，将膏状的物体涂抹开来；pja^4，形容词，声音不圆润，即破音，或开口太大。

义素分析：pja^2=[+ 动作][+ 边缘不光滑]

pja^4=[+ 性质][+ 边缘不光滑]

---

① 黄雪梦，女，广西民族大学文学院中国少数民族语言文学专业硕士研究生。

② 张博：《同源词 · 同族词 · 词族》，《 固原师专学报》1991 年第 3 期。

③ 王力：《 同源字典》，北京：中华书局，2014 年，第 44 页。

5.kuŋ^{1} 使……变成弓形 /kuŋ^{4} 角落 / kuŋ^{5} 虾

kuŋ^{1}，动词，使……变成弓形；kuŋ^{4}，名词，角落；kuŋ^{5}，名词，虾。

义素分析：kuŋ^{1}=[+ 动作][+ 弓形]

kuŋ^{4}=[+ 空间][+ 弓形]

kuŋ^{5}=[+ 动物][+ 弓形]

6.ŋva^{1} 抓（痒）/ ŋva^{3} 抓（物体）

ŋva^{1}，动词，抓（痒）；ŋva^{3}，动词，抓（物体）。

义素分析：ŋva^{1}=[+ 动作][+ 对象为自身]

ŋva^{3}=[+ 动作][+ 对象为他物]

7.poːm^{1} 水泡 /poːm^{5} 起水泡

poːm^{1}，名词，水泡。poːm^{5}，动词，（皮肤）起水泡；形容词，起水泡的。

声调变化构词特点：在一组词中，名词、动词主要集中在第 1 调、第 3 调，相对的动词、形容词集中在第 4 调、第 5 调，例外的例（五）动词第 1 调，名词第 4、第 5 调。

二、韵母变化构词

1.hip^{7} 合上 / hap^{7} 封堵水口

hip^{7}，动词，合上（嘴巴、眼睛）；hap^{7}，动词，堵住（水口、水渠）。

义素分析：hip^{7}=[+ 动作][+ 合拢][+ 器官]

hap^{7}=[+ 动作][+ 合拢][+ 水道]

2.n̥uŋ^{2} 蚊子 / n̥ak^{7} 蠓虫 / n̥an^{6} 蚜虫 / n̥an^{1} 苍蝇

这一组词都是名词。

n̥uŋ^{2} 蚊子、n̥ak^{7} 蠓虫、n̥an^{6} 蚜虫、n̥an^{1} 苍蝇共同的义素 [+ 虫类][+ 小][+ 会飞]。

3.ʔbem^{3} 瘪 /ʔbe^{3} 扁平

ʔbem^{3} 和 ʔbe^{3} 都是形容词，ʔbem^{3} 用来形容球类泄气瘪掉的样子，ʔbe^{3} 形容物体扁平，ʔbe^{3} 比 ʔbem^{3} 使用范围广。

ʔbem^{3}=[+ 形状][+ 扁][+ 球体]

ʔbe^{3}=[+ 形状][+ 扁][+ 物体]

4.tsap^{8}/ tsam^{6} 烧

tsap^{8} 和 tsam^{6} 都是动词和双数调，但韵尾不同，一个是阳声韵一个是入声韵。tsap^{4} 的使用范围更广一些，后面可直接接 fei^{2} 火，如：

tsap^{8} fei^{2} tau^{3} pu^{5} . 烧火来烤烤。

烧 火 来 吹

直接带宾语如：tsap^{4} ha^{2} 烧柴火、tsap^{8} fuːŋ^{2} 烧稻草。tsap^{8} 可带无量词修饰宾语，也可以带量词修饰的宾语，但是 tsam^{4} 后必须接量词修饰的宾语，如：

tsam^{6} taːm^{3} fei^{2} hei^{3} tau^{3} ɣau^{2}. 给咱们烧一把火。

tsam^{6} 后带量词修饰的宾语，如：

tsam^{6} kæŋ^{6} fɯn^{2} hei^{4} tsai^{2} pei^{6}. 把这根木头烧完。

烧 根 木柴 助词 完 去

tsam^{6} taːm^{3} ha^{2} hei^{4} tsai^{2} pei^{6}. 烧完这把柴火。

烧 把柴火 助词 完 去

5.poːm^{1} /poːŋ^{6} 水泡，泡泡

poːm^{1} 和 poːŋ^{6} 韵尾不同，声调不同，意义相关。n̩^{4}poːm^{1} 特指水泡，自成音节词缀 n̩^{4} 不能省略。n̩^{4} poːŋ^{6} 自成音节词缀 n̩^{6} 可以省略，poːŋ^{6} 可以指鱼泡泡（鱼鳔）、气球之类的泡泡。

6.ʔȵem^{5} / ʔȵeŋ^{5} 看

ȵem^{5} 和 ʔȵeŋ^{5} 声调相同，韵尾不同，声母 ȵ 是由 ʔȵ 脱落喉塞成分演变而来的。ȵem^{5} 和 ʔȵeŋ^{5} 情感色彩不同，ȵem^{5} 属于中性，不褒不贬；ʔȵeŋ^{5} 带有轻微贬义。

ȵem^{5} 作谓语：

kou^{1} pai^{1} ȵem^{5} ŋaːi^{2} tsuk^{8} jaŋ^{2}. 我去看饭煮好了没有。

我 去 看 饭 熟 没有

ȵem^{5} 作话语标记：

ȵem^{5} mɯŋ^{2} lok^{8} kaːŋ^{3} di^{5} tiŋ^{5} nei^{4} tso^{5} jaŋ^{2}. 看你啊，说不听，现在知道错了吗?

看 你 语气词 讲 不 听 现在 错 没有

ȵem^{5} 作补语：

kou^{1} sou^{5} ȵem^{5} pai^{2}. 我尝一下看。

我 尝 看 次

由以上的例子我们可以看出 ȵem^{5} 已经语法化了，话语标记和补语用法中 ȵem^{5} 没有实在意义。

ʔȵeŋ^{5}，动词，作谓语，可带宾语，如：

te^{1} ku^{3} ʔȵeŋ^{5} tu^{4} ma^{1} han^{4}. 他一直盯着那只狗看。

他 一直 看 只 狗 那

7.ɣeu^{5} 蔫 / ɣo^{2} 干枯 /ɣaːm^{5} 枯病

ɣeu^{5}、ɣo^{2}、ɣaːm^{5} 都有缺少水分的意思。ɣeu^{5} 指植物因阳光暴晒或干旱缺乏水分变得绵软的样子，也可指人或物软塌的状态。ɣo^{2} 指水分蒸发后干枯的状态，指植物。ɣaːm^{5} 指植物因害病变得干枯。

8.tam^{6} / tap^{8} 踩，跺

tam^{6} 和 tap^{8} 用脚踩的含义，tam^{6} 使用范围比较广，对象可以是土地、动物、人等，tap^{8} 的对象只能是人。

9.tik^{7} /tak^{7} 踢

tik^{7} 和 tak^{7} 声母、声调、韵尾相同，韵腹不同 ik 和 ak 对转。tik^{7} 和 tak^{7} 用法基本相同，唯一的差别是牲畜类只能用 tak^{7}。

10.ten^{6} / tet^{7} 弹

ten^{6} 和 tet^{7}，韵尾不同，阳入对转，用法没有差别。

韵母变化构词特点：

①韵尾变化，阳入对转如 8、10；阴阳对转，如 3；m 和 ŋ 对转，如 6。这一类词原本属于同一个词，随着语音的变化，其用法功能产生分歧，有些差别比较小，但是有部分随着使用频率的高低，差别越来越大，如 6ȵem^{5} /ʔȵeŋ^{5} 看。

②主要元音变化，如 1、2、7、9，又可分成两类，一类 1、9，二类 2、7。一类主要元音 ip 和 ap、ik 和 ak 对转；二类意义相关，声母一样。

三、声母变化构词

1.n̡em⁵ 看 / lem³ 偷看

n̡em⁵ 和 lem³ 声母不同，lem³ 义为偷看，偷瞄。

2.n̡ip⁷ 合拢 / hip⁷ 合上 /tip⁷ 花骨朵

n̡ip⁷，动词，合拢，如：n̡ip⁷ taːu⁵ 合起来；形容词，合拢的。hip⁷，动词，关上，合上，如：hip⁷ paːk⁷ taːu⁵ 合上嘴巴。tip⁷，名词，花骨朵。

3.bem³/pem⁶ 瘪 / ɣem⁶ 秕子

bem³ 和 pem⁶，形容词，干瘪的，扁平的。ɣem⁶ 名词，不饱满的稻谷，即秕子。

4.ep⁸ 夹 / sep⁸ 插

kep⁸，动词，夹，夹在腋下。sep⁸，动词，将长条薄片插入缝隙。

5.ʔduːn¹ / luːn⁴ 圆

duːn¹，形容词，圆的；名词，圆形也指月亮，如 n⁴ duːn¹ 月亮（n⁴ 词缀）。luːn⁴ 形容词，卵形的，鹅卵石 ɣən¹ ma⁴ luːn⁴；也指秃的，没有毛的，如光头 kau⁵ luːn⁴。duːn¹ 对应汉字“团”。“团”在《说文解字》中解释为：“圆也。从口专声。度官切”，其上古拟音为 doːn，在广韵中定母桓韻一等合口，郑张尚芳先生拟音为 du ɑ n。

6.n̡em² 嘴巴咬 / kem²（工具）咬

n̡em²，动词，（嘴巴）咬。kem²，动词，用钳子夹。n̡em² 和 kem² 动作形象上是相关的。kem² 对应汉字“钳”上古声符甘，谈韵，拟音 gram；广韵群母盐 B 韵三等开口，潘悟云先生拟音 ɡɯiɛm，粤语 kim⁴。kem² 双数调，与壮语汉借词浊声相对应。kem² 无疑是个汉语借词。

7.n̡an³ / kan⁴ 抓捏

n̡an³，动词，用手挤、捏；量词，一小把。kan⁴，动词，用力抓、掐。n̡an³ 和 kam¹ 可以合用，如：n̡an³ n̡an³ kan⁴ kan⁴ 形容捏来捏去。

8.n̡at⁷ /ʔn̡ai⁵ 小，瘦弱

n̡at⁷，形容词，因营养不良或生病显得弱小。ʔn̡ai⁵，形容词，形体小，褒义词，包含喜爱意味。

9.lum⁵ /kup⁷ 瓣

lum⁵，形容词，瓣状的，如：lak⁸ kve¹ lum⁵ 丝瓜；量词，瓣。kup⁷，量词，片、瓣，如：saːm¹ kup⁷ fɯŋ² 三片柴火。kup⁷ 的使用范围比 lum⁵ 要广，可以指任何片状的物体。

10.vam² / lam⁴ 摔倒

vam²，动词，扑倒，由于鲁莽或看不清路而摔倒。lam⁴，动词，摔倒，侧重于摔倒这一动作。

11.ɣem³ 热 /kem⁵ 焦

ɣem³，形容词，热的、炎热的；动词，加热。kem⁵，形容词，焦的，如：pjaːk⁷ kem⁵ 烧焦的菜。

ɣem³ 对应汉语“炎”。“炎”，炎热。《诗·大雅·云汉》：“赫赫炎炎。”传：“热气也。”上古拟音 ɦlam，客家话 jam²，粤语 jim⁴。

声母变化构词特点：韵母相同或相近，声母发音部位或发音方法相同或相近。

四、语音相近构词

1.bem^{3}，pem^{6}，be^{3} 瘪 / ɣem^{6} 秕子 / kep^{8} 夹 / ke^{6} 细缝 / lem^{1} 轻便 / sep^{8} 插

这一组词，形容词有：ʔbem^{3}、pem^{6}、ʔbe^{3} 干瘪的；lem^{1} 轻便的、薄的。名词有：ɣem^{6} 秕子；ke^{6} 细缝。动词有：kep^{8} 夹；sep^{8} 插。这一组词具有一个共同的义素 [+ 扁薄]，主要元音相同，都是 e。

2.kvaːŋ^{5} 宽 /pjaŋ^{5} 敞 /vaːŋ^{5} 豁口的

这一组词都是形容词，具有共同的义素 [+ 宽广]，声调相同，韵母相近。kvaːŋ^{5} 宽与汉语的“广”对应。“广”本义是宽大的房屋，《说文解字》：“殿之大屋也。”“广”上古声符黄，阳韵，拟音为 k^{w}aːŋʔ；广韵见母荡韵一等合口，解释为：大也阔也，郑张尚芳先生拟音 kwɑŋ。

3.ʔiŋ^{3} 影子，阴影 /jɯŋ^{3} 阴暗，阴沉

ʔiŋ^{3}，名词，影子、阴影；jɯŋ^{3} 形容词，（人的感觉）阴暗、阴沉。

4.von^{2} 烟 /ʔon^{5} 熏

von^{2}，名词，烟；形容词，熏人的，如：

ɣek^{7} hɯn^{3} von^{2}. 锅起烟了。

锅 起 烟

paːk^{7} tsaːu^{5} von^{2} laːi^{1}. 厨房很熏。

口 灶 烟 多

ʔon^{5}，动词，熏。

5.ɳum^{6} / kup^{7} 捡

ɳum^{6}、kup^{7}，动词，捡、拾取，此外 kup^{7} 还有将某物收起来、收好之义。

语音相近构词特点：这几组词基本上都是派生关系，但是由于缺乏相关的资料文献，我们无法得知哪个是本词，哪个是派生词。

壮语作为一种孤立语言，缺乏形态变化构词，主要是以语序和虚词作为其语法手段，但是在同一词族中仍然存在一些以语音曲折构词的手段。

【参考文献】

[1] 张博. 同源词 · 同族词 · 词族 [J]. 固原师专学报，1991（3）.
[2] 王力. 同源字典 [Z]. 北京：中华书局，2014.

关于对龙胜各族自治县侗语现状及其发展的思考

龙　政[1]

一、龙胜侗族的分布及背景

从中国地图上看，在系列的名山大川中，南岭实在是一条不起眼的山脉。然而就是这条不起眼的山脉，却因其独特的一方水土孕育出韵味无穷的地方特色来。地处南岭山脉最西端的越城岭是中国南方多民族聚居区。它跨越桂林市的全州、资源、兴安、龙胜、灵川、临桂六县，聚居有侗、苗、瑶、壮、汉等民族。因此居住在此地区的少数民族可以说是广西的“高山民族”。龙胜地处越城岭南麓，东临资源、兴安两县，南临临桂、灵川二县，西与永福、融安二县接壤，北与湖南省通道侗族自治县和城步苗族自治县毗邻。

龙胜侗族所居住的地域地处越城岭南麓湘桂两省（区）交界的八十里大南山西麓。这里还有其他民族杂居，受到外来影响日益加剧，融入主流文化的步伐日益加快。生活环境和生活条件的不断改变，动摇了侗语正常发展的根基。实际上，历代封建王朝对龙胜采取羁縻制度。南宋时，朝廷在远离龙胜百余里的宛田设“桑江寨”。明朝中叶，把“桑江寨”改为“桑江口巡检司”。康熙五十六年（1717），在今与资源县交界的贝子立堡。1870 年吴金银起义后，清政府意识到管理桑江地区的必要性。本着“开辟”苗疆管理少数民族地区的目的，清政府在此设立龙胜理苗厅，并将桑江司移驻龙胜，改为龙胜巡检司，管理龙胜至芙蓉一带的苗寨。另设广南巡检司于瓢里，管理瓢里至小江一带苗寨。龙胜厅设立之后，为了稳定社会秩序，安定民心和发展经济文化，政府加强了对龙胜包括侗族在内少数民族地区的管理。

随着商业的发展，加上龙胜社会稳定，大批汉人迁入龙胜。乾隆之前龙胜“其人为苗、为瑶、为侗、为壮、为伶错居”。乾隆六年所派驻的 1000 名兵丁中，多是汉人。年深月久，一部分官兵留下世居，有的眷属子女，或嫁或娶，安居在营汛附近村寨。到民国时期“二塘七汛三十九塘，皆有客民迁居；大都客二土八”。政府加大了对龙胜的开发力度，随之而来的是汉族商人来经商，汉族文人来办学，汉族民间艺人来传艺。这样，汉族文化艺术就加大了对龙胜侗族地区传播的力度。一些经常需要与汉人接触的侗家人开始学习讲汉语，侗语在他们生活中的很多场合就自然被汉语取代了。从此以后，龙胜侗族地区开始了语言汉化的进程。

据第六次全国人口普查统计，龙胜侗族人口 40394，占全县总人口的 23.91%。侗族主要聚居在县境北部平等镇的庖田、隆江、昌背、广南、甲河、平等、龙坪、平敖、新元、固洞、蒙洞、寨枕、硬州、平定和乐江乡的乐江、金坪、江口、石京、石甲、光明、独境、地灵、大雄、宝赠、西腰以及瓢里镇的平岭等 26 个村。

[1] 龙政，男，侗族，广西侗学研究会副秘书长，龙胜各族自治县民族宗教事务局原副局长。

二、龙胜侗语现状

在龙胜几个少数民族中，侗族的文化相对比较发达，有被联合国列为世界非物质文化遗产的民间和声艺术侗族大歌，有被梅兰芳先生高度评价的审美独特的民间侗戏，有侗族琵琶歌，还有十分丰富的民间文学。它们大都以侗语为口头文本，这都说明侗族的母语侗语是非常富有表现力的。然而，随着改革开放的不断深入，龙胜侗语的现状是自身正在萎缩并走向异化。其显著特征表现在以下几个方面。

（一）侗语区域在缩小

21世纪初，侗族人口聚居占多数的村寨中目前基本上仍用侗语进行交际的只有庖田、广南、平等、龙坪、平熬、新元、固洞、蒙洞、光明、独境、地灵、大雄、宝赠、西腰等几个村寨。侗族地区25%的村屯已使用汉语，有的村屯是侗语和汉语兼用。仍在完全使用侗语交际的地方一般都属于侗乡腹地。接近汉族地区和处于交通线上的侗族村寨，由于受到外来影响大而且快，因此，侗语往往在交际中被汉语所取代。侗族地区的乡镇以上机关单位，基本上日常用语都是汉语。一些侗族家庭因有人从政、从教、经商或打工等，也会很快改用汉语。以上所述综合来看，如今的龙胜侗族地区到处都在使用汉语，坚持使用侗语的村寨或乡镇所在地已经急剧减少。

（二）侗语人数在减少

改革开放以前，龙胜侗族地区农村人口相对固定在农村。他们与外界接触少，日出而作，日落而息，自然使用母语侗语进行交际。改革开放以后，大量的侗族村民奔赴外地打工。有的一去就是10多年，不仅在外面学会了讲汉语，而且在外面成家立业。他们即使暂时返乡，也不太讲侗话了。打工者回家探亲和侗族村民相遇，往往改用汉语交流。如有3000多人的地灵侗寨只有不到一半的人口常年在家。

未到外地打工的侗族村民，即在家门口进入本地乡镇或县城经商，为了交流方便，也学习讲汉语，改用汉语交际。在旅游景点摆摊或开店的侗族村民，为了能与外宾沟通交际，还学习讲简单的英语，使用英语与外宾谈论商品，讨价还价。在他们的日常生活中，侗语已经失去了部分交际的功能。

随着九年制义务教育的普及和高校扩招，本来在侗族地区讲侗语的小学生在进了中学、上了大学、在城里找到了工作之后，往往放弃了侗语，操起了汉语。

在语言环境发生变化的侗乡，从一个家庭来看，其成员使用语言的情况是，爷爷奶奶讲侗话；父亲母亲既讲侗话又讲汉话，父亲讲汉话要多于母亲；儿女基本上讲汉话，能听得懂侗话；第四代人彻底告别了侗话。

使用侗语的侗族人群在不断减少。从减少的速度看，明清两代为慢速，民国时期已加速，在中华人民共和国成立后的“十七年”和“文化大革命”期间已提速，在改革开放的新时期就已经是快速了。如今，不再使用侗语交际的侗族人，约占龙胜侗族总人口的一半以上。有不少村寨在中华人民共和国成立初期还完全使用侗语，到现在已经完全改用汉语，变化之快令人难以想象。

（三）母语地位在动摇

在继续使用侗语的侗族村寨，母语的地位也在发生动摇。原因有二：一是婚姻。新一代侗族青年与其他民族通婚的现象越来越普遍。他们把配偶迎进侗族村寨后，在侗族村寨生儿育女。由于对方是外族人，不会说侗话，便用汉语交流，用汉语教育儿女。儿女从小受到汉语教育，又受到周围亲人的侗语熏陶，结果是从小就会使用双语交际。在很多侗族村寨都能找到这样的例子。如在一些较偏僻的侗族小村子，附近大寨人不愿与他们结亲，结果小村子的人跑到很远的地方娶来媳妇，有苗族的、瑶族的、壮族的、汉族的，还有其他民族的。大家来到小山村后，都用汉语交际。开始时，娶来一两个，后来渐渐增多，于是，经过几十年的发展过程，已改变了那里的语言环境，使小村子通用汉语。二是电视对儿童的巨大影响力。随着村村通得以实现，如今所有侗族村寨都有了电视。自从电视机走进千家万户之后，就打破了昔日的恬静单纯，不再有了纯粹讲侗话的村寨。人们在开始的数年间还不大听得懂普通话，可是时间一长，一步不出侗族山寨的侗家人便耳熟能详，在读书人的帮助下，老年人也逐渐能听懂普通话。尤其是少年儿童，机灵，接受得快，三四岁的儿童到七八岁的孩子，大都会说普通话，而且说得比大人好。如今人们公认：侗族山寨里的少年儿童的普通话水平比那里学校的老师们还高。不同民族的小孩聚在一起很快便能相互问候与简单地交谈，这都是电视机进到侗族村寨后创下的奇迹。有了电视机，小孩们说普通话已经是无师自通，这也就说明了侗语作为侗族母语的地位在侗族地区已经动摇。汉语作为我国官方使用的强势语言，通过媒体、学校，通过政治、经济、文化生活等种种渠道，正在少数民族地区产生巨大的影响。

（四）侗语自身在汉化

侗语自身也正在走向汉化。一是借用汉语词汇越来越多。我国各民族之间的语言自古以来就有相互吸收借鉴的情况，古代侗语中就存在不少的汉语词汇，被语言学家称之为“侗语借汉”现象。如“海涵”“拖累”“劳碌”“神仙”“邪教”“文章”“黄历”等等词语，就长期被侗语借用。随着当今时代社会生活节奏加快，信息传播增多，汉语词汇中新生的词语越来越多，汉语语言越来越丰富。在交际中，侗语要与汉语对等，而侗语词汇远远不够用，势必产生大量的借用汉语词汇的现象。凡是政治、经济、文化生活和科技活动中产生的汉语词语，几乎都被借用成侗语词汇。如“电视”“手机”“微信”“摩托车”“电饭煲”“承包”“打工”“录相”“VCD”“奥运会”“癌症”“非典”“甲流”“火箭”“雷达”“卫星”等。有时候，外族人听两个侗族人对话，居然能够听得懂，是什么原因呢？就是因为借汉太多了。有时一句侗话由八九个词组成，其中居然借用了六七个汉语词汇。二是侗语的语法结构汉语化。这在受到外来影响较大的侗族村寨尤为明显。侗语的基本语序是：主语＋谓语＋宾语，与汉语语序相同。主语、谓语、宾语往往不独立存在，带有修饰限定语。而修饰限定语与中心语的关系则是倒装的，表现为“中心语＋修饰限定语”，与汉语恰恰相反。例如：汉语说“黄牛”“草房”“河水”“门外”“大树”“蒸饭”“种田人”“杀猪刀”“这山”“红花”，侗语要说成“牛黄”“房草”“水河”“外门”“树大”“饭蒸”“人种田”“刀杀猪”“山这”“花红”。使用序数词来修饰限制中心词时，也放在后面，如“第二家”说成“家第二”，“第十二天”说成“天第十二”。主谓宾句“我吃稀饭”，要说成“我吃饭稀’；“我爱红花”要说成“我爱花红”；“年轻的我挑重一些的担子”要说成“我年轻挑担子重一些”。“这个人我认识”这一句话，在侗语里要说成“个人这我认识”。它是宾语提前的倒装句，不是主谓谓语句。现在，侗语的传统语序已经发生变化。例如，汉语“我父亲去哪里？”传统侗语语序应该说“父亲我哪里去？”现在很少那么说了，都说成了“父亲我去哪里？”可以看出侗语语法中修饰限制语与中心语的倒装关系也正在发生变化。过去侗语很少用到量词，如“他有哥一弟二”，现在用上了量词，说成“他有一个哥两个弟”，已和汉语语序一样。

三、龙胜侗语发展的思考

面对侗语自身萎缩并走向异化，一些专家学者有了不同的反应和主张。

（一）消极对待

侗家人自己不使用母语了，语言传统的传承出现了问题，等于后人抛弃了老祖宗的传家宝。面对侗语发展不景气的现状，一些人产生了浓重的失落感和忧伤。他们认为，一种语言的即将消失，实际上等于人类文化的多样性在减少，人类的某一部分文明在消亡，由此而伤感，如同伤春，大有“无可奈何花落去”的痛苦，但对此无能为力，只能哀叹、惋惜、消极对待。

（二）积极应对

在第 15 届国际语言学家大会上，聚集在拉瓦尔大学的语言学家们呼吁挽救面临濒危的语言，要保护地球上所有的语种，把它们当成非物质文化遗产来抢救。有的语言学家认为，语言是民族的最大特征，民族的差异主要表现在语言上，因此，要保护一个民族必须首先保护这个民族的语言。既不能让民族语言自行萎缩，也不能让其异化。因此，一些侗族专家学者强烈呼吁抢救和保护侗语，绝对不能让它消亡。

我国政府早在 20 世纪 50 年代就已开展了少数民族语言文字的调查工作，并在调查研究的基础上出台了保护少数民族语言文字的措施。有文字的，积极推广和使用；没有文字的，要创造出文字。正是在这样的形势下，1958 年语言学专家们创立了侗文，《侗文方案》由中央民委批准试行。在 1949—1966 年间，龙胜侗族地区曾开办各种侗文班普及侗文、扫除文盲，双语教学也在中小学校开展起来。改革开放以后，我们也十分注重保护侗族优秀的传统文化，提倡使用侗语。一批语言学的专家学者对龙胜侗语进行调查研究，为其发展进言献策。尽管如此，仍然未能改变侗语日趋萎缩而走向异化的现状。

（三）任其自然

我们知道，语言属于应用学科，只要它有用就能存在；只要它对人们有利，就会有人去学习。若像英语那样有大用，有大利，就会在世界各国推广开去；反之，某一种语言虽有辉煌的历史，若不能适应新的形势发展需要，不被多数人所接受，就会被取代，最后消亡。值得注意的是某种语言消亡了，但其民族并没有消失。现在，全世界有几百种语言正在消亡，而那些民族都能与时俱进，生活得不错。实际上也没有什么巨人能够去挽救走向消亡的语言。满族有统治全国的皇帝，却没有保护母语的巨人。如今母语面临消亡的民族也是这样，没有什么人能够拯救母语。

在比较封闭的过去，在自给自足的农耕社会里，侗语才能得到产生和发展。它是过去时代和一定社会发展阶段上的产物。当我国推行市场经济之后，全国构成了一个大市场，并与国际接轨，全世界一体化，变成了一个地球村。侗族地区已属于这个整体中的一部分，可在这当中侗语就显得不大有用武之地了。侗族的一些人放弃了自己的母语，我们应该尊重他们自己的选择。面对日益萎缩而走向异化的侗语现状，我们既不能去阻挡人们讲汉语，强令人们使用语言学家创立的拉丁字母侗文，也不能去侗族地区小学说只能用侗语进行教学，更不能砸烂所有的手机、电视机和电脑……侗语作为少数民族语种之一，使用的地域不广，使用的人数不多，本来就没有多少发展的空间。在主流文化的冲击下，在强势语言的撞击下，侗语比任何时候都加快了萎缩的进程。如今不仅侗语在萎缩，其他少数民族语言也在萎缩，因为世界一体化对大家的影响都是一样的。

我们要相信，既然一种语言是在某种情况下产生的，那么，它也就有可能在另一种情况下消亡。我认为，将来国内语种绝大多数都会消亡，世界各国会向世界共同语迈进，不是没有可能。现在有一种迹象表明，人们为了争做生活的强者，少数民族的人在拼命学习汉语，城市里的汉族人和其他族人在拼命学英语。这种情况会影响到以后的语言发展趋势。

由此，我们可以说，侗语的发展现状——自身萎缩而走向异化不值得我们去忧伤，也不必要动用大量人力物力去保护和抢救。我们应该顺从语言发展的历史规律，任其自然发展，与时俱进。

蓝田壮语语音研究

卢奋长①

一、引言

（一）蓝田村概况

蓝田村是广西壮族自治区贵港市港北区港城镇的一个自然村，位于贵港市市区北面，北靠石牛水库，南临北环新村，东接棉村，西临六八村。蓝田村还处于贵港城区规划控制区内，距离中心城区 5 千米，二环路从村北贯穿而过，交通十分便利。蓝田村是典型的半山半平原村落，有耕地 5800 多亩（水田旱地各约占一半），山林地 5700 亩。

该村分为岭脚屯、石牛屯、蓝田大屯（包括七星屯、桥逢屯、六马屯，另也分为三片、四片、五片）、石桥屯、龙塘屯、苏村屯 6 个自然屯，共辖 24 个村民小组。全村有 1525 户家庭，8423 人，其中壮族人口占 95%，龙塘屯村民都是汉族。

（二）语言使用情况

蓝田村当地的壮族人自称为 wən^{2}tsøːŋ^{6}（壮人），但是中年以下的年轻人只知道自己的民族身份是 tsøːŋ^{6}tsok^{8}（壮族）。他们称自己所操的壮语为 keːŋ^{3}tsøːŋ^{6}（讲壮）或者是 tsøːŋ^{6}wa^{6}（壮话），把龙塘屯汉族村民所说的汉语方言叫 ma^{2}koːi^{4}wa^{6}（麻介话）。通常情况下，壮族说壮语，汉族说客家话。在交际需要的时候，龙塘屯汉族村民也能流利地使用壮语进行交流。由于蓝田村特殊的地理位置和实际情况，该村居民的生产、生活与贵港城区的关系极其密切，而贵港城区居民的日常交际语以土白话（贵县话）为主，加上老一辈人传统的教育是用土白话进行授课的，所以，在日常的生产、生活交际过程中，蓝田村中年以上的居民大多都能操一口流利的土白话（贵县话）。

（三）研究的背景、方法和目的

蓝田壮语是笔者的母语，属于壮语北部方言红水河土语。学界对红水河土语中的贵港壮语的研究少之又少。虽然贵港壮语拥有很多与红水河土语共同的语音特点，但是蓝田壮语却也有自己非常鲜明的特点，与壮语标准音有丰富的链锁式的音变和错位式的语音对应规律，属于“奇葩”的一类。

笔者就读于中国少数民族语言文学（壮语）专业，对家乡话进行了比较全面的调查和记录，收集了较为丰富的第一手材料。发音人合作人有两位，其一为卢山，男，44 岁，小学文化；另一位是苏克欢，女，47 岁，小学文化。

① 卢奋长，男，壮族，广西民族大学文学院中国少数民族语言文学专业硕士研究生。

本文在田野调查的基础上，立足于母语背景，运用结构主义语言学方法归纳蓝田壮语音系及其语音特点，并运用对比语言学方法从声韵调等语音系统与壮语标准音作对比，以期让更多的人了解蓝田壮语乃至于了解拥有类似语音特点的港城镇其他村落的壮语土语，同时也期待为操港城镇壮语的人学习和掌握标准壮语提供些许帮助。

二、蓝田壮语音系概况

通过田野调查，我们认为，蓝田壮语有 28 个声母，84 个韵母，10 个调类。

（一）声母系统

蓝田壮语有 28 个声母。列表如下：

发音方法＼发音部位		唇音	舌尖音	舌面音	舌根音	喉门音
塞音	清音	p	t		k	ʔ
	浊音	ɓ	ɗ			
塞擦音	清音		ts			
鼻音	单纯	m	n	ȵ	ŋ	
	带 ʔ	ʔm	ʔn	ʔȵ	ʔŋ	
边音			l			
边擦音			ɬ			
擦音	清音	f	s		x	
	浊音	w		j		
	带 ʔ	ʔw		ʔj		
唇化音	塞音				kw	
	鼻音				ŋw	
复辅音	清音	pl			kl	

声母说明：（1）跟大部分壮语北部方言一样没有送气音。（2）有复辅音声母 pl 和 kl，如“pla^{1} 鱼”“kla:u^{3} 头”。（3）没有腭化音声母。（4）由元音起头的韵母，前面都带有一个前喉塞音 ʔ，如“ʔa:u^{1} 要”。（5）有一套丰富的带前喉塞音声母 ʔm、ʔw、ʔn、ʔȵ、ʔj、ʔŋ。（6）没有鼻音声母 m、ŋ 等自成音节的单词。（7）有内爆音 ɓ 和 ɗ。对于内爆音 ɓ，中老年以下的青年人群读音分化成两派，一派读成 ʔw，另一派读成 ʔm，如“天”一词，中老年人读成“ɓən^{1}”，青年人一派读成“ʔwən^{1}”，另一派读成“ʔmən^{1}”；对于内爆音 ɗ，部分词汇已经并入声母 ʔn，如“ʔna:ŋ^{1} 鼻子”。（8）ŋw 声母的个别词汇在蓝田壮语里青年人会读成 ŋ，如“ŋwa^{4} 瓦”，青年人会读成“ŋa^{4} 瓦”。（9）同时存在边擦音 ɬ 和擦音 s 两个对立的声母，如“ɬap^{7} 涩”“sap^{7} 骗”。（10）喉音 h 发音前移，变成舌根音 x。

声母例词：

p	paːi^{1} 去	ɓ	ɓo^{5} 泉
m	maːi^{1} 线	ʔm	ʔmaːu^{1} 蹲
f	fəi^{2} 火	w	wa^{6} 话
ʔw	ʔwat^{7} 熏	t	ta^{1} 眼睛
ɗ	ɗəi^{1} 好	n	nəu^{1} 老鼠
ʔn	ʔnam^{1} 黑	l	la^{3} 下面
ɬ	ɬaːm^{1} 三	ts	tsaːm^{1} 问
s	sø^{2} 骗	ȵ	ȵa^{5} 渣
ʔȵ	ʔȵəu^{5} 皱	j	jəu^{2} 油
ʔj	ʔjəɯ^{3} 看	k	ke^{3} 解开
ŋ	ŋeːn^{4} 啃	ʔŋ	ʔŋeːu^{1} 挠
x	xuŋ^{1} 大	kw	kwa^{5} 过
ŋw	ŋwa^{4} 瓦	pl	pla^{1} 鱼
kl	kla^{3} 秧苗	ʔ	ʔa^{3} 张开

（二）韵母系统

蓝田壮语中有 84 个韵母。列表如下：

a		o		e		i		u		ø			
aːi		oːi		eːu		iːu		uːi					əi
aːu													əu
													əɯ
aːm	am			eːm		iːm				øːm			əm
aːn		oːn		eːn		iːn		uːn					ən
aːŋ			oŋ	eːŋ	eŋ	iːŋ	iŋ		uŋ	øːŋ			əŋ
aːp	ap			eːp		iːp	ip			øːp			əp
	at	oːt		eːt		iːt	it	uːt	ut				ət
	ak		ok	eːk	ek	iːk	ik		uk	øːk		əːk	ək

韵母说明：（1）单元音 a、o、e、i、u、ø 单独作韵母时，都读长音。（2）同时保留韵母 əi、əu，但与其他保留有 ei、ou 地方的读音略有区别。（3）韵母 əɯ 发音由 ə 滑向 ɯ，但 ɯ 发音不完全到位，只

保留发 ɯ 音的轻微趋势。（4）存在短元音韵母 ek、eŋ，如“lek^7 好”“ʔŋeŋ^5 枝”。（5）韵母长短音对立大部分趋于消失，造成了链锁式的音变和错位对应，只有部分带鼻尾韵母和部分带塞音韵母保留长短音对立关系。

韵母例词：

a	la^1 找	o	lo^4 知道
i	li^1 剩余	u	ɣu^2 船
ø	lø^2 圆形指纹	aːi	maːi^4 老婆
aːu	laːu^2 咱们	əɯ	ɬəɯ^1 书
əi	məi^5 醋	əu	məu^1 猪
oːi	toːi^1 死	eːu	leːu^1 害怕
iːu	miːu^2 猫	uːi	ʔuːi^3 甘蔗
aːm	naːm^6 泥土	am	ʔnam^1 黑
eːm	keːm^5 猪油渣	iːm	ʔiːm^1 阉割
əm	ŋəm^4 哑巴	øːm	køːm^3 敢
aːn	taːn^3 穿	oːn	ɬoːn^1 编
eːn	keːn^1 手臂	iːn	ɗiːn^1 月
uːn	kuːn^5 先	oːn	noːn^1 虫子
aːŋ	naːŋ^6 坐	oŋ	ɬoŋ^5 送
eːŋ	ɗeːŋ^1 身体	eŋ	leŋ^2 零
iːŋ	miːŋ^1 水沟	iŋ	ʔiŋ^1 倚靠
uŋ	luŋ^2 伯父	əŋ	məŋ^2 你
øːŋ	ɗøːŋ^1 腌	aːp	laːp^9 挑
ap	tap^7 肝	eːp	ɬeːp^9 辣痛
iːp	liːp^9 蚊帐	ip	ɗip^7 生的
əp	kəp^7 青蛙	øːp	køːp^9 掬捧
at	xat^7 早上	oːt	ɗoːt^9 热
eːt	peːt^9 八	iːt	xiːt^9 腰
it	ʔit^7 一	uːt	ʔuːt^9 抹
ut	ʔŋut^7 弯曲	ət	lət^7 屁
ak	plak^7 菜	ok	lok^7 六

（续上表）

e:k	te:k^{9} 晒	**ek**	ʔek^{7} 亿
i:k	ʔi:k^{9} 饿	**ik**	ʦik^{7} 热
uk	kuk^{7} 老虎	**ə:k**	jə:k$^{9'}$ 客人
ək	xək^{7} 鳃	**ø:k**	mø:k^{9} 潲水

（一）声调系统[①]

蓝田壮语共有 10 个调类，按照汉语中古音调类平、上、去、入各分阴阳这一格局来排序，平声分为阴平和阳平，上声分为阴上和阳上，去声分为阴去和阳去，这 6 个调类称为舒声调；入声分为阴入和阳入，阴入和阳入因元音长短又各分为两个调，阴入短元音为第 7 调，长元音为第 9 调，第 9 调又派生出一个调值。派生调的出现与汉语借词借自当地白话有直接的关系；阳入短元音为第 8 调，长元音为第 10 调，这 4 个调类称为促声调。这 10 个调类的调值与调类对应关系、例词等列表如下：

调 类			调值	例 词
舒声调	阴平调	第 1 调	24	na^{24} 厚
	阳平调	第 2 调	223	na^{223} 水田
	阴上调	第 3 调	314	na^{314} 脸
	阳上调	第 4 调	312	na^{312} 舅
	阴去调	第 5 调	44	kwa^{44} 过
	阳去调	第 6 调	31	ta^{31} 姐姐
塞声调	短阴入	第 7 调	55	lat^{55} 蘑菇
	短阳入	第 8 调	223	pap^{223} 折叠
	长阴入	第 9 调	44	la:p^{44} 挑
	长阴入	第 9 调（派）	314	pi:k^{319} 百
	长阳入	第 10 调	31	le:k^{31} 根儿

声调说明：（1）蓝田壮语的声调有 10 个调类，7 个调值。其中，第 9 调是第 7 调的长调，调值与第 5 调调值相同，而且第 9 调有一个派调，派调调值与第 3 调调值相同，记作 9’；第 8 调调值与第 2 调调值相同，第 10 调是第 8 调的长调，调值与第 6 调调值相同。（2）曲折调现象丰富，如第 2 调 223、第 3 调 314、第 4 调 312。（3）汉语借词借自贵港当地土白话，所以汉语借词可以出现于各个调类。（4）连读变调现象非常复杂，有待进一步研究。

① 本文的声调系统采用 10 个调类系统，即第 7 调长音为第 9 调，第 8 调长音为第 10 调。

三、蓝田壮语与壮语标准音语音对比

通过综合整理实地田野调查得到的第一手语言材料，我们认为蓝田壮语的声母共有 28 个、韵母 84 个、调类 10 个，而壮语标准音声母共有 23 个、韵母 108 个、调类 10 个。下面通过与壮语标准音的对比，具体说明蓝田壮语的一些语音方面的特点以及和壮语标准音的语音对应规律。

（一）声母系统之对比

蓝田壮语有 28 个声母，壮语标准音有 23 个声母，其中 p、ɓ、m、f、w、t、ɗ、n、l、j、ȵ、k、ŋ、kw、ŋw、ʔ 这 16 个声母是两者都有的；θ、ɕ、ɣ、h、pj、mj、kj 这 7 个声母是壮语标准音独有的；ʔm、ʔw、ʔn、ɬ、s、ʦ、ʔȵ、ʔj、ʔŋ、x、pl、kl 这 12 个声母形成一对一或者一对多的关系。

1. 标准音的内爆音声母 ɓ 和蓝田壮语的内爆音声母 ɓ 对应。但是在蓝田壮语内部，中年以下的青年人群读音分化成两派，一派读成 ʔw，另一派读成 ʔm。如：

发音 \ 例词	糕点	村子	天	泉	边
标准音	ɓa¹	ɓaːn³	ɓɯn¹	ɓo⁵	ɓiːŋ³
蓝田中老年	ɓa¹	ɓoːn³	ɓən¹	ɓo⁵	ɓiːŋ³
蓝田青年 1	ʔwa¹	ʔwoːn³	ʔwən¹	ʔwo⁵	ʔwiːŋ³
蓝田青年 2	ʔma¹	ʔmoːn³	ʔmən¹	ʔmo⁵	ʔmiːŋ³

2. 标准音的 m 对应蓝田壮语的 m 和 ʔm，且对应 ʔm 的并不是由内爆音 ɓ 音变而来。此外，蓝田壮语的 ʔm 有独有的词，不与标准音有对应关系。例如：（1）m → m（格式为“标准音→蓝田壮语”。下同）：mou1 → məu1（猪）、man2 → man2（红薯）、mo5 → mu5（新）、mok7 → mok7（埋）、mat7 → mat7（跳蚤）。（2）标准音的 m 对应蓝田壮语 ʔm 的例词很少，如 lɯk8maːk9 → lək8ʔmeːk9（水果）、mak7 → ʔmak7（防守）。（3）蓝田壮语有声母 ʔm、标准音没有。如 ʔmiŋ1（贴）、ʔmaːi1（削）、ʔmi3（眯眼）、ʔme5（背）、ʔmoːt9'（擦伤）。

3. 标准音的 f 出现在单数调时，个别词汇对应蓝田壮语的 w，大部分仍保持不变，双数调时也仍读 f：（1）标准音的 f 对应蓝田壮语 w 的例词非常少，如 fɯn¹ → wən¹（雨）、faːi⁵ → xoːi⁵（棉花），应该是由 faːi⁵ → waːi⁵ → xoːi⁵ 音变而来的，因为标准音的 w 对应蓝田壮语的 x 的情况很多，我们将在下文讨论。（2）f → f（单数调不变）：fa¹ → fa¹（盖子）、fi³ → fɯ³（云）、fa³ → fa³（面，量词）、fei⁵ → fəi⁵（簸米）、fat⁷ → fat⁷（摔甩）。（3）f → f（双数调不变）：fei² → fəi²（火）、fɯŋ² → fəŋ²（手）、faːi⁴ → fai⁴（树）、fak⁸ → fak⁸（孵）、fɯːt¹⁰ → fiːt¹⁰（翅膀）。

f 声母的音变规律不仅是蓝田壮语专有的，在其他壮语方言也存在，比如在邕北土语、右江土语都念 f，在北部方言其他地方双数调读 f，单数调读 w，只有云南的丘北把 f 全部读作 w，在南部方言，双数调多读 f，单数调多读 ph 或 m①，例如：

① 蒙元耀：《壮语语音》，南宁：广西民族出版社，2012 年，第 88 页。

汉义	武鸣	丘北	来宾	隆安	龙州	德保
雨	fɯn¹	wɯn¹	wun¹	phɯn¹	phɯn¹	phən²
水坝	fa:i¹	wa:i¹	wa:i¹	pha:i¹	pha:i¹	pha:i²
火	fai²	wei²	fei²	fei²	fəi²	fəi²
孵	fak⁸	wək⁸	fak⁸	fak⁸	fak⁸	fak⁸
手	faɯ²	wɯŋ²	fɯŋ²	mei²	mɯ²	moŋ²
树	fai⁴	wai³	fai⁴	mai⁴	mai⁴	mai⁴

4. 标准音的 w 对应蓝田壮语的 w 和 ʔw，因为标准音已经把 ʔw 并入声母 w 了，还有一部分当标准音的 w 和 a:n 或者 a:i 相拼时，蓝田壮语读成 x，如：（1）w → w：wa¹ → wa¹（花）、wun² → wən²（人）、wa⁵ → wa⁵（裤子）、wa:ŋ⁵ → we:ŋ⁵（缺）、wak⁷ → wak⁷（块$_{一块布}$）。（2）标准音的 w 对应蓝田壮语的 ʔw 的例词比较少，如：we:n¹ → ʔwe:n¹（剜）、wa:t⁹ → ʔwe:t⁹'（挖），但是蓝田壮语还有一批 ʔw 声母词，而且不是由内爆音 ɓ 变化而来，如 ʔwe³（恶心、反胃）、ʔwəi⁵（剥）、loŋ²ʔwəi⁵（锁死）、ʔwat⁷（熏）等。（3）w → x：wa:n¹ → xo:n¹（甜）、wa:i² → xo:i²（水牛）、pja¹wa:n⁴ → pla¹xo:n⁴（鲩鱼）、wa:i⁵ → xo:i⁵（快）、wa:i⁶ → xo:i⁶（坏）。

5. 标准音的内爆音 ɗ 对应蓝田壮语的内爆音 ɗ，但是在蓝田壮语内部，有一部分词并入声母 ʔn，如：（1）ɗ → ɗ：ɗa:ŋ¹ → ɗe:ŋ¹（身体）、ɗɯn³ → ɗən³（吞）、ɗa⁵ → ɗa⁵（骂）、ɗap⁷ → ɗap⁷（熄）、ɗa:t⁹ → ɗo:t⁹（热）。（2）ɗ → ʔn：ɗaŋ¹ → ʔna:ŋ¹（鼻子）、ɗam¹ → ʔnam¹（黑色）、ɗuŋ³ɗiŋ⁵ → ʔnuŋ³ʔniŋ⁵（蝼蛄）、ɗam⁵ → ʔnam⁵（刺）、ɗa:t⁹ → ʔne:t⁹（蜇）。

6. 标准音的 n 对应蓝田壮语的 n 和 ʔn，且对应 ʔn 的不是由内爆音 ɗ 音变而来。此外，蓝田壮语的 ʔn 有独有的词，不与标准音有对应关系，如：（1）n → n：nou¹ → nəu¹（老鼠）、na² → na²（水田）、na³ → na³（脸）、naŋ⁶ → na:ŋ⁶（坐）、nak⁷ → nak⁷（重）。（2）n → ʔn：nu¹ → ʔnø¹（搓）、ne:m¹ → ʔne:m¹（和）、nam³ → ʔnam³（想）、na:m¹ → ʔna:m¹（喃）、ne:p⁹ → ʔne:p⁹'（钳子）。（3）蓝田壮语有声母 ʔn，如 ʔna¹（粘）、ʔna:u³（丑）、ʔna:m⁵（拃）、ŋa:n²ʔni¹（硬币）、ʔnik⁷（一点儿）。

7. 标准音的 θ 对应蓝田壮语的 ɬ 和 s。它们的对应关系如下：（1）θ → ɬ：θa:m¹ → ɬa:m¹（三）、θa:n¹ → ɬo:n¹（编）、θa:u⁵ → ɬe:u⁵（扫）、θap⁷ → ɬap⁷（涩）、θo⁶ → ɬo⁶（直）。（2）θ → s：θai⁶ → sa:i⁶（事）、θɯn⁶ → sa:n⁶（顺）、θai¹ → sa:i¹（狮）、θiŋ² → seŋ²（城）、θak⁷ → sek⁷（色）。虽然标准音的声母 θ 和蓝田壮语的声母 s 对应的词汇大多都是汉语借词，但是声母 s 在蓝田壮语里不仅使用于汉语借词，还有自己的一批 s 声母的民族词汇，如：sø²（骗）、se:u⁵（群）、se:ŋ³（偷）、sa:n⁴（傻）、sø:k⁹'（吸）。此外，借入的以 /s/ 音位为声母的汉语借词对应蓝田壮语中声母 ɬ 和声母 s 的情况是混乱的，有可能是与借入的时间层次有关，如：

例词	（陌）生	生（活）	（响）声	声（音）	（结）实	实（在）
读 ɬ	ɬi:ŋ¹		ɬiŋ¹		ɬat⁸	
读 s		se:ŋ¹		seŋ¹		sat⁸

8. 标准音的声母 l 和 ɣ 都对应蓝田壮语的声母 l，即 r 声类，在蓝田壮语里全部并入边音 l 了，如：（1）l→l：la:i^{1}→lo:i^{1}（多）、luŋ^{2}→luŋ^{2}（伯父）、la^{3}→la^{3}（下面）、lom^{5}→ləm^{5}（坍塌）、lak^{8}→lak^{8}（深）。（2）ɣ→l：ɣa^{1}→la^{1}（找）、ɣa:n^{2}→lo:n^{2}（家）、ɣau^{3}→la:u^{3}（暖）、ɣam^{4}→lam^{4}（水）、ɣak^{7}→lak^{7}（断）。

9. 标准音的声母 ɕ 对应蓝田壮语的声 ts，如：ɕa:m^{1}→tsa:m^{1}（问）、ɕɯ^{2}→tsi^{2}（黄牛）、ɕa^{4}→tsa^{4}（刀）、ɕo:ŋ^{6}→tsø:ŋ^{6}（洞）、ɕok^{8}→tsvok^{8}（刺）。

10. 标准音的声母 j 对应蓝田壮语的声母 j 和 ʔj，因为标准音里 ʔj 已经合到声母 j 了，如：（1）j→j：jai^{2}→ja:i^{4}（差劲）、jou^{2}→jəu^{2}（油）、ji:ŋ^{2}→jəŋ^{2}（羊）、jei^{4}→jəi^{4}（指）、ji:ŋ^{6}→jəŋ^{6}（样）（2）j→ʔj：jou^{1}→ʔja:u（发愁）、jaɯ^{3}→ʔjəɯ^{3}（看）、jou^{5}→ʔjəu^{5}（在）、ja:m^{5}→ʔja:m^{5}（迈）、jak^{7}→ʔjak^{7}（掏）。（3）此外，标准音的声母 j 有的词汇还对应蓝田壮语的声母 x 和 ʔ，不过例词比较少，如标准音的 ji:u^{6}→xi:u^{6}（鹞鹰）、ji:t^{9}pak^{8}→xi:t^{9}pak^{8}（休息）、jɯ^{1}→ʔi^{1}（药）。

11. 标准音的 ȵ 对应蓝田壮语的 ȵ、ʔȵ 和 ŋ。此外，蓝田壮语部分字的 ʔȵ，与标准音没有对应关系，如：（1）ȵ→ȵ：ȵa:ŋ^{2}→ȵe:ŋ^{2}（遇见）、ȵe^{4}→ȵe^{4}（惹）、ȵa^{5}→ȵa^{5}（渣滓）、ȵou^{6}→ȵəu^{6}（尿）、ȵip^{8}→ȵip^{8}（缝）。（2）ȵ→ʔȵ：ȵi^{1}→ʔȵi^{1}（听见）、ȵa:u^{3}→ʔȵe:u^{3}（爪子）、ȵai^{5}→ʔȵa:i^{5}（小）、ȵou^{5}→ʔȵəu^{5}（皱）、ȵan^{3}→ʔȵa:n^{3}（拈）。（3）ȵ→ŋ：lɯk^{8}ȵe^{2}→lək^{8}ŋe^{2}（小孩）、ȵin^{2}→ŋən^{2}（筋）、ȵe:ŋ^{6}→ŋe:ŋ^{6}（硬要）、ȵin^{6}→ŋən^{6}（认）、ȵi:k^{10}→ŋi:k^{10}（弱）。（4）蓝田壮语部分字的 ʔȵ，与标准音没有对应关系。如 ʔȵa:i^{1}（揪）、ʔe:u^{1}ʔȵi^{3}（叔父）、ʔȵa:ŋ^{5}（不算数）、ʔȵe:t^{9}（小）、ʔȵa:p^{9}（抓）。（5）标准音的 ȵ 还有极个别单词对应蓝田壮语的 x，如 ȵiŋ^{2}→xiŋ^{2}（射击）。

12. 标准音的 k 有个别词对应蓝田壮语的 ʔŋ，如 ko^{1}→ʔŋo^{1}（棵）。

13. 标准音的 ŋ 对应蓝田壮语的 ŋ、ʔŋ、ȵ 和 ȵw，对应后两者例词很少。此外，蓝田壮语部分字的 ʔŋ，与标准音没有对应关系，如：（1）ŋ→ŋ：ŋau^{1}→ŋa:u^{1}（钩）、ŋa:i^{2}→ŋo:i^{2}（饭）、ŋan^{2}→ŋan^{2}（钱）、ŋei^{6}→ŋəi^{6}（二）、ŋak^{7}→ŋak^{7}（点头）。（2）标准音的 ŋ 对应蓝田壮语的 ʔŋ，例词比较少，如 ŋa^{1}→ʔŋa^{1}（树枝）、ŋa:m^{5}→ʔŋa:m^{1}（刚）、ŋa:m^{3}→ʔŋa:m^{1}（合适）等。（3）标准音的 ŋ 对应蓝田壮语的 ȵ，只出现在个别词，如 ŋɯ^{2}→ȵi^{2}（蛇）。（4）标准音的 ŋ 对应蓝田壮语的 ŋw，只出现在个别词，如 ŋon^{2}→ŋwa:n^{2}（日子）。（5）蓝田壮语部分词的 ʔŋ，与标准音没有对应关系。如 ʔŋa:u^{1}（蹲）、ʔŋi:u^{3}（绕）、ʔŋa:u^{5}（树墩）、ʔŋok^{7}（大）、ʔŋak^{7}（砍）。

14. 标准音的声母 h 对应蓝田壮语的声母 x，发音前移，如：（1）h→x：huŋ^{1}→xuŋ^{1}（大）、ha^{2}→xa^{2}（茅草）、he:n^{3}→xe:n^{3}（黄色）、ham^{6}→xam^{6}（晚上）、hap^{8}→xap^{8}（咬）。（2）蓝田壮语有一部分词 h 与 on 韵母相拼读成 w，如 hon^{2}（魂）读成 wa:n^{2}、hon^{2}（火烟）读成 wa:n^{2}、hon^{4}（打）读成 wa:n^{4} 等。

15. 标准音的唇化音声母 kw 在蓝田壮语里有部分词唇化音保留，部分词唇化音消失，如：（1）kw→kw：kwa^{1}→kwa^{1}（瓜）、pa:i^{6}kwa^{2}→pa:i^{6}kwa^{2}（右边）、kwa^{5}→kwa^{5}（过）、kwa:ŋ^{5}→kwe:ŋ^{5}（宽广）、kwe:ŋ^{6}→kwi:ŋ^{6}（扔）。（2）kw→k：kwa:n^{1}→ko:n^{1}（丈夫）、kwa:i^{1}→ko:i^{1}（乖巧）、kwa:i^{2}→ko:i^{2}（迟）、kwe^{3}→ke^{3}（小青蛙）、kwa:i^{5}→ko:i^{5}（怪罪）。

16. 标准音的腭化声母 pj 对应蓝田壮语的复辅音声母 pl，但是青年人已经脱落成单辅音声母 p，如：

例词	鱼	涂抹	翻	烤	菜
标准音	pja^{1}	pja^{2}	pjo:n^{3}	pjo^{5}	pjak^{7}
蓝田壮语	pla^{1}	pla^{2}	plu:n^{3}	plo^{5}	plak^{7}
蓝田青年人	pa^{1}	pa^{2}	pu:n^{3}	po^{5}	pak^{7}

17. 标准音的腭化声母 mj 对应蓝田壮语的 n，但例词非常少，如 mja:i^{2} → no:i^{2}（口水）。

18. 标准音的腭化声母 kj 对应蓝田壮语的复辅音声母 kl，但是青年人已经脱落成单辅音声母 k。当标准音的腭化声母 kj 出现在汉借词中时，蓝田壮语不管老少都读成，单辅音 k，如：

（1）kj → kl → k

例词	远	近	头	秧苗	蛋
标准音	kjai^{1}	kjaɯ^{3}	kjau^{3}	kja^{3}	kjai^{5}
蓝田壮语	kla:i^{1}	kla:i^{3}	kla:u^{3}	kla^{3}	kla:i^{5}
蓝田青年人	ka:i^{1}	ka:i^{3}	ka:u^{3}	ka^{3}	ka:i^{5}

（2）kj → k：kja^{1} → ka^{1}（加）、kja:u^{1} → ke:u^{1}（交）、kja^{3} → ka^{3}（假）、kja:u^{5} → ke:u^{5}（教）、kja^{5} → ka^{5}（架）。

19. 标准音的 ʔ 对应蓝田壮语的 ʔ、ʔw 和 ʔȵ，如：（1）ʔ → ʔ：ʔau^{1} → ʔa:u^{1}（要）、ʔa^{3} → ʔa^{3}（张开）、ʔum^{3} → ʔəm^{3}（抱）、ʔu^{5} → ʔu^{5}（脏）、ʔi:k^{9} → ʔi:k^{9}（饿）。（2）标准音的 ʔ 对应蓝田壮语的 ʔw 和 ʔȵ，例词很少，如 ʔon^{1} → ʔwan^{1}（刺）、ʔun^{5} → ʔwən^{5}（软弱）、ʔi:n^{1} → ʔȵi:n^{1}（烟）。

（二）韵母系统之对比

蓝田壮语有 84 个韵母，壮语标准音有 108 个韵母。其中，单元音韵母方面，蓝田壮语和壮语标准音都有 6 个，a、o、e、i、u 这 5 个是共有的，蓝田壮语独有 1 个 ø，壮语标准音独有 1 个 ɯ；复合元音韵母方面，蓝田壮语有 9 个，标准音有 12 个，a:i、a:u、o:i、e:u、i:u、u:i 这 6 个是两者共有的；əɯ、əi、əu 这 3 个是蓝田壮语独有的，ai、ei、ɯ:i、au、ou、aɯ 这 6 个是壮语标准音独有的；带鼻尾韵母方面，蓝田壮语有 21 个，标准音有 30 个，a:m、am、e:m、i:m、a:n、o:n、e:n、i:n、u:n、a:ŋ、oŋ、e:ŋ、i:ŋ、iŋ、uŋ 这 15 个是两者共有的，əm、ø:m、ən、eŋ、əŋ、ø:ŋ 这 6 个是蓝田壮语独有的，o:m、om、im、u:m、um、an、on、in、un、ɯ:n、ɯn、aŋ、o:ŋ、u:ŋ、ɯŋ 这 15 个是壮语标准音独有的；塞声韵母方面，蓝田壮语有 48 个，标准音有 60 个，高音组 a:p、ap、e:p、i:p、ip、at、o:t、e:t、i:t、it、u:t、ut、ak、ok、e:k、i:k、ik、uk 这 18 个是两者共有的，əp、ø:p、ət、ek、ə:k、ək、ø:k 这 7 个是蓝田壮语独有的，o:p、op、u:p、up、a:t、ot、ɯ:t、ɯt、a:k、o:k、u:k、ɯk 这 12 个是壮语标准音独有的，低音组 a:p、ap、e:p、i:p、ip、at、o:t、e:t、i:t、u:t、ak、ok、e:k、i:k、ik、uk 这 16 个是两者共有的，əp、ø:p、øp、ət、ek、ək、ø:k 这 7 个是蓝田壮语独有的，o:p、op、u:p、up、a:t、ot、it、ut、ɯ:t、ɯt、a:k、o:k、u:k、ɯk 这 14 个是壮语标准音独有的。即使是两者都共有的韵母，也不都是整齐对应的，因为蓝田壮语中许多长短音对立消失，短音变长音，而原本属于和这个短音对应的长音又变成了另一个音，造成链锁式的音变，因此属于错位对应的关系，具体的分析如下：

1. 标准音的 o 对应蓝田壮语的 o 和 u，如：（1）o → o：ɕo^{2} → tso^{2}（年轻）、ɗo^{3} → ɗo^{3}（躲避）、ɣo^{4} → lo^{4}（知道）、ɓo^{5} → ɓo^{5}（泉）、θo^{6} → ɬo^{6}（直）。（2）o → u：ko^{1}fai^{4} → ku^{1}fa:i^{4}（树木）、mo^{3} → mu^{3}（满）、mo^{5} → mu^{5}（新）、mo^{6} → mu^{6}（坟墓）、no^{6} → nu^{6}（肉）。

标准音的 ɯ 对应蓝田壮语的 i，如：jɯ^{1} → ʔi^{1}（药）、ɕɯ^{2} → tsi^{2}（黄牛）、ŋɯ^{2} → ȵi^{2}（蛇）、ȵɯ^{3} → ȵi^{3}（草）、ɓɯ^{5} → ɓi^{5}（无聊）。

2. 蓝田壮语的 ø，绝大多数与标准音没有对应关系，但是个别词与标准音的 u 对应，如：（1）蓝田壮语的 ø，与标准音没有对应关系，如 sø²（骗）、ʔmø³（瘸）、xø²（起哄）、sø²（石头剪刀布）、n̥i²tok⁷tø¹（蜥蜴）。（2）个别词与标准音的 u 对应，如标准音的 nu¹ → ʔnø¹（搓）、lu² → lø²（圆形指纹）。

3. 标准音的 aːi 大部分对应蓝田壮语的 oːi，如：（1）aːi → oːi：laːi¹ → loːi¹（多）、ɣaːi² → loːi²（露水）、n̥aːi³ → n̥oːi³（嚼）、faːi⁵ → xoːi⁵（棉花）、ɣaːi⁵ → loːi⁶（爬）。（2）个别词蓝田壮语不变，如 paːi⁶ → paːi⁶（边）、taːi⁶ → taːi⁶（第），但是邻近的六八村（包括第六屯、第八屯）“第”读成 toːi⁶。

4. 标准音的 ai 对应蓝田壮语的 aːi，如：lai¹ → laːi¹（梯子）、ɣai² → laːi²（长）、kai³ → kaːi³（别）、kai⁵ → kaːi⁵（鸡）、tai⁶ → taːi⁶（袋子）。

5. 标准音的 oːi 对应蓝田壮语的 uːi，如：poːi¹ → puːi¹（杯子）、loːi¹ → luːi¹（梳子）、ʔoːi³ → ʔuːi³（甘蔗）、θoːi³ → ɬuːi³（耳环）、ʔoːi⁵ → ʔuːi⁵（嫩）。

6. 标准音的 ei 对应蓝田壮语的 əi，发音略有区别，如：ɗei¹ → ɗəi¹（好）、fei² → fəi²（火）、ʔei³ → ʔəi³（椅子）、mei⁵ → məi⁵（醋）、ŋei⁶ → ŋəi⁶（二）。

7. 标准音的 ɯːi 对应蓝田壮语的 i，如：lɯːi¹ → li¹（吗）、lɯk⁸kɯːi² → lək⁸ki²（女婿）、θɯːi² → tsam³ɬi²（枕头）、θɯːi⁵ → ɬi⁵（洗）、kɯːi⁶ → ki⁶（骑）。

8. 标准音的 aːu 对应蓝田壮语的 eːu，如：laːu¹ → leːu¹（害怕）、laːu² → leːu²（脂肪）、n̥aːu³ → ʔn̥eːu³（爪子）、θaːu⁴ → ɬeːu⁴（竹竿）、n̥aːu⁶ → n̥eːu⁶（小虾）。

9. 标准音的 au 对应蓝田壮语的 aːu，如：ʔau¹ → ʔaːu¹（要）、ɣau² → laːu²（咱们）、tau³ → taːu³（来）、lau³ → laːu³（酒）、paːk⁹θau⁵ → peːk⁹ɬaːu⁵（厨房）。

10. 标准音的 ou 对应蓝田壮语的 əu，如：kou¹ → kəu¹（我）、θou¹ → ɬəu¹（你们）、ɣou³ → ləu³（鸡冠）、jou⁵ → ʔjəu⁵（在）、tou⁶ → təu⁶（栖息）。

11. 标准音的 eːu 对应蓝田壮语的 iːu，如：heːu¹ → xiːu¹（青色）、meːu² → miːu²（猫）、teːu² → tiːu²（逃）、ʔeːu³ → ʔiːu³（折）、θeːu⁵ → ɬiːu⁵（干净）。

12. 标准音的 iːu 大部分对应蓝田壮语的 iːu，如：（1）iːu → iːu：ɣiːu¹ → liːu¹（笑）、niːu¹ → niːu¹（粘）、kiːu² → kiːu²（桥）、tiːu⁵ → tiːu⁵（跳）、kiːu⁶ → kiːu⁶（轿子）。（2）但是也有极个别单词对应韵母 u，如 θiːu⁵ → ɬu⁵（凿子）。

13. 标准音的 aɯ 对应蓝田壮语的 əɯ 和 aːi，如：（1）aɯ → əɯ：θaɯ¹ → ɬəɯ¹（书）、taɯ² → təɯ²（拿）、jaɯ³ → ʔjəɯ³（看）、kaɯ⁵ → kəɯ⁵（锯子）、taɯ⁶ → təɯ⁶（筷子）。（2）aɯ → aːi：taɯ¹ → taːi¹（鸡肫）、ɓaɯ¹ → ɓaːi¹（叶子）、ɗaɯ¹ → ɗaːi¹（里面）、kjaɯ³ → klaːi³（近）、lɯk⁸paɯ⁴ → lək⁸paːi⁴（媳妇）。

与演变相关，蓝田壮语还把壮语标准音的“haɯ³ 给”说成“xaːŋ³ 给”，这也是一种重要的演变。汉语音韵学上把这类变化称为“阴阳对转”，意思是阴声韵与阳声韵可以交替变换，韵尾交替而生成另一个字，如汉语里的“等”和“待”，“悬”和“挂”。[①] 这类阴阳对转在壮语里也不少见。如：“ɕa³”和“ɕaŋ³”、“te⁵”和“teːm⁵”都是“等待、等候”的意思；“ɕo⁵”和“ɕuːŋ⁵”都是“放”的意思；“to⁴”“toŋ⁶”和“tuŋ⁴”都是词头“相互”的意思；“ta²”和“taːŋ⁶”均有藤类“蔓生、蔓长、攀援”的意思。[②]

14. 标准音的 aːm 对应蓝田壮语的 aːm 和 øːm，标准音的 oːm 和 uːm 也可以对应蓝田壮语的 øːm，如：

---

① 阴声韵：元音或元音收尾的韵母；阳声韵：鼻音收尾的韵母。

② 蒙元耀：《壮语语音》，南宁：广西民族出版社，2012 年，第 92-93 页。

（1）a:m→a:m：θa:m^1→ɬa:m^1（三）、ɕa:m^1→tsa:m^1（问）、ɕa:m^2→tsa:m^2（戳）、ja:m^5→ʔja:m^5（跨步）、na:m^6→na:m^6（泥土）。（2）出现在汉语借词中时，标准音的 a:m 有的对应蓝田壮语的 a:m，有的则是对应 ø:m，如 ka:m^1→kø:m^1（甘甜）、ha:m^2→xø:m^2（含）、ka:m^3→kø:m^3（敢）；ka:m^1→ka:m^1（监狱）、na:m^2→na:m^2（南）、ɕa:m^3→tsa:m^3（惨）、ta:m^3→ta:m^3（胆）、ɕa:m^6→tsa:m^6（站台）。（3）标准音的 o:m 和 u:m 对应蓝田壮语的 ø:m，如 po:m^1→pø:m^1（水泡）、jo:m^4→jø:m^4（蘸）、fu:m^4→fø:m^4（临摹）、ɣu:m^6→lø:m^6（禾虾）。

15.标准音的om和um都对应蓝田壮语的əm，如：（1）om→əm：pom^2→pəm^4（趴）、hom^3→həm^3（倒扣）、ŋom^4→ŋəm^4（哑巴）、lom^5→ləm^5（坍塌）、kom^5→kəm^5（盖）。（2）um→əm：ɣum^1→ləm^1（草）、tum^2→təm^2（湿）、ʔum^3→ʔəm^3（抱）、tum^5→təm^5（煮）、mum^6→məm^6（胡子）。

16. 标准音的 i:m 和 im 都对应蓝田壮语的 i:m，即在蓝田壮语里，短音 im 合并到长音 i:m 了，如：（1）i:m→i:m：ʔi:m^1→ʔi:m^1（阉割）、li:m^2→li:m^2（镰刀）、ɕi:m^2→tsi:m^2（拔）、ti:m^3→ti:m^3（点）、ki:m^3→ki:m^3（检查）。（2）im→i:m：ɣim^1→li:m^1（满）①、θim^1→ɬi:m^1（心）、kim^1→ki:m^1（金）、ɕim^5→tsi:m^5（浸泡）、ʔim^5→ʔi:m^5（饱）②。

17. 标准音的 a:n 对应蓝田壮语的 o:n，如：la:n^1→lo:n^1（孙子）、ɣa:n^2→lo:n^2（家）、ɓa:n^3→ɓo:n^3（村）、ha:n^5→xo:n^5（鹅）、ma:n^6→mo:n^6（辣）。

18. 标准音的 an 和 on 都对应蓝田壮语的 a:n，如：（1）an→a:n：ɣan^1→la:n^1（看见）、fan^2→fa:n^2（齿）、man^2→ma:n^2（番薯）、ȵan^3→ʔȵa:n^3（捏）、tan^3→ta:n^3（穿）。（2）on→a:n：ʔon^1→ʔwa:n^1（刺）、ŋon^2→ŋwa:n^2（日子）、hon^2→wa:n^2（火烟）、hon^4→wa:n^4（打）、kon^6→kwa:n^6（手镯）。

19. 标准音的 o:n 大部分对应蓝田壮语的 u:n，如：（1）o:n→u:n：no:n^1→nu:n^1（虫子）、ʔo:n^3→ʔu:n^3（安稳）、ɗo:n^3→ɗu:n^3（钻）、ɣo:n^5→lu:n^5（切）、ko:n^5→ku:n^5（先）。（2）有极个别也对应韵母 a:n。

20. 标准音的 i:n 和 ɯ:n 都对应蓝田壮语的 i:n，如：（1）i:n→i:n：i:n^1→ʔȵi:n^1（烟）、ɕi:n^{1}tsi:n^1（毡子）、pi:n^3→pi:n^3（翻翻书）、pi:n^5→pi:n^5（变）、ti:n^6→ti:n^6（电）。（2）ɯ:n→i:n：ɣo:ŋ^{6}ɗɯ:n^1→lø:ŋ^{6}ɗi:n^1（月亮）、ɗɯ:n^1→ɗi:n^1（蚯蚓）、ŋøn^{2}lɯ:n^2→ŋwa:n^{2}li:n^2（昨天）、pɯ:n^3→pi:n^3（掀开）、ʔɯ:n^3→ʔi:n^3（光滑）。

21. 标准音的 in 和 ɯn 都对应蓝田壮语的 ən，如：（1）in→ən：tin^1→tən^1（脚）、tin^2→tən^2（黄蜂）、tin^3→tən^3（短）、jin^4→jən^4（有趣）、lin^4→lən^4（舌头）。（2）ɯn→ən：kɯn^1→kən^1（吃）、θɯn^3→ɬən^3（接）、hɯn^3→xən^3（上）、ɗɯn^3→ɗən^3（吞咽）、pɯn^6→pən^6（肥料）。

22. 标准音的 a:ŋ 大部分对应蓝田壮语的 e:ŋ，当标准音的 a:ŋ 出现在汉语借词时大部分对应蓝田壮语的 ø:ŋ，如：（1）a:ŋ→e:ŋ：ɗa:ŋ^1→ɗe:ŋ^1（身体）、θa:ŋ^1→ɬe:ŋ^1（高）、ɣa:ŋ^2→le:ŋ^2（竹笋）、ka:ŋ^3→ke:ŋ^3（讲）、ȵa:ŋ^3→ȵe:ŋ^3（稻草）。（2）a:ŋ→ø:ŋ：pa:ŋ^1→pø:ŋ^1（帮）、ka:ŋ^1→kø:ŋ^1（钢）、ta:ŋ^2→tø:ŋ^2（堂）、ha:ŋ^2→xø:ŋ^2（行）、ta:ŋ^3→tø:ŋ^3（挡）。

23. 标准音的 aŋ 对应蓝田壮语的 a:ŋ，如：ɗaŋ^1→ʔna:ŋ^1（鼻子）、paŋ^2→pa:ŋ^2（布）、naŋ^3→na:ŋ^3（蒸）、faŋ^4→fa:ŋ^4（粽子）、taŋ^5→ta:ŋ^5（叮嘱）。

24. 标准音的 o:ŋ 对应蓝田壮语的 ø:ŋ，如：o:ŋ→ø:ŋ：ɗo:ŋ^1→ɗø:ŋ^1（腌制）、ho:ŋ^1→xø:ŋ^1（工作）、

①li:m^1（满）有的人还会说成 ləm^1。
②ʔi:m^5（饱）有的人还会说成 ʔø:m^5。

to:ŋ^{4} → tø:ŋ^{4}（打招呼）、po:ŋ^{4} → pø:ŋ^{4}（拍打）、ɣo:ŋ^{6} → lø:ŋ^{6}（亮）。标准音的 u:ŋ 也可以对应蓝田壮语的 ø:ŋ。分两种情况，一种是民族词的对应，另一种是汉借词的对应，如：(1) u:ŋ → ø:ŋ（民族词）①：ku:ŋ^{1} → kø:ŋ^{1}（喂）、ɕu:ŋ^{2} → tsø:ŋ^{2}（件）、nu:ŋ^{4} → nø:ŋ^{4}（弟弟，妹妹）、ɕu:ŋ^{5} → tsø:ŋ^{5}（放）。(2) u:ŋ → ø:ŋ（汉借词）：wu:ŋ^{1} → wø:ŋ^{1}（慌）、wu:ŋ^{2} → wø:ŋ^{2}（王）、pu:ŋ^{3} → pø:ŋ^{3}（榜）、mu:ŋ^{4} → mø:ŋ^{4}（网）、mu:ŋ^{6} → mø:ŋ^{6}（望）。

25.标准音的韵母e:ŋ对应蓝田壮语的韵母i:ŋ，如：e:ŋ→i:ŋ：ɕe:ŋ^{1}→tsi:ŋ^{1}（争吵）、pe:ŋ^{2}→pi:ŋ^{2}（贵）、ɣe:ŋ^{2}→li:ŋ^{2}（力气）、me:ŋ^{2}→mi:ŋ^{2}（盲）、kwe:ŋ^{6}→kwi:ŋ^{6}（扔）。汉语借词中，标准音的e:ŋ对应蓝田壮语时，少数词保持不变，如：ke:ŋ^{1}→fu^{2}ke:ŋ^{1}（匙羹）、he:ŋ^{2}→xe:ŋ^{2}（行）、le:ŋ^{3}→le:ŋ^{6}（漂亮）、me:ŋ^{4}→me:ŋ^{4}（猛）。

26. 标准音的 i:ŋ 大部分对应蓝田壮语的 i:ŋ，一部分汉语借词对应蓝田壮语的 əŋ，如：（1）i:ŋ → i:ŋ：ɣi:ŋ^{1} → li:ŋ^{1}（尾巴）、mi:ŋ^{1} → mi:ŋ^{2}（水沟）、li:ŋ^{3} → li:ŋ^{3}（雨伞）、ɕi:ŋ^{4} → tsi:ŋ^{4}（养）、pi:ŋ^{3} → pi:ŋ^{3}（揭开）。（2）i:ŋ → əŋ：ʔi:ŋ^{1} → ʔjəŋ^{1}（浆汁）、ji:ŋ^{1} → jəŋ^{1}（香）、ji:ŋ^{2} → jəŋ^{2}（羊）、ji:ŋ^{5} → jəŋ^{5}（向）、ji:ŋ^{6} → jəŋ^{6}（样）。

27. 标准音的 iŋ 对应蓝田壮语的 iŋ，当标准音的 iŋ 出现在汉语借词时一部分仍对应蓝田壮语的 iŋ，一部分则对应 eŋ，eŋ 是 e:ŋ 短音形式，而标准音没有短音韵母 eŋ，如：（1）iŋ → iŋ：hiŋ^{1} → xiŋ^{1}（姜）、piŋ^{1} → piŋ^{1}（蚂蝗）、kiŋ^{2} → kiŋ^{2}（举）、kiŋ^{4} → kiŋ^{4}（滚）、liŋ^{5} → liŋ^{5}（陡峭）。（2）iŋ → iŋ（汉借词）：piŋ^{1} → piŋ^{1}（兵）、piŋ^{3} → piŋ^{3}（饼）、kiŋ^{5} → kiŋ^{5}（镜子）、tiŋ^{5} → tiŋ^{5}（听）、piŋ^{6} → piŋ^{6}（病）。（3）iŋ → eŋ（汉借词）：tiŋ^{1} → teŋ^{1}（丁）、liŋ^{2} → leŋ^{2}（零）、θiŋ^{2} → seŋ^{2}（城）、ɕiŋ^{3} → tseŋ^{3}（井）、liŋ^{4} → leŋ^{4}（领）。

28. 标准音的 ɯŋ 对应蓝田壮语的 əŋ，如：mɯŋ^{2} → məŋ^{2}（你）、fɯŋ^{2} → fəŋ^{2}（手）、tɯŋ^{4} → təŋ^{4}（拐杖）、hɯŋ^{5} → xəŋ^{5}（热）、lɯŋ^{5} → ləŋ^{5}（痴呆）。

29. 标准音高音组的 o:p 对应蓝田壮语高音组的 ø:p，如：ko:p^{9} → kø:p$^{9'}$（掬捧）、po:p^{9} → pø:p^{9}（水泡）、po:p^{9} → pø:p^{9}（打耳光）、ɣo:p^{9} → lø:p$^{9'}$（集拢）。

30. 标准音高音组的 op 和 up 对应蓝田壮语的高音组 əp，如：（1）op → əp：kop^{7} → kəp^{7}（青蛙）、ɓop^{7} → ɓəp^{7}（凹）、ʔop^{7} → ʔəp^{7}（敷）、pop^{7} → pəp^{7}（抽$_{\text{抽烟}}$）。（2）标准音高音组的 up 对应蓝田壮语高音组的 əp，只出现在个别词中，如 ɕup^{7} → tsəp^{7}（吻）、ɓup^{7} → ɓəp^{7}（扁）。

31. 标准音高音组有 u:p，蓝田壮语没有，也没有与之对应的韵母，如：lu:p^{9}（层）、θu:p^{9}（吸）、pu:p^{9}（谷壳）、ɓu:p^{9}（背篓）、pu:p^{9}（壳）。

32. 标准音高音组的 a:t 对应蓝田壮语高音组的 o:t，如：ɗa:t^{9} → ɗo:t^{9}（热）、ha:t^{9} → xo:t^{9}（渴）、pa:t^{9} → po:t^{9}（盆）、ja:t^{9} → ʔjo:t^{9}（跳跃）、fa:t^{9} → fo:t$^{9'}$（发）。

33. 标准音高音组的 o:t 和 u:t 都对应蓝田壮语高音组的 u:t，但是例词都较少，如：ko:t^{9} → ku:t^{9}（搂抱）、ɗo:t^{9} → ɗu:t$^{9'}$（溜走）、lo:t^{9} → lu:t$^{9'}$（失手）。标准音高音组的 u:t 对应蓝田壮语高音组的 u:t，如：ʔu:t^{9} → ʔu:t^{9}（擦）、tu:t^{9} → tu:t^{9}（脱$_{\text{脱鞋}}$）、tu:t^{9} → tu:t$^{9'}$（逃脱）、lu:t^{9} → lu:t$^{9'}$（滑）。

34. 标准音高音组的 ot 和 ɯt 对应蓝田壮语高音组的 ət，标准音高音组的 it 除了对应蓝田壮语高音组的 it，也可以对应蓝田壮语高音组的 ət，如：（1）标准音高音组的 ot 对应蓝田壮语高音组的 ət，例词较

---

① 出现在民族词中时，标准音的 u:ŋ 对应蓝田壮语的 ø:ŋ，部分词有的人也会读成 u:ŋ，如 kø:ŋ^{1}（喂）有的人读成 kuŋ^{1}、tsø:ŋ^{2}（件）有的人读成 tsuŋ^{2}、tsø:ŋ^{5}（放）有的人读成 tsuŋ^{5} 等，长短音不稳定。

少，如 ɣot^{7} → lət^{7}（屁）、ɓot^{7} → ɓət^{7}（屏息）、kjot^{7} → klət^{7}（冷）。（2）标准音高音组的 ɯt 对应蓝田壮语高音组的 ət，例词较少，如 ɓɯt^{7} → ɓət^{7}（掐）、mɯt^{7} → mət^{7}（霉）、mɯt^{7} → mət^{7}（钝）。（3）标准音高音组的 it 对应蓝田壮语高音组的 it，例词较少，如 ʔit^{7} → ʔit^{7}（一）、ɗit^{7} → ɗit^{7}（阳光）。（4）it → ət：pit^{7} → pət^{7}（鸭子）、nit^{7} → nət^{7}（冷）、wit^{7} → wət^{7}（扔）、ɕit^{7} → ʦət^{7}（淡）、ɓit^{7} → ɓət^{7}（摘）。

35. 标准音高音组的 ɯ:t 和 i:t 都对应蓝田壮语高音组的 i:t，如：（1）ɯ:t 对应 i:t 的例词比较少，如 hɯ:t^{9} → xi:t^{9}（腰）、kɯ:t^{9} → ki:t$^{9'}$（揭开）。（2）i:t → i:t：ti:t^{9} → ti:t$^{9'}$（铁）、ji:t^{9}pak^{8} → xi:t$^{9'}$pak^{8}（休息）、ɕi:t^{9} → tsi:t$^{9'}$（节）、pi:t^{9} → pi:t$^{9'}$（鳖）、ʔi:t^{9} → ʔi:t$^{9'}$（乙）。

36. 标准音高音组的 a:k 对应蓝田壮语高音组的 e:k，如：ta:k^{9} → te:k^{9}（晒）、pa:k^{9} → pe:k^{9}（嘴巴）、la:k^{9} → le:k^{9}（塌）、lɯk^{8}ma:k^{9} → lək^{8}ʔme:k^{9}（水果）。

37. 标准音高音组的 o:k 和 u:k 都对应蓝田壮语高音组的 ø:k，如：（1）o:k → ø:k：ʔo:k^{9} → ʔø:k^{9}（出）、ɗo:k^{9} → ɗø:k^{9}（骨头）、mo:k^{9} → mø:k^{9}（潲水）、lo:k^{9} → lø:k^{9}（赐予）、pjak^{7}no:k^{9} → plak^{7}nø:k^{9}（雷公根）。（2）标准音高音组的 u:k 对应蓝田壮语高音组的 ø:k，例词比较少，如 ku:k^{9} → kø:k$^{9'}$（国）、pu:k^{9} → pø:k$^{9'}$（拼命）、θu:k^{9} → sø:k$^{9'}$（吸收）。

38. 标准音高音组的 e:k 和 i:k 都对应蓝田壮语的高音组的 i:k，如：（1）e:k → i:k：ɗe:k^{9} → ɗi:k^{9}（扔）、ɣe:k^{9} → li:k^{9}（锅）、te:k^{9} → ti:k^{9}（裂）、ɕe:k^{9} → ʦi:k$^{9'}$（拆）、ke:k^{9} → ki:k$^{9'}$（隔开）。（2）i:k → i:k：ʔi:k^{9} → ʔi:k^{9}（饿）、pi:k^{9} → pi:k^{9}（芋头）、mi:k^{9} → mi:k^{9}（苦马菜）、ki:k^{9} → ki:k$^{9'}$（地基）。

39. 标准音的高音组的 ik 对应蓝田壮语的 ik 和 ek，ek 是 e:k 短音形式，短音 ek 的出现与当地土白话有直接的影响，而标准音高音组没有短元音的 ek，如：（1）ik → ik：ɕik^{7} → tsik^{7}（热）、lik^{7} → lik^{7}（剥）、ɗik^{7} → ɗik^{7}（滴）、ɓik^{7} → ɓik^{7}（掰开）、tik^{7} → tik^{7}（踢）。（2）ik → ek：ɣik^{7} → xən^{2}lek^{7}（邻近）、ʔik^{7} → ʔek^{7}（亿）、lei^{6}ʔik^{7} → ləi^{6}ʔek^{7}（利益）、pik^{7} → pek^{7}（逼）、kik^{7} → kek^{7}（激励）。

40. 标准音高音组的 ɯk 对应蓝田壮语高音组的 ək，如：（1）ɯk → ək：tɯk^{7} → tək^{7}（放）、hɯk^{7} → xək^{7}（鳃）、nɯk^{7} → nək^{7}（钝）、ʔɯk^{7} → ʔək^{7}ʔəɯ^{4}（打饱嗝）、lɯk^{8}ɓɯk^{7} → lək^{8}ɓək^{7}（女儿）。（2）蓝田壮语高音组还有一个长音韵母 ə:k，但例词较少，而标准音高音组没有长音韵母 ɯ:k，如 jə:k$^{9'}$（客人）、jə:k$^{9'}$（约）等。

41. 标准音低音组有 o:p，蓝田壮语低音组有 ø:p，但两者不像高音组那样有对应关系，如：（1）标准音低音组有的 o:p，蓝田壮语没有，如 fo:p^{10}（揉捣）、mo:p^{10}（大口吃）、po:p^{10}（秕谷）、ŋo:p^{10}（喝）、ɣo:p^{10}（烫）。（2）蓝田壮语低音组有 ø:p，例词比较少，如 xø:p^{10}（盒子）、pø:p^{10}（打）等。

42. 标准音低音组的 op 和 up 都对应蓝田壮语低音组的 əp，但两者的例词都比较少，如：kop^{8} → kəp^{8}（盖上）、tup^{8} → təp^{8}（捶打）、jup^{8} → jəp^{8}（蘸点）。

43. 标准音低音组的 ip 对应蓝田壮语低音组的 ip 和 øp，但是例词非常少，如：ȵip^{8} → ȵip^{8}（缝）、ɕip^{8} → søp^{8}（十）。

44. 标准音有低音组的 u:p，而蓝田壮语没有这个韵母，也没有与之对应的低音组韵母，如：fu:p^{10}（起伏）、θu:p^{10}（降下）、ju:p^{10}（挑动）等。

45. 标准音低音组的 a:t 对应蓝田壮语低音组的 o:t，但是例词较少，如：ma:t^{10} → mo:t^{10}（袜子）、fa:t^{10} → fo:t^{10}（罚）、wa:t^{10} → xo:t^{10}（划）。

46. 标准音低音组的 o:t 和 u:t 都对应蓝田壮语低音组的 u:t，但是两者的例词都较少，如：ɕo:t^{10} → tsu:t^{10}（绝种）、mu:t^{10} → mu:t^{10}（淹没）、pu:t^{10} → pu:t^{10}（拨）。

47. 标准音低音组的 ot、it 和 ɯt 都对应蓝田壮语低音组的 ət，如：（1）ot 对应 ət 的例词较少，如 mot^8 → $mət^8$（蚂蚁）、$ɣa:i^6mot^8$ → $lo:i^6mət^8$（麻木）。（2）it 对应 ət 的例词较少，如：lit^8 → $lət^8$（追踪）、$lɯk^8ɕit^8$ → $lək^{ts}tsət^8$（荸荠）、wit^8 → $wət^8$（挽）。（3）ɯt 对应 ət 的例词较少，如 $θɯt^8$ → $ɬət^8$（喝）对应、$fɯt^8$ → $fət^8$（撕扭）。

48. 标准音低音组的 i:t 和 ɯ:t 都对应蓝田壮语低音组的 i:t，标准音的低音组韵母 i:t 还可以对应蓝田壮语低音组的 u:t，如：（1）i:t 对应 i:t 的例词比较少，如：$θi:t^{10}$ → $ɬi:t^{10}$（亏本）、$li:t^{10}$ → $li:t^{10}$（烈）、$mi:t^{10}$ → $mi:t^{10}$（灭）。（2）ɯ:t 对应 i:t 的例词比较少，如：$fɯ:t^{10}$ → $fi:t^{10}$（翅膀）、$lɯ:t^{10}$ → $li:t^{10}$（血）、$kɯ:t^{10}$ → $ki:t^{10}$（扛）、$ɣɯ:t^{10}$ → $li:t^{10}$（淋）。（3）i:t 对应 u:t 的例词较少，而且大多数都是汉借词，如 $ji:t^{10}$ → $ȵu:t^{10}$（月）、$ɕi:t^{10}tsu:t^{10}$（绝）、$ji:t^{10}$ → $ju:t^{10}$（越）。

49. 标准音低音组的 a:k 对应蓝田壮语低音组的 e:k，如：$pa:k^{10}$ → $pe:k^{10}$（劈）、$ɣa:k^{10}$ → $le:k^{10}$（根）、$ɕa:k^{10}$ → $tse:k^{10}$（绳子）、$ta:k^{10}$ → $te:k^{10}$（测量）、$ha:k^{10}$ → $xe:k^{10}$（学）。

50. 标准音低音组的 o:k 对应蓝田壮语低音组的 ø:k，但是例词较少，如：$ɣo:k^{10}$ → $lø:k^{10}$（外面）、$ŋon^2ɕo:k^{10}$ → $ʔa^6tsø:k^{10}$（明天）。

51. 标准音低音组的 e:k 和 i:k 都对应蓝田壮语低音组的 i:k，（1）e:k 对应 i:k 的例词较少，如 $θe:k^{10}$ → $ɬi:k^{10}$（裂开）、$pe:k^{10}$ → $pi:k^{10}$（白费）、$me:k^{10}$（麦）→ $mi:k^{10}$（玉米）。（2）i:k 对应 i:k 的例词较少，如 $ɣi:k^{10}$ → $li:k^{10}$（更换）、$ti:k^{10}$ → $ti:k^{10}$（地方）、$ȵi:k^{10}$ → $ŋi:k^{10}$（弱）。

52. 标准音低音组的 ik 对应蓝田壮语低音组的 ek，ek 的出现与当地白话有直接的联系，而且韵母 ek 的词汇绝大多数都是汉语借词，如：（1）ik → ek：tik^8 → tek^8（笛子）、$ɕik^8$ → $ʦek^8$（直）、kik^8 → kek^7（极）、tik^8 → tek^8（敌）、$θik^8$ → sek^8（石）。（2）蓝田壮语本身也有低音组韵母 ik 的民族词，但是例词较少，如 kik^8（举起）、tik^8（抬起）等。

53. 标准音低音组有韵母 u:k，蓝田壮语则没有，如：$pu:k^{10}$（残废）、$ɕu:k^{10}$（肘）、$lu:k^{10}$（山谷）、$ɣu:k^{10}$（呕吐）、$mu:k^{10}$（云翳）。

54. 标准音低音组的 ɯk 对应蓝田壮语低音组的 ək，但是例词较少，如：$lɯk^8$ → $lək^8$（儿子）、$tɯk^8$ → $tək^8$（挨）。

（三）声调系统之对比

蓝田壮语和壮语标准音的声调调类对应很整齐，都是 10 个调类，只是具体的调值不一样。壮语标准音的调值是两平两升两降，蓝田壮语的调值是两平一升一降三曲折，曲折调现象丰富，个别词汇会发生跑调现象。与壮语标准音对比，蓝田壮语的长短音对立逐渐消失，造成比较丰富的曲折调现象。而且由于蓝田壮语的汉语借词受到当地土白话的影响非常深，造成第 9 调派生出另一个调值的现象。此外，蓝田壮语在实际的交流使用中连读变调现象非常复杂，有待日后进一步研究。

四、结语

本文主要是以蓝田壮语为主要研究对象，比较详细地描写了蓝田壮语的声母、韵母、声调系统，并以此出发与壮语标准音语音系统作一个声韵调全方位的对比，探讨蓝田壮语与壮语标准音语音系统的对应情况，呈现蓝田壮语音系的面貌。

综合前面的研究，蓝田壮语语音系统的特点主要有以下几点：

（1）声母系统方面，有复辅音声母和丰富的带前喉塞音声母，r 声类已全部演变为边音 l，内爆音出现分化，发音音理逐渐趋于简化。

（2）韵母系统方面，与壮语标准音对比，蓝田壮语韵母系统有 e 的短韵，且与 e 的长韵对应十分整齐；ɯ 和 ɯ:i 读成 i；a:i 读成 o:i；ai 读成 a:i；o:i 读成 u:i；a:u 读成 e:u；au 读成 a:u；e:u 读成 i:u；aɯ 读成 əɯ 或 a:i；om 和 um 读成 əm；i:m 和 im 读成 i:m；a:n 对读成 o:n；an 和 on 读成 a:n；o:n 读成 u:n；in 读成 ən；a:ŋ 读成 e:ŋ 或 ø:ŋ；aŋ 读成 a:ŋ；o:ŋ 读成 ø:ŋ；e:ŋ 读成 i:ŋ；o:p 读成 ø:p；op 读成 əp；a:t 读成 o:t；o:t 读成 u:t；ot 和 ɯt 读成 ət；a:k 读成 e:k；e:k 读成 i:k；o:k 读成 ø:k；长短音对立大部分趋于消失，链锁式音变，环环相扣，错位对应，变而不乱。

（3）声调系统方面，壮语标准音的调值是两平两升两降，蓝田壮语的调值是两平一升一降三曲折，曲折调现象丰富。此外，蓝田壮语的塞声调有派调，个别词汇还会发生跑调现象。

总之，结合上述语音系统的特点，我们可以看到，蓝田壮语语音系统内部发展变化整体倾向于不断地简洁化，这与语言发展的趋简原则是一致的。壮语方言众多，各方言之间差异大，推行壮文也非常困难。但是，如果我们归纳出某种方言的语音特点，熟练掌握其与壮语标准音的对应关系，再去学习壮文，一定会有很大帮助。

由于经济的发展，再加上深入推广和普及普通话的影响，现代城乡中越来越流行使用普通话作为交流的工具，很多村民教授自己的孩子从小使用普通话进行交际而不再使用蓝田壮语了，很多小孩子只能听懂而不会说壮语了，有的甚至只会说普通话。在进行蓝田壮语词汇的调查过程中笔者发现，很多壮语特有的词汇已经无法用壮语表达，而是借用汉语方言的表达方式，或者即使有的词汇还保留壮语表达的方式，但也逐渐被汉语方言的表达方式取代。随着这种现象愈演愈烈，蓝田壮语出现了逐渐消亡的可能，因此对蓝田壮语语音、词汇、语法等各方面进行更深入、系统的研究和分析迫在眉睫。

靖西壮语熟语的修辞特点

陆世初[1]

一、引言

按照通俗的理解，谚语、俗语、成语和歇后语都是熟语。“熟语是经加工提炼过了的语言单位，在结构上具有定型性，多采用比喻、谐音等修辞手法构成。”[2] 熟语大多来源于大众的口语文化，其内容涵盖了社会生活的方方面面，是民间文化的实录。它来源于生活并且高于生活，运用普遍，极富表现力，从中反映出俗语所特有的文化载体功能。

“熟语是壮族地区流传的语言珍品，是壮族人民喜欢运用的熟悉语句。人们在长期生产实践和社会经历中总结了丰富的经验。这些丰富的生产生活经验被提炼成成语。警句、格言、谚语、歇后语等精练简洁的形式。这种凝练的语句有她特别的用意或者特定的内涵。其中有些告诉人们某种经验，有些告诉人们某个道理，还有些则是因种种不便需要表达特殊含意而用到。”[3] 所以，相对于一般词语，熟语中凝聚了更多的历史、社会、地域文化内容，通过熟语可以管窥一个民族的风土人情、生产生活经验、处世哲学等文化面貌。

二、靖西熟语的类别

靖西壮语属于壮语南部方言的德靖土语。靖西的熟语所涉及的内容主要为生产知识、生活知识、人生哲理、处世经验以及自然天象规律等内容。这些熟语是经由靖西方音转写为标准壮文之后的句子内容，后文举例分析用到的例子一般不在此列出。靖西熟语可以大概分为以下几类：

（一）自然万物类

（1）Bya hung mbouj miz fwnz，bo iq faex maed. 山大无柴，丘小林密。

（2）Miz raemx cij miz bya，miz naz cij miz haeux. 有水才有鱼，有田方有谷。

（3）Gyawj raemx rox bya，gyawj bya rox roeg. 近水知鱼性，近山识鸟音。

（4）Sae gwn boengz，bya nyauh gwn nywjraemx. 田螺吃泥浆，鱼虾吃苔藓。

（5）Rongzmoed vaih fai hung，ngwz ninz hap vunz. 蚁穴毁大堤，睡蛇咬死人。

（6）Rumz hung faex ngauz bya mbouj doengh. 风大树摇山不动。

---

① 陆世初，男，壮族，广西民族大学文学院中国少数民族语言文学专业硕士研究生。

② 杨凯：《鄂东方言词汇与地域文化研究》，武汉：湖北人民出版社，2014 年。

③ 蒙元耀：《壮语熟语》，北京：民族出版社，2006 年。

（7）Raemx saw raen rin. 水清见石头。

（8）Mbouj miz raemx rij mbouj baenz dah，mbouj miz bo doem mbouj baenz bya. 没有溪水江不成河，没有土堆不成山。

（二）农事类

（1）Cae naz gvaqcieng，ndei gvaq gya haex. 犁田过年，好过用粪填。

（2）Seizdoeng cae mboujyawx seizcou cae，seizcin cae mboujyawx seizdoeng cae. 冬耕不如秋耕，春耕不如冬耕。

（3）Seizdoeng beij rom bwnh，seizhah beij haeux lai. 冬天比粪堆，夏天比谷堆。

（4）Gohaeux aeu ndei，raemx bwnh aeu imq. 庄稼要好，水肥要饱。

（5）Haeuxlamzbi mbouj guh faen. 谷老不做种子。

（6）Dieg dwg gvet gim banj，vunz gaenx dieg mbouj gik. 地是刮金板，人勤地不懒。

（三）气象类

（1）Faxndaengq gaxgonq fwn iq，aeng le doekfwn fwn hung. 未雨先雷雨点点，闷热后大雨倾盆。

（2）Fwj lumj fwed romh roengzfwn，fwj lumj fwed roeglaej mbwn gvengq. 云如鹰翅天下雨，云如雀翅天放晴。

（3）Fwj lumj gyaepbya，ngoenzcog rumz lai. 云势像鱼鳞，来朝风不轻。

（4）Rumz dingh fwj ndaem miz fwn hung. 静风黑云有大雨。

（5）Daengngoenz roengzbya fwj daeuj dangj，ngoenzcog raemx muenx dah；daengngoenz roengzbya baihlaj ndaem，ngoenzcog seiz bumz seiz gvengq. 太阳下山乌云拦，明天大水满河床；太阳落山底下阴，明日时晴又有雨。

（6）Fwj lumj rieng max，sam ngoenz ndawde miz fwn. 马尾云出现，三日之内有雨现。

（四）社会生活类

（1）Gangj lai vunz mbouj dingq，daeuj lai vunz mbouj gingq. 讲多人不听，来多人不敬。

（2）Rom baenz di baenz couh baenz miz，sai faenfaen leizleiz bienq gungz. 点点滴滴积累财富，分分厘厘浪费变穷。

（3）Raemj fwnz daiq caxfwnz，gaujsi daiq saw sa bit maeg. 砍柴带柴刀，考试带四宝。

（4）Doxgaiq lai couh cienh，vunz hag lai couh gvai. 货物多了便价贱，人学多了就老练。

（5）Ndaw daeh miz cienz，gyawz you mbouj miz haeux. 袋里有钱，何愁无米。

（6）Ngaenz haem sam ciengh laeg，vunz gaenx cij ndaej. 银埋三丈深，属于勤奋人。

（五）家庭生活类

（1）Lwgsai lai giep fwnz，lwgmbwk lai giep raemx. 男孩多缺柴，女孩多缺水。

（2）Gaej aeu bauz dang vunj，gaej aeu lwg dang lan. 莫把袍作裙，莫把儿当孙。

（3）Mayak naengz fuengz caeg，cingmingz naengz guenj gya. 恶狗能防贼，精明能管家。

（4）Faex mbouj coih mbouj maj，lwg mbouj son mbouj baenz. 树不修不长，娃不管不成。

（5）Ngwj aeu caeux cawz，lwg aeu daj iq son. 杂草铲除要趁早，孩子教育要从小。

（6）Beixnuengxbaenzhoz，bouxwnq cij nyiengh. 兄弟团结一条心，别人也要礼让三分。

（六）处世修身类

（1）Max miz seiq ga lij laemx，roegenq mbin sang lij doek roengz. 马有四脚尚滑倒，燕飞虽高仍下掉。

（2）Miz geiqmaenz gwn geiqmaenz，mbouj miz geiqmaenz ei gwn rengz heiq. 有计谋吃计谋，无计谋吃苦力。

（3）Sim gvangq ngaenzcaiz daeuj，sim gaeb ngaenzcaiz bae. 心宽财来，心窄财走。

（4）Rienghaeux hung ngaem gyaeuj，rienghaeux iq ngiengx gyaeuj. 低头的庄稼穗大，昂头的庄稼穗小。

（5）Seiz maj lumj ram gyoeg hwnj ndoi，seiz laux lumj mak doek roengz faex. 成长如抬臼上坡，衰老似果树上落。

（6）Guh gyaeuj lumz rieng，sam cingz ndaej daeuj seiq cingz vaih. 做了头忘了尾，三成得四成毁。

（七）宗教信仰类

（1）Haeuj luengqlaeg simvueng，gvaq diegmoh simlau. 入深山心慌，过坟地恐惧。

（2）Loh gvaq miuh aeu siujsim，byaij gyawj faex saenz aeu dangsim. 路过庙宇要小心，走近神木要当心。

（3）Hakdam mbouj goq beksingq gungz，yenzvangz mbouj yiemz fangz byom. 贪官不顾民穷，阎王不嫌鬼瘦。

（4）Boiz cai cai liux，deb fangz fangz deuz. 还债债了，赶鬼鬼跑。

（5）Ragwn mbouj ndaej hag guh yaz. 无计为生学做巫。

（6）Goengdojdeih haibak，guk cij dawz ma. 土地公开口，老虎才抓狗。

（7）Haeuj miuh cangyieng，gouz saenz roengz gvih. 入庙烧香，求神下跪。

（8）Bouxdauh ceiq rox hoenx lingz，mehmbwk ceiq rox cangndang. 道公善敲铃，女人善梳洗。

（八）乡土风俗类

（1）Noix mwngz boux ndeu hix baenz haw，noix gou boux ndeu hix guh liux. 少你一个也成圩，少我一个也做完。

（2）Gingq laeuj yungh song fwngz，gwn haeux le nyinh bouxlaux. 敬酒要用双手，吃罢饭要谢长辈。

（3）Caet nyied cibseiq bit mingh dinj. 七月十四的鸭子命不长。

（4）Cae diegbya ciengx moz，cae naz ciengx vaiz. 耕山地养黄牛，耕水田养水牛。

（5）Maxndei mbouj gvaq gyaiq，mbwkndei mbouj gvaq mbanj. 好马不过界，好女不过寨。

（6）Sam nyied ngoenzngoenz sauqmoh，seiq nyied ngoenzngoenz ndaem naz. 三月天天扫墓，四月天天插秧。

（7）Gai fouh soengq mbawfaex，gai lwg soengq faz. 卖一块豆腐送一片竹叶，嫁一个女儿赔几床棉被。

（8）Vahndei youq lanzvaiz，vahrwix cienz mbanj rog. 好话丢牛栏底，坏话流传峒外知。

（九）歇后语

歇后语是由近乎谜面和谜底两部分组成的带有隐语性质的口头用语。前一部分说出一个事物，如同谜语的谜面，后一部分是像谜底，是真实意思所在。因为两个部分之间有间歇，且间歇之后的那一部分常常不说出来，而是由人去猜想其义，故称歇后语，壮语叫 vahgud。例如：

（1）Naenghgyoeg dawz dwngx—naengh’onj. 做白撑杖——稳坐。

（2）Cung moz hwnj faex—nanz son. 牵牛上树——难教。

（3）Cwn haeux lumz dawh—simcingz luenh. 吃饭忘了筷条——心情乱。

（4）Buk riengmax doxdik—yukyon. 绑马尾巴打架——挑拨离间。

（5）Son bouxdauh bongx lingz—mbouj rox aenq rengz. 教道公敲铃——自不量力。

（6）Ma iq mbouj rox guk rwix—mbouj rox ndei rwix. 小狗不知虎威——不识好歹。

（7）Naed haeux gouj naed hanh—liengzsiz ndaejdaeuj mbouj yungzheih. 一粒米九滴汗——粮食来之不易。

（8）Gwn gyu beij gwn haeux lij lai—laux swhgwz. 吃盐比吃饭还多——老资格。

三、修辞特点

修辞，指的就是修饰文字词句，运用各种表现方式，使语言表达得准确、鲜明而生动有力的行为和规则。修辞的任务在于根据特定的思想内容去挑选最合适表达需要的语言形式，并用语言手段把思想感情表达得更为准确、鲜明、生动。壮语的修辞，不仅是壮语不可分割的一部分，也是壮族文化的重要组成部分。

靖西壮语熟语的语言表达生动形象，在句子的构造上使用了多种修辞手法，主要的修辞手法有：

（一）比喻

比喻是靖西壮语熟语中运用比较广泛的修辞手法。人们通过日常的事物来比喻深刻的道理，令人印象深刻。

（1）Duzmaed haeb diuzsaeu，duznou henx gokvaiz . 跳蚤叮柱子，老鼠啃牛角。

（2）Gang daiq geng couh dek，raemx cang daiq rim couh cet. 钢淬得过火则断，水装得过满则溢。

（3）Vunzfiengz hen ndaw naz，roeg youq gwnz gyaeuj ok haex. 稻草人守田里，鸟在头上拉屎。

（4）Ndaw cauq miz bya meuz cij heuh. 锅里有鱼猫才叫。

（5）Da vunzlai dwg dacaengh. 众人眼睛是秤星。

（6）Hongnaz beij mingh raez. 农活比命长。

（二）拟人

拟人，就是把事物人格化，把本来不具备人的一些动作和感情的事物变成和人一样，使其具有人的外表、个性或情感的修辞手法。

拟人化手法的运用，可以使文章更加生动、形象、具体，既能生动形象地写出某事物的某个特点，又有了拟人化之后特有的具象效果。

（1）Ma rienggud gag haenh swhgeij，vunzfiengz gag haenh. 秃尾狗自夸，稻草人自诩。

（2）Meuz ok dou nou guhheiq. 猫出家门老鼠唱戏。

（3）Bit gaej ndaq gaeq bak soem. 鸭莫骂鸡嘴巴尖。

（4）duzromh muengh gaeq ok rungz，bya muengh re byoengq. 鹰盼鸡出窝，鱼望渔网破。

（5）Duzmeuz daej nou dwg gyaj，duzma gyaez ndok dwg caen. 猫哭老鼠是假，狗馋骨头是真。

（6）Bit sam ndwen baenz boh，gaeq caet ndwen baenz meh. 三个月的鸭当爹，七个月的鸡当妈。

（三）夸张

夸张，是为了达到某种表达效果的需要，对事物的形象、特征、作用、程度等方面着意夸大或缩小的修辞方式。

（1）Miz leix nyoengx laemx bya，fouz leix gaz nywj dai. 有理推山倒，无理绊草亡。

（2）Diuz linx ndeu song mbiengj naengbak，fangzrwix naengz gangj baenz vunzndei. 一根舌头两片唇，恶鬼能说成善人。

（3）Raemxmaeg doek roengz sahau，fanh daih swiq mbouj ndaej. 墨汁落白纸，万代不能洗。

（4）Cenj laeuj iq hix dumh dai vunz，gouhdawh iq hix moeb raek iu. 酒杯虽小淹死人，筷条不粗打断腰。

（5）Da hung gvaq dungx. 眼睛大过肚子。

（6）Daihsawq siujsawq hwngq lumj feiz，daihhanz siujhanz nit lumj nae. 大暑小暑热如火，大寒小寒冷如冰。

（四）对偶

对偶是用语法结构基本相同或者近似、音节数目完全相等的一对句子，来表达一个互相对立或对称的意思。它以协调匀称的结构表达相互补充或者相互对比的内容，大大加强了语义的说服力和感染力，是运用广泛的一种修辞手法。

（1）Roeglaej doek cingjhaex，meuzgeq doek gvihvanj . 麻雀掉屎坑，老猫跌碗柜。

（2）Fwngz hung gvaq ga，ma ak gvaq cawj. 手比脚粗大，狗比主人凶。

（3）Rox mbouj rox liux，gvai mbouj gvai liux. 懂也不全懂，乖也不全乖。

（4）Cawj byaek san facauq gaenq ceiz，haex daeuj vat gumz ganj mbouj gib. 煮菜编锅盖已迟，屎来挖坑来不及。

（5）Max faengz ndaej an，vaiz rongx ndaej bien. 马欢得鞍鞯，牛叫挨皮鞭。

（6）Namh yaz mbouj youq danh，rin yaz mbouj youq faex maj. 土压不住喷泉，石压不住树长。

（五）对照

对照，就是把两个对立的事物或者一个事物的两个对立面放在一起，加以比较。对照和对偶是相通的，对偶与对照兼类，从形式上看是对偶，从内容上看是对照。

（1）Mbouj hag duzgyau gak san muengx，aeu hag duzrwi caez aeu va. 莫学蜘蛛各织网，要学蜜蜂共采蜜。

（2）Rek mbouj yungh couh niengj，vaiz mbouj raeq couh heuq. 锅不用则锈，牛不耕则瘦。

（3）Moed dai dangz diemz，vunz dai vahdiemz. 蚁为糖甜而死，人为语蜜而亡。

（4）Max yaez byaij mbouj ndaej cien leix，rieng samoeg guh mbouj ndaej liengzcingq. 劣马行不得千里，

杉尾做不得正梁。

（5）Haexmax mbouj yoek mbouj miz congh，vunz mbouj daezsingj rwz mbouj singjsak. 马屎不戳没有洞，人不提醒耳不聪。

（6）Cax mbouj baenz couh niengj，raemx mbouj lae couh haeu. 刀不磨要生锈，水不流会发臭。

（7）Nyienh guh ngaeux ndaw naez，mbouj guh gofuzbingz gwnz raemx. 宁做泥中藕，不做水上萍。

（8）Daeng mbouj diu mbouj rongh，leix mbouj lwnh mbouj mingzbeg. 灯不拨不亮，理不辩不明。

（六）顶针

顶针是临近的句子首尾蝉联，上递下接，用上一句的结尾作为下一句的开头。顶针的运用使得语言结构紧密相连，能反映事物间的联系。

（1）Gaeu bin faex，faex cengj gaeu，doxgiet doengzsim naek bienq mbaeu. 藤攀树，树撑藤，团结同心重变轻。

（2）Raemx doh ruz，ruz doh vunz. 水载舟，舟载人。

（3）Faj fwngz miz haj niuj，niujniuj lienz simdaeuz. 手有五指头，指指心头肉。

（4）Cuiz duh ding，ding dub rin，rin yaz namh. 锤打钉，钉打石，石压土。

（七）借代

借代，就是使用相关事物的名称，去代替有关的人和事物。借代手法的使用，能使语句达到形象突出、特点鲜明、文笔精练、具体生动的效果。

（1）Bya duet ngaeu dwg bya hung. 脱钩的鱼总是大的。

（2）Rumzhaenq boq mbouj ndaep ronghrib. 狂风吹不灭萤火。

（3）Haeuxniu beij meg bengz. 香糯总比三角买贵。

（4）Hoz caiq raez hix sang mbouj gvaq gyaeuj. 脖子再长也高不过脑袋。

（5）Diuz cag gat dieg mbang. 绳子总在细处断。

（6）Daeh hoengq laeb mbouj hwnj daeuj. 空袋子立不起来。

四、结语

靖西壮语熟语在句子构造、修辞上形式多样，独具特色，同时，在熟语内容上，蕴藏着丰富的社会文化内涵。靖西壮语熟语突出反映了壮族的农耕稻作文化。壮族是农耕民族，是最早驯化种植水稻的民族之一。时至今日，水稻仍是壮族最主要的生产作物。农耕稻作文化是靖西壮族熟语的文化内涵之一。靖西壮语熟语也映射了壮族人辛勤劳作的生活观和明理养德的修养观。“民以食为天”，农民主要靠田地吃饭，壮族便是如此。壮族人崇尚辛勤劳作、踏实做人的生活观，性格淳朴敦厚，有尊老爱幼、扶困济弱的传统，推崇明理养德的修养观。

壮语熟语具有浓厚的生活气息，形式生动活泼、言简意赅、通俗易懂、耐人寻味。它是壮族人民口头文化的精品，是人民大众集体智慧的结晶。它是我们壮族优秀民族文化的重要组成部分。

【参考文献】

[1] 祝敏青．福建方言熟语的修辞特点 [J]. 方言，2005（2）．

[2] 钟健星．畲族熟语的修辞特征分析 [J]. 兰州教育学院学报，2017（1）．

[3] 李锦芳，姜亚飞．安定壮语的熟语谜语及其语言特点 [J]. 百色学院学报，2017（1）．

[4] 林蔚文．闽台熟语研究 [M]. 福州：海峡文艺出版社，2016.

[5] 靖西少数民族语言文字工作办公室．壮族俗语集成·靖西篇：壮汉对照 [M]. 南宁：广西民族出版社，2014.

马山壮语熟语的同义异形现象及其成因

罗永腾[①]

壮语熟语指的是壮族人民群众喜欢运用的语句，是人民在长期的生产实践和社会实践中所总结出来的经验。这些经验被提炼成了精简的形式，包括惯用语、成语、谚语、格言、歇后语等。这些语句形式稳定，使用时不能随意改变。壮语熟语反映了壮族人民的价值观、道德观、人生观，也反映了壮族人民为人处世的观念、待人接物的心态以及观察世界和处理事情的思维方式。

本文作者在马山县周鹿镇采集了150多条壮语熟语，对这些录音进行拼音壮文的转写和汉语译注，并将这些材料与《壮语熟语》一书所记载的熟语进行对比，将意思相同或者相近且构成句子的语素不同的归为一组。我们把这样的熟语称为同义异形熟语，按照句子构成语素不同的程度将这些同义异形熟语分为两类：语素部分相同、语素完全不同。

一、语素部分相同

语素部分相同指的是在一组熟语中构成句子的语素只有一部分相同，但它们的意思相近或者相同。这主要分为两种情况。一种情况是在同义的一组熟语中，它们有半句语素完全一样，而另半句不同。这种情况大多出现在由前后两个半句组成的熟语中。在这之中有前半句相同的，有后半句相同的，也有一句的前半句与另一句的后半句对应相同的。

前半句相同的如以下两句：Boux rox guh cix deuz，boux githeuz cix haeuj.（会做的人就跑开，碍事的人来捣乱）与 Boux rox guh cix deuz，fangz goenqgeuj cix daeuj.（会做的人就跑开，纠缠的鬼来捣乱）。这两句意思相同，指的是在干活时会做的人偷懒躲起来，而不会做事的小孩却跑来看热闹，妨碍大人工作。话的前半句语素完全一样，只有后半句的表述中存在差异。后半句相同的如：Maenz cienz sam cik laeg，boux rox vaeg cingq raen.（文钱三尺深，会捞才看见）与 Maenz cienz geij ciengh laeg，boux rox vaeg cingq raen.（一文银钱几丈深，谁会打捞才看见）。这两句熟语的意思一样，指财富不容易得到，要勤劳肯干，还要多动脑思考。它们的前半句语素不同但意思相近，而后半句则完全相同。两句熟语的前后半句对应相同的如：Mbouj rox guhsaeg saeg cix mong，mbouj rox guhhong hong cix nyaengq.（不会洗衣衣褪色，不会干活活就忙 ）与 Mbouj rox guhhong hong cix nyaengq，mbouj rox dwk ndaengq ndaengq cix mong.（不会干活活就忙，不会染布布就灰）。这两句熟语的特点是半句对应相同。意思是熟悉技术的人干活，轻松愉悦，而且质量好，不会干活的人，顾此失彼，空忙活而且质量差。半句相同的情况大多出现在对偶句中。它们字数相等，结构形式相同，意义相关，为同义异形创造了有利条件。

另一种情况，在意思相同或相近的一组熟语中，只有主要语素相同或相近，其他语素都不同。这种

① 罗永腾，男，壮族，广西民族大学文学院中国少数民族语言文学专业硕士研究生。

情况常出现在单句中，部分出现在由多个短句构成的长句中。如：Gwn haeux ranz dub gyoengq miuh（吃家里的饭去筑众人神庙）与 aemq haeux ranz bae dub gyoengq miuh.（背着家中的米去筑众人的神庙）这两句中，不同的地方是开头的一个字，句一是“gwn”（吃），句二是“aemq”（背），除此之外都相同。如：roet louh dungx duz ma.（用屁来喂狗）与 ok roet unq dungx mameh（屙屁来软母狗肚）两句，roet（屁）、dungx（肚子）、ma（狗）等要素相同，已经能看出是用屁来给狗吃的意思。再如：Duz guk gwn nengzlimq.（老虎吃果蝇）与 Duzguk gwn daek.（老虎吃蚂蚱）这两句熟语都是用来比喻食物太少，吃起来不够塞牙缝。其中主要的语素是 duzguk（老虎）和 gwn（吃），剩下的语素只要能够表示极小的昆虫就可以表达出同样的效果。

以下将元素部分相同的熟语分组列出：

（一）

（1）Samnyied mbouj ndaem biek，dungx iek aeu maz gwn.

三月　不　种　芋，　肚　饿　要　嘛　吃

三月不种芋，饿了吃什么。

（2）Samnyied mbouj daj goek，loegnyied bae lawz aeu.

三月　不　打　基，　六月　去　哪　要

三月不打根基，六月去哪收割。

（二）

（1）Haeux ndei youq ndang gyaj，lwg maj youq ndang meh.

米　好　在　身　秧，　儿　长　在　身　妈

稻好靠壮秧，好儿靠好娘。

（2）Haeux ndei baengh gyaj，lwg maj baengh meh.

米　好　靠　秧，　儿　长　靠　母

稻好靠壮秧，好儿靠好娘。

（三）

（1）Mbouj rox guhsaeg saeg cix mong，mbouj rox guhhong hong cix dungq.

不　会　做洗　洗　就　灰，　不　会　做活　活　就　坏

不会洗衣衣褪色，不会干活活成堆。

（2）Mboujrox guhhong hong cix nyaengq，mbouj rox dwk ndaengq ndaengq cix mong .

不会　做活　活　就　忙，　不　会　染　蓝靛　蓝靛　就　灰

不会干活活就忙，不会染布布就灰。

（四）

（1）Boux rox guh cix deuz，boux githeuz cix haeuj.

个　会　做　就　逃，　个　碍事　却　入

会做的人就跑开，碍事的人来捣乱。

（2）Boux rox guh cix deuz，fangz goenqgeuj cix daeuj.
人 会 做 就 逃， 鬼 缠绕 就 来
会做的人就跑开，纠缠的鬼来捣乱。

（五）

（1）Guh caeg gwn mbouj miz，gonh dingh gwn mbouj biz.
做 贼 吃 不 有， 戽 水坑 吃 不 肥
做贼吃不饱，戽鱼吃不肥。
（2）Guh caeg gwn mbouj miz，gonh dah gwn mbouj biz.
做 贼 吃 不 有， 戽 河 吃 不 肥
做贼为生不富，戽鱼为生不肥。

（六）

（1）Goeng ' yah miz gangj goj，goeng ' yah hoj doxceng.
夫妻 有 讲 古，夫妻 穷 相争
夫妻富则谈情，夫妻穷则争吵。
（2）Bouxmiz cix gangj goj，bouxhoj cix doxndaq.
富人 就 讲 古， 穷人 就 相骂
有钱人家就讲古，穷苦人家就骂架。

（七）

（1）Gyaeuj mou mbouj dub mbouj baenz noh，caeuzyah mbouj moeb mbouj baenz vunz.
头 猪 不 锤 不 成 肉， 女人 不 打 不 成 人
猪头不锤不出肉，女人不打不成人。
（2）Gyaeuj mou mbouj dub mbouj baenz noh，lwgzcin mbouj roq mbouj baenz vunz.
头 猪 不 锤 不 成 肉， 子亲 不 敲 不 成 人
猪头不锤不出肉，儿女不打不成人。

（八）

（1）Bouxboux naj doengq hau，rox bouxlawz guh caeg.
个个 脸 都 白， 懂 哪个 做 贼
人人脸都白，怎懂谁是贼。
（2）Bouxboux naj cungj hau，rox au lawz guh caeg.
人人 脸 都 白，懂 叔 哪 做 贼
人人脸都白，不知谁做贼。

（九）

（1）Gag cauh cix raemxmboq，boh hawj cix raemxrongz.
自己 造 就 泉水， 爸 给 就 洪水
自己赚钱如泉涌，父母给钱如洪水。

（2） Din fwngz cauh cix raemxmboq，bohmeh hawj cix raemxrongz.
脚 手 造 就 泉水， 父母 给 就 洪水
亲手创造的财富是泉水，父母给的财富是洪水。

（十）

（1）Gwn haeux ranz dub gyoengq miuh.
吃 米 家 筑 众 庙
吃家里的饭去筑众人神庙。

（2） Aemq haeux ranz bae dub gyoengq miuh.
背 米 家 去 打 众 庙
背着家中的米去筑众人的神庙。

（十一）

（1） Boux gyaenggonq ndaej ngaenz，boux doeklaeng ndaej yaenq.
个 前面 得 银， 个 落后 得 印
先来者得银，后来者得印。

（2） Boux gonq ndaej cienz，boux laeng ndaej yaenq.
个 前 得 钱， 个 后 得 印
先来者得钱，后来者得印。

（十二）

（1） Miz haeux mbouj ndaej gangj mbwk，miz lwg mbouj ndaej gangj nyex.
有 米 不 得 讲 大话， 有 儿 不 得 讲 惹
有粮不能讲大话，有仔不能出狂言。

（2） Miz cienz laeg gangj mbwk，miz lwg laeg gangj guengz.
有 钱 莫 讲 大， 有 仔 莫 讲 狂
有钱莫讲大话，有仔莫出狂言。

（十三）

（1） Gwn haeux hak dingq hak，gwn mak youx dingq youx.
吃 米 官 听 官， 吃 果 情人 听 情人
吃官家的饭就听官家调遣，吃情人的果就听情人的话。

（2）Gwn haeux cawj dingq cawj，gwn haeux saeq dingq saeq.
吃 米 主 听 主， 吃 米 土官 听 土官
吃主人的饭就听主人使唤，吃官家的饭就听官家调遣。

（十四）

（1） Duzguk gwn nengzlimq.
老虎 吃 果蝇
老虎吃果蝇。

（2）Duzguk gwn daek
老虎　吃　蚂蚱
老虎吃蚂蚱。

（十五）

（1）Vaiz dai gaeu mbouj reuq.
牛 死　角　不　萎蔫
牛死角不蔫。
（2）Vaiz roz gaeu mbouj reuq.
牛 瘦　角　不　萎蔫
牛瘦角不蔫。

（十六）

（1）Cae mbouj dawz lauq dawz.
犁　不　到　耙　到
犁不中耙中。
（2）Cae mbouj bungz rauq bungz.
犁　不　逢　耙　逢
犁不中耙中。

（十七）

（1）Gungqsou muengh daep yiuh.
癞蛤蟆　望　肝　鹰
癞蛤蟆想吃老鹰肝。
（2）Gungqsou gwn daep yiuh.
癞蛤蟆　吃　肝　鹰
癞蛤蟆想吃老鹰肝。

（十八）

（1）Biq nya ra ngwz.
拔 草 找 蛇
拔草找蛇。
（2）Mbiq rum ra ngwz
拔　草 找 蛇
拔草寻蛇。

（十九）

（1）Coz ma haeuj sumhcaz
唆使狗　进　草丛
哄狗去钻草丛。

（2）aux ma haeuj nyaengq.
唆 狗 入 草丛
唆使狗去钻草丛。

（二十）

（1）Gaem faexsaux gyongx mbwn.
握树 竹竿 捅 天
握晒衣杆捅天。

（2）Aeu saux bae gyongx mbwn.
要 竹竿 去 捅 天
用竹竿捅天。

二、语素完全不同

语素完全不同是指在一组意义相同或者相近的熟语中，它们的构成语素有极少的相同之处或是完全不同。如：Gaeujvaq hiem haeuxcid.（叫花子嫌弃糯米黏）与 mboengjmbwt hiem haexconh.（蜣螂嫌弃稀粪），叫花子有饭吃就已经不错了，还要嫌东嫌西，那就未免太过分了，蜣螂也是一样，有粪便吃已经不错了，还要嫌弃稀便不够稠，这就很不应该了，都是用来比喻不自量力而胡乱挑剔的人。这两句的意义相同，但是构成形式却不一样，两句熟语中只有一个动词“hiem”（嫌弃）相同，其余的都不同。再如 Gwn bak fouj，guh bak ciuq.（吃的和斧口一样大，干的和凿口一样小）与 Gwn sueng max，guh bak roek.（吃双份，干半活）这两句话都是吃多干少的意思，语素中只有“gwn”（吃）和“guh”（做）两个动词相同。再如：Cungq noh bae coh heng .（往砧板上放肉）与 Ndienq gyoij hawj maxlaeuz.（递芭蕉给猴子）这两句熟语所表达的意思相同，都是有去无回的意思，却没有任何一个语素是相同的。

这样的熟语还有：

（一）

（1）Gai vaiz bae aeu cwz.
卖 水牛 去 要 黄牛
卖掉水牛去买黄牛。

（2）Ndek duk bae aeu gaeu.
丢 竹篾 去 要 藤
丢了竹篾去捡树藤。

（3）Gai rek bae cawx guenq.
卖 锅 去 买 罐
卖了锅头去买罐。

（4）Gai laz hung bae aeu laz iq.
卖 锣 大 去 要 锣 小
卖大锣去买小锣。

（二）

（1）Lauxgoeng gwn laeuj aeqyah fiz.

爷爷　喝　酒　奶奶 醉

爷爷喝酒奶奶醉。

（2）Laeuj mbouj fiz vunz gag fiz.

酒　不　醉　人　自　醉

酒不醉人人自醉。

（三）

（1）Cauq mbouj yungh cauq roz，so mbouj dawz so hed.

锅　不　用　锅　蔫　锹　不　拿　锹 锈

锅不用锅变旧，锹不用锹生锈。

（2）Loh mbouj byaij loh nya，cax mbouj dawz cax myaex.

路　不　走　路 长草　刀　不　拿　刀　锈

路不走路长草，刀不用刀生锈。

（四）

（1）Duk cug rumz mbouj maenh.

篾　捆　风　不　稳固

篾捆风不稳。

（2）Cax fad raemx mbouj goenq.

刀　斩 水　不　断

挥刀斩水水不断 。

（五）

（1）Yag haz ciuq doiq ciuq.

滴水茅草 点 对 点

茅草落雨点对点。

（2）Yag vax caek doiq caek.

滴水 瓦滴 对 滴

瓦檐滴水滴对滴。

（六）

（1）Roeglaej doek ndoengj mba.

麻雀　落　簸箕　粉

麻雀落米筐。

（2）Ma iek doek cingj haex.

狗 饿　落　井　屎

饿狗落粪坑。

（七）

（1）Vanj ndaw ringj doxhap.
碗 内 橱柜 互碰
橱内碗相碰。

（2）Rinx ndaw bak doxhaeb.
舌 内 嘴 互咬
嘴里舌被咬。

（八）

（1）Lwgduh naih nip.
子豆 耐 夹
豆子耐夹。

（2）Bouxgik naih ndaq.
个懒 耐 骂
懒人耐骂。

（九）

（1）Duzguk mbouj dai ndwi.
只虎 不 死 独
老虎不白死。

（2）Duzmui mbouj dai byouq.
只熊 不 死 空
灰熊不白死。

（十）

（1）Byai din gwn ningxgiuj.
尖 脚 吃 脚跟
脚尖吃脚跟。

（2）Bi gen dawz caeghaex.
摆 臂 到 屁股
摆臂打到屁股。

（十一）

（1）Hawj ma bae dawz haex.
给 狗 去 看守 屎
让狗看屎。

（2）Hawj meuz dawz bya.
给 猫 守 鱼
给猫守鱼。

（十二）

（1）Cug rieng max doxdik.
结 尾 马 相踢
绑马尾让它们互踢。

（2）Aux ma doxhaeb.
唆使 狗 相咬
唆使狗相咬。

（十三）

（1）Gyauq nyez bangxdah vaij ruz.
教 小孩 河边 划 船
教河边小孩划船。

（2）Son duzbit youzraemx.
教 鸭子 游泳
教鸭子游泳。

（十四）

（1）Cauq mbouj ndat ndat haeuj rwz.
锅 不 热 热 入 耳
锅不热耳热。

（2）Feiz mbouj ndat daeuh ndat.
火 不 热 灰 热
火不热灰热。

（十五）

（1）Boux gik lawh gvak.
个 懒 换 锄
懒人常换锄。

（2）Boux yak lawh gvan.
个 恶 换 夫
恶妇常换夫。

（十六）

（1）Feiz moen haemz lwgbiek.
火 灭 恨 子 芋
火灭怪芋头。

（2）Dungx iek haemz beixnungx.

肚　饿　恨　兄弟

肚子饿了怪亲戚。

（十七）

（1） Coengh maxloeg cengj gaeu.

帮　　鹿　　推　角

帮鹿推角。

（2）Daeq maxlaeuz ciengqheiq.

替　猴子　唱戏

替猴子唱戏。

（十八）

（1）Hwnj max cingq ok nyouh.

上　马　才　屙　尿

骑上马尿急。

（2） Haex ndaemq menh vat cingj.

屎　　急　　才　挖　井

屎急才挖坑。

（十九）

（1）Guh gij ndei mbouj ngaih，guh gij vaih mbouj nanz.

做　些　好　不　易　　做　些　坏　不　难

做好人不易，做坏人不难。

（2） Son ndei mbouj ngaih，hag vaih mbouj nanz.

学　好　不　易　学　坏　不　难

学好不易，学坏不难。

三、熟语异形成因

（一）缺乏民族文字

壮族目前有两套文字，拼音壮文和方块壮字。拼音壮文于20世纪50年代由中华人民共和国政府帮助创制，是法定的文字，主要用于学校的教研教学和报刊的出版，在民间较少有人使用。方块壮字是一种直接用汉字或者仿汉字部件自制字形记录壮语的文字，一千多年来，一直为壮族老百姓所使用，主要拿来记录账本、山歌、师公和道公经本。在这两套文字中，拼音壮文出现的时间不长，还未普及，用来记录壮语熟语的还较少。方块壮字虽然已存在一千多年，但由于各地的字形不一，没有形成统一的规范，且笔画过繁，书写不易，使用起来很不方便，也极少有人用方块壮字来记录熟语。

熟语在马山部分地区的壮话中被称为 Vahbouxgeq，可译为老人传下来的话。这些 Vahbouxgeq 当中有的历经了成百上千年的时间，依然能够流传于世，并为人所知，为人所用。壮族老人常用一句话教育孩子：lwgsau demq gwnz rok aeu raiz，lwgsai demq gwnz daiz aeu vah.（姑娘从织布机上学壮锦织法，后生从酒桌上学人生经验），姑娘要学织壮锦的技巧，就要注意别人怎么织，后生要学习生活经验就要去酒桌边听老人的谈吐。壮语熟语在酒席上劝酒时最容易听到，这是告诉年轻人要虚心向前辈学习。在这句话中，姑娘学习织锦技术的方法，可以看作是观察法，她得到技术的方式是观察他人。后生从酒桌上学习理论知识的做法，可以理解为倾听法，在倾听老一辈的聊天中学习知识，这是当时缺少民族文字的无奈之举。没有民族文字可以准确地记录本民族语言，这就会给壮语熟语的流传带来困难，只能靠口口相传。这就容易造成每个人的说法不同，演变成同义异形的情况。

相比于壮语熟语，汉语在几千年前就有了成熟的文字。在汉语中有“书中自有颜如玉，书中自有黄金屋”的说法。即鼓励人们多看书，通过书籍学习知识。三国时期，孙权为了让将军吕蒙进步，劝吕读书，吕读了一段时间后收效明显，孙权再次见他时夸赞他 “三日不见，当刮目相看”。一个民族有了成熟的文字后，可以用来记录历史上的名人名言和发生的大事，能够流传百世千世而一字不变，这就是有文字的好处。

口耳相传的传承方式没有文字和书籍可以印证，意思相同或者相近的熟语会以不同的形式在不同的时间和空间内流传。如：Haeux ndei youq ndang gyaj，lwg maj youq ndang meh.（稻好靠壮秧，好儿靠好娘）与 Haeux ndei baengh gyaj，lwg maj baengh meh.（稻好靠壮秧，好儿靠好娘）这两句熟语中，意思一样，都是比喻只有打好基础，才会有好的发展势头。不同的是句一中间用的是“youq ndaeng”（在于……身上），句二用的是“baengh”（靠），不管是“youq ndang”还是“baengh”都是依靠的意思，两者意义相近。再如：Boux rox guh cix deuz，boux githeuz cix haeuj.（会做的人就跑开，碍事的人来捣乱）与 Boux rox guh cix deuz，fangz goenqgeuj cix daeuj.（会做的人就跑开，纠缠的鬼来捣乱）这两句熟语的意思都是指会做的人跑开了，不会做的小孩却跑来看热闹。在构成语素上，两句的前半部分都是一样的。后半部分中，句一用 boux githeuz，（碍边的人），句二用 fangz goenqgeuj（缠绕的鬼），两者都可以用来指碍事的小孩。由于没有权威书籍记载，所以没办法考证这两句熟语的出处，自然也就不能说服壮族人民只用其中一个。

（二）个人因素造成的异形

人们在使用壮语熟语进行交流时，用的字和词往往会因人而异。个人的生活环境、生活经历和生产经历、学识背景等也会影响到壮语熟语的使用。如：Son Bouxhiuz bemz nou.（教瑶人烤老鼠）、Gyauq nyez bangxdah vaij ruz.（教河边小孩划船）、Son duzbit hiuzraemx.（教鸭子游泳）这三句话都是用来比喻多此一举。生活在大山附近的人深知瑶族人民是狩猎的行家里手，烧烤猎物是最拿手的。生活在水边的人知道河边的孩子自小就会划船，熟知水性。几乎所有人都知道鸭子天性喜欢戏水，游泳是天生就会的。个人的成长环境和知识背景的差异是这组熟语同义异形的原因。再如：hawj ma bae dawz haex.（让狗看屎）与 hawj meuz dawz bya（给猫守鱼）。养猫的人可能喜欢用猫和鱼作为对象，而养狗的人则喜欢用狗和粪便作为对象。Cuengq noh bae coh heng（往砧板上放肉）与 Ndenq gyoij hawj maxlaeuz（递芭蕉给猴子）。其中与砧板关系密切的人就会偏向于使用前者，经常和猴子打交道的人可能更喜欢用后者。

除此之外当说话者对某条熟语很有感触的时候，特别是这条言中了说话者的某段人生经历，他便有可能改变熟语中的某些字词，以便更能强烈地表达内心的某种情感。一般是把其中某个字词替换成自己的习惯用语。如：It daih caen，song daih biuj，sam daih couh lonjleuj.

（一代亲，二代表，三代就完蛋）Daih it caen，daih ngeih biuj，daih sam liux.（一代亲，二代表，三代就完了）这句熟语是第一代是亲兄弟姐妹，第二代是表兄弟姐妹，第三代亲情就完结了。穷人说这话是不愿意高攀，富人说这话则是不愿意接济穷亲戚。句一中的“loujleuj”有完的意思，带有强烈的不满和不甘情绪，似汉语的“完蛋”“玩完了”。句二中的“liux”似汉语的“完”“结束”。第一句熟语用壮语说出来时很明显地带有一股不满的情绪。

再如：Vaiz dai gaeu mbouj reuq.（牛死角不蔫）Vaiz roz gaeu mbouj reuq.（牛瘦角不蔫）这组熟语赞扬那些具有良好品德的人无论环境条件如何变化，绝不会轻易改变志向、信念。一个是“Vaiz dai”（牛死），就算死了牛角也不会萎蔫，另一个是“Vaiz roz”（牛瘦），就算瘦了也不萎蔫，可见其中的不同。

（三）壮语地域差异造成的异形

壮语熟语靠的是口耳相传，当不同地方的壮语存在差别时，所说的熟语自然也存在同义但不同形的现象。这种壮语内部差异造成的异形主要有两种情况，一种是语音上的，另一种是词汇上的。

语音上的不同主要体现在声母和韵母上。《壮文方案》中的腭化声母 by、my 读作 [pj] [mj]。① 在马山东部，它们的读音为 [pj] [mj]；在马山西部，它们读作 [p] [m]。如马山东部把“菜”读作 [pjak^{7}]，把“鱼”读作 [pja^{1}]。马山西部则把“菜”读作 [pak^{7}]，把“鱼”读作 [pa^{1}]。这两个声母发音上的差异自然会影响壮字的读音，进而造成熟语在听感上的差异如：Daemz doengzdoq fouz（bya），naz doengzdoq fouz haeux.（共有的塘无鱼，共有的田无米）。这句熟语中的壮文“bya”在发 [pj] 声母的方言区读作 [pja^{1}]，发 [p] 声母的方言区则读作 [pa^{1}]。再如：Daindui dungx（byaek）miek.（白死一肚苦马菜）。“byaek”在发 [pj] 声母的方言区读作 [pjak^{7}]，而在发 [b] 声母的方言区把它读作 [pak^{7}]。

虽然这两句熟语仅存在一字之差，且只是声母不同，但的确在语音形式上存在着差异，这也是语音差异造成同义异形的一种情况。另一种情况是因为韵母的差异而造成壮字的发音不一样，进而使熟语发生异形。如“芋头”马山西部读作 [pɯːk^{7}]，有些地方读作 [piːk^{7}]，这里就存在着韵母 [ɯːk] 和 [iːk] 的区别。再如“沟”读 [mɯːŋ^{1}]，而另一种地方读作 [miːŋ]，这里是韵母 [ɯːŋ] 和 [iːŋ] 的差异。以下各举两个例子说明：

（1）Samnyied mbouj ndaem（biek），dungx（iek）aeu maz gwn.
三月　不　种　芋，　肚　饿　要　什么　吃
三月不种芋，饿了吃什么。

（2）Boux imq mbouj roxnaj boux（iek），duz（riek）bouj roxnaj vaiz byom.
个　饱　不　懂　个　饿，　只牛虻　不　懂　牛　瘦
饱汉不知饿汉饥，牛虻不知水牛瘦。

（3）Nyienh dai ndaw dah hung，mbouj dai ndaw（mieng）iq.
愿　死　里　河　大　不　死　里　沟　小
宁愿死大河内，不愿死小沟里。

（4）Fwndoek cix lau mbwn（iengj），baenz bingh cix lau dungx（ciengq）.
雨落　则　怕　天　光亮耀眼　成　病　则　怕　肚子　胀
下雨怕天光，生病怕腹胀。

句 1 和句 2 括号中的 biek（芋头）、iek（饿）、riek（牛虻）三个音节中的韵母 iek 在马山西部读作 [ɯːk]，在东部的个别地方读作 [iːk]。句 2 和句 4 中的 mieng（沟）、iengj（光亮耀眼）、ciengq（胀）三

① 壮文方案中的腭化声母分别读作 [pj] [mj] [kj]。本文主要讨论的是壮语熟语，为了举例的方便就不把壮语中的腭化声母全部列出，在后面的部分也是仅与部分方言点的语音作对比，而不扩大到整个壮语。例如 by、my 的读音除了 [pj] [mj] 以及文中出现的 [p] [m]，在其他方言区可以读作 [pr] [mr]，以及其他读音，本文就不一一列举。

个音节中的 ieng 韵也有 [ɯːŋ] 和 [iːŋ] 两种读法。

同义词和近义词的相互替代也会造成熟语以不同的形式传播。如：Guh caeg gwn mbouj miz，gonh dingh gwn mbouj biz.（做贼吃不饱，戽鱼吃不肥）中的 gonh dingh（戽鱼）与 Guh caeg gwn mbouj miz，gonh dah gwn mbouj biz.（做贼为生不富，戽鱼为生不肥）中的 gonh dah（戽鱼），同样是表示（戽鱼），前一句用的是 gonh dingh，而后一句用的是 gonh dah，形式不同，但意思一样。类似的熟语还有很多。例如：Duzguk mbouj dai ndwi.（老虎不会等死）与 duzmui mbouj dai byouq.（灰熊不会等死）中的 dai ndwi 和 dai byouq 都是白死的意思。Coz ma haeuj sumhcaz 与 aux ma haeuj nyaengq 两者都是唆使狗进草丛的意思，其中不同的是表示草丛的词，一个用 sumhcaz，另一个用 nyaengq。这几句熟语同义不同形的原因是人们用同义词对原来的词进行了替换。由于缺少民族文字，壮语熟语的传播靠的是口耳相传。这种传播途径的媒介是人，工具是壮语口语。传播媒介从 A 地去到 B 地，他想要在 B 地使用 A 地的熟语，就必须要考虑一个问题，那就是熟语里是否会有 B 地人民不用或者少用的词，如果有，那他必须要用能让当地人熟悉的同义词或者近义词将其替换，以便双方能够通畅地交流。于是同一句熟语就在两地有了不同的形式。如果同一个人再将这句熟语带到用词习惯与 A 地 B 地都不同的第三个地方 C 地，那么这句熟语中的个别词语又会被换掉，换成符合 C 地词语使用习惯的字或词。这样，同一句熟语就会以很多种不同的形式在不同的地方传播使用着。

这样的例子有很多，例如：Duzguk gwn nengzlimq.（老虎吃果蝇）与 Duzguk gwn daek.（老虎吃蚂蚱）两句，老虎是大家所熟悉的并且惧怕的凶猛野兽，壮如牛犊，像这样的巨型食肉动物，不可能吃极小的昆虫。于是为了表示这个意思，有些地方的壮语里习惯用 nengzlimq（果蝇）来表示极小的东西，而有些地方用的更多的词则是 daek（蚂蚱）。故有了两句意思相同但是形式不同的熟语。Gaujvaq yiemz haeuxcid.（叫花子嫌弃糯米黏）与 Mboengjmbwt yiemz haexconh.（屎壳郎嫌弃稀粪稀），这两句都是表示不自量力，嫌弃不该嫌弃的东西，一个用 gaujvaq（叫花子）和 haeuxcid（糯米），一个用 mboengjmbwt（屎壳郎）和 haexconh（稀粪）。再如：Bouxboux naj doengq hau，rox boux lawz guh caeg.（人人脸都白，怎懂谁是贼）与 Bouxboux naj cungj hau，rox au lawz guh caeg.（人人脸都白，不知谁做贼）中的 boux lawz（哪个人）与 au lawz（哪位叔）。Vanj ndaw ringj dohhap.（橱柜内碗相碰）与 rinx ndaw bak dohhaep.（嘴里舌被咬），橱柜里叠在一起的碗偶尔互碰，嘴巴里的牙齿偶尔咬中舌头，这两句都是比喻亲人朋友间难免会有摩擦。

四、结语

马山熟语有时候也被当地人称为 Vahriu，直译为笑话，意思是能让人会之一笑的话。这些话幽默诙谐，生动传神，富含哲理，往往能让人在笑过之后领悟到某种道理，很受壮族人民的喜爱。随着社会的发展，越来越多的壮族年轻人外出寻找发展机会。由于脱离了母语的使用环境，他们中的很多人逐渐放弃使用壮语转而改说汉语普通话，壮语在壮族人民生活生产中的使用频率正在降低，壮语熟语也随之流失。壮语熟语中蕴含着丰富的劳动生产经验和社会生活经验，是壮族人民代代相传的财富。壮语熟语的流失相当于壮族文化财富的流失，因此，做好熟语的收集和记录工作非常重要。

熟语的记录与整理离不开民族文字。壮族目前正在使用的民族文字有两套，一套是方块壮字，另一套是拼音壮文。方块壮字是民间使用最为广泛的文字，因其直接用汉字记壮音或仿汉字结构自造字记壮音，所以有汉字基础的人不难学。但是由于方块壮字是以汉字为基础创制的文字，所以大多数情况下不能够准确地记录壮音，且笔画过繁，书写不易，使用起来很不方便。相对于方块壮字，拼音壮文具有文字与语言一致、简明易学、处理便捷的优点。拼音壮文以拉丁字母为字母，可以通过声、韵、调之间的搭配准确地拼出壮音，明白壮音就可以知道音节所对应的意义。这套壮文以 26 个拉丁字母为基础，组成了 22 个声母，108 个韵母，再加上 8 个调类，简明易学。拉丁字母的文字形式有利于电脑的信息化处理、打字、印刷及各种文案处理。拼音壮文很适合用来记录壮语熟语，即可以准确地记录壮语语音，又方便整理，且简明易学。有了拼音壮文做工具，未来就可以多收集整理壮语熟语，把这些宝贵的民族财富记录下来，传给后代。

【参考文献】

[1] 蒙元耀. 壮语熟语 [M]. 北京：民族出版社，2006.

[2] 李锦芳，姜亚飞 . 定安壮语的熟语谜语及其语言特点 [J]. 百色学院学报，2017（1）.

[3] 孙悦 . 台湾与大陆普通话中的同义异素词语抽样调查 [J]. 文教资料，2010（9）.

壮泰语谓语修饰语对比研究

毛燕芳[①]

壮语、泰语同属于壮侗语族语言。壮语不仅有“谓语中心语 + 修饰语”结构，也存在“修饰语 + 谓语中心语”结构。“谓语中心语 + 修饰语”结构是状中结构还是述补结构目前在学术界还存在一定的分歧。泰语的谓语修饰语结构以“谓语中心语 + 修饰语”为主，当能愿动词、心理动词等修饰谓语时为“修饰语 + 谓语中心语”结构。泰国学者一致认为泰语是没有补语的语言。泰语谓语修饰语不论是位于中心语前还是中心语后，都被称为谓语修饰语。本文主要通过举例对比探究壮语、泰语谓语中心语与修饰语的语序类型问题。

一、壮语

（一）壮语“谓语修饰语 + 谓语中心语”结构

壮语的谓语修饰语结构“修饰语 + 谓语中心语”结构与汉语趋于一致。如下例所示：

序号	主语	状语	谓语	宾语
①	Daxmeh 母亲	sam baez 三次	bae 去	aenranz de 他家
②	Lauxsae 老师	caenfwngz 亲手	guh 做	byaek cungguek 中国菜
③	Duznou 老鼠	caegcaeg 悄悄	riq gvaq 跑过	henzciengz 墙根
④	Mwngz 你	dinghdingh 轻轻	cuengq 放	doxgaiq 东西

（二）壮语“谓语中心语 + 谓语修饰语”结构

蒙元耀先生在《壮语的后置状语》一文中把 nei、lai、gyanh 等 7 个位于谓语中心语之后的副词看作是句子的后置状语。覃晓航在《壮语特殊语法现象研究》（1995）一书中将这类后置的修饰语看作是“状语倒装”，也看作是状语。黄平文先生在《论文化接触对语言的影响——壮语演变的阐释》一文中认为壮侗语族的词序是“主语 +（定语）+（状语）+ 谓语 + 宾语 +（补语）”，将这类后置修饰语看作是补语。张元生、覃晓航的《现代壮汉语比较语法》（1993）一书也把这类后置修饰语看作是补语。如以下①②③例所示：

① 毛燕芳，女，广西民族大学文学院中国少数民族语言文学专业硕士研究生。

序号	主语	谓语	状语
①	Mbaw byaek 菜叶子	oiqoiq 嫩	nei 很
②	Gingjsaek neix 这景色	gyaeu 美丽	lai 多
③	Bangx ranz 房子旁边	dwg 是	gyanh 全

本文认为，这里提到的“谓语中心语 + 谓语修饰语”结构，无论是将谓语修饰语看作是状语还是补语，不可否认的是这一语序已经脱离古侗台语原始的语序。

蒙元耀先生在《壮语的后置状语》一文中提出的 7 个壮语以及覃晓航先生在《壮语特殊补语类型研究》中的象声补语、方式补语、比况补语、原因补语、能为补语、数词补语和量词补语等仍然保留着古侗台语的原始语序，如壮语“bae gonq（去 先）”“gwn menhmenh（吃 慢慢）”等。但壮语相当一部分修饰语修饰谓语时，都倾向于前置，或处于临界处位于两可的位置。

壮语部分谓语修饰语既可以置于谓语中心语之前，也可以置于中心语后。在语言田野调查中我们会发现，壮族老年人的民族固有语序保留较好，中年段语序处于两可的阶段，而青少年或儿童则是以“谓语修饰语 + 谓语中心语”结构为主，如：

①壮语：Yinvu [gig mingzbeg] baij youq dangqnaj raeuz.（张增业《壮汉语比较简论》）

任务 [很明确] 地 摆 在 面前 我们。

②壮语：Yinvu baij youq dangqnaj raeuz <gig mingzbeg>.

任务 摆 在 面前 我们 <很明确> 地。

张增业先生在《壮汉语比较简论》一书中举了一个语序两可的例子，只是张增业先生认为例①“修饰语 + 中心语”结构为状中结构，例②“中心语 + 修饰语”为述补结构。谓语修饰语既可以位于中心语之前，也可以位于中心语之后。我们再看看下面的例子。

壮语：lwg hung ngaih，caiq nanz dienz.（蒙元耀《壮语熟语》）

儿 大 [易]，债 [难] 填。

在这个句子里，有“谓语修饰语 + 谓语中心语”和“谓语中心语 + 谓语修饰语”两种结构。

二、泰语

（一）泰语“谓语中心语 + 谓语修饰语”语序

泰语谓语与谓语修饰语成分基本是“谓语中心语 + 谓语修饰语”结构，其中“谓词修饰语”在功能上与汉语、壮语的状语和补语相当。在泰语的语法体系中并没有单独设立补语来作为一个句法成分，泰语这类后置的谓语修饰语统一被称为“ปรับปรุงคำกริยา（谓词修饰语）”。裴晓睿在《新编泰语语法》一书中也未提及补语这一句法成分，而是统一将泰语这一类后置的修饰语看作是谓语修饰语，如“เขียนสวย（写 漂亮）”“อ่านช้าๆ（读 慢慢）”“กินให้หมด（吃 完）”“มากมาย（多 非常）”“ไปสามวัน（去三天）”等修饰语都是谓语修饰语结构。

壮语是“谓语修饰语 + 谓语中心语”结构，泰语同样是“谓语中心语 + 位于修饰语”结构，如：

序号	主语	谓语	宾语	谓语修饰语
①	แม่ดิฉัน 我妈妈	ไป 去	บ้านเขา 他家	สามครั้ง 三次
②	อาจารย์ 老师	ทำ 做	อาหารจีน 中国菜	ด้วยมือเอง 亲手
③	หนู 老鼠	วิ่งไป 跑到	เท้าของผนัง 墙根	อย่างเงียบๆ 悄悄地
④	คุณ 你	วาง 放	ของ 东西	อย่างเบาๆ 轻轻地

我们在上文提到的壮语“谓语中心语 + 谓语修饰语”结构，在泰语中也同样为“谓语中心语 + 谓语修饰语”结构，如：

主语	谓语	状语
ใบผัก 菜叶子	อ่อน 嫩	มาก 很
ทัศนียภาพหนี 这景色	สวย 美丽	มาก 多
แถวบ้าน 房子旁边	เป็น 是	หมด 全

壮语部分谓语修饰语的语序比较灵活，既可以是“谓语修饰语 + 谓语中心语”结构，又可以是“谓语中心语 + 谓语修饰语”结构。泰语谓语修饰语成分通常不能位于中心语之前，只允许出现“谓语中心语 + 谓语修饰语”结构，如：

汉语	太红	多一点红	快来	去得早
壮语	hoengz lai（红 多）	lai hoengz（多 红）	vaiq daeuj（快 来）	bae ndaej caeux（去得早）
泰语	แดงมาก（红 多）	* มากแดง （多 红）	มา เร็ว（来 快）	ไปเร็ว（去得早）

“มาก แดง （多 红）” “เร็ว มา（快 来）” 等在泰语里是不合格的结构。

（二）泰语“谓语修饰语 + 谓语中心语”结构

泰语谓语修饰语成分偶尔也有前置的，即当能愿动词（助动词）、否定副词、关系副词、时间副词、心理动词作状语修饰谓语或谓词性短语的中心语时，修饰语置前，与壮语一致。如：

序号	主语	状语	谓语	宾语
①	เขา（他）	คง（可能）	ชอบ（喜欢）	เสื้อตัวนี้ （这件衣服）
②	เรา（我们）	ต้อง（必须）	เคารพ（尊敬）	ผู้ใหญ่ （长辈）
③	ดิฉัน（我）	เคย（曾经）	ไป（去）	ประเทศจีน（中国）
④	เธอ（你）	ไม่ได้ （没有）	ไป（去）	โรงเรียน（学校）
⑤	ดิฉัน（我）	อยาก（想）	กิน（吃）	อาหารจีน（中国菜）
⑥	คุณแม่ （妈妈）	ไม่ （不）	ชอบ（喜欢）	ทุเรียน（榴莲）

（续上表）

序号	主语	状语	谓语	宾语
⑦	คุณแม่（妈妈）	รีบ（马上）	พาไป（带去）	โรงพยาบาร（医院）
⑧	เรา（我们）	ควร（应该）	เคารพ（尊重）	งาน คนอื่น ๆ（别人的工作）
⑨	เขา（他）	กล้า（敢于）	ต่อสู้（战斗）	การเกิดโรค（病魔）

另外，泰语部分谓语修饰语修饰谓语时的排序不同，表达的语义也不同，如：

泰语：กิน ไม่ พอ / ไม่ พอ กิน.

吃 不 够 不 够 吃。

前一句的修饰语“不够”修饰中心语“吃”，指食物不够指定的人吃，如汉语的“这点水果不够20人吃”。后例中的否定副词“不”首先修饰“够”，谓语修饰语短语“不够”再修饰“吃”，指食物量太少，不够吃。

【参考文献】

[1] 蒙元耀．壮语熟语 [M]. 南宁：广西民族出版社，2008.

[2] 蒙元耀．壮语的后置状语 [J]. 中央民族学院学报，1990（5）.

[3] 张增业．壮汉语比较简论 [M]. 南宁：广西民族出版社，1998.

[4] 覃晓航．壮语特殊补语类型 [J]. 语言研究，2004（2）.

[5] 裴晓睿．新编泰语语法 [M]. 北京：北京大学出版社，2001.

[6] 黄平文．论文化接触对语言的影响——壮语演变的阐释 [M]. 北京：民族出版社，2010.

[7] 张元生，覃晓航．现代汉壮语比较语法 [M]. 北京：中央民族学院出版社，1993.

[8] 赵晶．汉壮名词组语序的比较研究 [D]. 广西大学硕士学位论文，2008.

关于含有身体词汇的壮语熟语的认知分析

石　青①

一、引言

壮语熟语的内容十分丰富，大致涉及生产经验、生活知识、人生哲理等方面。这些都是壮民族在长期的生活生产活动中积累的几乎已经固定化的关于生产、生活、人生以及气候等的认知。一方面壮语熟语从其遣词造句的情况就能够反映出浓郁的壮民族色彩，特别是熟语表达中使用的大量夸张、拟人、比喻等手法让熟语更具有表现力，且内涵更加丰富。另一方面，无论是汉语还是壮语中含有身体部位的词都是词汇研究的一个切入型的热点。熟语的使用反映的是，在日常生活中人们往往参照他们熟知的、有形的、具体的概念来认识、思考、经历，对待无形的、难以定义的概念，形成了一个不同概念之间相互关联的认知方式。认知语言学作为一门新兴语言学科，将语言和思维认知紧密联系起来，在某种程度上让人类更加了解自己的语言。具体分析含有身体词汇的壮语熟语，对壮语熟语中的转喻和隐喻进行探讨，是本文从认知角度出发做的一个尝试。

二、研究背景

一方面，关于人体词汇的隐喻研究的硕士论文以对比的较多：石丽莎《汉英人体隐喻对比研究》（2013）对汉英中“心”“眼”“口”“头”“脸”几个部位进行了涉及隐喻类型、映射等方面的对比，最后从地域、文化、思维视角以及道德观念角度分析了汉英人体隐喻认知的异同；李海鍊《汉韩身体部位惯用语的隐喻对比研究》（2012）主要都是从汉语中有关头部、躯干和四肢诸身体部位的惯用语作了对比研究，涉及语义分类、隐喻、转喻等多个具体内容。关于壮语身体词汇的研究也有不少，比如曾曼丽《壮语汉人体词的词语研究》（2014）从词汇辨析、构词法、构词方式、语法分析、语义分析等多个方面对壮汉语人体词的词语作了分析；也有认知语言学角度的研究：伍雅丽《认知与语言学视域下壮汉身体部位词语的比较研究》（2013）以“头”“手”“胸”等单个的身体部位词为基础，试图构建壮汉身体部位词语语义的隐喻、转喻认知体系，并从文化、历史等角度探索壮汉认知异同的原由。另一方面，关于熟语的隐喻研究有：罗凤莹《桂林方言熟语中转喻和隐喻的认知分析》（2013）从认知角度对桂林方言熟语中的转喻和隐喻现象进行了初步分析，并指明其具有形象标示功能、委婉标示功能和焦点标示功能。陆晓珍《壮语熟语隐喻研究》（2013）从壮语谚语、格言警句、歇后语等三个方面探讨其隐喻特征，最后指出壮语隐喻的生成包括“文化生成”和“道德生成”两个方面。

综上可以看出，关于壮语熟语、身体词汇、隐喻等方面的研究成果已经不少，汉语的有关分析研究

① 石青，女，广西民族大学文学院中国少数民族语言文学专业硕士研究生。

成果更是丰硕。本文认为直接从壮语中含有身体词汇的熟语入手的研究不仅使得语料和分析更加紧密，而且更加具有说服力。

三、含有身体词汇的壮语熟语中的认知转喻

（一）关于认知转喻

从认知语言学的发展来看，在传统修辞学中，转喻是A与B（B与A有一定的邻近联系）之间的替代关系。这里的A与B以及发展到后来的现代修辞学中的定义，都将转喻停留在语言层面上。随着认知语言学的发展，转喻除了被看作一种修辞工具，还被看作一种认知机制。在认知语言学发展的基础上，对转喻和隐喻的研究有许多新的声音，比如陆俭明提出：无论隐喻、转喻，不宜认为“是一个认知域映射另一个认知域”的问题，而宜假设为“一个认知域激活另一个认知域”。①

从转喻的生成机制来看，转喻的生成会受到认知原则和交际原则的制约。也就是说人们趋向于选择与自身有关的以及更具体、更容易理解的事物来专指那些与人体无关的、抽象的、不容易感知的事物。这样的表达方式同样适用于满足交际的准确性和交际“经济原则”的需求。由此看来，认知转喻思维的基本运作机制是基于人们的各种经验基础，利用喻体和目标之间的“邻近性”，用同一认知领域的更为突出物作为参照点去指代另一个相对不突出的事物，从而更好地获取对该事物的认知。另外陆俭明还提到，转喻因为“基于邻近”，所以当B激活A之后，B和A之间不会形成投射/映射关系。②

（二）含有身体词汇的壮语熟语的认知转喻分析

转喻有多种分类情况，根据理想化认知模式中转喻喻体和转喻目标之间的关系，将转喻分成整体与其部分之间的转喻和整体中不同部分之间的转喻两大类，在此基础上再细分为被认为是最为系统和全面的分类。因此，本文依照这种分类方法，主要涉及的几类认知转喻有：①范畴及其特征之间的转喻，范畴定义通常反映其主要特征，因此可以用整体范畴来表示其主要特征，也可以用其主要特征来替代整个范畴；②因果转喻，因果关系中，人们常用结果表示造成该结果的人或事，或者用原因替代事件结果；③行为转喻，在行为理想化认知模式中包含施事、受事、工具、行为本身、行为结果等，这些因素之间存在行为转喻关系；④事物与部分之间的转喻，包括整体转指部分和部分转指整体两种情况；⑤生产转喻，生产、创作活动涉及生产（创作）者、产品、生产工具等这些因素之间相互替代产生生产转喻。人体器官有其功能，有其位置以及相互间的关系存在。这些都是人们认知转喻思维的基础。以下从具体的壮语熟语中进行分析。③

1. 含有嘴、口、舌、牙齿等口部相关词汇的熟语

（1）A ndij cak，bak mbouj doengz. 乌鸦和喜鹊，嘴巴各有不同。

（2）Fag bak fag heuj. 发达嘴，发达牙。

（3）Ndang mbouj daengz bak daengz. 身子不到嘴先到。

① 陆俭明：《隐喻、转喻散议》，《上海外国语大学学报》2009年第1期。
② 陆俭明：《隐喻、转喻散议》，《上海外国语大学学报》2009年第1期。
③ 以下分类来源于李福印：《认知语言学概论》，北京：北京大学出版社，2008年。

（4）Gvej linx gag oet bak. 割舌头来塞自己嘴巴。

从日常认知来看，口部器官涉及的活动有言语活动、表情活动、饮食活动；涉及的事物有与之相邻的各个器官、话语和食物等。某种程度上说，嘴、口、舌、牙齿是一个生产单位。以上三例中，bak 嘴、heuj 牙齿、linx 舌头都是指称言语表达，这些器官作为话语的生产者和作为结果的话语之间相互替代使用。（1）中人们通常认为乌鸦报丧，叫声代表不吉祥；而喜鹊报喜，叫声代表吉祥，说不吉利话与说吉利的好话是不同的。（2）中有一副发达的口齿进而转喻说话或表达能力强。（3）中 ndang 身子没有到，在身子上的 bak 嘴巴怎么可能先到呢？这里的“bak 嘴”是指应答声。这是干建筑活的行话，打下手的人不论能否马上做到，首先都要答应一声，表示接受指示。此话也用来讥讽那些说漂亮话实际并不兑现的空头许诺。（4）中“割舌头来塞自己嘴巴”，比喻自食其言，linx 舌头代替话语使用。这里反映出壮民族在思维认知上很清楚地认识到嘴巴、牙齿、舌头这些口部器官和说话行为以及话语的关系，甚至将嘴看作话语的生产者。

（5）Bak yung fwngz bax. 嘴巴厉害手笨。

Bak yung 是指能很好地发挥嘴这一器官的功能，在这里指会说话、表达能力强。这句熟语整体来看是讥讽逞口舌之利，但办事不力的人。嘴是说话和表达的重要器官，在人们还没有掌握与发声更相关的声带和喉头认知的时候，嘴巴是人们说话行为时最凸显和发生变动的器官，相当于行为认知中的工具，此时代替了说话行为本身，即嘴巴厉害相当于说话厉害。

以上都是人们借用邻近性联想，将“话从嘴出”中“话”和“嘴”的关系进行联想指代。以口部器官嘴、牙、舌等来指代“说”这个动作的结果，呈现的是生产者代替产品、行为结果代替工具、施事与行为本身之间的一种认知转喻思维。

（6）Aj bak rig heuj. 呲牙咧嘴。

因果关系中，人们常用结果表示造成该结果的人或事。（6）这句有两种意思，一是某件事使得某人疼痛难忍，二是形容某人极端凶恶的样子。其中因为疼痛难忍，而使得 bak 和 heuj 这些面部器官引发表情变化，呈现用 aj bak rig heuj 这一结果替代疼痛难忍的认识转喻。另外熟语“geb dungx geb saej 忍饥挨饿”的认知转喻形式相同，“夹肚夹肠”的结果指代忍饥挨饿。再如：mboengj aek 捶胸，这句熟语是指追悔莫及。事情到了令人大捶胸部的程度，肯定是追悔莫及。因此可以看出人们以结果“捶胸”转指“追悔莫及的状态”的一种转喻思维。

2. 含有手、手指、脚以及腿等四肢部位相关词汇的熟语

（7）Din fwngz cauh cix raemx mboq，bohmeh hawj cix raemxrongz.

亲手创造的财富是泉水，父母给的财富是洪水。

这句谚语的意思是靠自己劳动创造的财富是泉水，长流而源源不断；而父母给的财富是洪水，来一阵后就不会再有。din 和 fwngz 是脚和手，是人行动时最具有代表性的身体部位，用发起行为动作的个体的身体部位替代亲自行动这一行为并突出亲自的特点，体现了人们思维中用突出性的部分指代整体的认知转喻。

3. 含有心、肚、脖子等人体器官词汇的熟语

值得注意的是壮族将心、肚、脖子看作重要的思维和心理活动器官。

（8a）Aeu ndaw dungx gag gonq，caj vunz son fouzyungh.

要内心自觉，等人教无用。

（8b）Gwn dungx cwz dungx vaiz gwn mbouj ndaej dungx vunz.

牛肚可吃，吃不了人的肚子。

（9）Sim mbouj youq ndang. 心不在焉

壮语中常用 dungx 来表示心理活动，（8a）中人们认为肚子这一思维器官先行动了，整个人呈现的就是自觉的状态，因此这句熟语表达的是自愿学习，还要自己领悟才行，体现了人们思维中用部分转指整体的认知转喻。（8b）和（9）中 dungx 和 sim 都指思维器官是生产者，思维器官生产的产品是思维、心思等，因此呈现的都是人们用生产者指代产品的认知转喻。（8b）吃不了人的肚子，指吃不透人的心思，这句壮语熟语中，从语言结构看 dungx vunz 是和 dungx cwz dungx vaiz 相对应，表层意思就是“肚子”，但实际呈现的是肚子（思维器官）指代思维、心思的认知转喻。（9）直译是“心不在身”，比喻思想不集中。“心不在身”表示心在别处。

4. 含有与眼睛、鼻子等面部器官有关词汇的熟语

（10a）Da gvangq dungx gaeb. 眼宽肚子窄。

（10b）Da sang dungx byouq. 眼高肚空。

例（10a）gvangq 宽一般不用来形容眼睛，通常用来形容范围。“眼宽”是指代视线宽阔，看到的多，这里呈现的是人们用眼睛这一视觉器官来指代视线范围，“看”这一生产活动中的生产者和产品因素之间发生了认知转喻。壮语中常用这句熟语来表达，见到美食总是以为自己能吃好多，实际上却吃不了多少。（10b）这句壮语熟语用来讽刺某些人并无才学却妄自尊大，目空一切。其转喻形式与（9）相同，呈现的是人们用眼来指代眼光的认识转喻。

（11a）Dai da mbouj laep. 死不瞑目。

（11b）Da mengz gyongz makbug. 瞎子捅柚子。

（11c）Laep da aj bak. 闭着眼睛乱张嘴。

（12）Seiq da. 势利眼。

前三例都属于因果转喻类型。“da mbouj laep 眼睛不闭”是结果，原因是没有达到目的，属于结果转指原因的认知转喻类型。这句谚语的意思是人死时因心中还有牵挂而闭不上眼睛，现用来形容不达目的不罢休。（11b）和（11c）中 da mengz 和 laep da 是指不明事理（情况）。瞎子和闭着眼睛的结果就是看不见事物和情况，因此人们通过邻近性联想以闭着眼睛做事的情况指代不明情况的状况，是以结果指代原因的认知转喻思维的呈现。熟语（12）中人只有两只眼睛，骂人家“seiq da 四眼”，那是说他有两副面孔，专门看人情办事，是典型的势利眼。就是用多一副面孔的特征来指代“势利眼”（专门看人办事这类趋于势力的人）这一范畴。

（13）Mbouj ndwet mbouj ndaeng. 不声不响。

这句熟语直译是“不吭不鼻”，此话用来强调一声不吭，通常是指人不愿表明自己的态度。从人类认知来看，鼻子是重要的呼吸器官，也可以发出一定程度的声响。熟语中人们用“不鼻”是指不发出声响，呈现出人们用发出声响的鼻指代声响的认知转喻思维，相当于行为工具转指行为本身的一种转喻类型。

四、含有身体词汇的壮语熟语中的认知隐喻

（一）关于认知隐喻

Lakoff 的概念隐喻理论中的核心内容指出，隐喻是思维方式和认知手段；隐喻映射不是任意的，根

植于人体、人的日常经验及知识。以 Lakoff 为代表的认知语言学家认为大多数谚语是隐喻性的，是客观世界与人类思维互动的结果，是人类认知活动的产物。另外陆俭明还提到，从激活的角度说，隐喻也好，转喻也好，都是一个认知域激活另一个认知域，都是由一个认知域联想推知另一个认知域。因为“隐喻基于相似”，所以当 B 激活 A 之后，B 和 A 之间可能会形成投射 / 映射关系。①

因此在分析壮语熟语中的隐喻时，我们以两个认知域之间的相似性为切入点，侧重分析它们之间形成的映射关系。透过熟语中词汇、句法结构以及整体的寓意，我们可以了解到该熟语使用人群或者民族的一些信息。比如壮族是典型的农耕民族，农业熟语和气象熟语就十分传神具体，“doengz gwn daengoenz ok，haetcog raemx couhrongz 彩虹出东方，明早水泛滥”，借彩虹与旱涝有关的故事，隐喻要注意抗旱防涝，类似于此的大量具有浓郁的壮族色彩的言语都是壮族人民在长期的生活劳作中积累的思想认知。那么含有身体词汇的壮语熟语中的隐喻认知机制有什么特点，又蕴含了壮民族怎么样的认知呢？这就是本文接下来分析的内容。

（二）含有身体词汇的壮语熟语的认知隐喻分析

据统计普通语言中大约 70% 的表达方式源于隐喻概念。Lakoff 在《人们赖以生存的隐喻》一书中列举的隐喻大致分为结构隐喻、方位隐喻以及实体隐喻三种类型。本文主要涉及：①结构隐喻，指以一种概念的结构来构造另一种概念，使两种概念相叠加，将谈论一种概念的各方面的词语用于谈论另一概念。人体的各个部位之间存在相互依存、协作的关系，人们可以将这些看得见、能够被自身感知的关系运用到其他较为抽象、难懂的事物关系上。②方位隐喻，指参照空间方位而组建的一系列隐喻概念，各个民族的语言中都相应地存在大量通过方位隐喻而形成的方位词语。人的身体各个部位在人体中都具有不同的位置，人们可以借助这些身体部位的位置来类比客观世界中其他事物所处的空间位置。③实体隐喻，基于人类对物体的经验的物质基础，我们将抽象的概念表达、理解为“实体”。人们在认知中趋向于首先选择与自身有关的事物理解，而人体几乎是人类最熟知的实体。以下从具体的壮语熟语入手进行分析。

1. 含有手、手指、脚以及腿等四肢部位相关词汇的熟语

（1a）Cib lwgfwngz doxlienz，haeb lwg lawz doq in.
十指相连，咬哪个都疼。

（1b）Laj fwngz hix naeng，laeng fwngz hix noh.
手心是皮，手背是肉。

（1c）Ga mbouj ce hoq，boh mbouj ce lwg.
脚不丢膝盖，父不弃子女。

以上壮语熟语，都是利用源域中呈现的关系的相似性，映射到目标域中。因为人的身体各个部分的关系本来就联系密切。人们基于这样的认知基础，呈现出认知隐喻的思维。一方面是人类思维和语言碰撞的火花，使得语言表达更加生动有趣；另一方面让抽象难懂的道理变得生活化、日常化。

通常（1a）这句熟语用来比喻儿女至亲，要公平对待，亏待了谁父母都心疼，这是人们通过认知转喻的结果。源域中手指是手的 10 个分支，并且联系密切，人们利用相似性，将“十指相连”的关系映射到“父母和孩子”的关系这个目标域上，最后形成人们常用的比喻用法。汉语中还有用孩子是父母身上

① 陆俭明：《 隐喻、转喻散议》，《上海外国语大学学报》2009 年第 1 期。

掉下的一块肉的说法来形容对子女的爱护。（1b）也是利用相似性，将源域中“手心和手背”呈现的关系，映射到目标域“人与人”中，基于手心手背都是肉的经验，来比喻人与人之间有着各种密切的关系，哪一方面都不能伤害。（1c）中丢掉了膝盖，脚也无法走路了，突出的是膝盖和脚相互不舍弃的关系。人们利用“相互不舍弃”的相似性联想，把“脚不丢膝盖”这一源域映射到目标域“父母和子女的关系”上，表达父母不会轻易丢下孩子不管的寓意。

（2a）Got gabi. 抱大腿。

（2b）Aeu faj fwngz hawj vunz demh naengh. 伸出手掌给人家垫着坐。

壮语熟语 got gabi 用于小孩绕在大人的脚下时是亲热，可此话用于大人则表示巴结有权势地位者。基于人们的生活经验，大腿往往是人或者动物身体构造中较优势和结实的部位。人们利用抱住这些部位就相当于借助别人的优势的相似性联想，从“抱大腿”这个源域映射到“巴结有权势者、拍马屁”这个目标域中。（2b）的“伸出手掌给人家垫着坐”，基于生活经验的基础，人们的认知中，正常情况下并不会用自己的手给别人垫着坐，基于这种“故意向他人献好处”的相似性联想，将“伸出手掌给人家垫着坐”这个源域映射到“拍马屁，大献殷勤”这个目标域中，呈现出人们的认知隐喻思维。

2. 含有心、肚、脖子等人体器官词汇的熟语

（3）Dag dungx gwn ngaiz，dag ndang caiz buh. 量肚吃饭，量体裁衣。

这句熟语常用来比喻办事要根据身体的具体条件来相应处理。从认知的角度来看，肚子有自己的容量，身体有自己的高矮胖瘦特征，因此人们利用“各有各的特征”这个相似性联想，将“量肚吃饭，量体裁衣”映射到“根据各自特点，具体事情具体处理”这个目标域中，呈现出人们的认知隐喻思维。

3. 含有与眼睛、鼻子等面部器官有关词汇的熟语

（4）Heuj caeuq linx lij doxhaeb. 牙和舌头还相咬。

（5）Linx riz mbouj daengz ndaeng，da raen mbouj daengz naj.

舌头舔不到鼻，眼睛看不见脸。

熟语（4）常用来比喻亲朋好友之间都有发生矛盾的时候，先以牙和舌头相咬的结果，来指代两者位置和关系相近的现实原因。人们根据生活经验，借助“关系密切还会互相伤害”的相似性联想，把“牙和舌头相咬”的源域映射到“亲朋好友也会发生矛盾”这一目标域上，呈现从身体部位关系到人与人关系的一种认知隐喻思维。熟语（5）中，人们的生活经验是，在没有外物的帮助下，舌头可以用来进食但难碰到鼻，眼睛可以看许多东西但看不见脸。突出的特点就是这些面部器官能正常发挥许多的作用，但还是有特殊的不能及的地方。从认知角度看，人们基于“人事都有不完美”这个相似特点的联想，将“身体器官功能缺陷”的源域映射到“人自身的不足”这个目标域上，来形容人很难看到自身的不足，表达人无自知之明的寓意。

4. 含有与头、屁股等部位有关词汇的熟语

（6）Gyaeuj humz gaeu caekhaex. 头痒挠屁股。

壮语熟语“头痒挠屁股”用来比喻说话或者做事抓不到要害。头痒不挠头却去挠屁股的结果就是并不能解决事情的问题所在。由此，人们基于生活经验，通过“做事抓不住重点”这一相似性联想，将行为“头痒挠屁股”这个源域映射到“人说话或者做事抓不到要害”这个目标域中。

（7）Caeux gumq rokvad. 抓水瓢底。

这句熟语通常比喻人在某些事上无法抓得住别人，来源于人们对于尾部难以把握的认知基础。人体部位从头部到脚部处于不同的位置，人们可以借助这些身体部位的位置来指代或借用到别的事物之上。从词汇来看，这句熟语中 gumq 指屁股，gumq rokvad 水瓢的屁股即水瓢底部。从“前胸后背”的角度看，屁股在人体部位中属于背部，转用到没有四肢的植物上屁股则是指两端中的尾部。由此人们基于生活经验，通过“部位靠后”的相似性，将“人的屁股部位”这个源域映射到“植物底部”，使得对植物的认知更加形象、具体。

综上所述，本文仅仅是以含有身体词汇的壮语熟语为语料。根据已有的研究我们可以发现壮语的人体词汇十分丰富，而其中所蕴含的人类的认知思维和语言表达十分复杂，从认知的角度去分析也只能算是挖掘其中的一角，因为我们知道语言除了和思维相关外，还与文化、地理、社会环境等许多因素有着不可分割的关系。

五、结语

对壮语人体词的研究逐渐增多，分析研究角度也大不相同，本文仅仅是依据已有的身体词汇的壮语熟语，尝试从认知角度分析人们在处理和理解这些熟语时的认知机制——隐喻和转喻。本文研究尚浅，关于壮语人体词还有许多值得深究的内容。比如人体词语研究可以发现人们的情感表达在很大程度上是建立在对自身认知基础上的隐喻表达，在情感域、智力域等认知域中都有很丰富的词汇量，如 bakboenh 沉默寡言、uk foeg 聪明、naj mbang 害羞、ndaeng lumx 喜笑颜开等。总之，语言研究角度需要和语料结合，壮语中值得挖掘的语言财富还大量存在。

【参考文献】

[1] 蒙元耀 . 壮语熟语 [M]. 北京：民族出版社，2006.
[2] Lakoff，G. & M. Johnson. 1980. Metaphors We Live By. Chicago and London：the University of Chicago Press.
[3] 赵艳芳 . 认知语言学概论 [M]. 上海：上海外语教育出版社，2001.
[4] 伍雅丽 . 认知语言学视域下壮汉身体部位词语的比较研究 [D]. 广西民族大学硕士学位论文，2013.
[5] 佶俭明 . 隐喻、转喻散议 [J]. 上海外国语大学学报，2009（1）.
[6] 李福印 . 认知语言学概论 [M]. 北京：北京大学出版社，2008.

壮语标准音与壮语方言的辅音比较

韦远诚[①]

一、辅音数量

壮语标准音有 23 个声母，其中 pj、mj、kj、kv、ŋv 为复声母，以上全部音素均已在单声母中出现，并且不存在只作韵尾的辅音，因此，壮语标准音的辅音数量为 18 个。[②]

我们所选取的 68 个壮语方言点[③]，辅音数量在 15—26 个之间[④]。辅音数量及其对应的音系个数见下表：

辅音数量	音系个数
15	3
16	2
17	10
18	26
19	6
20	6
21	7
22	3
23	4
25	1

壮语标准音的辅音数量为 18 个，与多达 38%$_{(26/68)}$ 的方言点的数量相同，从辅音数量上能够涵盖 60%$_{(41/68)}$ 的壮语方言点。

① 韦远诚，男，壮族，博士，广西民族大学文学院讲师。

② 参见韦景云、覃晓航（2006）。其中 mb[ʔb]、nd[ʔd] 实际上为内爆音 [ɓ]、[ɗ]，本文视为单声母。

③ 材料来源为：广西壮族自治区少数民族语言文字工作委员会研究室（1994）58 个方言点，韦名应（2011）5 个方言点，张均如、梁敏等（1999）2 个方言点，王碧玉（2013）1 个方言点，依常生（2011）1 个方言点，覃华儒（1984）1 个方言点。

④ 本文仅统计作为声母的单辅音，不包括 Cl/Cr 复辅音、Cj 腭化音、Cw 唇化音。各音系 Cl/Cr、Cj、Cw 中的两个辅音都可以单独作声母，并且不存在只作韵尾的辅音，所以本文所统计的辅音数量等同于单辅音声母的数量。

二、辅音成员

壮语标准音有 p、ɓ、t、ɗ、k、ʔ、f、v、θ、ɕ、ɣ、h、m、n、ȵ、ŋ、j、l 共 18 个辅音成员，均包含在方言点的 39 个辅音成员当中。它们按发音方法分类如下：

音类	辅音成员
塞音	（p） ph b （ɓ） （t） th d （ɗ） （k） kh g （ʔ）
擦音	（f） （v） （θ） ð s z ʃ （ɕ） x （ɣ） （h）
塞擦音	ts tsh dz tf tʃh tɕ
鼻音	（m） （n） （ȵ） （ŋ）
近音	w ɹ （j）
边音	（l）
边擦音	ɬ
颤音	r

（括号内为标准音与方言点的共享辅音）

在壮语标准音、方言点音系当中，/p t k　f m n j l/9 个辅音的出现频率为 100%，也就是说每个音系都存在上述辅音。塞音 + 擦音 + 鼻音 + 近音 + 边音作为基本音类，在此基础上进行 5 种方式的扩展，即可涵盖全部音系的辅音成员。见下表：

基本音类	扩展音类	音系个数
塞音 + 擦音 + 鼻音 + 近音 + 边音		6（含标准音）
塞音 + 擦音 + 鼻音 + 近音 + 边音	塞擦音	38
塞音 + 擦音 + 鼻音 + 近音 + 边音	颤音	8
塞音 + 擦音 + 鼻音 + 近音 + 边音	塞擦音 + 边擦音	12
塞音 + 擦音 + 鼻音 + 近音 + 边音	塞擦音 + 颤 音	5

壮语标准音没有塞擦音、边擦音、颤音三类。此外，从清浊对立、送气与否的角度来看，标准音也没有浊塞音、送气音两类，辅音音类覆盖面有所欠缺。

三、辅音频次

在 68 个壮语方言点音系中，一共出现了 39 个辅音：| p$_{68}$ | ph$_{25}$ | b$_{7}$ | ***ɓ***$_{47}$ | t$_{68}$ | th$_{25}$ | d$_{7}$ | ***ɗ***$_{46}$ | k$_{68}$ | kh$_{25}$ | g$_{2}$ | ***ʔ***$_{68}$ | f$_{68}$ | v$_{17}$ | θ$_{33}$ | ð$_{7}$ | s$_{32}$ | z$_{5}$ | ʃ$_{3}$ | ***ɕ***$_{29}$ | x$_{5}$ | ɣ$_{11}$ | h$_{63}$ |ts$_{40}$ | tsh$_{12}$ | dz$_{1}$ | tʃh$_{3}$ | tʃh$_{2}$ | tɕ$_{13}$ | m$_{68}$ | n$_{68}$ | ȵ$_{59}$ | ***ŋ***$_{67}$ | w$_{52}$ | ɹ$_{3}$ | j$_{68}$ | l$_{68}$ | ɬ$_{12}$ | r$_{13}$ |（下标数字表示该辅音在 68 个方言点中的出现频次，斜体为标准音与方言点的共享辅音。）

壮语标准音有 9 个辅音 p、t、k、ʔ、f、m、n、j、l 在 100% 的方言点中出现，5 个辅音 ŋ、h、ȵ、ɓ、ɗ在接近 70% 的方言点中出现，其余 4 个辅音 θ、ɕ、v、ɣ 在接近 20% 的方言点中出现。从辅音频次上看，标准音的覆盖面比较令人满意，能够在一定程度弥补音类覆盖面的不足。

四、音系类型

在 68 个壮语方言点音系中，存在清浊塞音对立的音系数量：p、b 对立的音系 7 个，t、d 对立的音系 7 个，k、g 对立的音系 2 个。前两类对立出现在同一批音系当中，因此存在清浊塞音对立的音系数量实际为 9 个。实际上，绝大多数方言点与标准音一样，不存在清浊塞音的对立。

在 68 个壮语方言点音系中，存在送气、不送气对立的音系数量：ph、p 对立的音系 25 个，th、t 对立的音系 25 个，kh、k 对立的音系 25 个，tsh、ts 对立的音系 12 个，ʧh、ʧ 对立的音系 2 个。/ph、th、kh/ 均在单个音系中共现，因此存在送气、不送气对立的音系数量实际为 39 个。标准音不设置送气音声母，没有照顾到超过半数方言点的实际情况。

在壮语标准音、方言点音系当中，一共出现了 4 套塞音：清不送气 p、t、k，清送气 ph、th、kh，浊不送气 b、d、g，内爆 ɓ、ɗ。他们在单个音系中的出现情况及相应的音系数量如下：

塞音套数	塞音类型	音系数量
一套	清不送气	4
两套	清不送气 / 清送气	10
两套	清不送气 / 浊不送气	5
两套	清不送气 / 内爆	35（含标准音）
三套	清不送气 / 浊不送气 / 内爆	0
三套	清不送气 / 清送气 / 内爆	13
三套	清不送气 / 清送气 / 浊不送气	3
四套	清不送气 / 清送气 / 浊不送气 / 内爆	0

可见，壮语标准音选择清不送气、内爆两类塞音作为声母，能够涵盖超过半数的方言点音系（35-1+4=38），若增设送气音声母，则可涵盖接近 90% 的方言点音系（38+10+13=61）。

五、小结

在壮语标准音的教学活动中，针对不同教学对象的方言背景，既要发挥共享辅音音素的匹配作用，也要对“陌生”音素进行精准教、学，如部分方言没有的内爆音 ɓ、ɗ，其独特的内吸气发音过程较难领会，是语音教学的重、难点。另一方面，在使用壮文字母记录方言时，还要解决送气音、塞擦音、边擦音等多个辅音没有专用字母的难题。

【参考文献】

[1] 广西壮族自治区语委研究室 . 壮语方言土语音系 [M]. 南宁：广西民族出版社，1994.

[2] 侬常生 . 滇东黑尔壮语音系及其特点 [J]. 百色学院学报，2011（4）.

[3] 覃华儒 . 贵州从江壮语语音系统 [J]. 贵州民族研究，1984（3）.

[4] 王碧玉 . 西畴摩所壮语音系 [J]. 文山学院学报，2013（4）.

[5] 韦景云，覃晓航 . 壮语通论 [M]. 北京：中央民族大学出版社，2006.

[6] 韦名应 . 桂东（林岩）壮语方言岛语音研究：范式综合 [D]. 中央民族大学博士学位论文，2011.

[7] 张均如，梁敏，欧阳觉亚等 . 壮语方言研究 [M]. 成都：四川民族出版社，1999.

壮语熟语的隐喻类型和语义结构

翟焦圆[1]

一、引言

壮语熟语包括谚语、歇后语、格言、警句，是壮家人世代积累下来的精神文化财富。壮语熟语涉及的内容广泛，包含了生产知识、生活知识、人生哲理、处事经验等，无不体现壮家人的勤劳和才智。从壮语熟语中可以透视壮家人观察世界、思考问题的观点和信念。由于壮语熟语是代代相授的口头文学，大多以大众喜闻乐见的形式流传下来，不仅贴近生活，且对于言语的遣词造句也很有讲究，极具凝练性。

拙文从认知语言学（cognitive linguistics）中的隐喻理论（metaphor theory）入手，对壮语熟语中采用的隐喻手法进行分析。概念隐喻理论思想首先是 Lakoff & Johnson 在《我们赖以生存的隐喻》一书中提出来的。概念隐喻理论认为隐喻是从一个具体的概念域向一个抽象的概念域的系统映射；隐喻是思维问题，不是语言问题；隐喻是思维方式和认知手段。其理论的核心内容有：隐喻是一种认知手段；隐喻的本质是概念性的；隐喻是跨概念域的系统映射；映射遵循恒定原则；概念隐喻的使用是潜意识的等等。

二、壮语熟语的隐喻类型

隐喻是一种认知现象，语言中的隐喻反映了人类思维的隐喻性。壮家人在使用壮语熟语的过程中所使用的隐喻方式，在一定程度上体现了壮族人民思维的隐喻性。从隐喻的表现形式、功能和效果、认知特点，可以把壮语熟语隐喻的类型分为“显性隐喻与隐性隐喻”“根隐喻与派生隐喻”“以相似性为基础的隐喻”和“创造相似性的隐喻”。

（一）显性隐喻与隐性隐喻

1. 显性隐喻

显性隐喻，也就是明喻（simile）。明喻的特点是明确说明两者是一种对比关系。在英文中常用“as”或“like”等词将具有某种共同特征的两种不同事物连接起来。在汉语中明喻的表达方法是：A 像 B。常常用“像”“好像”“仿佛”“如同”等等喻词。在壮语熟语中，常常有如“baenz”“doxlumj”“lumj”“dangq”等喻词来表示的显性隐喻。例如：

（1）Dauqcawq lwgseq va doxlumj.

到处　　杨梅　花　相似

到处杨梅花相似。释义：同种植物的花到哪儿都一样。即同类事情不论发生在哪里，其事理都一样。

① 翟焦圆，女，广西民族大学文学院中国少数民族语言文学专业硕士研究生。

这个句子中使用了喻词“doxlumj”。比如 Bouxhoj daengz gizlawz cungj deng yawjsiuj，dauqcawq lwgseq va doxlumj。（穷人到哪里都被小看，到处杨梅花相似。）

（2）Gwn haeux dangq gwn yw，gwn gyu dangq gwn meiq.

吃　饭　等于　吃　药　　吃　盐　等于　吃　醋

吃饭如吃药，吃盐像吃醋。句子中使用了“dangq”喻词。这句熟语的释义是食物到了嘴里都变了味，只有心事重重才会这样。此话也可译作食不甘味或茶饭不思。

（3） Ciuh boh baenz duzguk，ciuh lwg baenz duznyaen.

辈　父　成　老虎　　辈　子　成　野猫

父辈如老虎，儿辈成野猫。该句的喻词是“baenz”，释义为野猫与老虎比可就相差太远了。其意为父辈威风，儿辈孬种，一代不如一代。

（4）Bak lumj youz lumj lauz，sim baenz dau baenz giemq.

嘴　像　油　像　脂肪　　心　成　刀　成　剑

嘴如油如脂，心似刀似剑。句中有两个“lumj”和两个“baenz”喻词。释义：这是典型的口蜜腹剑。此句有时候也说成 bak vah haj vah lauz，dungx dawz dau dawz mid.（嘴说油说脂肪，肚带刀带匕首。）

显性隐喻是常见的一种隐喻方式。将两种具有相似性的事物联系在一起，使人们从某个事物认识另一个事物。在壮语熟语中，这种显性隐喻普遍存在。

2. 隐性隐喻

隐性隐喻，相对于显性隐喻而言，在表达中把两种事物对比时，并没有类似于“baenz”“doxlumj”“lumj”“dangq”这样的喻词。在壮语熟语中有很多这样的句子，体现了壮家人的机智。例如：

（1）Doxndaq gvaq raq fwn.

相骂　过　场　雨

争吵如过一阵雨。句子中没有使用喻词，其释义：阵雨很快就能过去，吵架最好也是过了就烟消云散，若是记恨，结了冤家，就太不值得了。该句熟语在日常生活中的使用，如 Sou mbouj ceng goj ceng gvaq la，gou dan yienq coenz ndeu，doxndaq gvaq raq fwn，gvaq liux couh sueng lo.（你们吵也吵过了，我只劝一句，争吵如过一阵雨，过了就算啦。）从中，我们不难看出壮家人的心胸宽广，也体现了壮族人的为人处世观。

（2）Boh meh dai，cienzcaiz lak.

父　母　死　　钱财　垮

父母亲一死，钱财去如堤坝势。同样，该句也没有使用喻词，其释义认为此话有两重意思，一是说父母去世时办丧事要花费大量钱财，二是说父母死后家道中落。从中可以看出壮家人的一般家庭情况和家庭观。

3. 显性隐喻与隐性隐喻的关系

显性隐喻和隐性隐喻在一定程度上是一样的。很多的词典和教科书认为隐性隐喻是显性隐喻的一种浓缩。亚里士多德也认为显性隐喻和隐性隐喻是同类的。亚里士多德是从两者的效果角度来比较两者的差异的。“明喻和隐喻效果上的不同有两个原因：一是隐喻比明喻简洁，二是隐喻直截了当对两个事物之间的相似性进行判断。”① 比如壮语熟语中的“meh（母）a（鸦）miz（有）lwg（子）fungh（凤）”。乌鸦般的母亲有凤凰似的儿女，就是说母亲辛劳受穷，但培养出好儿女。此话多用于贫穷厚道的家庭也

① 束定芳：《隐喻学研究》，上海：上海外语教育出版社，2000 年，第 52 页。

能培养出好人才。又如“miz（有） cix（就） gwn（吃） guk（虎），mbouj（不） miz（有） cix（就） goenq 柴蔸） nduk（朽）”。有就大吃如虎，没有就去啃烂柴蔸，意为有钱时就恣意挥霍，手中无钱时嘴巴就只好闲着。这是批评大手大脚花钱吃喝的人不会当家。

从语法结构的角度看，隐喻和明喻的区别只在于有无喻词，如英文中有没有“like”“as”，汉语中是否有“像”“仿佛”“如同”等，壮语中有没有“baenz”“doxlumj”“lumj”“dangq”等。从效果上来说，隐喻更显机智，更为隐秘。隐喻与明喻的共同之处是作为名词转移基础的通化，即都是对两个不同名称相似点的理解。

（二）根隐喻与派生隐喻

根隐喻是从认知功能角度来看的。根隐喻是指一个作为中心概念的隐喻。由根隐喻派生出来的隐喻，就叫作“派生隐喻”。在壮语熟语中也有这样的现象。比如：

（1）Soh lumj mae dwk daeh.

直 如 线 放 袋

“直如袋中线”。在此句中，原根隐喻是指放在袋子中的直线，“soh”的意思一是直，二是诚实。由此派生出来的意思是指人的品格如放进袋子里的线，放进袋子里的直线是直不起来的，由此派生出的隐喻则是指为人不够诚实。

（2）Daengj baenz saeu laeuz.

竖起 成 柱 楼

“竖如楼柱”。该句原来的根隐喻是指竖起来，直起来时，像柱楼那般直。由这样的性质派生出来的隐喻是形容年轻人很多，尤其指强劳力众多，要做什么事情轻而易举。

根隐喻是人们早期对世界的认知，往往是隐含的，不常为人所知。而派生隐喻和根隐喻的关系，是围绕根隐喻所派生出来的。

（三）以相似性为基础的隐喻和创造相似性的隐喻

1. 以相似性为基础的隐喻

所谓相似性的隐喻，是以相似性为基础的隐喻，就是喻体和话题之间存在着某方面的相似，而这一相似性是在隐喻使用前早已为人们所熟知的。比如下面的例子：

（1）Muengz lumj goep haeuj saeng.

忙 像 蛙 入 罾

“忙得像个入罾的青蛙”。释义：罾是一种渔网。入罾青蛙为了逃命而慌忙蹦跳。此话用于人，比喻为某事忙得团团转或急于四处奔命。这个熟语的相似性是“muengz”（忙），此句中忙事情或者奔命的人和入罾的青蛙“忙”是一致的。

（2）Buenqloh okndang.

半路 出身

“半路出家”。释义：比喻某人原先并非从事这一职业，而是中途改行的。这个隐喻的相似性是本体和喻体都有的共同特征，“原来不是从事某事，而改做某事”。

（3）Vad lumj byanouq.

滑 像 泥鳅

“滑如泥鳅”。释义：比喻为人油滑鬼精。本体和喻体的相似性都是“vad”，泥鳅本身是光溜溜的滑，而那些为人处世比较圆滑、鬼灵精的也是“滑”。

2. 创造性相似的隐喻

创造相似性的隐喻与相似性为基础的隐喻不同。创造相似性隐喻，是人们没有意识到喻体和话题两者之间有相似性的隐喻。这种创造的相似性，是听话者在使用者将这两个截然不同的事物并置后想象出来的，是使用者为了表达自己的一种特别感受或者看法在两个并无联系的事物之间创造出的一种相似性。比如：

（1）Gaiq noh gaiq mij，daej geijlai cienz.

块 肉 块 炭头 抵 几多 钱

肉块如炭头，能值几个钱。释义：招待客人时主人常常说此话，表示弄几个菜不值多少钱，不成敬意，主要是客人的到来是好事，大家高兴。这反映了壮家人的好客心理，句中的“Gaiq noh”（肉块）和“mij”（炭头）并没有相似性，但是壮语的说话者却能把两者联系起来，是创造性相似的隐喻，把肉块比喻成碳头，从价格的角度出发。这也体现了壮家人的为人处世观和好客心理。

（2）Byaek ndij haeux gvan baz，yaek doxra haet baen.

菜 与 饭 夫 妻 要 相找 才 成

“夫妻恰如饭菜，相互依赖才行”。释义：有饭无菜不行，反之亦然。夫妻要互相依赖，互相扶持，有事互通声气，不能意气用事。句子中的“夫妻”与“饭菜”之间是没有相似性的。说话者为达到解释夫妻间相互依赖、相互扶持的重要性，把“夫离不开妻，饭离不开菜”这种创造性相似的隐喻运用到熟语中来。

三、壮语熟语隐喻的语义结构

壮语熟语体现着壮族人民的生产和生活经验，并口耳相传，广为流传，其遣词造句极为讲究，简洁又不失生动，所使用的表达方式让民众乐于传颂。壮语熟语隐喻的语义结构又分几种情况，分别是“本体、喻体与喻底同现”“本体、喻体与喻词同现”“本体、喻体同现”和“喻体、喻词式隐喻”。

（一）本体、喻体与喻底同现

完整的隐喻由“本体”和“喻体”构成。显性隐喻又比隐性隐喻多了“喻词”。有时，作为隐喻根据的相似性也会出现在隐喻话语中，这一构成隐喻的基础被称作“喻底”（ground）。[①]“喻底”，即两个不同事物之间的相似性。例如在壮语熟语中的这个例子：

（1）Miz beix miz nuengx ndongj gvaq gang，miz daemz miz naz ndei gvaq hak.

有 兄 有 弟 硬 过 钢 有 塘 有 田 好 过 官

有兄有弟硬如钢，有田有塘强似官。释义：这也是壮族农本思想和恋土情结的流露。有田庄，有兄弟，就乐意死守乡土务农。句中把兄弟比喻成钢，把有田有塘比喻成官，喻底是“ndongj”硬和“ndei”强、好。钢是一种非常坚硬的金属物体，壮家人非常看重兄弟情谊，把兄弟关系看成钢那么“硬”。田和塘，

① 束定芳：《隐喻学研究》，上海：上海外语教育出版社，2000 年，第 66 页。

对于重农思想的壮家人来说，相当于是命根子，有了田和塘，比官还强。

（2）Soh lumj mae dwk daeh.

直 如 线 放 袋

“直如袋中线”。句中的喻底是“soh”直，这句双关语中的“soh”，是把人比喻成放进袋子里的线。

（二）本体、喻体与喻词同现

壮语熟语的隐喻中有本体、喻体与喻词一起出现的情况，比如下面的例子：

（1）Fwj baenz gyaep byaleix，mbwn ndei mbouj miz fwn.

云 成 鳞 鱼鲤 天 好 不 有 雨

“云像鲤鱼鳞，无雨天晴好”。释义：气象谚语。早晨天空上的白云像鱼鳞似的，排列得整整齐齐，天气就会晴朗。本体“fwi”云，喻体“gyaep byaleix”鲤鱼鳞，喻词是“baenz”成、像。

（2）Yungh cienz dangq namhsa.

用 钱 等于 泥沙

“用钱如泥沙”。释义：能把钱财当作泥沙来使用，这肯定是纨绔子弟的所作所为。句中的本体是“yungh cienz”用钱，喻体是“namhsa”泥沙，喻词是“dangq”等于、如。

（三）本体式隐喻

这类隐喻中只出现了本体，比方说下面的例子。

（1）Bak raek rum doiq.

嘴 挂 臼 碓

“嘴挂臼碓”。释义：把石臼挂到嘴巴上的人绝对是很难张口的。句子只出现了本体，就是挂有石臼的嘴巴。此话常用来比喻人嘴巴笨，寡言。

（2）Bit gaeq doengz naj.

鸭 鸡 同 脸

“鸡鸭相似”。句子中只出现了本体“鸡鸭相似”，没有喻体。释义为鸡鸭其实并不相似，这是指年轻人好坏不分，常跟不好的人在一起，这样很容易被误认为是同类。

（四）喻体、喻词式隐喻

喻体、喻词式隐喻，相对于本体、喻体、喻词和喻底来说，只出现喻体和喻词的情况，其他两者都不出现。下面的几个例子都是出现喻体和喻词的熟语。

（1）Baenz moed baenz nengz.

成 蚁 成 蝇

“如蚁如蝇”。句子中的喻体是“moed”和“nengz”，喻词是“baenz”。这句子的意思是有食物掉落地上，总会招引大批的蚂蚁或苍蝇，用来比喻人们蜂拥围观的场景。

（2）Soh lumj mae dwk daeh.

直 如 线 放 袋

“直如袋中线”。句子的喻体是“mae dwk daeh”放进袋子里的线，喻词是“lumj”。

（3）Muengz lumj goep haeuj saeng.

忙 像 蛙 入 罾

“忙得像个入罾的青蛙”。句子中的喻体是“goep”，喻词是“muengz”。

（五）喻体式隐喻

在隐喻构成中只出现喻体。比如“懒虫”，比喻非常懒惰的人。同样，在壮语熟语中不乏喻体式的隐喻，使表达的意义更加生动形象，使喻体在听话者的头脑中形成一种鲜明的意象。比方说：

（1）Bit gyaeuj ndangq.

鸭 头 斑

“花头鸭”。这个熟语只出现了喻体“Bit gyaeuj ndangq”花头鸭。花头鸭是鸭群中的另类，常用来比喻那些喜欢标新立异、与众不同的怪僻人物。例句：Daeg mwngz dwg bit gyaeuj ndangq，guh gijmaz saeh cungj gyaez lingh guh gvaq mbiengj ndeu bae.（你这家伙是花头鸭，干什么事情都喜欢另搞一套。）

（2）Got gabi.

抱 大腿

“抱大腿”。该句也只出现了喻体“got gabi”抱大腿。一般小孩绕在大人的膝下是亲热，可此话用于大人则表示巴结有权势地位者。

（3）Seiq da.

四 眼

“势利眼”。这个喻体是“seiq da”势利眼。人只有一副面孔两只眼睛，骂人家有四个眼，那是说他有两副面孔，专门看人情面办事，是典型的势利眼。

四、结语

隐喻是语言中的一种现象，使人们从某一领域了解或认知另一个领域。隐喻普遍存在于壮语熟语中。熟语中的本体和喻体有着相似性，隐喻意义的产生，来自喻体的一部分特征向本体转移。因壮语熟语中的喻体使说话者或听话者更为熟悉，或是说话者为达到一定特殊表达效果而选择的事物，使得听话者在接收的过程中产生了鲜明的意象，并与本体意象形成了双重的影像。壮语熟语中隐喻的使用，具有特殊的意义结构和意象效果，使人们对于现实世界的认识更加充分，并上升至生产生活或为人处世的经验，甚至成为许多壮家人的人生信条及哲理。

【参考文献】

[1] 蒙元耀 . 壮语熟语 [M]. 北京：民族出版社，2006.

[2] 束定芳 . 隐喻学研究 [M]. 上海：上海外语教育出版社，2000.

[3] 罗纳德 · W. 兰艾克 . 认知语法导论 [M]. 黄蓓译，北京：商务印书馆，2016.

广西民族语文立法研究

提出具有广西特点的壮语言文字立法建议需要把握好几个原则

余飞[①]

地方特色是地方立法的生命，是衡量地方立法质量的重要标准。目前，广西壮语言文字工作立法正处在调研论证和起草阶段，如何使其具有广西特点是我们立法调研和起草需要考虑的重要问题。广西特点，也可叫广西特色，因为“中国特色”已成为中国专用的有特定意义的政治词语，同时作为地方性法规来说，有这么几个属于广西独有的特点就已经不错了。因此我们认为使用“广西特点”比使用“广西特色”好一些。广西壮语言文字立法的广西特点的涵义是：法规内容充分反映、揭示、规范广西壮语言文字的特殊性要求，也就是充分体现广西经济水平、地理资源、历史传统、法制环境、人文背景、民情风俗等状况，适合壮语言文字使用发展的实际，解决壮语言文字使用发展的具体问题，同时还应具有较强的针对性、先行性、创新性、自主性、可行性、可操作性等。

总结分析已有的区外一些自治地方出台的少数民族语言文字工作法规，各地在具有本地特点这一难题上做了许多有益的尝试，但无特色或者特色不明显的情况依然存在。由于少数民族语言文字立法内容的单一性、复杂性、敏感性，具有地方特点是立法的最大困难。这主要表现在：无特色，拿来主义，照抄照搬，导致了各地法规的趋同性，有些地方干脆做成了“大杂烩”，将兄弟省市的相关法规拼凑起来，根本就没有特色，或者是特色少或者特色不明显。客观地讲，有不少地方法规有一定的特色，但这些本来就不多的特色淹没在“大而全”或“小而全”的体例中，致使特色不明显。还有些缺乏全局意识，显得零敲碎打，法规整体谋篇布局不合理，内容分不清轻重缓急。还有的地方打着地方特点之名，行地方保护之实。这些都是我们在制定广西壮语言文字法规时要注意避免出现的问题。

随着时代的发展和形势、任务的变化，广西壮语言文字工作的侧重点和具体要求都有所变化，体现出相应的时代要求。新形势有新的需要，新的需要决定新的要求，新的要求要有新的理念、新的面貌、新的行动与之相适应，广西壮语言文字工作立法不应简单停留在对其他自治区（省）法规相关内容的简单重复上，而应充分发挥广西民族团结的优势和壮语言文字立法的后发优势，在更高的层次、更高的标准上提出新的要求，以更好地推进广西壮语言文字工作，为全国少数民族语言文字工作探索出新思路、新方法、新举措、新途径。因此，如何避免出现“观赏性立法”“汇编性立法”“重复性立法”等照搬照抄现象，在保证符合党的民族语言文字方针政策和国家法律法规统一的基础上，从广西的实际出发，制定一部具有广西特点、体现时代精神、含金量较高、切实管用的《广西壮族自治区壮语言文字工作条例》，是我们立法工作的重点难点。为此，自治区民语委发布征文公告，希望广大民语系统干部和各族

① 余飞，男，壮族，广西壮族自治区少数民族语言文字工作委员会副巡视员。

群众发挥聪明才智，根据《中华人民共和国立法法（2015年修正）》第三、四、五、六条规定的法治、民主、科学等立法原则和自治区壮语言文字现状，提出富有广西特点的建设性的立法建议。在征文写作中，如何才能做到这一点呢？笔者认为，必须把握好以下几个原则。

1. 实事求是原则

实事求是是马克思主义的精髓，是中国特色社会主义的生命线，是党的思想路线的核心所在。从实际出发，实事求是，是我们包括立法工作等在内的一切工作的指导思想。《中华人民共和国立法法（2015年修正）》第六条明确规定："立法应当从实际出发，适应经济社会发展和全面深化改革的要求，科学合理地规定公民、法人和其他组织的权利与义务、国家机关的权力与责任。法律规范应当明确、具体，具有针对性和可执行性。"《广西壮族自治区壮语言文字工作条例》的制定工作，必须坚持这一原则。如何做到实事求是？习近平在中共中央党校举行的2012年春季学期第二批入学学员开学典礼上的讲话指出："坚持实事求是，就是坚持一切从实际出发来研究和解决问题，坚持理论联系实际来制定和形成指导实践发展的正确路线方针政策，坚持在实践中检验真理和发展真理。"为此，我们的立法建议中应做到两点：一是求实，就是要深入实地，了解实际，摸清实情，全面认识和准确把握我国少数民族语言文字政策法律规定和自治区壮语言文字现状，真正了解国情、区情，从国情、区情出发，提出既符合国家政策法规要求，又反映广西各族人民群众迫切需要的立法建议，做到既有充分的理论和政策依据，又有可信的数据和事实支撑。要立足自治区的现实经济社会条件，与时俱进，既不能滞后，也不能超越社会发展阶段；要解决自治区壮语言文字实际问题，不能只顾法制统一而不顾地方需求。不适合国情、区情的立法建议即使执行了，效果也不会好。二是求是，就是探求和掌握壮语言文字发展的规律，提出符合壮语言文字发展客观规律要求的建议。提出的建议应当遵循客观规律，不能偏离，更不能背离客观规律，否则就会受到客观规律的惩罚，适得其反。壮语言文字有着与其他少数民族语言文字不同的发展客观规律。对壮语言文字发展客观规律的把握和认识，不仅要勇于实践，艰苦探索，还要善于总结，在实践中认真总结和积累工作经验，深入分析和研究壮语言文字的特点和优势，注意把那些成功的经验固定下来，进行理论升华，用以指导实践、推动实践。能否认识壮语言文字工作规律、遵循壮语言文字发展规律，这是决定我们提出的立法建议是否具有广西特点和地方特色的关键所在。然而由于人们对客观规律的认识是一个不断发现真相、不断接近"真"的过程，立法建议必然表现为一种积极探索、勇于尝试、不断修正、循序渐进的过程，一边探索、一边体现，一边实践、一边修正，伴随着人们对规律性认识的深化而同步前进。这就意味着，我们可能会出现不同的立法意见建议，甚至是错误的意见建议。这就要求我们注意群策群力，集思广益，做好充分的调查研究，特别是重视听取各方面的意见建议。

2. 求新原则

求新，就是要提出那些反映客观事业发展变化趋势，说明客观事物最新规律，解决壮语言文字工作中群众最关心、最迫切的新问题，反映壮语言文字工作中最新成果、最新经验、最新思想等的意见建议。正如2012年11月16日习近平在《认真学习党章 严格遵守党章》一文中谈到党章体现创新时指出的："在90多年的奋斗历程中，我们党总是认真总结革命建设改革的成功经验，及时把党的实践创新、理论创新、制度创新的重要成果体现到党章中，从而使党章在推进党的事业、加强党的建设中发挥了重要指导作用。"自党的十八大以来，在习近平总书记的公开讲话和报道中，"创新"一词出现超过千次，涵盖了创新的方方面面。他指出："坚持创新发展，就是要把创新摆在国家发展全局的核心位置，让创新贯穿国家一切工作，让创新在全社会蔚然成风。"同样，创新也适合和贯穿壮语言文字立法过程。清代著名戏剧理论家李渔说："人惟求旧，物惟求新。新也者，天下事物之美称也。而文章一道，较之他物，尤加倍焉。"善于选择新的典型材料，要有较强的观察力、采集力，要有见微知著的本领，善于发现暂时处于少数、处于劣势而代表着发展方向的新事物、新苗头、新经验。这同样适用于壮语言文字的立法建议。如果把这些新经验、新事物写入法规对工作更有指导意义。这就是创新。这些内容在法律法规中被我们称之为"超前条款"。求新，即创新性，具体体现在法规的针对性、自主性、先行性等内容上。针对性，就是符合广西实际和需要，提出能够解决广西实际问题的建议。地方性法规规定的事项，相对于国家立法而言，是"拾遗补缺"，而不是追求立法内容的完整性、系统性，搞大而全，而应根据自己的需求，有的放矢，重点解决地方的实际问题，注重少而精，有几条定几条，不凑数，要管用，也就是要以解决壮语言文字的实际问题为目标，围绕从实际出发确立的壮语言文字发展的目标和任务来提出。自主性，也就是根据地方的立法权限，自主解决具有地方特殊性的事项，也就是说提出属于广西管理权限的有关壮语言文字工作的内容建议。如果属于国家法律保留或中央立法权限的内容，即使国家未立法，地方也无权创制，因而提出的建议也无法落实执行。先行性，也就是超前性，对一些国家没有立法规定的内容，可先行先试立法规范，进行探索，提出可以为其他少数民族语言文字立法提供借鉴参考的经验做法。先行性要求在立足于本地实际的基础上，尽可能地提出一些具有超前性、开创性的内容，借鉴国内外特别是国内其他自治地方的工作理念，反映具有独创性的经验，从而使立法内容由个性特色走向普适性，发挥其国家立法"试验田"的作用。

3. 求异原则

就是同中求异。"同"是指共同的内容和规定，是法规统一性、"不抵触性"的要求；"异"是指不同的地方，是地方法规创制性、"可操作性"的要求。同中求异，是指坚持国家法制统一原则和"不抵触"原则，在不与国家法律法规和党的方针政策相矛盾、冲突、违背的基础上找出与其他地方不一致的地方，体现地方特色。全国少数民族语言文字与壮语言文字的关系，是共性和个性的关系，个性中见共性，共性寓于个性之中。法规统一性、不可抵触性是全国的共性，地方立法不可避免地在共性这一部分相同或重复，这是不以地方意志为转移的共性特征，然而各地的实践是具体的，也是因地制宜，各有特色的，因而各地在执行中又有不同个性（特殊性）。提出立法建议就要认真研究总结地方具体的、丰富多彩的实践过程，这样才能使壮语言文字立法有自己的个性特色。求异可以从三个方面入手。一是求与过去不同的地方，体现时代特征。法治是个动态的概念，与时代的经济社会发展紧密相连。壮语言文字立法也要紧跟时代步伐，紧密围绕贯彻落实中国特色的社会主义理论体系，特别是党的十八大以来以习近平同志为总书记的党中央坚持和发展中国特色社会主义，勇于实践、善于创新，形成的一系列治国理政的新理念新思想新战略，尤其是在民族问题上习近平作出的一系列重要指示以及党和国家提出的一系列方针政策。还有近年来自治区党委、政府坚持从实际出发，按照中央的新思路新理念新要求提出的一系列加快广西发展的新思路新对策。这些都是壮语言文字立法工作的指导思想，也是体现时代要求的具体内容。在经济一体化、社会信息化时代，壮语言文字发展只有拓宽视野，主动融入国家发展大局，融入广西各个领域的发展进程，融入现代社会生活，在服务大局、服务社会的过程中发挥作用，才能推进自身的发展、实现自身的价值。这就要求我们在提出立法建议时，要转变思想观念和工作思路，在体现时代特征、服务当代社会方面开动脑筋、下足功夫。二是求与其他自治地方不同的地方，彰显广西地域特点。国家法制统一要在地方落地，一定离不开体现和融合地方的地域政治经济文化特点。我国其他民族自治地区已经出台的少数民族语言文字工作法规具有很强的地域特点。比如，内蒙古、新疆、西藏、延边等地的法规强调鼓励和奖励干部学习民族语言文字；云南强调加强双语教学，规定报考师范类专业的考生必须熟练掌握民族语言；凉山强调将民族语言文字列入录用、选拔公务员考试内容，规定优先录用掌握民族语言文字的人员，等等。广西与其他自治地区在政治经济文化上既有共性，也有自己的特点，因此提出立法建议，一要融合“八桂文化”，体现团结和谐、爱国奉献、开放包容、创新争先的广西精神；二要围绕广西“三大定位”，实施“四大战略”“三大攻坚战”和实现“两个建成”目标，即深入实施创新驱动、开放带动、双核驱动、绿色发展四大战略，全面推进基础设施建设、产业转型升级、脱贫三大攻坚战的部署和安排，实现与全国同步全面建成小康社会，基本建成面向东盟的国际大通道、西南中南地区开放发展新的战略支点、21世纪海上丝绸之路与丝绸之路经济带有机衔接的重要门户，着眼于融入和服务这样的发展大局提出立法建议。三要围绕近年来自治区党委、政府在改革开放、旅游、工业、非公有制经济、新型城镇化、现代服务业、教育、精准扶贫等方面出台的一系列政策，加快发展思路。这些都是广西所特有的政治经济文化任务，具有鲜明的地域特点。三是充分利用地方法规对地方性事务的创设性立法权，提高壮语言文字立法的针对性、适应性和可操作性，立足于通过立法解决壮语言文字面临的具体问题。

4. 求细原则

对国家法律法规和党的方针政策中有关少数民族语言文字使用发展规定要求进行细化补充，使之具体化。1956年毛泽东同志在《论十大关系》中就提出：“我们的宪法规定，立法权集中在中央。但是在不违背中央方针的条件下，按照情况和工作需要，地方可以搞章程、条例、办法，宪法并没有约束。”也就是说地方有根据实际情况制定地方法规的权力，其符合认识论的规律，既可以弥补国家立法资源的不足，也可以为国家立法提供实践经验，也是适应我国经济和社会快速发展的现实需要。因此，近年来，地方立法权得到扩大，地方性法规数量不断增加。这些地方性法规可以分为实施性立法、创制性立法、改革性立法等，但最多的是实施性立法，即根据上位法，对上位法提出具体的实施办法。目前，全国层面的少数民族语言文字专门法规没有出台，但在《民族区域自治法》等其他国家法律法规中对少数民族语言文字的使用发展有明确的规定。因此，我们说，壮语言文字立法是有上位法依据的。我们的任务就是对国家法律、行政法规和党的方针政策已经规定的内容，结合广西壮语言文字使用发展实际，细化和补充国家规定，使之更具有操作性。由于没有专门的少数民族语言文字法规，一些国家法规没有明确的内容既不属于国家法律法规保留的事项，也不明确属于地方性事务。我们应认定是中央与地方共有立法权的领域，可以对相关内容作出规定要求。这就要求我们认真学习、全面理解和总体把握国家有关民族语言文字法律法规和党的有关民族语言文字方针政策的科学内涵，结合壮语言文字使用发展的实践，提出贯彻好、落实好、发展好需要的具体政策法规措施的意见建议。求细、具体化可从以下几个方面入手。一是抓住壮语言文字使用发展在贯彻执行国家有关法律法规和方针政策过程中的具体做法。壮文作为新创文字，在国家层面或其他自治地区适应的规定措施，在广西就不一定适合，对此也不宜提出更多的立法建议。而有些具体措施只适用于广西而且在当前实践中被广泛采用并取得实效的，我们要高度重视，认真总结研究，进一步完善，加重分量详写，提出具体的立法建议。二是抓住反映本地发生的有影响的典型事例。典型事件既有经验典型，也有问题典型，但都是地方特色的最大体现，抓住了这些具体典型也就抓住了反映事物本质的东西。提炼好问题，针对典型事件提出解决问题的政策建议，具有广西特点的立法建议也就出来了。比如，前几年某报刊刊登一则以民族口音作为“坏蛋”的漫画引起部分壮族群众不满事件，我们可以建议增加一条“严禁用语言文字嘲笑、侮辱各民族成员”等内容。这样的内容在其他自治地方法规中是没有的，既符合有关法律规定的严禁在出版物中刊载歧视、侮辱少数民族的内容等要求，也是解决当前社会上壮族群众因讲普通话“夹壮”时常被嘲笑的问题的需要。三是注重基层各地党委政府把党和国家民族语言文字政策法规以及上级的相关指示和决策，与本地的实际结合起来，创造性地开展工作的具体做法和经验。我区基层各单位在壮语言文字使用发展中一直注重人民群众的创造精神，基层各地都有自己的一些创造性的经验。着重围绕这些创造性经验，提出立法建议，广西特点、地方特色也就自然凸现出来。当然，求细，有时候也不是越细越好，有时细了不容易执行。什么该粗一点，什么该细一点，并无标准答案，应该是粗细适中，宜粗则粗、宜细则细，该用“一律”的不用“一般”，该用“应当”的不用“可以”。这就要求我们经过调查研究论证，总结经验得失，考虑调整事项的复杂性、个案差异性、执行可能性等多方面因素，不能想当然、情绪化，跟着感觉走。

广西少数民族语言文字立法探讨与展望

张　植[①]

近些年来，广西少数民族语言文字工作取得了一系列可喜的成绩，特别是“十二五”期间，亮点颇多。高效抢救民族语言“活化石”，民族研究课题申报和立项与日剧增，古籍整理成果屡获嘉奖，民族出版精品层出不穷。[②]然而，广西在少数民族语言文字法规建设方面表现出了立法工作的滞后性。

一、问题与现状：广西少数民族语言文字工作亟需出台地方法

根据国家《民族区域自治法》的规定，民族自治地方的自治机关应保障本地方各民族使用和发展自己的语言文字的自由，县级以上民族自治地方的人民代表大会有权制定符合当地政治、经济和文化的自治条例和单行条例。在现有的民族地区语言文字工作立法中，全国多省区级、地州级、县旗级民族自治地方均出台了大量语言文字条例。

以自治区民族语言文字立法为例，中国三大民族自治区均制定颁布出台了区域民族语言文字工作条例。西藏于 1987 年制定颁布、2002 年修订了《西藏自治区学习、使用和发展藏语文的规定》；新疆于 1993 年制定颁布、2002 年和 2015 年两次修订了《新疆维吾尔自治区语言文字工作条例》；内蒙古于 2005 年制定颁布了《内蒙古自治区蒙古语言文字工作条例》；宁夏回族自治区未颁布出台少数语言文字法规的原因在于据全国第六次人口普查数据显示，汉族和回族占据了人口总数的 99% 以上，回族已基本上使用汉语言文字作为通用语言文字。

少数民族人口较多聚居的其他省份和自治州县也颁布出台了多部区域性民族语言文字法规。省级语言文字法规有 2013 年的《云南省少数民族语言文字工作条例》；出台地州级语言文字法规的地区主要有青海玉树藏族自治州、吉林延边朝鲜族自治州、四川凉山彝族自治州等出台县旗级语言文字法规的地区主要有辽宁阜新蒙古族自治县、甘肃肃被蒙古族自治县、四川马边彝族自治县等。

作为我国五大少数民族自治区之一的广西壮族自治区，于 2016 年经自治区十二届人民政府第六十七次常务会议审议通过了《广西壮族自治区少数民族语言文字工作条例》，由广西壮族自治区民族事务委员会负责起草工作，并列入年度地方性法规调查研究项目。[③]

广西至今才将少数民族语言文字提上立法工作日程的原因是多方面的。首先，少数民族语言文字立法列入地方性立法规划，是响应新形势下国家加强和改进民族工作方针，贯彻落实加快少数民族语言文

① 张植，男，汉族，中国政法大学法治文化专业 2015 级博士研究生。

② 张璇：《 薪火相传，生生不息——广西壮族自治区民族研究与民族语言文字保护工作纪实》，《中国民族》2016 年第 7 期。

③ 广西壮族自治区民族宗教事务委员会：《广西就民族语文立法工作开展调研》，国家民族事务委员会网站，2016-09-20，http：//www. seac.gov.cn/art/2016/9/8/art_36_264804.html.

字工作精神的体现；其次，我国尚未颁布和出台《少数民族语言文字法》，上位法的缺失造成了少数民族语言文字法律体系的不健全，地方性立法缺乏统一具体的指导规范；再次，为保证立法质量，地方性立法出台不是一蹴而就的。地方性立法有着严格的法定程序，期间要经过酝酿讨论、列入规划、省内外调研、草案起草、征求民众和专家意见及多次反复修改和审议，以保障地方性立法符合地方的现实需要。

二、关于广西少数民族语言文字立法的探讨

（一）广西少数民族语言文字立法的必要性

1. 顺应少数民族语言文字发展规律，激活少数民族语言文字活力以维护国家语言文字多样性

任何语言文字都有其自身的发展规律，少数民族语言文字同样如此，会经历产生、变化、发展和消亡的过程。对语言文字发展规律的考察项目之一便是语文活力。语文活力的考量是从语文的使用人数、语文的使用范围、语文在人群中的使用比例、使用人对语文的态度、语文的存在状态和发展前景等指标对某种语言文字进行统计和模糊测量。广西少数民族语言文字立法前期调研项目有助于全面摸清省内各少数民族语言文字使用状况和本民族语言文字的活力，对语文活力较强的少数民族语文，在自愿使用原则前提下继续大力倡导本民族语文的使用；对语文活力较弱但仍有使用价值和前景的少数民族语文，可采取适合的激励措施增强该民族语种的语文活力，适度扩大其在本族群中的使用范围；对已丧失语文活力且自然退化的少数民族语文，应尽快采取合理的保护措施，将濒临消亡的民族语言文字进行全面保存。

2. 保障享有使用本民族语言文字的自由，进而全方位保障少数民族的政治、经济、文化权利

从我国的根本大法《宪法》到民族地区的基本法《民族区域自治法》，再到用于规范和推广全国通用语言文字的《国家通用语言文字法》，三部法律的侧重点不同，但都无一例外地规定了各民族都有使用和发展本民族语言文字的自由。广西少数民族语言文字的立法是保障省内少数民族享有平等使用本民族语言文字的自由，是对尊重少数民族基本权利的更深一步的贯彻和落实。

少数民族语言文字权指的是少数民族群体和个体享有接受、学习和使用本民族、通用或其他语言文字的权利，体现的不仅是生活习惯的自由，其后隐含着少数民族政治、经济、文化和参与社会管理等权利，可表现在诸多方面，如基层民主选举、对政府的监督、参与经济贸易、加入金融生活、参与司法诉讼、接受民族教育、举办民族活动等。民族地区的地方性立法有助于明确当地少数民族语言文字的主体在法律法规中具体享有的权利和应尽的义务。

3. 主动应对社会转型和城市变革带来的挑战和机遇，赋予少数民族语言文字更多的时代意义

少数民族语言文字的使用既要符合民族语言文字传统使用和区域使用的特点，也要体现出具有时代性的社会特征。随着交通和通讯技术的发展，少数民族地区与外部联系愈加密切，与区域外交往更加频繁，对外交往的增多使得部分具有区域特色的语言文字的使用趋于退化；市场经济和商品贸易加速了民族地区的现代化进程，城镇化的步伐使民族语言文字的独立性和封闭性遭受到了同化和弱化的侵蚀；经济开放促使了人口流动性的增强，外出务工和求学使得传承和接受本民族语言文字教育的新生代减少，民族差异化特性也在减弱。

在面对挑战的同时，少数民族语言文字的发展也面临着时代发展的机遇。在民族区域自治中，国家和各地区始终坚持民族平等和民族团结，以不断推动各民族的和谐和发展。作为少数民族文化的重要组成部分，少数民族语言文字受到了政府的重视和社会的关注，各民族地区陆续出台了区域性民族语言文

字法规和规范性文件，对民族语文进行规范管理和合理保护，力促少数民族语文的规范化和标准化。科学技术和互联网的发展有利于打造少数民族语文的数字处理平台，建立有声资源和语料库，加快少数民族语文的信息化建设。少数民族地区的行政、诉讼、文艺、旅游等活动的增多，将本民族语言文字推向国内外的文化市场，进而营造出少数民族语文文化热的社会氛围。

（二）广西少数民族语言文字立法的可行性

广西的基本区情和少数民族语言文字资源表明了地方性立法是切实可行的。据全国第六次人口普查数据显示，广西是一个拥有多民族且少数民族人口总量较大的沿海省级行政区，少数民族人口为1711.05万，占全区常住人口的37.18%，少数民族人口占比居全国第一。① 据广西壮族自治区民族宗教事务委员会发布的民族情况显示，壮族、瑶族、苗族等11个少数民族是世居少数民族，自治区有12个自治县和3个享受自治县待遇的县，覆盖了柳州、桂林、白色、贺州、河池、来宾6个地级市。②

广西少数民族语言文字资源丰富、少数民族种类和少数民族人口众多的特征决定了少数民族语言文字多样性的特点。从语言的种类看，主要有壮语、瑶语、苗语、侗语、仡佬语、毛南语、京语、彝语、水语等，每种语言又涵盖语音、词汇、方言、文字、文学语言及语言关系等。根据民族地域格局的不同又可划分为不同的方言类别，以壮族语言为例，境内可划分为南北两大方言区，南部方言分为5个土语区，北部方言可分为7个土语区。③

对广西少数民族语言文字的研究是广西民族语言研究领域长期关注的课题之一，为少数民族语言文字的立法奠定了科研基础。以广西大学硕士学位论文为例，有从语言文字规划史角度出发，以中华人民共和国成立以来的广西地区语言文字工作为研究对象，在广西语言文字格局复杂形势下对语言文字工作提出了更高的规划要求并对语言文字的规划史进行了评介④；有从语言资源利用的视域出发，分析当前广西语言资源，挖掘出区域语言资源的经济价值和社会价值，对语言资源的开发提出了保护性的建议；⑤ 此外，还有从民族态度、民族语言习惯的角度对广西语言文字进行分析，有从社会和谐的角度对语言文字和民族关系进行研究等。

将少数民族语言文字作为宝贵的资源，尤其是对濒危语言的保护迫在眉睫。少数民族语言文字作为民族文化的载体，蕴含并反映着多民族文化的传播和传承，对语言学、文化学、民族艺术和人类学等研究都具有深远的意义。时代的变迁和生活习惯的改变使少数民族语言文字发生了演变。在不断与通用汉语文字的融合中，广西良好的少数民族语言文字生态充分体现出其民族文化软实力。

广西具有完备的少数民族语言文字的管理、教育和研究机构，形成了少数民族语言文字多层次的管理和多角度的科研网络。

在少数民族语言文字工作的管理上，广西已经形成了以自治区少数民族语言文字办公室为指导，自

① 中华人民共和国国家统计局：《2010年第六次全国人口普查汇总数据》，国家统计局网站，2016-09-20，http：//www.stats.gov.cn/tjsj/pcsj/rkpc/6rp/indexch.htm.

② 广西壮族自治区民族事务委员会：《广西自治县分布和民族构成情况》，广西壮族自治区民族事务委员会网站，2016-09-20，http：//www.gxmw.gov.cn/mzgz/3-index.html.

③ 广西壮族自治区地方志编撰委员会编：《广西通志·少数民族语言志》，南宁：广西人民出版社，2000年。

④ 安忠芳：《新中国成立以来广西语言文字规划略史及评价》，广西大学硕士学位论文，2008年。

⑤ 陈菊香：《语言资源观视域下的广西语言资源分析与研究》，广西大学硕士学位论文，2015年。

治区、市、县三级少数民族语文工作管理与协作网络。在区级民族语言文字工作的管理上，广西壮族自治区少数民族语言文字工作委员会作为主管全区少数民族语言文字工作的正厅级事业单位，直属于自治区民族事务委员会，工作职能是贯彻国家语言文字工作方针和政策，统筹规划全区少数民族语言文字的翻译、新闻出版、双学教育指导等各项事务，其下属单位设置了广西民族报社。在市、县区层级上，也均有负责相应民族区域少数民族语言文字管理工作的机构或科室。

在少数民族语言文字的科研教育上，已经形成了通用汉语与少数民族语言文字在应用和研究领域并重的格局。自治区语言工作委员会开设了民语科研、民语应用及民语翻译等专栏，提供了在线学壮语、在线翻译等语言文字网络服务。在贯彻执行国家语言文字工作方针政策，对通用语言文字和少数民族语言文字进行科研立项研究，将民族语言进行了语言词汇汇编，出版了多部科研成果。为建设双语型人才，广西推行了壮语文水平考试，由自治区语委直接组织并每年定期举行测试。壮语文水平考试是广西语言文字工作的特色和创新，有利于壮语人才的壮大和双语人才的队伍建设。在龙胜各族自治县和三江侗族自治县建立了民族语文工作示范点，充分彰显了当地民族特色，为利用、传播和保护民族风俗和民族文化提供了示范基地。

三、对广西少数民族语言文字立法的展望

（一）广西少数民族语言立法的规范性体系建构展望

少数民族语言文字会随社会的发展变化而发展变化，立法前期必须对不同民族语言文字进行调查和研究，注重筛选调研对象、划定调研范围、设置调研深度，综合分析收集的材料和信息，根据调查反馈和研究结果制订和调整相应的方案，使之能够适应地方民族语言文字的政治、经济、文化和社会状况，并对方案进行客观公正的全方位评估。

根据调研情况科学合理地建构广西少数民族语言立法的规范性体系，有助于优化立法结构，注重地方少数民族语言文字立法与国家立法的衔接与协调，避免地方立法之间的重复、交叉和冲突。在立法体系上，广西少数民族语言立法应关注上位法和下位法的逻辑位阶，以《宪法》和《民族区域自治法》为宏观性指导和依据，配合与协调《国家通用语言文字法》整体性要求，以其他省区《少数民族语言文字工作条例》为借鉴性蓝本和更新性基础，并以国家尚未出台的《少数民族语言文字法》的制定为契机和前瞻，构建多层次、具有实用性的少数民族语言文字地方性法规体系。

（二）广西少数民族语言立法的基本要点展望

1. 教研机构应用现代信息技术，加强少数民族语言文字信息化管理

计算机和互联网的普及应用标志着社会已进入信息化时代，知识存储、交流工具和传播途径的转变使得语言文字也步入了信息化轨道。在少数民族语言文字立法中要注重现代信息处理技术的应用，如利用信息科学和工程技术开发少数民族语言文字操作系统，对其进行标准化的信息研究和技术处理。着手语言资源建设，收集和保存语言文字资源，建立有声语音和文字语法、语义和语用等资源库和语料库，开发相关文字编辑处理软件，制造电子词典和双语互译的软件，用信息技术扩大传播和应用范围。开发多民族语种存储和应用平台，有助于推动少数民族语言文字的规范化和标准化建设，《广西少数民族语言数据库规范设计》便是典型应用，证明了广西少数民族语言信息化管理和应用已走在全国前列。

2. 民族机关规范民族语言文字服务，确保少数民族全面参与社会生活

民族地区权力机关在召开人民代表大会和地方事务协商讨论时，应为少数民族代表提供相应的语言翻译和文字文本，保障少数民族代表的选举权和被选举权等基本政治权利。民族行政机关在制定规范性文件或发布公告时，涉及本地区少数民族事项或利益的应提供双语文本，公务人员在行使行政职权的过程中应规范口头传达和书面送达程序，确保少数民族成员能够知晓行政事项和内容。司法机关在诉讼程序中应严格确保当事人的少数民族语言文字权得到落实。在刑事、民事或行政案件中为少数民族当事人提供语言文字服务是司法的基本原则之一。民族地区国家机关和机关工作人员为少数民族提供语言文字的标准化服务能够有效保障少数民族全面行使社会各项权利。

3. 文化机构依托市场经济建设，实现少数民族语言文字产业繁荣

少数民族语言文字是本土民族文化传播和传承的载体。以民族地区市场经济建设为契机，兴建和发展少数民族文化产业，以少数民族文化产业推动少数民族语言文字的使用，少数民族语言文字的繁荣又会加快民族文化的传播和产业的壮大，从而形成语言文字与文化产业双赢的互动格局。少数民族语言文字承载的文化表现形式多样，如民族舞蹈、歌曲、绘画等民族艺术；民族工匠、工艺、医药等民族制造；民族活动、节日和习俗等民族文化等。民族文化产业覆盖范围几乎囊括了所有第三产业，包括新闻出版、影视传媒、旅游休闲等。

4. 教育部门指导和改革双语教育，建立健全民族语言文字教育制度

《民族区域自治法》对招收少数民族学生为主的教育学校和教育机构采用少数民族文字的教材和授课形式，用法律的形式确认了民族地区双语教学教育。从民族小学、民族中学的基础教育到民族职业教育，再到民族大学的高等教育都应确保少数民族语言文字教育能够有效融入民族人才培养体系。

发展民族地区双语教育，建立健全民族语文教育制度，是维护少数民族青少年学习和发展本民族语言文字的权利，也是促进民族语文活动和培养民族语文人才的重要举措。如在高等教育层面，作为国家民族事务委员会和自治区政府共建的广西民族大学少数民族学生占在校生总数的50%，涵盖了壮、苗、瑶等47个少数民族。大学中设有民族学与社会学学院，开设了民族学学科，建有民族研究中心、壮侗语言文化研究中心、民族法与区域治理协调创新研究中心等。广西众多的民族教育和科研机构为建立健全民族语言文字教育制度提供了优越条件。

四、结语

民族法制是建设法治广西不可或缺的部分。少数民族语言文字立法是广西民族法制化进程的必经之路。在探讨少数民族语言文字立法的必要性、可行性时，如何制定和出台民族地区少数民族语言文字使用和管理的法规成为了重点。从广西现有的教育资源、行政机构和学术研究部门以及未来民族文化发展的视角看，少数民族语言文字的立法时机已经成熟。在构建完善的民族语言文字法律体系时，全方位考量民族语文的信息化管理，规范政府和司法机关的民族语言文字规范运作，注重民族语文与民族文化产业的互动和建设健全民族语文的教育制度。

解放思想 大胆创新 加快广西民族语文立法步伐

——推进广西民族语文立法工作的一些思考

梁新勇[①]

少数民族语言文字是少数民族文化的重要载体和标志，在传承文明、协调民族关系、维护民族团结和社会稳定、促进民族地区经济社会协调发展、服务民族文化繁荣发展等方面具有深远影响和积极作用。但广西民族语文法制化、规范化、标准化和信息化建设还远不能适应经济社会发展需要。有些民族语言文字已处于失传濒危边缘。有近千万少数民族群众存在汉语言沟通障碍，无法正常收看收听汉语广播影视节目。壮文的推行使用及民族语广播影视节目的译制播出存在很多困难。以上诸多问题，亟需有一部专门的民族语文法规来给予明确、规范和推动解决。广西民族语文立法工作刻不容缓。

一、加快广西民族语文立法工作的必要性和现实性

广西是全国少数民族人口聚居总量最多的省级行政区。壮族是广西也是中国人口最多的少数民族。广西的少数民族语文语种多、分布广，民汉双语人口规模大，民族语言的口语文化丰富多彩。同时，聚居的各民族人口中广泛存在着双语、多语使用的社会现象。广西常住人口的 80% 左右是双语者，基本上是一个双语社会。广西民族语文工作面临很多现实的问题，工作任务特别繁重。为此，开展民族语文立法十分必要，并且十分紧迫。

1. 全面提升少数民族思想文化素质的需要

马克思主义认为，在生产力的诸多要素中，人是最活跃、最基本的因素。全面建成小康社会，最基本的是人的思想文化素质全面提高。但是在广西，壮族母语乡村还有超过 700 万人存在汉语言沟通障碍。由于壮文扫盲工作已在 20 多年前停止，广西有近千万壮族群众听不懂汉语也看不懂汉文，处于文字空白状态。地处偏远的部分壮族干部看不懂党和政府下发的汉文文件，群众基本听不懂各种汉文政策或科普宣传材料，读不懂汉文报纸刊物。加之壮语广播电视基本是空白，造成近千万壮族群众成了外界信息的“聋子和瞎子”。2000 年底，广西壮族自治区少数民族语言文字工作委员会进行各民族语言使用现状调查，结果表明广西全区有约 1260 万壮族人主要使用壮语进行交际。考虑到文化融合因素，与壮族杂居或毗邻的其他少数民族也讲壮语，估计在广西境内讲壮语的人数已超过 1550 万，加上广西以外部分总数接近 1700 万。开展民族语文立法，能加快建设壮语广播电视频道，及时准确地把党和政府的方针政策传播到千家万户，让壮族人民接触外部信息，传播科学和文明，能全面提高广大壮族群众的思想素质和科学文化素质，能促进壮族地区全面建设小康社会。因此，民族语文立法是一项最基本的民生工程。

① 梁新勇，男，壮族，崇左市扶绥县民族宗教事务局局长。

2. 抢救民族语言和民族文化的需要

语言是民族的重要标志之一。民族语文是少数民族文化的载体，是创造、发展民族文化的先决条件。根据相关部门调查，广西境内的少数民族语言消失的速度惊人。如，京语、仡佬语、毛南语、瑶族的拉珈语、仫佬语、水语、俫语等民族语言文字面临濒危，并且尚缺乏长期有效的总体规划和抢救保护手段。加强少数民族濒危语言的抢救和保护工作，要在法律上给予明确支持，从经费和技术上支持各地民族语文工作部门，运用现代科技手段，调查、收集、研究、整理、保存少数民族濒危语言资料。

3. 为少数民族群众提供语言文字公共服务的需要

语言文字是民族文化的重要组成部分，同时还承载着深厚的民族感情。改革开放以来，随着物质生活条件的持续改善，少数民族群众的文化自觉和自信也逐步增强，要求运用本民族语言文字的需求也多了起来。因此，他们对本民族语言文字的学习、使用、传承、保护问题也越来越关注，各级政府对少数民族群众提供使用本民族语言的公共服务日益增多。如，在双语教育中，民族地区政府应当如何根据少数民族的愿望和需求，为他们提供选择学习各民族语言文字的条件。在少数民族聚居区的广大基层，如何把党和国家的政策文件、文化产品更多、更好地翻译成少数民族群众看得懂、听得懂的形式，使之更加贴近实际、贴近生活、贴近群众，满足民族群众的语言需求。在城市少数民族流动人口中，如何更加有效地提供力所能及的语言翻译服务，减少他们适应、融入城市生活的障碍，共享城市文明发展的丰富成果。同时，网络力量的崛起，壮语文的推广使用与众多网民的期望不一致，使壮语广播、电视、电影等工作成为舆论焦点，历史遗留问题多，现在又添新困惑，使得工作难度加大。

4. 当前广西民族语文法制建设落后于经济社会发展、要加快补上法制短板的需要

《宪法 》《民族区域自治法》虽然对少数民族语言文字的使用有规定，但大都比较笼统，操作起来有一定困难。半个世纪以来民族语文工作的实践证明，做好民族语文工作仅靠一般行政条例和工作条例是不够的，还必须通过立法予以保障。过去一些地区出现的违反民族政策的做法，诸如不经任何行政手续停止某种文字的使用，解散某个民族语文机构，不经任何手续恢复使用老文字等，都与缺少法制保证有关。由于没有立法，民族语文工作遇到问题时无法可依，在处理中存在任意性。进入新时期，经济的加速发展、文化教育水平的不断提高，以及人口、居住、婚姻等特点的变化，都会对民族语文的使用产生各种影响，而人们对民族语文的认识也会出现分歧。如果没有相对稳定的法律法规来制约，就会使民族语文工作中出现的问题无法可依，少数民族使用和发展自己语言文字的自由就得不到保障。

二、解放思想，大胆宣传，消除社会上各种认识上的偏差，营造民族语文立法的社会共识

思想是行动的指南。思想解放的程度决定工作推进的力度。从目前来看，在一些地方和部门，特别是一些地方领导干部以及民语领导干部，对做好民族语文工作仍然存在一些认识上的偏差。这些偏差对开展民族语文和立法各项工作造成了一定程度的不利影响，以致于民族语文推广普及工作在一些地方出现停滞不前的情况。主要存在以下几个方面认识上的偏差。一是一些领导干部对党和国家的民族语文政策认识不够深入，对少数民族语言文字的价值、作用、意义的认识模糊；对民汉“双语”教育的内涵和外延的理解、把握不全面、不准确。二是有一部分人要求少数民族群众学习使用国家通用语言文字的愿望过于迫切，不尊重语言文字发展的客观规律，不尊重少数民族和民族地区的客观实际，主观臆断、急躁冒进地采取相应措施，使少数民族群众学习使用本民族语言文字的权利受到损害。三是有一部分人对

民族语文工作的复杂性、敏感性有一定认识，但对其政治性、重要性认识不足，在工作中奉行“冷处理”原则，任其“自生自灭”。四是一些领导干部和民语干部认为开展民族语言工作和国家推行通用语言政策不一致，担心被扣上“民族主义”的帽子，思想上有害怕心理，行动上缩手缩脚。此外，还有一部分人甚至持有“民族语文无用论、负担论、隔阂论”的观点，认为少数民族语言文字消失得越快越好。

凡此种种，有些是认识不到位的，有些是完全错误的，但共同点是，均对民族语文专门立法工作带来负面影响。对此，一方面，我们要进一步加强党和国家民族语文政策的学习宣传、贯彻落实；另一方面，必须采取相应对策，加大宣传力度，找到民族语文工作与现实社会认识的最大公约数，充分凝聚社会各界对民族语文专门立法工作的共识。

首先要大力宣传贯彻马克思主义民族语文理论和政策，提高各级领导干部的认识。坚持语言文字平等的原则是马克思主义对待语言文字问题的基本原则。因为语言文字是民族的特征之一，坚持民族平等就必然包含坚持语言文字平等的内容。坚持语言文字平等，有利于各民族的团结，有利于各民族的发展。进入新时期，大多数少数民族仍使用本民族语言作为日常生活的主要交际工具，有本民族文字的民族也以本民族文字为日常书写工具。这一基本情况预计在今后相当长的时间内还不会有根本的变化。民族语文使用的客观存在，决定民族语文问题的存在，也就决定了新时期民族语文工作的基本方针仍应是坚定不移地坚持语言平等原则，切实保障少数民族使用和发展自己语言文字的自由。使用和发展的自由则是语言文字平等的主要标志。

其次要大力宣传贯彻我国不同民族的语言文字既有共性又有特性的原则。马克思主义认为，语言是人类交际、交流思想的重要工具，是社会发展、人类进步的工具；语言与思维、文化教育密切相关，是文化教育发展的重要工具；不同民族的语言，相互之间既有共性，又有差异性；差异性构成了不同民族的重要特征之一。共性是各民族语言文字都在一个统一的多民族大家庭中使用，都是交际工具，都有共同的中华民族文化的大背景。然而由于社会历史发展的种种原因，我国不同民族的语言文字存在许多不同的特点，这是民族语文工作所必须正视的。不同的特点包括使用人口多少、语言分布特点、使用语言数量、方言差异、有无文字等。因而民族语文工作者在解决民族语文问题时不能使用同一标准、同一方法，而应实事求是地按照不同民族、不同语言的特点，分门别类地制定不同的解决办法。

最后，民语部门牵头，各部门要共同参与配合，营造开展民族语文工作的良好氛围。一是充分发挥广播、电视、报纸等新闻媒体的主流渠道作用，加大对国家民族语言文字工作相关法律、法规的宣传力度。二是加强对各级领导民族语文政策的培训学习。建议各级党校要把民族语文政策纳入主干课程，加强对各级领导干部的学习培训。新提拔的各级领导干部要把学习民族语文政策作为必修课之一，作为任职基本要求。三是加强部门联系，形成合力。民族语文工作部门要加强与相关立法部门的联系，理顺运行程序，强化合力效应，创新工作方法，建立信息反馈机制，从而推进民族语文立法工作快捷、持续、高效运行。各有关部门要积极探索、保护、传承民族语言文字的办法和途径，把民族语言有效地保护传承下来。

三、结合实际，突出重点，明确广西民族语文立法的主要框架和内容

开展广西民族语文立法，在内容上必须结合广西民族地区的实际，结合广西少数民族语言应用的实际。新出台的法规要细化，要有较强的操作性。在法规条文上，既要有政策性、方向性的要求，也要有各种能实施的具体措施。同时，要把各级政府为少数民族群众提供公共服务作为立法的基本定位和主要内容，突出重点，务求实效。

1. 要做好民族语文的规范化、标准化和信息处理等现代化工作

高科技和信息化是推动当代社会迅速发展的重要力量，是一个国家繁荣、富强的重要标志。因而，搞好民族语文的规范化、标准化和信息化处理，是新时期民族语文工作的重要任务之一。随着民族地区现代化建设的加快，民族语文的功能和作用在不断发生变化，对民族语文规范化、标准化和信息处理的需求将会越来越迫切。比如，随着社会的不断进步和新思想、新事物的不断涌现，少数民族语言中的新词术语不断涌现，这就出现了新词术语的规范问题。又如，随着高科技、信息化的到来，语言文字的信息处理已成为世界的潮流，民族文字的出版发行以及民族语言的广播、电影、电视等，都要利用计算机建立信息处理和精密照排系统，实现现代化手段。如果这项工作做得不好，就会因为语言文字现代化手段不到位而影响民族地区的现代化建设，就会影响国际间特别是跨界民族间的交流与合作。因而，民族语文的现代化，不仅是国家语言文字现代化的重要组成部分，而且是少数民族和民族地区全面实施科教兴国战略和可持续发展战略的基础性建设工作。如果这项工作不抓紧做好，就会出现少数民族语文使用与社会需求的矛盾。

2. 要促进民族语文事业快速发展

在广西民族语文立法的内容中，要明确要求各级政府和部门重视民族语文翻译、出版、教育、新闻、影视、古籍整理工作，建立各种相应的民族语文机构。建立民族语文工作经费保障机制，支持民族语文事业。

3. 要着力推动广西民族语广播影视和节目译播工作

要争取恢复在中央人民广播电台开播壮语节目，在广西人民广播电台、广西电视台增设壮语卫星频率和频道增加壮语栏目、丰富壮语栏目内容、延长壮语栏目播出时段。推动少数民族聚居市、县级新闻出版广电部门开播地方台自办民族语广播电视节目（栏目）。加快自治区新闻出版广电局成立广西少数民族语影视译制中心的步伐，丰富影视节目库。

4. 要推进民族语文的学术研究、协作交流和人才培养

做好民族语文工作，必须建立在对少数民族语言文字科学认识的基础上，因此要大力开展深入的民族语文研究。民族语文研究的价值不仅在于丰富、发展我国的语言学理论，更有助于民族学、社会学、人类学、历史学的研究，还能够解决民族语文的应用问题。

四、借鉴各地先进经验，敢于创新，加快推进广西民族语文立法步伐

1. 借鉴全国各地民族地方的先进做法

在民族语文立法工作中，内蒙古、新疆、西藏、吉林、四川、云南等地区做得较好。他们的立法理念、内容和实践等工作，很多先进经验和做法，有效推动了地方民族语文工作的发展，取得了良好成绩，得到了社会的认可。我们应该向他们学习，充分借鉴他们的经验，运用到我们的立法实践当中。

2. 借鉴南宁市实施壮文社会使用管理立法的经验

2013 年 7 月，南宁市制定《南宁市壮文社会使用管理办法》（以下简称《办法》），规定重要公共场所名称的招牌和标牌应按规定格式同时使用壮文和汉文。这是南宁市进一步贯彻落实党和国家民族语文政策的体现，是落实《民族区域自治法》强调的保障少数民族语言和文化权利的具体措施。南宁市结合特定领域和地方民族语文实际情况，对《宪法》《民族区域自治法》等有关少数民族语言文字条款的细化和具体实施办法的规定，从国家民族语文政策和民族语文规划的角度，为保障少数民族使用和发展本民族语言文字的权利做出了有益的尝试。《办法》的出台，标志着南宁市在推动壮文社会使用的规范化、标准化进程中迈出了坚实的一步。

3. 是要坚持开门立法，广泛听取民意

在开展民族语文立法工作的过程中，起草工作小组和立法工作机构要广泛深入各地，开展民族语言文字立法调研。通过召开座谈会、听取汇报、发放调查问卷等方式，征求有关部门对开展少数民族语言文字立法的意见和建议，共同探讨民族语文立法工作的经验和做法。充分发挥各类高校和科研院所专家学者的智力优势，听取他们的意见，吸收他们的学术成果。利用互联网平台，把立法草案放到网站上，广泛听取群众意见，使民族语文立法获得广大群众的支持和认可，同时对群众进行一次民族语文法规的宣传教育。

抓好民族语文立法是一件维系民族团结进步的大事

农立芬[①]

民族语文，是少数民族语言文字的简称，而壮族语言文字，则简称为壮语或壮文。民族语言文字工作是民族工作的重要内容，民族语文立法是民族法律法规体系建设的组成部分。做好民族语文立法工作，是宪法和法律赋予的职责，关系到保障各少数民族的合法权利和权益，维护民族平等团结，促进各民族共同繁荣进步的一件大事。2016年9月，笔者参加崇左市民族语文立法工作调研，结合学习相关法律法规及参阅有关资料，颇有感触。在此，谈谈自己对民族语文立法工作的粗浅认识，意在抛砖引玉，赐教于专家学者。

一、我国和国外多民族国家都从维护民族团结的高度，普遍重视和加强民族语文的立法工作

（一）国外多民族国家对民族语文都实行保护政策

世界是民族的世界，目前全世界有200多个国家，2000多种语言。不论是发达国家，还是发展中国家，凡是多民族国家都对不同语言给予法律及政策保护。法律和政策已经成为或逐渐成为多民族国家或地区缓解语文冲突、处理民族矛盾、调节民族关系的一个行之有效的手段。总之，语言权的实质，已经上升为民族生存权问题。

国外一些多民族国家的民族语文立法，言简意赅，都为发展本国的民族语言文字保驾护航。他们的做法和经验值得借鉴。例如，加拿大在1988年通过的《多元文化法》明确规定保护和提高英语、法语以外其他语言的使用。在澳大利亚，目前除了英语以外，约有100多种语言和50多种较大的土著语言在使用。1987年澳大利亚联邦教育部颁布了《语言问题国家政策》，主要原则是维持英语的支配地位，保护其他语言的稳定发展，同时土著语言也得到国家保护。非洲东北部的埃塞俄比亚规定“阿姆哈拉语和英语为全国工作语言”。俄罗斯1991年通过了《关于俄罗斯联邦各民族和语言法》，把俄罗斯语定为国语，俄语即俄罗斯的民族财产，历史文化遗产，受国家的保护。我们的邻国越南，在1979年正式划定了54个民族，也是一个多民族国家，以京族为主体民族。在53个少数民族当中，有26个民族还有本民族的民族文字。1991年越南颁布普及小学教育法，规定“小学实行京语（越语）教育，同时各少数民族有权使用本民族语言文字，与越语一起用来进行小学教育”。少数民族充分享有使用本民族语言的权利。

---

① 农立芬，男，壮族，崇左市民族宗教事务委员会原主任，广西壮学会常务理事。

（二）我国党和政府高度重视民族语文工作

我国是一个统一的多民族国家，已经有155个地区实行了民族自治，其中有5个自治区、30个自治州、120个自治县（旗），还有1173个民族乡。目前，在全国1.06亿少数民族人口中，仍有6000多万人不同程度地使用本民族语言，其中3000多万人以本民族语言为主要交际工具。这些少数民族多分布在边疆地区。为了维护国家统一和民族团结，党和国家制定了相应的法律和政策，对民族语文予以保护。主要体现在：一是《宪法》第四条规定，“中华人民共和国各民族一律平等。国家保障少数民族的合法权利和权益，维护和发展各民族的平等、团结、互助关系”，还规定“各民族都有使用和发展自己语言文字的自由，都有保持或者改革自己风俗习惯的自由”。二是国家规定，在正式使用的30多种少数民族语言当中，将蒙古、藏、维吾尔、哈萨克、朝鲜、彝、壮等7种文字列为国家政治生活使用文字。三是加强民族法律法规建设。目前，我国的民族法律法规已建立了以《宪法》为根本，以《民族区域自治法》为核心，以《国务院实施〈民族区域自治法〉若干规定》等行政法规、部门规章及地方自治条例为内容的民族法律法规体系。民族法律法规有力地保障了包括民族语言文字在内的少数民族特殊权利和利益，充分体现了坚持以人为本维护民族平等、团结，构建和谐社会的总体要求，为民族地区加快发展、跨越发展、和谐发展提供了法律保障。

（三）民族自治地方和民族省份加快民族语文立法工作

多民族、多语言、多文字是我国的基本国情。少数民族语言文字在少数民族日常生活以及国家政治生活中发挥着不可替代的作用，决定了少数民族语言文字立法的必要性。根据中国人大网“中国法律法规”2006年2月6日公布的消息，全国已有23个民族自治地方分别出台了民族语文单行《条例》。其中有西藏、新疆、内蒙古等3个自治区，吉林省延边朝鲜族自治州等11个自治州，辽宁省阜新蒙古族自治县等9个县，制定出台了相关的民族语文工作条例。西藏出台了《西藏自治区学习、使用和发展藏语文工作条例》，新疆制定了《新疆维吾尔族自治区语言文字工作条例》，内蒙古出台了《内蒙古自治区蒙古语文工作条例》。在上述23个工作条例中，藏文10个，蒙古文7个，彝文3个，维吾尔文、朝鲜文、哈萨克文各1个，近年来又有云南省出台了少数民族语文工作条例。这些民族语言文字工作条例的颁布实施，有力地保障了民族语言文字的推广、使用和发展，维护了少数民族的合法权益，促进了民族团结和民族地区的经济社会和谐发展。

（四）广西推行使用壮文工作经验为民族语文立法奠定基础

广西推行使用民族语言文字，实质上就是推行壮文。1957年国家批准推行的壮文《方案》至今已有60年的历史。60年来，壮文的推行使用大致可以分为三个阶段。第一阶段从1957年至1966年，是十年起步阶段；第二阶段为1966年至1979年，受“文化大革命”影响，停滞不前；第三阶段为1980年至今，全面恢复，平稳发展。特别是1980年自治区党委、政府决定恢复推行使用壮文，给广西推行使用壮文工作带来了第二个春天。恢复自治区少数民族语言文字工作机构职能和编制，恢复广西人民广播电台壮语广播节目，广西壮校恢复招生，广西民族学院等高等院校设置壮文班，培养壮文高级人才。决定在全区22个壮族聚居县实行壮文进校试点，开展双语教学试验，举办中小学教师壮文培训班、在职干部壮文培训班、农民学壮文学科技培训班等，全区壮文推广使用工作得以全面展开。同时，壮文新闻出版如雨后春笋，广西民族出版社、广西《三月三》杂志、《广西民族报》壮文版、电视台《壮语新闻》、文艺《壮语节目》

等陆续开办。壮文进校和双语教学取得新成效，据广西教育网报道，截至2003年，全区共有23个县（市、区）66所完全小学，63个教学点，24个民族中学（壮文学校），开展壮汉双语教学实验，小学分别分布在46个乡镇，学生数达30766人，初中生达21237人。这组数字反映了我区在推行使用壮文方面的大好局面。广西推行使用壮文的措施和取得的成果，为广西民族语文立法奠定了基础。

二、崇左市从维护边疆民族地区发展和稳定的高度，积极开展推广使用壮文工作并呈多彩态势

崇左市地处祖国西南边陲，2003年8月6日挂牌成立，辖7个县（市、区），其中有大新、宁明、龙州、凭祥等4个县（市）与越南接壤，边境线长533千米，占广西陆地边境线的52%。全市总人口240多万，少数民族人口占89.8%，是广西少数民族人口比例最高的地级市，其中壮族人口占89.43%，是全国壮族人口最集中的地方。左江流域是骆越民族的发源地，壮族文化底蕴深厚，花山文化是壮族历史文化的优秀代表。建市13年来，崇左市大力推行和使用壮文工作，机关学校、新闻出版、广播影视、城市街道、边疆农村都留下了民语工作者的足迹，所到之处都展现出推广和使用壮文的成果。民族语言文字的推行和使用，推动了边疆民族地区的经济、社会和文化发展，促进了边境地区的民族团结和社会稳定。崇左市推广和使用民族语言文字工作，主要呈现以下10大“亮点”。

1. 加强领导，提上日程

崇左市委、市人民政府《关于加强民族工作的决定》崇发（2006）8号文件，明确市、县两级设立民语工作机构，市民语委为副处级单位，县（市、区）民语办为科级单位，并要求着力推广和应用民族语言文字。2003年建市之初，市政府就下发《关于使用壮汉两种文字书写单位名称牌匾及刻制印章有关问题的通知》崇政办发（2003）13号文件，对全市党政机关、企事业单位名称书写牌匾和刻制印章作出了规定和要求。2008年，市委办、政府办联合下发通知，作为迎接自治区成立50周年大庆的一项工作，组织开展对崇政办（2003）13号文件贯彻落实情况进行督查，促进全市单位名称牌匾和印章刻制使用壮汉两种文字工作的规范化、制度化。

2. 壮文翻译，出版书籍

目前已完成翻译出版崇左《壮族山歌集》共3集，采用汉字壮音、国际音标、标准壮文、汉字直译、汉意译文的形式，对崇左市优秀山歌进行编辑排版，共21万字，110万个壮语词汇。收集整理《民间文学“三套”集成》，包含民间故事、民间歌谣、民间谚语三部分，因此称为“三套”成集，目前，正在翻译、录入，不久可以开始编印。翻译出版《崇左文化博览》，由市政协整理，市民语委负责壮文翻译，近期可以出版。

3. 壮语山歌，越唱越红

崇左市利用壮族歌坡多、民族节庆多的特点，以壮族山歌为平台，推行壮族语言的传承发展。崇左市全市有57个乡镇、254个村屯、349个点，定点举办侬垌歌圩。这些歌圩多数为一年1次，有的点则一年举办2次，人数规模少则上千人，多则上万人，大新下雷和天等向都的“霜降节”，宁明“纳利坡”“龙州歌坡”，江州“金山节”“壶关坡”等歌坡侬侗节，规模均超过3万人。还有德天边关国际旅游节、宁明花山艺术节、天等天椒艺术节、龙州天琴艺术节等，都成为崇左市的新“歌圩”。这些节庆都以壮族山歌为主旋律。为了使壮族山歌传承发展，该市还加强对歌师培训，提高山歌的创作水平和新人的传承。据统计，2008年至2013年，市、县（市、区）两级共举办歌师培训班68期，参加培训的歌师歌手达2209人（次），全市还建立山歌队、山歌协会29个，会员（队员）达1541人。

4. 两种文字，服务公共

崇左市强调单位名称牌匾和印章刻制使用壮汉两种文字，已经得到全面落实。近年来，在公共服务领域使用壮汉两种文字又成为新的“亮点”，市区及县（市）、乡镇陆续给街道路标、路牌、地标名称冠上壮汉两种文字，市、县重大会议的会标和宣传横额标语大都使用壮汉两种文字书写。宁明县骆越根祖祭祀大典，千人同唱壮语《迎宾歌》，主祭人用壮语宣读祭文，活动现场悬挂横幅 18 条，全部采用壮汉两种文字书写，壮族、壮语特色得到充分体现。

5. 广播影视，覆盖全市

目前，崇左市广播电视壮语栏目已经实现了市、县两级全覆盖，是全区第一市。电视《壮语新闻》2007 年 11 月于利宁明县电视台开播，2014 年 8 月于崇左市电视台开播；广播电台《壮语节目》1958 年最早在天等县开播，2005 年至 2008 年因故停办，2009 年恢复；市广播电台《壮语新闻》于 2014 年 8 月开播，完成了市级和各县（市、区）壮语广播、电视节目全覆盖。除《壮语新闻》节目外，天等县还开设《天等风情》《哥积论故》《民族文艺》，大新县开设了《边陲放歌》《大新传说》《生活百宝箱》等壮语节目。在电影译制方面，龙州县、宁明县分别完成了《天琴》《举起手来》《寻找刘三姐》等多部电影的壮语译制工作。壮语广播影视翻译节目的播出，受到了广大壮族群众的欢迎。

6. 双语教学，壮文进校

崇左市认真落实自治区教育厅关于设立壮汉双语二类模式教学方案，目前有扶绥县中东镇中心小学、大新县全茗镇中心小学、天等县东平乡中心小学、龙州县武德乡中心小学、江州区板利乡中心小学等 5 所学校，在学前班或幼儿大班和小学一年级开设壮文课，推行“以壮为主、壮汉结合、以壮促汉、壮汉兼通”的壮汉双语教学试验，采取每周每班 1 至 2 节壮语课的模式。天等县东平乡中心小学在低年级每周开设 2 节壮语课的基础上，大胆尝试在 14 个教学班坚持每周 1 节壮语课，取得良好效果。该校六年级学生农小溪的壮语故事《安保潭》在全区壮文故事演讲比赛中获得三等奖。龙州县民族中学开设壮文兴趣班，学习壮文基础知识，运用壮语表演节目，达到了听、讲、读、唱的相应水平，该班学生代表参加 2009 年、2010 年、2012 年三届广西壮语演讲大赛，分别获得一、二、三等奖的好成绩。

7. 加强培训，提高水平

多年来，崇左市为了使壮文的推广和提高使用水平，除了加强山歌壮语培训外，还举办了多种类型的壮语培训班。主要有：一是农村学壮文学科技培训班，宁明县、大新县、天等县和江州区都有尝试，参加培训的农民在学到壮文的同时，还学到 1—2 门农业科技；二是举办青年学生壮语培训班，与广西城市职业技工学院（扶绥）联合举办壮语专业培训班，请广西有关壮文专家学者授课，参训青年学生人数 100 名；三是组织参加壮文水平考试人员培训班，通过培训，提高参考水平。2015 年 8 月 2 日，全市有 93 名考生参加考试，考生达到甲等成绩的 17 人（80 分以上）、达到乙等成绩的 54 人（60 分以上），通过率为 76.3%，其中天等县考生 19 名，考试通过 18 名，通过率达 95%。

8. 建立机制，加强监测

2012 年，崇左市建立了全市民族语言文字舆情监测评价机制，从网上民族语言监测、民间民族语言监测和边境民族语言监测等三个方向入手，一旦发生民族语言冲突事件，采取措施及时处理。充分发挥民语部门的职能作用，为全面执行国家关于少数民族语言文字政策法规，依法保障各民族使用和发展自己语言文字的权利，为各民族的平等团结、共同繁荣进步服务，为建设富裕、文明、和谐的边境民族城市作出贡献。

9. 加强调研，掌握实情

调查研究是民族工作部门的基本功，也是崇左市民宗委、民语委的强项。10 多年来，崇左市坚持开展民族工作调研，掌握全市少数民族的基本情况和诉求，并有针对性地开展工作。15 篇全市壮族语文调研报告获全区民委系统调研报告奖，其中《广西崇左市壮民族语言文发展状况调查与思考》等3篇获二等奖，《崇左市壮文进校实施情况的调查报告》等 4 篇获三等奖，《崇左市民族语广播影视事业发展状况调查与思考》等 8 篇获优秀奖。此外，2012 年 1 月，市民语委撰写的论文《崇左市双语教学现状与对策》刊登于《广西民族报》壮文版总第 3055 期。

10. 问政于民，增强信心

各族群众对壮语文的推广和使用工作的态度如何，直接影响工作质量和工作信心。为此，2015 年 8—9 月，崇左在全市范围内开展推广和使用壮语文的问卷活动，民语部门工作人员深入 40 个乡镇 308 个村屯（社区），共发放问卷 3120 份，有针对性地征求 7 个问题。收回答卷的结果是：家庭日常用语以壮语为主的 2176 份，占 69.7%；壮族人应该掌握壮语的 2539 份，占 81.4%，听懂本地壮语播音的电视、电影、广播节目的 2279 份，占 73%；希望自己的小孩能用壮语交流的 2747 份，占 88%；支持中小学开设壮语课的 2309 份，占 74%；认为不应对壮语保护和传承的 269 份，占 8.6%。问卷结果表明，绝大部分的壮族群众对壮族语文是有感情的，对推广和使用壮语是支持的，从而使民族语言工作部门及其工作人员增强了自信，对加快民族语文立法坚定了信心。

三、关于广西推行和使用壮文面临的困难和问题，进一步抓好民族语文立法工作的意见和建议

（一）当前民族语文推广和使用存在的困难和问题

1. 认识不足

广西民族语文工作时好时坏，时起时伏，特别是进入新世纪后，在一个较长时间内陷入低谷，主要是对民族语文工作重要性认识不足。部分干部群众认为讲民族语言“土气”、不光彩，讲壮语、学壮文，腰不直、气不壮。另一方面，汉语普通话不断普及，壮族群众的汉语水平和能力有了较大提高，部分群众认为不应再花时间和精力学习壮语文，也不愿意让自己的后代学壮文。因此，推行壮文面临着诸多困难，归根结底在于认识上出了问题，对壮文学习使用的重要性、必要性的认识不足，致使学习使用壮文的意识淡薄。

2. 机构不全

自治区党委、政府对自治区民族语文的机构编制有明确的规定，但由于种种原因，各市、县（市、区）多数单位没有落实到位。崇左市在全区范围内是相对执行比较好的一个市。该市民族语文工作部门明确为副处级单位，编制 9 人，开展工作比较正常。但是各县（市、区）机构级别不明确，只有 1 到 2 个编制，也没有明确三定方案，工作难以开展。

3. 壮文进校难

目前，广西开展的双语教学试点共有 23 个县，多数为一县一校或一县两校。如崇左市在扶绥、大新、天等、龙州、江州等 5 个县（区）5 所乡镇中心小学开展双语教学试点，仅占全市 76 个乡镇中心校的 6.6%，而且在试点学校中也没有在所有的班级中推广，双语教学的份量不重，效果不佳。

4. 壮语师资紧缺

由于师资短缺，广西壮校停办，民族院校壮文班多年不招生，出现壮文教师断层。现在的壮语教师中有上世纪 90 年代以前毕业的专业教师，也有近年参加自治区短期培训的教师。由于双语师资培养的渠道少，培训的时间短、规模小，造成了双语教师尤其是乡村双语教师的严重短缺。如大新县全茗镇中心小学全校有教师 48 名，经过壮语短期培训的 4 名教师中只有 1 名达到壮文专业水平。由于教师的专业水平低，教学水平不高，教学质量和教学效果难以达到预期。

5. 广播影视壮语人才缺乏

发展地方民族语广播影视事业遇到人才瓶颈，很难招到民族语节目主持人、播音员和编辑工作人员，在一定程度上对增设壮语节目的播出质量影响很大，加上聘任人员待遇问题和临时观念影响，部分人员不安心工作，一有机会就想离开。由于缺乏专业人员，民族语文节目难以维持，如大新县电视台原有壮语节目《生活百宝箱》和电台的《大新革命史》已被迫停播。

6. 经费投入少

民族语文广播电视节目，需要增加设备，增加人员，这都需要增加经费，但上级划拨的经费主要是开办费，连续性不够，同时只能用于设备购置，不能用于聘用人员工资和其他开支，难以灵活使用，无法弥补聘用人员工资开支的不足。同时，地方财政列入民语部门的工作经费甚少，而且难以到位。例如，崇左市江州区 2015 年民语工作经费预算为 5 万元，但到位的只有 2.5 万元，2016 年预算为 3 万元，目前只到位 1 万元。大新县民语经费年度预算为 2 万元，目前也只到位 1 万元。

（二）做好民族语文立法工作，首先要提高认识，增强“三大观念”

1. 要进一步提高认识

要进一步提高对民族语文立法工作的重要性、必要性的认识。做好民族语文立法，有利于国家的文化安全和边境的安全，有利于解决民间纠纷，使社会稳定，有利于推动民族教育事业的发展和民族文化的传承，有利于各民族的平等团结和国际人权斗争。总之，做好民族语文立法工作十分重要，也非常必要，各级政府必须把它当作一件极为重要的事情抓紧抓好，抓出成效来。

2. 要增强依法立法观念

我国的根本大法《宪法》以及《民族区域自治法》《国务院关于实施自治法若干规定》等法律法规，对保护和促进民族语言文字的推广、使用和发展，分别作出了明确的规定，也为地方制定相关的工作条例提供了强有力的法律依据。党的十八届四中全会通过的《中共中央关于全面推进依法治国若干重大问题的决定》明确要求，加强重点领域立法，依法保障公民权利，实现公民权利保障法制化。立法机关和立法工作者要坚持从经济社会发展实际需要出发，科学确定立法项目，凸显法律对社会的规范作用。中共中央政治局委员、全国人大常委会副委员长李建国指出：“要坚持依法立法，坚持人民主体地位，增强地方立法特色，努力提高地方立法质量。”中央领导对依法立法的明确指示，给依法促进民族语文立法指明了方向，增强了做好民族语文立法工作的信心。

3. 要增强民族自信观念

推广和使用民族语言文字，推进民族语文立法，重要的是要增强民族自信心和民族自豪感。民族是根，民族语言文字是魂，有了坚定的民族自信观念和强烈的民族意识，民族语文立法才有充足的信心。2014 年 9 月 28 日召开的中央民族工作会议指出，在马克思主义民族理论的指导下，我们党不断创立和逐步完善适合我国国情的民族理论和民族政策，建立了适合中国特色的民族自治制度，做到了理论自信、制度自信和文化自信。同时还强调，新中国成立65年来，党的民族理论和方针政策是正确的，中国特色解决民族问题的道路是正确的，我国的民族关系总体是和谐的，我国的民族工作做得是成功的。这些重要论述，是中央对我国民族工作的充分肯定，为我们做好民族语文立法工作注入了强心剂。

4. 要增强时间观念

目前，全国5个自治区已有西藏、新疆、内蒙等3个自治区以及云南省均完成了省级民族语文立法任务，广西民族语文立法工作总体上已经滞后。实践证明，立法工作越是滞后，民族语言文字缺失会不断增多，保护的难度会进一步加大。壮文《方案》出台已经有60年的历史，广西讨论民族语文立法也已超过10年，应该提上议事日程了，广大少数民族干部群众盼望广西民族语文法规早日出台，使民族语言文字得到充分的保护，得到更加广泛的使用和传承。

（三）民族语文立法，要从实际出发，重点解决“六个问题”

第一，民族语文立法必须建设好民语工作的“一支队伍”

就是解决好民族语文的队伍建设问题，区、市、县三级都要有民族语文工作机构，并明确级别、编制、职责等三定方案，区、市、县教育部门要分别设立民族教育处、科、室（股），保证民族语言推广、使用和教学工作，有机构依法监督检查，促进工作落实，有部门专抓民语教学的普及提高，形成一个齐抓共管的良好局面。

第二，民族语文立法必须解决好民语推广使用的“两对矛盾”

就是要解决好使用标准壮文和地方方言、推广壮文和推广普通话这两对矛盾。目前，推广、使用壮文比较难，其中，壮文标准音即武鸣方言与各地方言有一定差异，学习壮文与推广普通话也有一定的矛盾。因此，民族语文立法要处理好壮文标准音和地方方言应用的关系，如何利用本地方言壮语与推广壮文标准音有机结合起来，同时，还要处理好壮语和汉语“双语教学”的有机结合，实现“壮汉兼通”，相互促进，共同发展。

第三，民族语文立法必须重视利用人才培养的“三种渠道”

就是要通过多种渠道解决好壮文师资和广播影视等部门业务人才紧缺的问题。广西壮文学校于上世纪90年代停办，各类院校的壮文专业（班）也相继停招，要恢复中小学壮文课，广播影视要办壮语节目，师资和专业人才紧缺问题十分突出。要解决这一问题，建议：一是要恢复广西壮校和各相关院校的壮文专业（班）招生，扩大壮文定向生规模，增加招生指标；二是广西各类师范院校要把壮文作为学生的一门必修课或选修课，给未来教师奠定一定的壮文基础。三是加大在职教师培训的力度，多办短期培训班，提高教师讲壮语的水平，以解决师资紧缺问题。同时，为了使教师和专业人员学得到，用得活，评定职称可考虑在同等条件下优先晋升，发放岗位津贴，以提高壮语工作者的积极性。

第四，民族语文立法必须抓好推动民语普及的“四个环节”

就是解决好壮文逐步普及的保障问题，使民语教学、应用得到社会的重视，建议把中小学生壮文成绩列入学生的中考分数，少数民族考生在高考时，不仅要有民族成分加分，还要有民族语文成绩加分，并明确就业出路等。要把这些内容列入民族语文立法当中。通过抓好以上4个环节，促进和提高民族语文的学习积极性和普及率。同时，要编写通俗易懂的教材，提供生动活泼的学习资料。

第五，民族语文立法必须搭建民语文化“五大平台”

要解决好民族语言文化的发展平台问题，使民族语言文化得到充分的展现。建议以项目为载体，建好发展平台，对教育、影视、文化、体育、旅游等五大行业（部门）提供的与民族语言文化相关的项目，发展改革部门、规划建设部门应该给予政策倾斜和照顾。同时，使用壮汉两种文字书写各单位牌匾、印章、路牌、地标等，要坚持施行，并不断向规范化、标准化方向发展。

第六，民族语文立法必须解决好资金保障问题

资金短缺，民族语文难以发展。壮语节目的广播、影视，需要更新和增加设备，聘用专业人员，并提高待遇才能留住人才。壮族山歌、壮语文艺、壮文翻译等工作都要有经费作保障。建议自治区财政要设立发展壮语文事业的专项经费，并根据事业的发展需要，做到逐年增加，各市和县级财政也要有相应投入，以保证民族语言事业得到健康、持续发展。

总之，民族语文立法是广西各族人民政治生活中的一件大事，关系到党和国家政策法规的贯彻落实，关系到依法保障少数民族的合法权利。做好民族语文的立法工作，对于增进民族团结，维护社会稳定，促进各民族共同繁荣进步，继承弘扬民族优秀传统文化，必将产生广泛而深远的影响。

浅谈加强广西民族语文立法工作与繁荣发展民族语文事业的关系

——以崇左市民族语文工作实践为例

梁振标　陆　琨[①]

党和国家一直对少数民族语文工作十分重视，特别是民族语文在少数民族和民族地区经济文化建设和社会发展战略方面的地位。立法作为一项管理国家各项事务的重要手段，是党和政府赋予人民的权利。

多年来，广西各民族语文专家、学者、民族语文工作者对民族语文立法工作有着许多呼吁。学术界对民族语文立法工作的必要性、目标定位、指导思想、基本原则等也做了不少探讨。民族语文法制建设不仅是民族地区社会主义法制体系中的重要一环，更在法制建设中占有重要地位。广西作为少数民族地区要振兴经济，推动社会进步，发展民族智力，提高劳动者素质，做好各民族团结稳定工作，无论怎样都离不开本民族千百年来所熟悉的语言文字。民族语言文字是民族赖以生存和发展的工具。一部符合广西区情的少数民族语言文字工作法律法规将有助于推动广西民族语文事业的发展。因此，民族语文立法工作势在必行。

一、当前国内民族语文立法现状

当前，伴随全球经济一体化出现的语言融合现象，位于弱势地位的少数民族语言文字的传承与发展将面临着新的挑战。在国家层面，除《宪法》和《民族区域自治法》外，还有《中华人民共和国刑事诉讼法》《中华人民共和国义务教育法》《中华人民共和国全国人民代表大会和地方各级人民代表大会选举法》《中华人民共和国居民身份证法》等多部法律对少数民族使用和发展自己的语言文字作出了相关规定。国务院及其职能部门曾出台诸如《国务院实施＜中华人民共和国民族区域自治法＞若干规定》《国务院关于国家行政机关和企业、事业单位印章的规定》《国家语委、广播影视部关于广播、电影、电视正确使用语言文字的若干规定》等十几项规章对少数民族语言文字的使用和发展给予明确授权。2010 年国家民委出台了《关于做好少数民族语言文字管理工作的意见》（民委发〔2010〕53 号）和《关于进一步做好民族语文翻译工作的指导意见》（民委发〔2010〕198 号）两份指导性文件，对全国少数民族语言文字和翻译工作的各个方面作了较为明确的规定。自 20 世纪 80 年代后期开始，西藏、新疆、内蒙古等民族自治地方先后制定了专门的语言文字工作条例或规定。

但从整体上看，现有的立法只从国家民族语言文字政策和民族语言文字规划的角度对少数民族语言

① 梁振标，男，壮族，崇左市少数民族语言文字工作委员会主任；陆琨，男，壮族，崇左市少数民族语言文字工作委员会干部。

文字进行保护，更侧重于少数民族语言文字的使用权和发展权，而具有完整意义及可操作性强的少数民族语言文字权并没有在立法中得以明确。现有法律体系对少数民族语言文字侧重于保护和鼓励，存在授权模糊、操作性差、缺乏必要的侵权补救措施、没有针对性的权利保护实施机构等问题。广西作为少数民族自治区，目前仍缺乏一部具有可操作性的少数民族语文工作法律法规。

二、开展民族语文立法工作的必要性

（一）少数民族语文立法工作有助于做好民族语文工作

由于少数民族语言文字工作的社会文化功能大多处于弱势，一直以来民语工作的社会地位、社会使用和社会影响均受到局限，常常会导致民语工作被轻视或忽视。长期以来，由于缺乏应有的法律地位，导致少数民族语言文字管理工作行政支持力度不足，经费投入不够。一些少数民族地区至今尚未建立民族语文管理机构，如崇左市扶绥县、天等县将民族语文工作职能并入县民族局，只明确由民族局一名副职领导分管民语工作，作为县民族局的一个内设机构。有些地区虽然建立了民族语文管理机构，但与相关部门的职责分工不明，民语工作人员被随意抽调，严重影响民族语文的推行、使用，如崇左市个别县的民语工作人员长期被抽调或兼任其他单位工作。还有一些少数民族地区的不同业务主管部门认识上不一致，做法上有分歧，不同部门之间又缺乏统一、上下协调的管理机制和机构，致使民族语文工作存在很大的随意性。这些现象都在很大程度上制约了少数民族语言文字的推广和使用，影响了民族语文工作。

1. 少数民族语文工作立法有利于各级民族语文管理机构的建立健全

建立健全少数民族语文工作管理机构，是少数民族语言文字工作稳定性和连续性的基本保障。在自治区各级党委和政府关心指导下，各级民族语文工作机构得以逐步建立。2003 年崇左市委、市政府在考虑机构设立时明确保留民族语文工作机构，将原“南宁地区少数民族语言文字工作委员会”整体转为“崇左市少数民族语言文字工作委员会”，核定编制为 10 人。2007 年，该市进一步贯彻落实自治区有关文件精神，将“崇左市少数民族语言文字工作委员会”升格为参照公务员管理副处级事业单位，人员编制不变。目前，崇左市、县两级的壮文专业机构基本建立，并培养了一批专业干部队伍。但是，宁明县、凭祥市、江州区等 3 个县（市、区）虽然设立了独立的少数民族语言文字工作办公室，但没有明确级别。天等县、扶绥县截至目前没有成立民族语文工作机构。这些都削弱了民族语言文字工作机构履行政策、行使管理职能的能力，不利于调动工作的积极性。民族语文法制建设工作将有利于推动当地党委、政府建立健全当地民族语文工作机构的积极性，不断夯实民族语文工作基础。

2. 少数民族语文工作立法将促进壮汉双语教学工作开展

目前，崇左市先后被广西壮族自治区教育厅民教处定为壮汉双语“二类模式”实验学校的有龙州县武德乡中心小学、扶绥县中东镇中心小学、大新县全茗镇中心小学、天等县东平镇东平中心小学、江州区板利乡中心小学等 5 所学校。截至 2015 年底，这 5 所学校共有壮汉双语教学班 37 个班，涉及学生 1517 名，双语教学教师 17 人，分别占 5 所学校班级总数的 38.1%、学生总数的 40.0%、任科教师总数的 7.3%。几年来，这 5 所学校贯彻“以壮为主，壮汉结合，以壮促汉，壮汉兼通”的教学方针，积极开展壮汉双语教学工作，取得良好的社会效果。崇左市民语委还于 2010—2012 年在龙州民族中学和天等县民族小学开设壮文实验兴趣班。天等县民族小学教师根据当地生源情况和壮语特点，因地制宜编写乡土教材《山韵》，因材施教；龙州县民族中学壮语文兴趣实验班学生在各类演出活动中运用壮语演唱、天琴伴奏的表演形式演绎了《贝侬》《迎宾山歌》《壮族敬酒歌》《金龙有个美女村》《民族中学真是好》等山歌，深受广大民族群众的喜爱。在2009年、2010年、2012年三届广西壮语演讲大赛中，兴趣班的学生代表曾分别获得一等奖、二等奖、三等奖。

壮汉双语教育是民族语文工作的重要组成部分。双语教育质量的高低直接影响着整个民族教育的发展水平，影响着少数民族群众的切身利益。民族语文立法将有助于改善民族学校办学条件，保障办学资金，加强教育教学管理的科学性，合理规划少数民族语言文字教育布局，提高民族语教育教学质量。

3. 少数民族语文工作立法将推动民族语广播影视工作

民族语广播影视工作是少数民族语文工作的重要组成部分，关乎少数民族群众福祉 。开设壮语广播电视，用群众喜闻乐见的语言形式宣传党和国家的各项方针政策和各级党委、政府的各项施政措施，更容易为群众所理解和接受。随着社会生活水平的提高，少数民族群众对本民族语言的民族语广播影视的需求也在不断增加。为满足少数民族群众要求，崇左市民委、市广电局、市民语委、市广播电台、电视台等部门通力合作共同克服壮语播音采辑人员缺乏、设备简陋、启动经费不足等困难，推动当地壮语广播电视工作向前迈进了一大步。2014年8月6日，崇左市人民广播电台开播《壮语新闻》栏目。2014年11月6日，崇左市电视台《壮语新闻》栏目正式与观众见面。目前，全市7个县（市、区）广播电台、电视台都有壮语栏目，壮语广播、电视播放实现了市、县区域全覆盖。同时，壮语电影译制和放映工作迈出新步伐。2014年5月，市民委、市民语委组织本地配音译制人员对电影《天琴》用龙州壮话进行配音译制，完成了崇左建市以来译制的第一部壮语电影。影片在崇左市第四届陆路东盟国际商务文化节期间首次公映。2015年宁明县民语办配合广电部门，用宁明壮话译制的《举起手来》《寻找刘三姐》两部电影已在各地村屯公映。虽然这些工作得到各族群众的认可，但还远远没有满足少数民族群众的需求。少数民族语文立法工作在部门合作、资金保障、技术支持等方面将有助于推动民族语广播影视工作快速发展。

（二）少数民族语文工作立法有助于少数民族语言文字推广使用规范化工作

通过调研，我们发现各地民族语文推广使用规范化工作有了很大改善和进步。如，崇左市民族语文工作机构自2008年来每年都可开展牌匾检查工作，共检查全市机关企事业单位牌匾3274块，发现整改问题牌匾671块，翻译壮汉双语牌匾公章共2850个，条幅2774条。2011年，崇左市民语部门还配合当地政府开展了第二次地名普查实地考察及翻译工作，民语部门和民政部门深入村屯实地记录所需翻译地名的本地音，共完成全市7925个单位、村屯、街道、山峰的地名注释含义及沿革的壮文翻译工作。但是，工作中仍存在不少问题，一是一些地方政府部门对民族语文工作认识不统一，民族语文工作宣传的广度和深度还不够，尚未引起有关部门领导干部的足够重视，使得工作中出现的困难和问题得不到及时解决，从而影响了工作的开展。二是有的单位的干部对民族平等、语言文字平等政策认识模糊，认为不歧视、不侮辱就行，对民族语言文字的使用没有足够的重视。尚有部分党政机关、事业单位名称的牌匾和公章没有冠上壮文，尤其是村委会、中小学校单位名称的牌匾和公章没有冠上壮文的问题较为突出。三是火车站、汽车站、图书馆等公共场所基本没有冠上壮文；民族工作以外的大型会议、重大活动，使用壮汉两种文字悬挂横幅、招牌、标牌的较少。有的牌匾悬挂时间太久，长时间挂在门外，日晒雨淋，造成牌匾变形、字体变形而脱落，文字残缺不全，没有及时更换等等。

民族语文立法工作将有助于自治区少数民族语言文字推广使用规范化工作开展，使少数民族语言文字工作管理和使用的权责更加明晰。

（三）少数民族语文工作立法有利于推动各族干部学习国家通用语言文字和少数民族语言文字，促进各民族团结社会稳定

少数民族语言文字在本民族文化中占据核心的位置。民族语言文字工作不仅是一项政策性很强的工作，而且具有高度的敏感性。在民族地区开展各项工作都离不开和少数民族群众打交道。学习、使用和发展本民族的语言文字，是《宪法》赋予少数民族群众的基本权利。民族群众使用自己熟悉的语言文字表达思想、接受教育、传递信息、谋职就业，是少数民族的基本人权之一。如果少数民族在政治、经济、教育、社会、文化等领域接触不到本民族语言文字，听不懂广播，看不懂电视和其他文化产品，其最基本的权利难以保障，就难以融入现代社会文化生活。如崇左市宁明县法院法官用壮语开庭审理案件以便提高办案效率的案例就说明了这一点。原本用汉语审理此案需要一个半小时才能完成的工作，闭天平法官用壮语 40 多分钟就审理完毕。这个案例充分体现宁明县人民法院尊重少数民族群众的诉讼权利和使用本民族语言的权利。据了解，该院在办案过程中还允许少数民族群众使用壮语等本民族语言文字起诉、应诉、答辩、陈述诉讼意见等。通过壮语办案，不仅密切了干群关系，加深了法院与群众的感情，还方便了群众参加诉讼，提高了办案效率，受到群众的欢迎和好评。宁明法院还鼓励干警学习本地壮语。该院在下设的爱店、海渊、桐棉、明江 4 个乡镇派出法庭配备的 20 多名干警中的大部分都精通壮语。在立案、进村送达、开庭、调解、宣判案件的过程中，多数干警都能够使用壮语与群众进行沟通和交流。

由此可见，民族语文立法工作中关于各级国家机关应当培养和配备通晓国家通用语言文字和少数民族语言文字的国家工作人员方面等有关规定，将有力地保障边疆民族地区干部队伍壮汉双语人才的配备及培养，确保少数民族群众充分享受使用本民族语言服务权利，不仅提高了政府的服务效率，还有力促进民族团结社会稳定工作。

（四）少数民族语文工作立法有助于壮族优秀传统文化挖掘整理和传承

少数民族语言是少数民族文化产生和发展的必要条件，民族语言不可能脱离民族文化存在而独立存在和发展。有效地保护少数民族语言既能真实、生动地反映一个民族产生的渊源、生存发展状态，又能展现文化性格的各个方面。人们把民族语言称作民族文化的载体。一个民族的思想、观念、意识、生产生活方式等，都要通过本民族的语言文化来提炼。一个人掌握了母语，也就意味着他认可了本民族的生产生活方式与文化，继承了本民族的认知方式，掌握了本民族认识世界的思维模式。

壮族传统歌圩（歌坡）民间节庆赛会是壮族山歌文化的传承和发展的重要手段，也是促进各族群众团结发展的主要途径。据不完全统计，崇左市共有各类歌圩点 349 个，分布在全市的 57 个乡镇 254 个村（社区）屯，主要在每年农历一至五月和八至十月秋收季节举行。目前仍盛行或半盛行的歌圩有 207 个，有些已经停办多年的歌圩又逐渐恢复举办起来。同时，新的节庆歌会及各种庆祝活动逐渐演变成新兴的歌圩。如崇左德天边关国际旅游节、宁明花山艺术节、天等天椒艺术节、龙州天琴艺术节等，都已经成为了崇左壮族新兴的"歌圩"。通过节日举办大大小小的山歌赛会，为山歌文化传承发展提供了充足的营养土壤。2007—2014 年，崇左市民委先后组织举办四届全市壮族山歌大赛，场均观众上万人，引起了社会各界的强烈反响，收到了很好的社会效益。崇左市委、市政府对这四届全市壮族山歌大赛给予了充分肯定，区内广大民间文艺专家、学者给予了极大的赞赏和关注，各族群众及广大山歌爱好者亦赞美有加。还有 2016 年崇左左江花山岩画文化景观成功列入世界遗产名录，按照申遗工作要求，申遗各项申报和宣传材料必须有壮语。在整个申遗过程中，崇左市民族语文工作部门全程参与申遗各项材料中少数民族语言文

字的使用工作，有力地确保了左江花山岩画文化景观成功申遗。

如果民族语文立法工作取得成功，我们将有更多手段有效保护传承壮族优秀传统文化，不断挖掘少数民族文化精髓，为全面建设小康社会提供支持。

（五）少数民族语文工作立法有助于维护民族语言文化多样性

推广国家通用语言文字，对于少数民族地区的社会、政治、经济、文化的发展十分重要。保护和发展少数民族的语言文字，对于弘扬民族文化、提高民族自信心、加强民族团结工作有着不可替代作用。少数民族语文立法是有效保护语言文化多样性的重要保证。近年来，崇左市整理出版了3部《壮族山歌集》，目前第四部正在整理编印中。该丛书主要收集崇左建市以来各县（市、区）山歌比赛获奖作品及民间流传优秀山歌等，主体内容采用汉字壮音、国际音标、标准壮文、汉字直译、汉意译文的形式进行编辑和排版，约21万字、110万个壮语词汇，极具收藏、研究和传承价值。此外，当地各县（市、区）也相继出版了《大新县山歌集》《扶绥县壮族山歌集》《天等壮族山歌集》《宁明县壮族山歌精选》《龙州县山歌集》《凭祥壮族山歌精选》等书籍。2015年市民语部门审译的《崇左文化博览》一书由崇左市政协整理出版，收录了崇左市各县（市、区）、乡（镇）、村（社区）、片屯、屯（街）、村民小组中的壮语地名6000余条，是迄今为止崇左市第一本比较系统、全面地介绍和研究崇左壮语地名的著作，也是崇左文化研究的重要成果和文献资料，对于弘扬崇左优秀传统文化，推进崇左文化大发展大繁荣具有积极的意义。为配合该书的出版发行，全市民语系统专业人员对《崇左文化博览》一书中的壮语地名，用国际音标记音、壮文书写进行了审译工作。

少数民族语文立法工作将有助于推进少数民族语言文字工作，从而维护民族语言文化多样性的需要。

（六）少数民族语文工作立法有助于维护国家文化安全及边疆稳定工作

少数民族语言文字工作不但政策性强，而且具有高度的敏感性。明确及维护少数民族语言文字的法律地位，并以此推动少数民族语言文字及其文化事业的发展，是保护国家安全和文化安全的重要保障。

首先是文化渗透及安全问题。中国有2.28万千米的陆地边境线，广西有637千米陆地边境线。生活居住在边境线上的基本是少数民族。当国内少数民族语言文字的文化产品不能满足本民族群众需求时，境外同语种、同文种的文化产品就有可能会乘虚而入。如崇左市地处祖国西南边陲，全市辖7个县（市、区），有大新、宁明、龙州、凭祥4个县（市）与越南北方的高平、谅山、广宁3个省10个县32个社216个自然屯接壤。全市4个边境县（市）辖49个乡镇、461个村委会、4006个自然屯。有国家一类口岸3个、二类口岸4个、边民互市点13个，与越南通便道200多条。同时，崇左是一个以壮族为主体、多民族聚居的边境少数民族城市，全市居住有壮、汉、瑶、苗、侗、京等28个民族，总人口234.8万，少数民族人口占89.8%。其中，壮族人口占总人口的89.43%。2000年以后，邻国越南不断加大对边境地区广播电视建设力度，在边境地区设置大功率广播电视设施，信号覆盖我境内100千米以上，边境农村群众普遍通过室外天线收听收看越南广播电视节目。由于越方电台、电视台发射功率大，声音清楚，图像清晰，加上边境村民基本熟悉越南语，因此收听收看越南广播电视节目成了群众日常文化生活的一部分。这不利于我国的文化利益和文化安全，对民族地区的社会稳定和民族团结也有潜在的消极影响。

其次是边境安全稳定依赖少数民族语文工作。随着国际交往的日益频繁，跨境民族语言文字在边防工作中扮演了越来越重要的角色，在维护国家安全等方面也有一定的作用。如宁明县峙浪乡边防派出所官兵主动学习当地壮语方言，推进爱边固民工作的案例就说明了这点。峙浪边防派出所官兵们都是来自祖国的大江南北，都有各自的地方方言，但来到广西宁明县峙浪乡这个以壮族为主的少数民族聚居地工作后，与当地群众交流受到语言的影响，不利于爱民固边工作的全面深入开展。为此，近几年来峙浪边防派出所根据官兵的实际情况，要求官兵们尽可能地学习当地群众的地方方言。官兵们学会了当地壮语方言后，在与当地群众交流的过程中，明显感觉到群众与官兵们交流的态度更积极主动，也更感觉到警民之间的亲切，群众也慢慢地把边防派出所官兵当作家人一样，爱民固边工作得到前所未有的发展。峙浪边防派出所先后被自治区评为“和谐文明单位”、被崇左市评为“民族团结进步先进集体”，被总队评为先进党支部、先进基层建设单位、爱民固边先进单位，1 人被评为“爱民固边”先进个人，2 人荣立个人三等功，9 人获各级表彰奖励。2013 年 11 月，宁明县峙浪乡爱民固边电影队被中共中央宣传部、文化部、广电总局联合授予“第五届全国服务农民、服务基层文化建设先进集体”称号。由此可见，少数民族语文工作立法对民族语文工作事业发展，对维护国家文化安全及边疆稳定工作不可替代。

三、对民族语文立法工作和发展民族语文事业的建议

实践证明，少数民族语言文字单靠行政手段管理是不够的。少数民族语言文字立法，对于准确定位民族语文工作的性质和作用，明确民族语文工作的重要性、长期性和复杂性，确定民族语文工作的发展方向有着不可替代的作用。对于如何做好民族语文立法工作和发展民族语文事业，我们有如下几点建议。

（一）抓紧制定出台《广西少数民族语言文字工作条例》，将少数民族语言文字作纳入法制化轨道

当前自治区少数民族语言文字工作的开展主要是依据《宪法》和《民族区域自治法》等法律法规对少数民族语言文字的规定进行管理使用。广西尚缺乏一部针对少数民族语言文字工作的专门立法，这也是广西少数民族语言文字工作中的软肋。已有的相关法律法规对少数民族语言文字权只作了原则性阐述，缺乏具体可操作性，权责不明晰，也没有明确规定侵犯少数民族语言文字权行为的法律责任。因此，我们建议尽快制定出台符合广西区情的民族语文工作条例，并健全细化少数民族语言文字工作有关条文，确保自治区少数民族的语言文字的使用和发展得到国家法律和政策的有力保障。

（二）加强贯彻执行国家和自治区相关民族语文政策法规力度，建立健全民族语文工作机构

少数民族语文工作机构是开展少数民族语言文字工作的主要力量。在自治区少数民族语言文字工作条例中应加强贯彻落实国家和自治区相关民族语文政策法规力度，建立健全各级少数民族语言文字工作机构，对推动少数民族语言文字权的落实有着积极作用。立法应重点体现贯彻落实广西壮族自治区党委、自治区人民政府《关于进一步加强民族工作，加快少数民族和民族地区经济社会发展意见》（桂发 [2006]26 号）文件精神，争取党委、政府加大对民族语文工作的支持力度，进一步完善民族语文工作机构。

（三）建议把民族语文公共服务列为少数民族语文立法的一个内容

党的十八大以来，党和国家越来越重视加强政府公共服务能力建设，在党的十八大报告中有 12 次提到 “加快健全基本公共服务体系” 。国务院办公厅还正式发布了《关于政府向社会力量购买服务的指导

意见》，提出到2020年，在全国基本建立比较完善的政府向社会力量购买服务制度，形成与经济社会发展相适应、高效合理的公共服务资源配置体系和供给体系，公共服务水平和质量显著提高。民族语文工作是政府工作的有机组成部分，也必须实现相应转变，而这点转变应当反映到少数民族语文工作立法等有关工作上来。特别是目前自治区各地各级民族语文工作机构十分缺乏少数民族语文翻译工作人才，有些地方没有民语工作机构或是没有民族语翻译专业人才，民族群众的少数民族语言文字权益无法得到有效保障。从目前来看，我国的民族语文工作主要的不足并不在于缺乏政策，而在于缺乏更多的具体措施。因此，通过把提供公共服务作为民族语文立法的基本内容，可以在一定程度上弥补这方面的不足，使工作更加具有可操作性并容易取得实效。

（四）加强民族语言文字政策的宣传力度

民族语文工作是民族工作的重要组成部分，是民族文化教育的重要内容。在立法过程中应加大宣传少数民族语文政策法规的力度，增强社会各界做好民族语文规范化工作的意识，培养他们语言文字规范化的意识性和自觉性，共同营造良好的、规范的民族语言文字工作宣传环境。积极鼓励民族地区领导干部带头学习、宣传和把握民族语文政策，加强学习和掌握马克思主义民族观、语言观的理论。要深入实际，制定出适合本地区发展民族语文的具体措施，使党和国家的民族语文政策、法律法规能够真正落到实处，解决好民族语文工作中遇到的问题，促进全社会形成关注民族语文工作的良好氛围。

（五）注重优化民族语文推广应用环境，加强壮汉双语教学工作

一是加大壮族语言文字推广使用工作宣传力度，继续把宣传民族语言文字推广使用工作列入每年的“民族团结进步宣传月”活动内容，让群众充分认识学习壮文、学唱山歌的重要性和可操作性。二是加强壮族青年歌师歌手培训，挖掘和培养更多的年轻人来学唱山歌，传承和发展山歌。三是加强落实《民族区域自治区法》工作，把开设壮文作为民族地区中小学教育阶段的必修课，同时把开设壮文课所需的相关费用纳入财政预算，以保证各中小学能顺利开设壮文课。建议对学习壮文的学生应有相应的加分政策，比如在初考、中考、高考时，把壮文考试等级作为壮族考生加分照顾录取的依据。

（六）注重培养少数民族语言文字工作人才

民族语文工作的顺利开展，离不开一支专业稳定的少数民族语言工作人才队伍。在少数民族语文工作立法过程中应重视少数民族的语文人才培养工作，应在政策、资金、就业等方面应予以适当倾斜。如“定向招生、定向培养、定向就业”等政策，可以统筹高校招收高中毕业以上志愿从事少数民族语文工作的汉族学生以及有相当学历的少数民族学生，专修少数民族语文，毕业后按照协议到民族地区开展少数民族语文工作。立法还应注重大力培养双语教师，不断提高双语教师教学水平。

（七）注重协调民族语言文字和国家通用语言文字的关系

立法工作应注意贯彻落实党的民族语文政策，应正确处理好少数民族学习、使用本民族语言文字及学习、使用国家通用语言文字的关系。在有利于民族地区经济社会发展的前提下，在汉语文更有优势的领域多使用汉语文，在民族语文更有优势的领域使用民族语文。比如，在教育扫盲领域以汉语文为主，在民族文化传承保护发展领域则充分发挥民族语文的优势。民族语文立法既要为各少数民族人民学习国

家通用语言（汉语普通话）提供充分的条件，也要为各少数民族人民学习本语言文字提供充分的条件。

（八）细化和明确剥夺、歧视和侵犯少数民族语言文字权行为的法律责任

贯彻落实党和国家的民族语文政策应稳步推进，不能只是作秀式的空喊口号，也不能让民语工作流于形式地以文件贯彻文件，以法规贯彻法规，而是实实在在地对照出台政策法律法规，为少数民族群众提供语言文字方面的周到服务，确保少数民族语言文字权得以全面落实。只有这样，少数民族群众的文化自觉和自信才能逐步增强。因此，民族语文工作立法应细化和明确剥夺、歧视、侵犯少数民族语言文字权行为的法律责任，确保少数民族群众的民族语言文字权得以落到实处。

【参考文献】

[1] 加措，谢明琴．加强民族语文法制建设繁荣发展民族语文事业——民族语文立法应遵循的主要原则 [J]. 中央民族大学学报，2000（1）.

[2] 王远新．我国少数民族语言文字立法的必要性 [J]. 民族翻译，2008（1）.

[2] 乌兰那日苏．我国少数民族语言文字权的立法保护 [J]. 广播电视大学学报（哲学社会科学版），2008（3）.

崇左市民族语文立法工作调研报告

梁振标　潘元文　陆　琨[①]

崇左市是一个以壮族为主体、多民族聚居的边境城市，下辖 7 个县（市、区）76 个乡（镇）838 个村（居）委会，全市居住有壮、汉、瑶、苗、侗、京等 28 个民族，总人口 234.77 万，少数民族人口占 89.8%，是广西少数民族人口比例最高的地级市。壮族、汉族、瑶族为世居民族，其中，壮族人口占总人口的 89.43%，是全国壮族人口最集中的地级市之一。

一、崇左市贯彻执行党和国家民族语文政策法规的情况

建市以来，崇左市委、市政府全面贯彻落实党和国家民族语文政策法规及有关文件精神，使《宪法》《民族区域自治法》《国家通用语言文字法》等民族语文政策法规中的有关条款落到实处，充分保障了我市少数民族的权利，促进了我市民族语文工作健康发展并取得较好成绩。

（一）加强民族语文工作机构建设，稳定民族语文工作干部队伍

2003 年建市之初，崇左市委、市政府高度重视民族语文工作，在考虑机构设立时明确保留民族语文工作机构，将原“南宁地区少数民族语言文字工作委员会”整体转为“崇左市少数民族语言文字工作委员会”，核定编制为 10 人。2007 年，我市进一步贯彻落实自治区有关文件精神，将“崇左市少数民族语言文字工作委员会”升格为参照公务员管理副处级事业单位，人员编制不变。目前，全市市、县两级的壮文专业机构基本建立，培养了一支专业民语干部队伍。大新、宁明、凭祥、江州等县（市、区）设立有少数民族语言文字工作委员会办公室（简称“民语办”），但没有确定机构级别。扶绥县、天等县将民族语文工作职能并入县民宗局。全市民语系统在职人员 29 人，壮语专业人员有 10 人，专业人员所占比例较低。为调动我市民族语文工作干部的积极性，增强民族语文工作力量，2015 年市民语委根据桂发 [2006]26 号文件精神，向市编委提出建议：将大新、宁明、凭祥、江州民语办机构级别定为科级；恢复设立扶绥县、天等县民语机构，级别定为科级。但由于种种原因，民语部门的建议并未得到采纳。

（二）加强督促检查，促进壮语文推广使用进一步规范化

2003 年建市之初，市政府办公室下发了《关于使用壮汉两种文字书写单位名称牌匾及刻制印章有关问题的通知》（崇政办发 [2003]13 号），对全市党政机关、企事业单位使用壮汉两种文字书写单位名称牌匾及刻制印章等有关问题作出了明文规定和要求。2008 年，市委办、市政府办联合下发了《关于对全

① 梁振标，男，壮族，崇左市少数民族语言文字工作委员会主任；潘元文，男，壮族，崇左市少数民族语言文字工作委员会干部；陆琨，男，壮族，崇左市少数民族语言文字工作委员会干部。

市法定单位使用壮汉两种文字书写单位名称及壮汉文字使用情况进行督查检查的通知》（崇办文[2008]265号、275号），对全市党政机关、企事业单位使用壮汉两种文字书写单位名称牌匾及刻制印章情况进行督促检查。

根据市委、市政府的指示精神，我市各级民族语文工作部门加强了督查工作，每年都对全市牌匾、公章是否使用壮汉两种文字书写单位名称进行检查，对没有使用壮、汉两种文字书写牌匾的法定单位，建议重新制作，对牌匾有损坏或脱字、错漏和不规范的单位，建议及时修正。2008年以来，我市民族语文工作机构共检查全市机关企事业单位牌匾3274块，发现整改问题牌匾671块，翻译壮汉双语牌匾公章共2850个，条幅2774条。2011年，全市各级民语部门配合当地政府开展第二次地名普查实地考察及翻译工作，各县民语部门和民政部门深入村屯实地记录所需翻译地名的本地音。目前，全市民语工作部门已完成全市7925个单位、村屯、街道、山峰的地名注释含义、沿革的壮文翻译工作。此外，我市民语部门还与民政局共同做好崇左市各村屯牌、街道牌、道路牌的翻译和督查工作，目前已有部分村屯牌、街道牌、道路牌冠上壮汉两种文字。

（三）加强宣传发动，鼓励各族干部学习国家通用语言文字和少数民族语言文字

崇左市建市以来一直致力于推广和普及国家通用语言文字，一手抓普及提高，一手抓规范管理。以党政机关为龙头，以学校为基础，以新闻媒体为榜样，以公共服务行业为窗口，在全市教育系统工作人员、公务员、播音员、主持人、公共服务行业从业人员和对语言文字有特别要求的其他人员中全面普及普通话和规范用字。目前，大家在日常工作和生活中使用的文字主要是汉字，广大干部在日常工作中使用的语言主要是普通话，在生活中使用的语言主要有普通话、本地壮语和汉语方言。

壮语在我市广大群众中的使用比较普遍，尽管现在普通话的应用范围广，但在壮族地区（包括县城），壮语仍然是群众主要的日常交际语言，绝大部分的群众在劳动和生活中主要用壮语进行交际。为使广大干部更加密切地联系群众，我市通过开办广播电视壮语栏目、举办壮文兴趣班、壮语文艺表演和壮族山歌演唱比赛、组织干部及专业人员参加壮语文水平考试等活动，鼓励干部学习民族语言，拉近干群关系，提高工作效率。每年民族节庆，特别是“壮族三月三”期间，全市各地举办各种群众喜爱的民间文艺活动，用民族语言表演文艺节目，举办壮族山歌比赛活动，吸引了大批干部群众参与其中。

二、崇左市近年来民族语文工作的主要成绩

（一）法定单位使用壮汉两种文字书写单位名称牌匾及刻制印章工作力度得到明显加大

根据自治区有关法定单位名称使用壮汉两种文字书写牌匾等规定要求，我市认真抓好落实相关工作。目前，全市90%以上的国家机关、事业单位名称的牌匾均使用壮汉两种文字书写，部分行政村（居委会、社区）的党支部、村委会名称的牌匾也使用壮汉两种文字书写。市、县、乡镇一级人民政府公章均使用壮汉两种文字刻制，大部分市直、县直单位的公章也刻有壮汉两种文字。2012年以来，全市各县（市、区）陆续给地标、路标、路牌等冠上壮汉两种文字。目前，大新、宁明、龙州、凭祥4个边境县（市）的地标、路标、路牌都基本冠上了壮汉两种文字。

（二）壮族优秀传统文化挖掘整理取得明显成效

一是整理出版崇左市《壮族山歌集》。翻译出版崇左市《壮族山歌集》资料书集（目前已出版三集）。

该书集主要是收集建市来各县（市、区）山歌比赛获奖作品及民间流传的优秀山歌等，主体内容采用汉字壮音、国际音标、标准壮文等形式进行编辑和排版，具有一定的收藏、研究和传承价值。此外，各县（市、区）也相继出版了本地山歌集。目前全市民语部门正着手整理出版崇左市《壮族山歌集》第四集。此外，扶绥县民语办编撰了《扶绥县山歌集》一书；凭祥市民语办收集整理了《民间文学“三套”集成》手抄本。二是协助完成《崇左文化博览》一书壮语地名的记音和翻译工作。该书收录了崇左市各县（市、区）、乡（镇）、村（社区）、片屯、屯（街）、村民小组中的壮语地名6000余个，是崇左文化研究的重要成果和文献资料。为配合该书的出版发行，市民语委组织全市民语系统专业人员对《崇左文化博览》一书中的壮语地名用国际音标记音、壮文书写。该书已于2016年5月出版发行。

（三）以壮族山歌为平台的壮族语言传承稳步发展

一是壮族传统歌圩（歌坡）民间节庆赛会为壮族山歌文化的传承和发展提供了广阔的空间，发展喜人。据不完全统计，全市共有各类歌圩点349个，分布在全市的57个乡镇254个村（社区 ）屯，主要在每年农历一至五月和八至十月秋收季节举行。目前仍盛行或半盛行的歌圩有207个，有些已经停办多年的歌圩又逐渐恢复举办。同时，新的节庆歌会及各种庆祝活动逐渐演变成新兴的歌圩。如崇左德天边关国际旅游节、宁明花山艺术节、天等天椒艺术节、龙州天琴艺术节等，都已成为了崇左壮族新兴的“歌圩”。通过节日举办大大小小的山歌赛会，为山歌文化发展提供了充足的营养土壤。2007—2014年，崇左市民宗委共组织举办四届全市壮族山歌大赛，每场比赛观众均达上万人，引起了社会各界的强烈反响，取得了很好的社会效益。崇左市委、市政府对这四届全市壮族山歌大赛给予了充分肯定。山歌比赛活动也得到区内外广大民间文艺专家、学者的赞赏和关注，受到各族群众及广大山歌爱好者的欢迎。2015年市民语委录制壮语版市歌《美丽崇左》作为“壮族三月三”活动背景音乐，突出崇左壮族特色。有的活动项目以壮语版市歌为背景音乐，有的活动开始前先播放壮语版市歌，引起壮族群众的浓厚兴趣，使壮语版市歌得到广泛传播。

二是加强歌师歌手培训，提升歌师歌手的创作表演能力。2001年和2003年，自治区民语委举办两届歌师歌手培训班，崇左市先后选派了歌师歌手近50人次参加培训学习。2008年9月、2013年11月，崇左市民委、民语委分别举办了一期壮族山歌创作培训班和崇左市壮族歌师歌手培训班。各县（市、区）也相应地在本县举办了一系列的歌师歌手培训班。据初步统计，从2008年至2016年6月，7个县（市、区）举办的歌师歌手培训达70期以上，参加培训歌师歌手有2309人次。通过培训，挖掘和培养了一批壮族青年歌师歌手，增强歌师歌手的综合能力。如大新县歌师唐海宝，创作和收集整理了大量的壮语山歌作品，有些作品还被《三月三》《广西壮文报》和《左江日报》等刊物采纳刊登，成了大新县目前一批推行使用壮文的新生力量，有效地带动了当地群众学好本民族语文的热情。目前，崇左市各县（市、区）组建的山歌队、山歌协会有30个。这些山歌协会的会员经常参加宣传税法、计生、林业、公安、交通、教育、党建、农业、工商等行各业的山歌宣传活动，宣传党的政策和国家法律法规，宣传党委、政府的中心工作，歌颂家乡发展变化，赞美先进人物和优秀事迹，批评不良现象和不良行为，极大地调动了山歌爱好者的积极性，活跃了群众的文化生活，使壮族山歌在群众生活中不断升温。

（四）壮汉双语教学稳步推进

目前，崇左市先后被广西壮族自治区教育厅民教处定为壮汉双语“二类模式”实验学校有龙州县武德乡中心小学、扶绥县中东镇中心小学、大新县全茗镇中心小学、天等县东平镇东平中心小学、江州区板利乡中心小学等5所学校。目前，这5所学校共有壮汉双语教学班37个班涉及学生1517名，双语教学教师17人，分别占5所学校班级总数的38.1%、学生总数的40.0%，任科教师总数的7.3%。几年来，这5所学校贯彻“以壮为主，壮汉结合，以壮促汉，壮汉兼通”的教学方针，积极开展壮汉双语教学工作，通过学习壮文开发壮族儿童智力，传承本民族文化传统。

市民语委于2010—2012年在龙州民族中学和天等县民族小学开设壮文实验兴趣班。天等县民族小学教师根据当地生源情况和壮语特点，因地制宜编写乡土教材《山韵》，因材施教；龙州县民族中学壮语文兴趣实验班学生在各类演出活动中运用壮语演唱、天琴伴奏的表演形式演绎了《贝侬》《迎宾山歌》《壮族敬酒歌》《金龙有个美女村》《民族中学真是好》等山歌，深受观众的喜爱。在2009年、2010年、2012年三届广西壮语演讲大赛中，兴趣班的学生代表分别获得了一等奖、二等奖、三等奖。

（五）壮语广播影视工作取得新突破

随着崇左边境地区经济社会的不断发展，市民委、市广电局、市民语委、市广播电台、电视台等部门通力合作，共同克服壮语播音采辑人员缺乏、设备简陋、启动经费不足等困难，推动我市壮语广播电视工作向前迈进了一大步。2014年8月6日，崇左市人民广播电台开播《壮语新闻》栏目。2014年11月6日，崇左市电视台《壮语新闻》栏目正式与观众见面。崇左电台、电视台译播的《壮语新闻》栏目均采用壮语南部方言（龙州壮话）播音，每期节目10～15分钟，内容涵盖政治、经济、文化、民生等综合性题材，是广西最先开播的地市级广播、电视壮语栏目。目前，全市7个县（市、区）广播电台、电视台都有壮语栏目，壮语广播、电视播放实现了市、县区域全覆盖。为做好全市壮语广播影视播放工作，2016年市民语委联合市人民广播电台、市电视台共同组织举办了崇左市壮语广播电视播音员主持人培训班。全市市县两级壮语广播电视播音员、主持人、民语负责人以及民语爱好者共36人参加培训，取得良好的效果。

同时，壮语电影译制和放映工作迈出新步伐。2014年5月，市民委、市民语委组织本地配音译制人员对电影《天琴》用龙州壮话进行配音译制，完成了崇左建市以来译制的第一部壮语电影。影片在崇左市第四届“陆路东盟国际商务文化节”期间首次公映。2015年宁明县民语办配合广电部门，用宁明壮话译制的《举起手来》《寻找刘三姐》两部电影已在各地村屯公映。2016年市民语委筹划用壮语译制电影《战狼》，译制工作将于年底完成。

（六）配合上级部门抓好双语和谐示范点建设

2015年，国家民委部署开展推荐、申报全国民汉双语和谐乡村（社区）试点工作，按照上级部门的通知要求，崇左市组织民语工作人员深入乡、村基层就各地壮汉双语和谐情况进行摸底调查，经过对比和筛选，上报宁明县城中镇馗塘村为全国双语和谐示范点备选单位。目前我市宁明县城中镇馗塘村已定为全国7个双语和谐示范点之一，并获得试点工作经费扶持。

三、存在的问题和困难

（一）贯彻执行党和国家相关民族语文政策法规的工作力度仍需加强

1. 少数民族语言文字工作机构建设有待进一步完善

崇左市是广西少数民族人口比例最高的地级市，市、县两级政府应设立少数民族语言文字机构。但目前，全市还有扶绥县、天等县没有设立少数民族语言文字工作机构，将其承担的全县少数民族语言文字使用的社会职能、人员、编制划入县民族宗教事务局，明确由事务局一名副职领导分管民语工作，作为县民宗局的一个内设机构。宁明县、凭祥市、江州区等3个县（市、区）虽然设立了独立的少数民族语言文字工作办公室，但没有明确级别，削弱了民族语言文字工作机构履行落实政策、行使管理职能的能力，也影响了工作的积极性。同时，全市民族语文工作部门专业人员缺乏，全市民语系统在职人员共29人，其中民语专业人员只有10人。

2. 民族语文法制建设滞后

目前，自治区出台的民族语文政策法律法规较少，市、县一级民族语文的政策法规条例不健全。各级民族语文工作部门缺乏日常工作中可以具体操作的民族语文工作政策措施，因此地方民族语文工作部门在具体工作中往往比较被动，加之法规针对性不强，无法为少数民族语言文字的学习使用提供有力保障，民族语文工作在实际工作中被弱化。例如，在司法审判活动中，用民族语言审理或向当事人提供民族语翻译的情况不多。有些被告人在庭审中用民族语言回答法官的提问，法官竟认为被告有意对抗法庭而对其训斥。

3. 民族语文政策法规宣传力度仍需加大

通过调研，一些地方政府部门对民族语文工作认识不统一，民族语文工作宣传的广度和深度还不够，尚未引起有关部门领导干部的足够重视，使工作中出现的困难和问题得不到及时解决，从而影响了工作的发展。有的单位的干部对民族平等、语言文字平等政策认识模糊，认为不歧视、不侮辱就行，对民族语言文字的使用没有足够的重视。

（二）壮语文的推广应用工作存在诸多不足

1. 部分机关单位名称的牌匾和印章没有同时使用壮汉两种文字

全市有部分党政机关、事业单位名称的牌匾和公章没有冠上壮文，尤其是村委会、中小学校单位名称的牌匾和公章没有冠上壮文的问题较为突出。市直属机关约有五成单位公章没有同时使用壮汉两种文字。此外，火车站、汽车站、图书馆等公共场所基本没有冠上壮文；民族工作以外的大型会议、重大活动，使用壮汉两种文字悬挂横幅、招牌、标牌的较少。有的单位部门未经民语部门壮文专业工作人员翻译、审核和监制的情况下制作牌匾，加之制作厂家不把好质量关，造成壮文错、漏、书写不规范等现象发生，扶绥县较为突出；有的牌匾悬挂时间久，长时间挂在门外，日晒雨淋，造成牌匾变形、字体变形而脱落，文字残缺不全，没有及时更换。

2. 壮汉双语教学师资队伍建设有待进一步壮大

要开展好壮汉双语教学，关键要有一批合格精通壮汉语文的教师。从事壮汉双语教学工作的教师，在业务知识方面，不但要精通汉语言文字，还要精通壮语壮文，做到壮汉兼通，只有这样，才能胜任壮汉双语教学工作。由于双语师资培养渠道少，培训规模小，层次低，目前全市双语教师严重短缺，任科教师缺乏系统培训。

3. 壮语广播电视栏目有待进一步发展

一是发展壮民族语广播电视事业群众基础薄弱。二是新闻采编播设备不足，采编人手不够，直接制约了广播电视宣传工作的正常开展。三是壮语广播电视投入经费不足，专业人才缺乏，发展壮语广播电视事业后继无人。四是壮语节目时间短，内容单一。各县（市、区）壮语广播电视播出的内容大多是翻译当地的汉语版新闻，每次约10分钟，信息量有限，无法满足广大群众对富民惠农政策、农业科技、市场信息、生活影视等方面的需求。五是壮语影视节目播放时段不够合理。农村群众大多早出晚归，尤其在农忙时节，白天根本没有时间看电视、听广播。崇左市电视台、宁明县电视台壮语栏目的播放时段基本上是在农村群众的劳作时间播出，不方便受众收听收看。

4. 壮语文推广应用环境有待进一步优化

一是对壮文学习使用重要性没有足够的认识。部分家长担心孩子学习壮文会影响到其他学科，不利于今后升学深造，因此反对学校开设壮文课程，或者让自己的孩子转学。二是壮族歌师歌手后继乏人，传承和发展当地山歌形势严峻。

四、对民族语文立法工作的意见和建议

开展民族语文立法工作是广西壮族自治区各族人民政治生活中的一件大事，对自治区机关贯彻执行党和国家民族语言文字方面的方针和法律法规，依法保障各民族使用和发展本民族语言文字的自由，增进民族团结，维护社会稳定，促进各民族共同繁荣进步，继承和弘扬民族优秀传统文化，学习和借鉴先进地区的经验，都具有十分重要的作用，是很有必要的。结合当前民语工作实际，我们认为民族语文立法工作应注意以下几点。

（一）加大贯彻执行国家和自治区相关民族语文政策法规力度，建立健全民族语文工作机构，推动边境地区壮汉“双语”人才队伍建设

民族语文政策法规是通过民族语文工作机构执行来实施的，少数民族语言文字权利在法律保护中的一个关键环节就是执法过程。建立健全民族语文工作机构对少数民族语言文字权从立法保护到提供行政保障至关重要。这次立法工作应重点体现自治区党委、自治区人民政府《关于进一步加强民族工作，加快少数民族和民族地区经济社会发展意见》（桂发[2006]26号）文件精神，争取党委、政府加大对民族语文工作的支持力度，进一步完善民族语文工作机构。如争取设立扶绥县、天等县少数民族语言文字工作局（科级），并统一确定各县（市、区）少数民族语言文字工作机构级别为科级。通过培养我市壮汉“双语”人才，发挥地方民族语优势。协调有关部门，培养一支素质较高的少数民族语言文字工作者队伍，为少数民族语言文字事业的可持续发展提供智力支持、技术保障，储备人力资源。切实加强自治区少数民族语文工作机构，使目前部分县的少数民族语文工作机构名存实亡的现状得到改变，尽快扭转工作局面，使其工作得以正常运转，并发挥应有的作用。

（二）坚持民族语文立法工作的民主原则，健全细化少数民族语言文字工作有关条例，在工作条例的基础上，多增加可操作性条款

民族语言文字的发展以及民族语文工作无论过去还是将来都将受到不同方面的影响，面临不断出现的新问题。这些影响及问题有国际大环境造成的，也有国内问题引起的；既有认识不到位产生的，也有法律法规不健全导致的。我们建议自治区层面在民族语文立法建设时，应坚持民族语文法制建设的民主原则，广泛征求少数民族干部、群众的意见，征求有关单位、部门的意见，征询有关专家、学者的意见，要注意研究与语言文字发展相关的社会因素。这样出台的法律，才能真正反映自治区少数民族群众的意志，维护宪法赋予的少数民族语言文字平等权利，才有可操作性。在新的形势下，我们要进一步认清少

数民族语言文字的重要地位以及民族语文工作的重要作用，理清思路，明确方向，采取切实有效的措施，进一步发展少数民族语言文字，努力改进民族语文工作方式。自治区民语工作部门要协助市、县一级做好地方少数民族语文工作条例的制定和实施工作，加强监督指导，确保各级民族语文政策法规条例能顺利落实。

（三）加大宣传民族语文政策法规力度，提高民族语文工作意识

民族语文工作是民族工作的重要组成部分，是民族文化教育的重要内容，是一项政策性很强的工作。民族语文立法工作应注重加强全区民族语文政策法规宣传工作，一方面，建议设立民族语学习活动月，让少数民族地区的领导干部带头学习、宣传和把握这些政策，学习和掌握马克思主义民族观、语言观的理论及民族语；另一方面，要组织民族语文专家、学者深入工作实际，做好专项调查工作，制定出适合本地区民族语文发展的具体措施，使党和国家的民族语文政策、法律法规能够真正落到实处，解决好工作中和社会生活中存在的问题，使广大少数民族群众切实感受到党和政府的关怀。不断增强全社会各类人员做好民族语文规范化工作的使命感和责任感，提高依法行政能力，培养他们对语言文字规范化的意识性和自觉性，共同营造良好的、规范的语言文字工作宣传环境。充分利用新闻媒体等各种有效途径，加大对民族地区落实党的民族语言文字政策的宣传力度，广泛宣传民族地区开展双语教学、壮语使用的意义和作用，使广大干部群众、教师、学生对壮文进校工作有新的共识，并自觉加以落实。

（四）加大壮文社会应用和管理工作力度，不断优化壮语文推广应用环境，普及中小学壮汉双语教育

建议民族语文立法工作应采取有力措施推进壮文在国家机关、事业单位名称的牌匾和公章，火车站、汽车站、码头、博物馆、展览馆、图书馆、体育馆等公共场所名称的招牌、标牌，市、县（市）大型会议、重大活动所使用的标牌、横幅等领域的应用。同时，鼓励企业单位、社会组织和个人在社会用字中同时使用壮文、汉文两种文字。落实民族语文工作权责，由民族语文工作部门联合公安、民政、交通等部门加强对壮文社会使用工作的检查、监督。争取把单位名称的牌匾和公章同时使用壮汉两种文字书写工作纳入绩效考评内容。建议把宣传壮语言文字推广使用工作列入每年的“民族团结进步宣传月”活动内容，让群众充分认识学习壮文、学唱山歌的重要性。建议把开设壮文作为民族地区中小学教育阶段的必修课，同时把开设壮文课所需的相关费用纳入财政预算，以保证各中小学能顺利开设壮文课。建议对学习壮文的学生应有相应的加分政策，如在小升初、中考、高考时，把壮文考试等级作为壮族考生加分照顾录取的依据等，逐步在少数民族聚居县乡一级的中小学校普及壮汉双语教育。

（五）加强壮汉双语教学师资队伍建设

民族语文事业的未来在青少年。他们是民族语文事业的接班人。培育祖国接班人的重任落在教师身上。振兴民族在教育，振兴教育在教师。建议民族语文立法工作要专设一支壮汉语文教研队伍，加强壮语授课的教学教研工作，同时增加壮语教师培训。建议民语和教育部门共同建立一支优秀壮汉双语教师队伍，打破封闭教育模式，促进各壮汉双语学校间的交流，在条件允许的情况下可以采取跨市县校际交流，互相学习、取长补短。建议人社及教育部门在招聘特岗教师时能够开设双语教学岗位，引进一定比例的壮语文专业人才。在上级业务部门开展壮文师资培训的过程中，聘请壮文讲师、专家、教授授课。对从事

壮文教学的教师应给予特殊岗位津贴，鼓励教师从事壮文教育事业。

（六）处理好民族语言文字和国家通用语言文字、民族语言文字内部之间的关系

在民族语文立法工作过程中，应正确处理好少数民族学习、使用本民族语言文字和学习、使用国家通用语言文字（汉语文）的关系。《宪法》和《国家通用语言文字法》规定："各民族都有使用和发展自己的语言文字的自由。"使用国家通用语言文字也是少数民族群众的语言权利。民族语文立法不能因为推行民族语文而削弱对汉语文的学习和使用。民族语文立法工作应该使少数民族群众能够更快地学好汉语文和发挥壮汉两种语文的互补作用。民族语文立法应提倡和鼓励各民族互相学习语言文字，要因人因地区而异，各有侧重，使民族语文和汉语文在不同的领域和范围发挥各自的优势。同时，民语立法工作还要处理好壮语标准音与壮语其他地方方言口音在推广使用时的矛盾问题，要充分尊重少数民族群众使用本民族语言方言的权利。如崇左市属壮语南部方言区，语音、语调、词汇等方面与标准壮语的差别较大，学习起来也比较困难，部分群众从心理上不愿接受标准壮语。建议成立专家、学者团队负责研究南部方言与标准壮语各方面的对应规律，以帮助南部方言群众学习。建议立法把南部方言中一些特有词汇尽量吸收到标准壮语词汇中。在标准壮语没有广泛推广使用之前，鼓励群众使用当地壮语方言传承发展民族传统文化。

（七）解决民族语文工作经费保障问题

民族语文工作经费是开展民族语文工作、发展民族语文事业的重要保障，也是当前阻碍自治区民族语文工作开展的绊脚石。建议民族语文立法工作把民族语文工作经费作为立法的重要条款加以强化。特别是在民族语文工作经费严重短缺却担负本地民族语文事业发展任务的市县一级，应建立财政专项资金，并保证按时按量拨付民语工作部门开展工作。

（八）明确落实少数民族语言文字权行为的权利和责任

没有权利就没办法开展工作，没有责任就无法落实工作。少数民族群众的少数民族语言文字权应有具体明确的行政主体来实施负责。民族语文立法工作应制定具体自治条例或单行条例对民族语文工作的各项权利责任制定具体的保护条款。

少数民族语言文字的发展及民族语文工作虽然经历过挫折，也面临不少问题和困难，但在党和国家各级政府关怀下也取得了巨大的成就和发展。通过此次民族语文立法工作，我们坚信少数民族语言文字在使用领域、使用层次、使用程度上都将有显著的扩大和提高，在教育、翻译、出版、新闻、广播、影视、古籍整理、信息处理等方面都将获得前所未有的发展，语言文字的规范化、标准化水平将大大提高。

试论广西少数民族语言文字立法

莫柳桂[①]

一、我国少数民族语言文字立法情况

我国少数民族语言文字立法的依据，一是根本大法《中华人民共和国宪法》（第4条第四款、第19条、第121条、第134条）中关于少数民族语言文字的相关规定；

二是《中华人民共和国民族区域自治法》（第10、21、36、37、47、49、53条）、《中华人民共和国教育法》（第12条）、《中华人民共和国义务教育法》（第6条）、《中华人民共和国民事诉讼法》（第11条）、《中华人民共和国刑事诉讼法》（第6条）、《中华人民共和国行政诉讼法》（第8条）、《中华人民共和国法院组织法》（第6条）等普通法律中关于少数民族语言文字的相关规定；

三是国务院行政法规及其部委规章中关于少数民族语言文字方面的规定，如《国务院实施〈中华人民共和国民族区域自治法〉若干规定》（第2、21、22、24条），《中华人民共和国义务教育法实施细则》（第25条）等；

四是地方法规、规章中关于少数民族语言文字的规定，如《新疆维吾尔自治区语言文字工作条例》（1993年）、《西藏自治区学习、使用和发展藏语文工作的规定》（1987年通过，2002年修正）、《内蒙古自治区社会市面蒙汉两种文字并用管理办法》（1996年）、《内蒙古自治区蒙古语言文字工作条例》（2004年）、《云南省少数民族语言文字工作条例》（2013年）。此外还有部分自治州（地级市、地区）、自治县（旗）颁布的少数民族语言文字法规、规章，如《呼伦贝尔市蒙古语文工作管理办法》（2003年）、《马边彝族自治县彝族语言文字条例》（1994年）等。

二、广西少数民族语言文字使用情况及少数民族语言文字立法的必要性

（一）新创少数民族文字

中国是一个多民族、多语言的国家。据专家统计，除了汉族之外的55个少数民族使用的语言达100种以上。然而，与数量庞大的少数民族语言相比，少数民族文字的数量则少得可怜，如新中国成立前，已使用文字的民族只有22个，文字24种。中国的55个少数民族中，有传统文字并一直沿用至今（如藏族、维吾尔族）、有传统文字但只在一定范围内使用（如彝族）、在政府的支持下创制了新的民族文字（如壮族、苗族）及没有文字（如仫佬族）的情况都存在。

为贯彻落实党的民族平等政策，保障各民族享受平等的权利与自由，20世纪50年代，党和政府在大

---

① 莫柳桂，女，壮族，广西壮族自治区少数民族语言文字工作委员会干部。

规模语言调查的基础上，借鉴前苏联创制少数民族文字的经验，根据“自愿自择”的原则，先后分别为壮族（壮文）、布依族（布依文）、彝族（彝文）、苗族（黔东苗文、湘西苗文、川黔滇苗文3种文字）、傈僳族（傈僳文）、哈尼族（哈雅方言哈尼文和碧卡方言哈尼文2种文字）、纳西族（纳西文）、佤族（佤文）、黎族（黎文）、景颇族（载瓦文）、侗族（侗文）等11个少数民族创制了以拉丁字母为基础的拼音文字，之后，又为土族（土文）、白族（白文）、独龙族（独龙文）、土家族（土家文）、羌族（羌文）、基诺族（基诺文）设计了拼音方案。在这些新创文字中，《壮文方案》（草案）于1957年获得国务院批准，同意在壮族地区推行使用，其他文字获得国家民委批准试验推行。其中，由于各种原因，碧卡方言哈尼文和黎文没有进行试验推行，彝文于1976年被规范彝文取代。

（二）广西少数民族语言文字使用情况

广西壮族自治区是我国5个少数民族自治区之一，是以壮族为主体民族的民族自治区，有壮、瑶、苗、侗、仫佬、毛南、回、京、彝、水、仡佬等11个世居少数民族。根据2010年第六次全国人口普查统计，广西少数民族人口总数达到1957.56万，占自治区总人口的37.94%。广西11个世居少数民族中，除回族已转用汉语，其他民族都有本民族的语言并都还在使用。此外，壮族（方块壮字、新创文字）、苗族（新创文字）、侗族（新创文字）、彝族（传统文字）都有本民族的文字，具体情况见下表：

广西世居少数民族的语言文字使用情况表

民族	语言	文字	母语使用人数及分布情况
壮族	壮语（分南北两大方言，方言土语间基本可以沟通）	方块壮字（现主要用于民间经书、歌本的抄写）、壮文（新创文字，主要用于扫盲、双语教育、广播影视、古籍整理等）	1300多万人，主要分布在南宁、柳州、崇左、百色、河池、来宾6市。
瑶族	勉语、布努语和拉珈语（方言土语间差别很大）	方块瑶文（现基本不使用）	100多万人，主要分布在都安、巴马等6个瑶族自治县。
苗族	苗语（分苗语黔东方言、湘西方言、川黔滇方言，各方言间差异较大，基本不能用各自的苗语通话）	方块苗文（现基本不使用）、苗文（新创文字，主要用于扫盲及传统文化整理）	30万左右，主要分布在融水、隆林和三江等县、市。
侗族	侗语（分南北两大方言，方言之间差异不大）	方块侗文（现基本不使用）、侗文（新创文字，主要用于扫盲、幼儿教育及传统文化整理）	20多万人，主要分布在三江和融水等县、市。
仫佬族	仫佬语（没有方言区别）	无	9万人左右，主要分布在罗城及柳城、忻城、宜州等县、市。

（续表）

民族	语言	文字	母语使用人数及分布情况
毛南族	毛南语（没有方言区别）	无	3万左右，主要分布在环江毛南族自治县。
回族	汉语	汉字	3万左右，主要分布在桂林、柳州、南宁。
京族	京语（没有方言区别）	喃字（现基本不使用）	2万人左右，主要分布在东兴市。
彝族	彝语（属彝语东部方言）	爨文（现基本不使用）、规范彝文	8000多人，主要分布在隆林、那坡、西林等县。
水族	水语	水书（现基本不使用）	1000多人，主要分布在南丹、宜州。
仡佬族	仡佬语（哈给方言、多罗方言、布流方言，方言间差别很大）	无	1000多人，主要分布在隆林各族自治县。

相关数据来自《广西壮族自治区世居少数民族语言文字使用现状调查报告》（广西壮族自治区少数民族语言文字工作委员会撰写）。

（三）广西少数民族语言文字立法的必要性

语言文字是人类重要的交际工具，是传承发展文化的重要工具。不论是从法理角度进行分析，还是从现实需要进行分析，广西少数民族语言文字立法都非常有必要。对广西少数民族语言文字进行立法，有利于实现宪法赋予的民族语言文字平等权，有利于规范、保障各少数民族语言文字的学习、使用和发展，有利于少数民族文化的保护、抢救和传承，有利于提高民族意识、增强民族自尊心，也有利于民族团结、社会稳定。

三、广西少数民族语言文字立法过程中应处理好的几个问题

一部法律的出台，需要思考和处理好的问题肯定非常多。因篇幅问题，本人仅结合工作实际，对汉语文与少数民族语文的关系、壮语标准语和土语的关系、壮语文社会应用这三个问题进行论述。

（一）汉语文与少数民族语文的关系问题

长期以来，汉语文一直是我国绝大多数人的交际工具，影响较大，但我国的法律中并没有赋予其特权。如《中华人民共和国宪法》中明确规定："各民族都有使用和发展自己的语言文字的自由，都有保持或者改革自己的风俗习惯的自由。"（第4条第四款）"国家推广全国通用的普通话。"（第19条）《国家通用语言文字法》规定："国家推广普通话，推行规范汉字。"（第3条）《宪法》关于少数民族语言文字的提法表明了国家并不限制或禁止少数民族使用本民族语言文字的权利，而"国家推广全国通用的普通话，推行规范汉字"使用了"推广""推行"的提法而非"应当使用"，则说明国家对于学习和使用普通话和规范汉字，是带有强烈的倡导性和鼓励性，而非强迫。这也说明，个人能够自由地选择学习、使用汉语文或者是少数民族语言文字。

根据广西壮族自治区少数民族语言文字工作委员会2011年开展的广西世居少数民族语言文字使用现状调查，我们发现：一是被调查者的语言习得和语言使用情况，数据显示绝大多数被调查者小时候首先习得的语言是民族语，比例达到91.20%，说明广西少数民族群众的母语还是以民族语为主；二是语言的使用情况，数据显示89.49%的被调查者能够使用母语与人比较自由地交流，73.96%的被调查者能够使用汉语方言与别人进行交流，69.88%的被调查者能够使用普通话与人进行交流，说明广西少数民族群众基本能够使用民汉双语进行对外交流；三是文字的掌握情况，数据显示60%左右的被调查者能够通过汉文进行读写，而通过民族文字或外文进行读写的比例加起来却还不到10%，这说明汉字在广西已成为少数民族群众书面交际最主要的工具，壮文作为新创文字，推广效果不明显，社会应用面非常窄；四是学习语言文字的态度，数据显示80.84%的被调查者认为普通话“很有用”，超过90%的被调查者认为中小学最好使用普通话进行教学，希望后代上用普通话教学的学校，这表明广西的少数民族群众对普通话的认可度非常高。

因而，在广西并不存在少数民族群众不自觉主动学习、使用汉语文的情况。然而，目前民族语言依然是少数民族群众交流的主要工具。可以说，少数民族语言文字与汉语文在广西不同的领域和范围各有优势，二者是相辅相成，互为补充的关系。《中华人民共和国民族区域自治法》第49条规定：“民族自治地方的自治机关教育和鼓励各民族的干部互相学习语言文字。汉族干部要学习当地少数民族的语言文字，少数民族干部在学习、使用本民族语言文字的同时，也要学习全国通用的普通话和规范汉字。”为了更好地沟通交流，提高工作效率，不止是民族自治地方的国家干部要相互学习语言文字，民族自治地方的群众同样也要相互学习语言文字，进而实现民汉双语和谐，夯实民族团结的基础。

（二）壮语标准语和土语的关系问题

根据壮语语音和词汇的特点，壮语可以分为北部和南部两大方言，方言下面又可以细分为多个土语。其中，广西的壮语可分为9个土语，具体见下表：

壮语北部方言	
桂北土语区	桂林市龙胜县、永福县，柳州市三江县、融安县、融水县，河池市罗城县、环江县、南丹县、天峨县、东兰县、巴马县
柳江土语区	来宾市忻城县（北部），柳州市柳江县、柳城县，河池市宜州市
红水河土语区	贺州市，桂林市阳朔县、荔浦县，柳州市鹿寨县，贵港市桂平县，来宾市武宣县、象州县、来宾（河南）、忻城县（南部），南宁市上林县，河池市都安县、马山县
邕北土语区	南宁市邕宁区（北部）、武鸣区、横县、宾阳县，百色市平果县
右江土语区	百色市田东县、田阳县
桂边土语区	河池市凤山县，百色市田林县、隆林县、西林县、凌云县、乐业县
壮语南部方言	
邕南土语区	南宁市邕宁区、隆安县，崇左市扶绥县，钦州市，防城港市上思县
左江土语区	崇左市天等县、大新县、宁明县、龙州县、凭祥市
德靖土语区	百色市靖西市、德保县、那坡县

壮语标准语以北部方言为基础方言，以壮语武鸣音为标准音。北部方言与南部方言的语法结构基本相同，固有词汇相同率在 60%—70% 之间，但语音差别比较明显，内部交流存在不同程度的障碍。方言内各土语相对来说语音差别较小，主要体现为调值、声母、韵母的不同，而土语区内的壮族群众基本能够进行交流。

因壮语内部语音差别较大，壮语标准语的普及面不够广，全民族通用的共同语还没有形成，故对于壮族群众来说，当地的壮语土语较之其他土语听起来肯定更亲切，也更容易获得认可。再者，目前整个广西普通话的普及率非常高（据普通话普及情况调查项目组 2010 年统计，广西能够使用普通话交流的人已经达到 80.75%）。在这样一个前提下，一刀切全部使用壮语标准语进行推广使用是否合适？以民族语广播影视为例，广播电台、电视台、电影公司若是用壮语标准语来制作、译配、播放相应的广播影视节目，那么，很大一部分使用非标准语音，又没学过标准壮语文的壮族群众很有可能听不懂里面在说什么，更不会产生认同感。因而，根据目前广西壮语的使用实际，在立法过程中应当兼顾好壮语标准语与各土语的关系，明确壮语土语的地位，以便更好地开展相关工作。他山之石，可以攻玉。2015 年 5 月，贵州黎平、玉屏，湖南通道、芷江、新晃，广西三江等电视台联合开办了《全国侗语新闻联播》。这个做法完全可以为广西的壮语广播影视的译制播放工作所借鉴，如以壮语的土语为单位，土语区内的几个县（市、区）的广播电台、电视台、电影公司联合制作播放土语频率、频道、栏目及电影。这样既节省了成本，又更容易为本土语内的壮族群众所接受。

（三）壮语文社会使用问题

目前，在广西，壮语和壮文的使用群体不太相同，壮语的使用更多的是在民间，官方使用不多，主要用在：一是壮族聚居区的国家机关工作人员开展公务活动；二是民族语广播电视栏目；三是壮汉双语教学。而壮文因普及率不高，民间少有使用，更多是在官方使用，多为民族语文相关行业的公职人员。

广西是以壮族为主体民族的少数民族自治区，若是对广西少数民族语言文字进行立法，必然少不了对壮语文使用范畴的阐述。但因篇幅原因，此处不对壮语文的使用现状进行分析，只针对现有政策中关于壮文使用的相关规定进行分析，以期通过各方努力，使相关规定能上升到法律层面，以便更好地落实国家民族平等政策。

《广西壮族自治区人民政府办公厅关于国家行政机关所挂牌子同时使用壮汉两种文字及有关问题的通知》（桂政办 [1984]41 号）中规定："自治区人民政府，自治区的委、办、厅、局，各地区行署，各市、县人民政府，在机关正门所挂的机关法定名称的牌子，一律书写壮汉两种文字。""凡自治区召开的大型会议，如会场挂会议名称横额的，要同时冠上壮文（在汉文之上）。南宁、柳州、桂林、梧州、北海五市较大的公共场所建筑物，如火车站、汽车站、港务站、博物馆、展览馆、图书馆、体育馆等单位名称牌子上，也应同时冠上壮文。"

《广西壮族自治区人民政府办公厅关于重申使用壮、汉两种文字书写挂牌的通知》（桂政办〔1991〕59 号）中除重申上述两个要求外，还增加了"各地、市、县直属的委、办、局和乡、镇人民政府以及所在地的企、事业单位（派出所、工商所、税务所、财政所、粮所、银行、邮政所、供销社、卫生院、中学、中心小学等）也都应在单位名称牌子上冠上壮文"。

《广西壮族自治区人民政府关于限期落实使用壮、汉两种文字书写单位名称牌匾的通知》（桂政办电〔1998〕152 号）中再次强调了桂政办 [1991]59 号提及的要求，《广西壮族自治区成立 50 周年大庆筹备委员会办公室关于对全区法定单位使用壮汉两种文字书写单位名称牌匾及大庆期间壮汉文使用情况进行检查的通知》（桂庆筹办电 [2008]36 号）也再次强调了上述文件精神。

但是，一般政策实施较之严谨权威的法律法规的实施，具有一定的随意性，以至于地方政府在壮语文的保护和发展工作中处于被动状态。笔者因工作关系，经常接到县（市、区）少数民族语言文字工作部门有关同志的电话，询问自治区法定单位要使用壮汉两种文字书写单位名称牌匾这一规定是否有法律法规依据，也有同志询问非政府部门的单位是否需要使用壮汉两种文字书写单位名称牌匾，毕竟目前能够提供的关于对法定单位牌匾使用壮汉两种文字的文件依据基本都是以桂政办的名义下发的。因而，为更好地落实民族政策，贯彻民族区域自治法，完全可以考虑将“自治区人民政府……在机关正门所挂的机关法定名称的牌子，一律书写壮汉两种文字……凡自治区召开的大型会议……要同时冠上壮文（在汉文之上）……公共场所建筑物……等单位名称牌子上，也应同时冠上壮文……。各地、市、县直属的委、办、局和乡、镇人民政府……也都应在单位名称牌子上冠上壮文”的规定上升到法律层面。这将非常有利于壮语文工作的持续稳定开展。

【参考文献】

[1] 普通话普及情况调查项目组．广西普通话普及情况调查分析 [J]. 语言文字应用，2012（1）.

[2] 李婕．壮族语言文字立法刍议 [D]. 广西师范大学硕士学位论文，2015.

[3] 广西壮族自治区少数民族语言文字工作委员会．广西壮族自治区世居少数民族语言文字使用现状调查报告 [R]，2012.

[4] 广西壮族自治区少数民族语言文字工作委员会．广西壮族自治区壮语文社会应用情况调研报告 [R]，2015.

浅论广西少数民族语文立法的必要性

兰小云　滕明新[①]

一、广西少数民族语文立法的背景

广西是我国5个少数民族自治区之一，地处中国西南沿海，是面向东盟经济交流的重要门户和前沿，又是一个多民族居住的地区，世居有壮、汉、瑶、苗、侗、仫佬、毛南、回、京、彝、水、仡佬等12个主要民族，另外还有满、蒙、维吾尔等44个其他少数民族共同居住在这片土地上。世居的主要民族中壮族、瑶族、侗族、彝族有自己的民族语言和文字。根据自治区2010年第六次全国人口普查主要数据公报，广西总人口为5159.46万，少数民族人口1917.56万，占总人口的37.94%[②]。广西少数民族人口众多，推行民族语文是一种符合现实客观的需求，因此，广西少数民族语文立法工作的成败关系《宪法》和《民族区域自治法》等法律法规赋予少数民族群众的权利是否得到真正的落实和保障。这既关系到民族语文推行的成败，也关系人心向背，各级党委政府和职能部门必须高度重视并予以落实。

广西是一个多民族聚居的多语种、多文种的自治区，长期以来各民族之间相互学习语言的传统由来已久，是多语言、多文种交互和谐使用的典范省区。多年来以自治区民委和民语委为主的政府职能部门积极推动民族语言文字的使用和普及，发展民族地区的双语教学，推行少数民族语文水平考试，发行民族文字报纸，开播民族语广播电视节目，放映民族语言电影译制片，编撰发行《壮汉词汇》《壮汉词典》《壮文社会用字规范手册》，积极推进中国少数民族濒危语言有声数据库建设，有效地促进和发展广西的少数民族语言文字工作，呈现出多语共存和多语和谐的良好局面[③]。这种多语和谐、多语共荣、多语共通的良好社会氛围，既体现了国家民族政策在广西的典范作用，更体现了广西多年来特别是近年来落实和贯彻党和国家民族语文政策的良好成效。

但是，在大好形势下也存在一些不尽如人意的地方，比如有些部门和领导对少数民族语言文字在经济社会发展中的地位、作用认识不足，重视不够。个别人认为可有可无，抓不抓无所谓，有些地区的领导也存在经济建设搞好了其他工作自然而然也能上去的片面思想。在落实少数民族语言文字工作的政策问题上还存在不重视、不作为、乱作为等不良行为，引起了有识之士的关注，更引起热心网友的热议，在一定程度上影响了政府的形象，还一度成为了舆论的焦点。比如广西民语频道开播的问题、壮文文字立法的问题、民族语文的使用与公务员录用、专业技术人员的职称评聘问题等等。这一方面反映出少数民族群众对民族语言文字更深层次的要求，另一方面也促成群众对民族语言文字工作立法呼声的日趋高涨。

网上一项关于广西民族语文立法工作的网络调查问卷结果显示如下表[④]：

---

① 兰小云，女，壮族，广西壮文学校图书馆馆员；滕明新，男，壮族，广西壮文学校高级讲师。

② 石煜、周雯、李博：《广西贯彻落实民族区域自治法调研报告》，《2014年全区民委系统优秀调研报告汇编》（内部资料），2015年。

③《广西民族语文工作情况报告》，http：//www.gxmzb.net/content/2015-04/30/content_9080.htm.

④《广西民族语文立法工作网络调查问卷》，https：//www.sojump.com/report/9116347.aspx.

内容	A	B	C	D
到目前为止，新疆、西藏、内蒙古、云南等省区已相继出台了有关保护发展少数民族语言文字的条例和规定。您对广西少数民族语言文字工作立法持何种态度？ A. 支持　B. 反对　C. 无所谓　D.（空）	95.63%c	0.97%	1.94%	1.46%
您对以立法的形式规定广西少数民族聚居的县级以上广播电视和其他媒体开设少数民族语言频率、频道或栏目，增加播出时间持何种态度？ A. 支持　B. 反对　C. 无所谓　D.（空）	95.15%	2.43%	1.46%	0.97%
您对以立法的形式规定在少数民族聚居区的学校在义务教育阶段开展民汉双语教学持何种态度？ A. 全面开展　B. 逐步进行　C. 试点推进　D.（空）	68.45%	14.56%	14.56%	2.43%
您对以立法的形式规定广西少数民族聚居的县份在选拔国家公务员、聘用工作人员时同等条件下优先录用民汉双语兼通的人员持何种态度？ A. 支持　B. 反对　C. 无所谓　D.（空）	92.72%	3.4%	2.43%	1.46%
您对以立法的形式规定在广西从事壮语文工作的专业技术人员晋升专业技术职务时可以用“壮语水平考试”成绩代替外语考试成绩持何种态度？ A. 支持　B. 反对　C. 无所谓　D.（空）	91.26%	4.37%	2.43%	1.94%

调查结果显示，网民对广西少数民族语文工作特别是壮语文工作的立法呼声是高涨的，对保障和维护好少数民族语言文字权利的要求也是迫切的。

二、广西少数民族语言文字立法的必要性

（一）是自治区经济社会发展的客观要求

随着改革开放的不断深入，特别是新常态下少数民族地区的经济社会迅猛发展，少数民族地区群众外出务工的人员与日俱增，到少数民族地区经商发展的外地客商也逐年增多，不同族群之间的交往会更加频繁。城市里使用少数民族语言文字的人数有逐年增加的趋势，在一些城市会出现某个族群集中居住于一个社区、一个街道的现象。这就给城市的少数民族语言文字使用带来新的问题和挑战。少数民族语言文字工作必须顺应自治区经济社会发展的客观要求，必须通过立法来保障少数民族群众的语言文字权利。

（二）是自治区语言实际环境所需

自治区是少数民族语言文字的富矿带，11 个少数民族中的瑶族、苗族、侗族、彝族分别都有自己的民族语言和文字，国家层面批准推行使用的就有壮、苗、侗、彝 4 种文字。自治区语言实际环境基本情况是，

民族多、语种多、文种多、分布广[①]。据调查资料反映，由于受历史、地理、经济、文化、教育等多种因素的影响，广西 85% 左右的少数民族群众的母语是本民族语。他们的汉语特别是普通话多为上学后才逐步学会，35% 左右的群众普通话听说能力较差，不太听得懂普通话广播影视节目。自治区少数民族母语乡村还有超过 700 万人存在汉语言沟通障碍[②]。必须通过立法来更好地完善和保障自治区少数民族群众在社会各领域中享有的民族语言文字权利。

（三）是发挥好壮语文的示范带动作用所需

作为自治区的主体民族，壮族的母语是壮语。壮文，同时又是迄今为止我国仍在少数民族群众中使用的由国务院批准的唯一一种新创民族文字。据一项抽样调查显示，壮族在日常生活中用壮语的比例高达 84.95%。此外，除壮族外其他民族的部分人也讲壮语，在广西境内使用壮语的人数已超过 1600 万。自治区民语委于 2000 年底对自治区各民族语言使用现状进行调查得到的结果是：约 1260 万壮族人口主要使用壮语进行交际。由于与壮族杂居或毗邻的其他少数民族也讲壮语，如都安瑶族自治县的部分瑶族、融水苗族自治县的部分苗族、环江毛南族自治县的部分毛南族等等，实际上在广西境内讲壮语的人数已超过 1550 万[③]。作为全国民族团结进步的示范省区，广西发展并保障好壮文的社会应用，对搞好全区乃至全国的少数民族语言文字工作都有着很好的示范和带动作用，因此必须通过立法加以管理。

（四）是维护自治区少数民族群众民族语言文字权利所需

在广西，各民族人民互学语言的现象较为普遍，一个民族会两种甚至是三种语言的情况很多，呈现出多语共存和多语和谐的良好局面。如在马山古零，瑶族人也讲壮语，汉族人也讲壮语。壮语在当地已经变成各族群众的通用语言。马山县古零旧街及附近村屯的瑶族群众相互之间通话都讲瑶话，但和马山别的地方的人交流和购物时都讲壮话。然而现实当中自治区民族语言文字在行政司法、文化教育、新闻出版、广播影视、网络媒体、医疗卫生等领域仍未得到广泛的支持和应用，少数民族群众语言文字使用权利得不到保障的问题时有发生。据笔者了解，某患者到某大医院就诊，因为不会说普通话，护士给她打针时差点出医疗事故。原因是打这种针需要饭后才能打，而患者听不懂普通话，懂普通话的丈夫又刚外出帮她买早餐去了。护士问什么她都点头，结果针一打进去，出现异常反应，口吐白沫，差点出意外。这事怪谁呢？怪患者？怪医院？怪护士？这其实也是患者的一个民族语言文字的权利保障问题，是我们的公共服务机构在保障公民的语言文字权利方面的缺失，所以需要通过立法来更好地保障和维护自治区少数民族群众民族语言文字权利。

（五）是维护国家文化安全所需

广西既是民族地区，又是边疆地区，是我国唯一一个与东盟国家海陆相连的省区，与越南等国家接壤，陆地边境线长 1020 千米。壮、瑶、苗、京、彝等世居民族为跨境民族，壮语与东南亚多国语言同源、语音相似或相近，源远流长而又联系密切[④]。文化与语言上相同相通，如中国的壮语和越南的侬语、岱

---

①《广西民族语文工作情况报告》，http：//www.gxmzb.net/content/2015-04/30/content_9080.htm.

②《广西民族语文工作情况报告》，http：//www.gxmzb.net/content/2015-04/30/content_9080.htm.

③《广西民族语文工作情况报告》，http：//www.gxmzb.net/content/2015-04/30/content_9080.htm.

④《广西民族语文工作情况报告》，http：//www.gxmzb.net/content/2015-04/30/content_9080.htm.

语①。以法律的形式确保少数民族语言文字的使用和发展，有助于推动跨境语言学领域的研究，也有利于国与国之间睦邻友好和边疆语言文化安全建设。

三、立法工作必须解决的核心问题

（一）立法条文必须涵盖社会生活的各个方面

法律法规条文是用来保障少数民族群众语言文字权利的，所以条例内容必须涵盖少数民族群众语言文字权利的相关领域。新闻传媒、文化、教育、卫生等各个政府职能部门和公共服务机构都要从维护少数民族群众的语言文字权利的角度出发，把贯彻落实党的民族语文政策、自觉维护群众的切身利益贯穿在自己的行政履职和服务过程中。

（二）法规条文必须是具备刚性执法的配套条例

我国系列法律对少数民族语言文字权利是有保障规定的。《中华人民共和国民族区域自治法》第10条规定："民族自治地方的自治机关保障本地方各民族都有使用和发展自己的语言文字的自由，都有保持或改革自己的风俗习惯的自由。"第21条规定："民族自治地方的自治机关在执行职务的时候，依照本民族自治地方自治条例的规定，使用当地通用的一种或者几种语言文字；同时使用几种通用的语言文字执行职务的，可以以实行区域自治的民族的语言文字为主。"第37条规定："……招收少数民族学生为主的学校（班级）和其他教育机构有条件的应当采用少数民族文字的课本，并用少数民族语言讲课……各级人民政府要在财政方面扶持少数民族文字的教材和出版物的编译和出版工作。"第38条规定："民族自治地方的自治机关自主地发展具有民族形式和民族特点的文字、艺术、新闻、出版、广播、电影、电视等民族文化事业，加大对文化事业的投入，加强文化设施建设，加快各项文化事业的发展。"第47条规定："民族自治地方的人民法院和人民检察院应当用当地通用的语言审理和检查案件，并合理配备通晓当地通用的少数民族语言文字的人员……"②可以说，法律规定了各个领域少数民族享有的语言文字权利，可是为什么少数民族群众对语言文字立法的呼声还是那么强烈呢？关键是刚性的执法条例缺失。当侵害群众的语言文字权利发生时却找不到维权的主体，找谁来帮自己维权，谁来帮自己追责。比如早些年自治区某个白话地区的法院在判案时，规定一个涉案的壮族群众只能用白话来陈述，而这位群众只会说壮话，白话半句不懂。一个听不到正确陈述或听不懂群众陈述内容的法官，最终审判的公正性就可想而知了。为了杜绝一切忽视少数民族语言文字权利的行为，必须具有相应配套的实施细则来明确，如何实施，谁来实施，确定好执法的主体，追责的主体，让维护少数民族语言文字权利真正实现有法可依、执法必严、违法必究。让在语言文字权利方面受到侵害或得不到保障的少数民族群众能找到说理说法的地方，找到追责的主体为自己维权。

（三）部分职能部门无视法律法规乱作为的行为必须得到有效的遏制

一些政府职能部门无视国家法律法规的要求，出现行政不作为或乱作为的行为，现实当中该怎么处

① 李锦芳：《论中越跨境语言》，《百色学院学报》2013年第4期。
② 黄达武：《广西少数民族语言文字政策的回顾和思考》，《三月三》（民族语言研究专号）2012年第6期。

理？这些问题必须在出台的条例中有所体现。比如早在 1992 年广西壮族自治区政府就以政府文件的形式出台了《广西壮族自治区人民政府关于加强民族语言文字工作的通知》（桂政发 [1992]81 号）。文件明文规定："职称评定时，通晓壮、苗、侗文等其中一门民族语文者可以免考一门外语。"① 但是直到十年之后的 2012 年广西壮语文水平等级考试之前，没有任何一个民族的一个专业技术人员可以享受文件规定的待遇。对于这种情况，该找哪个部门说理，该找哪个部门来追责，不履行文件要求的部门和责任人该受何处理和处罚，必须在条例中予以明确。否则，法律条文还只是停留在文字层面的一纸空文，没有给少数民族群众带来实质性的福祉。

可喜的是我们的政府部门特别是自治区民委、民语委能够及时顺应民意，及时回应社会关切，经过长期不懈的努力，协调各方形成共识。目前，《广西壮族自治区少数民族语言文字工作条例》已经广西壮族自治区十二届人民政府第 67 次常务会议审议通过，列入 2016 年地方性法规调查研究项目。② 全社会都应该形成一种共识，就是在推广使用全国通用的普通话和规范汉字的前提下，充分做好尊重、使用和发展少数民族语言文字工作。期待一部操作性强的法规早日出台，促使各职能部门都能自觉维护和保障自治区少数民族群众的语言文字权利，更好地造福自治区各族群众。

---

①《广西壮族自治区人民政府关于加强民族语言文字工作的通知》，1992 年 10 月 22 日，http：// www.chinalawedu.com/news/1200/22598/22617/22846/22861/2006/4/li27571554271214600211880-0.htm.

②《自治区民语委到南宁市进行民族语言文字立法工作调研》，2016 年 9 月 5 日，http：// www.gx-law.gov.cn/a9/39332.jhtml.

关于民族语文立法工作进程的思考

黎学良　赵金宾[①]

民族语言文字是少数民族经济、社会发展的产物，是中华文化的重要组成部分，是少数民族群众久经不衰、源远流长的经验和知慧的结晶，是中华民族的共有精神财富。新中国成立以来，党中央、国务院对民族语言文字的保护、应用和推行进行了不懈的努力。特别是近年来，有关方面对民族语言文字专门立法呼吁较为强烈，学术界进行了比较多的探讨，贺州市民语委也结合单位实际开展了相关工作，但成效不够明显。因此，有必要进一步深入研究民族语言文字专门立法工作的思路和对策，为继续加强民族语文管理工作、积极开展民族语言的传承保护、促进语言和谐和民族团结进步作出贡献。

一、民族语文立法的基本情况

我国是一个多民族统一国家，多语言、多文字是我国语言生活的一个基本特点。新中国成立以来，为保障少数民族语言文字的平等权利，探索语言文字平等权利的实现途径，党和国家先后制定和颁布了一系列方针政策和法律法规，反映各族人民的意志和愿望。据不完全统计，截至目前，我国关于少数民族群众学习使用本民族语言文字相关的法律法规，累计有全国人大制定的《宪法》《民族区域自治法》《义务教育法》《国家通用语言文字法》等 12 部法律。

2011 年 10 月，由自治区民语委编写的《广西民族语文工作法律法规政策参考》一书，给全区各市以及（县、区）相关职能部门开展民族语文工作提供了很好的参考。为进一步贯彻落实自治区党委、政府《贯彻落实〈中共中央、国务院关于加强和改进新形势下民族工作的意见〉实施方案》关于“加快少数民族语言文字工作立法进程”精神，结合广西实际，又草拟了《广西壮族自治区少数民族语言文字工作条例》。这将对依法管理和保护民族语文工作起到重要作用。

（一）民族语文的多样性和统一性

我国民族语言文字丰富多彩，包罗万象。位于桂、湘、粤三省（区）交界的贺州市主要有瑶族、壮族、苗族等 17 个少数民族，人口达 35 万，占全市总人口的 16%，全市民族方言达 30 种。对于民族语言政策和法律法规，笔者认为，党和政府在制定语言文字政策时，要从我国的国情出发，把语言文字上的多样性和统一性有机地结合起来，这样既尊重了少数民族学习、使用和发展本民族语言文字的权利，也保障了各民族互相学习语言文字，特别是少数民族学习、使用国家通用语言文字的权利，充分体现了我国各民族之间平等、团结、互助的社会主义民族关系。同时，我国与民族语文有关的法律法规和文件摒弃了

---

① 黎学良，男，汉族，贺州市少数民族语言文字工作委员会主任；赵金宾，男，瑶族，贺州市少数民族语言文字工作委员会副主任。

国外常用的“国语”和“官方语言”两个概念，充分保障了我国语言生活的主体性和多样性，符合国家实际，保证了各民族在国家象征上的平等，同时依据集体保障和属地原则，充分保障了少数民族群众学习使用本民族语言文字的合法权益。如：一是各民族都有使用和发展自己的语言文字的自由；二是各民族自治地方的自治机关在执行公务时应当使用当地通用语言文字，应当教育和鼓励各民族的干部互相学习语言文字；三是各民族自治地方人民法院和人民检察院应当使用当地通用的语言审理和检察案件等。

（二）制定民族语文立法刻不容缓

不少学者在对我国民族语文法制建设的成就给予充分肯定的同时，也从不同角度表达了自己对进一步加强民族语文法制建设，特别是出台民族语文专门法律的关切。

笔者认为，《宪法》《民族区域自治法》虽然对少数民族语言文字的使用有规定，但大都比较笼统，操作起来有一定困难；其他与民族语文相关的行业性法律以及地方性法规、条例、规定虽然比较具体，但行业的专一性以及各民族地区的差异性，致使其无法顾及其他行业，更无法统揽全区。另外，地方性法规、条例、规定受其法律地位的影响，在执行过程中存在许多的实际困难。因此，及时制定《广西壮族自治区少数民族语言文字工作条例》，是自治区各民族人民的共同愿望，符合科学发展观和建立和谐社会的要求，也是国家法制建设、依法治国的需要，对处理好广西少数民族问题、发展各民族的经济文化建设、增强民族间的团结、维护祖国统一都具有十分重大的意义。

二、民族语文立法存在的问题

根据以上梳理，可以发现，民族语文专门立法目前比较困难。笔者认为主要存在以下原因：

（一）专门立法的定位不太准确

正如前面所述，不少学者和多数民族语文工作者尽管对民族语文专门立法的重要性、必要性是清楚的，但对“立什么、怎么立”的根本问题并没有非常清晰的思路，而这恰恰可以成为立法本身能否成功的关键性因素。应该看到，民族语文的复杂性、敏感性非常强，现有法律法规也作出了比较明确的规定，仅是相对分散而已，要专门立法的话，必须就立法角度、内容等作出清晰的界定。

我们还必须清楚地看到，民族语文专门立法，脱离不了目前已有一系列涉及民族语文法律法规的实际，必须深入研究到底缺什么、应该怎么立的问题，不能仅仅因为缺一部专门法就简单认为立一部专门法即可。该思维是为立法而立法，无助于工作目标的真正实现。

（二）专门立法的社会共识还有待进一步形成

目前来看，有些地方和人员对做好民族语文工作仍然存在一些认识上的偏差。尽管为数不多，但也对包括专门立法在内的民族语文各项工作造成一定程度的不利影响。例如，有一部分人对党和国家的民族语文政策认识不够深入；对少数民族语言文字的价值、作用、意义认识模糊；对民汉“双语”教育的内涵和外延的理解、把握不全面、不准确。有一部分人对少数民族群众学习使用国家通用语言文字的愿望过于迫切，不尊重民族语言文字发展的客观规律，不尊重少数民族和民族地区的客观实际，主观臆断、急躁冒进地采取相应措施，使少数民族群众学习使用本民族语言文字的权利受到损害。有一部分人对民族语文工作的复杂性、敏感性有一定认识，但对其政治性、重要性认识不足，在工作中奉行“冷处理”原则，任其“自生自灭”。还有一部分人甚至持有“民族语文无用论、负担论、隔阂论”的观点，认为少数民族语言文字消失得越快越好。

（三）少数民族同胞缺乏自我保护、传承民族语文的意识

一些少数民族同胞，特别是80后的少数民族年轻人缺乏民族荣誉感，普遍认为讲本地民族语言"土"，更没有主动推广应用民族语文的责任感和紧迫感。现在的少数民族青年因文化水平普遍较高，见识广，外出务工体验和感受到发达地区优越的生活和现代文明，回想着自己民族或家乡落后的一面不愿意面对，有意无意地追随外面精彩的世界。其次是受婚姻互动的影响。因受现代、时尚生活影响，社会体制的变化，年轻人走出村屯与外界广泛接触，交际面广，婚姻互动频繁，联亲面广。如一对夫妻，女方是外地的，男方的母语为少数民族语言，夫妇俩为方便交流在家里讲普通话，小孩的母语即为普通话，虽然在民族成分上他仍为少数民族，但已经不会讲本民族母语。其三是外出务工的影响。如贺州市八步区南乡镇全镇21700人，其中壮族20800人，占全镇人口总数的96%以上。全镇有5600多青壮年到外地打工，平时上下班交流基本融入当地语言和普通话；又如平桂管理区鹅塘镇芦岗村壮族2048人，仅在广东顺德打工的就有80多人，已经融入当地语言、文化、习俗，且每年只回来一次。随着人口异地交流渐多，人们交往时讲普通话的"机会"也越来越多，因此现在很多少数民族同胞在县城里（或大镇里）遇到本村及认识的会讲壮语的人才讲几句壮语，一般都以普通话或桂柳官话（都是汉语）交流，所以汉语逐渐成为人们的共用语言，少数民族语言日渐式微。如果再这样下去，随着城市化的推进，将来懂本民族语言的人会越来越少，民族语言随之就基本失传。然而，任何一种民族语言都代替不了该民族认识和解释社会的独特方式，一旦本民族语言消亡，那么凭借它来理解社会的独特方式和它们表达的文化也将随之消逝，这将直接威胁到人类语言文化结构。

（四）地方政府对民族语文的推广应用重视不够

笔者在调研时了解到，一些县（区）特别是乡镇一级政府，普遍认为人们在日常生活和工作中只要能沟通就行了，民族语文又不能脱贫产生经济效益。就拿贺州壮族聚居区为例，目前没有一所学校开设壮文课程，也没有一个懂壮文的老师，而且全市连懂壮文写壮文的壮族群众都找不到一个。民族语文标语宣传和单位门牌、公章壮文需请自治区民语委专家翻译。

三、民族语文立法的对策和措施

当前，党和国家越来越重视加强政府公共服务能力建设，党的十八大报告就有12次提到"加快健全基本公共服务体系"等字眼。最近，国务院办公厅还正式发布了《关于政府向社会力量购买服务的指导意见》，提出到2020年，在全国基本建立比较完善的政府向社会力量购买服务制度，形成与经济社会发展相适应、高效合理的公共服务资源配置体系和供给体系，公共服务水平和质量显著提高。《广西壮族自治区少数民族语言文字工作条例》的出台，标志着政府的公共服务能力建设迈上了新台阶。民族语文工作是政府工作的有机组成部分，也必须实现相应转变，而这个转变应当反映到立法工作上来。

（一）提供公共服务作为立法基本定位和内容

我们要全面贯彻落实党和国家的民族语文政策，但落脚点并不在于作秀式的空喊口号，也不在于流于形式的以文件贯彻文件，以法规贯彻法规，而在于实实在在地对照现有政策法律法规，把关系少数民

族群众切身利益的工作做好，为他们提供语言文字方面的周到服务。只要把这些工作做好了，少数民族的语言文字权益就得到了有效保障，党和国家的民族语文政策也就落到了实处。

随着物质生活条件的不断改善和全面建成小康社会目标的实现，少数民族群众的文化自觉和自信也逐步增强，语言文字是民族文化的重要组成部分，同时还承载着深厚的民族感情。因此，他们对语言文字的学习、使用、传承、保护问题也越来越关注。在这种背景下，我们在民族语文专门立法工作中要更多地把关注点放到为少数民族提供语言文字公共服务上，用具体措施来贯彻落实党和国家的民族语文政策，从根本上保障他们的合法权益。

从目前来看，我国的民族语文工作主要的不足并不在于缺乏政策，而在于缺乏更多的具体措施。因此，通过把提供公共服务作为专门立法的基本定位和主要内容，可以在一定程度上弥补这个方面的不足，使工作更加具有可操作性并容易取得实效。

（二）民族语文工作提供公共服务的任务和要求

民族语文工作主要都是围绕为少数民族新创和改进文字的任务而展开的。现在，形势发生了很大变化，工作任务也主要转向了为少数民族提供语言文字方面的公共服务。例如，在双语教育中，我们应当如何根据少数民族的愿望和需求，为他们提供选择学习各民族语言文字的条件。在少数民族聚居区的广大基层，如何把党和国家的政策文件、文化产品更多、更好地翻译成少数民族群众看得懂、听得懂的形式，使之更加贴近实际、贴近生活、贴近群众。在城市少数民族流动人口中，如何更加有效地为他们提供力所能及的语言翻译服务，减少他们适应、融入城市生活的障碍，共享城市文明发展的丰富成果。

在少数民族语言文字人才培养工作中，如何创新机制、创造条件，培养更多的适应基层需求的民族语文工作人才。在民族语文规范化、标准化、信息化方面，如何建立常态化工作机制，投入资金和项目，促进工作水平持续提高。在民族语文的调查研究工作中，如何为有关方面的学者提供更多便利。在少数民族濒危语言保护工作中，如何纳入有关规划，采取科学措施，加以妥善保护等等。若能把以上公共服务的内容作为民族语文专门立法的基本定位和主要内容，可以在很大程度上促进民族语文基本工作的规范化、制度化和常态化，确保取得比较理想的效果。

（三）各级党委、政府要高度重视民族语言工作

首先，各级人民代表大会和人民政府的民族、教育、文化工作部门要高度重视，把传承和保护、推行民族语言文字列入工作议事日程，切实抓好民族语言教学不放，并将民族语言教学列入长远规划。要加大对民族中、小学的投入和建设，在少数民族聚居区的小学、初中开设民族语言课程，逐步将推行民族语言常态化、法制化。

（四）各民族同胞要提高使用民族语文的自豪感和自信心

作为民族特征之一的语言，成了识别和区别不同人群共同体的重要尺度，也成为人们进行社交的主要条件和基础。民族语言文字平等已写进宪法，有了法律的保障，少数民族应当自由地使用本民族的语言文字。每位少数民族同胞要有保护、传承、推行本民族语文要“从我做起”，树立本民族语文要“从娃娃抓起”的理念，自觉践行国家、自治区有关民族语言文字的法律法规。

总而言之，尽管社会有关方面对民族语文的认识还有不到位的情况，但很好的一点是，社会普遍认同加强政府公共服务能力建设的观点。因此，只要我们把少数民族群众在民族语文方面的公共服务需求讲清楚，那么，相信社会各界会对“以提供公共服务作为基本定位和主要内容”的民族语文专门立法持认同观点。

加快推进广西少数民族语言文字立法工作步伐的思考

——以广西隆林各族自治县为例

杨登祥[①]

民族语言文字是一个民族最主要的交际工具和信息载体，是一个民族文化的基础要素和鲜明标志，是一个民族促进历史发展和社会进步的重要力量。《国家中长期语言文字事业改革和发展规划纲要（2012—2020）》指出："及时跟踪、研究语言文字领域的新情况、新问题，根据实际需要和研究成果，研究制定配套的法规、规章。加强语言文字执法工作，增强公民依法使用语言文字的意识，使有关法律规定落到实处。"这为我们在今后一段历史时期加快推进全国各地民族语言文字立法工作步伐指明了方向。本文以广西隆林各族自治县为例，正视当前广西一些少数民族语言文字已处于濒危失传边缘和少数民族语言文字立法工作刻不容缓等现状，积极探索广西少数民族语言文字立法工作的有效措施，对加快推进广西少数民族语言文字立法工作步伐具有十分重要的意义。

一、广西隆林各族自治县少数民族语言文字使用和发展的现状

广西隆林各族自治县是目前全国实行民族区域自治的121个自治县（旗）之一，境内居住着苗、彝、仡佬、壮、汉等5个民族。据统计，2011年底，全县总人口415056，其中苗族103671人，占全县总人口的24.97%；彝族4911人，占全县总人口的1.88%；仡佬族2841人，占全县总人口的0.685%；壮族226885人，占全县总人口的54.68%；汉族76748人，占全县总人口的18.48%。

（一）广西隆林各族自治县少数民族语言使用的情况

居住在隆林各族自治县的苗族、彝族、仡佬族和壮族等4个少数民族，都有自己民族的语言。苗语属于汉藏语系苗瑶语族苗语支，我国苗语划分为东部方言（也称湘西方言）、中部方言（也称黔东方言）和西部方言（也称川黔滇方言）3大方言区，3大方言又具体分7个次方言23个土语。居住在隆林各族自治县的苗族中，偏苗、白苗、红头苗、花苗和青苗这5个支系操西部方言的川黔滇次方言第一土语；素苗这一支系操东部方言苗语，与偏苗等5个支系的语言差异较大。偏苗等5个支系不会讲素苗语言，但是素苗人可以讲偏苗、白苗语言。偏苗等5个支系其土语大同小异，在一起可以任用其中一种土语进行交流，对外大多使用当地汉语。

彝语属汉藏语系藏缅语族彝语支。彝语是隆林各族自治县彝族的第一语言，居住在隆林各族自治县的彝族所操彝语属于彝语东部方言。隆林各族自治县彝族一般都通晓当地汉语和偏苗语。对外交流使用当地的汉语。

① 杨登祥，男，苗族，隆林各族自治县人民代表大会常务委员会副主任。

仡佬语是汉藏语系中最古老的语种之一。居住在隆林各族自治县仡佬族的祖先源于贵州省遵义和安顺，其语言属黔中、黔北方言的第一土语。隆林各族自治县仡佬族分为多罗、哈给和布流 3 个支系，其方言土语差异较大，仡佬族 3 个支系之间基本上不能用民族语言交流，日常交际和对外交流用语是当地的汉语。

壮语属汉藏语系壮侗语族壮傣语支，是壮族民族识别的主要标志之一。居住在隆林各族自治县的壮族所操壮语属壮语北部方言桂边土语，隆林各族自治县的壮语又分为南面和北面两大部分，在语言上有差别，词汇上差别较小。隆林各族自治县壮族人民内部之间千百年来一直用自己的语言作为社会交际和交流思想的主要工具，对外交流使用当地的汉语。

（二）广西隆林各族自治县少数民族文字推广和使用的情况

苗族文字设计比较简明，便于学习、书写和记住。1957 年隆林各族自治县人民政府人事科选送熊登文、杨启安两位偏苗学员到贵州省贵州民族学院学习培训苗族文字一年。两位学员回来后，从 1958 年下半年到 1960 年初，举办了 5 期苗文学习班，先后有近 200 人参加学习。20 世纪 60 年代初至“文化大革命”时期，刚刚起步的苗文推广工作被迫中断、停止。1985 年 11 月隆林各族自治县民委、教育局选派陶德强等 4 名教师到云南省文山州培训苗族文字 3 个月。他们学成回来后，曾一度在该县桠杈镇龙洒苗寨和者浪乡么窝村小学开办过几期苗文夜学班，先后有 100 多名学员参加。由于经费、师资、管理等因素影响，苗文夜学班未能推广，到 1989 年为数不多的苗文教学点也没有再举办下去，这样隆林苗文教学至此往后又中断了 20 多年。2011 年 8 月隆林各族自治县人民政府在县城举办了为期一周的苗族文字学习培训班，有近 200 名学员参加学习培训，效果明显。在实际生活和工作中，真正既能认读苗族文字的民族干部群众不多。

隆林各族自治县彝族与其他地方的彝族一样，有与本民族语言相应的自己独特的而且起源甚早的文字，即彝文。隆林彝文大部分属于表义音节文字。历史上隆林彝文是不普及的，仅有屈指可数的几个毕摩能认读，因为在彝族中，认识彝文的做毕摩，做毕摩的人必定收藏有彝文，彝文都是掌握和保管在毕摩手中。2007 年 10 月由自治区民语委拨出 10 万元经费在隆林各族自治县县城举办了一期彝族文字学习培训班，有 37 名学员参加学习培训。

仡佬族不仅有自己的语言，而且还有自己一套完整的古文字。隆林各族自治县仡佬族的文字沿用贵州省遵义等仡佬族地区通用的仡佬族文字。2009 年隆林各族自治县人民政府在县城举办仡佬族文字学习培训班，有 40 多名学员参加学习培训。在实际生活和工作中，真正既能认又能读仡佬族文字的干部群众不多。

隆林各族自治县对壮族文字的教育事业非常关心，1957 年 3 月建立了隆林壮文学校，有教职工 23 名，及时培训壮文骨干和师资 3 期共 613 人。同时，以壮族聚居区为主，先后举办学习壮文扫盲班 564 期，参加学习者达数万人。“文化大革命”期间，壮文教学、推广一度中断。1984 年又重新恢复推广壮文，到 1987 年底，自治县民委办在全县乡村开办了 8 期壮文群师培训班，培训了壮文群师 478 名、壮文骨干 693 名。在培训壮文群师及骨干的同时，隆林各族自治县民委办和教育局于 1985 年开始举办壮文扫盲班，三年中隆林农村壮文扫盲工作共帮助 2111 人脱盲。但是，壮文的推广工作到 20 世纪 90 年代中期后又一度中断。目前，除部分老干部外，一般年轻人中既能认又能读壮文的人不多。

截至目前，隆林各族自治县在少数民族重大节庆活动如苗族“跳坡节”、彝族“火把节”、仡佬族“尝新节”等均同时使用各个民族文字和汉族文字。

（三）广西隆林各族自治县少数民族语言文字使用和发展的情况

苗族语言文字方面：20世纪80年代，隆林各族自治县德峨放映队的苗族队员等用偏苗语言翻译了《白莲花》等几部电影在苗族聚居区德峨上映，深受广大苗族同胞喜爱和好评。随着音像制作业的起步和发展，隆林苗族干部李德新除创作几首苗语苗文歌曲外，2011年成功摄制苗族神话电影《骷髅夫人》；身残志坚的苗族汉子李德文，自己购买了一套音像设备，用电子软件制作苗族语言的光碟和MTV影像视频资料，取得较好的经济效益和社会效益，2009年又投资购买电影设备，建成合成录音棚等；隆林苗族工人敖应德下岗后，1998年购买当时最先进的小型索尼DV机、电脑和刻录机一套，将苗族等民间文化及节庆活动刻录成苗族等民族语言光碟出售，深受当地群众欢迎。另外，隆林各族自治县有线电视台自2015年12月4日开播隆林苗语新闻栏目以来，也给苗族干部群众耳目一新的感觉。隆林苗族青年杨乘和敖威，凭着传承苗族文化艺术的执着精神，近几年来创作、演唱许多苗语歌曲作品，其中代表作有《苦歌》《孤儿》《坡杆》《明年再相会》《伤感姑娘》《苦涩人生》《说谎的恋人》《一路走好》《爱在人间》《我是一个苗族人》《迁徙之路》《我爱苗族》等。这些原创全部用苗文创作、用苗语演唱，为苗语文化艺术事业的传承和传播开辟了新路子。2016年8月4日由隆林各族自治县苗族学会组织翻译的首部数字电影《先遣连》在该县德峨镇田坝村上映，给几百名观众带来无限的欢乐，让广大观众体验苗族语言电影带来的无穷乐趣。

彝族、仡佬族语言文字方面：20世纪90年代前，隆林各族自治县彝族和仡佬族人口较少。这两个民族和汉族之间偶有互相通婚，苗族和壮族大多数只在族内通婚，少数民族的母语作为日常生活交流语言的地位比较稳固。但是，随着各民族间婚姻开放度的提高和当前广大农村外出务工人员不断增多，当地汉族语言已逐渐取代各少数民族母语成为家庭日常交流用语。此外，目前无论是县城还是乡下，若父母双方均为同一民族的家庭，其子女多半尚能说本民族语言，但是，若父母双方非同一民族，在缺乏引导和加强学习的情况下，其子女不会说少数民族语言的现象已非个案，特别是仡佬族。目前，操仡佬族语多罗支系方言的人口有500多，但是能熟练用母语交流的已经不到30人，日常交际用语都是当地汉语。隆林各族自治县仡佬族多罗支系的方言已趋于濒危失传。

壮族语言文字方面：在隆林各族自治县壮族聚居区民间流传的“不丢祖宗田、不忘祖宗言”是隆林壮族坚定使用本民族语言的真实写照，使得隆林壮语得以代代相传。自21世纪初以来，一些爱好和热衷于壮族文化的传承者，也先后制作壮族语言山歌等资料纷纷传入千家万户的壮族同胞中，深受广大城乡壮族同胞的喜爱。

（四）《隆林各族自治县自治条例》和单行条例制定的情况

1953年1月1日隆林建立隆林各族自治区（县级）后即实行民族区域自治，1955年改称隆林各族自治县。1989年8月29日隆林各族自治县第八届人民代表大会第四次会议通过《隆林各族自治县条例》，1990年1月16日广西壮族自治区第七届人民代表大会常务委员会第十四次会议批准实施。1996年3月隆林各族自治县人大常委会会议作出《关于修改<隆林各族自治县自治条例>的决议》，接着自治县人大常委会在上级人大常委会的指导下，结合该县实际，用一年多的时间对《隆林各族自治县自治条例》进行修改和补充，修改后于1997年11月20日经隆林各族自治县第十届人民代表大会第七次会议审议通过，1998年6月26日广西壮族自治区第九届人民代表大会常务委员会第四次会议批准颁布实施。2014年6月经隆林各族自治县党委同意，自治县人大常委会会议作出《关于修订<隆林各族自治县自治条例>的决议》，接着自治县人大常委会组建修改工作小组，经过进一步深入调查研究，立足隆林经济社会发展新常态，对《隆林各族自治县自治条例》进行修订，并于2015年9月11日经隆林各族自治县第十四届人民代表大会第六次会议审议通过，2015年12月10日经广西壮族自治区第十二届人民代表大会常务委员会第二十次会议批准颁布实施。

单行条例制定方面：隆林各族自治县分别于2001年和2003年制定并经自治县人大常委会批准实施《隆林各族自治县执行＜森林法＞的补充规定》和《隆林各族自治县民族教育管理条例》。截至目前，《隆林各族自治县少数民族语言文字条例》这一单行条例尚未着手组织制定。

（五）自治条例保障少数民族使用语言文字权利规定的情况

隆林各族自治县自治机关在自治条例中明确了尊重少数民族使用和发展自己语言文字的自由。《隆林各族自治县自治条例》第五十五条规定："自治县保障各民族有使用和发展自己语言文字的自由，有信仰或者不信仰宗教的自由，有保持或者改革自己的风俗习惯的自由，尊重各民族的传统节日。"这些规定，明确了少数民族使用和发展自己语言文字的自由必须得到充分尊重和保障。另外，自治条例规定了自治机关在执行公务时使用的语言和文字，保障各民族公民都有使用本民族语言文字进行诉讼的权利，规定了人民法院和人民检察院对不通晓当地通用语言文字的诉讼参与人应当为他们翻译等内容。《隆林各族自治县自治条例》第十五条规定："自治县人民法院和人民检察院在审理和检察案件时，应当使用当地通用的语言文字，保障各民族公民都有使用本民族语言文字进行诉讼的权利。对不通晓当地通用语言文字的诉讼参与人应当为他们提供翻译。"这些规定，从自治机关执行公务到公民诉讼，对少数民族语言文字的使用作出了具体规定，充分体现了民族平等、语言平等的原则，保障了少数民族使用本民族语言文字的权利。

二、加快推进广西少数民族语言文字立法工作步伐的必要性

隆林各族自治县实行民族区域自治以来至今已63年。一直以来，以《中华人民共和国宪法》和《中华人民共和国民族区域自治法》为核心的相关法律法规成为隆林少数民族语言文字的法律保障系统，是隆林各少数民族语言文字的使用和发展依据。虽然上级党委、政府和隆林各族自治县党委、政府也一直注重对隆林各少数民族语言文字的应用、发展和保护，但无论是《中华人民共和国宪法》还是《中华人民共和国民族区域自治法》，其许多条文规定只是作了原则性阐述，缺乏具体的可操作性，当前隆林一些少数民族语言文字也已处于濒危失传边缘。因此，加快隆林乃至全广西少数民族语言文字立法工作愈显迫切而且十分必要。

（一）是推进民族区域自治地区五个文明建设的需要

中华民族由56个民族共同组成。按照《中华人民共和国宪法》规定，中华人民共和国是全国各族人民共同缔造的统一的多民族国家，各民族一律平等。新中国成立以来，党和国家运用马克思主义民族理论解决民族问题，提出并实行了一系列关于国家统一、民族平等、重视民族特性、团结互助、共同繁荣的基本民族政策。在中央政府的集中统一领导下，遵循《中华人民共和国宪法》和相关法律的规定，以各少数民族聚居区为基础建立自治地方，设立自治机关，行使自治权，把实现少数民族人民当家作主与管理本民族内部地方性事务结合起来，建立了具有中国特色的民族区域自治制度。民族区域自治制度是

实现少数民族人民当家作主的有效形式。因此，加快推进少数民族语言文字立法工作步伐，不断深化民族区域自治制度，使各个少数民族在祖国大家庭中平等相处、友好合作、共同发展，确保各民族间“平等、团结、互助、和谐”的民族关系不断巩固和发展，不仅利于深化和完善民族区域自治制度、有效维护国家主权和尊严，还有利于推进民族区域自治地区政治、经济、社会、文化和生态五个文明的建设。

（二）是新常态下推进少数民族语言文字工作科学发展的需要

新阶段我国民族工作的新常态，就是2014年9月28日习近平同志在中央民族工作会议上讲的“五个并存”。即从民族工作环境条件看，是改革开放和社会主义市场经济带来的机遇和挑战并存；从经济发展水平看，是民族地区经济加快发展势头和发展低水平并存；从社会事业进步看，是国家对民族地区支持力度保持加大和民族地区基本公共服务能力建设仍然薄弱并存；从民族相互关系看，是各民族交往交流交融趋势增强和涉及民族因素的矛盾纠纷上升并存；从维护团结统一看，是反对民族分裂、宗教极端、暴力恐怖斗争成效显著和局部地区暴力恐怖活动活跃多发并存。少数民族语言文字立法工作是民族工作的重要内容之一。目前，从国家层面看，除《中华人民共和国国家通用语言文字法》自2001年1月1日起施行外，《中华人民共和国少数民族语言文字法》尚未颁布。从广西层面看，《广西壮族自治区少数民族语言文字工作条例》目前还处于“列入2016年广西地方性法规调查研究项目、自治区民语委已组织并基本完成了区内外的调研”工作阶段。鉴于此，在民族工作的新常态下，只有各级民语委、广大专家学者和行家里手保持清醒头脑，对新常态下的少数民族语言文字立法工作进行认真研判、科学认识、辩证看待和以敢于担当的精神积极适应工作新常态，才能有效地加快推进少数民族语言文字工作科学发展。

（三）是广大少数民族干部群众殷切期盼的需要

对少数民族语言文字的使用和发展进行立法在各少数民族干部群众中有很高的呼声和期盼。从国家层面看，一方面，在55个少数民族中，有53个少数民族都有自己的语言（回族和满族两个民族通用汉语），其中22个少数民族使用着28种本民族的文字。较早出台省（区）级少数民族语言文字单行条例的是新疆。1993年新疆颁布了《新疆维吾尔自治区语言文字工作条例》。2001年1月1日《中华人民共和国国家通用语言文字法》施行后，各地少数民族语言单行条例才陆续颁布施行，省（区）级的有《西藏自治区学习、使用和发展藏语文的规定》（2002年）、《内蒙古自治区蒙古语言文字工作条例》（2004年）、《云南省少数民族语言文字工作条例》（2013年）等。另一方面，2015年6月中国少数民族语言文字规范标准建设及信息化调研座谈会在内蒙古呼和浩特市召开时，省（区）与会人员都建议和希望加强语言文字法制建设，尽快出台《中华人民共和国少数民族语言文字法》，使少数民族语言文字有法可依、有法必依、执法必严、违法必究。此外，全国人大代表、中国社会科学院民族学与人类学研究所朝克研究员曾经忧虑地说：“我们必须拿出行之有效的科学手段和行政措施，就像保护生态环境一样保护那些濒危的民族语言……我们应该将民族语言文字的抢救和保护作为一项长期的重要战略任务来重视，同时，不失时机地尽快制定更加科学而行之有效的《中华人民共和国少数民族语言文字法》。”朝克研究员还同其他人大代表向全国人大提交了73项议案和建议，呼吁加大对我国濒危少数民族语言的保护力度。

（四）是进一步巩固和维护社会主义民族关系的需要

民族关系是人类社会出现民族以来普遍存在的社会现象，是多民族国家在民族和社会发展中必须处理好的社会问题。民族关系是民族生存和发展过程中相关民族之间的相互交往、联系以及作用、影响的关系，其核心涉及民族地位和待遇、权利和利益、意识和感情等。新中国成立以来，社会主义初级阶段民族特征伴随着新中国的发展而在内容和特征上不断得到相应的完善，从新中国成立初期提出的“平等、团结、友爱、合作”为特征的民族关系到改革开放初期“平等、团结、互助、合作”的民族关系，再到20世纪90年代提出的“平等互助、团结合作、共同繁荣”的民族关系，最后形成了当前新阶段“平等、团结、互助、和谐”的民族关系。而针对当前少数民族语言文字立法工作刻不容缓的状况，加快推进少数民族语言文字立法工作步伐与当前进一步巩固和维护好以“平等、团结、互助、和谐”为特征的新型民族关系是完全相符的。

（五）是实现全面建成小康社会宏伟目标的需要

少数民族语言文字直接与少数民族的历史文化发展、社会文明进步紧密联系在一起，是各个少数民族优秀文化的主要载体和重要组成部分。一方面，文化是民族的血脉，是人民的精神家园。而科学保护各民族语言文字、尊重各民族使用和发展自己的语言文字的自由、树立各民族语言文字都是国家宝贵文化资源的观念、有针对性地采取符合实际的保护措施、充分发挥语言文字在传承和弘扬中华优秀文化中的重要作用、构建中华民族共有的精神家园是我们当前和今后一个历史时期一项艰巨而又光荣的任务和使命。另一方面，习近平同志在基层考察时指出：“到2020年全面建成小康社会，任何一个地区、任何一个民族都不能落下。”这两个“任何一个都不能落下”的承诺与要求，表达了以习近平同志为总书记的党中央全面建成小康社会的坚定意志。所以，我们必须着眼于加快推进民族区域自治地区少数民族语言文字立法工作步伐，从而有效地加强民族区域自治地区的文化建设。另外，在我国960万平方千米的国土面积上，共设立了5个自治区、30个自治州、121个自治县（旗），以上实行民族区域自治的地区面积约有616万平方千米，占全国国土总面积的66.20%，这就决定了当前全面建成小康社会的重点是在民族区域自治地区，难点也是在民族区域自治地区。众所周知，任何没有民族区域自治地区建成的小康社会都不是完整的、全国的、真正意义上的全面建成小康社会。因此，若我们漠视当前少数民族语言文字已处濒危失传边缘和少数民族语言文字立法工作刻不容缓等问题，那么，全面建成小康社会的宏伟目标将难以实现。

三、加快推进广西少数民族语言文字立法工作步伐的建议

少数民族语言文字立法工作是民族区域自治地区一项艰巨而又复杂的社会系统工程，需要民族区域自治地区的各级各部门给予高度重视、组织力量、多方协调，才能最终确保少数民族语言文字立法工作顺利完成并颁布施行。

（一）在重视程度上，要加强领导、形成合力

目前，机构、人员及经费经常受到削弱甚至无法保障、工作被动、业务难于开展等都是民族区域自治地区少数民族语言文字工作中存在的共性问题，无论是单个的小问题或是已经长期累积起来的一大堆大问题，其能否得到解决，大多与该项工作领导层的重视程度有直接关系。在推进少数民族语言文字立法工作步伐中，工作能否得到有效推进？无非是工作是否得到真正重视，是否已采取具体有效措施，采取具体有效措施后碰到的新问题是否立即得到协调解决等等。然而，受岗位职责的制约，各地民语委部

门在一些重大问题上的协调能力是有限的。俗话说："老大难老大难，老大出马就不难。"因此，无论是人员、机构还是经费等工作上的问题，民族区域自治地区的民语委等有关部门，都必须积极主动地向领导层反映和汇报，取得领导层特别是地方行政主要领导对民族语言文字立法工作的高度重视，并积极协调在工作推进中碰到的困难和问题，才能确保各有关部门在推进工作中形成合力，从而保障民族语言文字立法工作扎实有效地推进。

（二）在制定方式上，要借鉴经验、博采众长

如前所述，虽然《中华人民共和国少数民族语言文字法》尚未颁布，但新疆、西藏、内蒙古和云南已分别于1993年、2002年、2004年和2013年颁布了《新疆维吾尔自治区语言文字工作条例》《西藏自治区学习、使用和发展藏语文的规定》《内蒙古自治区蒙古语言文字工作条例》和《云南省少数民族语言文字工作条例》。以上省（区）少数民族语言文字立法工作不仅走在全国的前列，而且在本省（区）少数民族语言文字立法工作过程中一定积累了许多有章可循的丰富而又宝贵的工作经验。为此，对于目前已准备出台少数民族语言文字条例的省（区、市），特别是已列入2016年地方性法规调查研究项目的广西来说，更要注意派出专题工作小组和调研工作小组等分赴新疆、西藏、内蒙古和云南等省（区），认真学习借鉴新疆等省（区）在少数民族语言文字立法工作方面的成功做法和经验，以提高并保证广西少数民族语言文字立法工作的质量。

（三）在质量要求上，要征求意见、反复完善

一部充分保障少数民族享有使用和发展自己语言文字自由权利的少数民族语言文字法规，从决定到拟写、再到修改和完善的过程，应该说是一个不断征求意见、反复修改完善的过程。所以，负责指导和具体撰写少数民族语言文字法规的同志既要以认真负责的态度把好法规的质量关，同时还要注意深入少数民族聚居区，广泛听取并征求少数民族干部、寨老、能人和广大民族群众对修改、完善少数民族语言文字法规的意见和建议，并进行反复修改完善。只有这样，才能最终保证少数民族语言文字法规充分反映广大民意和少数民族语言文字立法工作的效果。

（四）在内容形式上，要特色鲜明、操作性强

由于过去隆林各族自治县对少数民族的民族村落、建筑元素等缺乏有效的保护和引导，目前，在隆林各族自治县的各少数民族村落、建筑等已无法反映出各民族的建筑特色。同理，在少数民族语言文字立法工作中，一方面要严格执行《中华人民共和国国家通用语言文字法》，在高度重视、广泛推广普通话的前提下，尽可能在少数民族的日常工作、生活中注意贯穿和体现"办民族班、学民族语、写民族文、讲民族话、唱民族歌、听民族曲、播民族音、着民族装、庆民族节、传民族俗"这一鲜明特色，即：积极争取上级民语委和当地政府的支持，适时、持续地举办少数民族语言文字培训班；本民族之间和不同民族之间提倡相互学习少数民族语言；在语言文字培训班和各民族节庆及其他重大活动时提倡写各少数民族文字；无论是身居广大城乡还是外出务工人员，只要民族语言交流环境许可的，应大力提倡讲少数民族语言；提倡唱少数民族语言的歌曲，提倡听少数民族语言的乐曲；提倡播放翻译成少数民族语言的音像、影像和新闻；提倡在重大活动和民族节庆时着少数民族服装；每年举办少数民族节庆活动；注意传承少数民族优秀的传统习俗和文化。另一方面，还要确保少数民族语言文字法规的内容操作简易、便捷。

（五）在颁布施行上，要加大宣传、效果明显

地方少数民族语言文字法规的颁布施行既是贯彻落实《中华人民共和国宪法》和《中华人民共和国民族区域自治法》相关规定的法律措施，又是充分保障各少数民族享有使用和发展语言文字自由权利的具体法规依据。为此，民族区域自治地区少数民族语言文字法规颁布施行的前后，民族区域自治地区的党委、政府和民语委、宣传部等部门对地方少数民族语言文字法规要不断加大宣传力度，既要注意在宣传形式上下功夫，又要注意在宣传广度上下功夫；既要注意在把准宣传对象上下功夫，又要注意在深化宣传实效上下功夫，以保证地方少数民族语言文字法规的宣传工作深入人心、家喻户晓。同时，还要注意采取切实有效的措施，具体落实地方少数民族语言文字法规的相关规定，以充分保证民族区域自治地区各少数民族在保护、使用和发展本民族语言文字工作中取得明显成效。